Matemáticas

SCOTT FORESMAN ▪ ADDISON WESLEY

Autores

Randall I. Charles

Janet H. Caldwell
Mary Cavanagh
Dinah Chancellor
Alma B. Ramirez

Warren Crown

Jeanne F. Ramos
Kay Sammons
Jane F. Schielack

Francis (Skip) Fennell

William Tate
Mary Thompson
John A. Van de Walle

Matemáticos asesores

Edward J. Barbeau
Professor of Mathematics
University of Toronto
Toronto, Ontario, Canadá

David M. Bressoud
DeWitt Wallace Professor
  of Mathematics
Macalester College
Saint Paul, Minnesota

Gary Lippman
Professor of Mathematics
  and Computer Science
California State University
  Hayward
Hayward, California

PEARSON

Scott
Foresman

Oficinas editoriales: Glenview, Illinois • Parsippany, New Jersey • Nueva York, Nueva York

Oficinas de ventas: Parsippany, New Jersey • Duluth, Georgia • Glenview, Illinois
Coppell, Texas • Ontario, California • Mesa, Arizona

Asesores de lectura

Peter Afflerbach
Professor and Director of The Reading Center
University of Maryland
College Park, Maryland

Donald J. Leu
John and Maria Neag
 Endowed Chair in Litery and Technology
University of Connecticut
Storrs, Connecticut

Revisores

Deborah Agar
Western Hills Elementary
 School
Mapleton Public Schools
Denver, Colorado

Viviana Cartín
Montview Elementary School
Aurora Public Schools
Aurora, Colorado

Arturo Espín
Western Hills Elementary
 School
Mapleton Public Schools
Denver, Colorado

Edith Guzmán
Lindell Elementary School
Long Beach Public Schools
Long Beach, Nueva York

Santa Spector
Jordan Community School
Chicago Public Schools
Chicago, Illinois

María T. Blayter
Aguilar Elementary School
Tempe Elementary School
 District No. 3
Tempe, Arizona

Leonor Lopetegui
Division of Bilingual Education
 and World Languages
Miami-Dade County Public
 Schools
Miami, Florida

Georgina Múdez
Miami-Dad County Public
 Schools
Miami, Florie

Ofelia Hurley
Fairfield Acadmy
Chicago, Illino

Cristina M. Vásuez
James H. Bright lementary
 School
Miami-Dade Couty Public
 Schools
Hialeah, Florida

CAPÍTULO 7

División

9 Conceptos de fracciones

Decimales y medidas del sistema métrico

CAPÍTULO

12

Gráficas y probabilidad

¿Cómo podrías obtener calificaciones más altas?

Pasa la página y lo averiguarás.

Estrategias para exámenes

Recuerda que estas seis estrategias para tomar exámenes te ayudarán a obtener mejores calificaciones. Estas estrategias también se enseñan en las páginas llamadas En los exámenes, antes de cada examen del capítulo.

Comprende la pregunta

- **Busca palabras importantes.**
- **Convierte la pregunta en una afirmación: "Tengo que averiguar...".**

1. ¿Qué letra NO tiene un eje de simetría?

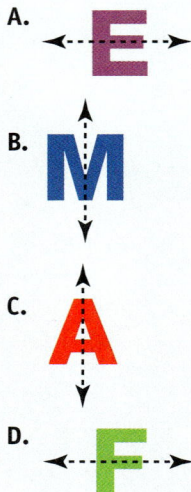

A. **E**

B. **M**

C. **A**

D. **F**

1. ¿Qué palabras importantes del problema te dicen de qué trata el problema?

2. ¿Qué palabra importante del problema está destacada en letras mayúsculas?

3. Convierte la pregunta en una afirmación que comience con "Tengo que averiguar…".

Reúne información para hallar la respuesta

- **Reúne información del texto.**
- **Reúne información de ilustraciones, mapas, diagramas, tablas y gráficas.**

2. Liza come un trozo de pizza en su almuerzo todos los días. Cada día ella escoge una combinación diferente de tipo de masa e ingredientes. El menú muestra las opciones de Liza. ¿Cuántas combinaciones posibles de un tipo de masa y un ingrediente tiene Liza? Explícalo.

Le Casa de la Pizza

TIPOS DE MASA	INGREDIENTES
Gruesa	Salchichón
Delgada	Cebolla
	Pimentón verde
	Champiñones
	Queso

_____

_____

_____

_____

4. ¿Qué información de la ilustración se necesita para resolver el problema?

5. ¿Qué información del texto se necesita para resolver el problema?

La mayoría de las estrategias se pueden usar con cualquier tipo de pregunta del examen.

Usa esta estrategia para las preguntas de opción múltiple.

Planea cómo hallar la respuesta

- **Piensa en las destrezas y estrategias para resolver problemas.**
- **Escoge los métodos para calcular.**

3. Irene pedaleó su bicicleta 3 cuadras para ver a María en el parque. Irene y María pedalearon juntas durante 20 minutos en el sendero para bicicletas del parque. Luego, jugaron durante 15 minutos en los columpios. Después de conversar por 10 minutos, Irene volvió a su casa en bicicleta. ¿Cuánto tiempo estuvo Irene con María en el parque?

   A. 25 minutos

   B. 30 minutos

   C. 45 minutos

   D. 48 minutos

6. Di cómo usarías las siguientes destrezas y estrategias para resolver el problema.

   - Identifica la información que sobra o que falta.
   - Escoge una operación.
   - Haz un dibujo.

7. ¿Cuál de los siguientes métodos para calcular es mejor para resolver este problema?

   - Cálculo mental
   - Papel y lápiz
   - Calculadora

Escoge la mejor opción

- **Elimina las respuestas incorrectas.**
- **Empieza por el final a partir de la respuesta.**
- **Comprueba que las respuestas sean razonables; estima.**

4. Jorge recogió 96 manzanas en el huerto Manzana Roja. Él compartirá las manzanas con sus 3 hermanos menores. ¿Cuántas manzanas recibirá cada uno de los 4 hermanos si cada uno recibe la misma cantidad?

   A. 14 manzanas

   B. 24 manzanas

   C. 32 manzanas

   D. 93 manzanas

8. ¿Cuál de las opciones de respuesta puedes eliminar porque tienes la seguridad de que son incorrectas? Explícalo.

9. ¿Cómo usarías la multiplicación cuando empiezas por el final a partir de una respuesta, para comprobar si es correcta?

10. ¿Cómo estimas la respuesta? ¿Se aproxima tu estimación a la respuesta correcta?

Usa estas dos estrategias cuando tengas que escribir una respuesta.

Usa escritura en matemáticas

- **Haz que tu respuesta sea breve, pero completa.**
- **Usa palabras del problema y emplea los términos matemáticos con exactitud.**
- **Describe los pasos en orden.**
- **Haz dibujos que te ayuden a explicar tu razonamiento.**

5. ¿Cuántas diagonales tiene un pentágono? Explica cómo hallaste tu respuesta.

Espacio para trabajar

11. ¿Qué palabras del problema usarás en tu respuesta?

12. ¿Qué pasos puedes describir en tu respuesta?

13. ¿Cómo te ayudaría un dibujo a explicar tu razonamiento?

Mejora las respuestas escritas

- **Comprueba que tu respuesta esté completa.**
- **Comprueba que tu respuesta sea clara y fácil de entender.**
- **Comprueba que tu respuesta tenga sentido.**

6. Jared ha estado ahorrando el dinero que ha ganado cada semana. Si continúa ahorrando la misma cantidad cada semana, ¿cuál será el total de sus ahorros en la Semana 4? Explica cómo hallaste tu respuesta.

Semana	1	2	3	4
Total	$2.75	$5.50	$8.25	

Hallé un patrón en la tabla.

El total de los ahorros de Jared será $11.00 en la Semana 4.

14. Según la Guía para calificar que se muestra en la página siguiente, ¿vale la respuesta dada 4 puntos? Explícalo.

15. Si la respuesta no vale 4 puntos, di cómo mejorarla.

Guía para calificar

4 puntos

Calificación máxima: 4 puntos
La respuesta es correcta y se da una explicación completa de cómo se halló la respuesta.

3 puntos

Calificación parcial: 3 puntos
La respuesta es correcta, pero la explicación no aclara totalmente cómo se halló la respuesta.

2 puntos

Calificación parcial: 2 puntos
La respuesta es correcta o la explicación es correcta, pero no ambas.

1 punto

Calificación parcial: 1 punto
Se intenta dar una solución, pero la respuesta es incorrecta. La explicación no es clara.

0 puntos

Calificación nula: 0 puntos
La solución es completamente incorrecta, o no hay solución.

Encontrarás más información sobre estrategias para examenes en las siguientes páginas, llamadas En los exámenes.

Estrategias para exámenes

Comprende la pregunta, p. 44

Reúne información para hallar la respuesta, p. 106

Planea cómo hallar la respuesta, pp. 172, 416, 544, 606

Escoge la mejor opción, pp. 238, 670

Usa escritura en matemáticas, p. 296

Mejora las respuestas escritas, pp. 348, 482, 720

Preparación de exámenes

Cuando uses el libro, busca estos elementos que te ayudarán a prepararte para los exámenes.

En los exámenes

En los exámenes Antes del examen de cada capítulo, estas páginas te enseñan estrategias para tomar exámenes.

Piénsalo bien
- Comprobaré si la respuesta está completa.
- Comprobaré si la respuesta tiene sentido.

En los exámenes: Piénsalo bien En las lecciones encontrarás estos cuadros que te muestran el tipo de razonamiento que debes seguir en los exámenes.

Repaso mixto y preparación de exámenes

Repaso mixto y preparación de exámenes
Al final de las lecciones, esta sección sirve para practicar con los tipos de preguntas que aparecen en los exámenes.

En la INTERNET
Preparación de exámenes
www.scottforesman.com

En la INTERNET: Preparación de exámenes Al final de las lecciones encontrarás, en línea, cómo prepararte para los exámenes.

Repaso acumulativo y preparación de exámenes

Repaso acumulativo y preparación de exámenes
Estas páginas, que están al final de los capítulos, te ayudan a recordar lo que debes saber al tomar exámenes.

Estrategias para exámenes   **xix**

Valor posicional y dinero

ALCACHOFAS
$1.50

DIAGNOSTICAR EL NIVEL

A Vocabulario
(Grado 3)

Escoge del cuadro el término más adecuado.

1. En el número 784, el 7 está en la posición de las __?__, el 8 en la posición de las __?__ y el 4 en la posición de las __?__.

2. El número 2,346 es __?__ que el número 1,875.

3. El valor de una __?__ es 5 centavos.

Vocabulario

- unidades
- decenas
- centenas
- mayor
- menor
- moneda de 1¢
- moneda de 5¢
- moneda de 10¢

B Números en las centenas y los millares
(Grado 3)

Escribe los números en palabras.

4. 648
5. 256
6. 138
7. 574
8. 1,803
9. 3,720

Escribe los números en forma estándar.

10. Trescientos cuarenta y cinco

11. Seiscientos noventa y uno

12. Cuatro mil novecientos dos

¿Lo sabes?

¿Cuál es la cosecha de vegetales más grande del mundo?

Lo descubrirás en la Lección 1-14.

THE WORLD IN ONE DAY

Every day... 7 million pizzas are eaten in America... one human heart pumps enough blood to fill 170 bathtubs... lightning strikes Earth 8 million times...
by RUSSELL ASH, author of INCREDIBLE COMPARISONS

C Redondear
(Grado 3)

13. ¿Qué número está en la mitad entre 20 y 30?

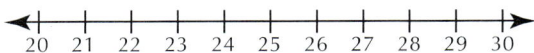

14. ¿Qué número está en la mitad entre 600 y 700?

15. ¿Qué número está en la mitad entre 800 y 900?

Redondea los números a la decena más cercana.

16. 46	**17.** 22	**18.** 89
19. 138	**20.** 367	**21.** 874

22. ¿Está 236 más cerca de 230 o de 240?

D Contar dinero
(Grado 3)

Cuenta las cantidades de dinero.

23.

24.

25.

3

Idea clave
Hay varias formas de representar un número.

Vocabulario
- forma desarrollada
- forma estándar
- en palabras
- dígitos
- período

Números en los millares

APRENDE

¿Cómo representas los números en los millares?

✓ PREPÁRATE

¿Qué número se muestra?

1. ~~IIII~~ III
2. 30 + 2
3. 10 + 10 + 3

Éstas son maneras diferentes de representar 2,346.

Bloques de valor posicional:

2	3	4	6
millares	centenas	decenas	unidades

Recta numérica:

2,346

2,300   2,350   2,400

Forma desarrollada: 2,000 + 300 + 40 + 6
2 millares + 3 centenas + 4 decenas + 6 unidades
$(2 \times 1,000) + (3 \times 100) + (4 \times 10) + (6 \times 1)$

Forma estándar: 2,346

En palabras: dos mil trescientos cuarenta y seis

Dígitos son los símbolos que se usan para escribir los números: 0, 1, 2, 3, 4, 5, 6, 7, 8 y 9.

En el número 2,**3**46, el dígito 3 tiene un **valor** de 300 porque está en la posición de las centenas.

✓ Hablemos

1. ¿Qué dígito está en la posición de los millares en 2,346?

¿Cómo lees y escribes números en los millares?

Una tabla de valor posicional puede ayudarte a leer y escribir números en los millares. Cada grupo de 3 dígitos, de derecha a izquierda, forma un **período**. Los períodos se separan con comas.

período de los millares			período de las unidades		
centenas de millar	decenas de millar	millares	centenas	decenas	unidades
1	2	9,	4	5	6

Los autódromos de Georgia, Indiana y Texas tienen más de 120,000 asientos.

Ejemplo

Escribe la forma desarrollada del número en la tabla de valor posicional. Luego escribe el número en forma estándar y en palabras

Forma desarrollada: 100,000 + 20,000 + 9,000 + 400 + 50 + 6

Forma estándar: 129,456

En palabras: ciento veintinueve mil cuatrocientos cincuenta y seis

✔ Hablemos

2. ¿Qué dígitos están en el período de los millares en el número 129,456?

3. ¿Cuál es el valor del 9 en 129,456? ¿El del 5? ¿El del 1?

COMPRUEBA ✔

Otro ejemplo: Grupo 1-1, página 52

Escribe los números en forma estándar.

1. doscientos catorce mil quinientos tres

2. 300,000 + 20,000 + 7,000 + 400 + 5

Escribe los números en palabras e indica el valor del dígito en rojo de cada uno de ellos.

3. 456,**9**63   **4.** **8**03,254   **5.** 9**4**0,037   **6.** 3**7**,204

7. Sentido numérico Haz un dibujo de bloques de valor posicional para representar 1,751.

A Destrezas y comprensión

Escribe los números en forma estándar.

8.

9.

10. 6 decenas de millar + 1 millar + 0 centenas + 9 decenas + 3 unidades

Escribe los números en palabras e indica el valor del dígito en rojo de cada uno de ellos.

11. **7**,425 **12.** 53,**2**03 **13.** **3**52,915 **14.** 9**2**5,163

15. 60,23**4** **16.** **1**96,350 **17.** 47**3**,512 **18.** 23**0**,777

19. Sentido numérico Escribe un número de seis dígitos con un 0 en la posición de los millares.

B Razonamiento y resolución de problemas

¿Qué mostrará el odómetro de la derecha después de que el carro recorra una distancia adicional de:

20. 1 milla **21.** 10 millas

22. 100 millas **23.** 1,000 millas

24. ¿Qué número es 1,000 menos que 23,906?

25. Razonamiento ¿Cuál es el mayor número de seis dígitos que puedes escribir? ¿Cuál es el menor?

26. ~~**Escritura en matemáticas**~~ ¿Es correcta la siguiente explicación? De no ser así, di por qué y escribe la respuesta correcta.

Explica por qué el número 6 tiene un valor de 60,000 en 267,423.

Millares			Unidades		
Centenas de millar	Decenas de millar	Millares	Centenas	Decenas	Unidades
2	6	7	4	2	3

El 6 está en la posición de las decenas de millar, y 6 decenas de millar son 60,000.

EN LOS EXÁMENES

Piénsalo bien

Puedo **usar una tabla** para explicar mi razonamiento.

C Un paso adelante

27. Usa las siguientes pistas para hallar el número misterioso.

___ ___ , ___ _4_ ___

- El número está entre 30,000 y 40,000.
- El dígito 4 está en la posición de las decenas.
- El dígito en la posición de los millares es 3 más que el dígito de las decenas.
- El valor del dígito en la posición de las centenas es 900.
- El dígito en la posición de las unidades es la suma de 3 más 2.

Repaso mixto y preparación de exámenes

En la INTERNET
Preparación de exámenes
www.scottforesman.com

28. 3 + 9 **29.** 8 + 7 **30.** 12 + 5 **31.** 14 + 32

32. Redondea 368 a la centena más cercana.

A. 300 **B.** 360 **C.** 400 **D.** 460

Juego de práctica
Adivina mi número

Jugadores: 2
Materiales: papel y lápiz para cada jugador

1. El Jugador 1 piensa un número de 4 dígitos y lo escribe en secreto.

2. El Jugador 2 hace preguntas acerca de los dígitos en el número. Las preguntas deben tener un **Sí** o un **No** como respuesta. A continuación se dan algunos ejemplos de preguntas:

- ¿Es el dígito en la posición de las decenas menor que 5?

- ¿Hay algún 7 entre los dígitos del número?

3. El Jugador 1 mantiene un conteo del número de preguntas hechas. El Jugador 1 puede hacer hasta 20 preguntas.

4. Los jugadores intercambian los papeles después de encontrar el número.

5. Si después de 20 preguntas el número no se adivina, el Jugador 1 dice el número en voz alta. Luego, los jugadores cambian de papel.

Idea clave

El valor posicional puede facilitarte leer y comprender los números en los millones.

Nociones de números grandes

APRENDE

¿Cómo representas números en los millones?

En 2000, la población de los Estados Unidos era de 281,420,000 personas aproximadamente.

Ejemplo A

Escribe 281,420,000 en forma desarrollada. Luego escríbelo en palabras. Usa una tabla de valor posicional.

período de los millones			período de los millares			período de las unidades		
centenas de millón	decenas de millón	millones	centenas de millar	decenas de millar	millares	centenas	decenas	unidades
2	8	1,	4	2	0,	0	0	0

Forma desarrollada: 200,000,000 + 80,000,000 + 1,000,000 + 400,000 + 20,000

En palabras: Doscientos ochenta y un *millones* cuatrocientos veinte *mil*.

Ejemplo B

Escribe el valor de los dígitos en rojo de 3**5**4,**7**26,219.

El 5 está en la posición de las decenas de millón y su valor es 50,000,000.

El 7 está en la posición de las centenas de millar y su valor es 700,000.

✓ **Hablemos**

1. ¿Cómo te facilita la lectura de números grandes el uso de comas para separar períodos?

**En la INTERNET
Más ejemplos**
www.scottforesman.com

1. Escribe tres millones quinientos mil diecisiete en forma estándar.

2. Escribe el número en palabras e indica el valor del dígito en rojo de 1**4**7,036,267.

3. **Sentido numérico** ¿Qué dígito tiene el mayor valor en el número 352,100,978?

EN LOS EXÁMENES

Piénsalo bien

Puedo **hacer una tabla** para leer y escribir números grandes.

PRÁCTICA

Más práctica: Grupo 1-2, página 56

Ⓐ Destrezas y comprensión

Escribe 70,000,000 + 5,000,000 + 20,000 + 1,000 + 300 + 40 + 6 en:

4. forma estándar.

5. palabras.

Escribe los números en palabras e indica el valor del dígito en rojo para cada uno de ellos.

6. 85,**2**04,062

7. 5,1**8**0,246

8. 39**7**,002,035

9. **9**28,269,926

10. **Sentido numérico** Escribe el número que es un millón más que 14,035,390.

Ⓑ Razonamiento y resolución de problemas

Escribe en palabras el número de vehículos fabricados en:

11. Alemania.
12. EE. UU.
13. Japón.

14. **Escritura en matemáticas** Escribe un número de 8 dígitos con un 3 en la posición de las centenas de millar y un 7 en las centenas.

Vehículos fabricados en 2000	
EE. UU.	13,063,405
Japón	9,904,298
Alemania	4,994,723

Repaso mixto y preparación de exámenes

En la INTERNET
Preparación de exámenes
www.scottforesman.com

15. Escribe quinientos tres mil doscientos sesenta y cuatro en forma estándar.

16. **Álgebra** Halla el número que falta en 8 + ▢ = 12.

     A. 3   **B.** 4   **C.** 5   **D.** 20

Patrones de valor posicional

APRENDE

¿Puedes decir el mismo número de diferentes maneras?

Nuestro sistema de valor posicional está basado en grupos de diez.

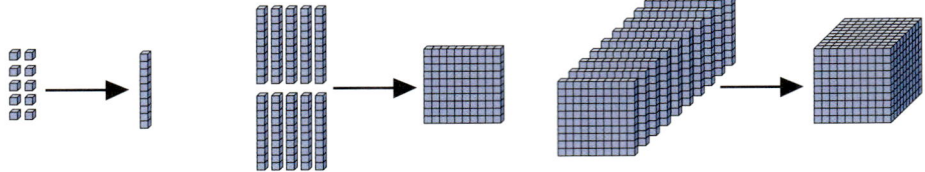

10 unidades = 1 decena   10 decenas = 1 centena   10 centenas = 1 millar

Ejemplo A

Expresa 2,300 de dos maneras diferentes.

	Lo que **muestras**	Lo que **dices**
Una manera		dos mil trescientos
Otra manera		veintitrés centenas

Ejemplo B

Escribe 520 de dos maneras diferentes.

520 quinientos veinte   o   **52**0 cincuenta y dos decenas

✔ Hablemos

1. Explica por qué 520 es igual a 52 decenas.

2. ¿Cuántas centenas hay en 20,000?

Escribe los números de dos maneras diferentes.

1. 800　　　**2.** 960　　　**3.** 1,400　　　**4.** 36,000

5. Sentido numérico ¿Cuántas decenas hay en 5,280?

PRÁCTICA

Más práctica: Grupo 1-3, página 56

A **Destrezas y comprensión**

Escribe los números de dos maneras diferentes.

6. 200　　　**7.** 470　　　**8.** 1,300　　　**9.** 56,000

10. 6,000　　　**11.** 7,200　　　**12.** 3,900　　　**13.** 84,000

14. 900　　　**15.** 350　　　**16.** 6,800　　　**17.** 21,000

18. Sentido numérico ¿Cuál es la menor cantidad de bloques de valor posicional que necesitas para representar 3,010? ¿Cuál es la mayor?

B **Razonamiento y resolución de problemas**

Un periódico local imprime 1,800 ejemplares cada día. ¿Cuántos montones de periódicos habría si se apilaran en:

19. centenas?　　　**20.** decenas?

Para los Ejercicios 21 a 23, busca un patrón. Luego, halla los tres números que continúan en las siguientes series.

21. 2,938　3,038　3,138

22. 12,720　12,820　12,920　　　**23.** 1,999　1,989　1,979

24. Betsy hizo una cadena de 3,000 eslabones. Luego, le quitó 100 eslabones. ¿Cuántos eslabones quedan en la cadena?

25. Escritura en matemáticas Di cuánto hay que sumar para que 348,725 cambie a 348,825. Explícalo.

Repaso mixto y preparación de exámenes

En la INTERNET
Preparación de exámenes
www.scottforesman.com

26. Escribe en palabras 1,023,607.

27. Escribe 70,000,000 + 80,000 + 4,000 + 20 + 5 en forma estándar.

　　A. 78,425　　　**B.** 784,025　　　**C.** 70,084,025　　　**D.** 70,804,025

Resolución de problemas: Destreza

Identificar los pasos en un proceso

te ayuda con...

la etapa *Lee para comprender* del proceso de resolución de problemas.

Idea clave
Lee para comprender es la primera etapa del proceso de resolución de problemas.

Leer para comprender

APRENDE

¿Qué pasos te permiten comprender un problema?

Nombres de los estados Usa la tabla de abajo. ¿Cuántos nombres de estado empiezan con una vocal?

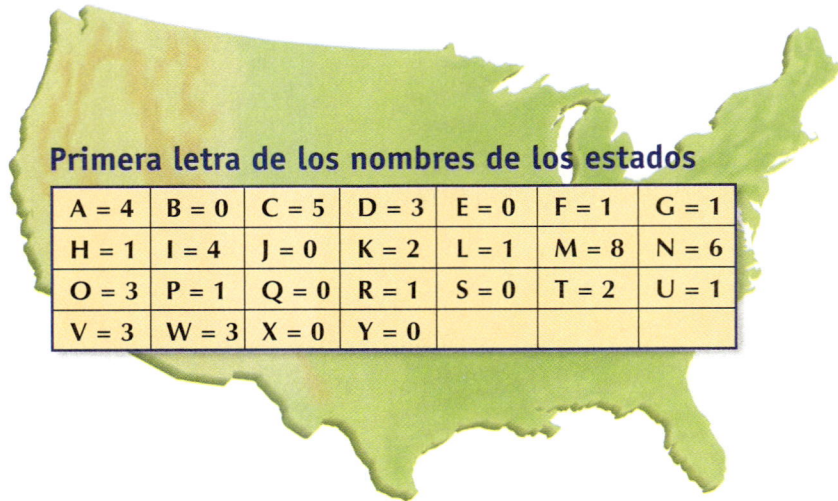

Primera letra de los nombres de los estados

A = 4	B = 0	C = 5	D = 3	E = 0	F = 1	G = 1
H = 1	I = 4	J = 0	K = 2	L = 1	M = 8	N = 6
O = 3	P = 1	Q = 0	R = 1	S = 0	T = 2	U = 1
V = 3	W = 3	X = 0	Y = 0			

Lee para comprender

Paso 1: ¿Qué sabes?

- Explica el problema en tus propias palabras.

  Se da el número de estados con nombres que empiezan con cada letra.

- Identifica datos clave y detalles.

  A, E, I, O, U son las vocales. Según la tabla, A = 4, E = 0, I = 4, O = 3 y U = 1.

Paso 2: ¿Qué quieres averiguar?

- Di qué se pide en la pregunta.

  ¿Cuántos estados tienen nombres que comienzan con A, E, I, O o U?

- Di cuál es la idea principal.

A	E	I	O	U
4	0	4	3	1

Suma estos números.

✔ Hablemos

1. Responde con una oración completa.

COMPRUEBA ✓

En los Ejercicios 1 a 3 usa el problema de los Nombres de países.

1. Paso 1: ¿Qué sabes?

   a. Di lo que sabes en tus propias palabras.

   b. Identifica datos clave y detalles.

2. Paso 2: ¿Qué estás tratando de averiguar?

   a. Di qué pide la pregunta.

   b. Muestra la idea principal.

3. Resuelve el problema.

Nombres de países ¿Cuántos países menos empiezan con E que con A?

Países de las Naciones Unidas con nombres que empiezan con vocal

$$A = 13 \quad E = 11 \quad I = 10$$
$$O = 10 \quad U = 4$$

PRÁCTICA

Más práctica: Grupo 1-4, página 57

En los Ejercicios 4 a 6 usa el problema de los Nombres de los meses.

4. Paso 1: ¿Qué sabes?

   a. Di lo que sabes en tus propias palabras.

   b. Identifica datos clave y detalles.

5. Paso 2: ¿Qué quieres averiguar?

   a. Di qué se pide en la pregunta.

   b. Di cuál es la idea principal.

6. Resuelve el problema.

Nombres de los meses ¿Cuántos meses más empiezan con la letra J que con la N?

Primera letra de nombres de los meses

$A = 2$	$D = 1$	$E = 1$
$F = 1$	$J = 2$	$M = 2$
$N = 1$	$O = 1$	$S = 1$

En los Ejercicios 7 a 9 usa la gráfica de barras de la derecha.

7. ¿Cuántos trompos más tiene Emily que Thomas?

8. ¿Cuántos trompos tienen Emily, Thomas y Jaz juntos?

9. **Escritura en matemáticas** ¿Cuántos trompos más que Emily tienen Thomas y Jaz juntos? Explícalo.

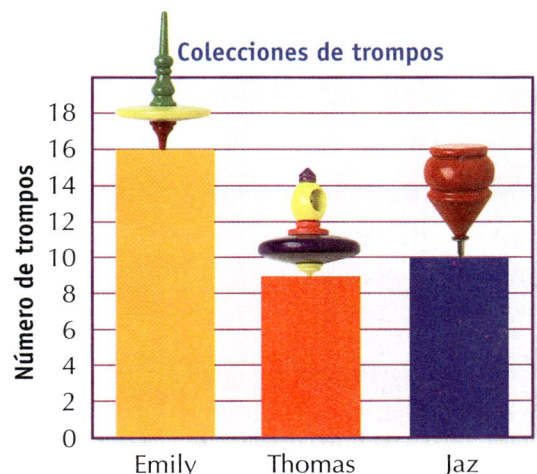

Colecciones de trompos

Número de trompos — Emily, Thomas, Jaz

¿Lo sabes hacer?

¿Lo entiendes?

Números en los millares (1-1)

Escribe los números en palabras e indica el valor del dígito en rojo para cada uno de ellos.

1. 5,**2**64

2. **4**6,790

3. 23**6**,821

4. **3**56,225

Ⓐ Explica cómo hallaste el valor del dígito en rojo del Ejercicio 2.

Ⓑ Describe los períodos que hay en 75,874,110.

Nociones de números grandes (1-2)

Escribe los números en forma estándar.

5. Ocho millones cuatrocientos cinco mil ciento doce

6. 30,000,000 + 2,000,000 + 4,000 + 200 + 90 + 6

Ⓒ Escribe el número que es 100,000 más que el número del Ejercicio 5.

Ⓓ Escribe un número que tenga un 6 en la posición de los millones y un 3 en el de las decenas de millar.

Patrones de valor posicional (1-3)

Escribe los números de dos maneras diferentes.

7. 500

8. 850

9. 4,800

10. 3,100

11. 62,000

12. 18,000

Ⓔ Explica cómo hallaste dos maneras de escribir 4,800.

Ⓕ Halla los tres números que continúan en la siguiente serie.

6,792   6,802   6,812

Resolución de problemas: Destreza Leer para comprender (1-4)

Cuadernos María y Juan tienen 9 cuadernos en total. Cada uno tiene al menos 2 cuadernos. ¿Cuántos podría tener cada uno?

13. Di lo que sabes en tus propias palabras. Identifica datos clave y detalles.

14. Di qué se pide en la pregunta.

Ⓖ Di cuál es la idea principal en el problema de los cuadernos.

Ⓗ Resuelve el problema de los cuadernos. Explica lo que hiciste.

OPCIÓN MÚLTIPLE

EN LOS EXÁMENES

Piénsalo bien

Puedo **identificar la idea principal** en una pregunta hallando palabras clave como *NO*.

1. ¿Cuántas centenas hay en 19,000? (1-3)

   A. 19,000   **B.** 1,900   **C.** 190   **D.** 19

2. ¿Cuál de las siguientes formas NO representa 1,472? (1-1)

   A. Mil cuatrocientos setenta y dos

   C. $1,000 + 400 + 20 + 7$

   B.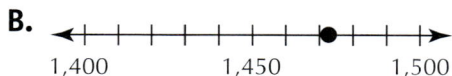

   D.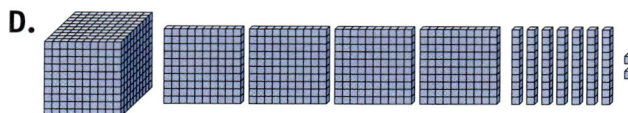

RESPUESTA LIBRE

Escribe los números en forma estándar.

3. quinientos seis mil doscientos quince

4. $200,000 + 80,000 + 1,000 + 300$

Escribe los números en palabras e indica el valor del dígito en rojo de cada uno de ellos. (1-1 y 1-2)

   5. 6,482   **6.** 25,815   **7.** 932,744   **8.** 36,109,562

Busca un patrón. Halla los tres números que continúan en las siguientes series. (1-3)

   9. 1,500   2,500   3,500   **10.** 4,815   4,915   5,015

Usa el problema de los Cuadrados en los Ejercicios 11 y 12. (1-4)

11. Paso 1: ¿Qué sabes?

   a. Di con tus propias palabras lo que sabes.

   b. Identifica datos clave y detalles.

12. Paso 2: ¿Qué quieres averiguar?

   a. Di qué se pregunta.

   b. Muestra la idea principal.

Cuadrados Muestra cómo dividir un cuadrado en 4 partes iguales de modo que cada parte NO sea un cuadrado.

Escritura en matemáticas

13. Explica por qué el 7 en 47,205,162 tiene un valor de 7,000,000. (1–2)

14. Explica cómo escribir 3,200 de dos maneras diferentes. (1–3)

Idea clave
El valor posicional te ayuda a comparar y ordenar números.

EN LOS EXÁMENES

Piénsalo bien

Recuerdo que el símbolo > significa "es mayor que" y el símbolo < significa "es menor que".

Comparar y ordenar números

APRENDE

✓ **PREPÁRATE**

¿Qué número es mayor?

1. 317 ó 371
2. 893 ó 389
3. 655 ó 565

¿Cómo comparas dos números?

Puedes usar una recta numérica para comparar dos números. En una recta numérica, los números que están a la derecha son mayores.

Ejemplo A

¿Qué océano tiene mayor profundidad, el océano Atlántico, con 28,232 pies, o el océano Pacífico, con 35,840 pies?

28,232   35,840

27,000   30,000   34,000   37,000

35,840 está a la derecha de 28,232. Por tanto, el océano Pacífico tiene mayor profundidad que el océano Atlántico.

Puedes usar el valor posicional para comparar números.

Ejemplo B

¿Qué océano tiene mayor profundidad, el océano Atlántico, con 28,232 pies, o el océano Índico, con 23,376 pies?

PASO 1

Escribe los números, alineando las posiciones. Comienza por la izquierda y compara.

28,232
23,376

PASO 2

Halla la primera posición en la cual los dígitos sean diferentes y compara.

28,232
23,376

8 millares > 3 millares, por tanto, 28,232 > 23,376.

El océano Atlántico tiene mayor profundidad que el océano Índico.

✓ Hablemos

1. ¿Qué valor posicional usarías para comparar 35,840 y 28,232?

¿Cómo ordenas números?

Puedes usar el valor posicional para ordenar números.

Ejemplo C

Ordena los números de mayor a menor.

23,376   35,840   17,881

PASO 1

Alinea las posiciones. Comienza por la izquierda. Halla el número mayor.

23,376
35,840
17,881

35,840 es el mayor.

PASO 2

Compara los otros números.

23,376
17,881

23,376 > 17,881

PASO 3

Escribe los números de mayor a menor.

35,840
23,376
17,881

Ordenados de mayor a menor, los números son: 35,840, 23,376 y 17,881.

✔ Hablemos

2. Si los números del Ejemplo C se mostraran en una recta numérica, ¿cuál estaría más lejos hacia la derecha? ¿Por qué?

3. ¿Cómo ordenas los números de abajo de menor a mayor? Explícalo.

32,450   324,500   3,245

En la INTERNET
Más ejemplos
www.scottforesman.com

COMPRUEBA ✔

Otro ejemplo: Grupo 1-5, página 53

Compara. Escribe > o < para cada ⬤.

1. 4,869 ⬤ 4,709   **2.** 25,033 ⬤ 25,013   **3.** 847,260 ⬤ 748,350

4. Ordena los números de mayor a menor.

37,256   36,955   37,276

5. 210,415   21,390   120,475

6. Sentido numérico Escribe tres números que sean mayores que 25,000 y menores que 26,000.

A Destrezas y comprensión

Compara. Escribe > o < para cada ⬤ .

7. 6,249 ⬤ 6,384

8. 36,256 ⬤ 8,889

9. 1,743,265 ⬤ 1,734,652

10. 5,280 ⬤ 2,580

11. 48,524 ⬤ 48,425

12. 18,263,014 ⬤ 19,632,114

Ordena los números de menor a mayor.

13. 276,106   274,108   275,210

14. 12,073   12,007   12,401

15. Sentido numérico Escribe tres números que sean mayores que 470,000 y menores que 471,000.

B Razonamiento y resolución de problemas

Matemáticas y estudios sociales

¿Qué océano tiene mayor área?

16. ¿el Atlántico o el Índico?

17. ¿el Ártico o el Índico?

18. Ordena los océanos de mayor a menor según el área.

Archivo de datos

Océano	Área en millas cuadradas
Ártico	5,105,700
Atlántico	33,420,000
Índico	28,350,500
Pacífico	64,186,300

19. ¿Qué punto representa 3,285 en la recta numérica?

20. Ordena los números de menor a mayor.

3,270   3,285   3,250   3,235

21. Escritura en matemáticas ¿Es correcta la siguiente explicación? De no ser así, di por qué y escribe la respuesta correcta.

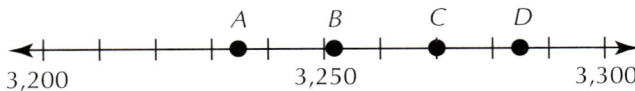

Compara 2,335 y 2,146

2,335

2,146

Compara unidades, luego decenas.

2,146 es mayor, porque tiene más decenas y unidades.

EN LOS EXÁMENES

Piénsalo bien

Puedo **usar objetos** o **hacer dibujos** para explicar mi razonamiento.

C Un paso adelante

22. Usa los dígitos 2, 3 y 7 para formar la mayor cantidad de números de 3 dígitos que puedas. Ordena los números de menor a mayor.

23. Usa los dígitos 8, 8, 2 y 2 para formar la mayor cantidad de números de 4 dígitos que puedas. Ordena los números de mayor a menor.

Repaso mixto y preparación de exámenes

Escribe los números de dos maneras diferentes.

24. 600   **25.** 190   **26.** 5,400   **27.** 28,000

28. ¿Qué número tiene un 2 en la posición de los millones?

   A. 25,432,601   **B.** 32,580,000   **C.** 64,270,100   **D.** 75,128,000

Discovery CHANNEL SCHOOL™

Descubre las matemáticas en tu mundo

Un logro colosal

El Coliseo romano, en Italia, se construyó hace más de 1,900 años. Tenía 4 niveles y 80 puertas. Los romanos inventaron el sistema de boletos para colocar rápidamente a miles de espectadores en sus asientos. Cada boleto tenía un número de puerta, un nivel y un número de asiento.

1. ¿Tenía el Coliseo más o menos de 100 entradas?

2. ¿Se construyó el Coliseo hace más o menos de 1,000 años?

3. El sistema de boletos ayudaba a colocar en sus asientos a alrededor de 3,666 espectadores por minuto. ¿Es este número mayor o menor que 3,600?

Idea clave
El valor posicional te ayuda a redondear números.

Vocabulario
• redondear

Redondear números

APRENDE

PREPÁRATE

Redondea a la decena más cercana.

1. 132   **2.** 258

3. 761   **4.** 250

¿Cómo redondeas números?

Redondear un número es reemplazar un número por otro que represente aproximadamente la misma cantidad.

Puedes usar una recta numérica para redondear números.

Ejemplo A

Redondea 26,415 al millar más cercano.

mitad

26,415

26,000   26,500   27,000

26,415 está más cerca de 26,000 que de 27,000. 26,415 se redondea a 26,000.

Puedes usar el valor posicional para redondear números.

Paso 1 Observa el dígito a la derecha de la posición de redondeo. Si es igual o mayor que 5, súmale 1. Si es menor que 5, déjalo tal como está.

Paso 2 Cambia a cero el dígito a la derecha de la posición de redondeo.

Ejemplo B

Redondea 26,808 al millar más cercano.

posición de los millares

2**6**,808   El dígito a la derecha es 8. Como 8 > 5, súmale 1 al dígito en la posición de los millares.

2**7**,000

Ejemplo C

Redondea 534,043 a la centena de millar más cercana.

posición de las centenas de millar

534,043   El dígito a la derecha es 3. Como 3 < 5, deja el dígito en la posición de las centenas de millar tal como está.

500,000

✔️ **Hablemos**

1. Di un número de 3 dígitos y un número de 4 dígitos que puedas redondear a 1,000.

En la INTERNET
Más ejemplos
www.scottforesman.com

Redondea los números a la posición del dígito subrayado.

1. 4,535
2. 9,243
3. 46,925
4. 43,705
5. 815,578
6. 2,670,322

7. **Sentido numérico** Escribe 4 números que se redondeen a 300 si se redondearan a la centena más cercana.

EN LOS EXÁMENES

Piénsalo bien

Puedo **hacer un dibujo** de una recta numérica para hallar el número más cercano.

PRÁCTICA

Más práctica: Grupo 1-6, página 57

A Destrezas y comprensión

Redondea los números a la posición del dígito subrayado.

8. 5,690
9. 2,585
10. 72,932
11. 47,172
12. 16,555
13. 54,995
14. 691,843
15. 4,305,344

16. **Sentido numérico** Escribe 4 números que se redondeen a 2,000 si se redondearan al millar más cercano.

B Razonamiento y resolución de problemas

17. Redondea 11,900,000 al millón más cercano.

18. **Razonamiento** ¿A qué valor posicional crees que se ha redondeado el número 11,900,000? Explícalo.

19. **Escritura en matemáticas** Quieres redondear 3,546 a la centena más cercana. ¿De qué te sirve el saber qué número está en la mitad entre 3,500 y 3,600?

Durante la temporada de teatro 2000–2001, alrededor de 11,900,000 personas asistieron a alguna obra en Broadway.

Repaso mixto y preparación de exámenes

En la INTERNET
Preparación de exámenes
www.scottforesman.com

Compara. Escribe > o < para cada ⬤.

20. 8,765 ⬤ 7,865
21. 46,200 ⬤ 46,220
22. 27,914106 ⬤ 28,094,610

23. ¿Qué número tiene un 8 en el lugar de los millares?

A. 37,386   **B.** 36,846   **C.** 8,236   **D.** 87,246

Las relaciones de valor posicional te ayudan a hacer estimaciones.

Materiales
- papel cuadriculado
  o **e·tools**
- tijeras
- cinta adhesiva

EN LOS EXÁMENES

Piénsalo bien

Puedo **usar objetos** para comprender números.

El tamaño de los números

APRENDE

Escribe < o > para cada ⬤.

1. 3,456 ⬤ 3,477
2. 16,463 ⬤ 16,436
3. 136,002 ⬤ 136,012

Actividad

¿Cuánto es un millón?

a. Trabaja en grupos de 10. Cada grupo recorta cuadrículas de 10 por 10 para formar cuadrículas de 100.

b. Cada grupo pega con cinta adhesiva las cuadrículas de 100 para formar tiras de 1,000. ¿Cuántas cuadrículas de 100 se necesitan para formar una tira de 1,000?

c. Cada grupo forma suficientes tiras de 1,000 para formar un tablero de 10,000. ¿Cuántas tiras de 1,000 necesita cada grupo?

d. Coloca tus tableros de 10,000 junto a los tableros de los otros 9 grupos de la clase. ¿Cuántos cuadrados hay?

e. Imagina que tu clase coloca sus tableros de 10,000 junto a los tableros de otras 9 clases. ¿Cuántos cuadrados habrá? Copia y completa en la tabla lo que descubras.

Número de clases	Número de tableros de 10,000	Número de tiras de 1,000	Número de cuadrados
1	10	100	100,000
2	20	200	200,000
3			
10			

✔ Hablemos

1. Describe los patrones numéricos que ves en la tabla.

COMPRUEBA ✓

Usa razonamiento o conteo para resolver cada pregunta.

1. ¿Cuántas veces 1,000 es igual a 100,000?

2. ¿Cuántas veces 10,000 es igual a 100,000?

3. Sentido numérico ¿Cuántas veces 50,000 es igual a 400,000?

PRÁCTICA

Más práctica: Grupo 1-7, página 57

Ⓐ Destrezas y comprensión

Di cuántos granos de arroz hay aproximadamente en:

4. 6 tazas   **5.** 8 tazas   **6.** 10 tazas

7. ¿Cuántas veces 1,000 es igual a 1,000,000?

8. ¿Cuántos veces 10,000 es igual a 1,000,000?

9. ¿Cuántas veces 100,000 es igual a 1,000,000?

10. Sentido numérico ¿Cuántas veces 10,000 es igual a 500,000? Explícalo

Hay aproximadamente 10,000 granos de arroz en una taza.

Ⓑ Razonamiento y resolución de problemas

¿Qué usarías para contar estos objetos: centenas, millares o millones? Di por qué.

11. El número de libros de matemáticas en tu clase.

12. El número de personas en los Estados Unidos.

13. El número de mascotas en tu ciudad.

14. <u>**Escritura en matemáticas**</u> Una fábrica produce 30,000 pares de tenis cada día. ¿En cuántos días aproximadamente producirá 300,000? Explícalo.

Repaso mixto y preparación de exámenes

En la INTERNET
Preparación de exámenes
www.scottforesman.com

15. Redondea 87,267 al millar y a la decena de millar más cercanos.

16. ¿Qué dígito está en el lugar de las decenas de millones en 148,265,000?

A. 1   **B.** 4   **C.** 6   **D.** 8

Resolución de problemas: Destreza

Identificar los pasos en un proceso

te ayuda con...

la etapa *Planea y resuelve* del proceso de resolución de problemas.

Idea clave
Planea y resuelve es la segunda etapa del proceso de resolución de problemas.

Planear y resolver

APRENDE

¿Cómo haces un plan para resolver un problema?

Vista hermosa Usar un binocular de monedas cuesta 50¢. El aparato acepta cualquier combinación de monedas de 25, 10 y 5 centavos. ¿De cuántas maneras diferentes puedes poner 50¢ en ese aparato?

Planea y resuelve

Paso 1: Escoge una estrategia
Piensa qué estrategia o estrategias podrían servirte.

25¢	10¢	5¢	25¢	10¢	5¢
2	0	0	0	4	2
1	2	1	0	3	4
1	1	3	0	2	6
1	0	5	0	1	8
0	5	0	0	0	10

ESTRATEGIAS

- **Muestra lo que sabes**
  Haz un dibujo
  Organiza la información en una lista
  Haz una tabla
  Haz una gráfica
  Represéntalo o usa objetos
- **Busca un patrón**
- **Prueba, comprueba y revisa**
- **Escribe una oración numérica**
- **Usa razonamiento lógico**
- **Resuelve un problema más sencillo**
- **Empieza por el final**

Escoge uno

Cálculo mental

Paso 2: ¿En aprietos? No te rindas.
Prueba los consejos de la derecha si estás en aprietos.

Paso 3: Responde la pregunta.
Hay 10 maneras de poner 50 centavos en el binocular de monedas usando monedas de 25¢, 10¢ y 5¢.

EN LOS EXÁMENES

Piénsalo bien

- Vuelve a leer el problema
- Di el problema con tus propias palabras
- Di lo que sabes
- Identifica datos clave y detalles
- Muestra la idea principal
- Prueba una estrategia diferente
- Comprueba cada paso

✔ Hablemos

1. ¿Te serviría otra estrategia? Explícalo.

Números Halla dos números que sumen 20 y tengan una diferencia de 8.

Micky

Prueba 12 + 8 = 20   12 − 8 = 4   no
Prueba 13 + 7 = 20   13 − 7 = 6   no
Prueba 14 + 6 = 20   14 − 6 = 8   sí

1. Di la estrategia que usó Micky.

2. Responde con una oración completa.

Alimento para tortugas En un estanque había 18 peces para alimentar a las tortugas. Sam pone 27 peces más en el estanque. ¿Cuántos peces hay ahora en el estanque?

Ann

18 + 27 = número de peces
45 peces

3. Di la estrategia que usó Ann para resolver el problema Alimento para tortugas.

4. Da la respuesta del problema Alimento para tortugas en una oración completa.

Tacos Los tacos se hacen con tortillas de maíz o harina y se rellenan con carne, pollo o frijoles. ¿Cuántos tipos diferentes de tacos puede hacerse?

Ronaldo

maíz-carne   harina-carne
maíz-pollo   harina-pollo
maíz-frijoles   harina-frijoles
        6 tacos

Carrie

   2 de carne
   2 de pollo
+ 2 de frijoles
─────────────
   6 tacos

5. Escribe la estrategia que usó Ronaldo para resolver el problema de los Tacos.

6. Escribe la estrategia que usó Carrie para resolver el problema de los Tacos.

7. Da la respuesta del problema de los Tacos en una oración completa.

Escritura en matemáticas Responde las preguntas de la derecha para:

8. el problema de los Números.

9. el problema Alimento para tortugas.

Lee y comprende los problemas

PASO 1 ¿Qué sabes?

PASO 2 ¿Qué quieres averiguar?

¿Lo sabes hacer?

¿Lo entiendes?

Comparar y ordenar números (1-5)

Compara. Escribe > o < para cada ●.

1. 2,346 ● 2,436

2. 15,983 ● 16,352

3. 935,261 ● 953,261

A Explica cómo comparaste los números en el Ejercicio 2.

B Explica cómo podrías usar una recta numérica en el Ejercicio 1.

Redondear números (1-6)

Redondea los números al millar o a la decena de millar más cercanas.

4. 28,263   **5.** 48,765

6. 511,358   **7.** 926,510

C Explica por qué 6,243 está más cerca de 6,000 que de 7,000.

D Di cómo redondeas un número al millar más cercano.

El tamaño de los números (1-7)

¿Cuántos millares representa cada uno?

8. 30,000   **9.** 70,000

10. 800,000   **11.** 500,000

12. 1,000,000   **13.** 2,000,000

E ¿Cuántas veces 10,000 es igual a 80,000?

F Si quisieras contar el número de carros que hay en tu estado, ¿usarías centenas, millares o millones?

Resolución de problemas: Destreza   Planear y resolver (1–8)

14. Globos Tina tenía 2 globos. Después de comprar un nuevo paquete, tenía 12 globos. Después de comprar otro paquete, tenía 22 globos. ¿Cuántos globos tendrá si compra otro paquete más?

2,   12,   22,
  +10   + 10   32 globos

G Escribe la estrategia que usaste para resolver el problema de los Globos.

H ¿De qué otra manera podrías resolver el problema?

OPCIÓN MÚLTIPLE

1. ¿Qué número es mayor que 58,246? (1–5)

    A. 58,236   **B.** 57,246   **C.** 58,426   **D.** 58,146

2. ¿Cuántas centenas son iguales a 46,000? (1–7)

    A. 46   **B.** 460   **C.** 4,600   **D.** 46,000

EN LOS EXÁMENES

Piénsalo bien

Puedo **convertir la pregunta en una afirmación:** "Tengo que hallar un número mayor que 58,2462".

RESPUESTA LIBRE

Para los Ejercicios 3 a 5, usa el archivo de datos de la derecha. ¿Qué estado tenía la mayor población en 2000? (1-5)

3. Texas o Nueva York

4. Nueva York o la Florida

5. Redondea la población de Virginia a la centena de millar más cercana. (1-5)

Archivo de datos

Estado	Población en 2000
Florida	15,982,378
Nueva York	18,976,467
Texas	20,851,820
Virginia	7,078,515

Cada jardinera tiene 100 tulipanes. Di cuántos tulipanes hay en:

6. 7 jardineras   **7.** 40 jardineras (1-7)

Escuelas En 1999 Illinois tenía 3,169 escuelas, mientras que Nueva York tenía 3,081. ¿Qué estado tenía mayor cantidad de escuelas?

8. Resuelve el problema de las Escuelas. Escribe la respuesta en una oración completa. (1-8)

9. Explica cómo comparas los números en el problema de las Escuelas.

Escritura en matemáticas

10. Explica cómo ordenar 56,087, 56,901, 57,543 y 56,672 de mayor a menor. (1–5)

11. Explica cómo podrías usar el valor posicional para redondear 3,169 al millar más cercano. (1–6)

Idea clave

Una moneda de 10¢ es una décima de dólar y una moneda de 1¢ es una centésima de dólar.

Vocabulario
• punto decimal
• centésima
• décima

Usar dinero para comprender los decimales

APRENDE

✔ **PREPÁRATE**

Escribe el valor del dígito en rojo de cada número.

1. 2,3**4**8

2. 159,**7**62

3. 64**8**,295

¿Qué relación hay entre los decimales y el dinero?

Diez monedas de 10¢ equivalen a 1 dólar. Una moneda de 10¢ es una **décima** de dólar.

Cien monedas de 1¢ equivalen a 1 dólar. Una moneda de 1¢ es una **centésima** de dólar.

0.1
una décima

0.1
una centésima

Se puede usar una tabla de valor posicional para relacionar los decimales y el dinero.

Dólares (unidades)		Monedas de 10¢ (décimas)	Monedas de 1¢ (centésimas)
$4	.	9	5

punto decimal

Se lee: cuatro dólares *con* noventa y cinco centavos.

Ejemplo

Aquí hay dos maneras de representar $4.95

$4.95 = 4 dólares + 9 monedas de 10¢ + 5 monedas de 1¢
    = 4 unidades + 9 décimas + 5 centésimas

$4.95 = 4 dólares + 95 monedas de 1¢
    = 4 unidades + 95 centésimas

✔ **Hablemos**

1. ¿Por qué una moneda de 10¢ es una décima de dólar?

2. ¿Por qué una moneda de 1¢ es una centésima de dólar?

En la INTERNET
www **Más ejemplos**
www.scottforesman.com

Copia y completa.

1. $2.85 = ▢ dólares + ▢ monedas de 10¢ + ▢ monedas de 1¢
2.85 = ▢ unidades + ▢ décimas + ▢ centésimas

2. $5.37 = ▢ dólares + ▢ monedas de 1¢
5.37 = ▢ unidades + ▢ centésimas

3. Sentido numérico Escribe siete con cuarenta y tres centésimas usando el punto decimal.

PRÁCTICA

Más práctica: Grupo 1-9, página 58

A Destrezas y comprensión

Copia y completa.

4. $4.25 = ▢ dólares + ▢ monedas de 10¢ + ▢ monedas de 1¢
4.25 = ▢ unidades + ▢ décimas + ▢ centésimas

5. $1.09 = ▢ dólares + ▢ monedas de 10¢ + ▢ monedas de 1¢
1.09 = ▢ unidades + ▢ décimas + ▢ centésimas

6. $8.16 = ▢ dólares + ▢ monedas de 1¢
8.16 = ▢ unidades + ▢ centésimas

7. Escribe 2 dólares, 8 monedas de 10¢, 4 monedas de 1¢ usando el signo de dólar y el punto decimal.

8. Sentido numérico ¿Qué cantidad es mayor, 3 monedas de 10¢ y 2 monedas de 1¢, o 2 monedas de 10¢ y 3 monedas de 1¢?

B Razonamiento y resolución de problemas

¿Cómo podrías usar sólo dólares, monedas de 10¢ y 1¢ para comprar

9. el collar? **10.** el gorro?

$9.95

$8.47

11. Escritura en matemáticas Explica por qué el 7 en $8.47 representa centésimas de dólar.

🦉 **Repaso mixto y preparación de exámenes**

En la INTERNET
Preparación de exámenes
www.scottforesman.com

12. Rosa sabe que cada álbum tiene aproximadamente 100 páginas. Hay 30 álbumes. Estima el número total de páginas.

13. Redondea 784,692 al millar más cercano.
A. 780,000 **C.** 785,000
B. 784,000 **D.** 790,000

Idea clave

Al contar dinero, es más fácil empezar con los billetes o monedas de mayor valor.

Contar dinero

APRENDE

¿Cómo cuentas dinero?

Halla el valor de

1. 3 monedas de 10¢.

2. 2 monedas de 25¢.

3. 7 monedas de 10¢ y 2 monedas de 1¢.

Ejemplo A

Imagina que tienes en tu bolsillo estos billetes y monedas: 1 moneda de 1¢, 2 monedas de 5¢, una moneda de 10¢, 5 monedas de 25¢, 2 billetes de $1 dólar, uno de $5 y uno de $10 ¿Cuánto dinero tienes?

Primero, cuento los billetes. Empiezo con el billete de mayor valor.

$10.00 ⟶ $15.00 ⟶ $16.00 ⟶ **$17.00**

Cuatro monedas de 25¢ forman otro dólar.

$17.25 ⟶ $17.50 ⟶ $17.75 ⟶ **$18.00**

Luego, cuento las monedas que quedan. Empiezo con la moneda de mayor valor.

$18.25 ⟶ $18.35 ⟶ $18.40 ⟶ $18.45 ⟶ **$18.46**

Se escribe: $18.46

Se dice: dieciocho dólares con cuarenta y seis centavos.

Ejemplo B

¿Cómo puedes formar $21.30 con la menor cantidad de billetes y monedas?

Empieza con el billete de mayor valor. Luego sigue usando los otros billetes o monedas de mayor valor.

Usa un billete de $20, uno de $1, una moneda de 25¢ y una de 5¢.

✔ Hablemos

1. Explica por qué se contaron juntas las cuatro monedas de 25¢ en el Ejemplo A.

Cuenta el dinero. Escribe las cantidades con el signo de dólar y el punto decimal.

1. dos billetes de $1, 4 monedas de 10¢, 8 monedas de 1¢

2. un billete de $5, 3 monedas de 25¢, 1 moneda de 10¢

Di cómo obtener las cantidades de dinero con la menor cantidad de billetes y monedas.

3. $4.65

4. $17.48

5. $1.99

6. $28.32

7. Razonamiento Ed tiene un billete de $10, uno de $5, 4 de $1, 3 monedas de 25¢ y 2 de 10¢. Stacy tiene tres billetes de $5, tres de $1 y 8 monedas de 25¢. ¿Quién tiene más dinero?

PRÁCTICA

Más práctica: Grupo 1-10, página 58

A Destrezas y comprensión

Cuenta el dinero. Escribe las cantidades con el signo de dólar y el punto decimal.

8. cuatro billetes de $1, 1 moneda de 25¢, 2 de 5¢

9. un billete de $5, dos de $1, 3 monedas de 10¢

Di cómo obtener las cantidades de dinero con la menor cantidad de billetes y monedas.

10. $3.25

11. $26.72

12. $8.19

13. $14.56

14. Razonamiento ¿Cómo podrías obtener exactamente $41.15 con tres billetes y tres monedas?

B Razonamiento y resolución de problemas

15. Álgebra La señora Méndez tiene $0.93 en su monedero. Tiene 9 monedas en total. Tiene dos monedas más de 10¢ que de 25¢. ¿Qué monedas tiene?

16. Escritura en matemáticas ¿De cuántas maneras diferentes puedes obtener $0.25 usando sólo monedas de 5¢ y 10¢? Explícalo.

Repaso mixto y preparación de exámenes

En la INTERNET
Preparación de exámenes
www.scottforesman.com

17. $6.47 = ☐ dólares + ☐ monedas de 10¢ + ☐ monedas de 1¢
6.47 = ☐ unidades + ☐ décimas + ☐ centésimas

18. Cada luchador pesa aproximadamente 200 libras. Estima el peso de 10 luchadores.

A. 200 libras

B. 1,000 libras

C. 2,000 libras

D. 20,000 libras

Idea clave
Puedes contar hacia arriba partiendo del precio para calcular el cambio.

EN LOS EXÁMENES

Piénsalo bien
Puedo **usar objetos o dibujos** para calcular el cambio.

Calcular cambio

APRENDE

¿Cómo calculas el cambio?

Cuando calculas el cambio, cuentas dinero.

✓ **PREPÁRATE**

Cuenta el dinero. Escribe las cantidades con signo de dólar y punto decimal.

1. 4 dólares, 2 monedas de 25¢, 1 moneda de 10¢

2. 2 dólares, 3 monedas de 10¢

Ejemplo A

Eric compra flores por $2.68 y paga con tres billetes de $1. ¿Cuánto cambio recibirá?

Cuenta a partir de $2.68.

Precio   **Cantidad pagada**

$2.68 → $2.69 → $2.70 → $2.75 ⟶ **$3.00**

El cambio de Eric es 1 moneda de 25¢, 1 de 5¢ y dos monedas de 1¢, o sea, $0.32.

Ejemplo B

La señora Feld compra un paquete de semillas a $7.45 y paga con un billete de $10. ¿Cuánto cambio recibirá?

Cuenta a partir de $7.45.

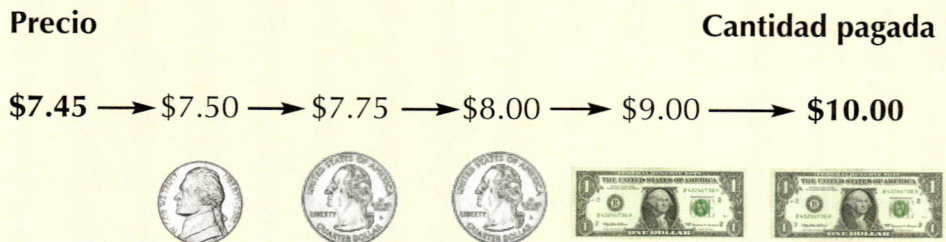

Precio   **Cantidad pagada**

$7.45 → $7.50 → $7.75 → $8.00 → $9.00 ⟶ **$10.00**

El cambio de la señora Feld es 2 dólares, 2 monedas de 25¢ y una moneda de 5¢, o sea, $2.55.

✓ Hablemos

1. En el ejercicio B, ¿qué cambio recibiría la señora Feld si pagara con un billete de $20?

Haz una lista de los billetes y monedas que usarías para calcular el cambio de las compras que se pagaron con las cantidades que se muestran. Luego, escribe la cantidad con el signo de dólar y el punto decimal.

1. Precio: $8.25

2. Precio: $13.52

3. Precio: $18.79

4. Razonamiento Imagina que compras un artículo que cuesta $3.23. ¿Por qué podrías pagar con un billete de 5 dólares, dos monedas de 10¢ y 3 monedas de 1¢?

PRÁCTICA

Más práctica: Grupo 1-11, página 59

Ⓐ Destrezas y comprensión

Haz una lista de los billetes y monedas que usarías para calcular el cambio de las compras que se pagaron con las cantidades que se muestran. Luego, escribe la cantidad con el signo de dólar y el punto decimal.

5. Precio: $16.94

6. Precio: $24.05

7. Precio: $37.98

8. Sentido numérico Imagina que compras un artículo que cuesta $1.96. ¿Por qué podrías pagar con dos billetes de $1 y 1 moneda de 1¢ al vendedor?

Ⓑ Razonamiento y resolución de problemas

Cuánto cambio deberías recibir de $20 al comprar

9. los tulipanes?   **10.** las rosas?

11. <u>Escritura en matemáticas</u> Ken paga con un billete de $20 por una compra de $12.73 ¿Cuál es la menor cantidad de monedas y billetes que podría recibir? Explícalo.

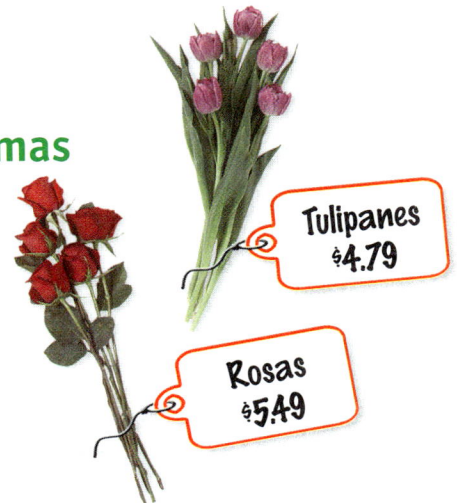

Tulipanes
$4.79

Rosas
$5.49

En la INTERNET
Preparación de exámenes
www.scottforesman.com

12. ¿Cuántas veces 100 es igual a 100, 000?

13. ¿Cuál de las siguientes es siete con veintiuna centésimas?

A. 7.021   **B.** 7.21   **C.** 72.1   **D.** 721

Idea clave
Puedes usar una cuadrícula para representar décimas y centésimas.

Materiales
• Modelos decimales

EN LOS EXÁMENES

Piénsalo bien
Mira el valor posicional del último dígito a la derecha para leer un decimal.

Más sobre los decimales

APRENDE

¿Cómo representas y escribes décimas y centésimas?

Puedes usar cuadrículas para representar cómo leer y escribir decimales.

✓ **PREPÁRATE**

Indica el valor del dígito en rojo de cada número.

1. 34,636

2. 2,579

3. 264,203

Ejemplo A

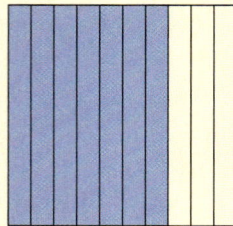

Unidades		Décimas
0	.	7

7 partes de 10 están coloreadas.

Se lee: siete décimas

Se escribe: 0.7

Ejemplo B

Unidades		Décimas	Centésimas
0	.	8	2

82 partes de 100 están coloreadas.

Se lee: ochenta y dos centésimas

Se escribe: 0.82

✓ **Hablemos**

1. ¿Por qué cada columna de la cuadrícula del Ejemplo A es igual a una décima?

2. ¿En qué se parece una parte de la cuadrícula del Ejemplo B a una moneda de 1¢?

¿Qué relación hay entre las décimas y las centésimas?

¿Qué parte está coloreada? Esto es lo que pensaron Scott y María.

60 de 100 cuadrados están coloreados, por tanto, sesenta centésimas de la cuadrícula están coloreadas.

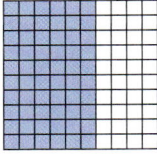

6 de 10 columnas están coloreadas, por tanto, seis décimas de la cuadrícula están coloreadas.

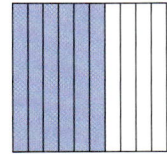

Tanto Scott como María están en lo correcto.

$0.60 = 0.6$

✔ Hablemos

3. ¿Cómo representa 0.60 y 0.6 la cuadrícula de Scott?

4. ¿Cuántas centésimas son iguales a 10 décimas?

COMPRUEBA ✓

Otro ejemplo: Grupo 1-12, página 55

Escribe el nombre de las partes coloreadas en palabras y en decimales.

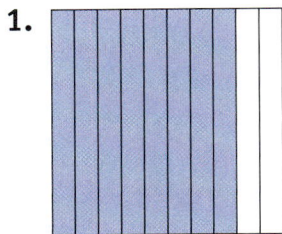

1.

2.

3.

Dibuja y colorea una cuadrícula para representar cada decimal.

4. 0.55   **5.** 0.5   **6.** 0.05   **7.** 0.50   **8.** 0.33

9. Sentido numérico ¿Cuál es mayor 0.3 ó 0.03? Explícalo.

A Destrezas y comprensión

Escribe el nombre de las partes coloreadas en palabras y en decimales.

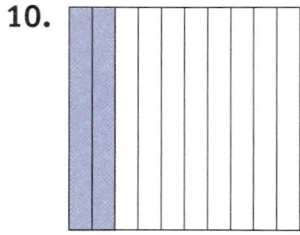

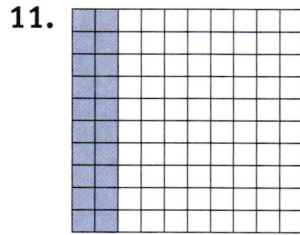

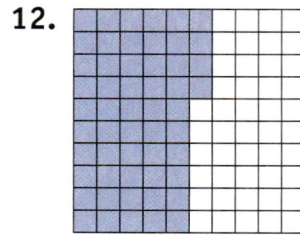

10.

11.

12.

Dibuja y colorea una cuadrícula para representar cada decimal.

13. 0.3   **14.** 0.68   **15.** 0.90   **16.** 0.14   **17.** 0.71

18. Sentido numérico Explica por qué 0.7 = 0.70.

B Razonamiento y resolución de problemas

Matemáticas y ciencias

En los Ejercicios 19 a 21, sombrea una cuadrícula para representar el área cubierta de bosques.

19. En 1972 los bosques cubrían aproximadamente el 0.32 de la superficie de la Tierra.

20. En el 2001 los bosques cubrían aproximadamente el 0.29 de la superficie de la Tierra.

21. Usa la información de la derecha para representar la parte de la superficie de los Estados Unidos que está cubierta de bosques.

22. Tina reunió 4 galones de savia de arce un día y 3 galones al día siguiente. Si de cada galón se obtienen 4 onzas de jarabe, ¿cuántas onzas de jarabe puede obtener Tina en total?

23. **Escritura en matemáticas** Explica por qué 2 décimas es mayor que 2 centésimas. Usa cuadrículas de centésimas o dinero como ayuda.

En los Estados Unidos, los bosques cubren aproximadamente el 0.25 del territorio.

24. <u>Escritura en matemáticas</u> ¿Es correcta la explicación que aparece abajo? De no ser así, di por qué y escribe la respuesta correcta.

> ¿Son equivalentes 0.30 y 0.3? Explícalo.
>
> *No, 0.30 es mayor que 0.3 porque 30 es mayor que 3.*

EN LOS EXÁMENES

Piénsalo bien
Siempre debo **comprobar mi respuesta.**

C Un paso adelante

Patrones Escribe los dos números que siguen en cada patrón.

25. 0.1, 0.3, 0.5

26. 0.24, 0.23, 0.22

Repaso mixto y preparación de exámenes

En la INTERNET
Preparación de exámenes
www.scottforesman.com

27. Un cliente paga $6.89 por una compra con un billete de $20. ¿Qué monedas y billetes podrías darle de cambio?

28. ¿Cuánto dinero es un billete de $5, una moneda de 25¢, una de 10¢, una de 5¢ y 3 de 1¢?

A. $5.18 **B.** $5.33 **C.** $5.43 **D.** $6.18

Aprender con tecnología
Sumar dinero con eTools

Selecciona el área doble y el odómetro. Reúne $5.01 en la parte superior y $1.96 en la parte inferior. Suma dinero a la parte inferior hasta igualar la cantidad de la parte superior. Lleva la cuenta de lo que sumas.

1. ¿Cuánto dinero le sumaste a $1.96 para obtener $5.01?

2. Si un artículo cuesta $1.96, ¿por qué le darías $5.01 al cajero en vez de $5.00?

3. Una caja de lápices cuesta $6.98. ¿Por qué le darías al cajero $10.03 en vez de $10.00?

Resolución de problemas: Destreza

Identificar los pasos en un proceso

te ayuda con...

la etapa *Vuelve y comprueba* del proceso de resolución de problemas.

Idea clave

Vuelve y comprueba es la etapa final del proceso de resolución de problemas.

Volver y comprobar

APRENDE

¿Cuáles son los últimos pasos para resolver un problema?

El avión privado

Un avión se eleva a 400 pies por segundo. ¿Cuántos segundos demorará el avión en alcanzar los 2,000 pies?

Segundos	Pies	Altura
1 s	400	400
1 s	400	800
1 s	400	1,200
1 s	400	1,600
1 s	400	2,000

Demorará 5 segundos.

Vuelve y comprueba

Paso 1: ¿Has comprobado tu respesta?

- ¿Respondiste la pregunta apropiada?

  Sí, quiero saber el número total de segundos.

- Usa la estimación y el razonamiento para decidir si la respuesta tiene sentido.

  Conté de 400 en 400 hasta obtener 2,000. La respuesta es razonable.

Paso 2: ¿Has comprobado tu trabajo?

- Vuelve y compara tu trabajo con la información del problema.

  Di el número total de segundos, 5 segundos.

- Comprueba si usaste la operación o procedimiento correcto.

  Contar de 400 en 400 hasta obtener 2,000 me mostró cuántos segundos se necesitaban.

✔ Hablemos

1. A la derecha se muestra el trabajo de Tammy. ¿Respondió la pregunta apropiada? Explícalo.

Tammy

$2,000 + 400 = 2,400$

El total es 2,400 pies.

En los Ejercicios 1 a 4 usa el problema de las Cuatro ciudades.

1. ¿Respondió Pat la pregunta apropiada?

2. ¿Coincide el trabajo de Pat con la información del problema?

3. ¿Usó Pat el procedimiento correcto?

4. ¿Es razonable la respuesta de Pat? Explícalo.

Cuatro ciudades Cuatro ciudades están en la misma ruta que va de este a oeste. York está al oeste de Martinsville, pero al este de Central. Dallastown está al este de Martinsville. ¿Cuál es el orden de estas ciudades, de oeste a este?

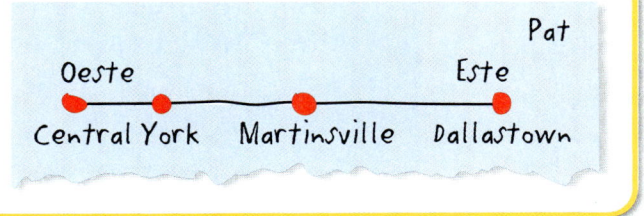

Pat

Oeste   Este

Central York   Martinsville   Dallastown

En los Ejercicios 5 a 8 usa el problema de las Calcomanías.

5. ¿Respondió Sarah la pregunta apropiada?

6. ¿Coincide el trabajo de Sarah con la información del problema?

7. ¿Usó Sarah el procedimiento correcto?

8. ¿Es razonable la respuesta de Sarah?

Sarah

$3 + 4 + 1 = 8$
El Sr. Richardson tiene 80 calcomanías.

Calcomanías ¿Cuántas calcomanías tiene el Sr. Richardson en total?

Calcomanías del Sr. Richardson

En hojas	♥ ♥ ♥
En rollos	♥ ♥ ♥ ♥
En cajas	♥

Cada ♥ = 10 calcomanías

En los Ejercicios 9 a 11 usa el problema de la Sudadera.

9. Resuelve el problema de la Sudadera. Da la respuesta en una oración completa.

10. Comprueba tu respuesta. ¿Respondiste la pregunta apropiada? ¿Es razonable tu respuesta?

11. Escritura en matemáticas Explica cómo puedes comprobar tu trabajo.

Sudadera Dawn compra una sudadera. El precio total es $12.65. Paga con un billete de $10 y uno de $5. ¿Cuánto cambio debe recibir?

Resolución de problemas: Aplicaciones

Alimento para un día A medida que la población mundial aumenta, la cantidad necesaria diaria de alimento también aumenta. Todos los días, las granjas entregan toneladas de alimento. Una gran red de trenes, camiones y barcos transporta el alimento alrededor del mundo. ¡Imagina si todo este alimento se pusiera en un solo lugar!

Dato curioso Diariamente, los granjeros estadounidenses alimentan a más de 98,000,000 de reses, 61,000,000 de cerdos, 7,800,000 de ovejas y 313,000,000 de gallinas.

1 Usa los datos anteriores. Escribe en palabras el número de reses, cerdos, ovejas y gallinas que son alimentados en los EE. UU. diariamente.

2 Todos los tomates que se cosechan en el mundo en un día pesan más o menos 234,000 toneladas. Escribe los números que son 1,000 más y 1,000 menos que 234,000.

Datos clave
Alimentos cosechados diariamente

Alimento	Toneladas
• Arvejas	13,200
• Piñas	35,000
• Papas	801,000
• Maíz	1,800,000
• Tomates	234,000
• Cebollas	98,000

Usar datos clave

3 Ordena de mayor a menor las cantidades de alimento cosechado diariamente. ¿Cuál es la cosecha de vegetales más grande del mundo?

Buenas noticias/Malas noticias Diariamente se venden más de $478,000 en productos para refrescar el aliento, pero el mundo produce diariamente 24,000 toneladas de ajo.

4 Diariamente se recolectan 159,000 toneladas de bananos. ¿Qué número está en la posición de las decenas de millar?

5 **Escritura en matemáticas** Usa los datos de esta lección para escribir un problema verbal que trate de valor posicional. Da la respuesta en una oración completa.

6 La cosecha mundial diaria de uva pesa aproximadamente 342 millones de libras. Escribe ese número en forma estándar.

7 **Tomar decisiones** Imagina que quieres consumir menos de 600 calorías en el almuerzo. ¿Qué alimentos debes escoger? ¿Cuántas calorías tendría tu almuerzo?

Alimento	Calorías
Leche	137
Jugo de naranja	111
Hamburguesa	330
Taco	220
Hot dog	214
Papas fritas	148
Pretzels	111
Naranja	65
Yogur	228
Manzana	81

¿Lo sabes hacer?

¿Lo entiendes?

Usar dinero para comprender los decimales (1-9)
Contar dinero (1-10)

Escribe las cantidades con el signo de dólar y el punto decimal.

1. un billete de $1, 5 monedas de 10¢, 4 de 1¢

2. un billete de $10, 5 monedas de 25¢, 2 de 5¢

A Di cómo obtener $6.36 con la menor cantidad de billetes y monedas.

B Escribe uno con cincuenta y cuatro centésimas usando el punto decimal.

Calcular cambio (1-11)

Haz una lista de los billetes y monedas que usarías para calcular el cambio. Luego, escribe la cantidad con signo de dólar y punto decimal.

3. Precio: $2.95   **4.** Precio: $3.26

C Di otra manera en que podrías dar cambio en el Ejercicio 4.

D ¿Empiezas con las monedas o con los billetes al dar cambio? ¿Por qué?

Más sobre los decimales (1-12)

Dibuja y colorea una cuadrícula para representar cada decimal.

5. 0.7   **6.** 0.68   **7.** 0.30

E Escribe 0.68 en palabras.

F Explica por qué $0.4 = 0.40$.

Resolución de problemas: Destreza   Volver y comprobar (1-13)

Tren Un tren debe recorrer 17 millas. Se detiene después de 8 millas. ¿Cuánto más debe recorrer?

$8 +$ _____ $= 17$ Nate
$8 + 9 = 17$ 9 millas más

8. ¿Respondió Nate la pregunta apropiada?

G Di cómo supiste si Nate respondió la pregunta apropiada.

H Explica cómo comprobar el trabajo de Nate.

EN LOS EXÁMENES

Piénsalo bien

Debo **comprender el vocabulario** de la pregunta.

OPCIÓN MÚLTIPLE

1. ¿Cuántas décimas hay en 34.75? (1-9)

A. 3   **B.** 4   **C.** 5   **D.** 7

2. Si pagaras con un billete de $20, ¿cuánto cambio recibirías por una compra de $8.74? (1-11)

A. $10.26   **B.** $10.36   **C.** $11.26   **D.** $11.36

RESPUESTA LIBRE

Copia y completa. (1-9)

3. $5.67 = ▢ dólares + ▢ monedas de 10¢ + ▢ monedas de 1¢
5.67 = ▢ unidades + ▢ décimas + ▢ centésimas

Di cómo obtener las cantidades de dinero con la menor cantidad de billetes y monedas. (1-10)

4. $1.47   **5.** $4.85   **6.** $14.26   **7.** $27.12

8. Si pagaras con un billete de $10, ¿cuánto cambio recibirías por una compra de $1.39? (1-11)

9. Escribe el nombre de la parte coloreada en palabras y en decimales. (1-12)

Escritura en matemáticas

10. Explica cómo obtener $17.68 con la menor cantidad de billetes y monedas. (1-10)

En los Ejercicios 11 y 12 usa el problema de las Monedas.

Monedas ¿De cuántas maneras puedes obtener 12 centavos?

11. ¿Respondió George la pregunta que correspondía? (1-13)

12. ¿Coincide el trabajo de George con la información del problema?

George

4 maneras

Estrategias para exámenes

Comprende la pregunta
Reúne información para la respuesta.
Planea cómo hallar la respuesta.
Escoge la mejor opción.
Usa escritura en matemáticas.
Mejora las respuestas escritas.

Comprende la pregunta

Antes de poder contestar una pregunta de un examen, debes comprenderla. Los siguientes pasos te ayudarán a comprender la pregunta.

1. Dorothy hizo esta tabla para comparar las distancias entre algunas ciudades de los Estados Unidos.

Distancia entre ciudades

Ciudades	Distancia (en millas)
Orlando, FL a Cleveland, OH	1,050
Los Ángeles, CA a Des Moines, IA	1,710
Atlanta, GA, a Boston, MA	1,110
Nueva York, NY a Denver, CO	1,790

¿Qué lista ordena las distancias de **menor** a **mayor**?

A. 1,790   1,710   1,050   1,110

B. 1,050   1,110   1,710   1,790

C. 1,110   1,050   1,710   1,790

D. 1,050   1,790   1,710   1,110

Comprende la pregunta.

- Busca palabras importantes (palabras que digan de qué trata el problema y palabras destacadas).

  Menor y *mayor* están en negrita. *Menor* aparece primero. Por tanto, el número más pequeño debe estar primero y el número *mayor* debe estar al final.

- Convierte la pregunta en una afirmación que comience: "Tengo que hallar…".

Tengo que hallar la lista que ordena los números de menor a mayor.

2. Bradley contó 9 ventanas en el primer piso de un edificio. El edificio tiene 8 pisos y cada piso tiene aproximadamente la misma cantidad de ventanas. ¿Cuál es la mejor estimación para el número de ventanas del edificio?

   A. aproximadamente 20

   B. aproximadamente 50

   C. aproximadamente 70

   D. aproximadamente 200

Piénsalo bien

La palabra **estimación** me dice que debo hallar cuántas ventanas hay **aproximadamente. Tengo que hallar** la mejor estimación del número de ventanas del edificio.

Ahora es tu turno

Identifica las palabras importantes de cada problema. Completa la afirmación "Tengo que hallar...".

3. La Florida tiene la cuarta población más grande de los 50 estados. Según una fuente consultada, su población es de 15,982,378 habitantes.

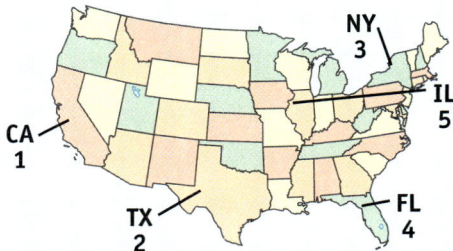

¿Qué dígito está en las centenas de millar?

   A. 9

   B. 7

   C. 8

   D. 5

4. Shelly hace el recorrido en bicicleta que se muestra abajo. Había recorrido 5 millas cuando llegó al río Crystal.

¿Cuál es la mejor estimación para la longitud del recorrido en bicicleta?

   A. 10 millas

   B. 14 millas

   C. 6 millas

   D. 20 millas

En mi escuela, cada período de clases es de 50 minutos.

En un número, cada **período** tiene 3 dígitos, empezando desde la derecha. (p. 8)

Leer para comprender números. (Lecciones 1-1, 1-2 y 1-3)

Una tabla de **valor posicional** puede ayudarte a identificar la cantidad que representa cada **dígito.**

millones			millares			unidades		
centenas de millón	decenas de millón	millones	centenas de millar	decenas de millar	millares	centenas	decenas	unidades
6	0	1	3	2	7	8	5	4

Forma desarrollada: 600,000,000 + 1,000,000 + 300,000 + 20,000 + 7,000 + 800 + 50 + 4

Forma estándar: 601,327,854

En palabras: seiscientos un millones trescientos veintisiete mil ochocientos cincuenta y cuatro

El **valor** del dígito 8 es 800. 800 puede escribirse también como 80 decenas.

1. Escribe 42,306,987 en palabras y en forma desarrollada.

Los números redondeados a menudo terminan en ceros.

Redondear es representar un número a la decena más cercana, a la centena más cercana y así sucesivamente. (p. 20)

Nuestro nuevo carro tiene equipo estándar.

La **forma estándar** es la manera usual en que escribimos los números. (p. 4)

Comparar, ordenar y redondear números. (Lecciones 1-5 y 1-6)

Compara 5,078 con 5,224.

Usa estos símbolos:
< es menor que
> es mayor que
= es igual a

5,078 < 5,224

Ordena de menor a mayor 52,672, 58,681 y 36,185.

Compara pares de números. 58,681 es el mayor y 36,185 es el menor.

36,185   52,672   58,681

Redondea 58,651 al millar más cercano.

Halla la posición de redondeo. ⊢ 5<u>8</u>,651

Como el dígito a la derecha es mayor que 5, suma 1 al dígito a redondear.

Por tanto, 58,651 se redondea a 59,000.

2. Compara 7,714 con 7,641.

3. Ordena estos números de menor a mayor. 462,500   491,266   460,743

4. Redondea 634,219 a la decena de millar más cercana.

Usar dinero para comprender los decimales. (Lecciones 1-9, 1-10, 1-11 y 1-12)

dólares (unidades)		monedas de 10¢ (décimas)	monedas de 1¢ (centésimas)
$2	.	6	4

↳ punto decimal

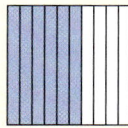

0.6
seis décimas

0.64
sesenta y cuatro centésimas

Ali compró una carpeta en $3.88. Pagó con un billete de $5. ¿Cuánto recibió de cambio?

Cuenta hacia arriba desde $3.88.

$3.88 $3.89 $3.90 $4.00 $5.00

Ali recibió $1.12.

Décima *viene de la palabra "diez" y* **centésima** *de la palabra "cien."*

Si divides algo en 10 partes iguales, obtienes **décimas.** *Si hay 100 partes iguales, obtienes* **centésimas.** *(p. 34)*

5. Hay 37 cuadrados coloreados en una cuadrícula de 100. Escribe un decimal para la parte coloreada.

6. Se realiza una compra de $2.43 con un billete de $5. Haz una lista de las monedas y billetes que podrías usar para calcular el cambio.

Usar pasos de un proceso para resolver problemas. (Lecciones 1-4, 1-7, 1-8 y 1-13)

Viv estimó que hay 50 plumas en una caja. ¿Cuántas hay aproximadamente en 4 cajas?

Lee y comprende.

Quiero saber cuántas plumas hay aproximadamente en 4 cajas.

Planea y resuelve.
Haz una tabla.

1 caja	50
2 cajas	100
3 cajas	150
4 cajas	200

Hay aproximadamente 200 plumas.

Vuelve y comprueba.

Respondí la pregunta. La respuesta es razonable porque conté de 50 en 50 para obtener 200.

7. Un *jet* viaja a 600 millas por hora. ¿Cuánto demorará en recorrer 3,000 millas?

Respuestas: 1. cuarenta y dos millones, trescientos seis mil, novecientos ochenta y siete 2. 7,714 > 7,641
3. 460,743 462,500 491,266 4. 630,000 5. 0.37 6. Ejemplo de respuesta: 2 monedas de 1¢, 1 de 5¢, 2 de
25¢, 2 billetes de un dólar 7. 5 horas; 40,000,000 + 2,000,000 + 300,000 + 6,000 + 900 + 80 + 7

Examen del capítulo

OPCIÓN MÚLTIPLE

Escoge la letra de la respuesta correcta.

1. Si pagaras con un billete de $10, ¿cuánto cambio recibirías por una compra de $6.79?

A. $2.29   **C.** $4.20

B. $3.21   **D.** $4.21

2. Redondea 571,092 a la decena de millar más cercana.

A. 570,000   **C.** 580,000

B. 571,000   **D.** 600,000

3. ¿De qué otra manera puedes escribir 65,000?

A. 65 decenas

B. 65 centenas

C. 65 millares

D. 65 decenas de millar

4. ¿Cuál es el valor del dígito en rojo?

97,065

A. 90   **C.** 90,000

B. 9,000   **D.** 900,000

5. Halla los tres números que siguen en el patrón:

3,410, 3,430, 3,450, ▪, ▪, ▪

A. 3,460, 3,470, 3,480

B. 3,450, 3,480, 3,510

C. 3,470, 3,490, 3,510

D. 3,480, 3,510, 3,540

6. Escribe 3 dólares, ninguna moneda de 10¢ y 2 de 1¢ con el signo de dólar y el punto decimal.

A. $3.02   **C.** $3.22

B. $3.20   **D.** $3.23

7. ¿Qué oración numérica es VERDADERA?

A. 4,768 < 2,109

B. 22,489 > 22,498

C. 96,587 > 96,855

D. 65,984 < 66,489

> **EN LOS EXÁMENES**
>
> **Piénsalo bien**
> - Tengo que **leer con atención** cada problema.
> - Debo **estar alerta para fijarme en** palabras como verdadero, falso y **no**.

8. Cuenta el dinero.

A. $10.63   **C.** $13.63

B. $13.33   **D.** $103.63

9. Ordena los números de menor a mayor.

157,661   156,671   156,761

A. 157,661, 156,671, 156,761

B. 156,671, 156,761, 157,661

C. 156,761, 156,671, 157,661

D. 157,661, 156,761, 156,671

10. ¿Qué número NO está entre 2,538 y 2,637?

A. 2,583   **C.** 2,638

B. 2,573   **D.** 2,539

¿Cuánto cambio obtendrías si pagas con un billete de $10 por cada compra?

11. $3.01   **12.** $6.17

Redondea los números a la posición del dígito subrayado.

13. 813,928   **14.** 2,399,001

Compara. Usa <, > o =.

15. 104,872 ⬤ 104,827

16. 41,982,324 ⬤ 41,892,324

Un teatro imprimió 2,400 programas para una obra. ¿Cuántas cajas de programas habría si los programas estuvieran empaquetados en

17. centenas?   **18.** decenas?

Escribe los números en forma desarrollada y en palabras.

19. 330,584   **20.** 45,678,971

Copia y completa.

21. $8.56 = ▢ dólares + ▢ monedas de 10¢ + ▢ monedas de 1¢

8.56 = ▢ unidades + ▢ décimas + ▢ centésimas

22. Escribe en palabras y en decimales la parte sombreada.

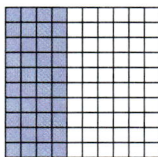

23. Ordena estos números de menor a mayor.

4,238   4,282   4,283   4,239

24. Escribe cinco millones cuatrocientos sesenta y siete mil diecisiete en forma estándar.

Escritura en matemáticas

En los Ejercicios 25 a 29 usa el problema del Cambio en el bolsillo.

Cambio en el bolsillo Victoria tiene 1 moneda de 25¢, 1 de 10¢, 3 de 5¢ y 4 de 1¢ en su bolsillo. ¿Puede combinar las monedas de diferentes maneras para obtener todas las cantidades hasta los 50 centavos?

25. Escribe lo que sabes.

26. Escribe qué quieres averiguar.

27. ¿Podría Victoria combinar las monedas para obtener 56 centavos? ¿Por qué?

28. Resuelve el problema y escribe la respuesta en una oración completa. ¿Qué estrategia usaste para completar el problema?

29. Comprueba tu respuesta. ¿Respondiste la pregunta apropiada? Explica cómo comprobaste tu respuesta.

EN LOS EXÁMENES
Piénsalo bien
• Debo buscar palabras clave.
• Voy a probar con diferentes combinaciones.

Repaso acumulativo y preparación de exámenes

Números y operaciones

OPCIÓN MÚLTIPLE

1. Bobby compra un boleto de béisbol a $13.65 y paga con un billete de $20. ¿Cuánto cambio recibe?

A. $6.35 **C.** $7.15

B. $7.00 **D.** $7.35

2. Halla 8 + 9 + 4.

A. 18 **B.** 19 **C.** 21 **D.** 23

3. Los cuadernos cuestan $3. Si Jan compra 4 cuadernos, ¿cuánto gastará?

A. $3

B. $4

C. $7

D. $12

EN LOS EXÁMENES

Piénsalo bien

Puedo **hacer un dibujo** como ayuda para explicar mi razonamiento.

RESPUESTA LIBRE

4. Escribe estos números en orden de mayor a menor.

67,098 66,236 67,381 67,715

5. ¿Cuántos millares es igual a 400,000?

6. Di cómo obtener $14.33 con la menor cantidad de billetes y monedas.

Escritura en matemáticas

7. Explica cómo redondear 219,076 al millar y a la decena de millar más cercanos.

Geometría y medición

OPCIÓN MÚLTIPLE

8. Halla el perímetro del rectángulo.

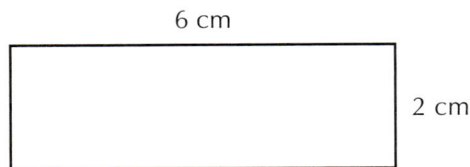

6 cm

2 cm

A. 8 cm **C.** 14 cm

B. 12 cm **D.** 16 cm

9. Identifica la figura.

A. prisma rectangular

B. cubo

C. esfera

D. cilindro

10. ¿Qué figura no tiene un eje de simetría?

A. **C.**

B. **D.**

RESPUESTA LIBRE

11. Un campo de fútbol americano mide 100 yardas de longitud. ¿Cuántos pies de longitud mide?

12. Erin fue a ver una película que empezaba a las 2:30 P.M. La película terminó a las 3:50 P.M. ¿Cuánto duró la película?

Escritura en matemáticas

13. Da un ejemplo de un artículo que podrías medir en metros y uno que podrías medir en centímetros. Explica tus elecciones.

OPCIÓN MÚLTIPLE

14. Predice qué color es más probable que saques.

  A. azul   **C.** amarillo

  B. rojo   **D.** naranja

15. ¿Cuáles son las probalidades de que saques una canica azul de la bolsa de canicas del Ejercicio 14?

  A. imposible   **C.** probable

  B. improbable   **D.** seguro

RESPUESTA LIBRE

Usa el diagrama de puntos para los Ejercicios 16 y 17.

Carros vendidos

16. ¿En qué día se vendieron más carros?

17. ¿Cuántos carros se vendieron en total?

EN LOS EXÁMENES

Piénsalo bien

Debo **buscar palabras clave** como EN TOTAL.

Escritura en matemáticas

18. Explica qué tipo de gráfica escogerías para representar los datos de las temperaturas de una semana.

Álgebra

OPCIÓN MÚLTIPLE

19. Dave anotó 2 puntos en su primer juego de basquetbol, 5 en su segundo juego y 8 en su tercer juego. Si el patrón continúa, ¿cuántos puntos debe anotar en su quinto juego?

  A. 11   **B.** 14   **C.** 15   **D.** 18

20. Resuelve $12 - \blacksquare = 7$.

  A. 5   **B.** 7   **C.** 12   **D.** 19

21. Resuelve $14 + \blacksquare = 25$.

  A. 9   **B.** 11   **C.** 15   **D.** 39

RESPUESTA LIBRE

22. Completa la tabla con los números que faltan. Luego escribe la regla.

Entrada	6	8	10	12	14
Salida	2		6		10

23. Eliza ensarta en un collar 3 cuentas azules, 2 verdes, 4 moradas, y luego repite el patrón. Si usa 15 cuentas azules en su collar, ¿cuántas cuentas usó en total?

Escritura en matemáticas

24. Escribe la familia de operaciones para 9, 5 y 14. Explica cómo lo sabes.

Grupo 1-1 (páginas 4–7)

Di el valor del dígito en rojo para el número 6**7**8,802.

678 está en el período de los millares y 802 está en el período de las unidades.

El 7 está en la posición de las decenas de millar. Su valor es 70,000.

Recuerda que los períodos te ayudan a leer números grandes.

Di el valor del dígito en rojo para cada número.

1. 5**6**,098
2. **9**32,744
3. 121,**2**12
4. **6**7,945
5. 9**8**6,003
6. 25,**8**15
7. 7**2**,709
8. 540,3**2**7

Grupo 1-2 (páginas 8–9)

Escribe 70,000,000 + 2,000,000 + 500,000 + 6,000 + 300 + 10 + 4 en forma estándar.

período de los millones			período de los millares			período de las unidades		
centenas de millón	decenas de millón	millones	centenas de millar	decenas de millar	millares	centenas	decenas	unidades
7	2,	5	0	6,	3	1	4	

La forma estándar es 72,506,314.

Recuerda poner un cero para mantener la posición si hay un lugar sin valor.

Escribe los números en forma estándar.

1. 800,000,000 + 50,000,000 + 6,000,000 + 500,000 + 30,000 + 2,000 + 700 + 90 + 1
2. Cuarenta millones setecientos cuarenta y cuatro mil ciento tres
3. 3,000,000 + 200,000 + 40,000 + 600 + 70 + 7

Grupo 1-3 (páginas 10–11)

Escribe 37,000 de dos maneras diferentes.

37,000   treinta y siete mil

o

37,000   trescientas setenta centenas

Recuerda que nuestro sistema se basa en grupos de diez.

Escribe los números de dos maneras diferentes.

1. 740
2. 1,800
3. 2,700
4. 500
5. 6,300
6. 91,000

Grupo 1-4 (páginas 12–13)

Explica el problema en tus propias palabras y di qué se pregunta.

Corredor Karl corrió 3 millas el lunes, 2 millas el jueves y 4 millas el sábado. ¿Cuánto corrió en total?

Se sabe lo que Karl corrió en tres días diferentes. Tengo que calcular cuánto corrió en los tres días en total.

Recuerda que tienes que leer y comprender un problema antes de tratar de resolverlo.

Usa el problema del Corredor en los Ejercicios 1 a 3.

1. Identifica datos clave y detalles.

2. Muestra la idea principal.

3. Resuelve el problema.

Grupo 1-5 (páginas 16–19)

Escribe > o < para cada ⬤.

45,671,256 ⬤ 45,672,132

45,67**1**,256

45,67**2**,132

1 millar < 2 millares

Por tanto, 45,671,256 < 45,672,132.

Recuerda que puedes usar una recta numérica para comparar números.

Escribe > o < para cada ⬤.

1. 62,967 ⬤ 65,834

2. 8,921 ⬤ 8,931

3. 98,360,371 ⬤ 98,450,284

Grupo 1-6 (páginas 20–21)

Redondea 676,532 a la decena de millar más cercana.

6**7****6**,532

Halla la posición de redondeo. Observa el dígito a la derecha. Suma 1 al dígito a redondear, ya que 6 > 5.

676,532 es aproximadamente 680,000.

Recuerda que puedes usar el número que está en la mitad para hallar el número más cercano.

Redondea a la decena de millar más cercana.

1. 82,953   2. 526,562

3. 333,333   4. 99,601

5. 23,199   6. 705,821

Grupo 1-7 (páginas 22–23)

¿Cuántas centenas es igual a 700,000?

7 centenas = 700
70 centenas = 7,000
700 centenas = 70,000
7,000 centenas = 700,000

Por tanto, 7,000 centenas = 700,000.

Recuerda que puedes usar el valor posicional para estimar números grandes.

¿A cuántas centenas son iguales los números siguientes?

1. 8,000   2. 50,000

3. 300,000   4. Cuatro millones

Grupo 1-8 (páginas 24–25)

Tom y Amy tienen 16 videojuegos en total. Amy tiene 2 más que Tom. ¿Cuántos tiene cada uno?

Leonel

Prueba 6 + 10 = 16   10 − 6 = 4 no
Prueba 7 + 9 = 16   9 − 7 = 2 sí
Amy 9, Tom 7

Recuerda que hay muchas estrategias que puedes usar para resolver un problema.

1. Di la estrategia que usó Leonel para resolver el problema.

2. Escribe la respuesta en una oración completa.

3. ¿Qué otra estrategia podrías usar para resolver el problema?

Grupo 1-9 (páginas 28–29)

Escribe 5 dólares, 4 monedas de 10¢ y 2 de 1¢ con el signo de dólar y el punto decimal.

dólares (unidades)	.	monedas de 10¢ (décimas)	monedas de 1¢ (centésimas)
$5	.	4	2

$5.42

Recuerda que una moneda de 10¢ es una décima de dólar y que una moneda de 1¢ es una centésima de dólar.

Escribe las cantidades con el signo de dólar y el punto decimal.

1. 6 dólares, 2 monedas de 10¢, 6 de 1¢

2. ningún dólar, 7 monedas de 10¢, 5 de 1¢

3. 7 dólares, ninguna moneda de 10¢, 3 de 1¢

Grupo 1-10 (páginas 30–31)

Cuenta el dinero. Escribe la cantidad con el signo de dólar y el punto decimal.

Cuenta los billetes: $5, $6, $7, $8.

Cuenta las monedas. Empieza con las monedas de 10¢, luego continúa con las de 5¢: 10, 20, 25, 30, 35 centavos.

Son 8 dólares con 35 centavos, u $8.35.

Recuerda que a menudo es más fácil contar dinero si se cuentan primero los billetes o monedas de mayor valor.

Cuenta el dinero. Escribe la cantidad con el signo de dólar y el punto decimal.

1. dos billetes de $5, un dólar, 1 moneda de 25¢, 3 de 10¢

2. tres dólares, 4 monedas de 25¢, 6 de 5¢

3. tres billetes de $5, cuatro dólares, 4 monedas de 10¢, 4 de 5¢

4. cuatro dólares, 2 monedas de 25¢, 4 de 10¢, 1 de 5¢, 5 de 1¢

Macy compró $7.32 en comestibles. Pagó con un billete de $10.00. Haz una lista de las monedas y billetes que das de cambio. Escribe la cantidad con el signo de dólar y el punto decimal.

Empieza con la cantidad.	$7.32
Le das 3 monedas de 1¢.	$7.35
Le das 1 moneda de 5¢.	$7.40
Le das 1 moneda de 10¢.	$7.50
Le das 2 monedas de 25¢.	$8.00
Le das dos billetes de $1.	$10.00

El cambio total es de $2.68.

Recuerda empezar con el precio de compra y contar hacia arriba hasta la cantidad cuando calculas el cambio.

Haz una lista de los billetes y monedas que darías como cambio de un billete de $10 por cada compra. Escribe las cantidades con el signo de dólar y el punto decimal.

1. $9.23　　　**2.** $5.82

3. $1.46　　　**4.** $4.91

5. $0.65　　　**6.** $2.74

Escribe en palabras y en decimales lo que representa la parte coloreada.

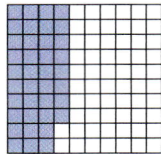

Se colorearon 38 partes de 100.

En palabras: Treinta y ocho centésimas

En decimales: 0.38

Recuerda que las dos primeras posiciones después del punto decimal son décimas y centésimas.

Escribe en palabras y en decimales lo que representa la parte coloreada.

1. **2.**

3. **4.**

Resuelve.

¿Cuánto son 2 monedas de 25¢, 3 de 10¢ y 5 de 1¢?

Kevin

monedas de 25¢: 25, 50
monedas de 10¢: 60, 70, 80
monedas de 1¢: 85

Recuerda comprobar tu respuesta y tu trabajo.

1. ¿Respondió Kevin la pregunta apropiada?

2. ¿Coincide el trabajo de Kevin con la información del problema?

3. ¿Es razonable la respuesta de Kevin?

Grupo 1-1 (páginas 4–7)

Escribe los números en forma estándar.

1. 800,000 + 6,000 + 500 + 30 + 2

2. cuatrocientos diez mil diecinueve

3. 90,000 + 3,000 + 600 + 80 + 4

4. cincuenta y cinco mil ochocientos cinco

Di el valor del dígito en rojo para cada número.

5. 5**8**9,030   **6.** **7**,267   **7.** **8**12,274   **8.** 34,6**7**2   **9.** **6**05,980

10. La escuela de Jonathan reunió 21,707 latas de alimentos. Escribe este número en palabras.

Grupo 1-2 (páginas 8–9)

Escribe los números en forma estándar.

1. Cuatrocientos treinta y cinco millones novecientos cinco mil ochocientos diecisiete

2. Ciento dos millones quinientos cuarenta y siete mil novecientos cinco

3. 80,000,000 + 5,000,000 + 30,000 + 6,000 + 700 + 3

4. 100,000,000 + 4,000,000 + 700,000 + 60,000 + 800 + 30 + 9

Di el valor del dígito en rojo para cada número.

5. 429,**7**03,214   **6.** 3**6**,109,562   **7.** **7**35,812,903   **8.** **2**16,843,725

9. La población de Pensilvania en el año 2000 era de 12,281,054. Escribe este número en palabras.

Grupo 1-3 (páginas 10–11)

Escribe los números de dos maneras.

1. 49,000   **2.** 8,000   **3.** 920   **4.** 2,200   **5.** 70,000

Busca un patrón. Halla los tres números que siguen.

6. 4,963   4,973   4,983   **7.** 5,206   5,106   5,006   **8.** 22,396   21,396   20,396

9. La biblioteca tiene 65,000 libros. ¿Cuántos estantes necesitaría la biblioteca si cada estante pudiera contener 100 libros?

Grupo 1-4 (páginas 12–13)

En los Ejercicios 1 a 3 usa el problema de la Librería.

1. **Paso 1:** ¿Qué sabes?

   a. Di lo que sabes en tus propias palabras.

   b. Identifica datos clave y detalles.

2. **Paso 2:** ¿Qué quieres averiguar?

   a. Di qué pide la pregunta.

   b. Muestra la idea principal.

3. Resuelve el problema.

> **Librería** Lance compró dos libros a $6 cada uno y dos marcadores de libros a $1 cada uno. ¿Cuánto gastó en total?

Grupo 1-5 (páginas 16–19)

Compara. Escribe > o < para cada 🔵.

1. 98,854 🔵 98,584   **2.** 703,759 🔵 730,759

3. 31,863,032 🔵 31,853,032

4. Ordena los estados desde el que tiene mayor al que tiene menor población.

Archivo de datos

Estado	Población año 2000
Alabama	4,447,100
Colorado	4,301,261
Luisiana	4,468,976

Grupo 1-6 (páginas 20–21)

Redondea los números a la posición del dígito subrayado.

1. 97,389   **2.** 684,023   **3.** 109,355   **4.** 30,525

5. 45,103   **6.** 899,934   **7.** 73,782   **8.** 529,605

9. La biblioteca tiene 45,582 libros. Redondea este número al millar y a la decena de millar más cercanos.

Grupo 1-7 (páginas 22–23)

Escribe cuántos botones hay en cada caso.

1. 8 bolsas   **2.** 50 bolsas   **3.** 100 bolsas

4. Si Danika compró 100 bolsas para su tienda, ¿cuántos botones tiene?

1,000 BOTONES

Grupo 1-8 (páginas 24–25)

En los Ejercicios 1 y 2 usa el problema de los Brazaletes.

1. Identifica la estrategia que usó Thomas para resolver el problema de los Brazaletes.

2. Da la respuesta en una oración completa.

Brazaletes Karolyn puede hacer 3 brazaletes en una hora. ¿Cuántas horas se demorará en hacer brazaletes para las 15 niñas de su club?

Thomas

horas	1	2	3	4	5
brazaletes	3	6	9	12	15

5 horas

Grupo 1-9 (páginas 28–29)

Copia y completa.

1. $9.75 = ___ dólares + ___ monedas de 10¢ + ___ monedas de 1¢
9.75 = ___ unidades + ___ décimas + ___ centésimas

2. $1.30 = ___ dólares + ___ monedas de 10¢ + ___ monedas de 1¢
1.30 = ___ unidades + ___ décimas + ___ centésimas

Escribe las cantidades con el signo de dólar y el punto decimal.

3. 9 dólares, 3 monedas de 10¢, 2 de 1¢   **4.** 5 dólares, 7 monedas de 10¢, 3 de 1¢

5. 4 dólares, ninguna moneda de 10¢, 4 monedas de 1¢   **6.** 6 dólares, 2 monedas de 10¢, 8 de 1¢

7. Escribe cuatro con setenta y cinco centésimas con el punto decimal.

Grupo 1-10 (páginas 30–31)

Cuenta el dinero. Escribe las cantidades con el signo de dólar y el punto decimal.

1. Cinco billetes de $5, 3 monedas de 25¢, 1 de 1¢   **2.** Tres billetes de $1, 7 monedas de 10¢, 3 de 5¢

Di cómo obtener las cantidades de dinero con la menor cantidad de billetes y monedas.

3. $27.89   **4.** $4.24   **5.** $11.11   **6.** $19.67

7. Jill tiene seis billetes de $1, 2 monedas de 25¢, 3 de 10¢ y 4 de 1¢. Mark tiene un billete de $5, un billete de $1, 2 monedas de 25¢, 5 de 5¢ y 3 de 1¢. ¿Quién tiene más dinero?

Grupo 1-11 (páginas 32–33)

Di cómo darías cambio de un billete de $20.00 por cada compra. Haz una lista de los billetes y monedas que usarías, y escribe las cantidades con el signo de dólar y el punto decimal.

1. $18.76   2. $13.58   3. $1.23   4. $0.93   5. $6.37

6. Sue compra un libro en $16.84 y paga con un billete de $20. ¿Cuánto recibe de cambio?

Grupo 1-12 (páginas 34–37)

Escribe en palabras y en decimales lo que representa la parte coloreada.

1.   2.   3.

Dibuja y colorea cuadrículas que representen los siguientes decimales.

4. 0.80   5. 0.19   6. 0.45   7. 0.87   8. 0.73

9. ¿Cuántos centésimas son iguales a 8 décimas?

Grupo 1-13 (páginas 38–39)

En los Ejercicios 1 a 3 usa el problema del Número siguiente.

1. Resuelve el problema. Da la respuesta en una oración completa.

2. Comprueba tu respuesta. ¿Respondiste la pregunta apropiada? ¿Es razonable tu respuesta?

3. Comprueba tu trabajo. ¿Coincide con la información del problema? ¿Usaste las operaciones y procedimientos correctos?

Número siguiente Si Maury continúa con el patrón, ¿cuáles serán los próximos 3 números?

32, 33, 35, 38, 42, 47 __, __, __

Suma y resta de números enteros y dinero

A Vocabulario

(Grado 3, páginas 4–5, 30–31)

Escoge del cuadro el término más adecuado.

1. En 5,837, el 8 está en la posición de las __?__ y el 5 en la posición de los __?__

2. La __?__ de 30 más 20 es 50 y la __?__ entre 30 y 20 es 10.

3. En $3.98, el __?__ está entre el 3 y el 9.

Vocabulario

- **punto decimal** *(p. 30)*
- **suma** *(Gr. 3)*
- **diferencia** *(Gr. 3)*
- **millares** *(p. 4)*
- **centenas** *(p. 4)*
- **decenas** *(p. 4)*

B Redondear

(Grado 3)

Redondea los números a la decena más cercana.

4. 24   5. 95   6. 62

7. 451   8. 208   9. 5,479

Redondea los números a la centena más cercana.

10. 483   11. 150   12. 742

13. 8,236   14. 6,399   15. 9,281

16. ¿Qué número está en medio de 700 y 800?

C Operaciones de suma y resta

(Grado 3)

17. 4 + 4   **18.** 7 + 2   **19.** 8 + 6

20. 9 + 7   **21.** 6 + 7   **22.** 9 + 8

23. 7 − 3   **24.** 10 − 2   **25.** 15 − 6

26. 11 − 4   **27.** 16 − 9   **28.** 17 − 8

29. Halla la suma de 5 más 2.

30. Katie tenía 14 libros de ilustraciones. Le dio 9 a su hermano menor. ¿Cuántos libros le quedaron?

D Contar dinero

(Páginas 30–31)

Cuenta el dinero. Escribe las cantidades con signo de dólar y punto decimal.

31. Tres billetes de $1, 5 monedas de 10¢, 4 de 1¢

32. Siete billetes de $1, 2 monedas de 25¢, 3 de 5¢, 1 de 1¢

33. Dos billetes de $10, tres de $1, 4 monedas de 10¢

34. Tres billetes de $10, 7 monedas de 10¢, 8 de 1¢

35. Dos billetes de $5, 3 monedas de 5¢

Vocabulario
- Propiedad conmutativa de la suma
- Propiedad asociativa de la suma
- Propiedad de identidad de la suma
- descomponer
- compensación
- sumandos
- suma

EN LOS EXÁMENES

Piénsalo bien
- Puedo **tomar información de la ilustración** para resolver el problema.
- Necesito **una respuesta exacta**.

Cálculo mental: Sumar

APRENDE

¿Cómo sumas con cálculo mental?

Max tiene $182. ¿Tiene suficiente dinero para comprar un traje de buceo y un esnórkel?

Hay varias maneras de sumar usando cálculo mental. Las propiedades explican por qué puedes descomponer los números y sumarlos en cualquier orden.

$39

$145

Propiedad conmutativa de la suma	Propiedad asociativa de la suma	Propiedad de identidad de la suma
Dos números se pueden sumar en cualquier orden.	Se puede cambiar la agrupación de los números al sumar.	La suma de cualquier número y cero es aquel mismo número.
$5 + 7 = 7 + 5$	$(3 + 2) + 8 = 3 + (2 + 8)$	$4 + 0 = 4$

Ejemplo

Calcula mentalmente para sumar $145 + $39.

Una manera

Toni decidió **descomponer** para formar una decena.

$145 + $39
Es fácil sumar números 5.
$39 = 5 + 34$
$145 + 5 = 150$
$150 + 34 = 184$
Por tanto, $145 + 39 = 184$

Otra manera

Damián formó decenas y luego usó la **compensación**.

$145 + $39
$145 + 40 = 185$
Le sumé 1 de más, entonces le restaré 1.
$185 - 1 = 184$

Max no tiene suficiente dinero para comprar ambos artículos.

$184 es la **suma**, y $145 y $39 son los **sumandos**.

✓ Hablemos

1. ¿Es más fácil sumar $145 + 40$ ó $145 + 39$?

Suma. Calcula mentalmente.

1. 78 + 44   **2.** 224 + 0   **3.** 175 + 26   **4.** 2,000 + 4,000

5. Razonamiento ¿Cómo puedes escribir 46 + (8 + 4) para que sea más fácil de sumar?

PRÁCTICA   *Más práctica: Grupo 2-1, página 118*

A Destrezas y comprensión

Suma. Calcula mentalmente.

6. 54 + 29   **7.** 36 + 48   **8.** 234 + 39   **9.** 475 + 197

10. 578 + 153   **11.** 619 + 281   **12.** 500 + 700   **13.** 0 + 387

14. 293 + 467   **15.** 585 + 348   **16.** 6,000 + 3,000   **17.** 918 + 122

18. Razonamiento ¿Cómo puedes escribir 68 + (2 + 36) para que sea más fácil de sumar?

B Razonamiento y resolución de problemas

Calcula mentalmente para hallar el precio de:

19. la cama y la silla.

20. la lámpara y la mesa.

21. ¿Qué artículo es el más caro?

22. <u>Escritura en matemáticas</u> Explica cómo podrías calcular mentalmente para sumar 436 + 298. (Pista: Cambia 298 por un número más fácil.)

Venta de muebles

Cama	$435
Silla	$149
Mesa	$235
Lámpara	$89

🦉 Repaso mixto y preparación de exámenes

En la INTERNET
Preparación de exámenes
www.scottforesman.com

En los Ejercicios 23 y 24 usa el problema de Lectura.

23. Resuelve el problema. Da la respuesta en una oración completa.

24. Comprueba tu respuesta. ¿Contestaste la pregunta apropiada? ¿Es razonable tu respuesta?

25. Amy tiene tres billetes de $5, dos de $1, 5 monedas de 25¢ y 2 de 5¢. ¿Cuánto dinero tiene en total?

     A. $17.35   **B.** $17.85   **C.** $18.10   **D.** $18.35

> **Lectura** Todos los días, Julia leyó 3 capítulos en la escuela. Si hizo esto durante dos semanas de 5 días, ¿cuántos capítulos leyó en la escuela?

Idea clave
Resolver un problema más sencillo o contar hacia adelante puede permitirte restar usando cálculo mental.

Vocabulario
• diferencia
• compensación (p. 62)

Piénsalo bien
Puedo pensar en restar números 10 para **resolver problemas más sencillos.**

Cálculo mental: Restar

APRENDE

¿Cómo restas usando un problema más sencillo?

✓ PREPÁRATE

Suma. Calcula mentalmente.

1. 83 + 19

2. 250 + 600

3. 27 + 41

Obra de teatro La Escuela Primaria Fairfield tiene 98 estudiantes de cuarto grado. Quince de estos estudiantes participaron en la obra de teatro de la escuela. El resto la fue a ver. ¿Cuántos estudiantes de cuarto grado vieron la obra de teatro?

Puedes descomponer los números para restar mentalmente.

Ejemplo A

Resta $98 - 15$.

> Puedo descomponer
> 15 en 10 y 5.
> $98 - 10 = 88$
> $88 - 5 = 83$
> Por tanto, $98 - 15 = 83$.

Por tanto, 83 estudiantes vieron la obra. El número 83 es la **diferencia** que hay entre 98 y 15.

También puedes usar la **compensación** para restar.

Ejemplo B

Resta $172 - 58$.

	Lo que **piensas**	Lo que **dices**
PASO 1	Es fácil restar 60.	$172 - 60 = 112$
PASO 2	Resté 2 de más, por tanto, sumaré 2.	$112 + 2 = 114$ Por tanto, $172 - 58 = 114$.

1. ¿Qué problemas más sencillos se usaron para restar 172 − 58?

2. ¿Cómo usarías la descomposición de números para hallar 98 − 15?

3. ¿Cómo usarías la compensación para hallar 134 − 19?

¿Cómo cuentas hacia adelante para restar?

Ejemplo C

Resta 500 − 285. Calcula mentalmente.

Lo que **piensas**	Lo que **dices**
¿Cuánto debo sumar a 285 para llegar a la siguiente decena?	285 + 5 = 290
¿Cuánto debo sumar a 290 para llegar a la siguiente centena?	290 + 10 = 300
¿Cuánto debo sumar a 300 para llegar a 500?	300 + 200 = 500
¿Cuánto sumé en total?	5 + 10 + 200 = 215 Por tanto, 500 − 285 = 215.

✔ **Hablemos**

4. ¿Cuál es la siguiente decena después de 285?

5. ¿Por qué 5 + 10 + 200 es igual a 500 − 285?

COMPRUEBA ✔

Otro ejemplo: Grupo 2-2, página 114

Resta. Calcula mentalmente.

1. 76 − 12
2. 96 − 78
3. 400 − 36
4. 244 − 56

5. 67 − 15
6. 306 − 99
7. 143 − 58
8. 600 − 125

9. **Sentido numérico** ¿Cómo puedes calcular mentalmente para hallar 174 − 49?

A Destrezas y comprensión

Resta. Calcula mentalmente.

10. $65 - 23$ **11.** $91 - 59$ **12.** $64 - 21$ **13.** $80 - 14$

14. $56 - 18$ **15.** $100 - 44$ **16.** $672 - 341$ **17.** $430 - 293$

18. $910 - 128$ **19.** $438 - 86$ **20.** $978 - 662$ **21.** $579 - 33$

22. $500 - 87$ **23.** $435 - 213$ **24.** $388 - 216$ **25.** $130 - 42$

26. Sentido numérico Si contaras hacia adelante para hallar $840 - 399$, ¿qué número sumarías primero a 399?

B Razonamiento y resolución de problemas

Matemáticas y estudios sociales

Cálcula mentalmente en los Ejercicios 27 a 30.

27. ¿Cuántas medallas de plata más ganó Estados Unidos que Noruega?

28. ¿Cuántas medallas de plata más ganó Alemania que Rusia?

29. ¿Cuántas medallas de oro más que Alemania ganaron los EE. UU. y Canadá en conjunto?

30. ¿Cuántas medallas ganó en total cada país?

Archivo de datos

Juegos Olímpicos de Invierno 2002 Ganadores de más medallas			
País	Oro	Plata	Bronce
Alemania	12	16	7
Estados Unidos	10	13	11
Noruega	11	7	6
Canadá	6	3	8
Rusia	6	6	4

31. Escritura en matemáticas ¿Es correcta la siguiente explicación? De no ser así, di por qué y escribe la respuesta correcta.

Explica cómo calcularías mentalmente para restar $146 - 38$.

$146 - 36 = 110$
$110 - 2 = 108$
Por tanto,
$146 - 38 = 108$

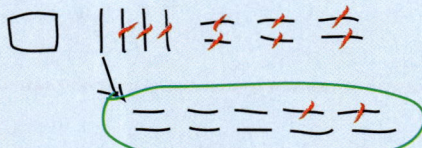

Piénsalo bien

Puedo **hacer un dibujo** para explicar mi razonamiento.

C Un paso adelante

Resta. Calcula mentalmente.

32. 1,748 − 295   **33.** 5,480 − 2,360   **34.** 3,540 − 1,993   **35.** 29,365 − 8,214

Repaso mixto y preparación de exámenes

En la INTERNET
Preparación de exámenes
www.scottforesman.com

Suma. Calcula mentalmente.

36. 14 + 27   **37.** 58 + 37   **38.** 337 + 449   **39.** 593 + 298

40. Redondea 365,735 a la decena de millar más cercana.

A. 300,000   **B.** 360,000   **C.** 370,000   **D.** 400,000

Discovery CHANNEL SCHOOL

Descubre las matemáticas en tu mundo

Los volcanes y las placas

La corteza terrestre no es una masa sólida. Está compuesta de placas que se deslizan, chocan entre sí y se sobreponen una a la otra. Como resultado del movimiento de estas placas, la geografía mundial cambia de un modo lento, pero constante.

1. Las mayores placas de la Tierra tienen un grosor que varía entre 80 y 402 kilómetros. Calcula mentalmente esta diferencia de grosor.

2. La mayoría de los volcanes surgen en los bordes de las placas. De los 850 volcanes activos del mundo, aproximadamente 638 están ubicados alrededor de la placa del Pacífico. ¿Cuántos están ubicados aproximadamente en otras partes del mundo?

En la INTERNET
Video y actividades
www.scottforesman.com

Idea clave

Para estimar, puedes cambiar unos números por otros que sean más fáciles de sumar y restar.

Vocabulario
• redondeo (p. 20)
• estimación por la izquierda

EN LOS EXÁMENES

Piénsalo bien

Para estimar, sólo tengo que **saber aproximadamente cuánto es.**

Estimar sumas y diferencias

APRENDE

¿Cómo estimas sumas?

Los Martin planean irse de vacaciones. Necesitan una estimación del costo.

Paquetes vacacionales

para 4 personas

1 día	Excursión en balsa	$279
5 días	Acampar Incluye una excursión en balsa, materiales para acampar y comida.	$1,248
7 días	Excursión en canoa, traslado a la posada Incluye alquiler de canoas, cenas, hospedaje nocturno en posadas.	$2,579

Ejemplo A

La familia Martin decidió comprar el paquete vacacional de 5 días para este año y el de 7 días para el año siguiente. ¿Cuánto gastarán aproximadamente en total?

Estima $1,248 + $2,579.

Una manera

Héctor usó el **redondeo**.

$$\begin{array}{r} 1,248 \\ + 2,579 \end{array} \qquad \begin{array}{r} 1,200 \\ + 2,600 \\ \hline 3,800 \end{array}$$

Gastarán aproximadamente $3,800.

Otra manera

Sonia usó la **estimación por la izquierda**.

$$\begin{array}{r} 1,248 \\ + 2,579 \end{array} \qquad \begin{array}{r} 1,000 \\ + 2,000 \\ \hline 3,000 \end{array}$$

Gastarán aproximadamente $3,000.

✓ Hablemos

1. ¿A qué posición redondeó Héctor 1,248 y 2,579?

2. ¿Cómo obtuvo Sonia 1,000 y 2,000 para su estimación?

¿Cómo estimas diferencias?

¿Aproximadamente cuánto más valen los paquetes vacacionales de 7 días que los de 5 días?

Ejemplo B

Estima $2,579 − $1,248.

Una manera

Amy usó el **redondeo**.

$$\begin{array}{r} 2,579 \\ - 1,248 \end{array} \qquad \begin{array}{r} 2,600 \\ - 1,200 \\ \hline 1,400 \end{array}$$

El precio de las vacaciones de 7 días es de aproximadamente $1,400 más.

Otra manera

Ross usó la **estimación por la izquierda**.

$$\begin{array}{r} 2,579 \\ - 1,248 \end{array} \qquad \begin{array}{r} 2,000 \\ - 1,000 \\ \hline 1,000 \end{array}$$

El precio de las vacaciones de 7 días es de aproximadamente $1,000 más.

✔ Hablemos

3. ¿A qué posiciones redondeó Amy 2,579 y 1,248?

4. ¿Cómo obtuvo Ross 2,000 y 1,000 en su estimación?

En la INTERNET
www **Más ejemplos**
www.scottforesman.com

COMPRUEBA ✔

Otro ejemplo: Grupo 2-3, página 114

Estima las sumas o diferencias.

1. 365 + 526

2. 1,429 + 8,294

3. 762 − 375

4. 8,925 − 4,079

5. Sentido numérico ¿Es 826 − 575 más o menos que 300? Explica cómo puedes saberlo sin restar realmente.

A Destrezas y comprensión

Estima las sumas o diferencias.

6. 438
    + 85

7. 919
    − 191

8. 787
    − 222

9. 813
    + 290

10. 6,742
    + 884

11. 4,374
    − 1,614

12. 28,807
    − 3,499

13. 3,352
    + 2,116

14. 649 − 98

15. 555 + 42

16. 709 + 486

17. 836 − 252

18. 5,961 − 3,179

19. 27,832 + 18,445

20. 75,629 + 3,331

21. 73,295 − 9,750

22. Sentido numérico ¿Es 1,775 + 346 más o menos que 2,000? Explica cómo puedes saberlo sin sumar realmente.

B Razonamiento y resolución de problemas

Matemáticas y ciencias

Un año luz es la distancia que recorre la luz en un año. La luz viaja a más de 186,000 millas por segundo, por tanto, puede llegar muy lejos en un año. Di cuántos años luz toma aproximadamente un viaje de ida y vuelta desde la Tierra hasta:

23. Polaris

24. Rigel

Aproximadamente, ¿cuál es la diferencia de distancia desde la Tierra entre

Archivo de datos

Distancias desde la Tierra	
Estrella	Años luz
Andrómeda	199
Polaris	431
Rigel	773

25. Rigel y Andrómeda?

26. Polaris y Andrómeda?

27. Escritura en matemáticas ¿Es correcta la siguiente explicación? De no ser así, di por qué y da la respuesta correcta.

Estima 837 + 252.

Usé la estimación por la izquierda.

    800
  + 200   837 + 252 es aproximadamente 10,000.
  10,000

EN LOS EXÁMENES

Piénsalo bien
Siempre debo comprobar que **mi respuesta sea razonable.**

C Un paso adelante

Estima las sumas o las diferencias.

28.   2,637,249
        + 5,824,593

29.   3,456,875
        − 1,842,126

30.   735,428
        − 265,306

31.   675,450
        + 525,304

Repaso mixto y preparación de exámenes

En la INTERNET
Preparación de exámenes
www.scottforesman.com

32. 55 − 13   **33.** 915 + 337   **34.** 825 − 756   **35.** 300 − 223

36. Escribe 7,000,000 + 40,000 + 500 + 3 en forma estándar.

   A. 7,453   **B.** 7,040,503   **C.** 7,453,000   **D.** 7,040,503

Ampliación

Diagramas de Venn

En los **diagramas de Venn,** la relación que hay entre grupos de datos u objetos se representa con círculos. Los círculos se sobreponen (**intersecan**) cuando algunos datos pertenecen a más de un grupo.

Clubes de la escuela

matemáticas · ciencias · español

Robin Kevin Coreen · Gil · Sara Celeste Mike Brad · Gwen Ana · Candice · Brian · Sam Rachel

   1. ¿Qué estudiantes pertenecen a los tres clubes?

   2. ¿A qué clubes pertenece Brian?

Ampliación

Desigualdades

Las oraciones numéricas que usan los símbolos >, <, ≥ y ≤ se llaman *desigualdades*.

El símbolo ≤ se lee "menor o igual que".
Los números enteros 0, 1, 2, 3, 4 y **5** hacen que la oración numérica ▇ ≤ 5 sea verdadera.

El símbolo ≥ se lee "mayor o igual que".
Los números enteros **3,** 4, 5, 6, 7, 8, . . . hacen que la oración numérica ▇ ≥ 3 sea verdadera.

En los Ejercicios 1 a 4 escribe 5 números enteros que hagan que las oraciones numéricas sean verdaderas.

   1. ▇ ≤ 7   **2.** ▇ ≥ 4   **3.** ▇ ≥ 1   **4.** ▇ ≤ 12

Idea clave
Si piensas en cómo cambiaste los números, puedes saber si tu estimación está sobre o bajo el resultado real.

Vocabulario
• estimación por exceso
• estimación por defecto

EN LOS EXÁMENES

Piénsalo bien
Puedo estimar si sólo tengo que **saber aproximadamente cuanto es.**

Estimar por exceso y por defecto

APRENDE

✓ **PREPÁRATE**

Estima las sumas o diferencias.

1. 44 + 27

2. 3,283 + 493

3. 8,091 − 1,765

¿Cómo sabes si tu estimación es muy grande o muy pequeña?

Una estimación que es mayor que la respuesta exacta es una **estimación por exceso**. Una estimación que es menor que la respuesta exacta es una **estimación por defecto**.

Indica en cada caso si la estimación es por exceso o por defecto. Explícalo.

Ejemplo A		Ejemplo B		Ejemplo C	
825	800	4,825	5,000	372	400
+ 346	+ 300	+ 2,517	+ 3,000	+ 238	+ 200
	1,100		8,000		600

Ejemplo A: Como ambos números se reemplazaron por números menores, 1,100 es una estimación por defecto. La suma exacta es mayor que 1,100.

Ejemplo B: Como ambos números se reemplazaron por números mayores, 8,000 es una estimación por exceso. La suma exacta es menor que 8,000.

Ejemplo C: Como 372 se reemplazó por un número mayor y 238 por uno menor, es difícil saber si 600 es una estimación por exceso o por defecto.

Ejemplo D		Ejemplo E		Ejemplo F	
575	600	9,286	9,000	784	800
− 138	− 100	− 6,529	− 7,000	− 498	− 500
	500		2,000		300

Ejemplo D: Como el primer número se reemplazó por un número mayor y el segundo por uno menor, 500 es una estimación por exceso. La diferencia exacta es menor que 500.

Ejemplo E: Como el primer número se reemplazó por un número menor y el segundo por uno mayor, 2,000 es una estimación por defecto. La diferencia exacta es mayor que 2,000.

Ejemplo F: Como ambos números se reemplazaron por números mayores, es difícil saber si 300 es una estimación por exceso o por defecto.

✔ **Hablemos**

1. En el Ejemplo D, explica por qué 500 es una estimación por exceso.

Estima las sumas o diferencias. Luego, si es posible, di si tu estimación es por exceso o por defecto.

1. 903 − 417   **2.** 98 + 271   **3.** 767 + 214   **4.** 8,724 − 3,973

5. Sentido numérico Marta estimó 743 + 235 sumando 700 + 200. ¿Es esto una estimación por exceso o por defecto?

PRÁCTICA   *Más práctica: Grupo 2-4, página 119*

Ⓐ Destrezas y comprensión

Estima las sumas o diferencias. Luego, de ser posible, di si tu estimación es por exceso o por defecto.

6. 76 − 21   **7.** 351 + 382   **8.** 135 + 609   **9.** 6,827 − 3,753

10. 525 − 96   **11.** 13 + 84   **12.** 5,095 + 2,495   **13.** 5,340 − 1,819

14. 739 − 413   **15.** 1,782 + 5,505   **16.** 2,723 + 2,613   **17.** 6,832 − 4,314

18. Sentido numérico Mike estimó 732 + 293 sumando 700 + 300. ¿Puede Mike saber si su estimación es por exceso o por defecto? Explícalo.

Ⓑ Razonamiento y resolución de problemas

19. Sarah necesita $275 para una bicicleta nueva. Ahorró $122. Luego ganó $82 cuidando niños. ¿Cuánto dinero más necesita Sarah? Luego, di si tu estimación es por exceso o por defecto.

20. **Escritura en matemáticas** Raquel estimó 485 + 762 sumando 500 + 800. Explica por qué la estimación de Raquel es por exceso.

🦉 Repaso mixto y preparación de exámenes

En la INTERNET
Preparación de exámenes
www.scottforesman.com

Estima las sumas o diferencias.

21. 77 + 341   **22.** 750 + 619   **23.** 809 − 166   **24.** 479 − 251

25. Cami compró un libro por $4.62. ¿Cuánto cambio recibirá si pagó con un billete de $10.00?

     A. $4.62   **B.** $5.38   **C.** $5.48   **D.** $6.48

¿Lo sabes hacer?

¿Lo entiendes?

Cálculo mental: Sumar (2-1)

Suma. Calcula mentalmente.

1. 14 + 68

2. 85 + 27

3. 43 + 25

4. 56 + 29

5. 685 + 448

6. 489 + 263

7. 253 + 147

8. 637 + 314

A Di qué método usaste para hallar la suma en el Ejercicio 4.

B Explica cómo calcularías mentalmente para sumar 48 + 29.

Cálculo mental: Restar (2-2)

Resta. Calcula mentalmente.

9. 82 − 48

10. 94 − 51

11. 78 − 33

12. 826 − 219

13. 300 − 165

14. 948 − 596

15. 425 − 257

16. 140 − 118

C Di qué método usaste para hallar la diferencia en el Ejercicio 10.

D Explica dos maneras diferentes de calcular mentalmente para hallar 75 − 28.

Estimar sumas y diferencias (2-3)

Estima las sumas o diferencias.

17. 374 − 109

18. 511 − 168

19. 5,426 − 980

20. 6,819 − 2,343

21. 852 + 465

22. 790 + 173

E Di cómo estimaste la diferencia del Ejercicio 20.

F Explica cómo usar el redondeo para estimar la suma del Ejercicio 21.

Estimar por exceso y por defecto (2-4)

Estima las sumas o diferencias.

23. 465 + 384

24. 87 − 18

25. 696 + 118

26. 112 + 706

27. 628 − 136

28. 3,924 − 2,263

G ¿Es por exceso o por defecto la estimación que hiciste en el Ejercicio 23?

H Explica por qué no siempre puedes saber si una estimación es por exceso o por defecto.

OPCIÓN MÚLTIPLE

Piénsalo bien
Determina si necesitas una **respuesta exacta** o una **estimación** antes de resolver un problema.

1. Rick leyó un libro de 135 páginas. Brad leyó uno de 295 páginas. ¿Cuántas páginas en total leyeron aproximadamente? (2-3)

   A. 200 páginas   **B.** 400 páginas   **C.** 600 páginas   **D.** 800 páginas

2. Crystal reunió 58 latas para la campaña de recolección de alimentos. Aura reunió 37 latas. ¿Cuántas latas más reunió Crystal que Aura?

   A. 11 latas   **B.** 21 latas   **C.** 27 latas   **D.** 95 latas

RESPUESTA LIBRE

Suma o resta. Calcula mentalmente. (2-1 y 2-2)

3. 75 + 49   **4.** 203 + 55   **5.** 98 − 35   **6.** 381 − 176

7. 198 + 586   **8.** 900 − 445   **9.** 678 − 263   **10.** 466 + 321

Estima las sumas o diferencias. Luego di si tu estimación es por exceso o por defecto. (2-3)

11. 723 − 156   **12.** 651 + 236   **13.** 5,978 + 2,574   **14.** 7,729 − 3,199

En los Ejercicios 15 a 17 usa la información de la derecha.

15. ¿Cuántas páginas leyeron los estudiantes de tercer grado? (2-1)

16. ¿Cuántas páginas leyeron aproximadamente las niñas de cuarto y quinto grado? (2-3)

Páginas leídas en 1 semana

Grado	Niños	Niñas
Tercero	825	749
Cuarto	975	967
Quinto	1,008	1,024

Escritura en matemáticas

17. Estima cuántas páginas leyó quinto grado. ¿Es tu estimación por exceso o por defecto? Explica cómo lo sabes. (2-4)

18. Explica cómo puedes usar la estimación para determinar cuál tiene la mayor diferencia: 939 − 397 ó 763 − 417. (2-3)

19. Tricia estimó 3,635 + 4,187 con estimación por la izquierda. Obtuvo 7,000. ¿Es ésta una estimación por exceso o por defecto? Explícalo. (2-4)

Idea clave

Para sumar números puedes sumar primero las unidades, luego las decenas, después las centenas y finalmente los millares.

EN LOS EXÁMENES

Piénsalo bien

- Puedo **hacer un dibujo** para representar la idea principal.

- Debo sumar cuando junte grupos de diferentes tamaños.

Sumar números enteros y dinero

APRENDE

¿Cómo sumas números enteros con lápiz y papel?

Tarjetas de deportes Marcie y Josh coleccionan tarjetas de deportes. Marcie tiene 275 tarjetas y Josh tiene 137. ¿Cuántas tarjetas tienen en total?

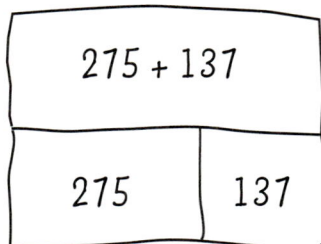

275 + 137	
275	137

✓ **PREPÁRATE**

Estima las sumas.

1. 27 + 62 2. 205 + 630

3. 31 + 95 4. 89 + 14

5. Josie tiene un billete de $10, dos de $5, 3 monedas de 25¢, 3 de 5¢ y 2 de 1¢. ¿Cuánto dinero tiene?

Ejemplo A

Suma 275 + 137.

Estima: 300 + 100 = 400

PASO 1	PASO 2	PASO 3
Suma las unidades. Reagrupa si es necesario.	Suma las decenas. Reagrupa si es necesario.	Suma las centenas.
$\begin{array}{r} 1 \\ 27\mathbf{5} \\ +\ 13\mathbf{7} \\ \hline \mathbf{2} \end{array}$	$\begin{array}{r} 1\ 1 \\ 27\mathbf{5} \\ +\ 1\mathbf{3}7 \\ \hline \mathbf{1}2 \end{array}$	$\begin{array}{r} 1\ 1 \\ \mathbf{2}75 \\ +\ \mathbf{1}37 \\ \hline \mathbf{4}12 \end{array}$

La suma 412 es razonable porque está cerca de la estimación 400. Marcie y Josh tienen 412 tarjetas en total.

✔ **Hablemos**

1. Explica cómo se reagruparon las decenas en el Paso 2.

2. ¿Por qué no hay reagrupación en el Paso 3?

¿Cómo sumas números más grandes y dinero?

Ejemplo B

Suma 7,376 + 2,719.

Estima:
7,000 + 3,000 = 10,000

Suma cada posición de derecha a izquierda, reagrupando si es necesario.

```
  1  1
  7,376
+ 2,719
 10,095
```

La suma 10,095 es razonable porque está cerca de la estimación de 10,000.

Ejemplo C

Suma 54,842 + 37,585.

Estima:
50,000 + 40,000 = 90,000

Suma cada posición de derecha a izquierda, reagrupando si es necesario.

```
 11 1
 54,842
+ 37,585
 92,427
```

La suma 92,427 es razonable porque está cerca de la estimación de 90,000.

Ejemplo D

Suma $36.25 + $12.94.

Estima: $40 + $10 = $50

Suma como si fueran números enteros.

```
    1
  $36.25      Coloca el signo de dólar y el
+   12.94     punto decimal en la respuesta.
  $49.19
```

La suma $49.19 es razonable porque está cerca de la estimación de $50.

Ejemplo E

Suma $125.98 + $690.50.

Estima: $100 + $700 = $800

Suma como si fueran números enteros.

```
   1  1
  $125.98     Coloca el signo de dólar y el
+  690.50     punto decimal en la respuesta.
  $816.48
```

La suma es razonable porque está cerca de la estimación de $800.

✔ Hablemos

3. ¿En qué se diferencia sumar dinero de sumar números enteros?

En la INTERNET
Más ejemplos
www.scottforesman.com

COMPRUEBA ✔

Otro ejemplo: Grupo 2-5, página 115

1.	**2.**	**3.**	**4.**	**5.**
567	861	13,926	1,994	$25.29
+ 395	+ 3,192	+ 4,832	+ 226	+ 36.84

6. Sentido numérico Meg sumó 8,250 + 250 y obtuvo una suma de 10,500. ¿Es esto razonable? Explícalo.

A Destrezas y comprensión

7. 214
+ 87

8. 856
+ 163

9. 7,123
+ 2,891

10. 4,068
+ 941

11. 32,325
+ 1,995

12. 19,433
+ 70,318

13. $81.82
+ 1.98

14. $58.35
+ 29.66

15. 806 + 495

16. 5,555 + 5,555

17. 62,009 + 9,093

18. $3.19 + $49.23

19. 612 + 307

20. 3,196 + 4,508

21. $9.23 + $15.12

22. $2.51 + $3.38

23. Sentido numérico Mary suma 3,692 más 5,245.
¿Debe ser su respuesta mayor o menor que 10,000?

B Razonamiento y resolución de problemas

Matemáticas y música

Archivo de datos

Estaciones comerciales de radio de los EE. UU., 2001

Tipo de música	Número de estaciones
Country	2,190
Viejos éxitos	785
En español	574
Recientes éxitos	468

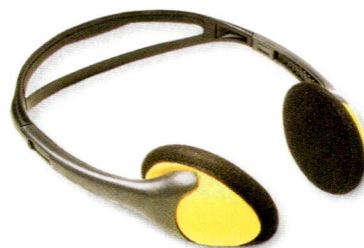

En total, ¿cuántas estaciones tocan

24. música en español y viejos éxitos?

25. música *country* y recientes éxitos?

26. música *country* y viejos éxitos?

27. ¿Hay más estaciones que tocan música *country* que de los otros tres tipos de música combinados? Di cómo lo sabes.

28. Escritura en matemáticas ¿Es correcta la siguiente explicación? De no ser así, di por qué y escribe la respuesta correcta.

Explica cómo sumar 92 + 39.

1
92 2 unidades + 9 unidades = 11 unidades, o 1 decena 1 unidad
+ **39** 1 decena + 9 decenas + 3 decenas = 13 decenas,
10,031 o 1 centena 3 decenas

EN LOS EXÁMENES

Piénsalo bien
Siempre debo comprobar **que mi respuesta sea razonable.**

C Un paso adelante

29. 354,926
+ 275,450

30. 478,395
+ 855,268

31. 7,243,526
+ 1,968,978

32. $189.65
+   575.89

Repaso mixto y preparación de exámenes

En la INTERNET
Preparación de exámenes
www.scottforesman.com

Estima las sumas o diferencias. Luego, di si tu estimación
es por exceso o por defecto.

33. 856 − 150

34. 432 + 527

35. 1,549 + 3,683

36. 7,219 − 2,026

37. ¿Cuál es el valor del 6 en el número 869,024?

A. 6

B. 60

C. 6,000

D. 60,000

Juego de práctica
Suma y gana tres veces

Jugadores: 2 ó 3
Materiales: Tarjetas de números del 0 al 9
(10 tarjetas por jugador)
Hoja de registros

1. Las diez tarjetas se colocan boca abajo frente a cada jugador.

2. Cada jugador toma 6 tarjetas y forma dos sumandos de 3 dígitos.

3. Los jugadores anotan los sumandos y la suma en su hoja de anotaciones.

4. Los jugadores devuelven las tarjetas a sus pilas, las barajan y escogen seis tarjetas nuevas.

5. Los jugadores suman los resultados de las rondas 1 y 2, y luego le suman el resultado de la ronda 3 para hallar el total final. El ganador es el jugador con el mayor total final después de 3 rondas.

EN LOS EXÁMENES

Piénsalo bien

- Debo **tomar información de la tabla** para resolver el problema.
- Necesito **una respuesta exacta.**

Sumar en columnas

APRENDE

¿Cómo sumas más de dos números?

¿Cuál es el número total de escuelas primarias que hay en la Florida, Idaho, Texas y Virginia?

2,145 →
410 →
4,899 →
1,438 →
?

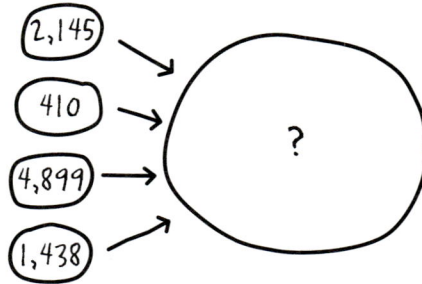

Archivo de datos

Estado	Número de escuelas primarias
Florida	2,145
Idaho	410
Texas	4,899
Virginia	1,438

Ejemplo

Suma $2,145 + 410 + 4,899 + 1,438$.

Estima: $2,000 + 400 + 5,000 + 1,000 = 8,400$

PASO 1	**PASO 2**	**PASO 3**
Suma las unidades. Reagrupa si es necesario.	Suma las decenas. Reagrupa si es necesario.	Suma las centenas y los millares. Reagrupa si es necesario.

PASO 1
```
    2
  2,145
    410
  4,899
+ 1,438
───────
      2
```

PASO 2
```
   12
  2,145
    410
  4,899
+ 1,438
───────
     92
```

PASO 3
```
  1 12
  2,145
    410
  4,899
+ 1,438
───────
  8,892
```

La suma 8,892 es razonable porque está cerca de la estimación de 8,400. Los cuatro estados tienen un total de 8,892 escuelas primarias.

✅ Hablemos

1. ¿Por qué es más fácil sumar primero el 1 y el 9 de la columna de las decenas en el Paso 2?

1. 413
   126
+ 184

2. $26.07
   4.91
+ 19.38

3. 24
  206
+ 817

4. 4,196
  6,804
+19,912

5. $119.00
  63.00
+ 476.00

6. Sentido numérico Si sabes que la suma de 29, 92 y 83 es 204, ¿qué sabes sobre la suma de 92, 29 y 83?

PRÁCTICA

Más práctica: Grupo 2-6, página 119

A Destrezas y comprensión

7. 286
  219
+ 83

8. $84.81
  15.24
+ 3.62

9. 956
  1,341
+ 6,470

10. 76,117
  8,982
+ 11,046

11. $284.90
  76.15
+ 42.19

12. 69
  358
  97
+ 523

13. $20.32
  19.75
  6.42
+ 3.18

14. 2,844
  3,916
  104
+ 2,753

15. 613
  824
  176
+ 202

16. $275.25
  36.19
  1.05
+ 1.10

17. Sentido numérico Thomas sumó 295 + 307 + 488 y obtuvo 780. ¿Es razonable esta suma?

B Razonamiento y resolución de problemas

En los Ejercicios 18 y 19 usa la información que aparece a la derecha.

18. ¿Cuánto dinero reunió en total la clase?

19. ¿Se reunió más dinero en el lavado de carros o en la venta de flores y de pasteles combinados?

20. Escritura en matemáticas Toby sumó 2,712 + 4,379 + 5,241. ¿Debe ser su respuesta más o menos que 10,000?

Recaudación de fondos para la clase

Venta de flores	$25.03
Venta de pasteles	$85.25
Lavado de carros	$129.50
Caminata	$64.79

Repaso mixto y preparación de exámenes

**En la INTERNET
Preparación de exámenes**
www.scottforesman.com

Suma.

21. 4,679 + 3,443   **22.** 63,774 + 8,261   **23.** $99.17 + $10.38   **24.** $44.95 + $3.95

25. ¿Cuántas centenas son iguales a 10,000?

  A. 10   **B.** 100   **C.** 1,000   **D.** 10,000

Vocabulario
• operaciones inversas

EN LOS EXÁMENES

Piénsalo bien
• Necesito **tomar información del texto del problema** para resolverlo.
• Debo restar cuando **comparo cantidades.**

Restar números enteros y dinero

APRENDE

✓ PREPÁRATE

Estima las diferencias.

1. 83 − 27

2. 295 − 217

3. $3.87 − $1.18

¿Cómo restas números enteros con lápiz y papel?

Montañas rusas La montaña rusa más alta del mundo está en California. Mide 415 pies de altura. La montaña rusa que le sigue en altura está en Australia. Mide 377 pies de altura. ¿Cuánto más mide la montaña rusa más alta que la que le sigue?

415 pies   377 pies   ?

Ejemplo A

Halla 415 − 377.

Estima: 420 − 380 = 40

PASO 1	**PASO 2**	
Reagrupa si es necesario. Resta las unidades.	Reagrupa si es necesario. Resta las decenas. Resta las centenas.	Comprueba tu respuesta.
$\begin{array}{r} {\scriptstyle 0\ 15} \\ 4\ 1\ 5 \\ -\ 3\ 7\ 7 \\ \hline 8 \end{array}$	$\begin{array}{r} {\scriptstyle 3\ 10\ 15} \\ 4\ 1\ 5 \\ -\ 3\ 7\ 7 \\ \hline 3\ 8 \end{array}$	$\begin{array}{r} {\scriptstyle 1\ 1} \\ 377 \\ +\ \ 38 \\ \hline 415 \end{array}$ Se comprueba la respuesta.

La montaña rusa más alta del mundo mide 38 pies más que la que le sigue en altura.

Puedes sumar para comprobar la diferencia porque la suma y la resta son **operaciones inversas**. Se cancelan entre sí.

✓ Hablemos

1. Si 415 − ■ = 38, entonces ■ + 377 = 415.

¿Cómo restas cuando hay ceros?

Ejemplo B

Halla 504 − 278.

Estima: 500 − 300 = 200

Una manera

Ken reagrupó las centenas en decenas y luego las decenas en unidades.

$$
\begin{array}{r}
\overset{9}{}\\
4\ \cancel{10}\,14\\
\cancel{5}\ \cancel{0}\ \cancel{4}\\
-\ 2\ 7\ 8\\
\hline
2\ 2\ 6
\end{array}
$$

5 centenas + 0 decenas =
4 centenas + 10 decenas

10 decenas + 4 unidades =
9 decenas + 14 unidades

Otra manera

Vanessa pensó en 504 como 50 decenas + 4 unidades.

$$
\begin{array}{r}
4\ 9\ 14\\
\cancel{5}\ \cancel{0}\ \cancel{4}\\
-\ 2\ 7\ 8\\
\hline
2\ 2\ 6
\end{array}
$$

50 decenas + 4 unidades =
49 decenas + 14 unidades

✔ **Hablemos**

2. Explica las dos maneras de reagrupar del Ejemplo B.

¿Cómo restas números grandes y dinero?

Ejemplo C

Halla 5,000 − 2,781.

Estima: 5,000 − 3,000 = 2,000

$$
\begin{array}{r}
\overset{9\ \ 9}{}\\
4\ \ 10\,10\,10\\
\cancel{5},\ \cancel{0}\ \cancel{0}\ \cancel{0}\\
-\ 2,\ 7\ 8\ 1\\
\hline
2,\ 2\ 1\ 9
\end{array}
$$

Reagrupa desde los millares para restar las unidades.

Ejemplo D

Halla $72.50 − $24.99.

Estima: $70 − $20 = $50

$$
\begin{array}{r}
6\ 11\ 14\,10\\
\$7\ 2\,.\,5\ \cancel{0}\\
-\ \ 2\ 4\,.\,9\ 9\\
\hline
\$4\ 7\,.\,5\ 1
\end{array}
$$

Resta como si fueran números enteros. Coloca el signo de dólar y el punto decimal en la respuesta.

✔ **Hablemos**

3. Di cómo usar la suma para comprobar la respuesta en el Ejemplo D.

En la INTERNET
Más ejemplos
www.scottforesman.com

Otro ejemplo: Grupo 2-7, página 115

COMPRUEBA ✔

Resta.

1.
$$
\begin{array}{r}
960\\
-\ 392\\
\hline
\end{array}
$$

2.
$$
\begin{array}{r}
8,668\\
-\ \ \ 669\\
\hline
\end{array}
$$

3.
$$
\begin{array}{r}
4,000\\
-\ \ \ 196\\
\hline
\end{array}
$$

4.
$$
\begin{array}{r}
7,804\\
-\ 6,926\\
\hline
\end{array}
$$

5.
$$
\begin{array}{r}
\$70.14\\
-\ \ 46.31\\
\hline
\end{array}
$$

6. Sentido numérico Explica cómo reagrupas para restar 302 − 85.

A Destrezas y comprensión

Resta.

7. 803
      − 79

8. 5,891
      − 3,993

9. 6,000
      − 3,704

10. 6,740
       − 651

11. $73.86
       − 4.95

12. $9.00
       − 4.61

13. 7,795
       − 948

14. 7,001
       − 3,220

15. 3,975
       − 3,899

16. $30.00
       − 16.48

17. 714 − 395

18. 9,070 − 4,675

19. 2,006 − 1,156

20. $56.01 − $39.22

21. 405 − 186

22. 8,123 − 1,483

23. 7,613 − 6,948

24. $88.25 − $9.36

25. Razonamiento Rudy restó 10,285 menos 7,205. ¿Debe ser su respuesta mayor o menor que 3,000? Explícalo.

B Razonamiento y resolución de problemas

26. En el libro *Kate Shelley: Bound for Legend* (*Kate Shelley: Destinada a ser leyenda*), Kate tenía 15 años cuando se derrumbó el puente en 1881. ¿En qué año nació?

27. Ben anotó 9,345 puntos en su juego de computadora favorito. Drew anotó 8,715 puntos en el mismo juego. ¿Cuántos puntos más que Drew anotó Ben?

Cuando un puente de ferrocarril de 700 pies de longitud se derrumbó durante una terrible tormenta, Kate avisó del derrumbe a la compañía de ferrocarriles.

Matemáticas y estudios sociales

Di cuántos más cuerpos de bomberos son:

28. completamente profesionales que mayormente profesionales.

29. completamente voluntarios que completamente profesionales.

30. mayormente voluntarios que mayormente profesionales.

31. ¿Cuántos cuerpos de bomberos no son completamente voluntarios?

32. ¿Cuántos cuerpos de bomberos hay en total?

Archivo de datos

Cuerpos de bomberos de los EE. UU.

Tipo	Cantidad
Completamente profesionales	1,871
Mayormente profesionales	1,397
Mayormente voluntarios	3,848
Completamente voluntarios	19,238

33. **Escritura en matemáticas** ¿Es correcta la siguiente explicación de Jeff? De no ser así, di por qué y escribe la respuesta correcta.

Explica cómo restarle 248 a 500.

200
40
quedan 2
500 − 248 = 242

EN LOS EXÁMENES

Piénsalo bien

Puedo **usar un dibujo** para explicar mi razonamiento.

Repaso mixto y preparación de exámenes

En la INTERNET
Preparación de exámenes
www.scottforesman.com

Suma.

34.	35.	36.	37.	38.
846	$14.37	4,884	123	$132.08
51	7.45	634	994	263.00
+ 59	+ 4.71	+ 4,026	+ 425	+ 411.10

39. Muestra el valor de 1 dólar y 4 monedas de 1¢ con el signo de dólar y el punto decimal.

A. $0.14   **B.** $1.04   **C.** $1.40   **D.** $10.40

Aprender con tecnología

Los bloques de valor posicional de eTools

Antes de comenzar, estima y anota cada diferencia. Con el odómetro apagado estampa cada número del problema. Descompón los millares, las centenas y decenas según sea necesario. Compara la diferencia real con tu estimación. Prueba diferentes estrategias para acercar lo más posible tus estimaciones a las diferencias reales.

1. 183 − 25   **2.** 789 − 15

3. 582 − 396   **4.** 6,026 − 1,135

5. 3,447 − 1,724   **6.** 6,615 − 2,345

Idea clave
Puedes usar cálculo mental, lápiz y papel o calculadora para resolver problemas de suma y resta.

Materiales
• calculadora

EN LOS EXÁMENES

Piénsalo bien
• Puedo **resolver los problemas de más de una manera.**
• A veces usar cálculo mental o lápiz y papel es más rápido que usar una calculadora.

Escoger un método para calcular

APRENDE

✓ PREPÁRATE
Suma o resta.
1. 725 + 725
2. 310 − 85
3. 600 − 250
4. 1,400 + 350

¿Cómo sabes qué método de cálculo usar?

Al calcular, prueba primero el cálculo mental. Luego, piensa en usar lápiz y papel. Para problemas muy difíciles, usa una calculadora.

Ejemplo A

Se ordenaron 10 tableros, aros y mallas de basquetbol. El precio fue de $1,480 más $110 de impuesto. ¿Cuál fue el precio total?

Es fácil hacer esto mentalmente. Usaré **cálculo mental.**

1,480 + 100 = 1,580

1,580 + 10 = 1,590

Precio total: $1,590

Ejemplo B

La tienda de deportes pagó $11,125 por los artículos de basquetbol. Vendió todos los artículos en $16,375. Halla la diferencia entre estos precios.

No hay reagrupación. Usaré **lápiz y papel.**

$16,375
− 11,125
$5,250

Diferencia: $5,250

Ejemplo C

La tienda de deportes obtuvo una venta total semanal de $10,367, $22,143 y $29,251 durante 3 semanas. ¿Cuál es el total de ventas de estas 3 semanas?

Hay mucho que reagrupar. Usaré **calculadora.**

Presionar:
10367 [+]
22143 [+]
29251 [ENTER =]

Pantalla: 6 1 7 6 1

Venta total: $61,761

✓ **Hablemos**

1. ¿Por qué calcularías mentalmente en el Ejemplo A?
2. ¿Cuándo usarías calculadora?

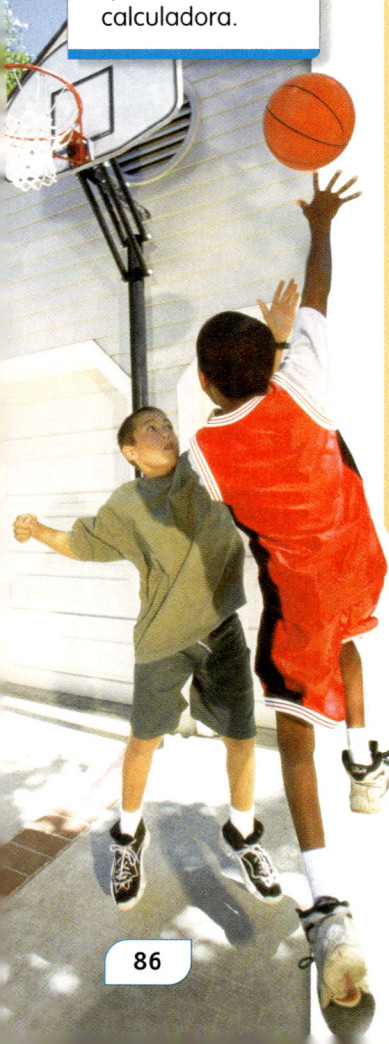

COMPRUEBA ✅

Suma o resta. Di qué método de cálculo usaste.

1.   47,800
     + 26,500

2.   60,000
     − 30,000

3.   25,842
     − 17,318

4. $3,539
     + 1,883

5. Sentido numérico Kit usó calculadora para hallar 3,648 − 257. Obtuvo 1,078. ¿Es razonable esta respuesta? Explícalo.

PRÁCTICA

Más práctica: Grupo 2-8, página 120

A Destrezas y comprensión

Suma o resta. Di qué método de cálculo usaste.

6. $8,657
     + 6,988

7.   78,136
     − 59,645

8.   90,000
     − 20,000

9.   37,997
     + 9,875

10.   16,835
     + 84,997

11. $5,871
     − 2,757

12.   73,240
     + 16,760

13.   23,001
     + 6,000

14. 37,481 − 35,081 **15.** $8,450 − $7,000 **16.** 72,560 + 21,040 **17.** 43,832 + 15,598

18. Sentido numérico Explica por qué calcularías mentalmente para sumar 50,000 más 8,300.

B Razonamiento y resolución de problemas

19. Usa los datos que aparecen a la derecha. ¿Cuánto más vale el tablero de basquetbol que las dos pelotas de basquetbol juntas?

20. Escritura en matemáticas
Explica por qué no usarías calculadora para restar 8,000 − 2,000.

$35.49

$21.98

$148

Repaso mixto y preparación de exámenes

En la INTERNET
Preparación de exámenes
www.scottforesman.com

21. 8,907 − 2,945

22. 8,000 − 6,237

23. $68.42 − $4.68

24. ¿Qué número NO es mayor que 67,845?

A. 67,846   **B.** 67,945   **C.** 67,880   **D.** 67,842

Predecir y generalizar

Al leer en matemáticas, **Predecir y generalizar** puede ayudarte a usar la **estrategia de resolución de problemas _Busca un patrón_** de la siguiente lección.

En lectura, predecir y generalizar puede ayudarte a deducir lo que sigue en un cuento. En matemáticas, predecir y generalizar puede ayudarte a deducir lo que sigue en un patrón.

Predice la figura que sigue.

> _Primero deduce cómo obtener la segunda figura a partir de la primera._

> _Luego, deduce cómo obtener la tercera figura a partir de la segunda._

| Primera | Segunda | Tercera | Cuarta | Quinta |

Adelanta 15 minutos el reloj para obtener el segundo reloj.

Adelanta 15 minutos el segundo reloj para obtener el tercer reloj.

> **Generaliza** para describir el **patrón:**
> _las manecillas avanzan 15 minutos cada vez._
> _Luego **predice.**_
> _El sexto reloj mostrará las 3:15._

1. ¿Qué hora mostrará el séptimo reloj?

2. Si el patrón fuera el mismo, pero el primer reloj mostrara las 6:30, ¿qué hora mostraría el tercer reloj?

En los Ejercicios 3 a 6 usa el dibujo de la derecha.

3. ¿Cómo puedes obtener la segunda fila a partir de la primera?

Fila 1

4. ¿Cómo puedes obtener la tercera fila a partir de la segunda?

Fila 2

Fila 3

5. **Escritura en matemáticas** Describe el patrón para generalizar.

6. Predice el número de soles que habrá en la cuarta fila.

En los Ejercicios 7 a 10 usa el siguiente dibujo.

7. ¿En qué se diferencia el segundo polígono del primero comenzando desde la izquierda?

8. ¿En qué se diferencia el tercer polígono del segundo?

9. **Escritura en matemáticas** Describe el patrón para generalizar.

10. Predice qué serán el quinto y sexto polígono.

Usa la figura de la derecha en los Ejercicios 11 a 15.

11. En la fila de casas, ¿cómo puedes obtener la tercera dirección a partir de las dos primeras?

12. En los cascos de bombero, ¿cómo puedes obtener el tercer número a partir de los dos primeros?

13. Predice el número que falta en la camiseta de fútbol.

14. Describe el patrón para generalizar.

15. **Escritura en matemáticas** Usa el patrón para hacer tu propio dibujo. Explica cómo tu dibujo sigue el patrón.

Resolución de problemas: Estrategia

Predecir y generalizar
te ayuda con...
la estrategia de resolución de problemas *Busca un patrón*.

Buscar un patrón

Idea clave
Aprender cómo y cuándo buscar un patrón puede ayudarte a resolver problemas.

EN LOS EXÁMENES

Piénsalo bien
Puedo usar el patrón de triángulos coloreados para **predecir** cuáles son las tres figuras que continúan.

APRENDE

¿Cómo usas los patrones?

Puedes encontrar patrones en los edificios, la naturaleza y las matemáticas entre otras cosas.

Ejemplo A

Busca un patrón. Dibuja las tres figuras que continúan.

La parte coloreada parece girar.

Las tres que siguen serían:

Ejemplo B

Busca un patrón. Copia y completa cada oración numérica.

10 + 1 = 11
100 + 10 + 1 = 111
1,000 + 100 + 10 + 1 = ▇
10,000 + 1,000 + 100 + 10 + 1 = ▇

Todos los dígitos de la suma son iguales.

1,000 + 100 + 10 + 1 = **1,111**
10,000 + 1,000 + 100 + 10 1 + = **11,111**

✔ Hablemos

1. ¿Cuál es el patrón en el Ejemplo A?

COMPRUEBA ✔

Otro ejemplo: Grupo 2-9, página 116

1. Busca un patrón. Dibuja las dos figuras que siguen.

2. Busca un patrón. Di los números que faltan.
2, 4, 6, 8, ▇, ▇, ▇

Busca un patrón. Dibuja las dos figuras que siguen.

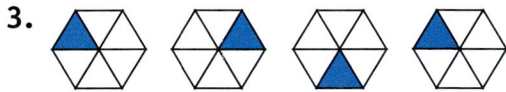

3.

4.

5.

6.

Busca un patrón. Di los números que faltan.

7. 1, 3, 5, 7, ▨, ▨, ▨

8. 1, 2, 4, 7, 11, ▨, ▨, ▨

9. 1, 4, 5, 8, 9, ▨, ▨, ▨

10. 2, 7, 9, 14, 16, ▨, ▨, ▨

11. 3, 6, 9, 12, ▨, ▨, ▨

12. 4, 10, 16, 22, ▨, ▨, ▨

Busca un patrón. Copia y completa cada oración numérica.

13. $40 + 4 = 44$
$400 + 4 = 404$
$4,000 + 4 = ▨$
$40,000 + 4 = ▨$

14. $70 + 7 = 77$
$707 + 70 = 777$
$7,007 + 770 = ▨$
$70,707 + 7,070 = ▨$

15. $500 + 5 = 505$
$55,000 + 55 = ▨$
$5,550,000 + 555 = ▨$

El año 2002 fue capicúa. Los números capicúas son números que son iguales leídos al revés o al derecho.

16. ¿Cuál es el próximo año que será capicúa?

17. ¿Qué año antes de 2002 fue el último capicúa?

18. Cada sitio de un campamento tiene un número par. Si los sitios están enumerados en orden y el primer sitio es el número 2, ¿qué número es el noveno sitio?

Razonamiento Busca patrones en las filas de las tablas. Halla los números que faltan.

19.

A	B	C
3	8	11
5	11	16
7		17
	14	23
10		25
15	20	

20.

A	B	C
9	4	5
10	2	
12		2
16	5	11
20	8	12
25		15

21. **Escritura en matemáticas** Imagina que hay 16 cucharas colocadas en el siguiente patrón: cuchara grande, cuchara pequeña, cuchara grande, cuchara pequeña, y así sucesivamente. ¿Será grande o pequeña la última cuchara? Explícalo.

¿Lo sabes hacer?

¿Lo entiendes?

Sumar números enteros y dinero (2-5)
Sumar en columnas (2-6)

1. $69.24
  + 23.81

2. 3,816
  + 4,494

3. 231
   452
  + 175

4. 19,881
   6,521
  + 31,107

Ⓐ Di cómo reagrupaste en el Ejercicio 1.

Ⓑ Describe una manera fácil de sumar las decenas en el Ejercicio 3.

Restar números enteros y dinero (2-7)

5. $2.32
  − 1.86

6. 306
  − 187

7. 9,194
  − 8,285

8. 8,014
  − 6,289

Ⓒ Di en qué se parece restar cantidades de dinero y restar números enteros.

Ⓓ Explica por qué es razonable tu respuesta del Ejercicio 8.

Escoger un método para calcular (2-8)

9. 31,553
  + 60,000

10. 72,008
  − 16,971

11. 21,000
  − 19,984

12. 49,250
  + 23,250

Ⓔ Di qué método de cálculo usaste para cada ejercicio.

Ⓕ Escribe dos números que sumarías calculando mentalmente.

Resolución de problemas: Buscar un patrón (2-9)

Busca un patrón. Escribe los números que faltan.

13. 1, 5, 9, 13, ▪, ▪, ▪

14. 2, 5, 8, 11, ▪, ▪, ▪

15. 1, 3, 4, 6, 7, ▪, ▪,

16. 3, 8, 13, 18, 23, ▪, ▪,

Ⓖ Describe el patrón de los Ejercicios 13 y 14.

Ⓗ Explica cómo completarías la oración numérica.

$800 + ▪ + 8 = 888$

EN LOS EXÁMENES

Piénsalo bien
Puedo **hacer una estimación** para asegurarme de que mi **respuesta sea razonable.**

OPCIÓN MÚLTIPLE

1. William compró un casco por $116.34, un par de guantes en $39.32 y lentes protectores por $49.47. ¿Cuánto gastó en total? (2-6)

   A. $105.13   **B.** $155.66   **C.** $195.13   **D.** $205.13

2. El 4.º grado reunió 5,053 latas de comida. El 3.er grado reunió 4,964 latas. ¿Cuántas latas más que el 3.er grado reunió el 4.º grado? (2-7)

   A. 89 latas   **B.** 99 latas   **C.** 109 latas   **D.** 1,089 latas

RESPUESTA LIBRE

Suma o resta. (2-5, 2-6 y 2-7)

3. 5,098
   + 3,995

4. 593
   + 672

5. $8.12
   − 4.25

6. 6,000
   − 2,451

7. 806
   − 458

8. 782
    297
   + 11

9. 2,546
    9,862
   + 6,974

10. $56.93
    78.23
   + 50.00

11. 12,000
   + 7,000

12. 8,965
   − 2,435

13. ¿Cuántas páginas hay en total en los cuatro libros? (2-6)

14. ¿Cuántas páginas más tiene el libro sobre Francia que el libro sobre Alemania? (2-7)

Busca un patrón. Dibuja las dos figuras que siguen. (2-9)

Libros de viajes de Ari	
Libros	Páginas
Francia	826
Alemania	696
Italia	516
Suiza	392

15.

16.

Escritura en matemáticas

17. Joe compró dos colecciones de estampillas. Una tenía 7,519 estampillas. La otra tenía 10,381. ¿Cuántas estampillas compró Joe? Explica qué método de cálculo usaste y por qué. (2-8)

18. La hermana de María dijo estos números: 4, 8, 12, 16. Escribe los dos números que siguen y explica el patrón que usó. (2-9)

Resolución de problemas: Destreza

Álgebra

Idea clave
Convertir las palabras en expresiones numéricas puede permitirte resolver problemas.

Vocabulario
• expresión numérica

Convertir palabras en expresiones

APRENDE

¿Cómo conviertes palabras en expresiones numéricas?

Tiburones Hay 350 especies de tiburones. De éstas, se sabe que sólo 42 especies han atacado a seres humanos. Escribe una expresión numérica que muestre cuántos tipos de tiburones no han atacado a seres humanos.

Lee para comprender

Una **expresión numérica** contiene números y por lo menos una operación. A continuación se muestran algunos ejemplos de expresiones numéricas.

$$46 + 58 \qquad 16 \div 4 \qquad 4 \times 5 + 8 \qquad 8 \times 6 \qquad 24 + 15 + 12$$

Piensa en partes y totales para escribir una expresión numérica acerca del problema de los Tiburones.

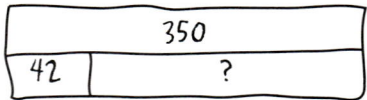

350	
42	?

Planea y resuelve

Lo que **piensas:** 350 menos 42   Lo que **escribes:** 350 − 42

Vuelve y comprueba

La expresión numérica 350 − 42 muestra que 42 menos que 350 es el número de especies de tiburones que no han atacado a seres humanos.

Otros ejemplos

Frase	Expresión numérica
12 bolígrafos rojos combinados con 8 bolígrafos azules	12 + 8
38 niñas, pero 14 niños menos	38 − 14
68 más que 37	37 + 68

✔ **Hablemos**

1. ¿Qué otra frase podrías usar para el problema de los Tiburones?

Escribe una expresión numérica para cada frase.

1. 272 páginas menos 28 páginas

2. 25 manzanas combinadas con 32 duraznos

3. 16 más que 29 estudiantes

4. 57 canicas rojas, pero 19 canicas azules menos

5. Razonamiento Si tienes 5 bolígrafos más que lápices, ¿tienes 5 lápices menos que bolígrafos? Explícalo.

PRÁCTICA

Más práctica: Grupo 2-10, página 121

Escribe una expresión numérica para cada frase.

6. $27 aumentado en $9

7. el total de 25 carros, 4 autobuses y 9 camiones

8. 7 bicicletas, pero 12 triciclos más

9. ¿Cuánto más que 95 es 168?

10. 135 menos que 264 días

11. 352 pulgadas disminuidas en 24 pulgadas

En los Ejercicios 12 a 15 usa la gráfica. Escribe una expresión numérica y luego resuélvela.

12. ¿Cuánto cuestan juntos la camiseta y los zapatos?

13. ¿Cuánto más cuestan los zapatos que los pantalones cortos?

14. ¿Cuánto más costaría la camiseta si el precio aumentara $3?

Precio de ropa deportiva

Camiseta	$12
Pantalones cortos	$19
Zapatos	$42
Medias	$2

Cada 🟩 = $5.

15. ¿Cuánto costarían los zapatos si el precio disminuyera $9?

16. ¿Cuánto cuestan todas las prendas juntas?

Escoge la expresión numérica que coincida con la situación.

17. La Escuela Primaria Westwood tenía 276 estudiantes. Luego llegaron 8 estudiantes más. ¿Cuántos estudiantes había en total?

276 − 8   276 + 8

18. La profesora Johnson tenía 78 hojas de cartulina gruesa al comienzo del año. La clase usó 49 hojas. ¿Cuántas hojas quedaron?

78 − 49   78 + 49

Escritura en matemáticas Escribe dos frases por cada expresión numérica.

19. 41 − 36   **20.** 74 − 65   **21.** 472 + 135   **22.** 16 + 28 + 56

Álgebra

Idea clave

Las expresiones numéricas con más de una operación usan paréntesis para indicar qué operación debe hacerse primero.

Relacionar palabras con expresiones numéricas

✓ **PREPÁRATE**

1. $8 + 2$ **2.** $15 + 9$

3. $16 - 4$ **4.** $32 - 25$

APRENDE

¿Cómo usas expresiones numéricas?

Los paréntesis ( ) indican qué operación debes hacer primero en una expresión numérica.

Ejemplo A

Rina tenía $20. Gastó $7 y luego ganó $9. ¿Cuánto dinero le quedó?

PASO 1	Escribe una expresión numérica.	$(20 - 7) + 9$ Rina gastó $7 primero.
PASO 2	Halla el valor de la expresión numérica.	Haz primero la operación entre paréntesis. $(20 - 7) + 9$ $13 \quad + 9 = 22$

A Rina le quedaron $22.

✓ **Hablemos**

1. ¿Qué indican los paréntesis en una expresión numérica?

COMPRUEBA ✓

Otro ejemplo: Grupo 2-11, página 117

Escoge la expresión numérica que se relaciona con las palabras. Luego halla su valor.

1. Jennifer tenía 30 calcomanías. Regaló 7 el lunes y 5 el martes.

$(30 - 7) - 5$ ó $30 - (7 - 5)$

2. Jim hizo 8 agarraderas, vendió 5 y luego hizo 4 más.

$8 - (5 + 4)$ ó $(8 - 5) + 4$

3. Sentido numérico ¿Dan el mismo resultado $12 - (2 + 6)$ y $(12 - 2) + 6$? Explícalo.

A Destrezas y comprensión

Escoge la expresión numérica que se relaciona con las palabras. Luego halla su valor.

4. Kurt ganó $12 y $7 y luego gastó $4.

$12 - (7 + 4)$ ó $(12 + 7) - 4$

5. Trina hizo 9 canastas. Le dio 3 a Sue y 2 a Jonna.

$9 - (3 - 2)$ ó $(9 - 3) - 2$

6. Mario tenía 12 estampillas. Compró 9 estampillas más y luego le dio 5 a Ted.

$12 - (9 - 5)$ ó $(12 + 9) - 5$

7. Jane tenía 36 vasos de cartón. Usó 17 vasos en la fiesta y luego compró 8 vasos más.

$36 - (17 + 8)$ ó $(36 - 17) + 8$

8. Sentido numérico ¿Qué ejercicio da un resultado de 2, $(9 - 5) + 2$ ó $9 - (5 + 2)$? Explícalo.

B Razonamiento y resolución de problemas

Escoge la expresión numérica que se relaciona con las palabras. Luego halla su valor.

9. ¿Cuántos representantes más tiene Illinois que Maine y Oklahoma juntos?

$(18 - 2) + 5$ ó $18 - (2 + 5)$

10. Los representantes de Michigan y Maine aceptaron apoyar un proyecto de ley. Luego, se les unieron los representantes de Oklahoma. ¿Cuántos representantes apoyaron la propuesta?

$(15 + 2) - 5$ ó $(15 + 2) + 5$

11. Escritura en matemáticas Explica por qué los valores de $(10 - 4) - 2$ y $10 - (4 - 2)$ no son iguales.

Archivo de datos

Cámara de Representantes de los EE. UU.

Estado	Número de Representantes
Illinois	18
Michigan	15
Maine	2
Oklahoma	5

Repaso mixto y preparación de exámenes

En la INTERNET
Preparación de exámenes
www.scottforesman.com

12. Busca un patrón. Dibuja las dos figuras que siguen.

13. Redondea 678,312 al millar más cercano.

A. 678,000   **B.** 678,300   **C.** 679,000   **D.** 680,000

Álgebra

Idea clave
Algunas expresiones tienen variables y también números.

Vocabulario
- variable
- expresión algebraica

Hallar el valor de expresiones

APRENDE

¿Cómo hallas el valor de expresiones con sumas y restas?

Una **variable** es un símbolo que representa un número. Las expresiones con variables se llaman **expresiones algebraicas**. Éstas son expresiones algebraicas.

$$\star + 8 \qquad \blacklozenge - 12 \qquad 32 + n \qquad x + 1$$

Para hallar el valor de una expresión, sustituye la variable por un valor y luego calcula.

Ejemplo A

Halla el valor de $\star + 8$, si $\star = 6$.

Sustituye $\star$ por 6. Luego suma.

$$\star + 8$$
$$\downarrow$$
$$6 + 8 = 14$$

Ejemplo B

Halla el valor de $\blacklozenge - 12$, si $\blacklozenge = 42$.

Sustituye $\blacklozenge$ por 42. Luego resta.

$$\blacklozenge - 12$$
$$\downarrow$$
$$42 - 12 = 30$$

Ejemplo C

Hay 32 personas inscritas en las clases de pintura. La tabla muestra, para diferentes valores de n, cuántos tomarán clases si n personas más se inscriben. Halla en la tabla el número que falta.

Sustituye n por 12 en la expresión $32 + n$.

$$32 + n$$
$$\downarrow$$
$$32 + 12 = 44$$

El número que falta es 44.

n	$32 + n$	
4	36	← 32 + 4
7	39	← 32 + 7
12	?	

Hablemos

1. ¿Cuál es el valor de $\star + 8$, si $\star = 6$?

2. En el Ejemplo C, explica por qué 36 está junto a 4 en la tabla.

COMPRUEBA ✓

Halla el valor de cada expresión, si $k = 5$.

1. $k + 19$ **2.** $k - 2$ **3.** $13 + k$ **4.** $k + 100$ **5.** $8 - k$

6. Sentido numérico ¿Tiene un valor mayor la expresión ❖ + 7 cuando ❖ = 4 o cuando ❖ = 14?

PRÁCTICA

Más práctica: Grupo 2-12 página 121

Ⓐ Destrezas y comprensión

Halla el valor de cada expresión, si $x = 20$.

7. $x + 32$ **8.** $x + 7$ **9.** $400 + x$ **10.** $x - 5$ **11.** $64 - x$

Halla los números que faltan en cada tabla.

12.

✳	6 + ✳
4	10
7	
24	
100	

13.

z	z − 7
47	
36	29
30	
24	

14.

m	m + 16
4	
7	
34	50
100	

Ⓑ Razonamiento y resolución de problemas

15. Tina ha ahorrado $40. La tabla muestra cuánto dinero tendrá si ahorra d dólares más, para diferentes valores de d. Copia y completa la tabla.

Dólares ahorrados	Total de dólares
d	40 + d
8	
12	
	65
32	

16. Traci gana $6 cuidando niños y $2 lavando platos. Gasta $4. ¿Cuánto dinero le queda?

17. **Escritura en matemáticas** Explica cómo hallar el valor de $x + 16$, si $x = 8$.

🦉 Repaso mixto y preparación de exámenes

En la INTERNET
Preparación de exámenes
www.scottforesman.com

18. Escoge la expresión numérica que se relacione con las palabras. Luego halla su valor. Mason compró 14 lápices. Regaló 8 y luego compró 4 más.

$14 - (8 + 4)$ ó $(14 - 8) + 4$

19. ¿Qué número sigue en la serie 3,478 3,488 3,498?

A. 3,408 **B.** 3,488 **C.** 3,508 **D.** 3,598

Álgebra

Idea clave

Para resolver una ecuación, halla el valor de la variable que hace verdadera la ecuación.

Vocabulario

• ecuación
• solución
• resolver

EN LOS EXÁMENES

Piénsalo bien

• Puedo **calcular mentalmente** para resolver una ecuación.

• Puedo **probar, comprobar y revisar** para resolver una ecuación.

Resolver ecuaciones de suma y resta

APRENDE

¿Cómo hallas el valor de la variable que hace verdadera una ecuación?

Una **ecuación** es una oración numérica que usa el signo igual (=) para mostrar que dos expresiones tienen igual valor. Las siguientes son ecuaciones.

$$8 + 9 = 17 \qquad 100 - 40 = 60 \qquad x + 3 = 7 \qquad n - 5 = 12$$

La **solución** a una ecuación es el valor de la variable que la hace verdadera. Hallar la solución a una ecuación que tiene una variable, es **resolver** la ecuación.

		Ejemplo A		Ejemplo B
		Resuelve. $9 + n = 24$		Resuelve. $k - 30 = 50$
PASO 1	Calcula mentalmente.	¿Qué número más 9 da 24?		¿Qué número menos 30 da 50?
PASO 2	Prueba.	Prueba $n = 13$ $9 + n$ ↓ $9 + 13 = 22$	Prueba $n = 15$ $9 + n$ ↓ $9 + 15 = 24$	Prueba $k = 80$ $k - 30$ ↓ $80 - 30 = 50$
PASO 3	Comprueba y revisa si es necesario.	¿9 + 13 da 24? *No*	¿9 + 15 da 24? *Sí*	¿Es 80 − 30 igual a 50? *Sí*
		La solución es $n = 15$.		La solución es $k = 80$.

✔ **Hablemos**

1. ¿Cuál es la solución a $9 + n = 24$?

2. Explica cómo resolver $k - 30 = 50$?

Resuelve cada ecuación.

1. $* - 8 = 7$ **2.** $m + 300 = 700$ **3.** $y - 4 = 9$ **4.** $9 + \blacksquare = 12$

5. Sentido numérico ¿Es la solución de $n + 5 = 35$ mayor o menor que 35? Explica cómo lo sabes.

PRÁCTICA

Más práctica: Grupo 2-13, página 121

A Destrezas y comprensión

Resuelve las ecuaciones.

6. $a - 6 = 19$ **7.** $c + 6 = 11$ **8.** $h - 25 = 50$ **9.** $9 + d = 23$

10. $60 + p = 70$ **11.** $m - 200 = 100$ **12.** $t - 3 = 12$ **13.** $28 - r = 15$

14. $b + 3 = 9$ **15.** $z - 5 = 4$ **16.** $w + 400 = 600$ **17.** $e - 8 = 8$

18. Sentido numérico ¿Es $t = 11$ una solución razonable para $t - 9 = 10$?

B Razonamiento y resolución de problemas

19. Después de que Rebeca compró un collar para perros en $4, le quedaron $6. ¿Cuánto dinero tenía al comienzo? Sea d = a la cantidad de dinero que tenía al comienzo. Usa la ecuación $d - 4 = 6$ para resolver el problema.

20. ¿Es razonable? Marissa resolvió la ecuación $k - 15 = 45$ y obtuvo $k = 30$. ¿Es razonable esta solución? Explícala.

21. **Escritura en matemáticas** Explica cómo la balanza de la derecha representa la ecuación $a + 2 = 6$. Resuelve la ecuación y di qué significa la solución.

Repaso mixto y preparación de exámenes

En la INTERNET
Preparación de exámenes
www.scottforesman.com

Halla el valor de cada expresión, si $w = 30$.

22. $w - 12$ **23.** $w + 6$ **24.** $w - 21$ **25.** $14 + w$ **26.** $52 - w$

27. Suma $67.09 + $5.95.

   A. $61.14   **B.** $62.94   **C.** $72.94   **D.** $73.04

Resolución de problemas: Aplicaciones

Montañas Algunas montañas se forman cuando grandes porciones de la corteza terrestre cambian de posición. Otras se forman por erupciones volcánicas. Las montañas son lugares hermosos para ir de excursión, esquiar y disfrutar de la naturaleza.

Dato curioso En 1943, un agricultor de México descubrió una grieta en su terreno. De esta grieta comenzó a brotar lava y en 6 días se formó el cono de un volcán de 500 pies de altura. Este volcán se llama Parícutin.

1 Cuando el Parícutin alcanzó los 500 pies, ya había atraído la atención mundial. En un año alcanzó los 1,100 pies. En 1952 el Parícutin se volvió inactivo. Para ese entonces su cono había crecido 290 pies más. ¿Cuánto creció el volcán Parícutin durante 9 años de erupciones?

2 Más de 500,000 personas escalan montañas anualmente. ¿Qué número es 100,000 más que 500,000? ¿1,000 más? ¿10 más?

Usar datos clave

3 ¿Qué montañas tienen una diferencia de altura más grande: el Aconcagua y el Monte Cook o el Everest y el Kilimanjaro?

Datos clave	
Montaña	**Altura**
•Monte Cook	12,316 pies
•Matterhorn	14,690 pies
•Kilimanjaro	19,340 pies
•Monte McKinley	20,320 pies
•Aconcagua	22,834 pies
•Monte Everest	29,035 pies

Buenas noticias/Malas noticias *Cuando el aire cálido y húmedo asciende por la ladera de una montaña generalmente llueve y esto permite que crezcan bosques frondosos. Desafortunadamente, esto deja muy poco aire húmedo para que llueva en la otra ladera de la montaña, donde pueden existir condiciones desérticas.*

4 Escritura en matemáticas Usa la información de Datos clave para escribir tu propio problema verbal. Resuélvelo y escribe la respuesta en una oración completa.

5 Tomar decisiones Imagina que tienes $40 para comprar provisiones para una caminata de un día en la montaña. ¿Qué comprarás? ¿Cuánto dinero te quedará?

Precio	Artículo
Navaja	$25
Botiquín	$12
Gafas de sol	$10
100 pies de cuerda	$15
Linterna	$9
Barra de granola	$2
Brújula	$10

¿Lo sabes hacer?

¿Lo entiendes?

Convertir palabras en expresiones (2-10)

Escribe una expresión numérica para cada frase.

1. 181 árboles menos 4 árboles

2. $375 aumentado en $28

3. 47 carros combinados con 27 carros

Ⓐ Di cómo escribiste la expresión numérica del Ejercicio 1.

Ⓑ Explica cómo supiste qué operación usar en el Ejercicio 2.

Relacionar palabras con expresiones numéricas (2-11)

Escoge la expresión numérica que se relaciona con las palabras. Luego halla su valor.

4. Jake tenía $18. Gastó $4. Luego, ganó $12 cortando pasto. ¿Cuánto dinero tiene ahora?

$18 - (4 + 12)$ ó $(18 - 4) + 12$

Ⓒ Explica cómo hallar los valores de $(8 - 5) + 2$ y $8 - (5 + 2)$.

Ⓓ ¿Es el valor de $(2 + 8) + 5$ el mismo de $2 + (8 + 5)$? Explícalo.

Hallar el valor de expresiones (2-12)

Halla el valor de cada expresión, si $h = 9$.

5. $h + 16$ **6.** $h + 43$

7. $100 + h$ **8.** $h - 7$

9. $h - 9$ **10.** $25 - h$

Ⓔ Di cómo hallaste el valor de las expresiones en los Ejercicios 5 y 8.

Ⓕ Explica por qué la expresión $n + 7$ tiene un valor distinto cuando $n = 8$ y cuando $n = 10$.

Resolver ecuaciones de suma y resta (2-13)

Resuelve las ecuaciones.

11. $6 + r = 14$ **12.** $m + 14 = 21$

13. $b - 8 = 9$ **14.** $w - 20 = 60$

15. $y + 5 = 12$ **16.** $n - 50 = 50$

Ⓖ Explica por qué $n = 6$ es la solución para $n + 8 = 14$.

Ⓗ Explica por qué 40 NO es la solución para $w - 20 = 60$.

EN LOS EXÁMENES

Piénsalo bien

Puedo convertir la pregunta en una afirmación: "Tengo que …".

OPCIÓN MÚLTIPLE

1. Escoge la expresión que corresponda a las palabras. Haley tenía 8 pulseras. Regaló 6 y luego hizo 2 más. (2-11)

   A. $8 + (6 - 2)$ **C.** $(8 + 6) - 2$

   B. $8 - (6 + 2)$ **D.** $(8 - 6) + 2$

2. Danny gastó $6 en un libro. Le quedaron $8. ¿Cuánto dinero tenía al comienzo? Usa $d - 6 = 8$ para resolverlo. (2-13)

   A. $2   **B.** $8   **C.** $12   **D.** $14

RESPUESTA LIBRE

Escoge la expresión numérica que coincide con las palabras. Luego halla su valor. (2-11)

3. Leo tenía 24 invitaciones. Entregó 19 y luego compró 12 más.

   $(24 - 19) + 12$ ó $24 + (19 - 12)$

4. Mandy hizo 13 marcadores de libro. Le dio 3 a su hermana y luego 2 a su hermano.

   $13 - (3 - 2)$ ó $(13 - 3) - 2$

5. Halla los números que faltan en la tabla a la derecha. (2-12)

s	9	14	27	32
s + 13				45

Resuelve las ecuaciones. (2-13)

6. $18 + a = 24$ 7. $c + 5 = 14$ 8. $k - 9 = 8$ 9. $13 - m = 6$

En los Ejercicios 10 y 11 usa la información a la derecha. Escribe una expresión numérica. Luego, resuélvelo. (2-10)

10. ¿Cuántos libros más debe reunir el cuarto grado para llegar a la meta de 40 libros?

11. ¿Cuántos libros reunieron el cuarto y quinto grados en total?

Campaña de libros

Libros: 40, 30, 20, 10, 0 — Grado 4, Grado 5

Escritura en matemáticas

12. Explica cómo hallar los valores de $(14 - 7) - 3$ y $14 - (7 - 3)$. (2-11)

13. Explica cómo hallar el valor de $t - 5$, si $t = 14$. (2-12)

Estrategias para exámenes

Comprende la pregunta.

Reúne información para hallar la respuesta.

Planea cómo hallar la respuesta.

Escoge la mejor opción.

Usa escritura en matemáticas.

Mejora las respuestas escritas.

Reúne información para hallar la respuesta

Después de comprender una pregunta de examen, debes reunir información para la respuesta. Algunas preguntas de examen no contienen en el texto toda la información que necesitas. Debes buscar más información en un dibujo, mapa, diagrama, tabla o gráfica.

1. La tabla muestra algunos de los tiburones más grandes que se han capturado.

Tipo de tiburón	Peso	Año de captura
Tiburón martillo	370 lb	1993
Tiburón azul	454 lb	1996
Tiburón marrajo	1,115 lb	1988
Tiburón tigre	1,780 lb	1964
Tiburón blanco	2,664 lb	1959

Compara el peso del tiburón blanco con el del marrajo. ¿Cuánto más pesa el tiburón blanco?

A. 2,210 lb

B. 1,549 lb

C. 3,779 lb

D. 1,559 lb

Comprende la pregunta.

Tengo que averiguar cuánto más pesó el tiburón blanco que el marrajo.

Reúne información para hallar la respuesta.

• Busca información importante en el texto.

En este problema, el texto no contiene ninguno de los números que necesito para hallar mi respuesta.

• Busca información importante en dibujos, mapas, diagramas, tablas o gráficas.

Puedo hallar el peso del tiburón blanco y del marrajo en la tabla.

2. ¿Qué expresión debe usarse para calcular a qué edad murió Thomas Jefferson?

Piénsalo bien

Tengo que averiguar qué expresión podría usarse para hallar la edad de Thomas Jefferson. Puedo tomar el año en que nació y el año en que murió de la placa bajo la fotografía.

Thomas Jefferson
Nació: 1743 Murió: 1826

A. 1743 − 1826

B. 1746 + 1826

C. 1826 + 1743

D. 1826 − 1743

Ahora es tu turno

Di qué información se necesita para resolver cada problema.

3. Wendy compró un suéter y un par de *jeans* en Fashion City.

$28.95 $17.50

¿Qué expresión debe usarse para calcular el precio total del suéter y los *jeans*?

A. $28.95 − $17.50

B. $28.95 + $17.50

C. $17.50 + $7.98

D. $28.95 − $7.98

4. Tim condujo de Orlando a Miami. Pat condujo de Tampa a Orlando. ¿Cuántas millas más que Pat condujo Tim?

A. 150

B. 155

C. 300

D. 320

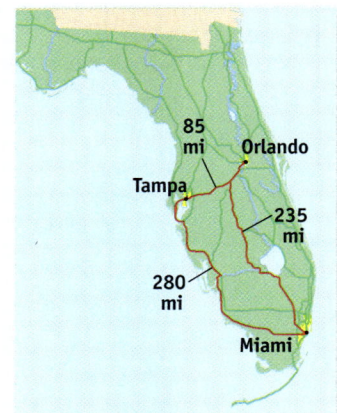

85 mi   Orlando
Tampa
235 mi
280 mi
Miami

Repaso de vocabulario clave y conceptos

Conmutar significa "cambiar una cosa por otra".

La **propiedad conmutativa de la suma** dice que puedes cambiar el orden en que sumas los sumandos. (p. 62)

¿Lo entendí?

Calcular mentalmente te permite hallar sumas y diferencias. (Lecciones 2-1 y 2-2)

Usa las propiedades.

Propiedad conmutativa de la suma

$3 + 6 = 6 + 3$

Propiedad asociativa de la suma

$2 + (5 + 4) = (2 + 5) + 4$

Usa **la descomposición.**

$327 + 24$
$327 + 3 + 21$
$330 + 21$
351

Descompón 24 para formar una decena.

Por tanto,
$327 + 24 = 351.$

sumandos   suma

Usa **la compensación.**

$144 - 28 = $ ▢

$144 - 30 = 114$ Resta 30.

$114 + 2 = 116$ Luego suma 2.

Por tanto, $144 - 28 = 116.$

diferencia

1. Calcula mentalmente para hallar $436 - 46$ y $179 - 48$.

Mi mamá recibe una compensación en dinero por las horas extra que trabaja.

La **compensación** es un ajuste que h a los números con los que estás calculando. (p.62)

¿Lo entendí?

Estima sumas y diferencias y luego suma o resta. (Lecciones 2-3, 2-4, 2-5, 2-6 y 2-7)

Suma $1,634 + 428$.

Usa la **estimación por la izquierda.**
$2,000 + 400 = 2,400$

$$\begin{array}{r} {}^{1} \\ 2,234 \\ +428 \\ \hline 2,662 \end{array}$$

Suma cada columna comenzando por las unidades. Reagrupa si es necesario.

$2,000$ es una **estimación por defecto.**

Resta $\$35.12 - 13.45$.

Usa el redondeo para estimar.
$\$40 - \$10 = \$30$

$$\begin{array}{r} {}^{10} \\ 4\cancel{0}12 \\ \$3\cancel{5}.\cancel{1}\cancel{2} \\ -13.45 \\ \hline \$21.67 \end{array}$$

Resta cada columna comenzando por las unidades. Reagrupa si es necesario.

$\$30$ es una **estimación por exceso.**

Resta $4,000 - 2,376$.

Usa estimación para redondear.
$4,000 - 2,000 = 2,000$

$$\begin{array}{r} {}^{9}{}^{9} \\ 3\cancel{10}\cancel{10}10 \\ 4,\cancel{0}\cancel{0}\cancel{0} \\ -2,376 \\ \hline 1,624 \end{array}$$

Cuando restas con ceros, debes reagrupar primero las centenas o los millares.

Usa las **operaciones inversas** para comprobar.
$1,624 + 2,376 = 4,000$

2. Halla $1,486 + 3,908$, $\$60.07 - 13.58$ y $413 + 677 + 21$.

$144 = 28$
$144 - 30 = 114$
$114 + 2 = 116$
$144 - 28 = 116$

Puedes escoger un método para calcular o buscar un patrón para resolver problemas. (Lecciones 2-8 y 2-9)

A la feria del condado asistieron 95,877 personas en total. 42,126 eran adultos. ¿Cuántos eran niños?

$$\begin{array}{r} 95,877 \\ -\ 42,126 \\ \hline 53,751 \end{array}$$ No hay reagrupaciones, usa lápiz y papel.

53,751 niños visitaron la feria del condado.

Busca un patrón. Halla los números que faltan.

2, 6, 10, ■, ■, ■

+4 +4 +4 +4 +4

2   6   10   **14**   **18**   **22**

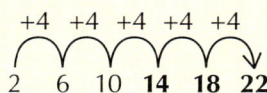

3. En la feria, la familia Morton gastó $24 en boletos de entrada, $36 en boletos para las atracciones y $55 en comida. ¿Cuánto gastaron en total?

Evaluar *es "valorar o hallar el valor de algo".*

Hallar el valor de una expresión *significa "hallar cuánto vale". (p. 98)*

Mi almuerzo varía todos los días.

El valor de una **variable** *cambia en diferentes situaciones. (p. 98)*

Muchos problemas contienen expresiones y ecuaciones. (Lecciones 2-10, 2-11, 2-12 y 2-13)

Expresión numérica	Expresión algebraica	Ecuación
Marta pidió prestado 2 libros y luego 5; después devolvió 3.	**Halla el valor** de $n - 14$, si $n = 30$.	**Resuelve** $y + 13 = 18$.
$(2 + 5) - 3$	Sustituye la **variable** por 30.	Prueba 3. ¿Es $3 + 13 = 18$? *No.*
Para hallar el valor de la expresión, desarrolla primero la operación entre **paréntesis.**	$n - 14$ $\downarrow$ $30 - 14 = 16$	Prueba 5. ¿Es $5 + 13 = 18$? *Sí.*
$(2 + 5) - 3 = 4$		La **solución** es $y = 5$.

4. Halla el valor de $(6 - 3) + 8$.

5. Halla el valor de $m + 12$, si $m = 7$ y resuelve $p - 6 = 11$.

Respuestas: 1. 482; 131 2. 5,394; $46.49; 1,111 3. $115 4. 11 5. 19; 17

OPCIÓN MÚLTIPLE

Escoge la letra de
la respuesta correcta.

1. Halla 5,000 − 3,245.

   A. 1,755   **C.** 2,245

   B. 2,755   **D.** 8,245

2. Marisa practicó jugadas de
basquetbol durante 87 minutos y
tiros libres durante 42 minutos.
¿Cuántos minutos más practicó
jugadas que tiros libres?

   A. 14   **B.** 25   **C.** 45   **D.** 129

3. Halla $89.56 + $55.31.

   A. $34.25   **C.** $144.87

   B. $134.87   **D.** $159.56

4. Erin envolvió 97 regalos en el centro
comercial durante las fiestas para
recaudar fondos. Mike envolvió 113
regalos. ¿Cuántos regalos envolvieron
aproximadamente los dos?

   A. 100   **C.** 200

   B. 150   **D.** 300

5. Halla 37,899 + 41,231.

   A. 79,103   **C.** 79,190

   B. 79,130   **D.** 82,541

6. 3,127 niños y 2,818 adultos visitaron
el circo cuando vino al pueblo.
¿Cuántos más niños que adultos
visitaron el circo?

   A. 309   **C.** 1,319

   B. 939   **D.** 1,717

7. Halla 1,435 + 698 + 314 + 2,076.

   A. 4,209   **C.** 4,528

   B. 4,523   **D.** 6,903

8. Martín compró
un par de *jeans*
en $42.99, un
abrigo en
$127.45 y un
suéter en $32.09.
¿Cuánto dinero
gastó en total?

> **EN LOS EXÁMENES**
> **Piénsalo bien**
> Debo buscar
> **palabras clave
> como CUÁNTOS
> MÁS y EN TOTAL.**

   A. $75.08   **C.** $213.43

   B. $202.53   **D.** $254.90

9. Dave gastó $13 en un disco
compacto. Le quedaron $5.
¿Cuánto dinero tenía al comienzo?
Usa $n - 13 = 5$ para resolverlo.

   A. $8   **C.** $15

   B. $14   **D.** $18

10. Raquel tenía 10 pastelitos
e hizo 12 más. Luego regaló 5.
Escoge la expresión que indique
cuántos pastelitos le quedaron
a Raquel.

   A. $(10 + 12) - 5$ **C.** $(12 - 10) + 5$

   B. $10 + (12 + 5)$ **D.** $10 - (12 + 5)$

11. ¿Qué número va en el ▢ para
completar el patrón?

3, 6, 12, 24, ▢, 96

   A. 27   **B.** 36   **C.** 48   **D.** 63

Calcula mentalmente para sumar o restar.

12. $567 + 381$ **13.** $751 - 207$

Estima cada suma o resta. Luego, di si tu estimación es por exceso o por defecto.

14. $687 + 301$ **15.** $7,321 - 5,012$

Suma o resta.

16. $45.99 - $32.22

17. $1,894 + 234 + 5,412$

Busca un patrón. Escribe los tres números que siguen.

18. 4, 8, 12, ▢, ▢, ▢

19. 5, 10, 20, 40, ▢, ▢, ▢

Escribe una expresión numérica para cada frase.

20. $151 disminuido en $21

21. 405 libros y 232 más

Halla el valor de cada expresión, si $x = 4$.

22. $x + 15$ **23.** $57 - x$

Resuelve cada ecuación.

24. $3 + n = 27$

25. $t - 40 = 80$

26. Teresa plantó flores en una fila en el siguiente orden. Si continúa el mismo patrón, ¿cuáles serán las siguientes dos flores que plantará?

margarita, margarita, lirio, lirio, margarita, margarita, lirio, __?__, __?__

Escritura en matemáticas

27. Jason hizo una tabla para llevar la cuenta de las latas que recolectaba. ¿Qué día tendrá Jason más de 100 latas? Explica cómo lo sabes.

EN LOS EXÁMENES

Piénsalo bien
- Buscaré un patrón.
- **Comprobaré mi trabajo** para verificar mi respuesta.

Recolección de latas de Jason

Día	Cantidad total de latas
1	15
2	30
3	45

Resuelve el siguiente problema, luego di qué método usaste para calcular y por qué.

28. Los estudiantes de cuarto grado de tres diferentes escuelas se van de excursión. La Escuela Primaria Eastern tiene 121 estudiantes en cuarto grado, la Escuela Primaria Western tiene 118 estudiantes y la Escuela Primaria Northern tiene 121 estudiantes. ¿Cuántos estudiantes de cuarto grado hay en total?

29. Claire dijo que $(12 - 4) - 2$ es lo mismo que $12 - (4 - 2)$. ¿Está en lo correcto? Explícalo.

Números y operaciones

OPCIÓN MÚLTIPLE

1. Halla 975 − 451.

   A. 424   **C.** 1,324

   B. 524   **D.** 1,426

2. Jack tenía 136 clavos en su caja de herramientas y compró 240 más. ¿Cuántos clavos tiene en total?

   A. 236   **C.** 376

   B. 367   **D.** 474

3. ¿Entre qué par de números debe aparecer 180,243?

   A. 170,940 y 180,240

   B. 180,135 y 180,235

   C. 180,234 y 180,254

   D. 180,342 y 180,432

EN LOS EXÁMENES

Piénsalo bien
Puedo **eliminar las respuestas incorrectas.**

RESPUESTA LIBRE

4. Halla $712 + $139. Di qué método usaste para calcular.

5. Meredith compró una bicicleta en oferta por $227. El precio original era de $350. ¿Cuánto dinero ahorró Meredith al comprar la bicicleta en oferta?

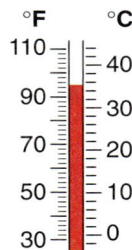

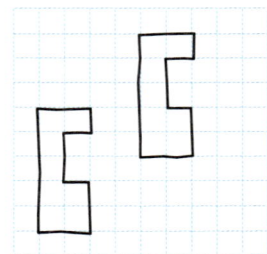

Escritura en matemáticas

6. Explica cómo puedes calcular mentalmente para restar 176 − 49.

Geometría y medición

OPCIÓN MÚLTIPLE

7. Un mercado local vendió 356 libras de calabaza el sábado y 415 libras el domingo. ¿Cuántas libras más de calabaza vendió el domingo que el sábado?

   A. 59   **C.** 169

   B. 60   **D.** 771

8. ¿Qué unidad de medida es mejor para medir la longitud de un creyón?

   A. pulgada   **C.** yarda

   B. pie   **D.** milla

RESPUESTA LIBRE

9. ¿Cuál es la temperatura?

   °F   °C
   110   40
   90   30
   70   20
   50   10
   30   0

10. Escribe deslizamiento, inversión o rotación.

Escritura en matemáticas

11. Explica cómo hallar el perímetro de la siguiente figura.

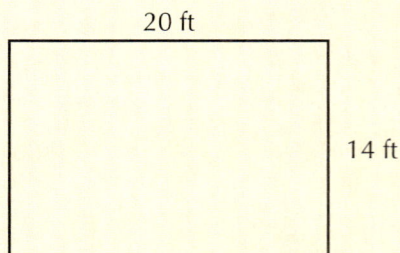

    20 ft

    14 ft

Análisis de datos y probabilidad

OPCIÓN MÚLTIPLE

12. ¿En qué color es más probable que caiga la flecha giratoria?

   A. rojo

   B. azul

   C. anaranjado

   D. verde

13. ¿Cuántos resultados posibles hay en la rueda giratoria de la Pregunta 12?

   A. 1   **B.** 3   **C.** 4   **D.** 8

RESPUESTA LIBRE

En los Ejercicios 14 a 16 usa la gráfica de barras.

Minutos que Mike leyó cada día

14. ¿Qué día leyó más?

15. ¿Cuántos minutos más leyó el miércoles que el martes?

> **Piénsalo bien**
> Debo **comprobar mis respuestas para asegurarme de que sean razonables.**

Escritura en matemáticas

16. ¿En qué días supones que Mike realizaba otras actividades? Explícalo.

Álgebra

OPCIÓN MÚLTIPLE

17. Resuelve $14 + y = 49$.

   A. $y = 35$ **C.** $y = 63$

   B. $y = 46$ **D.** $y = 71$

18. Amy decidió comenzar a coleccionar monedas. Reunió 3 monedas la primera semana, 5 la segunda semana y 7 la tercera. Si continúa ese patrón, ¿cuántas monedas tendrá en total al final de la sexta semana?

   A. 15   **B.** 27   **C.** 35   **D.** 48

RESPUESTA LIBRE

19. Escribe una expresión numérica que coincida con las palabras.

Carol tenía 9 matas de tomate y compró 5 más.

20. Dibuja las dos figuras que siguen en el patrón.

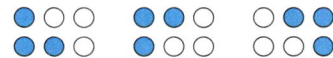

21. Busca el patrón y escribe los números que faltan.

5, 10, 16, 23, 31, ▪, ▪, ▪

Escritura en matemáticas

22. Tom resolvió $n - 16 = 9$ diciendo que $n = 7$. ¿Está en lo correcto? De no ser así, da la solución correcta y explica cómo la hallaste.

Grupo 2-1 (páginas 62–63)

Suma 191 + 212. Calcula mentalmente.

Descompón los números.

191 + 212

191 + (9 + 203)

(191 + 9) + 203

200   + 203 = 403

Recuerda que al usar la compensación, debes ajustar la suma.

1. 48 + 64   **2.** 599 + 235

3. 200 + 700   **4.** 854 + 351

5. 476 + 229   **6.** 7,000 + 4,000

7. 800 + 300   **8.** $165 + $29

Grupo 2-2 (páginas 64–67)

Resta 614 − 297. Calcula mentalmente.

Usa la compensación.

614 − 300 = 314

314 + 3 = 317

Por tanto, 614 + 297 = 317

Resto 300. Resté 3 de más, por tanto, debo sumar 3.

Recuerda que puedes usar la compensación, descomponer números o contar hacia adelante para restar calculando mentalmente.

1. 83 − 46   **2.** 295 − 78

3. 495 − 257   **4.** 800 − 144

5. 738 − 99   **6.** 326 − 128

Grupo 2-3 (páginas 68–71)

Estima 8,847 − 1,384.

Redondea.

  8,847 ⟶ **9**,000
− **1**,384 ⟶ − **1**,000
              8,000

La diferencia es aproximadamente 8,000.

Recuerda que puedes usar el redondeo o la estimación por la izquierda para estimar sumas y diferencias.

1. 568 + 288   **2.** 1,844 + 3,096

3. 44,834 + 2,954   **4.** 887 − 198

5. 9,472 − 3,562   **6.** 2,846 + 5,012

7. 61,752 − 3,122   **8.** 7,639 + 216

Grupo 2-4 (páginas 72–73)

Estima. Di si la estimación es por exceso o por defecto.

  3,626 ⟶   4,000
+ 4,904 ⟶ + 5,000
             9,000

Como ambos números se reemplazaron por números mayores, 9,000 es una estimación por exceso. La suma exacta es menor que 9,000.

Recuerda que una estimación por defecto es menor que la respuesta exacta.

1. 272 + 398   **2.** 429 + 196

3. 6,212 + 2,441   **4.** 758 − 284

5. 5,623 − 1,276   **6.** 8,360 − 3,449

Grupo 2-5 (páginas 76–79)

Suma 74,862 + 15,829.

Estima: 70,000 + 20,000 = 90,000

```
  11   1
  74,862
+ 15,829
  90,691
```

La suma 90,691 es razonable porque está cerca de la estimación de 90,000.

Recuerda poner en la respuesta el punto decimal y el signo de dólar al sumar dinero.

1.	7,683 + 239	**2.**	9,256 + 4,772
3.	65,023 + 19,889	**4.**	$56.72 + 97.19

5. 3,985 + 9,348 **6.** $4.57 + $7.95

Grupo 2-6 (páginas 80–81)

Halla 1,931 + 5,917 + 7,996.

Estima: 2,000 + 6,000 + 8,000 = 16,000

```
  2 11
  1,931     Suma los números posición
  5,917     por posición, de derecha a
+ 7,996     izquierda. Reagrupa si es
 15,844     necesario.
```

La suma 15,844 es razonable porque está cerca de la estimación de 16,000.

Recuerda que puedes sumar en cualquier orden.

1.	276 749 + 337	**2.**	6,892 6,103 + 4,288
3.	1,764 3,994 + 5,036	**4.**	$546 678 + 70

Grupo 2-7 (páginas 82–85)

Halla 5,884 − 3,995.

Estima: 6,000 − 4,000 = 2,000

```
  4 7 17 14
  5, 8 8 4    Comprueba:      1 11
− 3, 9 9 5                    3,995
  1, 8 8 9                  + 1,889
                             5,884
```

La diferencia 1,889 es razonable porque está cerca de la estimación de 2,000.

Recuerda que tal vez necesites reagrupar antes de restar.

1.	605 − 248	**2.**	7,275 − 397
3.	56,002 − 23,783	**4.**	$68.23 − 15.79

5. 7,000 − 4,562 **6.** $57.00 − $9.95

7. 9,989 − 2,656 **8.** 8,347 − 3,064

9. 6,000 − 3,891 **10.** $69.50 − $23.12

Grupo 2-8 (páginas 86–87)

Suma o resta. Di qué método usaste.

Aldo tenía 2,313 monedas de 1¢. Su tía le dio 1,003 monedas de 1¢ más. ¿Cuántas monedas de 1¢ tiene ahora?

Puedes calcular mentalmente.

2,313 + 1,000 = 3,313

3,313 + 3 = 3,316

Aldo tiene 3,316 monedas de 1¢.

Recuerda que puedes usar cálculo mental, lápiz y papel o calculadora para resolver problemas de suma y resta.

1. Jake tenía 776 estampillas. Dio 399 estampillas. ¿Cuántas estampillas le quedaron?

2. Sara tiene $171.25 en el banco. Tiene $91.69 en su cartera. ¿Cuánto dinero tiene en total?

Grupo 2-9 (páginas 90–91)

Busca un patrón. Di los números que faltan.

1, 8, 15, 22, ▪, ▪, ▪

Paso 1: Busca un patrón.

  1 **+ 7** = 8

  8 **+ 7** = 15

15 **+ 7** = 22

Paso 2: Completa el patrón.

22 **+ 7** = 29

29 **+ 7** = 36

36 **+ 7** = 43

Los números que faltan son 29, 36 y 43.

Recuerda que en algunos patrones no se suma siempre el *mismo* número.

1. 1, 7, 13, 19, ▪, ▪, ▪

2. 3, 7, 11, 15, ▪, ▪, ▪

3. 2, 3, 5, 8, 12, 17, ▪, ▪, ▪

4. 4, 5, 7, 8, 10, 11, 13, ▪, ▪, ▪

5. 2, 5, 8, 11, ▪, ▪, ▪

6. 1, 9, 17, 25, ▪, ▪, ▪

7. 1, 4, 8, 11, 15, 18, ▪, ▪, ▪

Grupo 2-10 (páginas 94–95)

Escribe una expresión numérica para cada frase.

365 días y 28 días más.

365 + 28

Necesitas $249, ahorraste $175.

249 − 175

Recuerda que escribir una expresión numérica puede ayudarte a resolver problemas.

1. ¿Cuánto más que 12 es 36?

2. $425 aumentado por $58

3. 114 onzas disminuidas en 6 onzas

4. 185 adultos, pero 36 estudiantes menos que esa cantidad

5. 19 lápices junto con 23 bolígrafos

Grupo 2-11 (páginas 96–97)

Escoge la expresión que corresponda a las palabras. Luego, halla su valor.

Lisa tiene $8. Gana $12 cuidando niños. Luego, gasta $5 en el cine. ¿Cuánto le quedó?

$8 + (12 - 5)$ ó $(8 + 12) - 5$

Lisa ganó $12 primero, por tanto $(8 + 12) - 5$ es la expresión correcta.

$(8 + 12) - 5$

$\quad 20 \quad\quad - 5 = 15$

A Lisa le quedaron $15.

Recuerda hacer primero la operación entre paréntesis. Escoge la expresión que corresponda a las palabras. Luego halla su valor.

1. Bob tenía 16 invitaciones. Envió 9 por correo. Entregó 5 en la escuela.

   $16 - (9 - 5)$ ó $(16 - 9) - 5$

2. Tom hizo 24 marcadores de libro. Dio 13 a sus amigos. Luego, hizo 11 más.

   $(24 - 13) + 11$ ó $24 - (13 + 11)$

Grupo 2-12 (páginas 98–99)

Halla el valor de $d + 15$, si $d = 12$.

Sustituye d por 12. Luego suma.

$d + 15$

$\downarrow$

$12 + 15 = 27$

Recuerda que reemplazas la variable por un número para hallar el valor de la expresión.

Halla el valor de cada expresión, si $m = 8$.

1. $m + 12$ 2. $m + 34$

3. $25 - m$ 4. $m - 4$

Grupo 2-13 (páginas 100–101)

Resuelve $k + 16 = 35$.

Calcula mentalmente: ¿qué número más 16 es igual a 35?

Prueba: $k = 15$ $\quad k + 16$

$\quad\quad\quad\quad\quad\quad\quad \downarrow$

$\quad\quad\quad\quad\quad\quad 15 + 16 = 31$

Comprueba: ¿es $15 + 16$ igual a 35? *No*

Revisa: $k = 19$ $\quad k + 16$

$\quad\quad\quad\quad\quad\quad\quad \downarrow$

$\quad\quad\quad\quad\quad\quad 19 + 16 = 35$

Comprueba: ¿es $19 + 16$ igual a 35? *Sí*

La solución es $k = 19$.

Recuerda que después de probar, tal vez necesites revisar y probar nuevamente para resolver una ecuación.

1. $12 + x = 27$ 2. $h + 9 = 39$

3. $800 + p = 813$ 4. $a - 5 = 16$

5. $w - 10 = 30$ 6. $x - 5 = 5$

7. $n + 40 = 120$ 8. $k - 30 = 20$

9. $z - 24 = 32$ 10. $t + 5 = 19$

11. $m - 18 = 35$ 12. $y + 42 = 81$

Grupo 2-1 (páginas 62–63)

Suma. Calcula mentalmente.

1. 76 + 58   **2.** 40 + 60   **3.** 24 + 39   **4.** 95 + 47

5. 38 + 235   **6.** 125 + 46   **7.** 300 + 400   **8.** 216 + 232

9. 399 + 465   **10.** 925 + 118   **11.** 616 + 334   **12.** 8,000 + 5,000

13. La oficina postal local vendió 243 estampillas el lunes y 278 el martes. ¿Cuántas estampillas vendió en total la oficina postal?

Grupo 2-2 (páginas 64–67)

Resta. Calcula mentalmente.

1. 87 − 68   **2.** 78 − 35   **3.** 61 − 19   **4.** 649 − 25

5. 282 − 98   **6.** 357 − 160   **7.** 815 − 604   **8.** 400 − 327

9. 531 − 214   **10.** 870 − 436   **11.** 935 − 326   **12.** 768 − 345

13. Una tienda de deportes tenía 538 pelotas de béisbol. Vendieron 125 pelotas a la liga juvenil. ¿Cuántas pelotas tiene ahora la tienda?

Grupo 2-3 (páginas 68–71)

Estima cada suma o diferencia.

1. 318
        + 239

2. 927
        + 13

3. 941
        − 753

4. 446
        − 133

5. 8,264
        − 5,729

6. 68,294
        − 25,169

7. 4,625
        + 3,872

8. 29,426
        + 50,248

9. 515 + 321   **10.** 4,687 + 809   **11.** 729 − 275

12. 8,874 − 1,982   **13.** 5,724 + 2,395   **14.** 18,844 + 30,956

15. 8,593 − 4,682   **16.** 94,742 − 35,623   **17.** 8,073 + 4,875

18. Cole tenía $676. Gastó $157 en ropa para la escuela. ¿Cuánto dinero le quedó aproximadamente?

19. A Tina le gusta un vestido que cuesta $46, una falda que cuesta $38 y una blusa que cuesta $29. ¿Cuánto más que el vestido cuestan aproximadamente la falda y la blusa juntas?

Grupo 2-4 (páginas 72–73)

Estima cada suma o diferencia. Luego, de ser posible, di si tu estimación es por exceso o por defecto.

1. 21 + 72   **2.** 458 + 381   **3.** 371 − 109   **4.** 853 − 682

5. 286 + 377   **6.** 5,481 + 3,270   **7.** 937 − 496   **8.** 6,098 − 5,314

9. 3,723 + 3,296   **10.** 3,326 + 2,497   **11.** 7,608 − 1,254   **12.** 5,983 − 2,401

13. Sandy tenía 5,125 tarjetas en su colección. Compró la colección de su amigo de 3,408 tarjetas. ¿Cuántas tarjetas tiene aproximadamente ahora Sandy?

Grupo 2-5 (páginas 76–79)

Suma.

1. 861 + 129   **2.** 7,777 + 625   **3.** 9,321 + 5,939   **4.** $10.85 + 9.95   **5.** $36.73 + 65.50

6. 43,901 + 7,899   **7.** 27,832 + 46,079   **8.** 55,875 + 18,068   **9.** $61.94 + 98.44   **10.** $58.96 + 47.69

11. Eddie tenía $82.93 en su cuenta de ahorros. Puso $19.75 más. ¿Cuánto dinero tiene Eddie en su cuenta de ahorros?

Grupo 2-6 (páginas 80–81)

Suma.

1. 994, 39, + 207   **2.** 7,902, 693, + 1,196   **3.** 5,592, 9,210, + 8,432   **4.** $65.92, 4.58, + 25.25   **5.** $43.98, 12.81, + 67.21

6. 6,821, 9,324, + 11,964   **7.** 76,211, 10,973, + 8,994   **8.** 31,867, 22,095, + 16,908   **9.** $567.03, 33.96, + 119.95   **10.** $21.74, 32.98, + 40.03

11. Se prestaron 19,034 libros de la biblioteca en junio, 25,784 en julio y 23,218 en agosto. ¿Cuántos libros se prestaron en total en estos tres meses?

Grupo 2-7 (páginas 82–85)

Resta.

1. 861 − 456	**2.** 901 − 732	**3.** 4,872 − 983	**4.** $60.26 − 4.51	**5.** $45.18 − 32.99
6. 8,003 − 2,976	**7.** 35,720 − 4,891	**8.** 98,337 − 29,759	**9.** $83.11 − 26.75	**10.** $52.02 − 35.85

11. Jim encontró un estéreo en oferta en $123. El precio original era de $150. ¿Cuánto ahorrará si lo compra en oferta?

Grupo 2-8 (páginas 86–87)

Suma o resta. Di qué método usaste.

1. 65,000 + 17,000	**2.** 32,875 + 44,986	**3.** 80,999 − 20,198	**4.** 67,034 − 49,275

5. Un mes, la tienda de animales ordenó 5,500 grillos. Al mes siguiente, ordenó 4,500. ¿Cuántos grillos ordenaron en total?

Grupo 2-9 (páginas 90–91)

Busca un patrón. Dibuja las dos figuras que siguen.

1. ⬤ ⬤◯ ⬤◯◯ ⬤◯◯◯ ⬤◯◯◯◯

2.

Copia y completa cada oración numérica.

3. $80 + 8 = 88$
$800 + 8 = 808$
$8,000 + 8 = $ ▨
$80,000 + 8 = $ ▨

4. $20 + 2 = 22$
$200 + 20 + 2 = 222$
$2,000 + 200 + 20 + 2 = $ ▨
$20,000 + 2,000 + 200 + 20 + 2 = $ ▨

5. Imagina que ahorraste $1 en enero, $2 en febrero y $3 en marzo. Si continúas ese patrón, ¿cuánto dinero ahorrarás en un año?

6. Éste es el patrón numérico de Anton. ¿Cuáles son los tres números que siguen?

1, 3, 6, 10, 15, ▨, ▨, ▨

Grupo 2-10 (páginas 94–95)

Escribe una expresión numérica para cada frase.

1. 482 libras de papas, pero 249 libras menos de cebollas

2. 125 hojas de papel aumentadas por 500 hojas de papel

3. El total de $246, $ 379 y $543

4. $574 disminuido en $298

Grupo 2-11 (páginas 96–97)

Escoge la expresión numérica que corresponda a las palabras. Luego, halla su valor.

1. Liza ganó $32. Gastó $13, luego ganó $15.

$(32 - 13) + 15$ ó $32 - (13 + 15)$

2. Jackson hizo 15 castillos de arena. Las olas destruyeron 6, luego su hermano destruyó 4.

$15 - (6 - 4)$ ó $(15 - 6) - 4$

3. Mandy tenía 9 calcomanías. Compró 3 más. Luego, le dio 5 a su hermana.

$(9 + 3) - 5$ ó $9 - (3 + 5)$

4. Travis tenía 24 carros de juguete. Compró 8 más. Luego, le dio 5 a su hermano.

$(24 + 8) - 5$ ó $24 - (8 + 5)$

Grupo 2-12 (páginas 98–99)

Halla el valor de cada expresión, si $n = 7$.

1. $n + 23$ **2.** $n - 7$ **3.** $9 + n$ **4.** $n + 500$ **5.** $13 - n$

Halla el valor de cada expresión, si $x = 25$.

6. $8 + x$ **7.** $55 - x$ **8.** $x + 100$ **9.** $19 + x$ **10.** $x - 18$

11. Sentido numérico ¿Tiene la expresión $a + 17$ un valor mayor cuando $a = 9$ o cuando $a = 12$? Explícalo.

Grupo 2-13 (páginas 100–101)

Resuelve las ecuaciones.

1. $h + 8 = 13$ **2.** $w - 2 = 6$ **3.** $t - 5 = 7$ **4.** $14 + p = 17$

5. $200 + s = 600$ **6.** $a - 25 = 10$ **7.** $d - 40 = 40$ **8.** $m + 4 = 21$

9. Sentido numérico ¿Es la solución para $7 + h = 28$ mayor o menor que 22? Explica cómo lo sabes.

CAPÍTULO 3

La multiplicación y la división: Conceptos y operaciones

DIAGNOSTICAR EL NIVEL

A Vocabulario
(Grado 3)

Escoge del cuadro el término más adecuado.

1. Multiplicas los números para hallar un __?__.

2. La respuesta de una división se llama __?__.

3. El número que multiplicas es un __?__.

4. El número por el cual divides es el __?__.

Vocabulario
- **producto** (Gr. 3)
- **cociente** (Gr. 3)
- **divisor** (Gr. 3)
- **factor** (Gr. 3)

B Contar salteado
(Grado 3)

Escribe los números que faltan en cada patrón.

5. 2, 4, 6, ▪, 10, ▪

6. 10, 20, ▪, 40, ▪, 60

7. 3, 5, 7, ▪, 11, ▪

8. 9, ▪, ▪, 36, 45, 54

9. 5, 10, ▪, ▪, 25, 30

10. 7, ▪, 21, ▪, 35, 42

11. Escribe los 6 primeros números de un patrón que comienza con 5 y cuenta de 3 en 3.

C Matrices
(Grado 3)

Copia las matrices y encierra en un círculo los grupos iguales de 4 fichas.

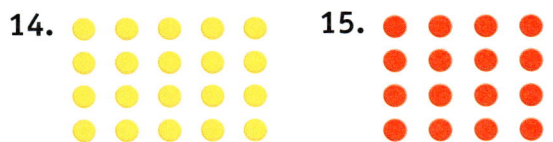

12.

13.

14.

15.

16. Observa el Ejercicio 14. ¿Cuántos grupos encerraste en un círculo? ¿Cuántas fichas hay en total?

D Hallar el valor de las expresiones
(páginas 98–99)

Halla el valor de cada expresión, si $n = 2$.

17. $4 + n$

18. $8 - n$

19. $32 + n$

20. $45 - n$

21. $n - 1$

22. $17 - n$

23. ¿Cuál es el valor de $x + 70$, si $x = 30$?

24. Rich piensa que la siguiente expresión es igual a 20. Bob piensa que es igual a 8. ¿Quién está en lo correcto y por qué?

$12 + 4 - (2 + 6)$

Vocabulario
• matriz
• factor
• producto

Piénsalo bien

Tengo que preguntarme "**¿Qué sé?**" y "**¿Qué tengo que averiguar?**"

Significados de la multiplicación

APRENDE

¿Cómo se usa la multiplicación al combinar grupos iguales?

La multiplicación puede usarse para hallar el total cuando conoces el número de grupos iguales y el número que hay en cada grupo.

Ejemplo A	Ejemplo B
Joy está haciendo pastelitos. Tiene 4 filas con 6 pastelitos cada una. ¿Cuántos pastelitos tiene en total?	Joy coloca los pastelitos en 3 platos con 8 pastelitos cada uno. ¿Cuántos pastelitos tiene en total?
Los objetos que están ordenados en filas iguales forman una **matriz**. Puedes multiplicar para hallar el número total porque las filas son iguales.	Puedes multiplicar para hallar el total porque el número de pastelitos que hay en cada plato es igual. Son grupos iguales.

4 filas de 6

3 grupos de 8

$6 + 6 + 6 + 6 = 24$

$4 \times 6 = 24$

factores   **producto**

Joy tiene 24 pastelitos.

$8 + 8 + 8 = 24$

$3 \times 8 = 24$

factores   **producto**

Joy tiene 24 pastelitos.

✔ Hablemos

1. Identifica los factores de los Ejemplos A y B.

2. **Sentido numérico** ¿Cuántos pastelitos tendría Joy si tuviera 4 platos con 5 pastelitos cada uno?

¿Cómo se usa la multiplicación cuando sólo conoces el número de un grupo?

La multiplicación puede usarse para comparar el tamaño de un grupo con otro.

Ejemplo C

Joy se comió 3 pastelitos. Su hermano Karl se comió el doble. ¿Cuántos pastelitos se comió Karl?

Los pastelitos
de Joy

Los pastelitos
de Karl

El doble significa dos veces la cantidad.

$2 \times 3 = 6$

Karl se comió 6 pastelitos.

✔ Hablemos

3. En el Ejemplo C, ¿qué representa cada factor?

4. ¿Cómo usas la suma para hallar el número de pastelitos que se comió Karl?

COMPRUEBA ✔

Otro ejemplo: Grupo 3-1, página 180

Escribe una suma y una multiplicación para los dibujos.

1.

2.

3.

4.

5.

6.

7. Haz dos dibujos para 6×3. Usa una matriz para un dibujo y grupos iguales para el otro. Indica el producto.

8. Sentido numérico ¿Cómo usas la multiplicación para hallar $9 + 9 + 9$?

EN LOS EXÁMENES

Piénsalo bien

Considero que el **número de grupos iguales** es el primer factor y el **número en cada grupo** es el segundo factor.

A Destrezas y comprensión

Escribe una suma y una multiplicación para cada dibujo.

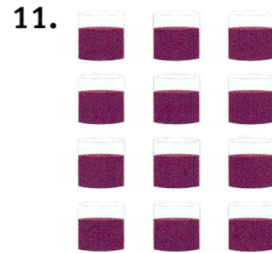

9.

10.

11.

Escribe una multiplicación para cada suma.

12. $6 + 6 + 6 + 6 = 24$ **13.** $9 + 9 = 18$ **14.** $5 + 5 + 5 + 5 + 5 + 5 + 5 = 35$

15. Haz dos dibujos para mostrar 6×5. Usa una matriz para un dibujo y grupos iguales para el otro.

16. Sentido numérico ¿Cómo usas la suma para hallar 3×4?

B Razonamiento y resolución de problemas

Matemáticas y música

El poema "*The Star-Spangled Banner*", escrito por Francis Scott Key en 1814, en Fort McHenry, Maryland, fue escogido como nuestro himno nacional en 1931.

17. El poema "*The Star-Spangled Banner*" tiene 4 estrofas. Hay 8 versos en cada estrofa. ¿Cuántos versos tiene el poema completo?

Fort McHenry, Maryland

18. La entrada a Fort McHenry para adultos mayores de 17 años cuesta $5. ¿Cuánto cuestan las entradas para 5 adultos?

19. Escritura en matemáticas Dana escribió 5×3 para hallar $3 + 3 + 3 + 3 + 3$. ¿Está en lo correcto? Explícalo.

EN LOS EXÁMENES

Piénsalo bien
Tengo que **comparar** la multiplicación y la suma.

C Un paso adelante

20. Comprender operaciones Puedes usar una recta numérica para multiplicar. La siguiente recta numérica muestra $2 \times 4 = 8$. Úsala para hallar 3×3.

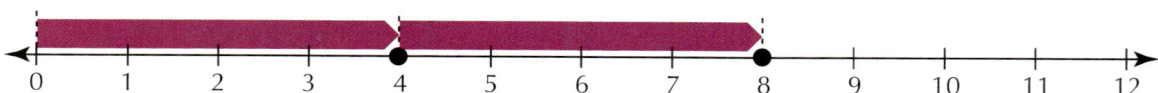

🦉 **Repaso mixto y preparación de exámenes**

En la INTERNET
Preparación de exámenes
www.scottforesman.com

Escribe la regla. Luego completa la tabla.

21. Regla: _____

Entrada	Salida
26	21
32	27
48	43
56	
61	

22. Regla: _____

Entrada	Salida
12	23
15	26
24	35
32	
49	

23. Regla: _____

Entrada	Salida
17	8
25	16
32	23
46	
58	

24. ¿Qué número NO da 18,000 al redondearlo al millar más cercano?

A. 18,327   **B.** 18,511   **C.** 17,777   **D.** 17,519

Aprender con tecnología

e-Tools: Hoja de cálculo/datos/gráficas

Las casillas que hay en una hoja de cálculo se llaman *celdas*.

Los nombres de las celdas se forman con una letra de la columna y un número de la fila. En la siguiente hoja de cálculo está resaltada la celda C3.

Crea una hoja de cálculo con los valores que se muestran a la derecha.

	A	B	C	D
1	factor	×1	×2	×5
2	4	4	8	20
3	6	6	**12**	30
4	8	8	16	40

1. ¿Qué aparece en la celda B4?

2. ¿Qué aparece en la celda A3?

3. Nombra la celda que contiene el producto de 4 × 1.

4. Nombra la celda que contiene el producto de 6 × 5.

5. ¿Qué número debe aparecer en la celda C5?

6. ¿Qué número debe aparecer en la celda D6?

7. Nombra tres celdas que tengan el mismo número.

Idea clave
Los patrones te ayudan a recordar las operaciones de multiplicación.

Vocabulario
• múltiplo
• Propiedad del cero en la multiplicación
• Propiedad de identidad de la multiplicación
• Propiedad conmutativa de la multiplicación

Materiales
• tabla de 100

EN LOS EXÁMENES

Piénsalo bien
Puedo **usar patrones** para hallar las operaciones para 2, 5, 9.

Patrones al multiplicar por 0, 1, 2, 5 y 9

APRENDE

¿Cuáles son los patrones para los múltiplos de 2, 5 y 9?

Un **múltiplo** es el producto de dos números enteros cualquiera.

✓ **PREPÁRATE**

Halla el patrón. Completa los espacios en blanco.

1. 2, 4, 6, ▢, ▢, ▢

2. 5, 10, 15, ▢, ▢, ▢

3. 9, 18, 27, ▢, ▢, ▢

4. 10, 20, 30, ▢, ▢, ▢

Actividad

1	2	3	4	5	6	7	8	9	10
11	12	13	14	15	16	17	18	19	20
21	22	23	24	25	26	27	28	29	30
31	32	33	34	35	36	37	38	39	40
41	42	43	44	45	46	47	48	49	50
51	52	53	54	55	56	57	58	59	60
61	62	63	64	65	66	67	68	69	70
71	72	73	74	75	76	77	78	79	80
81	82	83	84	85	86	87	88	89	90
91	92	93	94	95	96	97	98	99	100

a. Copia y completa la tabla de 100 que se muestra arriba.

b. Muchos artículos vienen en pares, como los calcetines y los guantes. Cuenta de 2 en 2. Dibuja un triángulo alrededor de cada múltiplo de 2. ¿Qué patrón ves en los múltiplos de 2?

c. Cuenta de 5 en 5. Dibuja un cuadrado alrededor de cada múltiplo de 5. ¿Qué patrón ves en los múltiplos de 5?

d. Cuenta de 9 en 9. Dibuja un círculo alrededor de cada múltiplo de 9. ¿Qué patrón ves en los múltiplos de 9?

e. ¿Qué patrones ves en los números que tienen tanto triángulos como cuadrados?

f. Explica cómo sabes que 73 no es un múltiplo de 5.

g. Explica cómo sabes que 89 no es un múltiplo de 9.

¿Cuáles son los patrones para los múltiplos de 0 y 1?

	Ejemplo A	Ejemplo B	Ejemplo C
Lo que **ves**	3 grupos de 0	1 grupo de 2	2 grupos de 1
Lo que **escribes**	$3 \times 0 = 0$	$1 \times 2 = 2$	$2 \times 1 = 2$

Las propiedades de la multiplicación te ayudan a recordar las operaciones básicas.

Sé que si $5 \times 3 = 15$, entonces, $3 \times 5 = 15$.

Propiedad del cero en la multiplicación
El producto de cualquier número y cero es cero.

Propiedad de identidad de la multiplicación
El producto de cualquier número y uno es el mismo número.

Propiedad conmutativa de la multiplicación
Dos números pueden multiplicarse en cualquier orden y el producto es el mismo.

✔ Hablemos

1. ¿Cuál es el producto cuando multiplicas cualquier número por 1?

2. ¿Qué propiedad te permite hallar el número que falta en ▨ $\times 157 = 0$?

3. De los ejemplos anteriores, ¿qué par muestra la propiedad conmutativa de la multiplicación?

En la INTERNET
Más ejemplos
www.scottforesman.com

COMPRUEBA ✔

Otro ejemplo: Grupo 3-2, página 180

1. $\begin{array}{r} 5 \\ \times\ 3 \\ \hline \end{array}$	**2.** $\begin{array}{r} 9 \\ \times\ 7 \\ \hline \end{array}$	**3.** $\begin{array}{r} 2 \\ \times\ 0 \\ \hline \end{array}$	**4.** $\begin{array}{r} 2 \\ \times\ 7 \\ \hline \end{array}$	**5.** $\begin{array}{r} 1 \\ \times\ 1 \\ \hline \end{array}$

6. 0×9 **7.** 5×6 **8.** 8×1 **9.** 9×5 **10.** 5×2

11. Sentido numérico ¿Cómo sabes que $23 \times 89 = 89 \times 23$ sin hallar los productos?

A Destrezas y comprensión

12. 5
$\times$ 6

13. 9
$\times$ 2

14. 6
$\times$ 0

15. 2
$\times$ 8

16. 8
$\times$ 5

17. 5
$\times$ 7

18. 3
$\times$ 1

19. 8
$\times$ 9

20. 5
$\times$ 5

21. 4
$\times$ 9

22. 1×9 **23.** 3×0 **24.** 9×6 **25.** 2×5 **26.** 0×4

Álgebra Halla el número que falta. Di qué propiedad te puede ser útil.

27. $3 \times 2 = 2 \times \blacksquare$ **28.** $\blacksquare \times 2 = 0$ **29.** $\blacksquare \times 1 = 7$

30. Sentido numérico Tina tiene 5 cajas con 4 lápices cada una. Trey tiene 4 cajas con 5 lápices cada una. ¿Quién tiene más lápices? Explícalo.

B Razonamiento y resolución de problemas

En los Ejercicios 31 a 33 usa los datos de la tabla.

31. ¿Cuántas calcomanías de corazón hay en tres paquetes?

32. ¿Cuántas calcomanías de arco iris obtienes si compras 8 paquetes?

33. Julia compra un paquete de estrellas y uno de corazones. ¿Cuántas calcomanías obtiene?

Tipo de calcomanía	Cantidad por paquete
Estrella	8
Corazón	9
Arco iris	5
Margarita	2

Matemáticas y ciencias

Es común confundir a las arañas con los insectos. El archivo de datos de la derecha muestra una lista con dos diferencias que hay entre las arañas y los insectos.

34. ¿Cuántas patas tienen en total 5 arañas?

35. ¿Cuántos segmentos de cuerpo tienen en total 8 insectos?

36. ¿Cuántas patas tienen en total 2 arañas y 5 insectos?

37. Sentido numérico El producto de dos números es 0. ¿Puedes nombrar uno de los factores? Explícalo.

Archivo de datos

Arañas	Insectos
8 patas	6 patas
cuerpo de 2 segmentos	cuerpo de 3 segmentos

38. <u>Escritura en matemáticas</u> El producto de dos números es 63.
Uno de los números es 63. Tina dice que el otro es 0.
¿Está en lo correcto? Explícalo.

C Un paso adelante

39. Describe dos patrones más que puedas ver en la tabla de 100 para la actividad de la página 128.

Repaso mixto y preparación de exámenes

Escribe una suma y una multiplicación para los dibujos.

40.

41.

42.

43. **Álgebra** ¿Cuál de las siguientes opciones es la solución de $m - 4 = 20$?

A. $m = 5$ **B.** $m = 16$ **C.** $m = 24$ **D.** $m = 80$

Juego de práctica
Cerebro o máquina

Jugadores: 3
Materiales: Tarjetas de números del 1 al 23 (1 grupo), calculadora

1. El jugador que reparte toma 2 tarjetas de la baraja y las coloca boca arriba y dice: "¡Comiencen!".

2. Un jugador usa calculadora para hallar el producto; el otro lo calcula mentalmente.

3. El repartidor decide qué jugador es el primero en decir el producto correcto y le entrega a ese jugador ambas tarjetas.

4. El ganador es el jugador que tiene el mayor número de tarjetas al final del juego.

Idea clave
Puedes usar las operaciones de multiplicación que conozcas para hallar los productos de otras operaciones de multiplicación.

Vocabulario
• Propiedad distributiva

Usar operaciones conocidas para resolver operaciones desconocidas

✓ PREPÁRATE

1. 2×9 2. 5×7
3. 8×5 4. 6×1
5. 7×2 6. 3×5

APRENDE

¿Cómo descompones operaciones?

La **propiedad distributiva** demuestra que puedes descomponer operaciones para hallar el producto.

Phil hace una mesa cubierta con azulejos. ¿Cuántos azulejos necesita en total para hacer 3 filas de 6 azulejos cada una?

Ejemplo A

Halla 3×6.

Lo que **muestras**	Lo que **piensas**	Lo que **escribes**
$3 \times 6 = (2 \times 6) + (1 \times 6)$	3 filas de 6 es igual que 2 filas de 6 y 1 fila de 6. $2 \times 6 = 12$ $1 \times 6 = 6$ $12 + 6 = 18$	$3 \times 6 = 18$ **Phil necesita 18 azulejos en total.**

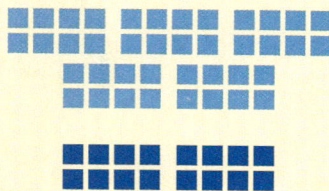

Ejemplo B

Halla 7×8.

Lo que **muestras**	Lo que **piensas**	Lo que **escribes**
$7 \times 8 = (5 \times 8) + (2 \times 8)$	7 grupos de 8 es igual que 5 grupos de 8 y 2 grupos de 8. $5 \times 8 = 40$ $2 \times 8 = 16$ $40 + 16 = 56$	$7 \times 8 = 56$

✔ Hablemos

1. ¿Qué par de factores se usaron para hallar 3×6?

2. Explica cómo puedes usar $2 \times 6 = 12$ para hallar 4×6.

¿Existen diferentes maneras de descomponer una operación?

Puedes usar las operaciones que conoces para descomponer otra operación.

Muestra dos maneras de hallar 6×7.

La manera de Julia

Pienso en el primer factor como aquél que indica cuántas filas hay.

Para hallar 6×7, pienso en las 6 filas como **5** filas y **1** fila.

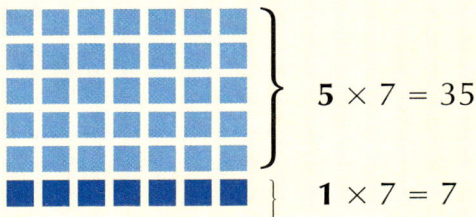

$5 \times 7 = 35$

$1 \times 7 = 7$

$35 + 7 = 42$, por tanto, $6 \times 7 = 42$.

La manera de Ricky

A veces quiero descomponer el segundo factor, por tanto, pienso en las columnas en lugar de pensar en las filas.

Para hallar 6×7, pienso en las 7 columnas como **5** columnas y **2** columnas.

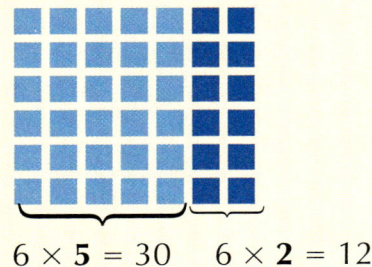

$6 \times 5 = 30$ $6 \times 2 = 12$

$30 + 12 = 42$, por tanto, $6 \times 7 = 42$.

✔ Hablemos

3. ¿Es más fácil para ti el método de Julia o el de Ricky? Explícalo.

4. Explica cómo descompones 3 para hallar 3×7.

5. Explica cómo descompones 7 para hallar 3×7.

En la INTERNET
Más ejemplos
www.scottforesman.com

COMPRUEBA ✔

Otro ejemplo: Grupo 3-3, página 180

Usa la descomposición para hallar los productos.

1. 4×3 **2.** 8×3 **3.** 5×9 **4.** 8×8 **5.** 6×4

6. 7×7 **7.** 4×7 **8.** 3×3 **9.** 3×9 **10.** 7×1

11. Sentido numérico ¿Cómo puedes usar $3 \times 5 = 15$ para hallar 6×5?

A Destrezas y comprensión

Usa la descomposición para hallar los productos.

12. $\quad 7$
$\quad \underline{\times\ 8}$

13. $\quad 9$
$\quad \underline{\times\ 4}$

14. $\quad 6$
$\quad \underline{\times\ 2}$

15. $\quad 8$
$\quad \underline{\times\ 4}$

16. $\quad 4$
$\quad \underline{\times\ 5}$

17. 8×5
18. 9×7
19. 7×3
20. 6×9
21. 0×6

22. 4×4
23. 8×6
24. 3×9
25. 5×6
26. 9×9

27. Sentido numérico Jay dice que después de que multiplicó 6×9, sabía también el producto de 7×9. ¿Qué quiere decir con esto?

B Razonamiento y resolución de problemas

Razonamiento Compara. Usa $<$, $>$ o $=$ para completar cada ●.

28. 9×8 ● 8×9
29. 8×6 ● 5×8
30. 8×3 ● 4×6

🌎 **Matemáticas y estudios sociales**

En el críquet, un bateador debe correr a un marcador llamado "rastrillo" para anotar una carrera. Si la pelota golpea en la línea, el bateador anota 4 carreras. Si la pelota golpea la línea sin rebotar, el bateador anota 6 carreras.

31. ¿Cuántas carreras se anotan si se batean 5 pelotas con rebote en la línea?

32. ¿Cuántas carreras se anotan si se batean 4 pelotas sin rebote en la línea?

33. ¿Cuántas personas hay en el campo de juego si juegan 10 jardineros, 1 lanzador, 2 bateadores y 2 árbitros?

34. *Escritura en matemáticas* Isabel dice que 6×8 y 8×6 se parecen en unos aspectos y se diferencian en otros. ¿Qué quiere decir ella?

EN LOS EXÁMENES

Piénsalo bien
Puedo **usar una propiedad** para explicar mi razonamiento.

C Un paso adelante

Un **número primo** tiene exactamente dos factores, 1 y él mismo. Un **número compuesto** tiene más de dos factores. Haz una lista de todos los factores para cada número. Di si cada uno es primo o compuesto.

35. 20
36. 14
37. 17
38. 12
39. 19
40. 3

41. 24
42. 18
43. 11
44. 15
45. 10
46. 4

🦉 Repaso mixto y preparación de exámenes

En la INTERNET
Preparación de exámenes
www.scottforesman.com

Halla los productos.

47. 2×8 **48.** 5×9 **49.** 9×0 **50.** 3×6

51. ¿Qué número es menor que 4,565?

A. 4,565   **B.** 4,655   **C.** 4,556   **D.** 4,665

Ampliación
Propiedades de igualdad

Una ecuación es como una balanza de platillos. Todo lo que se hace en un lado, debe hacerse también en el otro para mantener la balanza en equilibrio.

Las propiedades de igualdad describen cómo permanecen equilibradas las ecuaciones.

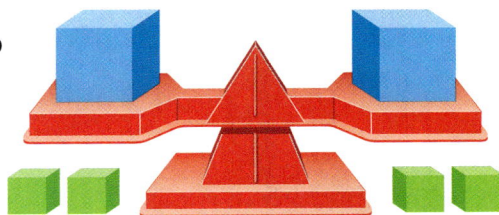

Propiedades de igualdad

Propiedad	Significado	Ejemplo
Propiedad de igualdad en la suma; propiedad de igualdad en la resta	Puedes sumar o restar el mismo número a ambos lados de una ecuación y los dos lados permanecerán iguales.	Sabes que: $3 + 4 = 7$. Por tanto, $3 + 4 + 2 = 7 + 2$. Sabes que: $8 + 5 = 13$. Por tanto, $(8 + 5) - 6 = 13 - 6$.
Propiedad de igualdad en la multiplicación; propiedad de igualdad en la división	Puedes multiplicar o dividir por el mismo número a ambos lados de una ecuación y los dos lados permanecerán iguales.	Sabes que: $2 \times 5 = 10$. Por tanto, $2 \times 5 \times 4 = 10 \times 4$. Sabes que: $12 + 9 = 21$ Por tanto, $(12 + 9) \div 3 = 21 \div 3$.

En los Ejercicios 1 a 3 responde sí o no. Usa las propiedades de igualdad como ayuda.

Sabes que: Entonces:

1. $52 + 46 = 98$ $52 + 46 + 61 = 98 - 61$?

2. $60 \div 4 = 15$ $(60 \div 4) \times 5 = 15 \times 5$?

3. $10 \times 14 = 140$ $(10 \times 14) \times 2 = 140 \times 2$?

Idea clave
Los patrones te ayudan a recordar las operaciones de multiplicación.

Materiales
• calculadora

Multiplicar por 10, 11 y 12

APRENDE

Actividad

¿Cuáles son los patrones para los múltiplos de 10, 11 y 12?

a. Usa calculadora para hallar el producto que falta.

$1 \times 10 = 10$	$1 \times 11 = 11$	$1 \times 12 = 12$
$2 \times 10 = 20$	$2 \times 11 = 22$	$2 \times 12 = 24$
$3 \times 10 =$	$3 \times 11 =$	$3 \times 12 =$
$4 \times 10 =$	$4 \times 11 =$	$4 \times 12 =$
$5 \times 10 =$	$5 \times 11 =$	$5 \times 12 =$
$6 \times 10 =$	$6 \times 11 =$	$6 \times 12 =$
$7 \times 10 =$	$7 \times 11 =$	$7 \times 12 =$
$8 \times 10 =$	$8 \times 11 =$	$8 \times 12 =$
$9 \times 10 =$	$9 \times 11 =$	$9 \times 12 =$
$10 \times 10 =$	$10 \times 11 =$	$10 \times 12 =$
$11 \times 10 =$	$11 \times 11 =$	$11 \times 12 =$
$12 \times 10 =$	$12 \times 11 =$	$12 \times 12 =$

b. Describe una regla que indique cómo hallar cada múltiplo de 10.

c. Explica cómo puedes usar la descomposición para hallar 7×12.

d. Describe una regla que indique cómo hallar cada múltiplo de 11.

e. Describe cómo puedes usar la descomposición para hallar 6×11.

f. Describe una regla que indique cómo hallar cada múltiplo de 12.

EN LOS EXÁMENES

Piénsalo bien

Puedo **buscar un patrón** para hallar una regla.

Para hallar 7×12, pienso en 12 como $10 + 2$.
$7 \times 10 = 70$
$7 \times 2 = 14$
$70 + 14 = 84$,
por tanto, $7 \times 12 = 84$.

1. 4×11 **2.** 12×3 **3.** 10×8 **4.** 6×12 **5.** 11×12

6. Sentido numérico ¿Cómo puedes usar 8×10 para hallar 8×12?

PRÁCTICA *Más práctica: Grupo 3-4, página 184*

A Destrezas y comprensión

7. 5×11 **8.** 4×10 **9.** 12×8 **10.** 11×9 **11.** 10×11

12. 10×12 **13.** 12×5 **14.** 11×6 **15.** 2×12 **16.** 7×11

17. 9×11 **18.** 4×12 **19.** 11×11 **20.** 1×11 **21.** 10×7

22. Sentido numérico Carlos dice que 11×12 es 1,212. ¿Es esto razonable?

B Razonamiento y resolución de problemas

¿Cuántos huevos hay en

23. 3 docenas?

24. 5 docenas?

25. 8 docenas?

26. una gruesa (12 docenas)?

27. Sentido numérico Determina sin contar si la foto de la página 136 muestra menos, más o exactamente una docena de huevos.

EN LOS EXÁMENES

Piénsalo bien
Sé que **una docena es igual a 12.**

Razonamiento En los Ejercicios 28 a 30 usa la siguiente información.

George tiene 9 monedas.

28. ¿Cuánto dinero tiene George si todas sus monedas son de 10¢?

29. ¿Cuánto dinero tiene George si todas sus monedas son de 5¢?

30. ¿Cuánto dinero tiene George si tiene 4 monedas de 5¢ y 5 de 10¢?

31. <u>Escritura en matemáticas</u> ¿Qué factor descompones para hallar 7×12? Explícalo.

Repaso mixto y preparación de exámenes

En la INTERNET
Preparación de exámenes
www.scottforesman.com

32. 2×8 **33.** 5×9 **34.** 9×0

35. 6×7 **36.** 4×3 **37.** 7×8

38. Escribe una multiplicación para $8 + 8 + 8 + 8$.

A. 2×8 **B.** 4×8 **C.** 5×8 **D.** 8×8

Comprender fuentes gráficas: Tablas y cuadros

Al leer en matemáticas, **comprender fuentes gráficas como tablas y cuadros** te puede ayudar a usar la **estrategia de resolución de problemas *Haz una tabla*** de la siguiente lección.

A leer, comprender las tablas te ayuda a entender lo que lees. En matemáticas, comprender las tablas te permite resolver problemas.

*Lee el **título** para averiguar de qué trata en general la tabla.*

Este título indica que la tabla trata de las Tiendas de Deportes Max.

*La otra información de la **tabla** son los datos que revelan información específica.*

Tiendas de Deportes Max

Estado	Ohio	Florida	Texas	Illinois
Número de tiendas	14	22	17	11
Número de empleados	242	315	260	171

Estos encabezados indican de qué son los datos.

El dato 260 está en la columna de Texas y la fila de los empleados. Por tanto, hay 260 empleados en las tiendas de Texas.

*Los encabezados describen los diferentes tipos de datos de la **tabla.** En algunas tablas, los encabezados son horizontales y en otras, verticales.*

1. ¿Cuántas Tiendas de Deportes Max hay en Illinois?

2. Indica toda la información que da la tabla sobre las Tiendas de Deportes Max de Florida.

En los Ejercicios 3 a 6 usa la tabla de Altura de montañas.

3. ¿De qué trata la tabla?

4. ¿Qué tipo de datos hay en la tabla?

5. **Escritura en matemáticas** Escribe una oración que dé información específica de la tabla.

6. ¿Cuál es la altura del Monte McKinley?

Altura de montañas

Montaña	Altura (ft)
Everest	29,035
McKinley	20,320
Kilimanjaro	19,340
Matterhorn	14,690
Rainier	14,410
Pico de Pike	14,110

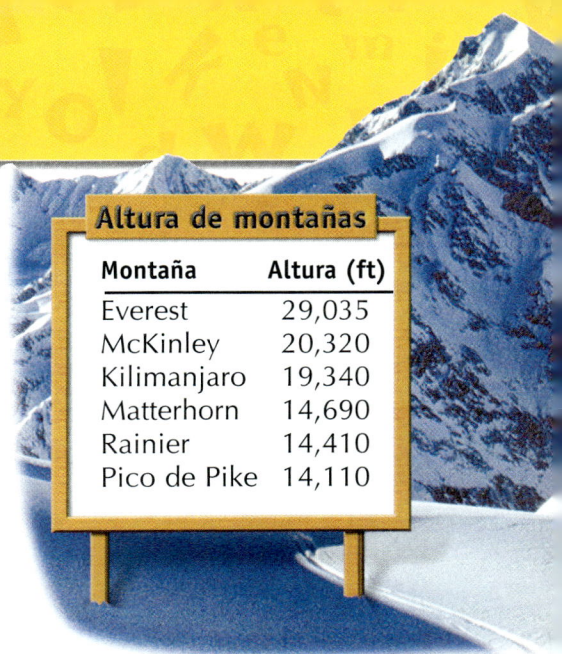

En los Ejercicios 7 a 9 usa la tabla de la derecha.

7. ¿Cuánto cuesta revelar 2 rollos de película?

8. ¿Cuántas fotografías pueden tomarse con 3 rollos?

9. ¿Cuántos rollos de película pueden comprarse por $30.00?

Precios de los rollos de película fotográfica 35 mm

Número de rollos	1	2	3	4
Número de fotografías	24	48	72	96
Precio del rollo de película	$3.79	$7.58	$11.37	$15.16
Precio por revelado	$7.50	$15.00	$22.50	$30.00

En los Ejercicios 10 a 15 usa la siguiente tabla.

10. ¿Qué tipo de información contiene el horario?

11. ¿Qué crees que significa **duración**? Explica tu razonamiento.

12. ¿Qué *tours* comienzan a la 1:00 P.M.?

13. ¿Qué significa **h?**

14. ¿Qué te indica la información *Comidas incluidas?*

15. **Escritura en matemáticas** Di toda la información que se da sobre los *tours* a museos.

Bienvenidos a **Chicago Tours**
Horario de los tours

Tour	Horarios	Duración
Centro de Chicago	10:00 A.M., 2:00 P.M.	3 h
Paseo por el río Chicago	9:00 A.M., 11:00 A.M., 2:00 P.M.	1.5 h
Paseo por el Lago Michigan*	10:00 A.M., 1:00 P.M. 7:00 P.M.	3 h
Museos*	10:00 A.M., 11:30 A.M.	4.5 h
Zoológicos*	8:00 A.M.	5 h

*Comidas incluidas

Resolución de problemas: Estrategia

Comprender fuentes gráficas como tablas y cuadros

te ayuda con...

la estrategia de resolución de problemas *Haz una tabla*.

Idea clave
Aprender cómo y cuándo hacer una tabla te ayuda a resolver problemas.

Hacer una tabla

APRENDE

¿Cómo haces una tabla para resolver un problema?

Multas de biblioteca La biblioteca Riverside aplica una multa de 5¢ si un libro se devuelve con un día de retraso, 10¢ si se devuelve con dos días de retraso, 15¢ si tiene tres días de retraso, y así sucesivamente. ¿Qué multa cobrará la biblioteca si un libro se devuelve con 7 días de retraso?

Lee para comprender

¿Qué sabes?	La multa por 1 día es de 5¢, por 2 días es de 10¢, por 3 días es de 15¢, y así sucesivamente
¿Qué quieres averiguar?	Hallar la multa por 7 días de retraso.

Planea y resuelve

¿Qué estrategia usarás?	Estrategia: Haz una tabla.

Cómo hacer una tabla

Paso 1 Crea la tabla con los rótulos correctos.

Paso 2 Anota en la tabla los datos conocidos.

Paso 3 Busca el patrón y amplía la tabla.

Paso 4 Halla la respuesta en la tabla.

Días						
Multa						

Días	1	2	3			
Multa	5¢	10¢	15¢			

Días	1	2	3	4	5	6	7
Multa	5¢	10¢	15¢	20¢	25¢	30¢	35¢

Días	1	2	3	4	5	6	7
Multa	5¢	10¢	15¢	20¢	25¢	30¢	35¢

Respuesta: La multa por 7 días de retraso es de 35¢.

Vuelve y comprueba

¿Es razonable tu respuesta?	Sí, la respuesta tiene sentido porque $7 \times 5 = 35$.

✔ Hablemos

1. ¿Cuáles son los rótulos de la tabla en el problema de las Multas de la biblioteca?

2. ¿Qué patrones se usaron para completar la tabla?

¿Cuándo haces una tabla?

Juegos mecánicos Phil y Marcy pasaron todo el sábado en la feria. Phil se subió a 3 juegos cada media hora y Marcy a 2 cada media hora. ¿A cuántos juegos se había subido Marcy cuando Phil ya se había subido a 24 juegos?

Juegos de Phil	3	6	9	12	15	18	21	24
Juegos de Marcy	2	4	6	8	10	12	14	16

Cuándo hacer una tabla

Piensa en hacer una tabla cuando:
el problema tenga dos o más cantidades.
- Días y multas
- Juegos de Phil y juegos de Marcy

Las cantidades cambian siguiendo un patrón.
- La multa por cada día es de 5¢ más que el día anterior.
- Phil se subió a 3 juegos cada media hora, Marcy se subió a 2 juegos cada media hora.

✔ Hablemos

3. ¿Cuáles son los dos cantidades del problema de los Juegos mecánicos?

4. ¿Qué patrones ves en la tabla?

5. Da la respuesta en una oración completa.

COMPRUEBA ✔

Otro ejemplo: Grupo 3-5, página 181

1. Copia y completa la tabla para el problema de la Fábrica de botellas.

Fábrica de botellas En una fábrica se tapan 4 botellas cada 30 segundos. ¿Cuántas botellas se tapan en 3 minutos?

Tiempo	30 s	1 min	1 min 30 s	2 min
Botellas	4	8	12	

2. Haz una tabla y úsala para resolver el problema de Llenar sobres.

Llenar sobres Jack y Jay llenaron sobres en la empresa de su mamá. Jack llenó 4 sobres por minuto y Jay llenó 3 por minuto. ¿Cuántos sobres había llenado Jay cuando Jack llevaba 32 sobres?

A Usar la estrategia

Completar una tabla para resolver un problema Copia y completa la tabla para resolver el problema. Escribe la respuesta en una oración completa.

3. Una tienda vende un paquete de útiles escolares que contiene 5 lápices y 2 bolígrafos. Un cliente compró suficientes paquetes para obtener 30 lápices. ¿Cuántos bolígrafos compró este cliente?

Lápices	5	10	15	20			
Bolígrafos	2	4					

4. Cuando Gino visitó a su tía, ésta le dio 10¢ el primer día, 20¢ el segundo, 30¢ el tercero, y así sucesivamente. ¿Cuánto dinero le dio el sexto día de visita?

Día	1	2	3	4		
Dinero	10¢	20¢	30¢			

Hacer una tabla para resolver un problema Para los Ejercicios 5 a 7 haz una tabla. Úsala para hallar la respuesta. Escribe la respuesta en una oración completa.

5. En un lavado de carros, Jim lavó 8 carros por hora y David lavó 6 por hora. ¿Cuántos carros lavó Jim si David lavó 24?

6. Video Villa cobra $8 por alquilar 3 videocintas. Un cliente preguntó cuántas cintas podía alquilar con $32. ¿Qué debe responder el empleado?

7. El restaurante La Pizza de Leo ofrece un descuento de $3 por cada 10 órdenes de pizza. La familia de Kyle ordenó 60 pizzas a este restaurante el año pasado. ¿Qué descuento deben recibir?

8. Tomar decisiones Una agente de compras debe conseguir 56 camisetas con un diseño especial. ¿Debe comprarlas en Camiseta Urbana o en Camiseta Tiempo? Explícalo.

Camiseta Urbana

10 camisetas	$80
20 camisetas	$160
50 camisetas	$400

$9 más por cada camiseta adicional.

Camiseta Tiempo

8 camisetas	$72
24 camisetas	$216
48 camisetas	$432

$10 más por cada camiseta adicional.

A Práctica mixta de estrategias

Resuelve los problemas.

9. Las casas de la calle Drew tienen una numeración que es 4 más que la casa anterior. ¿Qué número tiene la quinta casa si la primera tiene el número 135?

10. Imagina que tienes 28 clips. ¿Cuántas filas puedes hacer si continúas el siguiente patrón?

1.ª ⟶

2.ª ⟶

3.ª ⟶

11. *Escritura en matemáticas* Resuelve el problema de los Perros y gatos. Escribe un párrafo para convencer a un compañero de que tu respuesta es correcta.

Perros y gatos Una tienda de mascotas tiene 3 gatos y 2 perros. La vendedora quiere colocar 1 perro y 1 gato en la vitrina. ¿De cuántas maneras puede combinar 1 gato y 1 perro?

ESTRATEGIAS

- **Muestra lo que sabes**
  Haz un dibujo
  Organiza la información en una lista
  Haz una tabla
  Haz una gráfica
  Represéntalo o usa objetos
- **Busca un patrón**
- **Prueba, comprueba y revisa**
- **Escribe una oración numérica**
- **Usa razonamiento lógico**
- **Resuelve un problema más sencillo**
- **Empieza por el final**

Escoge uno

Cálculo mental

EN LOS EXÁMENES

Piénsalo bien

¿En aprietos? No te rindas. Intenta esto: Te puede servir cuando estés en aprietos.

- Vuelve a leer el problema.
- Di lo que sabes.
- Identifica datos clave y detalles.
- Di el problema con tus propias palabras.
- Muestra la idea principal.
- Prueba una estrategia diferente.
- Comprueba cada paso.

Repaso mixto y preparación de exámenes

En la INTERNET
Preparación de exámenes
www.scottforesman.com

12. 6 × 4   **13.** 7 × 5   **14.** 0 × 6   **15.** 3 × 7   **16.** 8 × 6

17. ¿Cuál es el valor del dígito subrayado en el número 2<u>6</u>,051?

    A. 6   **B.** 60   **C.** 6,000   **D.** 60,000

18. ¿Cuál es el valor del dígito subrayado en el número 1<u>3</u>,946,255?

    A. 3,000   **B.** 30,000   **C.** 300,000   **D.** 3,000,000

19. ¿Qué estimación es razonable para 8,892 + 2,388?

    A. 11,000   **B.** 16,000   **C.** 100,000   **D.** 110,000

¿Lo sabes hacer?

¿Lo entiendes?

Significados de la multiplicación (3-1)

Haz dos dibujos para representar cada producto. Usa matrices en uno y grupos en el otro.

1. 3×4 **2.** 2×8

3. 5×3 **4.** 6×4

(A) Explica cómo determinaste hacer cada dibujo. Explica cómo determinaste cuántas filas y grupos dibujar.

(B) Explica cómo hallar un número que es tres veces mayor que 7.

Patrones al multiplicar por 0, 1, 2, 5 y 9 (3-2)

5. 5×7 **6.** 9×4

7. 8×9 **8.** 1×9

9. 0×4 **10.** 6×2

(C) Escribe otra multiplicación que tenga el mismo producto que 0×4.

(D) Explica cómo usar el patrón de cincos para hallar 7×5.

Usar operaciones conocidas para resolver operaciones desconocidas (3-3)
Multiplicar por 10, 11 y 12 (3-4)

11. 6×7 **12.** 3×6

13. 4×8 **14.** 7×8

15. 12×7 **16.** 11×4

(E) Explica cómo puedes usar 10×9 para hallar 12×9.

(F) Explica cómo puedes usar 2×3 para hallar 4×3.

Resolución de problemas: Estrategia
Hacer una tabla (3-5)

17. Haz una tabla y úsala para resolver el problema de las Sillas.

Sillas Jack lavó 6 sillas en una hora y Telly lavó 8 en una hora. ¿Cuántas sillas lavó Jack si Telly lavó 40 sillas?

(G) Di lo que sabes. Identifica las operaciones conocidas.

(H) Explica cómo te ayuda una tabla a resolver el problema.

OPCIÓN MÚLTIPLE

1. Tita halló 7 conchas de mar. Tamara halló 3 veces esa cantidad. ¿Cuántas conchas halló Tamara? (3-1)

   A. 10 conchas   **B.** 14 conchas   **C.** 21 conchas   **D.** 28 conchas

2. ¿Qué opción NO tiene el mismo producto que 4×2? (3-2)

   A. 0×8 **B.** 2×4 **C.** 8×1 **D.** 1×8

RESPUESTA LIBRE

Escribe una suma y una multiplicación para cada grupo de dibujos. (3-1)

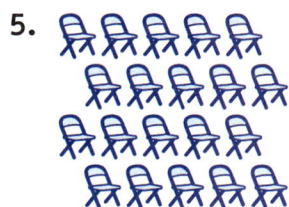

3.   4.   5.

6. Escribe una multiplicación para $8 + 8 + 8 + 8 + 8 = 40$. (3-1)

Multiplica. (3-2, 3-3, 3-4)

7. 6×0 8. 8×5 9. 4×6 10. 7×6 11. 9×1

12. $\begin{array}{r} 10 \\ \times\ 5 \\ \hline \end{array}$ 13. $\begin{array}{r} 9 \\ \times 2 \\ \hline \end{array}$ 14. $\begin{array}{r} 3 \\ \times 7 \\ \hline \end{array}$ 15. $\begin{array}{r} 12 \\ \times\ 6 \\ \hline \end{array}$ 16. $\begin{array}{r} 8 \\ \times 6 \\ \hline \end{array}$

Álgebra Halla el número que falta. Indica qué propiedad puedes usar como ayuda. (3-2 y 3-3)

17. $8 \times 4 = \blacksquare \times 8$ 18. $8 \times \blacksquare = 8$ 19. $\blacksquare \times 7 = 0$

20. Sam ganó $7.00 en una hora y Lisa ganó $8.00 en una hora. Lisa y Sam trabajaron el mismo número de horas. ¿Cuánto ganó Lisa si Sam ganó $49? (3-5)

Escritura en matemáticas

21. Usa la descomposición de números para hallar 4×9. Explica cómo lo hiciste. (3.3)

22. ¿Cómo puedes usar el factor $3 \times 6 = 18$ para hallar 6×6? (3-3)

Idea clave
Divide para hallar el número de grupos iguales y el número que hay en cada grupo.

Vocabulario
• dividir
• divisor
• dividendo
• cociente

EN LOS EXÁMENES

Piénsalo bien
• **Conozco** el número total de cuentas.
• ¿Qué **tengo que averiguar?**

Significados de la división

APRENDE

¿Qué significa dividir?

Puedes **dividir** para hallar el número que hay en cada grupo o el número de grupos iguales que hay.

Ejemplo A

Nicole tiene 24 cuentas. Hace 4 pulseras, todos con el mismo número de cuentas. ¿Cuántas cuentas debe tener cada pulsera?

Lo que **piensas**	Lo que **muestras**	Lo que **escribes**
Piensa en repartir. Coloca 24 cuentas en 4 grupos iguales. ¿Cuántas cuentas hay en cada grupo?	4 grupos iguales	$24 \div 4 = 6$ divisor, dividendo, cociente. Cada pulsera debe tener 6 cuentas.

Example B

Nicole tiene 24 cuentas. Decide usar 6 cuentas para cada pulsera. ¿Cuántas pulseras puede hacer?

Lo que **piensas**	Lo que **muestras**	Lo que **escribes**
Piensa en la resta repetida. Coloca las 24 cuentas en grupos de 6. ¿Cuántos grupos puedes hacer?	6 en cada grupo	divisor $6\overline{)24}$ cociente 4, dividendo. Nicole puede hacer 4 pulseras.

✔ **Hablemos**

1. En el Ejemplo A, ¿qué representa el dividendo? ¿El divisor? ¿El cociente?

2. Explica cómo puedes usar la resta repetida para hallar $20 \div 4$.

146

Haz dibujos para resolver cada problema.

1. ¿Cuántas cartas hay en cada pila si colocas 28 en 4 pilas?

2. ¿Cuántas filas puedes hacer si debes distribuir 32 personas en filas de 8?

3. Sentido numérico Divides 12 tazas en 4 grupos y obtienes 3 tazas en cada grupo. Si divides las 12 tazas en 2 grupos, ¿tendrá cada grupo más de 3 tazas o menos? Explícalo.

PRÁCTICA

Más práctica: Grupo 3-6, página 185

Ⓐ Destrezas y comprensión

Haz dibujos para resolver cada problema.

4. Quieres plantar 20 árboles en 4 filas. ¿Cuántos árboles debes colocar en cada fila?

5. Una caja tiene 8 velas. ¿Cuántas cajas puedes llenar con 32 velas? ¿Cuántas cajas puedes llenar con 48 velas?

6. Sentido numérico Tienes que repartir por igual 18 juguetes a un grupo de niños. ¿Obtiene cada niño más juguetes si hay 6 niños o si hay 9 niños? Explícalo.

Ⓑ Razonamiento y resolución de problemas

7. Doce jugadores fueron a una práctica de fútbol. Formaron dos equipos con igual número de jugadores en cada uno. ¿Cuántos jugadores había en cada equipo?

8. **Escritura en matemáticas** Escribe un problema sobre grupos iguales que pueda resolverse usando $64 \div 8$.

9. **Escritura en matemáticas** ¿Cómo te permite la resta repetida hallar $54 \div 9$?

🦉 Repaso mixto y preparación de exámenes

En la INTERNET
Preparación de exámenes
www.scottforesman.com

Escribe el valor de cada dígito subrayado.

10. 7<u>8</u>9

11. 6,<u>2</u>54

12. <u>1</u>50,400

13. <u>3</u>4,209,528

14. Halla 4×8.

    A. 16   **B.** 24   **C.** 32   **D.** 40

Idea clave
La multiplicación y la división están relacionadas de la misma manera que la suma y la resta.

Vocabulario
• familia de operaciones
• operación inversa

Materiales
• papel cuadriculado o **e tools**

Relacionar la multiplicación y la división

✓ **PREPÁRATE**

1. 8×5 **2.** 3×7

3. 2×6 **4.** 4×10

5. 4×7 **6.** 7×9

APRENDE

Actividad

¿Qué relación hay entre la multiplicación y la división?

Dibuja una matriz en papel cuadriculado y escribe una oración numérica para cada pregunta.

a. Sam compra estampillas en la oficina de correos. Tiene 4 filas con 3 estampillas cada una. ¿Cuántas estampillas tiene en total?

b. Sam tiene 12 estampillas en total. Las estampillas están en 4 filas. ¿Cuántas estampillas hay en cada fila?

La multiplicación y la división son **operaciones inversas**. Se cancelan mutuamente.

¿Qué es una familia de operaciones?

Las familias de operaciones conectan la multiplicación y la división. Una **familia de operaciones** muestra todas las multiplicaciones y divisiones que están relacionadas para un grupo de números. Puedes usar las familias de operaciones como ayuda para recordar las operaciones de división.

Ésta es la familia de operaciones para 7, 8 y 56.

$$7 \times 8 = 56 \qquad 56 \div 7 = 8$$
$$8 \times 7 = 56 \qquad 56 \div 8 = 7$$

✓ **Hablemos**

1. ¿Cómo se relacionan las oraciones en una familia de operaciones?

2. Escribe la familia de operaciones para 2, 7 y 14.

Copia y completa cada familia de operaciones.

1. $7 \times \blacksquare = 42$ $42 \div 6 = \blacksquare$ **2.** $4 \times \blacksquare = 28$ $28 \div \blacksquare = \blacksquare$
$42 \div \blacksquare = \blacksquare$ $\blacksquare \times \blacksquare = 42$ $28 \div \blacksquare = \blacksquare$ $\blacksquare \times \blacksquare = 28$

Escribe una familia de operaciones para cada grupo de números.

3. 6, 8, 48   **4.** 5, 7, 35   **5.** 3, 6, 18

6. Sentido numérico ¿Pertenece $2 \times 6 = 12$ a la familia de operaciones de 3, 4 y 12?

PRÁCTICA

Más práctica: Grupo 3-7, página 185

A Destrezas y comprensión

Copia y completa cada familia de operaciones.

7. $5 \times \blacksquare = 30$ $30 \div 6 = \blacksquare$ **8.** $8 \times \blacksquare = 72$ $72 \div 9 = \blacksquare$
$\blacksquare \times \blacksquare = 30$ $30 \div \blacksquare = \blacksquare$ $\blacksquare \times \blacksquare = 72$ $72 \div \blacksquare = \blacksquare$

Escribe una familia de operaciones para cada grupo de números.

9. 2, 7, 14   **10.** 4, 8, 32   **11.** 7, 7, 49   **12.** 5, 8, 40

13. Sentido numérico ¿Qué operaciones de división conoces si sabes que $6 \times 9 = 54$?

B Razonamiento y resolución de problemas

14. La bandera de los Estados Unidos tiene una estrella por cada estado. Escribe la familia de operaciones para la matriz de estrellas de la bandera de los EE. UU. de 1822 que se muestra a la derecha.

15. **Escritura en matemáticas** Explica por qué la familia de operaciones de 64 y 8 tiene sólo dos oraciones numéricas.

Repaso mixto y preparación de exámenes

En la INTERNET
Preparación de exámenes
www.scottforesman.com

Completa cada ⬤. Usa > o <.

16. 86 ⬤ 96   **17.** 532 ⬤ 530   **18.** 5,055 ⬤ 5,505

19. Sergio tiene 12 carros de juguete. Los dividió por igual entre dos cajas. ¿Cuántos carros hay en cada caja?

A. $12 \div 3 = 4$ **B.** $12 \div 6 = 2$ **C.** $12 \div 2 = 6$ **D.** $12 \div 4 = 3$

Operaciones de división

APRENDE

¿Cómo usas la multiplicación para dividir?

Manzanas Emma y su papá empacan las manzanas que cultivaron en su granja. Empacan 48 manzanas en cada caja. Cada bandeja contiene 8 manzanas. ¿Cuántas bandejas hay en cada caja?

Ejemplo

Halla $48 \div 8$.

Lo que **piensas**	Lo que **dices**	Lo que **escribes**
¿Cuántas veces 8 es igual a 48? $\square \times 8 = 48$ 6 veces 8 es igual a 48. $6 \times 8 = 48$	¿Cuánto es 48 dividido por 8? o ¿Cuántas veces cabe 8 en 48?	$48 \div 8 = 6$ ó $8\overline{)48}$ con 6

Hay 6 bandejas en cada caja.

✔ **Hablemos**

1. ¿Por qué se usa la división para resolver el problema de las manzanas?

2. ¿Por qué es útil la multiplicación $6 \times 8 = 48$?

3. ¿Qué operación de multiplicación usas para hallar $21 \div 3$?

En la INTERNET
Más ejemplos
www.scottforesman.com

1. $14 \div 2$ **2.** $12 \div 3$ **3.** $5\overline{)25}$ **4.** $7\overline{)35}$ **5.** $9\overline{)36}$

6. Sentido numérico Un número dividido por 7 da 7. ¿Cuál es el número? ¿Cómo lo sabes?

PRÁCTICA

Más práctica: Grupo 3-8, página 186

A Destrezas y comprensión

7. $8 \div 4$ **8.** $15 \div 5$ **9.** $42 \div 6$ **10.** $54 \div 9$ **11.** $63 \div 7$

12. $4\overline{)40}$ **13.** $2\overline{)12}$ **14.** $6\overline{)18}$ **15.** $8\overline{)72}$ **16.** $4\overline{)16}$

17. Razonamiento ¿Cuánto es $45 \div 5$ si $45 \div 9 = 5$? Explícalo.

B Razonamiento y resolución de problemas

18. Una caja grande de cereal cuesta $3. ¿Cuántas cajas puedes comprar por $12?

19. Tim hizo 2 horas de ejercicio todos los días de lunes a viernes. ¿Cuántas horas de ejercicio hizo Tim?

20. ¿Cuántos huesos hay en 8 dedos y 2 pulgares si cada dedo tiene 3 huesos y cada pulgar tiene 2 huesos?

21. Sentido numérico ¿Es mayor o menor el cociente de $24 \div 3$ que el de $15 \div 3$? Explica cómo lo sabes sin hallar realmente los cocientes.

22. Escritura en matemáticas ¿Es mayor o menor el cociente de $36 \div 4$ que el de $36 \div 9$? Explica cómo lo sabes sin hallar realmente los cocientes.

Repaso mixto y preparación de exámenes

En la INTERNET
Preparación de exámenes
www.scottforesman.com

23. $4.53 + $0.45   **24.** $16.09 + $4.72   **25.** $45 + $2.50

26.   451
          − 266

27.   3,042
          −   128

28.   9,006
          − 4,787

29. ¿Qué oración numérica NO pertenece a la familia de operaciones de 2, 10 y 20?

A. $20 \div 2 = 10$ **B.** $10 \times 2 = 20$ **C.** $20 \div 10 = 2$ **D.** $2 \times 5 = 10$

Idea clave
Pensar en la multiplicación te permite dividir por cero y por uno.

Piénsalo bien
Puedo **hacer un dibujo** para resolver un problema.

Cocientes especiales

APRENDE

¿Cómo divides por 1 y por 0?

Ejemplo A

	Lo que **piensas**	Lo que **escribes**
Se corta una pizza en 6 tajadas. ¿Cuántas personas podrán comer una tajada de pizza? Halla $6 \div 1$.	¿Cuántas veces 1 es igual a 6? **Regla:** Cualquier número dividido por 1 da el mismo número.	$6 \times 1 = 6$ $6 \div 1 = 6$ La pizza alcanza para 6 personas.

Ejemplo B

Se corta una pizza en 8 tajadas. ¿Cuántas tajadas obtendrán 8 personas? Halla $8 \div 8$.	¿Cuántas veces 8 es igual a 8? **Regla:** Cualquier número dividido por sí mismo (excepto 0) da 1.	$8 \times 1 = 8$ $8 \div 8 = 1$ Cada persona obtiene 1 tajada.

Ejemplo C

Halla $0 \div 2$.	¿Dos veces qué número es igual a 0? **Regla:** Cero dividido por cualquier número (excepto 0) da 0.	$2 \times 0 = 0$ $0 \div 2 = 0$

Ejemplo D

Halla $5 \div 0$.	¿Cero veces qué número es igual a 5? **Regla:** Es imposible dividir por 0.	$0 \times ? = 5$ Es imposible desarrollar $5 \div 0$.

✔ **Hablemos**

1. ¿Qué multiplicación te permite hallar $6 \div 1$? ¿$0 \div 2$?

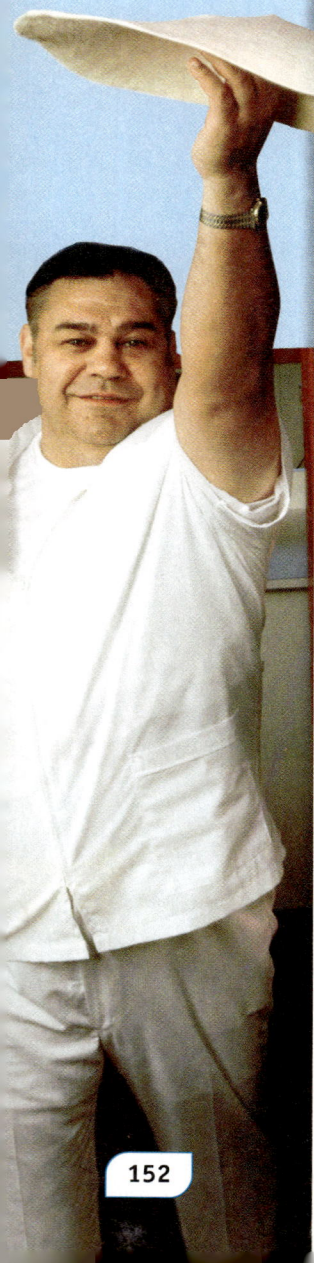

1. $0 \div 8$ **2.** $5 \div 5$ **3.** $1\overline{)3}$ **4.** $6\overline{)0}$ **5.** $1\overline{)1}$

6. Sentido numérico ¿Puedes colocar 4 fichas en cero filas? Explícalo.

PRÁCTICA

Más práctica: Grupo 3-9, página 186

A Destrezas y comprensión

7. $8 \div 1$ **8.** $0 \div 4$ **9.** $0 \div 6$ **10.** $2 \div 2$ **11.** $0 \div 2$

12. $1\overline{)7}$ **13.** $1\overline{)5}$ **14.** $10\overline{)0}$ **15.** $5\overline{)0}$ **16.** $1\overline{)3}$

Compara. Usa >, < o = en cada ○.

17. $3 \div 3$ ○ $0 \div 5$ **18.** $6 \div 1$ ○ $6 \div 6$ **19.** $2 \div 2$ ○ $0 \div 2$

20. $0 \div 8$ ○ $0 \div 9$ **21.** $1 \div 1$ ○ $7 \div 1$ **22.** $5 \div 5$ ○ $4 \div 4$

23. Sentido numérico Escribe una familia de operaciones para 1, 1, 1.

B Razonamiento y resolución de problemas

24. Doce personas quieren compartir la pizza que se muestra a la derecha. ¿Cuántas tajadas obtendrá cada una?

25. Pamela leyó 32 de los 41 capítulos de su libro. ¿Cuántos capítulos más debe leer? ¿Cuántos días demorará en terminar el libro si lee un capítulo al día?

26. Sentido numérico Si ■ ÷ ▲ = 0, ¿qué sabes sobre ■?

27. Escritura en matemáticas Escribe un problema verbal en el que 7 se divida por 7 y otro problema en el que 7 se divida por 1.

EN LOS EXÁMENES

Piénsalo bien
Debo **dividir,** por tanto, mi problema será **repartir entre grupos iguales.**

Repaso mixto y preparación de exámenes

En la INTERNET
Preparación de exámenes
www.scottforesman.com

28. $4\overline{)12}$ **29.** $6\overline{)54}$ **30.** $4\overline{)28}$ **31.** $5\overline{)25}$

32. $3\overline{)27}$ **33.** $7\overline{)35}$ **34.** $5\overline{)40}$ **35.** $9\overline{)36}$

36. Hugo tiene 58 centavos en un bolsillo y 37 en el otro. ¿Cuánto dinero tiene en total?

   A. 85 centavos   **B.** 95 centavos   **C.** $1.15   **D.** $95

Idea clave
La multiplicación y la división describen situaciones reales.

Problemas de multiplicación y división

APRENDE

¿Cómo escribes un problema?

Susana hace una colcha. A continuación se muestra el diseño que usa en la colcha.

EN LOS EXÁMENES

Piénsalo bien

- Puedo **multiplicar** cuando combino grupos iguales.
- Puedo **dividir** cuando tengo que averiguar el número que hay en cada grupo.

Ejemplo A

Usa la colcha de Susana y escribe un problema de multiplicación para $3 \times 5 = 5$.

La colcha de Susana tiene 3 filas con 5 cuadrados grandes cada una. ¿Cuántos cuadrados grandes tiene en total?

Ejemplo B

Usa la colcha de Susana y escribe un problema de división para $35 \div 5 = 7$.

Susana tiene 35 cuadraditos con azul y blanco. Necesita 5 de estos cuadraditos para cada cuadrado más grande con diseño. ¿Cuántos cuadrados con diseño puede hacer con los cuadraditos con azul y blanco?

✓ **Hablemos**

1. ¿Existe sólo un problema correcto para una determinada operación de multiplicación o división?

2. Escribe un problema sobre la colcha de Susana para $15 \div 3 = 5$ y para $15 \div 5 = 3$.

3. Escribe un problema de multiplicación sobre los cuadrados de la colcha. ¿Qué oración numérica usas para resolver tu problema?

Usa los datos de la tabla y escribe un problema de multiplicación o división para cada operación numérica. Resuelve.

1. $6 \times 7 = 42$　　　**2.** $10 \div 5 = 2$

3. Sentido numérico ¿Necesitas más cajas de marcadores o de tiza para tener 30 de cada uno?

Útiles de arte	Cantidad por caja
Tiza	6
Acuarelas	10
Marcadores	5
Lápices	7

PRÁCTICA

Más práctica: Grupo 3-10, página 186

A Destrezas y comprensión

Razonamiento Escribe un problema de multiplicación o división para cada operación numérica. Resuelve.

4. $2 \times 6 = 12$　　　**5.** $24 \div 8 = 3$　　　**6.** $5 \times 8 = 40$　　　**7.** $32 \div 4 = 8$

B Razonamiento y resolución de problemas

Usa los datos de la tabla y escribe un problema de multiplicación o división para cada operación numérica. Resuelve.

8. $7 \times 9 = 63$　　　**9.** $4 \times 8 = 32$　　　**10.** $8 \times 9 = 72$

11. $24 \div 3 = 8$　　　**12.** $36 \div 4 = 9$　　　**13.** $10 \div 1 = 10$

14. El producto de dos números es 36. Su suma es 13. ¿Cuáles son los números?

15. Tim necesita 5 tableros que midan 3 pies de largo cada uno. Tiene dos tableros de 10 pies de largo para cortar lo que necesite. ¿Serán éstos suficientes?

16. Escritura en matemáticas Escribe dos problemas de división diferentes para $28 \div 4 = 7$.

Comestibles	Cantidad por bolsa
Manzanas	9
Bananos	4
Zanahorias	7
Papas	10
Naranjas	8
Toronjas	3

Repaso mixto y preparación de exámenes

En la INTERNET
Preparación de exámenes
www.scottforesman.com

17. Álgebra Halla $3 \times n$, si $n = 0$.

18. Halla $56 \div 7$.

　　A. 5　　　**B.** 6　　　**C.** 7　　　**D.** 8

19. Halla $18 \div 6$.

　　A. 2　　　**B.** 3　　　**C.** 4　　　**D.** 5

Resolución de problemas: Destreza

Idea clave
Identificar las preguntas ocultas te ayuda a resolver problemas de varios pasos.

Problemas de varios pasos

APRENDE

¿Cómo te ayuda a resolver un problema hallar preguntas ocultas?

Tarjetas de béisbol Trisha y su hermano Kyle coleccionan y venden tarjetas de béisbol. Kyle tiene 6 tarjetas para vender y Trisha tiene 3. ¿Cuánto dinero obtendrán en total si venden cada tarjeta en 8¢?

Éstas son dos maneras de resolver el problema de las Tarjetas de béisbol.

Solución 1

Lee para comprender

Pregunta oculta: ¿Cuántas tarjetas tenían en total para vender?

Trisha tiene 3 tarjetas. Kyle tiene 6.

$3 + 6 = 9$

Tenían 9 tarjetas para vender.

Pregunta del problema: ¿Cuánto dinero obtendrán en total si venden cada tarjeta en 8¢?

9 tarjetas × 8¢ cada una = 72¢

Kyle y Trisha obtendrán en total 72¢.

Solución 2

Pregunta oculta 1: ¿Cuánto dinero obtendrá Trisha al vender sus tarjetas?

3 tarjetas × 8¢ cada una = 24¢

Pregunta oculta 2: ¿Cuánto dinero obtendrá Kyle al vender sus tarjetas?

6 tarjetas × 8¢ cada una = 48¢

Pregunta del problema: ¿Cuánto dinero obtendrán en total si venden cada tarjeta en 8¢?

24¢ + 48¢ = 72¢

Kyle y Trisha obtendrán en total 72¢.

✔ **Hablemos**

1. ¿Prefieres la Solución 1 o la Solución 2? ¿Por qué?

Escribe y responde las preguntas ocultas del problema. Luego, resuelve el problema y escribe la respuesta en una oración completa.

1. Rita y Toby andan en bicicleta en una pista de 3 millas. La semana pasada Rita recorrió la pista 6 veces y Toby lo hizo 4 veces. ¿Cuánto más recorrió Rita que Toby?

2. Raquel tiene 12 plantas de tomate y 18 plantas de pimentones para su jardín. Planea colocar 6 plantas por fila. ¿Cuántas filas necesita en total para los tomates y pimentones?

PRÁCTICA

Más práctica: Grupo 3-11, página 186

Escribe y da la respuesta a las preguntas ocultas del problema. Luego resuelve el problema y escribe la respuesta en una oración completa.

3. Karina gastó $12 por alquilar 3 juegos de video. Su hermano Karl gastó $12 por 6 películas. ¿Cuánto más cuesta alquilar un juego que una película?

4. Un vagón de tren tiene 8 ruedas. ¿Cuántas ruedas más hay en 6 vagones de tren que en 6 bicicletas?

En los Ejercicios 5 y 6 usa los datos de la derecha.

5. Gina y su familia compraron 4 sándwiches de pollo y 4 ensaladas en el restaurante La Cena Deliciosa. ¿Cuánto gastaron si pagaron $1 de impuesto?

6. La familia de Jill gastó $20 en la cena, sin incluir impuesto. Compraron 2 hamburguesas, 2 sándwiches de pollo y algunas ensaladas. ¿Cuántas ensaladas compraron?

La Cena Deliciosa

Hamburguesa	$3
Sándwich de pollo	$4
Papas fritas	$2
Ensalada	$2

7. **Escritura en matemáticas** Usa los datos de la derecha para escribir un problema con pregunta oculta sobre ir al cine. Luego, resuelve el problema.

Precio de las entradas en el cine Metro		
	Matinal (antes de las 3 P.M.)	**Tarde**
Niños menores de 12 años	$3	$5
Adultos	$5	$8
Adultos mayores	$3	$6

¿Lo sabes hacer?

¿Lo entiendes?

Significados de la división (3-6)

Haz dibujos para resolver cada problema.

1. Tres personas comparten 12 tacos. ¿Cuántos tacos obtiene cada persona?

2. ¿Cuántos pares pueden formarse con 18 calcetines?

Ⓐ Explica cómo resolviste cada problema. Explica si pensaste en la división como repartición o como resta repetida.

Ⓑ Explica cómo usar la resta repetida para hallar 28 ÷ 4.

Relacionar la multiplicación y la división (3-7)
Problemas de multiplicación y división (3-10)

Escribe una familia de operaciones para cada grupo de números.

3. 2, 5, 10   **4.** 6, 6, 36

5. Escribe cuatro problemas relacionados para representar las operaciones del Ejercicio 3.

Ⓒ Explica en qué se diferencia la familia de operaciones del Ejercicio 3 con la del Ejercicio 4.

Ⓓ Explica qué relación hay entre los problemas para cada familia de operaciones.

Operaciones de división (3-8)
Cocientes especiales (3-9)

6. 36 ÷ 4   **7.** 49 ÷ 7

8. 0 ÷ 8   **9.** 3 ÷ 3

10. 20 ÷ 5   **11.** 9 ÷ 1

Ⓔ ¿Qué multiplicaciones pueden usarse para hallar 36 ÷ 4 y 49 ÷ 7?

Ⓕ ¿En qué se diferencian 8 ÷ 0 y 0 ÷ 8?

Resolución de problemas: Destreza   Problemas de varios pasos (3-11)

12. Pedro compra 6 paquetes de pilas. Hay 4 pilas en cada paquete. ¿Cuántas pilas le quedan si usa 8 en el flash de su cámara?

Ⓖ Identifica la pregunta oculta.

Ⓗ Explica cómo resuelves el problema de otra manera.

OPCIÓN MÚLTIPLE

1. ¿Qué multiplicación te permite hallar 24 ÷ 8? (3-8)

   A. 2×8 **B.** 3×8 **C.** 4×6 **D.** 4×8

2. Halla 0 ÷ 9. (3-9)

   A. 0   **B.** 1   **C.** 9   **D.** No puede desarrollarse.

3. Elsa coloca en filas 15 sillas rojas y 30 sillas azules. ¿Cuántas filas hará si planea colocar 5 sillas en cada fila? (3-11)

   A. 6 filas   **B.** 7 filas   **C.** 8 filas   **D.** 9 filas

RESPUESTA LIBRE

Divide. (3-8 y 3-9)

4. $3\overline{)0}$ **5.** $7\overline{)7}$ **6.** $4\overline{)24}$ **7.** $8\overline{)40}$ **8.** $9\overline{)54}$

9. 15 ÷ 3   **10.** 18 ÷ 2   **11.** 40 ÷ 4   **12.** 6 ÷ 1   **13.** 0 ÷ 4

14. Escribe la familia de operaciones para 7, 8 y 56. (3-7)

En los Ejercicios 15 a 17 usa la gráfica de la derecha. Escribe la respuesta en una oración completa. (3-11)

15. ¿A cuántos estudiantes más de cuarto grado les gusta andar en monopatín que en patineta?

16. ¿A cuántos estudiantes más de cuarto grado les gusta andar en bicicleta que en patineta?

17. ¿Cuántos estudiantes de cuarto grado en total prefieren andar en patineta o en monopatín?

Preferencia de estudiantes de 4.⁰ grado

Bicicleta	
Patineta	
Monopatín	

Cada 🧍 = 5 personas.

Escritura en matemáticas

18. Haz un dibujo para representar la manera de usar una matriz para hallar 27 ÷ 9. Explica cómo hallar el cociente con resta repetida con matriz. (3-6)

19. Escribe dos problemas de división para 8 ÷ 4. (3-10)

20. Describe alguna situación en que 5 se divida por 5. (3-9)

Álgebra

Idea clave

Las expresiones te ayudan a resolver problemas.

Vocabulario
• variable (p. 98)

EN LOS EXÁMENES

Piénsalo bien

Puedo **hacer un dibujo** para demostrar un problema.

Escribir y hallar el valor de expresiones

✓ **PREPÁRATE**

Halla el valor de cada expresión, para $n = 11$.

1. $n + 7$ **2.** $n + 19$

3. $11 - n$ **4.** $24 - n$

APRENDE

¿Cómo usas las expresiones para resolver problemas?

Cuando se usa una variable en una expresión de multiplicación, por lo general no se usa el signo por (×). Por ejemplo, 4 *veces n* generalmente se escribe $4n$. Las expresiones de división pueden escribirse de diferentes maneras. Por ejemplo, *m dividido por 4* puede escribirse $m \div 4$ ó $\frac{m}{4}$.

Ejemplo A

El tren del zoológico tiene 6 vagones. ¿Cuántas personas puede transportar el tren si en cada vagón caben n personas?

Escribe una expresión.

PASO 1 Sea $n =$ el número de personas que caben en cada vagón.

Número de vagones		Personas en cada vagón
↓		↓
6	×	n

El tren puede transportar $6n$ personas.

Halla el valor de la expresión.

PASO 2 ¿Cuántas personas puede transportar el tren si en cada vagón caben 4 personas?

Halla el valor de $6n$, si $n = 4$.

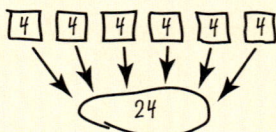

[4] [4] [4] [4] [4] [4]
→ 24

$6n$ Sustituye n por 4.
↓
$6 \times 4 = 24$ Multiplica.

Si en cada vagón caben 4 personas, el tren puede transportar 24 personas.

Ejemplo B

¿Cuántos carros se necesitan para transportar x personas si en cada vagón caben 8 personas?

Escribe una expresión.

PASO 1 Sea $x =$ número total de personas.

Número total de personas		Personas en cada vagón
↓		↓
x	÷	8

El tren necesita $x \div 8$ vagones para transportar x personas.

Halla el valor de la expresión.

PASO 2 ¿Cuántos vagones se necesitan para transportar 24 personas?

Halla el valor de $x \div 8$, si $x = 24$.

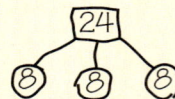

[24]
[8] [8] [8]

$x \div 8$ Sustituye x por 24.
↓
$24 \div 8 = 3$ Divide.

El tren necesita 3 vagones para transportar 24 personas.

Hablemos

1. Explica qué representa la variable *n* en el Ejemplo A.

2. ¿Multiplicas o divides para hallar el valor de 6*n*, si *n* = 3?

3. Halla el valor de 6*n*, si *n* = 5 y de *n* ÷ 8, si *n* = 56.

¿Cómo hallas el valor de expresiones con más de una operación?

Algunas expresiones pueden contener símbolos de agrupación, como los paréntesis ( ). Cuando una expresión incluye más de una operación, se hacen primero los cálculos de los paréntesis.

Ejemplo C	Ejemplo D
Halla el valor de (3*t*) + 1, para *t* = 2.	Halla el valor de (*k* + 2) ÷ 4, para *k* = 18.
Sustituye *t* por 2.	Sustituye *k* por 18.
Calcula primero lo que está entre paréntesis.	Calcula primero lo que está entre paréntesis.
(3 × *t*) + 1 ↓ (3 × 2) + 1 ↓ 6 + 1 = 7	(*k* + 2) ÷ 4 ↓ (18 + 2) ÷ 4 ↓ 20 ÷ 4 = 5

Hablemos

4. ¿Qué operación haces primero para hallar el valor de (3 × 2) + 1?

5. ¿Qué operación haces primero para hallar el valor de (18 + 2) ÷ 4?

6. Halla el valor de (3 × *t*) + 1, si *t* = 5 y de (*k* + 2) ÷ 4, si *k* = 10.

COMPRUEBA ✓

Otro ejemplo: Grupo 3-12, página 183

Halla el valor de cada expresión, si *n* = 8.

1. 5*n*

2. $\frac{n}{2}$

3. 16 ÷ *n*

4. (*n* ÷ 4) + 7

5. Razonamiento Escribe una expresión para representar la cantidad de dinero en *d* monedas de 10¢. Haz un dibujo que represente la idea principal. Luego, halla el valor de la expresión, si *d* = 8.

A Destrezas y comprensión

Halla el valor de cada expresión, para $m = 9$.

6. $7m$ **7.** $m \div 3$ **8.** $2m$ **9.** $10m$

Halla el valor de cada expresión, si $x = 2$.

10. $\frac{x}{1}$ **11.** $5x$ **12.** $6x$ **13.** $\frac{12}{x}$

Halla el valor de cada expresión.

14. $(m \div 8) - 2$ si $m = 48$ **15.** $9 \times (n + 2)$ si $n = 1$ **16.** $(k - 10) \div 5$ si $k = 40$

17. Razonamiento Escribe una expresión para el número de monedas de 5¢ que hay en c centavos. Haz un dibujo para representar la idea principal. Luego, halla el valor de la expresión, si $c = 45$.

B Razonamiento y resolución de problemas

18. Tomás compró 4 libros de crucigramas además de algunos libros de caricaturas. Cada libro valía $2. El precio total, incluyendo c libros de caricaturas, es de $2 \times (4 + c)$. Halla el precio total si Tomás compró 3 libros de caricaturas.

🎵 Matemáticas y música

La canción *Los pollitos* es una canción de cuna muy popular. Cada estrofa tiene 4 versos y cada verso tiene 6 sílabas.

19. ¿Cuántos versos tiene *Los pollitos* si tiene 3 estrofas?

20. Escribe una expresión para representar el número total de versos de esta canción. Sea n = número de estrofas.

21. ¿Cuál es el número total de sílabas que hay en cada estrofa?

22. Escribe una expresión para representar el número total de sílabas que hay en r versos.

23. **Escritura en matemáticas** Sam escribió la expresión $12 \div x$ para representar el número de pulgadas que hay en x pies. ¿Es correcta la expresión de Sam? Explícala.

Los pollitos

Los pollitos dicen
"pío, pío, pío",
cuando tienen hambre,
cuando tienen frío.

La gallina busca
el maíz y el trigo,
les da la comida
y les presta abrigo.

Bajo sus dos alas
acurrucaditos
hasta el otro día
duermen los pollitos.

C Un paso adelante

24. Halla el valor de $(4 + 6) \times (n - 3)$, si $n = 8$.

Vuelve a escribir con paréntesis cada expresión para hacer verdadero cada enunciado.

25. $9 + 12 \div 3 = 7$

26. $2 \times 5 - 3 = 4$

Repaso mixto y preparación de exámenes

27. Kendra tiene 12 bulbos de tulipán y 28 bulbos de narciso. Planea plantarlos en filas con 4 bulbos del mismo tipo en cada fila. ¿Cuántas filas más de narcisos que de tulipanes tendrá?

28. La colección de estampillas de Jay incluye 35 estampillas de México, 45 de Canadá y más de 100 de los Estados Unidos. ¿Qué estimación es razonable para el número total de estampillas de la colección de Jay?

A. Menos de 60 estampillas

C. Entre 100 y 160 estampillas

B. Entre 60 y 100 estampillas

D. Más de 160 estampillas

DISCOVERY CHANNEL SCHOOL

Descubre las matemáticas en tu mundo

Edad, altura y peso

El abeto Douglas se corta para hacer leña cuando tiene aproximadamente 120 años, 150 pies de altura y entre 3,000 y 4,000 libras de peso.

1. Si 10 años son una década, ¿cuántas décadas tiene un abeto Douglas cuando se corta para hacer leña?

2. Usa las operaciones de multiplicación que conoces para calcular el número de secciones de 6 pies que hay en 30 pies. Luego, halla el número de secciones de 6 pies que hay en 150 pies.

Álgebra

Idea clave

Puedes describir una regla para patrones usando palabras o símbolos.

Materiales
• cuadritos

Hallar una regla

APRENDE

¿Cómo hallas una regla?

Una regla indica qué relación hay entre dos cantidades.

PREPÁRATE

1. Halla el valor de $x + 10$, si $x = 4, 5, 9, 12$ y 30.

2. Halla el valor de $n - 3$, si $n = 8, 13, 15, 22$ y 25.

Actividad

a. Usa cuadritos para construir cada figura de la derecha. Anota tus resultados en la tabla.

Figura	1	2	3	4
Número de cuadritos	1	4	9	

b. Usa cuadritos para formar la cuarta figura. Dibújala y completa la tabla.

c. Amplía la tabla hasta la Figura 8. Completa la tabla ampliada.

d. ¿Cómo puedes hallar el número de cuadritos si conoces el número de figuras?

Figura 1

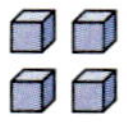

Figura 2

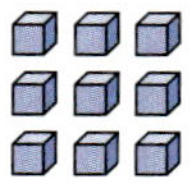

Figura 3

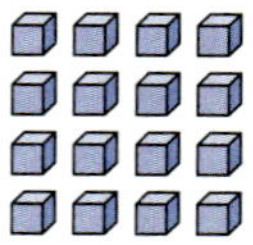

Figura 4

Ejemplo

Completa la tabla. Comienza con el número de la columna ENTRADA. ¿Qué regla te indica cómo hallar el número de la columna SALIDA? Escribe la regla.

Lo que **piensas**

ENTRADA	SALIDA
6	3
8	4
12	6
16	
n	

$6 \div 2 = 3$

$8 \div 2 = 4$

$12 \div 2 = 6$

$16 \div 2 = 8$

Una regla es *dividir por 2*.

Lo que **escribes**

ENTRADA	SALIDA
6	3
8	4
12	6
16	8
n	$n \div 2$

La regla *dividir por 2* se escribe $n \div 2$.

✔ Hablemos

1. Explica por qué la regla del ejemplo es dividir por 2 y no multiplicar por 2.

COMPRUEBA ✅

1. **Razonamiento** Copia y completa la tabla para representar el patrón de las figuras de la derecha. Describe el patrón con palabras y escribe la regla.

Figura 1   Figura 2   Figura 3   Figura 4

Figura	1			
Cuadritos	4			

PRÁCTICA

Más práctica: Grupo 3-13, página 187

A Destrezas y comprensión

Copia y completa cada tabla. Escribe la regla.

2.

Entrada	9	7	5	2	n
Salida	18	14	10		

3.

Entrada	4	12	20	36	n
Salida	1	3	5		

4. **Razonamiento** Copia y completa la tabla para representar el patrón de las figuras. Describe con palabras el patrón y escribe la regla.

Figura 1   Figura 2   Figura 3

Figura			
Triangulitos			

B Razonamiento y resolución de problemas

Un mes Mark ahorró $3 y su mamá agregó $9 a sus ahorros. El mes siguiente, ahorró $5 y su mamá agregó $15. El tercer mes ahorró $2 y ella agregó $6.

Mark	3	5	2	7	d
Mamá	9	15	6		

5. Copia y completa la tabla para representar cuánto agregó la mamá de Mark al siguiente mes, si él ahorró $7.

6. **Escritura en matemáticas** Escribe una regla para representar cuánto agregó la mamá de Mark si éste ahorró d dólares. Explica cómo hallaste la regla.

Repaso mixto y preparación de exámenes

En la INTERNET
Preparación de exámenes
www.scottforesman.com

7. **Escritura en matemáticas** Escribe un problema de división sobre ir a la escuela en autobús usando $18 \div 2 = 9$.

8. Halla el valor de $n \div 6$, si $n = 18$.

A. 3   **B.** 13   **C.** 24   **D.** 36

Álgebra

Idea clave
Para resolver una ecuación, halla el valor de la variable que hace verdadera la ecuación.

Vocabulario
• ecuación (p. 100)
• solución (p. 100)

Piénsalo bien
Si **calculas mentalmente,** no es necesario que pruebes cada valor.
Piénsalo: ¿Cuántas veces 5 es igual a 30?

Resolver ecuaciones de multiplicación y división

APRENDE

¿Cómo resuelves una ecuación?

Ejemplo A

Para resolver la ecuación 5c = 30, prueba los siguientes valores de c: 3, 4, 5 y 6.

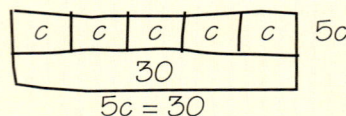

Prueba	c = 4	c = 5	c = 6
Halla 5c	5 × 4 = 20	5 × 5 = 25	5 × 6 = 30
¿Es 5c = 30?	No	No	Sí

La solución de la ecuación es c = 6 porque 5 × 6 = 30.

Ejemplo B

Para resolver la ecuación m ÷ 7 = 4, prueba los siguientes valores de m: 21, 28 y 35.

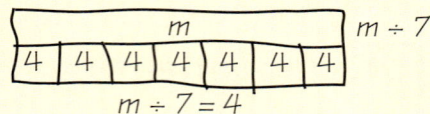

Prueba:	m = 21	m = 28	m = 35
Halla m ÷ 7:	21 ÷ 7 = 3	28 ÷ 7 = 4	35 ÷ 7 = 5
¿Es m ÷ 7 = 4?	No	Sí	No

La solución de la ecuación es m = 28 porque 28 ÷ 7 = 4.

✔ **Hablemos**

1. Explica cómo c = 6 permite que la ecuación 5 × c = 30 sea verdadera.

2. Para resolver la ecuación 35 ÷ m = 7, prueba los siguientes valores de m: 1, 5 y 7.

En la INTERNET
Más ejemplos
www.scottforesman.com

Para resolver cada ecuación, prueba los siguientes valores de k: 4, 5 y 6.

1. $k \div 2 = 2$ **2.** $8k = 48$ **3.** $6 \div k = 1$ **4.** $9k = 45$

5. Sentido numérico Explica, sin probar valores, por qué la solución de $m \div 2 = 5$ debe ser mayor que 5.

PRÁCTICA

Más práctica: Grupo 3-14, página 187

A Destrezas y comprensión

Para resolver cada ecuación, prueba los siguientes valores de t: 1, 2, 5 y 10.

6. $9t = 18$ **7.** $\dfrac{20}{t} = 4$ **8.** $10t = 10$ **9.** $\dfrac{t}{2} = 5$

Para resolver cada ecuación, prueba los siguientes valores de n: 4, 6, 28 y 36.

10. $2n = 12$ **11.** $n \div 4 = 9$ **12.** $24 \div n = 6$ **13.** $n \div 7 = 4$

Para resolver cada ecuación, prueba los siguientes valores de x: 5, 9, 20 y 27.

14. $x \div 9 = 3$ **15.** $7x = 63$ **16.** $11x = 99$ **17.** $50 \div x = 10$

B Razonamiento y resolución de problemas

18. Escribe una ecuación para la balanza de platillos que se muestra a la derecha. Para resolver la ecuación, pueba los siguientes valores de w: 9, 10 y 11.

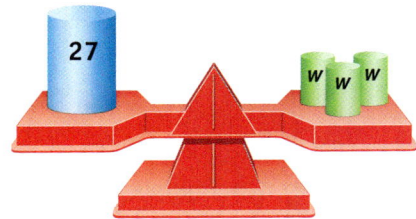

19. Carlos distribuyó 32 sorpresitas de cumpleaños en 8 bolsas. Para resolver la ecuación $8t = 32$, prueba los siguientes valores de t: 3, 4, 5 y 6, y halla el número de sorpresitas que colocó Carlos en cada bolsa.

20. **Escritura en matemáticas** Explica, sin probar valores, por qué la solución de $4k = 8$ debe ser menor que 8.

Repaso mixto y preparación de exámenes

En la INTERNET
Preparación de exámenes
www.scottforesman.com

Halla el valor de cada expresión.

21. $m \div 5$, si $m = 45$ **22.** $n - 5$, si $n = 7$ **23.** $(2k) + 16$, si $k = 4$

24. ¿Cuál es la regla para la tabla?

    A. $n \div 7$ **C.** $n \div 8$

    B. $7n$ **D.** $8n$

Entrada	8	5	3	2	n
Salida	56	35	21	14	

Resolución de problemas: Aplicaciones

THE WORLD IN ONE DAY

Every day... 7 million pizzas are eaten in America... one human heart pumps enough blood to fill 170 bathtubs... lightning strikes Earth 8 million times...
By RUSSELL ASH, author of INCREDIBLE COMPARISONS

El sueño en los animales Los científicos no saben muy bien por qué necesitamos dormir, pero es evidente que lo necesitamos. De hecho, la falta de sueño nos afecta más rápidamente que la falta de alimento. El sueño parece ser el tiempo en que el cuerpo se recupera y algunas partes del cerebro descansan.

Dato curioso Algunas aves, delfines, focas y manatíes tienen la habilidad de mantener dormida la mitad de su cerebro mientras la otra mitad permanece alerta.

1 Las ardillas listadas duermen 14 horas diarias. Los osos duermen 6 horas menos al día. ¿Cuántas horas al día duermen los osos?

2 Los gorilas duermen 4 veces más que los caballos. ¿Cuántas horas duermen los gorilas si los caballos duermen 3 horas diarias?

3 **Escritura en matemáticas** Escribe un problema de multiplicación o división sobre los hábitos de sueño de diferentes animales. Da la respuesta en una oración completa.

4 Los elefantes asiáticos duermen 4 horas diarias. Los elefantes africanos duermen 3 horas diarias. ¿Cuántas horas más que los elefantes africanos dormirán en una semana los elefantes asiáticos?

5 Los murciélagos pardos duermen 5 veces más que las vacas. Las vacas duermen diariamente 4 horas menos que los conejos. ¿Cuánto duermen diariamente los murciélagos pardos si los conejos duermen un promedio de 8 horas diarias?

Usar datos clave

6 Ordena los animales según lo que duermen diariamente. Después, ordénalos de menor a mayor según su tamaño. ¿Son iguales las listas? ¿Existe en estos datos alguna relación entre tamaño y horas de sueño? De ser así, descríbela.

Datos clave

Tamaño del animal y horas de sueño

Animal	Peso probable	Horas de sueño diarias
• Mandril	90 lb	10 h
• Conejillo de Indias	1 lb	8 h
• Hámster	1/4 lb	14 h
• Oveja	350 lb	4 h
• Foca gris	800 lb	6 h
• Armadillo gigante	130 lb	18 h

.

7 Tomar decisiones ¿A qué hora te acostarías si debes estar en la escuela a las 8:00 A.M. y necesitas 10 horas de sueño cada noche? Explica tu razonamiento y no olvides dejar tiempo para desayunar. (Pista: Usa un reloj para contar las horas.)

Buenas noticias/Malas noticias
La cafeína del café y algunas sodas te permiten permanecer despierto hasta tarde, pero la falta de sueño puede producirte irritabilidad y bajo rendimiento en la escuela.

¿Lo sabes hacer?

¿Lo entiendes?

Escribir y hallar el valor de expresiones (3-12)

Halla el valor de cada expresión.

1. $4m$, si $m = 9$

2. $k \div 3$, si $k = 12$

3. $(y - 9) \times 3$, si $y = 15$

4. $24 \div (n - 2)$, si $n = 8$

A ¿Cómo supiste qué operación desarrollar primero en el Ejercicio 3?

B Escribe una expresión que podrías usar para hallar el número de sillas en n filas, si hay 10 sillas en cada una. Usa tu expresión para hallar el número de sillas que hay en 4 filas.

Hallar una regla (3-13)

Copia y completa cada tabla. Escribe la regla.

5.

Entrada	2	4	5	8	n
Salida	14	28	35		

6.

Entrada	9	6	4	2	n
Salida	72	48	32		

C Di cómo hallaste cada regla.

D Explica cómo sabes que debes multiplicar y no dividir en una regla cuando el número de ENTRADA es menor que el número de SALIDA.

Resolver ecuaciones de multiplicación y división (3-14)

Para resolver cada ecuación, prueba los siguientes valores de m: 2, 3, 5 y 6.

7. $2m = 6$ 8. $9m = 45$

9. $30 \div m = 10$ 10. $4m = 20$

Para resolver cada ecuación, prueba los siguientes valores de n: 4, 6, 12, 24 y 30.

11. $n \div 3 = 8$ 12. $42 \div n = 7$

13. $n \div 3 = 10$ 14. $2n = 24$

E Explica cómo supiste que la respuesta al Ejercicio 10 no era 2.

F Explica por qué la solución del Ejercicio 13 debe ser mayor que 10.

OPCIÓN MÚLTIPLE

1. Halla el valor de $(12 \div m)$, si $m = 2$. (3-12)

    A. 3   **B.** 4   **C.** 5   **D.** 6

2. ¿Cuál es la solución de $7k = 42$? (3-14)

    A. 3   **B.** 4   **C.** 6   **D.** 7

RESPUESTA LIBRE

Copia y completa cada tabla. Escribe la regla. (3-13)

3.

Entrada	4	6	7	8	n
Salida	12	18	21		

4.

Entrada	64	56	40	8	n
Salida	8	7	5		

Halla el valor de cada expresión, si $n = 8$. (3-12)

5. $2n$ **6.** $9n$ **7.** $n \div 8$ **8.** $n - 2$ **9.** $16 - n$

10. ¿Qué operación desarrollas primero para hallar el valor de $5 \times (4 + 6)$? (3-12)

11. ¿Qué operación desarrollas primero para hallar el valor de $(10 \times 3) - 4$? (3-12)

Halla el valor de cada expresión.

12. $(t + 6) \div 4$, si $t = 22$ **13.** $(y + 9) \times 3$, si $y = 3$ **14.** $5 \times (n - 2)$, si $n = 10$

Para resolver cada ecuación, prueba los siguientes valores de k: 1, 2, 3 y 6. (3-14)

15. $7k = 21$ **16.** $12 \div k = 4$ **17.** $18 \div k = 9$ **18.** $6k = 6$

Escritura en matemáticas

19. Copia y completa la tabla que representa el patrón de las siguientes figuras. Describe el patrón con palabras y escribe una regla. (3-13)

Figura 1   Figura 2   Figura 3

Figura	1		
Hexágonos	6		

20. Marion corre 4 millas diarias. Ella usa la expresión $4n$ para representar lo que corre. Explica lo que representa la variable n. Escribe un problema que pueda resolverse con la ecuación $4n = 28$. (3-12)

Estrategias para exámenes

Comprende la pregunta.

Reúne información para hallar la respuesta.

Planea cómo hallar la respuesta.

Escoge la mejor opción.

Usa escritura en matemáticas.

Mejora las respuestas escritas.

Planea cómo hallar la respuesta

Después de comprender una pregunta de examen y reunir la información que necesitas, debes planear cómo hallar la respuesta. Piensa en las destrezas y estrategias para la resolución de problemas y en los métodos para calcular que conoces.

1. La siguiente tabla muestra la cantidad de gramos de proteínas que tiene la leche descremada. También muestra cuántos gramos de proteínas hay en determinado número de tazas de leche.

Proteínas de leche descremada

Número de tazas de leche descremada	Cantidad de gramos de proteína
1	9
2	18
3	27

¿Cuántos gramos de proteínas consumió Nino si bebió 6 vasos de leche?

A. 9

B. 12

C. 34

D. 54

Comprende la pregunta.

Tengo que averiguar la cantidad de gramos de proteínas que hay en 6 vasos de leche descremada.

Reúne información para hallar la respuesta.

Los números que necesito están en la **tabla**.

Planea cómo hallar la respuesta.

• Piensa en destrezas y estrategias para la resolución de problemas.

Tengo que **buscar un patrón** *en los números de la segunda columna. ¿Qué diferencia hay entre los números de la primera y segunda fila? ¿Entre los de la segunda y tercera fila?*

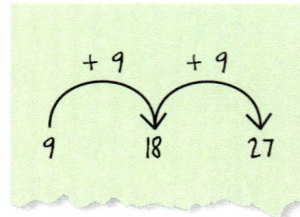

• Elige un método para calcular.

Puedo **calcular mentalmente** *para hallar los 3 números siguientes.*

2. Laurie necesita alquilar una lijadora eléctrica. La siguiente tabla muestra los precios de alquiler de varias herramientas.

Precios del alquiler de herramientas

Herramienta	Precio por hora
Sierra eléctrica	$9
Lijadora eléctrica	$8
Taladro eléctrico	$6

Sea *h* el número de horas que Laurie alquila la lijadora. ¿Qué expresión puede usarse para representar la cantidad de dinero que pagará?

A. $8 + h

B. $8 × h

C. $8 ÷ h

D. $8 − h

Piénsalo bien

Tengo que hallar una expresión que pueda usarse para averiguar cuánto pagará Laurie por el alquiler de una lijadora. El texto me indica que h representa el número de horas que Laurie alquila la lijadora. La tabla me indica el precio por hora. Puedo hacer un dibujo para mostrar la idea principal.

Después, necesito elegir una expresión que coincida con mi dibujo. En este problema no tengo que hacer cálculos.

Ahora es tu turno

Describe un plan para hallar la respuesta de cada problema.

3. Kevin usa la siguiente receta para hacer *omelettes* de queso.

Omelettes de queso

3   huevos
1/2 taza de leche
1   cucharada de mantequilla
1/4 de taza de queso cheddar
     sal y pimienta

Sea *m* el número de *omelettes* que Kevin planea preparar. ¿Qué expresión usarías para representar el número de huevos que necesitará Kevin?

A. 3 − m

B. 3 + m

C. 3 ÷ m

D. 3 × m

4. La siguiente tabla muestra el número de insectos plásticos que vienen en los juegos *Kritters*. También muestra la cantidad de juegos que se necesitan para tener una determinada cantidad de insectos.

Insectos de los juegos *Kritters*

Juegos *Kritters*	1	2	3	4
Número de insectos plásticos	6	12	18	24

¿Cuántos insectos hay en 7 juegos?

A. 42

B. 36

C. 30

D. 6

Las matrices tienen forma de rectángulo.

*Una **matriz** es el orden de objetos en filas iguales. (p. 124)*

¿Lo entendí?

Usa patrones, modelos y propiedades para hallar los productos. (Lecciones 3-1, 3-2, 3-3 y 3-4)

La multiplicación puede demostrarse con una **matriz.**

$3 \times 4 = 12$

factores producto

Los **múltiplos** tienen patrones.

$1 \times 11 = 11$
$2 \times 11 = 22$
$3 \times 11 = 33$
$4 \times 11 = 44$
$5 \times 11 = 55$

Éstas son algunas propiedades importantes.

Propiedad del cero en la multiplicación	$4 \times 0 = 0$
Propiedad de identidad de la multiplicación	$9 \times 1 = 9$
Propiedad conmutativa de la multiplicación	$7 \times 3 = 3 \times 7$
Propiedad distributiva	$6 \times 5 = (5 \times 5) + (1 \times 5)$

1. Halla 8×6, 3×12 y 7×10.

*La **propiedad de identidad de la multiplicación** dice que un número permanece igual cuando lo multiplicas por 1. (p. 129)*

Somos gemelos idénticos.

La palabra inversa me recuerda la marcha "reversa" de un carro.

*Las **operaciones inversas** se cancelan mutuamente. (p. 286)*

¿Lo entendí?

Piensa en familias de operaciones y problemas cuando dividas. (Lecciones 3-6, 3-7, 3-8, 3-9 y 3-10)

Escribe un problema de división para $14 \div 2$; luego, resuélvelo.

El Sr. Iverson tiene 14 juguetes para 2 niños. ¿Cómo debe **dividirlos?**

Piénsalo: ¿Cuántas veces 2 es igual a 14?

$\square \times 2 = 14$
$7 \times 2 = 14$

Cada niño debe recibir 7 juguetes.

La multiplicación y la división son **operaciones inversas.** Esto se muestra en una familia de operaciones.

$7 \times 2 = 14 \quad 14 \div 2 = 7$
$2 \times 7 = 14 \quad 14 \div 7 = 2$

$14 \div 2 = 7$

dividendo divisor cociente

2. Escribe un problema de división para $32 \div 8$ y luego resuélvelo.

En mi libro de crucigramas las soluciones aparecen al final.

*La **solución** de una ecuación es el número que la hace verdadera. (p. 166)*

Para resolver los problemas se usan expresiones, ecuaciones y tablas. (Lecciones 3-12, 3-13 y 3-14)

Halla el valor de $(n + 2) \div 3$, si $n = 25$.

Sustituye n por 25. Desarrolla primero los paréntesis.

$(n + 2) \div 3$

$\downarrow$

$(25 + 2) \div 3$

$\downarrow$

$27 \div 3 = 9$

Completa la tabla y escribe la regla.

Entrada	3	2	8	6	m
Salida	15	10	40		

Regla: Multiplicar por 5.

Entrada	3	2	8	6	m
Salida	15	10	40	**30**	**5m**

Resuelve $4y = 24$.

Prueba 3. ¿Es $4 \times 3 = 24$? *No.*

Prueba 7. ¿Es $4 \times 7 = 24$? *No.*

Prueba 6. ¿Es $4 \times 6 = 24$? *Sí.*

La **solución** es $y = 6$.

3. Halla el valor de $(k - 3) \times 8$, si $k = 7$ y resuelve $a \div 8 = 6$.

En casa, organizo los platos sobre la mesa.

*En matemáticas, **organizo** la información del texto en una tabla. (p. 140)*

Busca preguntas ocultas o haz una tabla para resolver los problemas. (Lecciones 3-5 y 3-11)

A veces debes dar la respuesta a la pregunta oculta antes de resolver el problema.

Para cada sándwich, se necesitan dos rebanadas de pan. ¿Cuánto pan necesitas para 5 sándwiches de pavo y 3 de jamón?

Da la respuesta a la pregunta oculta: ¿Cuál es el número total de sándwiches? $3 + 5 = 8$

Luego resuelve el problema. $8 \times 2 = 16$

Necesitas 16 rebanadas de pan.

Haz una **tabla** cuando las cantidades cambien según un patrón.

¿Cuántos pasteles puedes hacer con 35 manzanas si necesitas 7 manzanas para hacer 2 pasteles?

Pasteles	2	4	6	8	10
Manzanas	7	14	21	28	35

Puedes hacer 10 pasteles.

4. Curtis compró 4 carpetas azules y 3 carpetas verdes por $3 cada una. ¿Cuánto gastó Curtis en las carpetas?

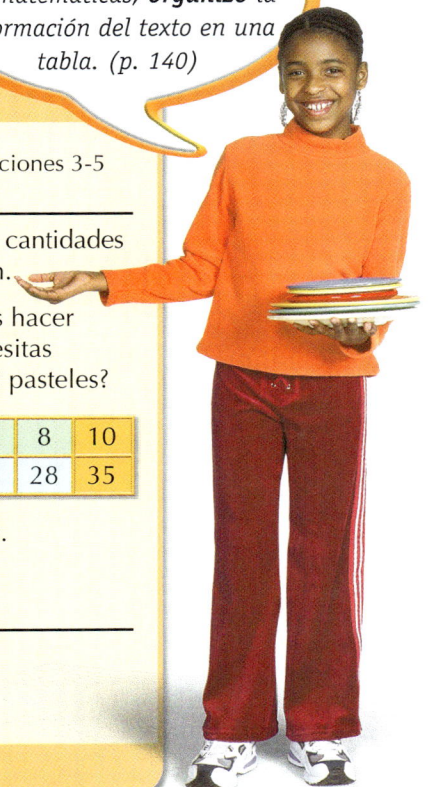

Respuestas: 1. 48; 36; 70 2. Acepte todos los problemas que tengan sentido; 4. 3. 32; 48 4. $18

Examen del capítulo

OPCIÓN MÚLTIPLE

Escoge la letra de la respuesta correcta.

1. ¿Qué oración numérica es igual a $5 + 5 + 5 + 5 = 20$?

   A. $5 \times 5 = 20$ **C.** $20 - 5 = 5$

   B. $4 \times 5 = 20$ **D.** $20 + 5 = 25$

2. ¿Cuál es el producto de 8 y 6?

   A. 2   **C.** 48

   B. 14   **D.** 56

3. Usa la descomposición para hallar 4×12.

   A. 8   **C.** 40

   B. 16   **D.** 48

4. Colocas el mismo número de rosas en 4 jarrones. ¿Cuántas rosas hay en cada jarrón si usas un total de 36 rosas?

   A. 8   **C.** 32

   B. 9   **D.** 40

5. Halla $42 \div 6$.

   A. 5   **C.** 7

   B. 6   **D.** 8

6. ¿Cuál es el cociente de 24 dividido por 8?

   A. 2   **C.** 4

   B. 3   **D.** 5

7. Halla el valor de la expresión $5m$, si $m = 6$.

   A. 11   **C.** 40

   B. 30   **D.** 56

8. ¿Cuál de las siguientes opciones NO pertenece a la misma familia de operaciones?

   A. $2 \times 3 = 6$

   B. $6 - 3 = 3$

   C. $6 \div 2 = 3$

   D. $3 \times 2 = 6$

9. Halla $4 \div 0$.

   A. 0   **C.** 4

   B. 1   **D.** No puede desarrollarse.

10. ¿Qué propiedad de la multiplicación dice que dos números pueden multiplicarse en cualquier orden y el producto es el mismo?

   A. Propiedad distributiva

   B. Propiedad de identidad

   C. Propiedad conmutativa

   D. Propiedad del cero

11. El señor Levin compró 8 CDs. ¿Cuánto gastó en total si cada uno le costó $12?

   A. $20   **C.** $84

   B. $60   **D.** $96

12. ¿Cómo se llama el número 4 en $20 \div 4 = 5$?

   A. cociente   **C.** divisor

   B. dividendo   **D.** factor

EN LOS EXÁMENES

Piénsalo bien

- Debo **buscar palabras como NO o EXCEPTO**.
- Debo **leer con atención las opciones**.

Halla el valor de cada expresión, si $x = 8$.

13. $3x$　　　　　　**14.** $x \div 2$

15. $72 \div x$　　　　**16.** $11x$

Para resolver cada ecuación, prueba los siguientes valores de n: 2, 3, 4, 5 y 6.

17. $7 \times n = 35$　　**18.** $54 \div n = 9$

Halla los productos.

19. 4×3　　　　　**20.** 9×9

21. 0×12　　　　**22.** 7×11

23. 8×8　　　　　**24.** 10×6

Halla los cocientes.

25. $18 \div 6$

26. $49 \div 7$

27. $32 \div 4$

28. $72 \div 6$

29. $80 \div 8$

30. $56 \div 7$

31. La señora Allen plantó 6 manzanos en cada fila de su huerto. Haz un dibujo y escribe una expresión que usarías para hallar el número de manzanos que hay en n filas. Luego, usa tu expresión para hallar el número de manzanos que hay en 5 filas.

32. Completa la tabla y escribe la regla.

Semana	1	2	3	4	n
Depósito	$10	$20	$30		

Escritura en matemáticas

33. Escribe un problema de multiplicación para 7×3.

34. Escribe y da la respuesta a las preguntas ocultas. Luego, resuelve el problema.

Tommy compró 4 revistas de caricaturas y Brenda compró 5. ¿Cuánto dinero gastaron en total si cada revista vale $3?

EN LOS EXÁMENES

Piénsalo bien

- **Busca datos clave y detalles** para indicar qué te pide el problema.
- **Identifica la secuencia de los sucesos** para hallar la pregunta oculta.

35. Haz una tabla para resolver este problema.

Una tienda de sorpresitas de cumpleaños vende paquetes que contienen 6 invitaciones y 8 sobres. Un cliente compró paquetes suficientes para obtener 40 sobres. ¿Cuántas invitaciones compró este cliente?

Números y operaciones

OPCIÓN MÚLTIPLE

1. ¿Cuál es el valor del dígito subrayado en 9<u>8</u>,752?

   A. 8 decenas de millar

   B. 8 millares

   C. 8 centenas

   D. 8 decenas

2. ¿Cuál es el cociente de 72 ÷ 9?

   A. 6   **C.** 8

   B. 7   **D.** 9

3. ¿Cuál de las siguientes opciones NO pertenece a la misma familia de operaciones?

   A. $3 \times 4 = 12$ **C.** $12 \div 3 = 4$

   B. $12 - 4 = 3$ **D.** $4 \times 3 = 12$

RESPUESTA LIBRE

4. Escribe los siguientes números en orden de mayor a menor.

   4,838   4,383   4,883   4,833

5. William ganó $28.50 por hacer tareas domésticas. Gastó $12 en una pizza y $2.50 en una revista. ¿Cuánto dinero le quedó?

Escritura en matemáticas

6. Explica cómo usar una matriz para mostrar el producto de 7×5.

EN LOS EXÁMENES

Piénsalo bien

Puedo **hacer dibujos** para demostrar los problemas.

Geometría y medición

OPCIÓN MÚLTIPLE

7. ¿Cuáles de estas figuras parecen ser congruentes?

   M   N   O   P

   A. O y P

   B. M y N

   C. P y M

   D. N y O

8. ¿Cuál de las siguientes unidades métricas NO se usa para medir longitud?

   A. metro   **C.** centímetro

   B. litro   **D.** kilómetro

9. ¿Cuántos ángulos hay en un triángulo?

   A. 1   **C.** 3

   B. 2   **D.** 4

RESPUESTA LIBRE

10. ¿Qué cuerpo geométrico tiene 6 caras cuadradas, 12 aristas y 8 esquinas?

11. Juanita llegó 30 minutos atrasada al juego de fútbol. ¿A qué hora llegó si el juego comenzaba a las 4:00 P.M.?

Escritura en matemáticas

12. Explica la diferencia que hay entre un triángulo y un cuadrado.

Análisis de datos y probabilidad

OPCIÓN MÚLTIPLE

13. ¿En qué color es más probable que se detenga la flecha giratoria?

A. verde

B. amarillo

C. rojo

D. morado

14. ¿Cuál es la probabilidad de que la flecha giratoria anterior se detenga en el color rojo?

A. $\frac{1}{4}$

C. $\frac{1}{3}$

B. $\frac{1}{5}$

D. $\frac{4}{5}$

RESPUESTA LIBRE

Para los Ejercicios 15 a 17 usa la cuadrícula.

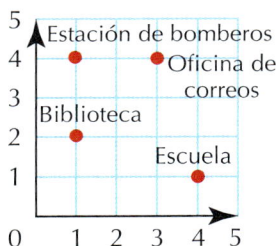

15. ¿Qué edificio está ubicado en el punto (1,2)?

16. Tom caminó desde la oficina de correos 2 unidades a la izquierda y dos unidades hacia abajo. ¿A qué edificio llegó?

Escritura en matemáticas

17. Describe cómo llegar a la oficina de correos desde la estación de bomberos? Asegúrate de decir la dirección y cuántas unidades avanzar.

Álgebra

OPCIÓN MÚLTIPLE

18. Halla el valor de la expresión 9m, si $m = 7$.

A. 2

C. 63

B. 16

D. 97

19. Para resolver la ecuación $56 \div n = 8$, prueba los siguientes valores de n: 3, 4, 7 y 8.

A. $n = 3$

C. $n = 7$

B. $n = 4$

D. $n = 8$

20. Bryant tenía 25 tarjetas de basquetbol. Dio varias a su hermano. ¿Qué expresión demuestra esta situación?

A. $25 - n$

C. $25 + n$

B. $n - 25$

D. $25 \div n$

RESPUESTA LIBRE

21. ¿Cuál es la regla?

Entrada	18	16	14	12
Salida	9	8	7	6

22. Miranda plantó un árbol de 3 pies de alto. Al año siguiente medía 5 pies, y un año después medía 7 pies. ¿Cuánto medirá el árbol de Miranda después de 10 años de haberlo plantado si continúa con este patrón?

Piénsalo bien

Tengo que **leer con atención el problema** y **buscar patrones.**

Escritura en matemáticas

23. Explica cómo hallar el valor de la expresión $(30 + 6) \div 4$.

Grupo 3-1 (páginas 124–127)

Escribe una suma y una multiplicación.

$7 + 7 + 7 = 21$

$3 \times 7 = 21$

Recuerda que puedes multiplicar cuando sumas el mismo número una y otra vez.

1.

2.

Grupo 3-2 (páginas 128–131)

Halla 6×0.

Cuando multiplicas cualquier número por 0 el producto es 0.

$6 \times 0 = 0$

Recuerda que al multiplicar puedes cambiar el orden de los factores.

1. 8×9 **2.** 3×7

3. 6×1 **4.** 2×0

5. 5×5 **6.** 0×1

Grupo 3-3 (páginas 132–135)

Usa la descomposición para hallar 7×8.

7 grupos de 8 son iguales a 5 grupos de 8 y 2 grupos de 8.

$$7 \times 8 = (5 \times 8) + (2 \times 8)$$
$$= \quad 40 \quad + \quad 16$$
$$= \quad 56$$

Recuerda que puedes usar la descomposición para recordar las operaciones de multiplicación.

1. 6×4 **2.** 4×9

3. 7×3 **4.** 8×7

5. 4×4 **6.** 6×6

7. 6×8 **8.** 4×7

Grupo 3-4 (páginas 136–137)

Usa la descomposición para hallar 6×12.

6 grupos de 12 es igual a 6 grupos de 10 y 6 grupos de 2.

$$6 \times 12 = (6 \times 10) + (6 \times 2)$$
$$= \quad 60 \quad + \quad 12$$
$$= \quad 72$$

Recuerda que para multiplicar puedes usar patrones o la descomposición.

1. 5×10 **2.** 11×3

3. 4×11 **4.** 12×2

5. 10×9 **6.** 12×6

7. 10×10 **8.** 11×11

¿Cómo haces una tabla para resolver un problema?

Griffin trota un promedio de 3 cuadras en 8 minutos. ¿Cuántos minutos demorará Griffin en trotar 15 cuadras?

- Crea la tabla e ingresa los datos conocidos.

- Busca un patrón y amplía la tabla.

- Halla la respuesta en la tabla.

Cuadras	3	6	9	12	15
Minutos	8	16	24	32	40

Griffin demorará 40 minutos en trotar 15 cuadras.

Recuerda que puedes hacer una tabla para resolver un problema.

1. Marlene lee cada noche 6 páginas de su libro. Su mamá lee 9 páginas. ¿Cuántas páginas habrá leído la mamá cuando Marlene haya terminado de leer 48 páginas?

2. Tucker usa 8 onzas diarias de alimento para sus hámsters. ¿Cuántos días demorará Tucker en usar una bolsa de 64 onzas de alimento?

Phillipe coloca 6 sillas en cada fila. ¿Cuántas filas ha hecho si hasta ahora ha colocado 18 sillas?

$18 \div 6 = 3$

Recuerda que para dividir puedes pensar en la repartición o en la resta repetida.

1. El club de fútbol tiene 24 pelotas para repartirlas por igual entre 8 equipos. ¿Cuántas pelotas le corresponde a cada equipo?

2. Maureen tiene una cuerda de 27 pies para el picnic. ¿Cuántas cuerdas para saltar de 9 pies puede hacer?

Escribe una familia de operaciones para 4, 5 y 20.

$4 \times 5 = 20$

$5 \times 4 = 20$

$20 \div 4 = 5$

$20 \div 5 = 4$

Recuerda que una familia de operaciones muestra todas las operaciones relacionadas de un grupo de números.

Escribe una familia de operaciones para cada grupo de números.

1. 2, 6, 12   2. 3, 8, 24

3. 5, 5, 25   4. 9, 4, 36

Grupo 3-8 (páginas 150–151)

Halla $63 \div 7$.

¿Cuántas veces 7 es igual a 63?

$9 \times 7 = 63$

Por tanto, $63 \div 7 = 9$

Recuerda que puedes usar las operaciones de multiplicación para recordar las operaciones de división.

1. $45 \div 9$ **2.** $42 \div 6$

3. $32 \div 4$ **4.** $63 \div 9$

5. $35 \div 7$ **6.** $56 \div 7$

Grupo 3-9 (páginas 152–153)

Halla $9 \div 9$ y $5 \div 1$.

Cualquier número dividido por sí mismo, excepto 0, es igual a 1.
Por tanto, $9 \div 9 = 1$.

Cualquier número dividido por 1 da el mismo número. Por tanto, $5 \div 1 = 5$.

Recuerda que cero dividido por cualquier número es igual a cero, pero es imposible dividir por cero.

1. $3 \div 1$ **2.** $4 \div 4$

3. $0 \div 6$ **4.** $7 \div 7$

5. $5 \div 1$ **6.** $3 \div 3$

Grupo 3-10 (páginas 154–155)

Escribe un problema para $16 \div 2$.

Piensa en la división como repartición.

Sarah coloca 16 limones en 2 bolsas. ¿Cuántos limones coloca en cada bolsa?

Recuerda que los problemas de multiplicación y división describen situaciones reales.

Escribe un problema de multiplicación o división para cada operación numérica y luego resuélvelo.

1. 6×4 **2.** 7×5 **3.** $10 \div 2$

Grupo 3-11 (páginas 156–157)

¿Cómo puedes usar las preguntas ocultas para resolver el problema?

Responde primero la pregunta oculta y luego resuelve el problema.

Ana y Karl gastaron $3 cada uno para ir al zoológico y $7 para ir al parque acuático. ¿Cuánto más dinero les costó ir al parque acuático que al zoológico?

$7 - $3 = $4

$2 \times $4 = $8

Recuerda que algunos problemas incluyen más de un paso.

Escribe y da la respuesta a las preguntas ocultas y luego resuelve el problema.

1. El mes pasado Amy gastó $12 en entradas al cine y su hermano Alí gastó $9. ¿Cuántas entradas compraron en total si cada una vale $3?

2. Jane y María hicieron varios recorridos de 5 millas en bicicleta. La semana pasada Jane recorrió 15 millas en bicicleta y María recorrió 20 millas. ¿Cuántos recorridos más hizo María que Jane?

Halla el valor de $7k$, si $k = 9$.

Sustituye k por 9. Luego haz los cálculos.

$7k$

7×9

$7 \times 9 = 63$

Si $k = 9$, $7k = 63$.

Recuerda calcular primero lo que está entre paréntesis.

Halla el valor de cada expresión.

1. $8m$, si $m = 3$ **2.** $\frac{k}{2}$, si $k = 10$

3. $5n$, si $n = 8$ **4.** $\frac{28}{y}$, si $y = 4$

5. $\frac{t}{6}$, si $t = 0$ **6.** $\frac{x}{5}$, si $x = 55$

Halla el valor de $7 \times (k - 4)$ para cada valor de k.

7. $k = 7$ **8.** $k = 5$ **9.** $k = 4$

Completa la tabla. Escribe la regla.

Entrada	3	4	6	9	n
Salida	12	16	24		

Piénsalo: $4 \times 3 = 12$, $4 \times 4 = 16$
$4 \times 5 = 20$ y $4 \times 6 = 24$.

La regla es multiplicar por 4.

$4 \times 9 = 36$

Entrada	3	4	6	9	n
Salida	12	16	24	36	$4n$

Recuerda que la regla se debe cumplir con todos los números de la tabla.

Completa la tabla. Escribe la regla.

1.

Entrada	7	21	35	42	n
Salida	1	3	5		

2.

Entrada	72	54	45	27	n
Salida	8	6	5		

3.

Entrada	1	4	7	10	n
Salida	5	20	35		

Para resolver la ecuación $36 \div n = 4$, prueba los siguientes valores de n: 6 y 9.

Prueba $n = 6$:   ¿Es $36 \div 6 = 4$? *No.*

Prueba $n = 9$.   ¿Es $36 \div 9 = 4$? *Sí.*

La solución de la ecuación es $n = 9$.

Recuerda que la solución hace verdadera la ecuación.

Para resolver cada ecuación, prueba los siguientes valores de m: 3, 4, 6 y 8.

1. $5m = 20$ **2.** $24 \div m = 4$

Para resolver cada ecuación, prueba los siguientes valores de n: 2, 3, 4 y 6.

3. $6n = 36$ **4.** $12 \div n = 3$

5. $15 \div n = 5$ **6.** $7n = 21$

Grupo 3-1 (páginas 124–127)

Escribe una suma y una multiplicación para cada dibujo.

1.

2.

3.

4. Tres jugadores anotaron 4 goles cada uno. ¿Cuántos goles anotaron en total?

Grupo 3-2 (páginas 128–131)

1. $\begin{array}{r} 5 \\ \times 7 \\ \hline \end{array}$	**2.** $\begin{array}{r} 8 \\ \times 2 \\ \hline \end{array}$	**3.** $\begin{array}{r} 7 \\ \times 0 \\ \hline \end{array}$	**4.** $\begin{array}{r} 2 \\ \times 6 \\ \hline \end{array}$

5. 4×8 **6.** 1×3 **7.** 2×9 **8.** 5×8

9. **Álgebra** Halla el número que falta. Indica qué propiedad puede ayudarte. $5 \times 6 = \blacksquare \times 5$

Grupo 3-3 (páginas 132–135)

1. $\begin{array}{r} 3 \\ \times 8 \\ \hline \end{array}$	**2.** $\begin{array}{r} 8 \\ \times 4 \\ \hline \end{array}$	**3.** $\begin{array}{r} 6 \\ \times 3 \\ \hline \end{array}$	**4.** $\begin{array}{r} 6 \\ \times 8 \\ \hline \end{array}$

5. El nuevo laboratorio de computación tiene 4 filas con 6 computadoras en cada una. ¿Cuántas computadoras hay en el laboratorio?

Grupo 3-4 (páginas 136–137)

1. 10×6 **2.** 12×3 **3.** 5×11 **4.** 7×10

5. 12×8 **6.** 10×6 **7.** 11×12 **8.** 10×9

9. La estatura exacta del señor Bird es de 6 pies. ¿Cuál es su estatura en pulgadas?

Grupo 3-5 (páginas 140–143)

Copia y completa la tabla para resolver el problema.
Escribe la respuesta en una oración completa.

1. Tyrone puede escribir 9 palabras por minuto en su computadora. ¿Cuántos minutos demorará en escribir 54 palabras?

Minutos	1	2	3	4
Palabras escritas	9	18		

2. Amanda puede envolver 6 paquetes en una hora. ¿Cuántos paquetes puede envolver en 4 horas?

Horas	1	2	3	4
Paquetes	6	12		

3. Terrance demora 3 minutos en recorrer cada cuadra camino a casa desde la escuela. ¿Cuánto se demora en caminar hasta su casa si vive a 5 cuadras de la escuela?

Cuadra	1	2	3	4
Minutos	3	6		

Grupo 3-6 (páginas 146–147)

Escribe una división para resolver cada problema.

1. ¿Cuántas latas se necesitan para guardar 15 pelotas de tenis si en cada lata caben 3 pelotas?

2. Taylor tiene 40 estampillas para colocarlas en 5 páginas de su libro de colección. ¿Cuántas estampillas debe colocar en cada página si quiere tener el mismo número de estampillas en cada una?

Grupo 3-7 (páginas 148–149)

Copia y completa cada familia de operaciones.

1. $9 \times \blacksquare = 18$ $18 \div 2 = \blacksquare$ 2. $7 \times \blacksquare = 56$ $56 \div 7 = \blacksquare$
   $\blacksquare \times \blacksquare = 18$ $18 \div \blacksquare = \blacksquare$ $\blacksquare \times \blacksquare = 56$ $56 \div \blacksquare = \blacksquare$

3. $6 \times \blacksquare = 48$ $48 \div 8 = \blacksquare$ 4. $8 \times \blacksquare = 32$ $32 \div 8 = \blacksquare$
   $\blacksquare \times \blacksquare = 48$ $48 \div \blacksquare = \blacksquare$ $\blacksquare \times \blacksquare = 32$ $32 \div \blacksquare = \blacksquare$

Escribe una familia de operaciones para cada grupo de números.

5. 5, 9, 45   6. 1, 10, 10   7. 9, 9, 81

8. 6, 7, 42   9. 3, 9, 27   10. 8, 9, 72

Grupo 3-8 (páginas 150–151)

1. $8 \div 2$ **2.** $24 \div 4$ **3.** $14 \div 7$ **4.** $36 \div 9$

5. $5\overline{)50}$ **6.** $3\overline{)12}$ **7.** $6\overline{)36}$ **8.** $8\overline{)56}$

9. $4\overline{)16}$ **10.** $35 \div 5$ **11.** $16 \div 2$ **12.** $7\overline{)56}$

13. $9\overline{)54}$ **14.** $3\overline{)24}$ **15.** $48 \div 8$ **16.** $42 \div 6$

17. Las mesas de la biblioteca de la escuela tienen espacio para 4 estudiantes. ¿Cuántas mesas se necesitan para una clase de 20 estudiantes?

Grupo 3-9 (páginas 152–153)

1. $9 \div 1$ **2.** $0 \div 5$ **3.** $2 \div 2$ **4.** $8 \div 0$

5. $1\overline{)4}$ **6.** $1\overline{)0}$ **7.** $5\overline{)10}$ **8.** $7\overline{)28}$

9. Cinco amigos quieren compartir 5 tacos. ¿Cuántos tacos le corresponden a cada amigo?

Grupo 3-10 (páginas 154–155)

Usa los datos de la tabla para escribir problemas de multiplicación o división para cada oración numérica.

Cuentas para artesanía

Color	Azul	Amarillo	Verde	Negro
Número en cada bolsa	8	5	6	3

1. $3 \times 5 = 15$ **2.** $2 \times 8 = 16$ **3.** $24 \div 3 = 8$ **4.** $30 \div 6 = 5$

Grupo 3-11 (páginas 156–157)

Escribe y da la respuesta a las preguntas ocultas. Luego resuelve el problema y escribe la respuesta en una oración completa.

1. Olga hizo 4 decoraciones de payaso y Leo hizo 5 de león. ¿Cuántas bolitas de algodón usaron en total si cada decoración usa 3 bolitas?

2. Steve y María realizaron varias caminatas de 2 millas a la tienda. La semana pasada, Steve caminó 8 millas y María caminó 12. ¿Cuántas caminatas más realizó María que Steve?

3. Tyrone compró 3 paquetes de bolígrafos y 2 de lápices. Cada paquete trae 4 bolígrafos y 5 lápices, respectivamente. ¿Cuántos bolígrafos más que lápices compró Tyrone?

Grupo 3-12 (páginas 160–163)

Halla el valor de cada expresión, si $n = 8$.

1. $n \div 4$ **2.** $6n$ **3.** $\dfrac{40}{n}$ **4.** $0 \div n$

Halla el valor de cada expresión, si $n = 7$.

5. $8n$ **6.** $\dfrac{49}{n}$ **7.** $\dfrac{n}{7}$ **8.** $4n$

Halla el valor de cada expresión, si $n = 10$.

9. $n \div 5$ **10.** $\dfrac{0}{n}$ **11.** $(n - 5) \times 3$ **12.** $(n \div 2) - 3$

Halla el valor de cada expresión.

13. $4 \times (m - 5)$ si $m = 12$ **14.** $11 - (2k)$ si $k = 3$ **15.** $(n \div 3) + 5$ si $n = 27$

16. Escribe una expresión para el número de naranjas que hay en cada bolsa si se colocan 12 naranjas en b bolsas.

Grupo 3-13 (páginas 164–165)

Copia y completa cada tabla. Escribe la regla.

1.

Entrada	6	15	24	30	n
Salida	2	5	8		

2.

Entrada	0	1	5	7	n
Salida	0	9	45		

3. Copia y completa la tabla de la derecha para representar el patrón de las siguientes figuras. Describe con palabras el patrón y escribe una regla.

Figura					n
Hexágonos					

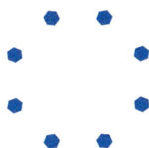

Figura 1   Figura 2   Figura 3

Grupo 3-14 (páginas 166–167)

Para resolver cada ecuación, prueba los siguientes valores de n: 2, 3, 8 y 9.

1. $3n = 27$ **2.** $8 \div n = 4$ **3.** $16 \div n = 8$

4. $4n = 32$ **5.** $9n = 72$ **6.** $9 \div n = 3$

7. Ken usó varias cajas para colocar 24 marcadores en grupos de 6. Resuelve la ecuación $24 \div c = 6$ para averiguar cuántas cajas usó Ken.

Tiempo, datos y gráficas

DIAGNOSTICAR EL NIVEL

A Vocabulario
(Grado 3)

Escoge del cuadro el término más adecuado.

1. El ___?___ se usa para dar la hora.

2. El reloj analógico siempre tiene un ___?___ y una manecilla de la ___?___.

3. Una ___?___ usa dibujos o símbolos para representar información.

4. Una ___?___ usa barras para representar información.

Vocabulario
- **reloj** *(Gr. 3)*
- **hora** *(Gr. 3)*
- **minutero** *(Gr. 3)*
- **gráfica de barras** *(Gr. 3)*
- **pictografía** *(Gr. 3)*

B Hallar patrones
(páginas 10–90)

Busca un patrón. Halla los tres números que continúan.

5. 6, 12, 18

6. 4, 8, 12

7. 150, 250, 350

8. 500, 600, 700

9. 48, 50, 52

10. 45, 50, 55

11. 25, 50, 75

12. 30, 32, 34

¿Qué número está en la mitad de

13. 40 y 50?

14. 600 y 800?

15. 12 y 16?

16. 200 y 400?

17. ¿Cuántas centenas hay en 538?

18. 480 = ▦ decenas

C Ordenar números

(páginas 16–19)

Ordena los números de menor a mayor.

19. 3, 8, 4, 7, 9

20. 12, 18, 10, 14

21. 21, 12, 25, 27

22. 42, 47, 45, 52

23. 132, 123, 321

24. 576, 765, 657

25. 248, 252, 276, 284, 225, 267

26. 678, 876, 682, 732, 741, 887

27. 1,246, 1,319, 1,209, 1,240

28. Si un número es mayor que 38 y menor que 45, el dígito de las decenas y el de las unidades, son iguales, ¿cuál es el número?

D Restar números enteros

(páginas 82–85)

Picos de montañas rusas

Usa la gráfica de barras. ¿Cuál es la diferencia entre

29. el pico 1 y el pico 3?

30. el pico 3 y el pico 4?

31. el pico 2 y el pico 4?

32. el pico 3 y el pico 2?

Idea clave
La hora se puede mostrar y leer de diferentes maneras.

Vocabulario
• reloj analógico
• reloj digital
• A.M.
• P.M.

EN LOS EXÁMENES

Piénsalo bien

Sé que puedo usar las palabras **cuarto** para 15 minutos y **media** para 30 minutos.

Dar la hora

APRENDE

¿Cómo dices la hora?

Al reloj que muestra la hora con manecillas se le llama **reloj analógico**. Al reloj que muestra la hora con números se le llama **reloj digital**.

Reloj analógico   **Reloj digital**

PREPÁRATE

Escribe el número que es diez más que cada número.

1. 24   **2.** 56

3. 32   **4.** 98

Puedes decir la misma hora de diferentes maneras. Se puede escribir la hora como 4:45 ó 15 minutos para las 5.

Falta un cuarto para las cinco.

Son las cuatro y cuarenta y cinco.

Recuerda, **A.M.** abarca las horas entre la medianoche y el mediodía y **P.M.** abarca las horas entre el mediodía y la medianoche. Cinco minutos después de la medianoche son las 12:05 A.M., y cinco minutos después del mediodía son las 12:05 P.M.

Ejemplo A	**Ejemplo B**
Estima la hora.	Julia desayuna a las 7:30. ¿Es hora A.M. o P.M.?
Son aproximadamente las 9 y diez, o 9:10.	Julia desayuna en la mañana, entre la medianoche y el mediodía. Por tanto, desayuna a las 7:30 A.M.

✔ **Hablemos**

1. ¿Qué podrías hacer a las 12:05 P.M.? ¿Y a las 12:05 A.M.?

Escribe de dos maneras la hora que muestra cada reloj.

1.

2.

3.

4.

5. **Sentido numérico** Escribe una hora razonable para ir a la escuela. Incluye A.M. o P.M.

PRÁCTICA

Más práctica: Grupo 4-1, página 250

Ⓐ Destrezas y comprensión

Escribe de dos maneras la hora que muestra cada reloj.

6.

7.

8.

9.

10. **Sentido numérico** Escribe una hora razonable para jugar fuera de casa. Incluye A.M. o P.M.

Ⓑ Razonamiento y resolución de problemas

11. Tita tiene práctica de fútbol los martes y los jueves a las 4:00. ¿Tiene su práctica a las 4:00 A.M. o a las 4:00 P.M.?

12. **Razonamiento** Los dígitos que muestra el reloj de la derecha aumentan en orden consecutivo. Escribe otras 4 horas en que esto ocurre.

13. **Estimación** Escribe la hora que muestran los relojes de los Ejercicios 7 y 9, redondeada a los 5 minutos y a la media hora más cercanos.

14. **Escritura en matemáticas** ¿Puede mostrarse la hora 5:63 en un reloj digital? Explícalo.

🦉 Repaso mixto y preparación de exámenes

En la INTERNET
Preparación de exámenes
www.scottforesman.com

15. **Álgebra** Halla el valor de $24 \div n$, si $n = 4$.

16. **Álgebra** Resuelve la ecuación $5a = 35$ probando los siguientes valores para a: 6, 7, 8, 9.

   A. $a = 6$ **B.** $a = 7$ **C.** $a = 8$ **D.** $a = 9$

Idea clave
El tiempo puede medirse en diferentes unidades.

Vocabulario
• segundo
• minuto
• hora
• siglo
• milenio
• día
• semana
• mes
• año
• año bisiesto
• década

Materiales
• reloj con segundero

Unidades de tiempo

APRENDE

Actividad

¿Cuánto tiempo es?

a. Observa un reloj durante un minuto. El segundero recorre toda la esfera del reloj cada minuto.

b. Trabajo en parejas Con un compañero, trata de adivinar cuándo ha pasado un minuto, sin mirar el reloj. Pide a tu compañero que observe el reloj y que te diga cuánto tiempo pasó en realidad.

c. ¿Qué tan cercana fue tu estimación de un minuto a un minuto real?

d. Con tu compañero, hagan una lista de las cosas que pueden hacer en:

un segundo.   un minuto.   una hora.

✓ **PREPÁRATE**

Escribe > o < en cada ⬤.

1. 35 ⬤ 12 + 12 + 12

2. 7 × 3 ⬤ 24

Ejemplo A

Demora aproximadamente un **segundo**	Demora aproximadamente un **minuto**	Demora aproximadamente una **hora**
aplaudir una vez.	alimentar a un pez.	tomar una lección de música.

Hace aproximadamente un **siglo** . . .   Hace aproximadamente un **milenio** . . .

¿Cómo comparas el tiempo?

Un segundo es una unidad de tiempo muy corta y un milenio es una unidad de tiempo muy larga.

Puedes usar la información de la tabla de la derecha para comparar diferentes cantidades de tiempo.

Ejemplo C

¿Qué tiempo es mayor: 2 años o 100 semanas?

Según la tabla, 1 año = 52 semanas.

1 año = 52 semanas
2 años = 104 semanas

104 semanas > 100 semanas
2 años > 100 semanas

$$\begin{array}{r} 52 \\ +\ 52 \\ \hline 104 \end{array}$$

Por tanto, 2 años es más tiempo que 100 semanas.

Unidades de tiempo

1 minuto = 60 segundos
1 hora = 60 minutos
1 **día** = 24 horas
1 **semana** = 7 días
1 **mes** = approximadamente 4 semanas
1 **año** = 52 semanas
1 año = 12 meses
1 año = 365 días
1 **año bisiesto** = 366 días
1 **década** = 10 años
1 siglo = 100 años
1 milenio = 1,000 años

✔ **Hablemos**

1. ¿Has vivido una década? Di cómo lo determinaste.

COMPRUEBA ✓

Otro ejemplo: Grupo 4-2, página 246

Escribe >, < o = en cada ●.

1. 23 meses ● 2 años   **2.** 10 décadas ● 1 siglo   **3.** 125 segundos ● 2 minutos

4. Sentido numérico Si le dices a una amiga la hora de una película, ¿debes decirle la hora más cercana al día, a la hora, al minuto o al segundo?

A Destrezas y comprensión

Escribe >, < o = en cada 🔵.

5. 36 años 🔵 3 décadas

6. 15 semanas 🔵 3 meses

7. 1 minuto 🔵 65 segundos

8. 52 semanas 🔵 360 días

9. 3 semanas 🔵 21 días

10. 1 milenio 🔵 9 siglos

11. Sentido numérico ¿Cuánto demoras aproximadamente en cepillarte los dientes?

B Razonamiento y resolución de problemas

🌎 **Matemáticas y estudios sociales**

12. Una **veintena** son 20 años. ¿Cuántos años son cuatro veintenas y siete años?

Escribe >, < o = en cada 🔵.

13. 4 veintenas y 7 años 🔵 5 décadas

14. 4 veintenas y 7 años 🔵 87 años

15. **Escritura en matemáticas** ¿Es correcta la siguiente explicación? De no ser así, explica por qué y escribe la respuesta correcta.

> ¿Qué tiempo es mayor: 725 días o 2 años? Explica cómo lo determinaste.
>
> 365 días = 1 año
> 725 > 720
> 725 días > 2 años
> 725 días es más tiempo.
>
> $\begin{array}{r} \overset{1}{365} \\ + 365 \\ \hline 720 \end{array}$

El presidente Lincoln tenía 52 años cuando asumió el cargo.

EN LOS EXÁMENES

Piénsalo bien

Debo **comprobar si mi respuesta está completa.**

C Un paso adelante

Hay 4 **husos horarios** en el territorio continental de los Estados Unidos. Son los husos horarios del Este, central, de los estados montañosos y del Pacífico. Si son las 8:00 P.M. en el huso horario del Este, son las 7:00 P.M. hora central, 6:00 P.M. hora de los estados montañosos y 5:00 P.M. hora del Pacífico.

16. ¿En qué huso horario vives?

Son las 9:00 A.M. hora central. ¿Qué hora es en el

17. huso horario del Pacífico?

18. huso horario del Este?

19. huso horario de los estados montañosos?

🦉 **Repaso mixto y preparación de exámenes**

En la INTERNET
Preparación de exámenes
www.scottforesman.com

20. Escribe una hora razonable para comenzar una práctica de fútbol. Incluye A.M. o P.M.

21. Álgebra Resuelve $n \div 4 = 8$ probando estos valores para n: 4, 12, 28, 32.

   A. $n = 4$ **B.** $n = 12$ **C.** $n = 28$ **D.** $n = 32$

Ampliación

Números romanos

En la antigua Roma, se usaban letras para representar números. Las letras que usaban los romanos se muestran en la tabla de la derecha. Hoy en día, algunos relojes usan números romanos.

I	=	1
V	=	5
X	=	10
L	=	50
C	=	100
D	=	500
M	=	1,000

Ésta es la manera de leer los números romanos.

Cuando las letras son iguales, suma sus valores.

   III = 1 + 1 + 1 = 3

Cuando una letra está a la derecha de una letra de mayor valor, suma los valores de las letras.

   VIII = 5 + 3 = 8

Cuando una letra está a la izquierda de una letra de mayor valor, resta los valores de las letras.

   IX = 10 − 1 = 9

La mayoría de los relojes con números romanos muestran el número 4 como IIII, en lugar de IV.

Escribe la hora que muestra cada reloj.

1.    **2.**   **3.**    **4.**

Halla el valor de cada conjunto de números romanos.

5. LX   **6.** XL   **7.** CXXXVI   **8.** MMIV

Idea clave
Puedes usar
el tiempo para
saber cuánto
demora algo.

Vocabulario
• tiempo
  transcurrido

Tiempo transcurrido

APRENDE

¿Cómo hallas y usas el tiempo transcurrido?

Anette comenzó un triatlón a las 10:45 A.M. y terminó a la 1:05 P.M. ¿En cuánto tiempo llegó a la meta?

El **tiempo transcurrido** es la cantidad de tiempo que pasa entre el comienzo de un suceso y el final del suceso.

PREPÁRATE

Halla el número que es 15 más que:

1. 25   **2.** 30   **3.** 60

Halla el número que es 15 menos que:

4. 35   **5.** 40   **6.** 60

Triatlón

Natación	1.5 km
Ciclismo	40 km
Carrera	10 km

En los exámenes

Piénsalo bien

Puedo resolver problemas sobre tiempo transcurrido de **más de una manera.**

Ejemplo A

Halla el tiempo transcurrido entre las 10:45 A.M. y la 1:05 P.M.

Cómo lo hizo Jen

De 10:45 A.M. a 11:00 A.M. hay 15 minutos.
De 11:00 A.M. a 1:00 P.M. hay 2 horas.
De 1:00 a 1:05 hay 5 minutos.
Eso da 2 horas y 20 minutos en total.

Cómo lo hizo Ken

De 10:45 A.M. a 12:45 P.M. hay 2 horas.
De 12:45 a 1:05 hay 20 minutos.
Eso da 2 horas y 20 minutos en total.

Ejemplo B

Jerry completó un triatlón en 2 horas y 22 minutos. Sí comenzó a las 11:50 A.M. ¿A qué hora terminó?

Jerry comenzó a las 11:50 A.M. Cuenta 2 horas hasta la 1:50 P.M. Cuenta 10 minutos hasta las 2:00 P.M. Cuenta otros 12 minutos hasta las 2:12 P.M.

Jerry terminó la carrera a las 2:12 P.M.

✓ Hablemos

1. En el Ejemplo A, ¿en cuánto tiempo completó Annette el triatlón?

2. ¿Podrías resolver el problema del Ejemplo B de otra manera? Explícalo.

**En la INTERNET
Más ejemplos**
www.scottforesman.com

Halla el tiempo transcurrido.

1. Empieza: 10:00 A.M.
Acaba: 1:35 P.M.

2. Empieza: 2:35 P.M.
Acaba: 5:55 P.M.

3. Empieza: 8:22 P.M.
Acaba: 11:10 P.M.

4. Escribe la hora que mostrará el reloj en 30 minutos más.

5. Sentido numérico ¿El tiempo transcurrido entre las 4:35 P.M. y las 8:25 P.M. es más o menos de cuatro horas? Explícalo.

PRÁCTICA

Más práctica: Grupo 4-3, página 250

A **Destrezas y comprensión**

Halla el tiempo transcurrido.

6. Empieza: 4:00 P.M.
Acaba: 7:42 P.M.

7. Empieza: 11:15 A.M.
Acaba: 1:45 P.M.

8. Empieza: 5:52 P.M.
Acaba: 7:17 P.M.

Escribe la hora que mostrará cada reloj en 45 minutos más.

9.

10.

11.

12.

13. Sentido numérico ¿El tiempo transcurrido entre las 3:40 P.M. y las 5:50 P.M. es más o menos de 2 horas? Explícalo.

B **Razonamiento y resolución de problemas**

14. Annette comenzó su práctica a la 1:45 P.M. y la terminó a las 4:12 P.M. ¿Cuánto tiempo duró la práctica de triatlón?

15. Escritura en matemáticas Jake dejó de andar en bicicleta a la 1:20 P.M. Paseó durante 2 horas y 40 minutos. ¿A qué hora comenzó a andar en bicicleta? Explica cómo hallaste la respuesta.

Repaso mixto y preparación de exámenes

En la INTERNET
Preparación de exámenes
www.scottforesman.com

16. Escribe de dos maneras la hora que muestra cada reloj de los Ejercicios 9 a 12.

17. ¿Cuál de las siguientes opciones es una cantidad de tiempo razonable para ver una película?

A. 2 días

B. 2 horas

C. 2 minutos

D. 2 segundos

Resolución de problemas: Destreza

Comparar y contrastar te ayuda a... escribir para comparar.

Idea clave
Hay algunas cosas específicas que puedes hacer para escribir una buena comparación en matemáticas.

Escribir para comparar

APRENDE

¿Cómo escribes una buena comparación?

Paradas de autobuses Dos autobuses van desde el centro comercial al centro de la ciudad. Recorren la misma ruta pero no paran en los mismos lugares. Escribe dos oraciones que comparen los datos de los horarios de los autobuses.

PARADA	CENTRO COMERCIAL	A	B	C	D	E	F	G	H	CENTRO DE LA CUIDAD
Autobús 101	7:05	–	7:15	7:24	–	7:45	8:00	8:10	8:18	8:30
Autobús 102	7:30	7:35	–	7:50	–	–	7:55	8:00	–	8:25

Piénsalo bien
Debo asegurarme de haber leído correctamente la información de la tabla.

EN LOS EXÁMENES

Escribir una comparación matemática

- Observa atentamente los datos para hallar en qué se parecen y en qué se diferencian.

- A veces puedes hacer cálculos y comparar resultados.

- Usa palabras que indiquen contraste, como *menos, más tarde, sin embargo* o *pero*.

El autobús 102 hace menos paradas que el autobús 101.

El autobús 101 demora 1 hora y 25 minutos en ir del centro comercial al centro de la ciudad, pero el autobús 102 demora sólo 55 minutos.

✔ Hablemos

1. ¿Qué otras oraciones comparativas podrían hacerse usando los horarios?

2. ¿Crees que la oración "El autobús 102 y el autobús 101 salen del centro comercial y llegan al centro de la ciudad" podría usarse para dar la respuesta al problema Paradas de autobuses? Explica por qué.

1. Escribe dos oraciones que comparen los tiempos de vuelo en el horario.

Número del vuelo	1176	1177	1178	1179	1180
SALIDA San Francisco	11:05 A.M.	12:14 P.M.	1:35 P.M.	2:45 P.M.	4:05 P.M.
LLEGADA Los Ángeles	12:32 P.M.	1:43 P.M.	3:02 P.M.	4:16 P.M.	5:35 P.M.

PRÁCTICA

Más práctica: Grupo 4-4, página 250

Escuela Beach
Horario diario

Clase 1	8:15 A.M. a 9:20 A.M.
Clase 2	9:25 A.M. a 10:15 A.M.
Clase 3	10:20 A.M. a 11:10 A.M.
Almuerzo A	11:10 A.M. a 11:40 A.M.
Almuerzo B	11:40 A.M. a 12:10 P.M.
Clase 4	12:15 P.M. a 1:05 P.M.
Clase 5	1:10 P.M. a 2:00 P.M.
Clase 6	2:05 P.M. a 2:55 P.M.

Cine La Luna
Horario de películas nocturnas

		Película A	B	C
Función 1	Comienza	6:05	4:45	5:00
	Finaliza	7:35	6:50	6:45
Función 2	Comienza	7:55	7:10	7:05
	Finaliza	9:25	9:15	8:50
Función 3	Comienza	9:45	9:30	9:10
	Finaliza	11:15	11:45	10:55

En los Ejercicios 2 y 3 usa el horario diario de la Escuela Beach.

2. Escribe una oración que compare el tiempo ocupado en el almuerzo A y el tiempo ocupado en el almuerzo B.

3. Escribe dos oraciones que comparen los datos del horario diario.

En los Ejercicios 4 y 5 usa el horario de películas nocturnas del Cine La Luna.

4. Escribe una oración que compare la película más larga con la película más corta.

5. Escribe otras dos oraciones que comparen los datos del horario del Cine La Luna.

6. La gráfica de barras de la derecha muestra la cantidad que ahorró Katy mensualmente entre julio y diciembre. Escribe dos oraciones que comparen los datos de la gráfica.

7. **Escritura en matemáticas** Escribe un problema que pueda resolverse usando cualquiera de los horarios de esta lección. Resuelve tu problema.

Ahorros de Katy: Julio a diciembre

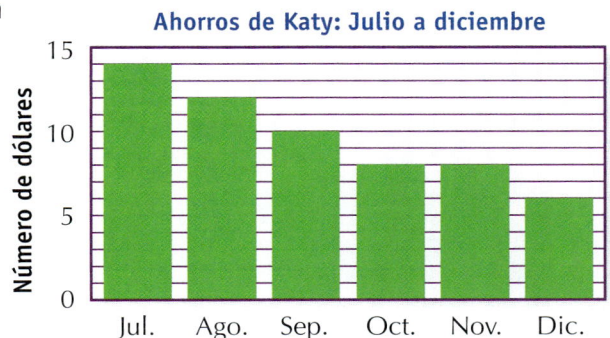

Vocabulario
• números ordinales

Calendarios

APRENDE

PREPÁRATE

Suma 7 a cada número.

1. 8   2. 19   3. 4
4. 21   5. 17   6. 24

¿Cómo usas el calendario para resolver problemas?

Vacaciones Los Arnold saldrán de vacaciones el primer sábado de agosto. Estarán fuera dos semanas. ¿En qué fecha regresarán a casa?

Agosto

D	L	M	M	J	V	S
			1	2	3	4
5	6	7	8	9	10	11
12	13	14	15	16	17	18
19	20	21	22	23	24	25
26	27	28	29	30	31	

Al moverte una fila hacia abajo en un calendario, cuentas una semana o siete días. Muévete dos filas hacia abajo para dos semanas. Los Arnold regresarán a casa el 18 de agosto.

Los números como primero, sexto y decimoctavo se llaman **números ordinales.** Los números ordinales se usan para indicar orden. El 10 de agosto es el segundo viernes de agosto.

Ejemplo A

¿Qué fecha es una semana antes del 24 de agosto?

Halla el 24 de agosto en el calendario. Cuenta una fila hacia arriba. Una semana antes del 24 de agosto es el 17 de agosto.

Ejemplo B

¿Qué día de la semana es el 30 de julio?

Julio tiene 31 días. El 1.º de agosto es miércoles. Por tanto, el 31 de julio es martes y el 30 de julio es lunes.

✔ **Hablemos**

1. ¿Cómo puedes usar el calendario para hallar la fecha dos semanas antes del 22 de agosto?

Usa el calendario de agosto de la página 200. Halla las siguientes fechas:

1. dos semanas después del 13 de agosto.

2. el quinto viernes de agosto.

3. Sentido numérico ¿Cómo podrías hallar la fecha una semana antes del 9 de agosto, sin usar un calendario?

PRÁCTICA

Más práctica: Grupo 4-5, página 251

A Destrezas y comprensión

Usa los calendarios de abril y mayo que aparecen a la derecha. Halla las siguientes fechas:

4. dos semanas después del 11 de mayo.

5. una semana antes del 23 de abril.

6. tres semanas después del 18 de abril.

7. el tercer lunes de mayo.

8. Sentido numérico Halla la fecha que corresponde a dos semanas después del 5 de junio, sin usar un calendario.

Abril						
D	L	M	M	J	V	S
			1	2	3	4
5	6	7	8	9	10	11
12	13	14	15	16	17	18
19	20	21	22	23	24	25
26	27	28	29	30		

Mayo						
D	L	M	M	J	V	S
					1	2
3	4	5	6	7	8	9
10	11	12	13	14	15	16
17	18	19	20	21	22	23
24/31	25	26	27	28	29	30

B Razonamiento y resolución de problemas

Puedes usar la rima de la derecha para recordar el número de días de cada mes.

9. ¿Cuántos días hay en junio?

10. ¿Cuántos meses tienen 31 días?

> Treinta días tiene septiembre,
> con abril, junio y noviembre.
> Los otros tienen treinta y uno,
> excepto febrero mocho
> que sólo tiene veintiocho,
> menos en año bisiesto,
> cuando tiene veintinueve.

En los Ejercicios 11 y 12, usa los calendarios de abril y mayo de arriba.

11. Supón que tomas una clase de arte que tiene lugar un viernes sí y otro no. La primera clase es el 10 de abril. ¿Cuáles son las siguientes tres fechas de la clase?

12. Escritura en matemáticas ¿Cuántas semanas hay aproximadamente entre el 18 de abril y el 14 de mayo? Explica cómo lo determinaste.

Repaso mixto y preparación de exámenes

En la INTERNET
Preparación de exámenes
www.scottforesman.com

13. Halla el tiempo transcurrido entre las 9:35 A.M. y las 7:15 P.M.

14. ¿Qué cantidad de tiempo es más que dos años?

A. 21 meses   **B.** 600 días   **C.** 103 semanas   **D.** 25 meses

| ¿Lo sabes hacer? | ¿Lo entiendes? |

Dar la hora (4-1)

Escribe de dos maneras la hora que muestra cada reloj.

1. **2.**

A Di cómo usarías "para" o "y" para indicar las horas.

B Describe algunas cosas que puedes hacer a las 8:30 A.M. y a las 8:30 P.M.

Unidades de tiempo (4-2)

Escribe >, < o = en cada ⬤.

3. 1 año ⬤ 11 meses

4. 2 días ⬤ 50 horas

5. 12 meses ⬤ 370 días

C Di cómo decidiste qué cantidad de tiempo era mayor en el Ejercicio 4.

D ¿Cuánto dura aproximadamente una película? Explica por qué elegiste las unidades que usaste.

Tiempo transcurrido (4-3)
Resolución de problemas: Destreza   Escribir para comparar (4-4)

6. Halla el tiempo programado para cada juego.

Horario de fútbol de los sábados

Juego	Comienza	Finaliza
A: Menores de 12	9:00 A.M.	10:15 A.M.
B: Menores de 14	10:30 A.M.	12:10 P.M.
C: Menores de 10	12:30 P.M.	1:35 P.M.

E Di cómo hallaste el tiempo programado para el juego de menores de 14.

F Escribe dos oraciones que comparen los tiempos en el horario de fútbol.

Calendarios (4-5)

Halla las siguientes fechas:

7. una semana después del 12 de noviembre.

8. dos semanas después del 9 de febrero.

9. una semana antes del 21 de diciembre.

G Di cómo hallaste la fecha en el Ejercicio 9, sin usar un calendario.

H ¿Por qué debes saber cuántos días tiene enero para hallar la fecha dos semanas después del 19 de enero?

Punto de diagnóstico

OPCIÓN MÚLTIPLE

Piénsalo bien

En las preguntas de opción múltiple, **elimina primero las respuestas que no sean razonables.**

1. **Estimación** ¿Cuál de las siguientes actividades podrías hacer en un minuto? (4-2)

   A. correr una milla

   B. tomar un baño

   C. saltar la cuerda 20 veces

   D. podar el césped

2. ¿Cuál de las siguientes NO es una manera de decir la hora del reloj que se muestra a la derecha? (4-1)

   A. nueve cuarenta y cinco

   B. las diez menos cuarto

   C. las nueve menos cuarto

   D. quince minutos para las diez

RESPUESTA LIBRE

Escribe >, < o = en cada ●. (4-2)

3. 7 semanas ● 2 meses

4. 175 segundos ● 3 minutos

5. 2 días ● 40 horas

En los Ejercicios 6 a 8 usa el horario de la derecha. (4-3)

¿Cuánto se demora el tren en ir de

6. Millville a Watertown?

7. Trent a Happy?

8. ¿Cuánto tiempo permanece el tren en Trent?

Expreso Millville		
Estación	Llegada	Salida
Millville	9:10 A.M.	9:25 A.M.
Watertown	12:18 P.M.	12:35 P.M.
Trent	3:06 P.M.	3:25 P.M.
Happy	5:52 P.M.	6:30 P.M.

En los Ejercicios 9 a 11 usa el calendario de junio. (4-5)

Halla las siguientes fechas:

9. del segundo lunes de junio.

10. una semana antes del 11 de junio.

11. dos semanas después del 18 de junio.

Junio						
D	L	M	M	J	V	S
	1	2	3	4	5	6
7	8	9	10	11	12	13
14	15	16	17	18	19	20
21	22	23	24	25	26	27
28	29	30				

Escritura en matemáticas

12. ¿Aproximadamente cuánto tiempo hace que los Estados Unidos de América es un país? Da tres estimaciones razonables usando años, décadas y siglos. (4-2)

13. Escribe dos oraciones que comparen los datos del horario del Expreso Millville. (4-4)

Pictografías

APRENDE

¿Cómo representan datos las pictografías?

Se le llama **datos** a la información reunida. Una **pictografía** usa dibujos o símbolos para representar datos. La **clave** indica qué cantidad representa cada símbolo.

Calcio que se necesita diariamente

4 a 8 años	
9 a 18 años	
19 a 50 años	
Mayores de 50 años	

Clave: Cada 🥛 = 200 miligramos de calcio.

Ejemplo A	Ejemplo B
¿Cuánto calcio al día necesitan las personas de entre 9 y 18 años?	¿Cuánto calcio más necesitan diariamente las personas de 9 a 18 años que los niños de 4 a 8 años?

Lo que piensas

Ejemplo A: Fíjate en la fila que dice 9 a 18 años. Hay 6 envases completos y la mitad de otro.

Cuenta: 200, 400, 600, 800, 1,000, 1,200

El medio envase representa 100 más.

1,200 + 100 = 1,300

Ejemplo B: Hay dos envases y medio más en la fila de 9 a 18 años que en la fila de 4 a 8 años.

200 + 200 + 100 = 500

Lo que escribes

Ejemplo A: Las personas que tienen entre 9 y 18 años necesitan 1,300 miligramos de calcio al día.

Ejemplo B: Las personas que tienen entre 9 y 18 años necesitan 500 miligramos más de calcio al día que los niños de 4 a 8 años.

Hablemos

1. ¿Cómo te ayuda la clave a leer la pictografía?

¿Cuántos miligramos de calcio hay en

1. 1 taza de leche? **2.** 1 taza de frijoles refritos?

3. Aproximadamente, ¿cuántos miligramos más de calcio hay en 8 onzas de yogur con sabor a fruta que en una onza de queso cheddar?

4. Sentido numérico Si cada símbolo de una pictografía es igual a 100 miligramos, ¿cuántos símbolos necesitarías para representar 250 miligramos?

Cantidad de calcio en alimentos

Queso cheddar (1 onza)	
Leche (1 taza)	
Frijoles refritos (1 taza)	
Yogur con sabor a fruta (8 onzas)	

Cada 🥛 = 100 miligramos de calcio.

PRÁCTICA

Más práctica: Grupo 4-6, página 251

A Destrezas y comprensión

¿Cuántas personas prefieren ir de vacaciones

5. a un lago? **6.** a las montañas?

7. ¿Cuántas personas más prefieren ir de vacaciones a un parque temático que a un sitio histórico?

8. Sentido numérico Las personas que prefieren ir de vacaciones a sitios históricos que a un lago, ¿son más o menos del doble? Explícalo.

Lugares preferidos para vacacionar

Playas	
Montañas	
Parques temáticos	
Lagos	
Sitios históricos	

Cada 🧍 = 50 personas.

B Razonamiento y resolución de problemas

9. Usa la pictografía de la página 204. ¿Cuánto calcio más necesitan las personas mayores de 50 años que las personas entre 19 y 50 años?

10. Haz una pictografía de los datos sobre los Visitantes del verano de 2004. Haz que cada símbolo represente 500 visitantes.

11. Escritura en matemáticas Para hacer una pictografía de los datos sobre los visitantes del verano, explica por qué harías que cada símbolo representara 500 ó 1,000 visitantes en lugar de 10 ó 100.

Visitantes del verano de 2004

Lugar	Número de visitantes
Punta Arenas	4,000
Lago Las Rocas	2,500
Villa Colonial	5,000
Los Chorros	1,500
Monte Madrugada	3,000

Repaso mixto y preparación de exámenes

En la INTERNET
Preparación de exámenes
www.scottforesman.com

12. Si el 16 de enero cae en viernes, ¿qué fecha será el próximo viernes?

13. 48 ÷ 6.

A. 6 **B.** 7 **C.** 8 **D.** 9

Diagramas de puntos

APRENDE

¿Cómo representan datos los diagramas de puntos?

Un **diagrama de puntos** representa datos a lo largo de una recta numérica. Cada X representa un número en los datos. En el diagrama de puntos que aparece abajo cada X representa un zoológico.

PREPÁRATE

¿Qué número debe escribirse en cada punto?

23   A 26 B

1. A   **2.** B

Presupuestos de zoológicos en millones de dólares

Ejemplo A

Lee el diagrama de puntos.

Como hay 2 X sobre el 16, 2 zoológicos tienen presupuestos de $16 millones de dólares.

La mayoría de las X están sobre el 15, por tanto, el presupuesto más común es de $15 millones de dólares.

El mayor presupuesto representado es de $33 millones y el menor es de $12 millones.

Un **valor extremo** es un número de un conjunto de datos que es muy diferente del resto de los números.

Ejemplo B

Identifica el valor extremo en el conjunto de datos representado en el diagrama de puntos.

En el diagrama de puntos, el número 33 está lejos del resto de los números.

El presupuesto de $33 millones es un valor extremo.

✓ **Hablemos**

1. **Razonamiento** ¿Hay algún valor extremo en el siguiente conjunto de datos? De ser así, ¿cuál es? Explícalo.

   17, 25, 29, 18, 32, 4, 25, 29, 25

1. ¿Cuántas jirafas miden 16 pies de altura?
2. ¿Cuál es la altura más común de las jirafas?
3. ¿Cuánto mide la jirafa más alta representada en el diagrama de puntos?

```
            X
    X       X       X               X
    X       X       X               X
  ◄─┼───────┼───────┼───────┼───────┼─►
    14      15      16      17      18
```
Altura de jirafas en pies

4. **Sentido numérico** ¿Hay algún valor extremo en el conjunto de datos? Explícalo.

PRÁCTICA

Más práctica: Grupo 4-7, página 251

A Destrezas y comprensión

5. ¿Cuántos estudiantes de cuarto grado hicieron 5 flexiones?
6. ¿Cuántas flexiones hicieron la mayoría de los estudiantes de cuarto grado?
7. ¿Cuál es el máximo de flexiones que hizo un estudiante de cuarto grado?

```
          X
          X
          X   X
      X   X   X
  X   X   X   X   X           X
  X   X   X   X   X   X   X   X
  ┼─┼───┼───┼───┼───┼───┼───┼───┼─
  4   5   6   7   8   9  10  11  12
```
Flexiones hechas por estudiantes de cuarto grado

8. **Sentido numérico** Supón que otro estudiante también hizo flexiones y que ese número se agregó al diagrama de puntos. Predice si el número será mayor o menor que 12. Explícalo.

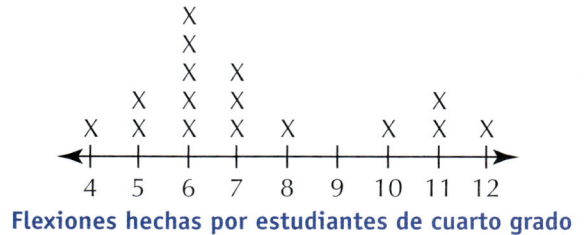

B Razonamiento y resolución de problemas

9. Usa el diagrama de puntos de la página 206. ¿Cuántos zoológicos más tienen un presupuesto de $15 millones de dólares que de $14 millones de dólares?

El año 1998, dieciocho estados tuvieron presupuestos de menos de $10 mil millones. En los Ejercicios 10 y 11, usa los datos de presupuesto para estos estados que están a la derecha.

10. Haz un diagrama de puntos de los datos.

11. **Escritura en matemáticas** ¿Hay algún valor extremo en el conjunto de datos? Explícalo.

Archivo de datos

Presupuestos por estado

Estado	Miles de millones	Estado	Miles de millones
Alaska	$7	New Hampshire	$4
Delaware	$5	Nuevo México	$9
Hawai	$7	Dakota del Norte	$3
Idaho	$5	Rhode Island	$5
Kansas	$9	Dakota del Sur	$3
Maine	$6	Utah	$9
Montana	$4	Vermont	$3
Nebraska	$6	Virginia Occidental	$8
Nevada	$8	Wyoming	$3

Repaso mixto y preparación de exámenes

En la INTERNET
Preparación de exámenes
www.scottforesman.com

12. Usa la tabla de arriba. Haz una pictografía que muestre los presupuestos de Alaska, Idaho, Nuevo México y Vermont. Haz que cada signo de dólar represente $1,000 millones.

13. Redondea 2,836 a la centena más cercana.

A. 3,000   **B.** 2,900   **C.** 2,800   **D.** 2,700

Vocabulario
- gráfica de barras
- escala
- intervalo

Materiales
- papel cuadriculado o **e tools**

Gráficas de barras

APRENDE

¿Cómo lees una gráfica de barras?

Una **gráfica de barras** usa barras para representar datos.

Los números que representan las unidades usadas en una gráfica constituyen la **escala**.

El **intervalo** de la escala es 50.

ZOOLÓGICO

Especies en zoológicos de los EE. UU.

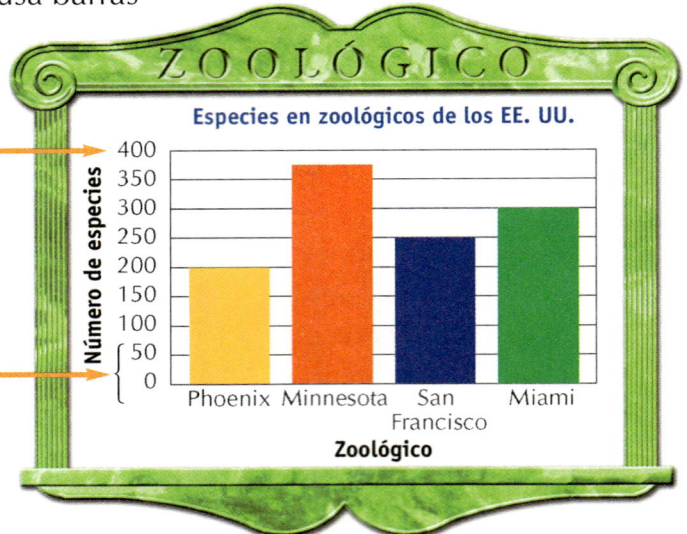

	Ejemplo A	Ejemplo B
	¿Cuántas especies de animales hay aproximadamente en el zoológico de Minnesota?	¿Cuántas especies más hay en el zoológico de Miami que en el zoológico de Phoenix?
Lo que piensas	La barra sobre el zoológico de Minnesota está aproximadamente en medio de los números 350 y 400 de la escala.	Cuenta de 50 en 50 desde la parte superior de la barra sobre el zoológico de Phoenix hasta llegar al mismo nivel de la altura de la barra sobre el zoológico de Miami. Cuenta: 50, 100.
Lo que escribes	El zoológico de Minnesota tiene aproximadamente 375 especies de animales.	El zoológico de Miami tiene 100 especies de animales más que el zoológico de Phoenix.

✓ **Hablemos**

1. ¿Cuál es el intervalo de la escala en la gráfica de barras de arriba?

2. Razonamiento ¿Cómo determinas qué zoológico tiene 250 especies de animales?

¿Cómo haces una gráfica de barras para representar datos?

a. Haz una gráfica de barras para representar los datos sobre la altura de algunos animales.

Archivo de datos

Altura de algunos animales

Elefante asiático	9 pies
Elefante africano	11 pies
León	3 pies
Rinoceronte	6 pies

Copia y completa la gráfica de la derecha. Ya se hicieron los dos primeros pasos.

Paso 1: Escoge una escala.

Paso 2: Dibuja y rotula el costado y la parte de abajo de la gráfica.

Paso 3: Dibuja una barra en la gráfica para cada altura de los animales del archivo de datos.

Paso 4: Pon un título a la gráfica. El título debe describir el tema de la gráfica.

b. Explica cómo dibujaste la barra para el elefante africano.   león.   rinoceronte.

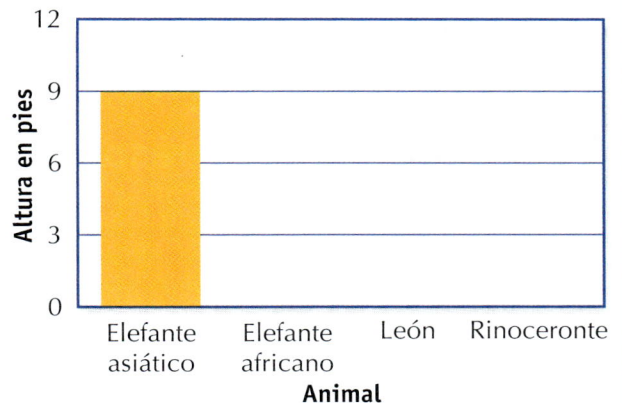

En la INTERNET Más ejemplos
www.scottforesman.com

COMPRUEBA ✓

Otro ejemplo: Grupo 4-8, página 248

En los Ejercicios 1 a 4 usa la gráfica de barras de la derecha.

¿Cuál es el promedio de vida de

1. un perro?   **2.** un cerdo?

3. ¿Aproximadamente cuánto más vive un león que una jirafa?

4. ¿Qué animales tienen el mismo promedio de vida?

5. Sentido numérico El promedio de vida de un gorila es de 20 años. Si incluyeras al gorila en la gráfica, ¿sería su barra más alta o más baja que la barra del león?

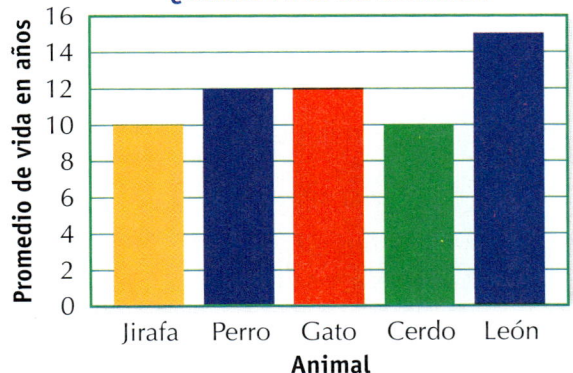

A Destrezas y comprensión

En los Ejercicios 6 a 12 usa la gráfica de barras de la derecha.

¿Cuántas vueltas completó

6. Tim?   **7.** Juan?

¿Quién completó

8. 14 vueltas?   **9.** 22 vueltas?

¿Cuántas vueltas más completó

10. Tita que Tim?   **11.** Juan que Angie?   **12.** Juan que Tim?

13. Sentido numérico Al observar la gráfica de barras, ¿cómo puedes saber quién completó más vueltas?

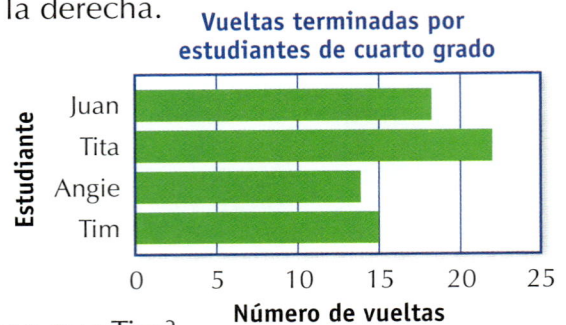

Vueltas terminadas por estudiantes de cuarto grado

Estudiante: Juan, Tita, Angie, Tim

Número de vueltas: 0, 5, 10, 15, 20, 25

B Razonamiento y resolución de problemas

14. Usa la gráfica de barras de la página 208. Aproximadamente, ¿cuántas especies más de animales hay en el zoológico de Minnesota que en el zoológico de San Francisco?

♫ Matemáticas y música

15. Usa el archivo de datos de la derecha. Dibuja una gráfica de barras. Escribe en el costado "Número de estados" y en la parte de abajo, "Número de orquestas sinfónicas de los EE. UU".

16. Haz una pictografía que muestre el número de orquestas sinfónicas que hay en Arizona, Illinois, Florida, Ohio y Nueva York. Haz que cada símbolo represente 2 orquestas.

17. Escritura en matemáticas ¿Es correcta la siguiente explicación? De no ser así, di por qué y escribe la respuesta correcta.

Archivo de datos

Orquestas sinfónicas de los EE. UU.

Número	Estados
7	NY
6	CA, FL
5	OH, TX
3	CO, IL, TN
2	AZ, CT, GA, IN, MI, MN, MO, NC, OK, PA, VA, WA
1	AL, DC, KY, LA, MA, MD, ME, NE, NJ, NM, OR, RI, UT, WI, WV

¿Cuánto más pesa Lady que Sonny?

Lady pesa una libra más que Sonny porque cuento una línea hacia arriba desde la parte superior de la barra de Sonny a la parte superior de la barra de Lady.

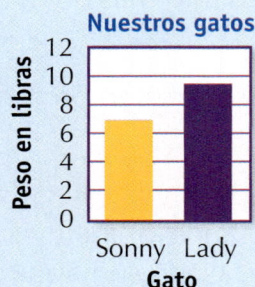

Nuestros gatos

Peso en libras: 0, 2, 4, 6, 8, 10, 12

Gato: Sonny, Lady

EN LOS EXÁMENES

Piénsalo bien

Siempre debo **comprobar la escala de la gráfica.**

C Un paso adelante

Un **histograma** es una gráfica de barras que muestra cuántos valores aparecen dentro de los intervalos de los datos. Usa el histograma de la derecha en los Ejercicios 18 a 20.

Al asumir la presidencia, ¿cuántos presidentes de los EE. UU. tenían entre

18. 50 y 59 años de edad?   **19.** 60 y 69 años de edad?

20. Estimación Aproximadamente, ¿cuántos presidentes de los EE. UU. tenían entre 40 y 49 años de edad al asumir la presidencia?

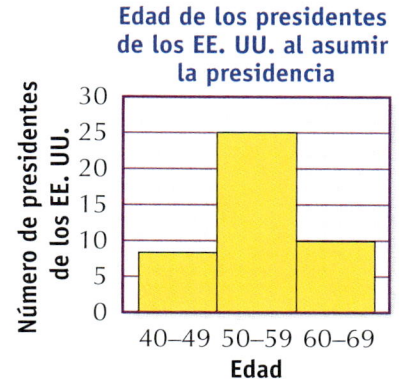

Edad de los presidentes de los EE. UU. al asumir la presidencia

Repaso mixto y preparación de exámenes

En la INTERNET
Preparación de exámenes
www.scottforesman.com

21. Usa el archivo de datos de la página 210. Dibuja un diagrama de puntos con los datos del número de estados que tienen de 3 a 7 orquestas sinfónicas.

22. Halla el producto de 9 por 5.

    A. 40   **B.** 45   **C.** 48   **D.** 50

Juego de práctica
Juego con la gráfica de barras

Jugadores: 2 a 5

Materiales: Dos cubos numéricos numerados del 1 al 6
Marcadores o lápices de colores

Los jugadores se turnan para lanzar los dos cubos numéricos. Si la suma de los cubos es un múltiplo de 3, el jugador dibuja una barra de la longitud que indique la suma y lanza los cubos nuevamente. Sólo las sumas que son múltiplos de 3 pueden usarse para comenzar una barra. Si no sale un múltiplo de 3, se pasan los cubos al siguiente jugador. Gana el juego el primer jugador cuya barra cruce la línea 36.

Variación: Los jugadores cambian el múltiplo deseado de 3 a 2 ó 4.

Gráfica de barras del juego múltiplos de 3

Álgebra

Idea clave
Una cuadrícula de coordenadas te ayuda a localizar puntos.

Vocabulario
• cuadrícula de coordenadas
• par ordenado
• marcar

Materiales
• papel cuadriculado con primer cuadrante o  **tools**

Pares ordenados en una gráfica

APRENDE

¿Cómo identificas un punto?

PREPÁRATE

¿Qué número debe escribirse en cada punto?

0 1 *A B* *C* 6

1. *A*   **2.** *B*   **3.** *C*

Los arqueólogos buscan objetos para averiguar cómo era la vida en las primeras civilizaciones.

Una **cuadrícula de coordenadas** les permite usar puntos para identificar la localización de los objetos que encuentran.

Un **par ordenado** es un par de números que identifica un punto en una cuadrícula de coordenadas.

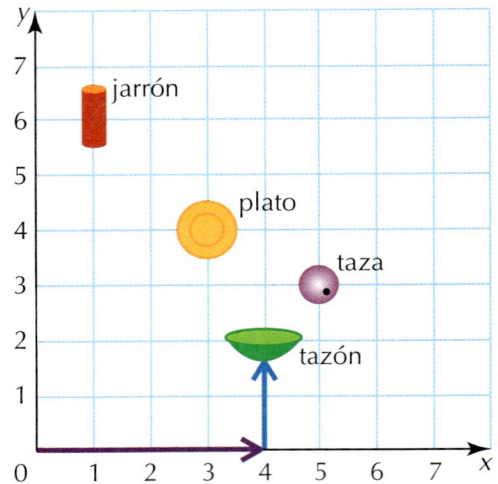

Ejemplo A

Identifica la localización del tazón.

Lo que **piensas**	Comienza en el 0. Muévete **4** espacios hacia la derecha. Luego, muévete **2** espacios hacia arriba.
Lo que **escribes**	El *tazón está en* (**4**, **2**).

Piénsalo bien
Debo **identificar la secuencia de pasos de un proceso.** Moverme primero hacia la derecha y luego hacia arriba.

El primer número de un par ordenado indica cuántos espacios a la derecha del cero está el punto.

Par ordenado: (4, 2)

El segundo número de un par ordenado indica cuántos espacios hacia arriba del cero está el punto.

✔ Hablemos

1. Después de moverte 4 espacios a la derecha, ¿cuántos espacios hacia arriba debes moverte para llegar al tazón?

2. ¿En qué dirección te mueves siempre primero, a la derecha o hacia arriba?

¿Cómo localizas un punto usando un par ordenado?

Ejemplo B

¿Qué objeto está localizado en el punto (3, 4)?

Lo que **piensas**	• Comienza en el 0. Como el primer número del par ordenado es **3**, muévete 3 unidades hacia la derecha. • Como el segundo número del par ordenado es **4**, muévete 4 unidades hacia arriba.
Lo que **escribes**	El plato está localizado en (**3**, **4**).

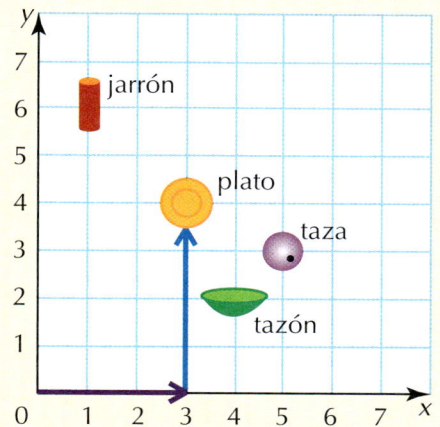

Para **marcar** un punto, localiza y marca el punto que representa un par ordenado de una cuadrícula.

Ejemplo C

Marca el punto A (**2**, **3**).

• Comienza en el 0. Muévete **2** unidades hacia la derecha.

• Muévete **3** unidades hacia arriba.

• Dibuja un punto y rotúlalo A.

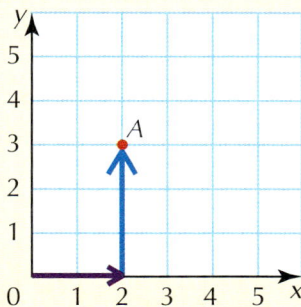

Ejemplo D

Marca el punto B (**5**, **0**).

• Comienza en el 0. Muévete **5** unidades hacia la derecha.

• Muévete **0** unidades hacia arriba.

• Dibuja un punto y rotúlalo B.

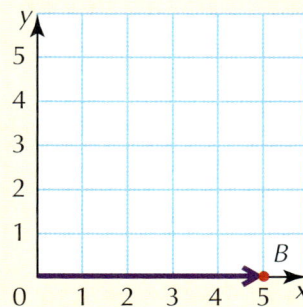

✔ Hablemos

3. ¿Qué te indica hacer el número 3 en el par ordenado (3, 4)? ¿Qué te indica el 4?

4. En el Ejemplo B, ¿qué objeto está localizado en (5, 3)?

En la INTERNET
Más ejemplos
www.scottforesman.com

Otro ejemplo: Grupo 4-9, página 248

COMPRUEBA ✔

Identifica el par ordenado de cada punto.

1. *B*   **2.** *D*   **3.** *F*

Escribe la letra del punto que representa cada par ordenado.

4. (3, 6)   **5.** (2, 4)   **6.** (3, 0)

7. Sentido numérico ¿Identifican el mismo punto los pares ordenados (4, 6) y (6, 4)? Explícalo.

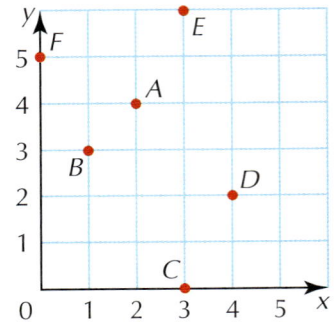

PRÁCTICA

Más práctica: Grupo 4-9, página 252

A Destrezas y comprensión

Identifica el par ordenado de cada punto.

8. *B*   **9.** *D*   **10.** *G*

11. *K*   **12.** *M*   **13.** *E*

Escribe la letra del punto que representa cada par ordenado.

14. (1, 9)   **15.** (0, 4)   **16.** (7, 6)

17. (8, 3)   **18.** (5, 9)   **19.** (1, 2)

Marca los siguientes puntos en una cuadrícula de coordenadas.

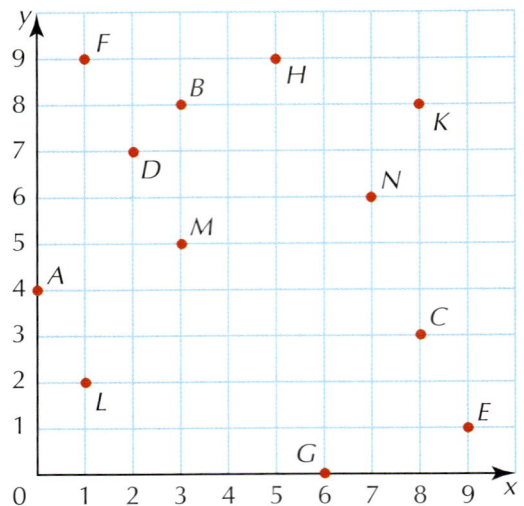

20. *P* (2, 9)   **21.** *Q* (5, 0)   **22.** *R* (7, 4)   **23.** *S* (0, 8)   **24.** *T* (6, 3)

25. Sentido numérico ¿En qué se parecen los puntos (1, 2), (1, 5) y (1, 7)?

B Razonamiento y resolución de problemas

Matemáticas y estudios sociales

Usa el mapa de la derecha para los Ejercicios 26 a 29.

Identifica el par ordenado en que están los siguientes lugares:

26. la Casa Blanca.   **27.** el Monumento a Lincoln.

¿Qué está localizado en

28. (7, 6)?   **29.** (8, 3)?

30. *Escritura en matemáticas* Explica cómo marcar *P* (2, 1).

C Un paso adelante

Dibuja una cuadrícula de coordenadas para marcar cada conjunto de puntos. Busca un patrón. ¿Qué observas en los puntos?

31. (1, 3), (2, 6), (3, 9)

32. (2, 4), (3, 5), (4, 6), (0, 2)

33. (1, 6), (2, 7), (4, 9)

Repaso mixto y preparación de exámenes

En la INTERNET
Preparación de exámenes
www.scottforesman.com

34. Haz una pictografía usando los datos de la derecha.

35. Escribe siete con cuarenta y tres centésimas en forma estándar.

  A. 7,430   **C.** 7.43

  B. 740.30   **D.** 7.043

Archivo de datos

Objeto	Número encontrado
Jarrones	5
Platos	3
Huesos	4
Cucharas	3
Tazones	3

Discovery CHANNEL SCHOOL
Descubre las matemáticas en tu mundo

El sube y baja del agua

La Luna afecta las mareas.

Halla el tiempo transcurrido entre la primera y la segunda marea alta.

Horario de marea alta

	Día	Primera marea alta	Segunda marea alta
1.	Viernes	2:46 A.M.	3:19 P.M.
2.	Sábado	3:41 A.M.	4:19 P.M.
3.	Domingo	4:39 A.M.	5:23 P.M.
4.	Lunes	5:42 A.M.	6:31 P.M.

En la INTERNET
Video y actividades
www.scottforesman.com

Álgebra

Idea clave
Las gráficas lineales te facilitan ver los cambios en los datos a través del tiempo.

Vocabulario
• gráfica lineal
• tendencia

Materiales
• papel cuadriculado o **tools**

EN LOS EXÁMENES

Piénsalo bien
• Debo **obtener información de la gráfica** para responder las preguntas.
• **Puedo buscar un patrón** para hallar la tendencia.

Gráficas lineales

APRENDE

¿Cómo lees e interpretas una gráfica lineal?

Una **gráfica lineal** conecta puntos para mostrar cómo cambian los datos con el paso del tiempo. La gráfica lineal de la derecha representa la población de los Estados Unidos entre 1790 y 1830, las cinco primeras décadas del censo.

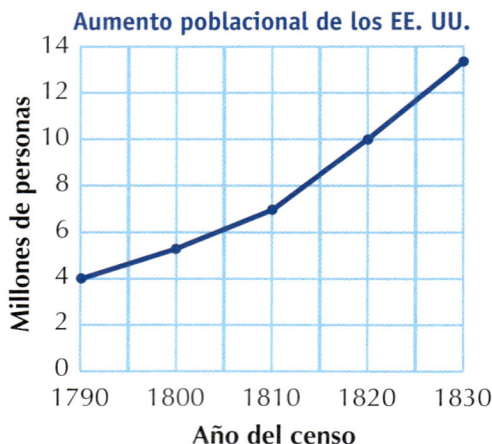

PREPÁRATE

Dibuja una cuadrícula de coordenadas y marca cada punto.

1. *A* (1, 2)   **2.** *B* (0, 3)
3. *C* (3, 2)   **4.** *D* (4, 5)

Aumento poblacional de los EE. UU.

Millones de personas / Año del censo

Ejemplo A

¿En qué año la población de los Estados Unidos era de aproximadamente 6 millones?

En la cuadrícula, la línea que indica 6 millones cruza la gráfica entre 1800 y 1810, en 1805.

La población era de aproximadamente 6 millones en 1805.

En una gráfica lineal, cuando la línea sube de izquierda a derecha, hay un **aumento** en los datos. Cuando la línea baja, hay una **disminución.** El aumento o la disminución indica la **tendencia** de los datos.

Ejemplo B

¿Aumentó más la población de los EE. UU. entre 1790 y 1800 o entre 1810 y 1820?

La línea entre 1810 y 1820 sube de manera más pronunciada que la línea entre 1790 y 1800.

La población de los EE. UU. aumentó más entre 1810 y 1820 que entre 1790 y 1800.

Ejemplo C

¿Cuál era la tendencia de la población?

La línea generalmente sube de izquierda a derecha.

La tendencia de la población era aumentar.

1. ¿Cuál es el intervalo de cada escala en la gráfica de la página 216?

2. ¿Crees que la población de 1840 fue mayor o menor que 13 millones? Explícalo.

¿Cómo haces una gráfica lineal?

Dibuja una gráfica lineal sobre la Carrera en bicicleta de Marissa.

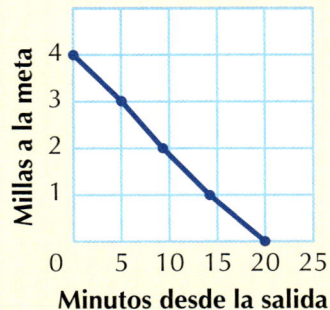

Archivo de datos

Carrera en bicicleta de Marissa

Minutos desde la salida	Millas a la meta
0	4
5	3
9	2
14	1
20	0

Ejemplo D

PASO 1

Escoge un intervalo para cada escala. Dibuja y rotula el costado y la parte de abajo de la gráfica. Pon el tiempo abajo.

PASO 2

Marca un punto para cada fila del archivo de datos. Marca (0, 4), (5, 3), y así sucesivamente.

PASO 3

Traza una línea desde cada punto al siguiente, en orden.

PASO 4

Pon un título a la gráfica. El título debe describir el tema de la gráfica.

Carrera en bicicleta de Marissa

✔ **Hablemos**

3. ¿Cuál es el intervalo de cada escala en la gráfica?

4. Explica cómo marcar el punto para la distancia de Marissa a 9 minutos después de comenzar la carrera.

En la INTERNET
Más ejemplos
www.scottforesman.com

En los Ejercicios 1 a 4 usa la gráfica lineal de la derecha.

¿Qué distancia recorrió aproximadamente la canoa en los primeros

1. cuatro minutos?   2. 12 minutos?

3. Aproximadamente, ¿cuánto demoró la canoa en recorrer 10,000 pies?

4. **Razonamiento** ¿Cuál es la tendencia de los datos?

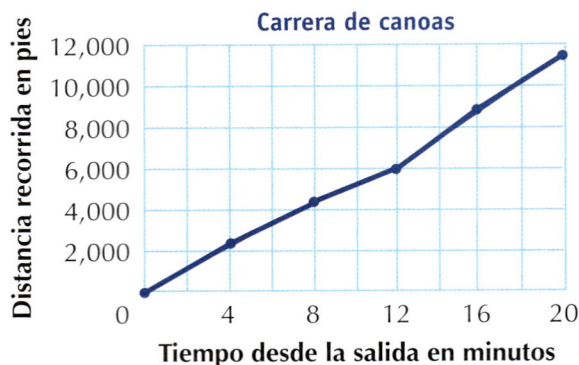

Carrera de canoas

Distancia recorrida en pies / Tiempo desde la salida en minutos

---

PRÁCTICA

Más práctica: Grupo 4-10, página 252

A Destrezas y comprensión

5. Earl es un cachorro sabueso. Dibuja una gráfica lineal sobre el primer año de Earl. Pon la edad en la parte de abajo de la gráfica.

6. **Razonamiento** Usa la gráfica lineal de la página 217. ¿Cuál es la tendencia de los datos? ¿Aumentó o disminuyó con el tiempo la distancia de Marissa a la meta?

Primer año de Earl

Edad en meses	Masa en kilogramos
0	Menos de 1
2	3
4	7
6	9
8	10
10	11
12	12

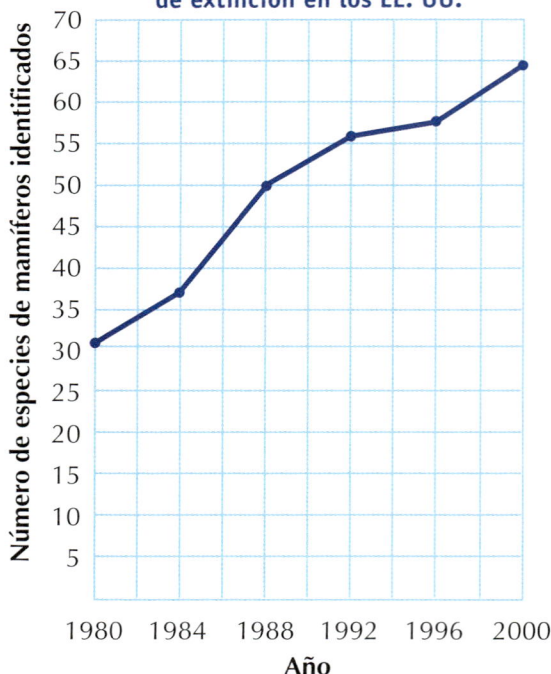

B Razonamiento y resolución de problemas

Matemáticas y ciencias

En los Ejercicios 7 a 12 usa la gráfica de la derecha.

¿Aproximadamente cuántas especies de mamíferos se consideraban en peligro de extinción en los siguientes años?

7. 1996   8. 2000   9. 1982

10. **Estimación** ¿Aproximadamente en qué año había 60 especies de mamíferos en peligro de extinción?

11. ¿Aumentó más el número de especies de mamíferos en peligro de extinción entre 1988 y 1992 o entre 1992 y 1996?

12. **Razonamiento** ¿Cuál es la tendencia de los datos?

13. **Escritura en matemáticas** Explica cómo muestra cambios en el tiempo una gráfica lineal.

Mamíferos en peligro de extinción en los EE. UU.

Número de especies de mamíferos identificados / Año

Repaso mixto y preparación de exámenes

En la INTERNET
Preparación de exámenes
www.scottforesman.com

Dibuja una cuadrícula de coordenadas y marca los siguientes puntos.

14. A (2, 7) **15.** B (6, 3) **16.** C (0, 9) **17.** D (8, 0) **18.** E (3,4)

19. Henry participó en una carrera de bicicletas. Comenzó la carrera a las 10:30 A.M. y finalizó a las 12:25 P.M. ¿Cuánto tiempo anduvo en bicicleta?

A. 55 minutos

B. 1 hora 5 minutos

C. 1 hora 55 minutos

D. 2 horas 5 minutos

Aprender con tecnología

eTools: Hoja de cálculo/datos/gráficas

Marco encuestó a 25 amigos acerca de su tipo de insecto favorito y anotó los resultados en la tabla de la derecha.

Crea una hoja de cálculo a partir de la tabla de Marco anotando los datos en el orden en que aparecen. Genera una gráfica de barras e imprímela si es posible. Luego, agrupa los datos en orden ascendente y genera una gráfica de barras de los datos agrupados.

Insecto favorito

Saltamontes	6
Grillo	3
Mariquita	11
Hormiga	2
Mantis religiosa	3

1. ¿En qué se diferencian la gráfica de los datos agrupados y la gráfica original?

2. ¿En qué se parecen la gráfica de los datos agrupados y la gráfica original?

Comprender fuentes gráficas: Gráficas

Al leer en matemáticas, **comprender fuentes gráficas** como las gráficas puede ayudarte a usar la **estrategia de resolución de problemas** *Haz una gráfica* de la siguiente lección.

En lectura, comprender las gráficas puede ayudarte a entender lo que lees. En matemáticas, comprender las gráficas puede ayudarte a resolver problemas.

*Los rótulos a lo largo de los ejes de una **gráfica** describen los diferentes tipos de datos que hay en la gráfica.*

Consumo de carne en septiembre

Número de libras / Carne
Pollo Res Cerdo Pavo

Por la escala y la longitud de esta barra, puedes ver que se consumieron 50,000 libras de carne de cerdo.

*Una **gráfica** de barras usa barras para representar datos.*

Los ejes te indican que esta gráfica da información sobre 4 tipos de carne y el número de libras consumidas.

La escala muestra números espaciados uniformemente a lo largo de un eje.

1. ¿Cuántas libras de carne de res se consumieron aproximadamente?

2. ¿Cuál fue la carne preferida del mes?

En los Ejercicios 3 a 5 usa la pictografía de la derecha.

3. ¿Cuántos periódicos representa cada periódico? ¿Y cada medio periódico?

4. ¿Qué tropa de exploradores recicló más periódicos?

5. **Escritura en matemáticas**
   ¿Aproximadamente cuántos periódicos se reciclaron en total? Explica cómo hallaste tu respuesta.

Exploradores: Proyecto de reciclaje

Tropa 42	🗞️🗞️🗞️🗞️🗞️🗞️🗞️
Tropa 52	🗞️🗞️🗞️🗞️🗞️🗞️🗞️🗞️
Tropa 66	🗞️🗞️🗞️🗞️🗞️
Tropa 70	🗞️🗞️🗞️
Tropa 83	🗞️🗞️🗞️🗞️🗞️

Cada 🗞️ = 100 periódicos.

Donaciones

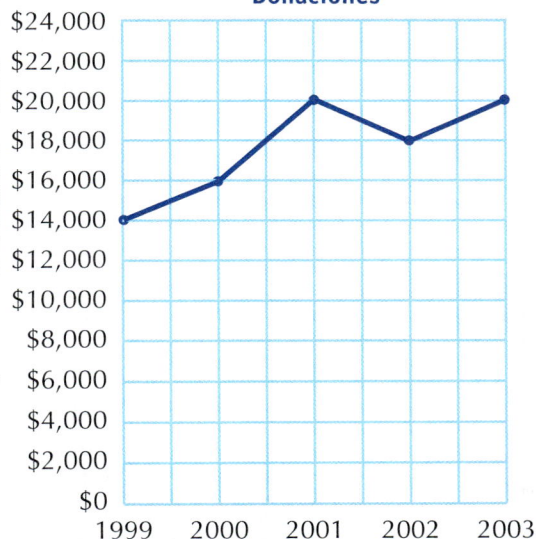

En los Ejercicios 6 a 8 usa la gráfica lineal de la izquierda.

6. ¿Cuánto dinero se donó en 2001?

7. ¿Durante qué año disminuyeron las donaciones respecto al año anterior?

8. ¿En qué par de años fueron iguales las donaciones?

En los Ejercicios 9 a 11 usa la gráfica de barras de la derecha.

9. ¿Cuántos triunfos tuvieron los Leones?

10. Describe la escala de la gráfica.

11. **Escritura en matemáticas** ¿Qué par de equipos tuvieron el mismo número de triunfos? ¿Cómo deduces a partir de la gráfica de barras?

Triunfos en voleibol

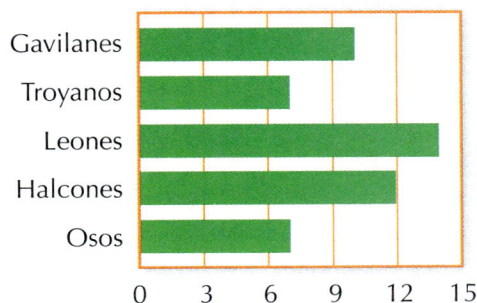

Resolución de problemas: Estrategia

Comprender fuentes gráficas como tablas y gráficas

te ayuda con...

la estrategia de resolución de problemas *Haz una gráfica*.

Idea clave
Aprender cómo y cuándo hacer una gráfica te facilita la resolución de problemas.

Materiales
• papel cuadriculado
o 🔧 **tools**

Hacer una gráfica

APRENDE

¿Cómo usas una gráfica para resolver problemas?

¡A saltar la cuerda! Mary participó en un concurso de saltar la cuerda. ¿Cuánto varió su número de saltos durante los cinco días de competencia?

Día	Saltos
Lunes	25
Martes	34
Miércoles	55
Jueves	32
Viernes	68

Lee para comprender

¿Qué sabes? Sé el número de saltos que hizo Mary cada día.

¿Qué quieres averiguar? Hallar cuánto varió el número de saltos durante los cinco días.

Planea y resuelve

¿Qué estrategia usarás?

Paso 1 Elabora la gráfica de barras.
Paso 2 Anota los datos que sabes.
Paso 3 Lee la gráfica. Busca un patrón.

Estrategia: Haz una gráfica.

Resultados de Mary en el concurso de saltar la cuerda

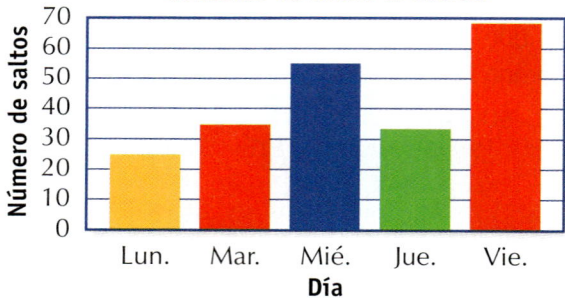

Respuesta: El número de saltos aumentó diariamente de lunes a miércoles. Pero luego disminuyó el jueves. Sin embargo, el viernes registró la mayor cantidad de saltos.

Vuelve y comprueba

¿Lo has hecho bien? Sí, la gráfica de barras representa los datos correctos.

✔ **Hablemos**

1. ¿Podrías haber usado otro tipo de gráfica? Explícalo.

Copia y completa la gráfica para resolver cada problema.

1. Juanita practica el lanzamiento de anillos. ¿Entre qué días sucesivos mejoró más?

Práctica de Juanita en lanzamiento de anillos

Lunes	Martes	Miércoles	Jueves
10	12	15	16

Lunes	🍩 🍩 🍩 🍩 🍩

Cada 🍩 = 2 aciertos.

2. ¿Cuál fue el mes en que Judson visitó más el parque?

Pases de Judson para el parque

Fecha	1 de mayo	1 de junio	1 de julio	1 de agosto
Pases entregados	20	18	10	4

PRÁCTICA

Resuelve. Da la respuesta en una oración completa.

3. Sergio hizo una tabla para mostrar cuántos boletos se vendieron diariamente para la obra de teatro de la escuela. ¿Entre qué días sucesivos aumentó más la venta de boletos?

4. ¿Cuántos boletos se vendieron en total?

5. En una fábrica de carros, se ponen 4 pernos cada 15 segundos. ¿Cuántos pernos se ponen en 2 minutos?

6. Escribe los números que faltan.
8, 12, 16, 20, ⬜ , ⬜ ,

7. Usa la tabla de conteo de la derecha. ¿Cuántos más granjeros que médicos había entre las personas que firmaron la Declaración de Independencia?

8. ¿Cuántas personas firmaron la Declaración de Independencia?

Boletos para la obra de teatro de la escuela

Día	Boletos vendidos
Lunes	17
Martes	20
Miércoles	22
Jueves	22
Viernes	26

Ocupación de las personas que firmaron la Declaración de Independencia

Abogado o juez	卌 卌 卌 卌 卌 II
Granjero	卌 IIII
Comerciante	卌 卌
Médico	IIII
Otra	卌 I

¿Lo sabes hacer?

¿Lo entiendes?

Pictografías (4-6)
Diagramas de puntos (4-7) y Gráficas de barras (4-8)

Usa la información de la tabla.

Basquetbol Tigre

Año	Triunfos
2000	6
2001	5
2002	8
2003	6
2004	8

1. Haz una pictografía.

2. Haz un diagrama de puntos.

3. Haz una gráfica de barras.

A Explica cómo escogiste el valor de cada símbolo para la pictografía.

B Di cómo escogiste la escala para la gráfica de barras.

Pares ordenados en una gráfica (4-9)

Identifica el par ordenado de cada punto.

4. A   5. C

6. E   7. F

8. Escribe la letra para el punto que representa (1, 2).

C Di cómo hallaste el par ordenado para el Ejercicio 4.

D Explica cómo hallar el punto que representa el par ordenado (4, 3).

Gráficas lineales (4-10); Resolución de problemas: Estrategia   Hacer una gráfica (4-11)

9. Haz una gráfica lineal de los datos.

Carrera de Harvey, la babosa bananera

Segundos desde la partida	0	20	40	60
Centímetros desde la partida	0	5	12	16

10. ¿En cuánto tiempo se arrastró Harvey aproximadamente 14 centímetros?

11. ¿En qué período de 20 segundos avanzó más Harvey?

12. ¿En qué período de 20 segundos avanzó menos Harvey?

E Di cómo hiciste tu gráfica lineal. Explica por qué escogiste las escalas que usaste.

F Describe la tendencia de los datos.

OPCIÓN MÚLTIPLE

1. Si cada símbolo de una pictografía representa 10 personas, ¿cuántos símbolos necesitas para representar 60 personas? (4-6)

A. 1 símbolo **B.** 6 símbolos **C.** 7 símbolos **D.** 10 símbolos

RESPUESTA LIBRE

En los Ejercicios 2 a 4 usa la gráfica de barras de la derecha. (4-8)

Número de aplausos en cinco segundos

2. ¿Quién aplaudió más?

3. ¿Cuántas veces más aplaudió Sarah que Jacob?

4. ¿Quién aplaudió 16 veces en 5 segundos? (4-8)

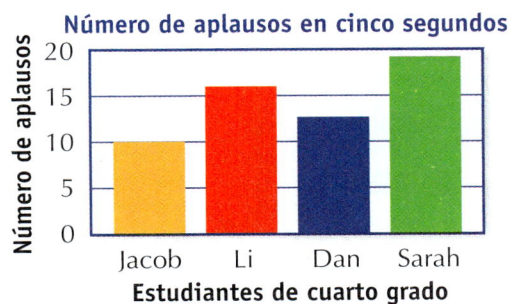

Marca los siguientes puntos en una cuadrícula de coordenadas. (4-9)

5. A (1, 7)   **6.** B (8, 5)   **7.** C (0, 6)

En los Ejercicios 8 y 9 usa los siguientes tiempos en segundos de estudiantes que corrieron los 100 metros planos: 15, 16, 17, 16, 18, 15, 16, 17.

8. Haz un diagrama de puntos de los datos. (4-7)

9. ¿Cuál fue el tiempo más frecuente? (4-11)

10. Según la gráfica lineal de abajo, ¿cuántas representaciones nuevas hubo en Broadway en la temporada 1998? (4-10)

Piénsalo bien
Toma información de la gráfica para contestar la pregunta.

Escritura en matemáticas

11. Usa la gráfica lineal de la derecha. ¿Cuánto varió el número de representaciones nuevas en Broadway desde la temporada 1988 hasta la temporada 1998? Explica cómo puedes saberlo. (4-10)

Representaciones nuevas en Broadway

12. Describe la tendencia de los datos que se representan en la gráfica lineal. En general, ¿ha aumentado o disminuido el número de representaciones nuevas desde 1968? (4-10)

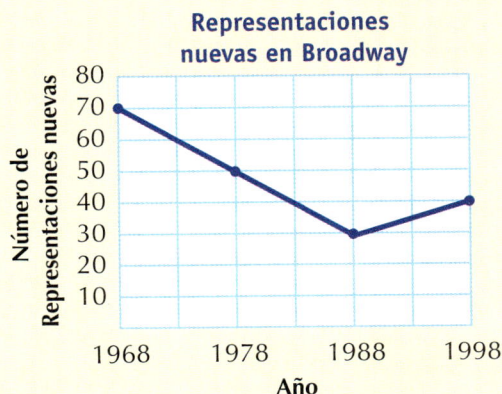

Idea clave
Puedes resumir datos usando la mediana, la moda o el rango.

Vocabulario
• mediana
• moda
• rango

Materiales
• regla de centímetros

Piénsalo bien

Puedo **usar el razonamiento lógico** para hallar la mediana. Puedo contar desde cada extremo para hallar el número de la mitad.

Mediana, moda y rango

APRENDE

Actividad

¿Qué son la mediana, la moda y el rango?

a. Con ayuda de un compañero, mide el palmo de tu mano al centímetro más cercano. Mide la distancia desde la punta del meñique a la punta del pulgar.

b. Anota tus datos en un diagrama de puntos de la clase.

c. ¿Cuál es el menor palmo de tu clase? ¿Cuál es el mayor palmo?

d. ¿Cuál es la diferencia entre el mayor y el menor palmo? Esta diferencia es el **rango** de los palmos.

e. Escribe los palmos en orden de menor a mayor y halla el número que ocupa la posición del medio. El número del medio es la **mediana** de los palmos de mano.

f. ¿Hay algún palmo que se repita más veces? El que aparece con más frecuencia es la **moda** de los palmos.

g. Mide y luego halla la mediana, la moda y el rango de las longitudes de los pies de los estudiantes de tu clase.

La **mediana** es el número que ocupa la posición del medio cuando los datos se escriben en orden. La **moda** es el número o los números que se repiten con más frecuencia en un grupo de datos. El **rango** es la diferencia entre el número mayor y el número menor de los datos.

¿Cómo hallas y usas la mediana, la moda y el rango?

Ejemplo A

Halla la mediana, la moda y el rango para las estaturas en pulgadas de cada grupo de estudiantes de cuarto grado.

Grupo 1: 53, 57, 50, 57, 48, 55, 56, 59, 50   **Grupo 2:** 59, 52, 54, 52, 53

	PASO 1	PASO 2	PASO 3
	Para hallar la mediana, escribe los datos en orden de menor a mayor y halla el número de la mitad.	Para hallar la moda, halla el número o los números que aparezcan con más frecuencia.	Para hallar el rango, resta el valor mayor menos el valor menor.
Grupo 1	48, 50, 50, 53, **55**, 56, 57, 57, 59 La mediana del Grupo 1 es 55.	Las modas del Grupo 1 son 50 y 57.	59 − 48 = 11 El rango del Grupo 1 es 11.
Grupo 2	52, 52, **53**, 54, 59 La mediana del Grupo 2 es 53.	La moda del Grupo 2 es 52.	59 − 52 = 7 El rango del Grupo 2 es 7.

✔ Hablemos

1. En el Ejemplo A, ¿cuántos números son menores que el 55 mostrado en azul? ¿Cuántos números son mayores que el 55 mostrado en azul?

2. ¿En qué grupo son más parecidas las estaturas? Explica cómo puedes usar el rango para ayudarte a decidir.

3. ¿Por qué el Grupo 1 tiene 2 modas y el Grupo 2, 1 moda?

COMPRUEBA ✔

Otro ejemplo: Grupo 4-12, página 249

Halla la mediana, la moda y el rango de cada conjunto de datos.

1. 8, 5, 7, 4, 3, 7, 2   2. 12, 15, 18, 15, 14   3. 23, 26, 28, 27, 25, 29, 30

4. **Razonamiento** ¿Siempre hay una moda en un conjunto de datos? Explica tu razonamiento.

A Destrezas y comprensión

Halla la mediana, la moda y el rango de cada conjunto de datos.

5. 4, 2, 9, 9, 3, 5, 6

6. 68, 64, 72, 68, 70

7. 65, 67, 66, 68, 65

8. 2, 1, 4, 5, 2, 1, 1, 5
3, 2, 1, 2, 4, 3, 1

9. 34, 37, 42, 41, 38, 37
36, 36, 39, 32, 36

10. 16, 17, 16, 19, 23, 8
15, 25, 9, 12, 16

11. Sentido numérico ¿Podría ser 18 la mediana de 9, 4, 18, 3 y 6?
Explica por qué.

B Razonamiento y resolución de problemas

En los Ejercicios 12 y 13 usa el diagrama de puntos
de la derecha.

12. Halla la mediana, la moda y el rango de los
palmos de los estudiantes que hay
en la clase de la maestra Angler.

13. Razonamiento El palmo de la maestra Angler
mide 21 centímetros. Si incluyes esta medida,
¿cambiaría la moda? ¿Cambiaría el rango?
Explica tu razonamiento.

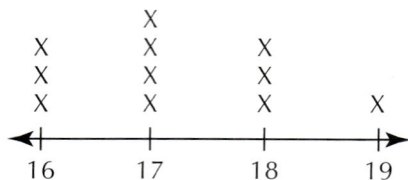

```
              X
  X           X        X
  X           X        X
  X           X        X        X
  +-----------+--------+--------+--->
  16          17       18       19
```

**Palmos en centímetros
de los estudiantes de la clase
de cuarto grado de la maestra Angler**

Matemáticas y ciencias

Los nueve árboles campeones más grandes de la nación

Circunferencia en pulgadas	998	950	761	707	505	644	546	442	451
Altura en pies	275	321	159	191	281	83	108	232	219
Amplitud de la copa en pies	107	80	45	96	71	85	118	29	39

Los árboles campeones son los árboles más grandes de cada especie
que se conoce en los EE. UU. Para los nueve árboles campeones
más grandes de la nación, halla la mediana y el rango de:

14. las circunferencias (la distancia alrededor del tronco del
árbol a $4\frac{1}{2}$ pies del suelo.

15. las alturas (la distancia desde la base a la copa del árbol).

16. Las amplitudes de las copas (la extensión de sus ramas).

17. Escritura en matemáticas Ryan dijo que la mediana del
conjunto de datos 42, 48, 46, 45, 42 es 46, porque
46 es el número que está en el medio. ¿Tiene razón?
Explícalo.

C Un paso adelante

En los Ejercicios 18 y 19 usa la gráfica lineal de la derecha.

18. ¿Cuál fue el mayor número de galones de agua que tuvo la piscina? ¿Cuál fue el menor número de galones de agua que tuvo la piscina? ¿Cuál fue el rango de la cantidad de agua de la piscina?

19. Razonamiento Explica cómo usar la gráfica lineal para hallar el rango de los datos.

Cantidad de agua de la piscina

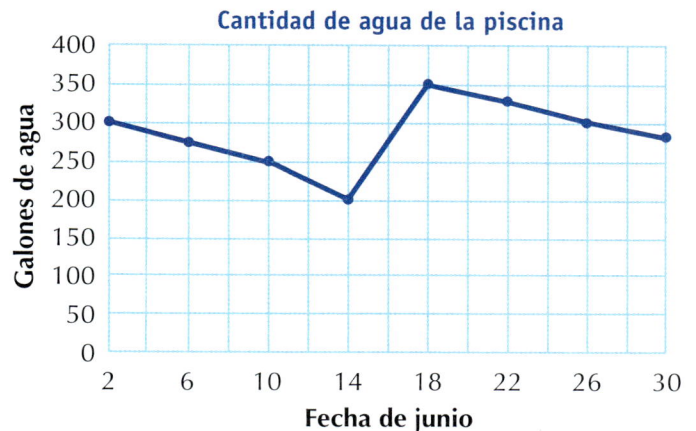

Repaso mixto y preparación de exámenes

En la INTERNET
Preparación de exámenes
www.scottforesman.com

20. Usa la gráfica lineal de arriba. ¿Cuánta agua tenía la piscina el 10 de junio?

21. 7×8

A. 56 **B.** 49 **C.** 48 **D.** 42

Ampliación
Diagramas de tallo y hojas

Las estaturas en pulgadas de nueve jugadores de basquetbol son 74, 67, 71, 75, 69, 75, 75, 68 y 71. Puedes usar un diagrama de tallo y hojas para organizar y comparar los datos.

Estatura en pulgadas

Cada **tallo** representa el primer dígito de un número.

Escribe los dígitos de las decenas en orden de menor a mayor.

Tallo	Hojas
6	7 8 9
7	1 1 4 5 5 5

Cada **hoja** representa el segundo dígito de un número.

Representa 67, 68 y 69.

Escribe los dígitos de las unidades en orden de menor a mayor.

1. ¿Hay más jugadores que miden más o menos de 70 pulgadas?

2. ¿Cuál es la moda de las estaturas?

3. ¿Cuál es la mediana de las estaturas?

4. ¿Cuál es el rango de las estaturas?

5. Haz un diagrama de tallo y hojas para las siguientes estaturas.

Idea clave
Hacer una encuesta te facilita hallar información para resolver un problema o dar la respuesta a una pregunta.

Vocabulario
• encuesta

EN LOS EXÁMENES

Piénsalo bien
Puedo **hacer una tabla de conteo** para anotar los resultados de mi encuesta. Recuerda que cada ⊮ es igual a 5.

Datos de encuestas

APRENDE

¿Qué es una encuesta?

Jim y Julie quieren saber qué tipos de películas prefieren ver sus compañeros. Deciden hacer una **encuesta**. Cuando haces la misma pregunta a diferentes personas y anotas sus respuestas, estás haciendo una encuesta.

Jim preguntó a sus compañeros:

"¿Qué tipo de película te gusta más?"

A continuación se muestran sus resultados en una tabla de **conteo.**

Julie preguntó a sus compañeros:

"¿Te gustan más las películas de drama, de comedia o de acción?"

A continuación se muestran sus resultados en una tabla de **conteo.**

Tipo de película preferida		
Acción	II	2
Animación	⊮ I	6
Comedia	⊮ I	6
Deportes	⊮	5
Drama	I	1

Tipo de película preferida		
Drama	⊮	5
Comedia	⊮ II	7
Acción	III	3

✔ Hablemos

1. ¿Sabes si a los compañeros de Julie les gustan más las películas de animación? ¿Por qué?

2. **Razonamiento** ¿Qué tipo de películas les gustaba ver a la mayoría de los compañeros de Jim?

Actividad

¿Cómo haces una encuesta?

Haz una encuesta en la clase para saber cuántos hermanos tienen tus compañeros.

a. Escribe una pregunta para una encuesta.

b. Haz una tabla de conteo para anotar los datos. Haz la pregunta a tus compañeros y anota sus respuestas en la tabla.

c. Cuenta las marcas.

d. Explica los resultados de tu encuesta.

Usa los datos de la tabla de conteo de la derecha.

Sitios Web favoritos	
MenteEnAccion	ⅢⅢ Ⅲ
MatematicaAsombrosa	ⅢⅢ
JuegosdeIngenio	ⅢⅢ ⅢⅢ

1. ¿Cuántas personas de la encuesta prefirieron más el sitio Web MenteEnAccion?

2. ¿Cuántas personas fueron encuestadas?

3. ¿Qué sitio Web es el favorito de la mayoría de las personas?

4. **Sentido numérico** Si se encuestara al doble de personas, ¿cuántas crees que dirían que su sitio favorito es MatematicaAsombrosa? Explícalo.

PRÁCTICA

Más práctica: Grupo 4-13, página 253

A **Destrezas y comprensión**

Usa los datos de la tabla de conteo de la derecha.

Tipo de mascota favorita	
Perro	ⅢⅢ ⅢⅢ Ⅰ
Gato	ⅢⅢ Ⅲ
Pez	Ⅲ
Jerbo	Ⅱ
Tortuga	Ⅰ

5. ¿A cuántas personas de la encuesta les gustan más los gatos?

6. ¿Cuántas personas fueron encuestadas?

7. Según los datos, ¿qué tipo de mascota le gusta más a la mayoría de las personas?

8. **Sentido numérico** Si se encuestaran diez veces más personas, ¿cuántas crees que dirían que prefieren los peces? Explícalo.

B **Razonamiento y resolución de problemas**

9. Haz un gráfica de barras con los datos sobre los sitios Web preferidos.

10. Haz una encuesta para saber el deporte favorito de 20 personas. Escribe la pregunta que harás. Escribe tus resultados en una tabla de conteo.

11. **Escritura en matemáticas** Diseña tu propia encuesta. Explica lo que quieres averiguar. Escribe una pregunta de encuesta. Haz la pregunta y anota las respuestas en una tabla de conteo. Explica lo que averiguaste.

Repaso mixto y preparación de exámenes

En la INTERNET
Preparación de exámenes
www.scottforesman.com

12. Halla la mediana, la moda y el rango de 24, 36, 28, 25, 42, 18, 25.

13. Escribe siete millones cincuenta mil doscientos tres en forma estándar.

    A. 75,203   **B.** 750,203   **C.** 7,050,203   **D.** 7,500,203

Idea clave
Lo que piensas cuando miras por primera vez una gráfica puede ser engañoso.

Vocabulario
• escala (p. 208)

Gráficas engañosas

APRENDE

¿Cómo sabes si una gráfica es engañosa?

PREPÁRATE

Halla el número que sigue en cada patrón.

1. 32, 42, 52, …
2. 15, 20, 25, …
3. 16, 18, 20…

Fíjate en la gráfica. Una barra es más del doble de largo que la otra. Una ballena de aleta pesa más del doble que una ballena jorobada.

En verdad no. Una ballena jorobada pesa aproximadamente 40 toneladas y una ballena de aleta pesa unas 70 tonelada. Eso no alcanza a ser el doble.

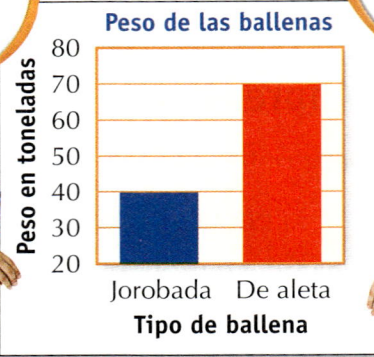

Peso de las ballenas

La gráfica es engañosa porque la escala no comienza en cero.

Ejemplo

¿Qué gráfica te hace pensar que el número de camisetas que vendieron anualmente las clases de la maestra Bolt aumentó rápidamente? ¿Por qué parece ser así?

Camisetas que vendieron las clases de la maestra Bolt

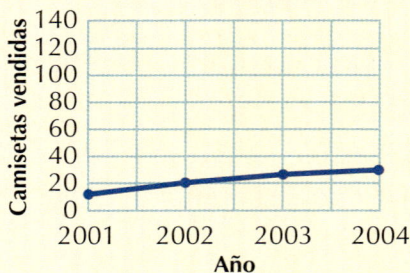

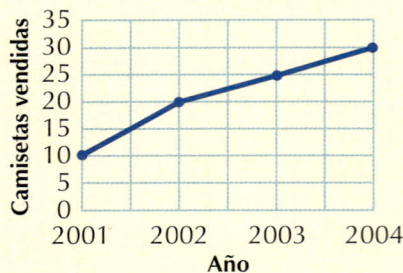

Camisetas que vendieron las clases de la maestra Bolt

La segunda gráfica te hace pensar que el número de camisetas vendidas aumentó rápidamente. La escala va de 5 en 5 y la otra escala va de 20 en 20.

EN LOS EXÁMENES

Piénsalo bien

Debo fijarme si una gráfica es o no engañosa **mirando la escala con atención.**

✔ Hablemos

1. ¿Por qué es engañosa la gráfica Peso de las ballenas?

En los Ejercicios 1 a 4 usa la gráfica de barras de la derecha.

Longitud de las ballenas

1. Mirando la gráfica, ¿aproximadamente, cuántas veces más larga es la ballena blanca que la orca?

2. ¿Cuánto mide aproximadamente cada ballena?

3. ¿Mide la orca más del doble que la ballena blanca?

4. **Razonamiento** ¿Por qué es engañosa la gráfica?

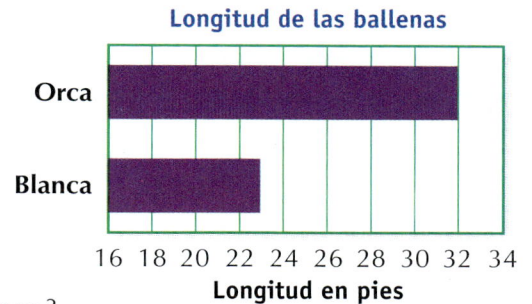

16 18 20 22 24 26 28 30 32 34
Longitud en pies

PRÁCTICA

Más práctica: Grupo 4-14, página 253

A Destrezas y comprensión

En los Ejercicios 5 a 7 usa la gráfica de barras de la derecha.

5. Mirando la gráfica, ¿aproximadamente cuántas veces más ballenas parece haber en la Escuela B que en la Escuela A? ¿Cuántas ballenas hay en la Escuela B? ¿Y en la Escuela A?

6. Mirando la gráfica, ¿ aproximadamente cuántas veces más ballenas parece haber en la Escuela B que en la Escuela C? ¿Cuántas ballenas hay en la Escuela B? ¿Y en la Escuela C?

7. ¿Por qué es engañosa la gráfica?

Tres escuelas de ballenas

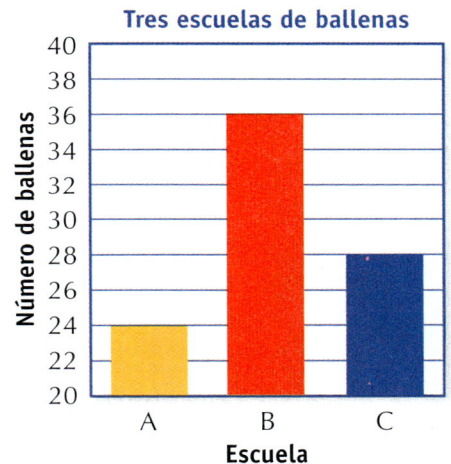

B Razonamiento y resolución de problemas

8. **Escritura en matemáticas** Para los datos de la tabla Crecimiento de la planta, ¿qué gráfica lineal te haría pensar que la planta creció más rápido: una con una escala de 0 a 20 con intervalos de 2 o una con una escala de 0 a 10 con intervalos de 1? Explícalo.

Crecimiento de la planta

Día	4	6	8	10
Altura en pulgadas	2	5	7	9

Repaso mixto y preparación de exámenes

En la INTERNET
Preparación de exámenes
www.scottforesman.com

9. ¿Qué país de Europa prefieren más personas según los resultados de la encuesta de la derecha?

10. $36 \div 4$

A. 6   **B.** 8   **C.** 9   **D.** 10

País preferido de Europa

Inglaterra	⊞⊞ ⊞⊞		
Francia	⊞⊞	
Suecia			

Resolución de problemas: Aplicaciones

Tsunami Los *tsunamis* son olas enormes que causan gran destrucción al alcanzar las costas. Estas olas generalmente son causadas por maremotos, o sea, terremotos submarinos.

Dato curioso El 15 de junio de 1896, un *tsunami* de 80 pies azotó la isla japonesa de Honshu. El mismo *tsunami* cruzó el océano en menos de 10 horas y azotó la costa de California con una altura de más de 9 pies.

1 El *tsunami* de 1896 azotó a Honshu aproximadamente a las 8:00 P.M. ¿Qué hora era doce horas antes de que se produjera el *tsunami*?

2 Japón tiene 4,628 millas de litoral. El *tsunami* de 1896 destruyó 175 millas de litoral. ¿Qué parte del litoral no se dañó?

3 El *tsunami* de 1896 llegó a la isla de Honshu a las 7:55 P.M. La gente comenzó a revisar los escombros a las 8:25 P.M. ¿Cuánto tiempo había transcurrido?

5 Los *tsunamis* disminuyen su velocidad a medida que viajan desde la profundidad del océano a aguas poco profundas. A una profundidad de 1,000 metros, viajan a 356 kilómetros por hora. Esto es 400 kilómetros por hora más lento que su velocidad en aguas profundas del océano. ¿A qué velocidad viajan los *tsunamis* en aguas profundas?

6 **Escritura en matemáticas** Usa los datos de esta lección para escribir tu propio problema verbal. Da la respuesta en una oración completa.

7 **Tomar decisiones** ¿Qué tipo de gráfica sería mejor para representar las alturas de los *tsunamis* de la tabla? Haz la gráfica que escogiste.

Usar datos clave

4 Halla la mediana de las alturas de los *tsunamis* que se indican en la tabla.

Datos clave
Tsunamis

Año	Lugar	Hora del día	Altura de la ola
•1923	Japón	2:58 A.M.	12.1 m
•1933	Japón	5:31 P.M.	29.3 m
•1960	Chile	7:11 P.M.	25.0 m
•1976	Filipinas	4:11 P.M.	5.0 m
•1992	Indonesia	5:29 A.M.	26.2 m

Buenas noticias/Malas noticias
Para detectar la formación de tsunamis pueden utilizarse las boyas oceánicas y los sismógrafos. Esto da tiempo a la gente para escapar a tierras más elevadas, pero nada puede hacerse para prevenir la destrucción de las propiedades que se encuentran en la costa.

¿Lo sabes hacer?

¿Lo entiendes?

Mediana, moda y rango (4-12)

Los datos de abajo indican el número de carreras que anotó en cada juego el equipo de béisbol los Tigres de Thomasville, en 2 años.

2003: 2, 5, 0, 1, 4, 2, 1, 1, 3, 1, 4
2004: 1, 2, 8, 4, 2, 0, 3, 2, 0, 3, 1

Halla la mediana, la moda y el rango de las carreras que anotaron los Tigres

1. en 2003.   **2.** en 2004.

A Di cómo hallaste la mediana para el año 2003.

B Compara los rangos de los datos para los años 2003 y 2004. ¿Qué te indica el rango acerca de los conjuntos de datos?

Datos de encuestas (4-13)

La tabla de conteo muestra los resultados de una encuesta.

Horas dormidas cada noche

8	卌 l
9	卌 ll
10	ll

3. ¿Cuántas personas fueron encuestadas?

4. ¿Cuántas horas duerme la mayoría de las personas?

C Di cómo hallaste cuántas personas se encuestaron.

D Escribe una pregunta de encuesta que podrías hacer a tus compañeros.

Gráficas engañosas (4-14)

En los Ejercicios 5 y 6 usa la gráfica de barras de abajo.

5. Aparentemente, ¿cuántas veces más almuerzos escolares se vendieron el martes que el lunes?

6. ¿Cuántos almuerzos se vendieron diariamente?

Almuerzos escolares

Lunes
Martes

10 20 30 40 50 60
Almuerzos vendidos

E ¿Se vendió el martes el doble de almuerzos que el lunes? Explícalo.

F Explica por qué es engañosa la gráfica Almuerzos escolares.

OPCIÓN MÚLTIPLE

1. Las siguientes son las longitudes en pulgadas de brazo a brazos de siete estudiantes de cuarto grado. Halla la mediana. 51, 48, 45, 52, 50, 51, 39 (4-12)

   A. 13 in   **B.** 48 in   **C.** 50 in   **D.** 51 in

2. Usa la tabla de conteo de la derecha. ¿Cuántos estudiantes fueron encuestados? (4-13)

   A. 48   **C.** 45

   B. 40   **D.** 38

Deporte que prefieren los estudiantes

Béisbol	ЖЖ ЖЖ ЖЖ
Basquetbol	ЖЖ |||
Fútbol	ЖЖ ЖЖ ЖЖ ||

RESPUESTA LIBRE

En los Ejercicios 3 y 4 usa la tabla de conteo de arriba. (4-13)

3. ¿Cuántos estudiantes prefirieron el basquetbol?

4. ¿Cuál es el deporte que más prefieren los estudiantes?

Halla la mediana, la moda y el rango de cada conjunto de datos. (4-12)

5. 8, 9, 12, 15, 9, 10, 14, 9, 16

6. 56, 39, 28, 26, 48, 42, 48

En los Ejercicios 7 y 8 usa la gráfica de barras de la derecha. (4-14)

7. Según la gráfica, ¿aproximadamente cuántas veces más alto parece ser el Everest que el Aconcagua?

8. ¿Qué altura mide aproximadamente cada monte?

Montes altos

Escritura en matemáticas

9. Usa la tabla. ¿En qué continente son más parecidas las alturas de sus nueve montañas más altas? Explícalo. (4-12)

10. Describe cómo harías una encuesta para saber cuál es el almuerzo escolar favorito de los estudiantes de cuarto grado de tu escuela. (4-13)

Nueve montañas más altas

	África	América del Norte
Mediana	14,979 ft	17,930 ft
Rango	5,459 ft	3,349 ft

Estrategias para exámenes

Comprende la pregunta.

Reúne información para hallar la respuesta.

Planea cómo hallar la respuesta.

Escoge la mejor opción.

Usa escritura en matemáticas.

Mejora las respuestas escritas.

Escoge la mejor opción

Para dar la respuesta a una pregunta de opción múltiple, debes escoger una respuesta entre las opciones de respuesta. Los siguientes pasos te facilitarán escoger la mejor opción.

1. La gráfica lineal de abajo muestra el número de estudiantes que asistieron a la Escuela Cumbres durante los años escolares 1997 a 2002.

Estudiantes de la Escuela Cumbres

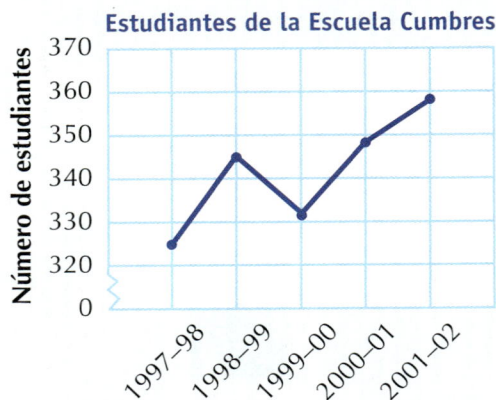

Según la información de la gráfica, ¿en qué año escolar tuvo la Escuela Cumbres el segundo menor número de alumnos?

A. 1997–1998

B. 1998–1999

C. 1999–2000

D. 2000–2001

Comprende la pregunta.

*Debo hallar qué año escolar tuvo **el segundo menor** número de estudiantes.*

Reúne información para hallar la respuesta.

*La **gráfica** representa el número de estudiantes en cada año escolar.*

Planea cómo hallar la respuesta.

*La respuesta está en la gráfica, así que debo **leer la gráfica** atentamente.*

Escoge la mejor opción.

- Elimina las respuestas incorrectas.

- Intenta empezar por el final, desde una respuesta.

- Comprueba que las respuestas sean razonables.

El año 2001–2002 tuvo el mayor número de estudiantes, por tanto, la opción D es incorrecta.

El año 1997–1998 tuvo el menor número de estudiantes, por tanto, la opción A es incorrecta.

Eso deja a B o C como la respuesta correcta. Compararé los puntos de la gráfica para escoger la opción correcta. El punto para el año 1999–2000 es el segundo más bajo, por tanto, ése es el año que tuvo el segundo menor número de estudiantes.

La respuesta correcta es C, 1999–2000.

2. ¿Qué coordenadas pueden identificar el punto *P* de la siguiente cuadrícula?

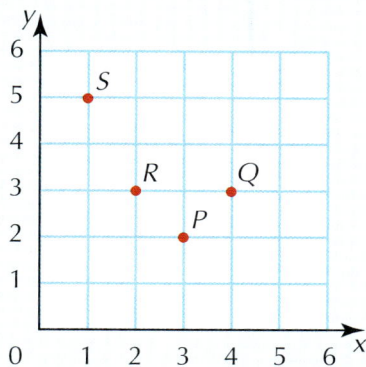

A. (1, 5)

B. (2, 3)

C. (3, 2)

D. (4, 3)

Ahora es tu turno

Indica la respuesta de cada problema y explica cómo escogiste tu opción.

3. La siguiente pictografía muestra el número de salvavidas asignados en cuatro playas del condado Piedra Azul.

Salvavidas de Piedra Azul

Playa Cortés	🛟🛟🛟🛟
Playa Pell	🛟🛟🛟🛟🛟
Playa Noreste	🛟🛟🛟🛟◗
Playa Logan	🛟🛟🛟

Cada 🛟 = 10 salvavidas.

¿Qué playa tiene 45 salvavidas?

A. Cortés   **C.** Noreste

B. Pell   **D.** Logan

4. ¿Qué coordenadas pueden identificar el punto *W* de la siguiente cuadrícula?

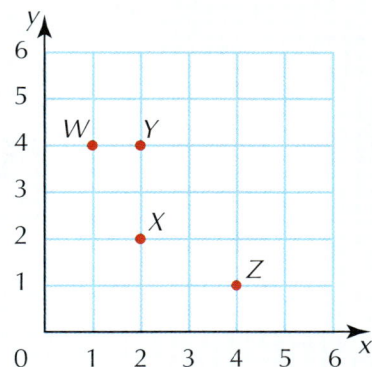

A. (2, 4)   **C.** (4, 1)

B. (1, 4)   **D.** (2, 2)

Digital *viene de "dígito".*

Un **reloj digital** *muestra los dígitos de la hora. Un reloj* **analógico** *tiene una esfera. (p. 190)*

¿Lo entendí?

Mide y compara los tiempos. (Lecciones 4-1, 4-2, 4-3, 4-4 y 4-5)

Halla el tiempo transcurrido.

Empieza: 11:00 A.M.

Acaba: 2:18 P.M.

2:18

reloj analógico

reloj digital

11:00 A.M. a 2:00 P.M.: 3 horas
2:00 P.M. a 2:18 P.M.: 18 minutos

El tiempo transcurrido es de 3 horas y 18 minutos.

¿Qué fecha es una semana después del 13 de octubre?

Octubre

D	L	M	M	J	V	S
		1	2	3	4	5	6
7	8	9	10	11	12	13
14	15	16	17	18	19	20
21	22	23	24	25	26	27
28	29	30	31			

El 20 de octubre es una semana después del 13 de octubre y es el tercer sábado del mes.

Tercer es un **número ordinal**

1 minuto = 60 segundos
1 hora = 60 minutos
1 día = 24 horas
1 semana = 7 días
1 mes = aproximadamente 4 semanas
1 año = 52 semanas
1 año = 12 meses
1 año = 365 días
1 año bisiesto = 366 días
1 década = 10 años
1 siglo = 100 años
1 milenio = 1,000 años

Ordinal *suena como "orden".*
Los **números ordinales** *se usan para indicar orden. (p. 202)*

1. Halla el tiempo transcurrido entre las 10:00 P.M. y las 12:15 A.M.

2. ¿Qué fecha es 2 semanas antes del 23 de octubre?

3. Escribe dos oraciones que comparen las unidades de tiempo dadas en la tabla de arriba.

Nuestro entrenador de atletismo marca la ruta que corremos en la práctica.

Al **marcar** *un punto se marca su localización. (p. 215)*

¿Lo entendí?

Localiza los puntos en una cuadrícula de coordenadas. (Lección 4-9)

Los **pares ordenados** se usan para identificar localizaciones y para **marcar** puntos en una **cuadrícula de coordenadas.**

El punto C está en (1,7).

Comienza en el 0.

Muévete 1 espacio a la derecha.

Muévete 7 espacios hacia arriba.

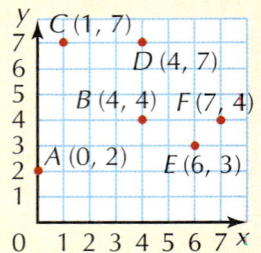

C (1, 7)
D (4, 7)
B (4, 4) F (7, 4)
A (0, 2) E (6, 3)

4. Indica la letra del punto que representa (4, 4).

5. Escribe el par ordenado que describe la localización del punto A.

La mediana de una autopista está justo en la mitad.

La **mediana** de un conjunto de datos es el número de la mitad. (p. 226)

Organiza los resultados de una encuesta. (Lecciones 4-7, 4-12 y 4-13)

Jim hizo una **encuesta** y preguntó: "¿Cuánto costó tu gorra?"
Éstas son dos maneras de representar los resultados.

Tabla de conteo

Precios de gorras

Precio	Conteo	Número
$8	I	1
$12	II	2
$13	||||| I	6
$14	II	2

Diagrama de puntos

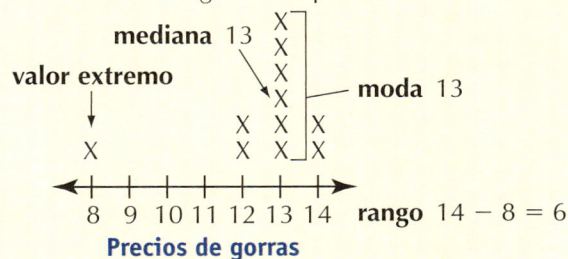

mediana 13
valor extremo
moda 13

8 9 10 11 12 13 14   rango 14 − 8 = 6

Precios de gorras

6. ¿Cuántas gorras costaron menos de $13?
¿Cuántas costaron $10?

Haz y analiza gráficas como ayuda para resolver problemas.
(Lecciones 4-6, 4-8, 4-10, 4-11 y 4-14)

Las computadoras manejan muchos datos.

Los **datos** son fragmentos de información. (p. 206)

Pictografía

Venta de computadoras

Jarvis	☐☐☐☐☐☐
O'Keefe	☐☐
Moy	☐☐☐
Ruiz	☐☐☐☐

Cada ☐ = 5 computadoras.
clave ↑

El **intervalo** es 25. Esta gráfica es engañosa porque la **escala** no comienza en cero.

Gráfica de barras

Recolección de latas

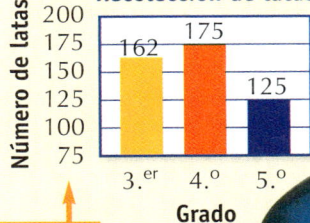

Número de latas
200
175
150
125
100
75

162 175 125

3.ᵉʳ 4.º 5.º
Grado

Gráfica lineal

Nuevos hogares

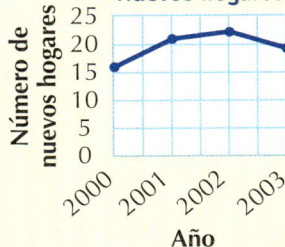

Número de nuevos hogares
25
20
15
10
5
0
2000 2001 2002 2003
Año

Puedes ver la **tendencia** de los **datos.** Hay un **aumento** desde el 2000 al 2002 y una **disminución** desde el 2002 al 2003.

7. ¿Cuántas computadoras vendió Moy?

OPCIÓN MÚLTIPLE

Escoge la letra correcta para cada respuesta.

1. ¿Qué es mayor que 50 semanas?

  A. 10 meses **C.** 300 días

  B. 1 año **D.** 600 horas

2. ¿Qué hora muestra el reloj?

  A. 3:30

  B. 6:45

  C. 9:30

  D. 9:45

3. Un evento empieza a las 11:00 A.M. y acaba a la 1:15 P.M. Halla el tiempo transcurrido.

  A. 1 h 15 min **C.** 10 h 15 min

  B. 2 h 15 min **D.** 10 h 45 min

4. Halla la fecha que corresponde a una semana después del 5 de junio.

  A. 10 de junio **C.** 15 de junio

  B. 12 de junio **D.** 19 de junio

Usa la siguiente pictografía para la Pregunta 5.

Venta de leche en la escuela

Semana 1	
Semana 2	
Semana 3	

Cada = 100 envases de leche.

5. ¿Cuántos envases más de leche se vendieron durante la Semana 2 que la Semana 3?

  A. 150 **C.** 250

  B. 200 **D.** 300

En las preguntas 6 y 7 usa la siguiente gráfica lineal.

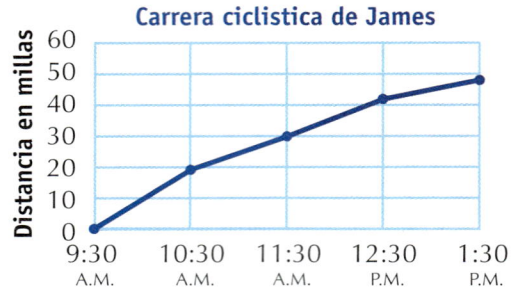

Carrera ciclistica de James

6. ¿Durante qué período de una hora avanzó más James?

  A. 1.ª hora **C.** 3.ª hora

  B. 2.ª hora **D.** 4.ª hora

7. ¿Cuál es el intervalo de la escala en la gráfica lineal?

  A. 20 **B.** 15 **C.** 10 **D.** 5

8. Comenzando en el 0 sobre una cuadrícula de coordenadas, ¿cuál de las siguientes instrucciones marcaría el par ordenado (2, 3)?

  A. Muévete 2 unidades hacia arriba y 3 unidades hacia la derecha.

  B. Muévete 5 unidades hacia la derecha.

  C. Muévete 3 unidades hacia arriba.

  D. Muévete 2 unidades hacia la derecha y 3 unidades hacia arriba.

9. ¿Cuál es el valor extremo en este conjunto de datos?

  16, 18, 46, 19, 20, 17, 22, 18

  A. 18 **C.** 22

  B. 19 **D.** 46

10. Cuál es la moda en este conjunto de datos?

  42, 44, 56, 42, 50

  A. 14 **B.** 42 **C.** 44

EN LOS EXÁMENES

Piénsalo bien
Debo **eliminar las opciones de respuesta que no sean razonables.**

RESPUESTA LIBRE

Escribe de dos maneras la hora que muestra cada reloj.

11.

12.

13. ¿Qué hora será 55 minutos después de la hora que muestra el reloj de la Pregunta 12?

Escribe <, > o = en cada ⬤.

14. 1 minuto ⬤ 68 segundos

15. 2 décadas ⬤ 4 años

Halla la mediana, la moda y el rango de cada conjunto de datos.

16. 5, 3, 8, 8, 4, 6, 7

17. 34, 38, 42, 38, 40

Halla el tiempo transcurrido.

18. Empieza: 4:16 P.M.
Acaba: 5:00 P.M.

19. Empieza: 7:52 A.M.
Acaba: 8:27 A.M.

En las Preguntas 20 y 21 usa la información de la tabla.

20. Haz una pictografía.

21. Haz un diagrama de puntos.

Tiburones

Año	Triunfos
2000	8
2001	5
2002	10
2003	7
2004	10

Identifica el par ordenado de cada punto.

22. *E*   **23.** *C*

24. Indica la letra del punto que representa (1, 5).

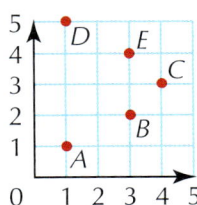

25. Haz una gráfica de barras para resolver el problema Trabajo.

EN LOS EXÁMENES

Piénsalo bien
Puedo **buscar un patrón** para resolver el problema.

Trabajo ¿Cómo varió el número de horas que trabajó Linda durante 5 semanas?

Horas que trabaja Linda

Semana	1	2	3	4	5
Horas	23	25	27	29	31

Escritura en matemáticas

26. Explica los pasos que seguirías para encuestar a tus compañeros sobre su sabor de helado favorito.

27. ¿Por qué es engañosa la siguiente gráfica de barras?

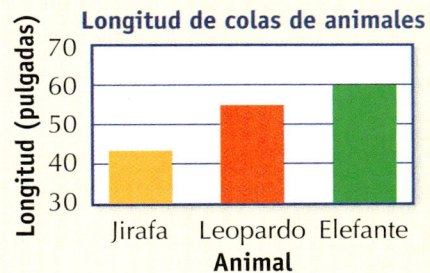

28. Escribe dos oraciones que comparen los tiempos del horario de los *tours* por el museo.

Horario de tour por el museo	
Tour 1	9:00 A.M. a 10:15 A.M.
Tour 2	10:30 A.M. a 11:30 A.M.
Tour 3	12:00 P.M. a 1:15 P.M.
Tour 4	1:30 P.M. a 2:30 P.M.
Tour 5	3:00 P.M. a 4:15 P.M.

Repaso acumulativo y preparación de exámenes

Números y operaciones

OPCIÓN MÚLTIPLE

1. ¿Cómo se escribe tres millones noventa y ocho mil cuatrocientos cinco en forma estándar?

    A. 39,845   **C.** 3,098,450

    B. 3,098,405   **D.** 3,980,405

2. Estima 6,742 − 2,938.

    A. 2,000   **C.** 4,000

    B. 3,000   **D.** 5,000

3. ¿Cuál es el cociente de 54 ÷ 9?

    A. 5

    B. 6

    C. 9

    D. 45

EN LOS EXÁMENES

Piénsalo bien

Puedo **usar la lógica para eliminar las respuestas incorrectas.**

RESPUESTA LIBRE

4. Escribe estos números en orden de menor a mayor.

    75,175   75,715   75,571   75,751

5. Redondea 27,649 al millar más cercano.

6. Carlos compró una cámara en $28.75 y dos rollos de película en $4.50 cada uno. ¿Cuánto gastó Carlos en total?

Escritura en matemáticas

7. Explica cómo puedes descomponer números para hallar el producto de 8 × 12.

Geometría y medición

OPCIÓN MÚLTIPLE

8. ¿A cuál de estas figuras la atraviesa un eje de simetría?

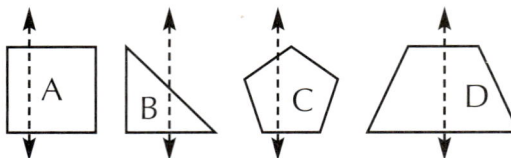

    A. Figura A   **C.** Figura C

    B. Figura B   **D.** Figura D

9. ¿Cuál de las siguientes opciones NO es mayor que 5 semanas?

    A. 1 mes   **C.** 40 días

    B. 4 semanas 10 días   **D.** 2 meses

10. ¿Qué hora muestra el reloj?

    A. 2:35

    B. 6:10

    C. 7:10

    D. 7:35

RESPUESTA LIBRE

11. Halla la fecha que corresponde a tres semanas después del 3 de mayo.

12. Un rectángulo mide 8 pulgadas de longitud y 5 pulgadas de ancho. ¿Cuánto mide el perímetro del rectángulo?

Escritura en matemáticas

13. Explica dos maneras de hallar el tiempo transcurrido entre las 10:45 A.M. y la 1:20 P.M.

Análisis de datos y probabilidad

14. ¿Qué punto de esta cuadrícula de coordenadas representa el par ordenado (3, 4)?

A. C

B. E

C. B

D. D

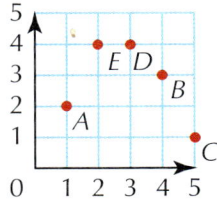

15. Una bolsa tiene 3 canicas rojas, 2 canicas azules, 4 canicas negras y 3 canicas verdes. ¿Qué color de canica es más probable sacar?

A. rojo   **C.** negro

B. azul   **D.** verde

RESPUESTA LIBRE

Usa la gráfica lineal en los Ejercicios 16 a 18.

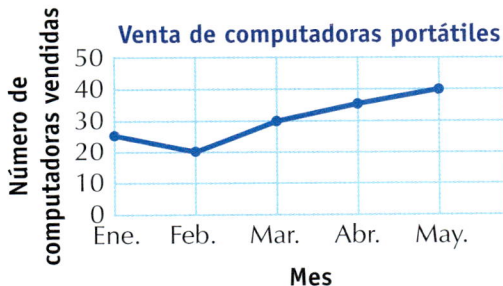

Venta de computadoras portátiles

16. ¿En qué mes se vendieron más computadoras portátiles? ¿En qué mes se vendieron menos?

17. ¿Cuántas computadoras portátiles se vendieron en total entre enero y mayo?

Escritura en matemáticas

18. ¿Entre qué par de meses aumentó más la venta de computadoras portátiles? Explica cómo usaste la gráfica para hallar la respuesta.

Álgebra

EN LOS EXÁMENES

Piénsalo bien

Puedo **empezar por el final,** desde la respuesta, para hallar el número que falta.

19. Resuelve $47 - n = 38$.

A. $n = 7$

B. $n = 8$

C. $n = 9$

D. $n = 10$

20. Halla el valor de la expresión $3 \times m$, si $m = 9$.

A. 12   **C.** 27

B. 24   **D.** 36

21. ¿Qué propiedad de la multiplicación explica por qué $3 \times 9 = 9 \times 3$?

A. Propiedad conmutativa

B. Propiedad distributiva

C. Propiedad de identidad

D. Propiedad del cero

RESPUESTA LIBRE

22. Los 24 pupitres del salón de clases están ordenados en n filas iguales. Escribe una expresión para representar el número de pupitres que hay en cada fila. Luego, usa la expresión para hallar cuántos pupitres habrá en cada fila si hay 6 filas.

Escritura en matemáticas

23. Completa la tabla. Luego, explica el patrón que usaste para hallar la distancia recorrida en 4 horas.

Tiempo	1 h	2 h	3 h	4 h
Distancia	9 mi	18 mi	27 mi	

Grupo 4-1 (páginas 190–191)

Escribe la hora que muestra el reloj.

las ocho quince,
las ocho y cuarto o las ocho y quince

Recuerda decir "y" para indicar los minutos.

Escribe de dos maneras la hora que se muestra.

1. **2.**

Grupo 4-2 (páginas 192–195)

Escribe >, < o = en cada ⚫.

14 meses ⚫ 50 semanas
12 meses = 1 año
Por tanto, 14 meses es más que un año.
52 semanas = 1 año
Por tanto, 50 semanas es menos que un año.

14 meses > 50 semanas

Recuerda que el tiempo puede medirse en varias unidades diferentes.

Escribe >, < o = en cada ⚫.

1. 3 horas ⚫ 185 minutos

2. 106 semanas ⚫ 2 años

3. 2 meses ⚫ 70 días

Grupo 4-3 (páginas 196–197)

Halla el tiempo transcurrido entre las 11:48 A.M. y la 1:15 P.M.

Cuenta 1 hora desde las 11:48 A.M. a las 12:48 P.M.
Cuenta hacia adelante 12 minutos desde las 12:48 P.M. hasta la 1:00 P.M. Cuenta 15 minutos más hasta la 1:15 P.M.
Suma los minutos: 12 + 15 = 27

El tiempo transcurrido es de 1 hora 27 minutos.

Recuerda que el tiempo transcurrido indica la cantidad de tiempo que ha pasado.

Halla el tiempo transcurrido.

1. Comienzo: 2:00 P.M.
Termino: 3:45 P.M.

2. Comienzo: 10:16 A.M.
Termino: 11:28 A.M.

3. Comienzo: 9:48 P.M.
Termino: 1:28 A.M.

Grupo 4-4 (páginas 198–199)

Escribe una oración que compare los datos del horario.

Visita de Monty a casa de su tía Kim
11:00 A.M. a 11:43 A.M. Conducir
mediodía a 12:25 P.M. Almuerzo
12:45 P.M. a 1:05 P.M. Jugar voleibol
1:10 P.M. a 2:10 P.M. Caminata

Monty pasará más tiempo conduciendo a casa de su tía Kim que almorzando.

Recuerda usar palabras que indiquen contraste como "menos que", "más tarde", "sin embargo" o "pero".

1. ¿Cuánto tiempo planea jugar voleibol Monty?

2. Escribe otras dos oraciones que comparen los datos del horario de la izquierda.

¿Qué fecha será dos semanas después del 10 de marzo?

Marzo						
D	L	M	M	J	V	S
1	2	3	4	5	6	7
8	9	10	11	12	13	14
15	16	17	18	19	20	21
22	23	24	25	26	27	28
29	30	31				

Halla el 10 de marzo. Muévete 2 filas hacia abajo para 2 semanas. Dos semanas después es el 24 de marzo.

Recuerda que en un calendario puedes moverte una fila hacia abajo para hallar qué fecha es una semana después y una fila hacia arriba para hallar qué fecha es una semana antes.

Halla las fechas siguientes:

1. dos semanas después del 20 de marzo.

2. dos semanas antes del 16 de marzo.

3. **Razonamiento** ¿Qué día de la semana es el primero de abril?

¿Cuántas libras más de papel se reciclaron en enero que en marzo?

Reciclaje de papel

Enero	
Febrero	
Marzo	

Cada = 100 libras de papel.

Hay una pila más en enero que en marzo. Por tanto, en enero se reciclaron 100 libras más de papel que en marzo.

Recuerda que la clave de una pictografía indica lo que representa cada símbolo.

¿Cuántas libras de papel se reciclaron en

1. febrero? 2. marzo?

3. ¿Cuántas libras más de papel se reciclaron en enero que en febrero?

4. ¿En qué mes se recicló la menor cantidad de papel?

Usa el diagrama de puntos. ¿Cuántos Superlectores leyeron 9 libros?

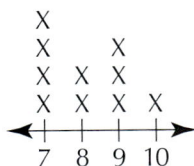

```
X
X    X
X  X  X
X  X  X  X
←─┼──┼──┼──┼─→
  7  8  9  10
```

Hay 3 X sobre el 9, por tanto, 3 Superlectores leyeron 9 libros.

Libros leídos este año en el club de Superlectores

Recuerda que cada X de un diagrama de puntos representa un número en los datos.

¿Cuántos Superlectores leyeron

1. 8 libros? 2. 7 libros?

3. ¿Cuál es el mayor número de libros leídos por un Superlector?

4. Sentido numérico ¿Hay algún valor extremo en los datos? Explícalo.

Grupo 4-8 (páginas 208–211)

¿Qué animal tiene 32 dientes?

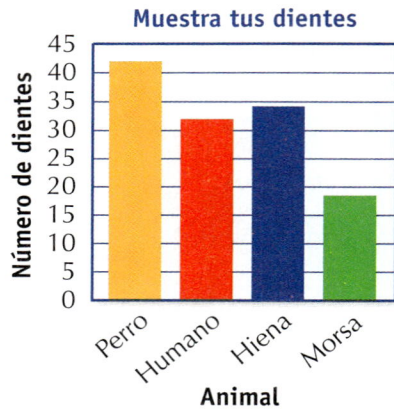

Muestra tus dientes

La barra que está justo sobre la línea de 30 es la de los humanos. Los humanos tienen 32 dientes.

Recuerda que al dibujar una gráfica de barras debes usar una escala que comience en 0 y que vaya más allá del número mayor en los datos.

1. ¿De qué trata la gráfica?

2. ¿Cuál es la escala de la gráfica?

3. ¿Qué animal tiene 34 dientes?

4. ¿Aproximadamente, cuántos dientes más tienen los perros que los humanos?

Grupo 4-9 (páginas 212–215)

Identifica el par ordenado del punto *A*.

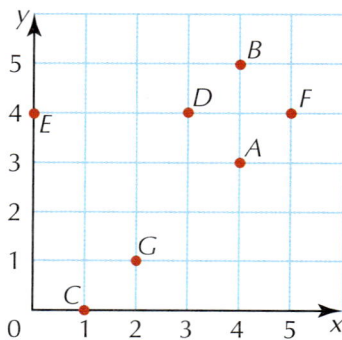

Para llegar de 0 a *A*, muévete 4 unidades a la derecha y 3 unidades hacia arriba. El par ordenado de *A* es (4, 3).

Recuerda que el primer número de un par ordenado indica cuánto moverse hacia la derecha.

Identifica el par ordenado de cada punto.

1. *G*   2. *D*   3. *C*

Indica la letra del punto que representa cada par ordenado.

4. (4, 5)   5. (5, 4)   6. (0, 4)

Grupo 4-10 (páginas 216–219)

¿En qué año había aproximadamente 50 millones de suscriptores?

Suscriptores de telefonía inalámbrica

La gráfica cruza la línea que indica 50 millones aproximadamente en medio de 1996 y 1998.

Recuerda que las gráficas lineales muestran cambios en los datos a través del tiempo.

1. ¿En qué año había aproximadamente 60 millones de suscriptores de telefonía inalámbrica?

2. ¿Entre qué par de años aumentó más el número de suscriptores?

3. ¿Cuál es la tendencia de los datos?

En 1997 había aproximadamente 50 millones de suscriptores de telefonía inalámbrica.

Grupo 4-11 (páginas 222–223)

¿Viaja Stacey lejos de casa o hacia su casa?

Viaje de Stacey

Minutos	0	2	4	6	8
Millas de casa	5	4	2	1	0

Dibuja una gráfica.

El viaje es hacia su casa.

Viaje

Recuerda que puedes hacer una gráfica para resolver problemas.

1. ¿Cómo varió la distancia de Stacey a casa de minuto en minuto?

2. ¿Entre qué par de minutos avanzó más Stacey?

Grupo 4-12 (páginas 226–229)

Halla la mediana, la moda y el rango de los datos: 15, 12, 9, 11, 10.

Ordena los datos: 9, 10, 11, 12, 15.

La mediana es el número de la mitad, 11.

No hay moda. El rango es 15 − 9 = 6.

Recuerda que la mediana es el número de la mitad cuando los datos están ordenados.

Halla la mediana, la moda y el rango.

1. 6, 7, 5, 7, 9   **2.** 347, 350, 339

3. 17, 18, 18, 12, 3   **4.** 724, 564, 649

Grupo 4-13 (páginas 230–231)

¿A cuántas personas encuestadas les gusta más ver basquetbol?

A nueve personas les gusta más ver basquetbol.

Deporte que prefieren ver

Fútbol americano	ЖЖ ЖЖ II
Béisbol	IIII
Basquetbol	ЖЖ IIII

Recuerda que puedes hacer una encuesta para dar respuesta a una pregunta.

1. ¿A cuántas personas encuestadas les gusta más ver béisbol?

2. ¿Cuál fue el deporte que más nombraron las personas?

Grupo 4-14 (páginas 232 –233)

Según la gráfica, ¿cuántas veces más rápido corre un guepardo que un gato?

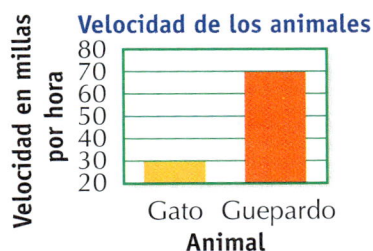

Velocidad de los animales

Un guepardo parece correr 5 veces más rápido que un gato.

Recuerda que una gráfica puede ser engañosa.

1. ¿Es un guepardo 5 veces más rápido que un gato?

2. ¿Por qué es engañosa la gráfica?

Grupo 4-1 (páginas 190–191)

Escribe de dos maneras la hora que muestra cada reloj.

1.

2.

3.

4. 3:56

5. Sentido numérico Escribe una hora razonable para almorzar. Incluye A.M. o P.M.

Grupo 4-2 (páginas 192–195)

Escribe >, < o = en cada ⬤.

1. 52 años ⬤ 5 décadas

2. 35 días ⬤ 5 semanas

3. 30 meses ⬤ 2 años

4. 18 décadas ⬤ 2 siglos

5. 1 año ⬤ 1 año bisiesto

6. 3 días ⬤ 70 horas

7. Sentido numérico ¿Cuánto demoras aproximadamente en ir a la escuela?

Grupo 4-3 (páginas 196–197)

Halla el tiempo transcurrido.

1. Empieza: 7:25 P.M.
Acaba: 9:15 P.M.

2. Empieza: 8:15 A.M.
Acaba: 3:05 P.M.

3. Empieza: 8:18 A.M.
Acaba: 11:05 A.M.

4. Empieza: 9:30 A.M.
Acaba: 10:45 A.M..

5. Empieza: Mediodía
Acaba: 2:00 A.M..

6. Empieza: 3:38 P.M.
Acaba: 4:26 P.M.

7. Un corte de luz detuvo el reloj a las 8:05. La energía volvió 45 minutos después. ¿A qué hora debe ponerse el reloj?

Grupo 4-4 (páginas 198–199)

Usa el horario.

¿Cuánto tiempo está planeado para

1. viajar?

2. recorrer el museo?

3. almorzar?

4. visitar el parque?

5. **Escritura en matemáticas** Escribe dos oraciones que comparen los datos del Horario del paseo escolar.

Horario del paseo escolar

Actividad	Comienza	Finaliza
Viaje	8:10 A.M.	9:25 A.M.
Recorrer el museo	9:30 A.M.	11:15 A.M.
Almorzar	11:30 A.M.	12:20 P.M.
Visitar el parque	12:30 P.M.	1:10 P.M.

Grupo 4-5 (páginas 200–201)

1. Halla la fecha que corresponde a dos semanas antes del 20 de octubre.

2. **Razonamiento** ¿Qué día de la semana es el último día de septiembre?

Octubre						
D	**L**	**M**	**M**	**J**	**V**	**S**
		1	2	3	4	5
6	7	8	9	10	11	12
13	14	15	16	17	18	19
20	21	22	23	24	25	26
27	28	29	30	31		

Grupo 4-6 (páginas 204–205)

¿Cuántas sombrillas se alquilaron el

1. sábado?   2. lunes?

¿Cuántas sombrillas más se alquilaron

3. el sábado que el viernes?   4. el domingo que el miércoles?

5. ¿En qué día se alquilaron más sombrillas?

Alquiler de sombrillas de playa: semana del 7 de julio

Domingo	🌂🌂🌂🌂🌂🌂🌂
Lunes	🌂🌂🌂
Miércoles	🌂
Viernes	🌂🌂🌂🌂
Sábado	🌂🌂🌂🌂🌂

Cada 🌂 = 10 sombrillas alquiladas.

Grupo 4-7 (páginas 206–207)

Usa el diagrama de puntos de la derecha.

1. ¿Cuál es la cantidad de libros que más estudiantes leyeron?

En octubre, ¿cuántos estudiantes leyeron

2. 4 libros?

3. 2 libros?

4. **Razonamiento** ¿Cuál es el mayor número de libros leídos?

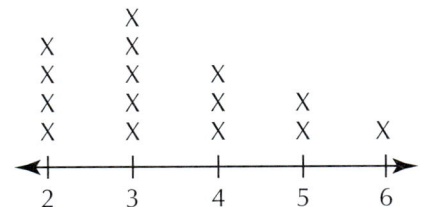

```
                  X
      X           X
      X           X       X
      X           X       X       X
      X           X       X       X       X
      <—+———————+———————+———————+———————+—>
        2       3       4       5       6
```
Libros leídos en octubre por la clase de la maestra Payne

Grupo 4-8 (páginas 208–211)

Usa la gráfica de barras de la derecha.

¿Cuántos estudiantes se ausentaron el

1. miércoles?   2. martes?

¿Cuántos estudiantes más se ausentaron el jueves

3. que el viernes?   4. que el martes?

5. ¿En qué día hubo más estudiantes ausentes?

Ausencias en cuarto grado

Número de ausencias

10
8
6
4
2
0

Lun. Mar. Mié. Jue. Vie.

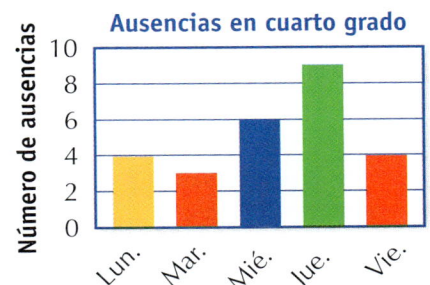

Semana del 4 de enero

Grupo 4-9 (páginas 212–215)

Identifica el par ordenado de cada punto.

1. B **2.** E **3.** F

Indica la letra del punto que representa cada par ordenado.

4. (1, 1) **5.** (5, 4) **6.** (4, 0)

7. Escribe los pares ordenados que podrías usar para formar la figura de la izquierda.

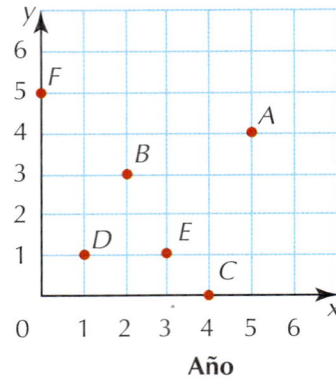

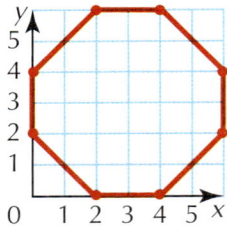

Grupo 4-10 (páginas 216–219)

La gráfica lineal representa el número de CDs de música que se vendieron y despacharon durante varios años.

Aproximadamente, ¿cuántos CDs de música se despacharon en los siguientes años?

1. 1992 **2.** 2000

3. ¿En qué año se despacharon aproximadamente 710 millones de CDs?

4. ¿Aumentó más el número de CDs despachados entre 1992 y 1994 o entre 1998 y 2000?

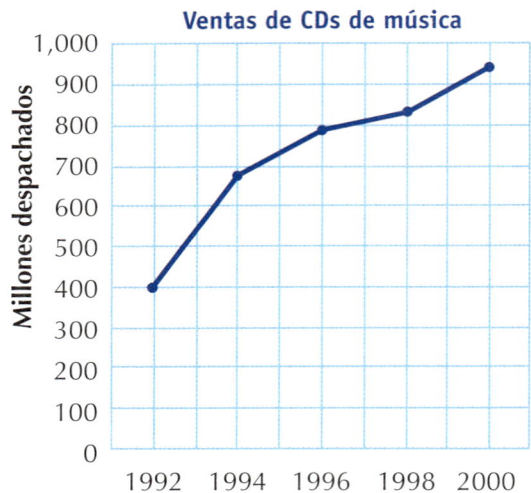

5. Razonamiento ¿Cuál es la tendencia de los datos?

Ventas de CDs de música

Grupo 4-11 (páginas 222–223)

Copia y completa la gráfica para resolver el problema.

1. Shelton practica el salto largo. ¿Entre qué días sucesivos mejoró más?

Salto largo de Shelton: mejor salto diario en pulgadas

Lunes	Martes	Miércoles	Jueves
34	40	43	52

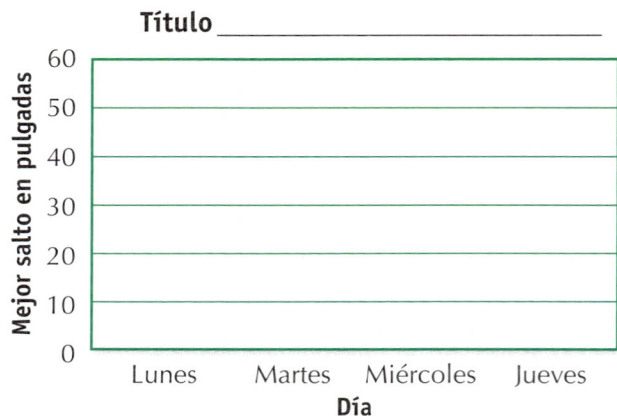

Título _____

Grupo 4-12 (páginas 226–227)

Halla la mediana, la moda y el rango de cada conjunto de datos.

1. 43, 45, 44, 45, 42

2. 8, 7, 6, 7, 7, 5, 5

3. 83, 82, 79, 90, 82

4. 2, 1, 1, 3, 1, 1, 7, 2, 4

5. 53, 52, 58, 52, 60, 52, 58

6. 293, 300, 304, 298, 293

7. 592, 600, 704, 691, 625, 648, 691, 595, 656

8. 28, 30, 28, 25, 32, 24, 36, 32, 29, 25, 32, 38, 26

9. 3, 9, 10, 8, 4, 4, 2, 7, 1, 5, 3, 4, 6, 3, 2, 4, 8

10. Sentido numérico Si se agregara un 10 a los datos del Ejercicio 2, ¿cambiaría el rango? ¿Qué pasaría si se agregara un 6 en lugar del 10? Explícalo.

Grupo 4-13 (páginas 230–231)

En los Ejercicios 1 a 4 usa los datos de la tabla de conteo de la derecha.

Color favorito

Rojo	ЖЖ ЖЖ
Azul	ЖЖ |||
Verde	ЖЖ	
Anaranjado	||||
Morado	||

1. ¿A cuántas personas encuestadas les gusta más el azul?

2. ¿Cuántas personas fueron encuestadas?

3. ¿Qué color prefiere la mayoría de las personas?

4. Razonamiento Si se encuestara al doble de personas, ¿cuántas crees que dirían que prefieren el anaranjado? Explícalo.

5. Escritura en matemáticas Haz una encuesta para hallar el color favorito de los estudiantes de tu clase. Escribe la pregunta que harás. Anota tus resultados en una tabla de conteo.

Grupo 4-14 (páginas 232–233)

Usa la gráfica de barras de la derecha.

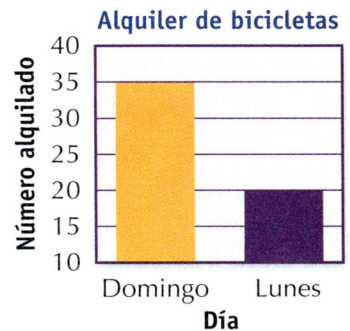

1. Según la gráfica, ¿aproximadamente cuántas veces más bicicletas parecen haberse alquilado el domingo que el lunes?

2. ¿Cuántas bicicletas se alquilaron cada día?

3. ¿Se alquiló el doble de bicicletas el domingo que el lunes?

4. Razonamiento ¿Por qué es engañosa la gráfica Alquiler de bicicletas?

Alquiler de bicicletas

Multiplicación por números de un dígito

DIAGNOSTICAR EL NIVEL

A Vocabulario
(páginas 20, 124)

Escoge del cuadro el término más adecuado.

1. En la oración numérica $4 \times 7 = 28$, 4 es un __?__ y 28 es un __?__.

2. Un grupo de objetos ordenados en filas y columnas se llama __?__.

3. Cuando estimas a la decena o centena más cercana, puedes __?__.

Vocabulario

- **matriz** *(p. 124)*
- **factor** *(p. 124)*
- **redondear** *(p. 20)*
- **producto** *(p. 124)*

B Operaciones de multiplicación
(páginas 128–135)

4. 4×5 5. 6×7 6. 8×4

7. 7×8 8. 9×6 9. 6×8

10. 9×7 11. 7×7 12. 8×9

13. Dibuja una matriz que represente 4×8.

14. Hay 5 barras de pegamento en una caja. ¿Cuántas barras de pegamento hay en total en 7 cajas?

¿Cuánto tiempo se necesitaría para llenar el tanque de combustible de un avión *jumbo* en la gasolinera más cercana?

Lo descubrirás en la Lección 5-12.

STEPHEN BIESTY'S
INCREDIBLE
CROSS-SECTIONS

C **Redondear**
(páginas 20–21)

15. ¿Qué número está en la mitad entre 40 y 50?

16. ¿Qué número está en la mitad entre 300 y 400?

Redondea cada número a la centena más cercana.

17. 436   **18.** 765   **19.** 652

20. 149   **21.** 351   **22.** 599

23. Explica cómo redondear 549 a la posición de las centenas.

D **Multiplicar por 10, 100 ó 1,000** *(Grado 3)*

24. 5×10 **25.** 8×10

26. 6×10 **27.** 2×100

28. 3×100 **29.** 7×100

30. $4 \times 1,000$ **31.** $9 \times 1,000$

32. La meta de Carrie era recorrer 100 millas diarias en bicicleta durante 5 días. ¿Cuántas millas recorrerá si logra su meta?

Idea clave

Un patrón te puede ayudar a multiplicar por números como 40, 300 u 8,000.

Vocabulario

- producto (p. 124)

Materiales

- calculadora

Piénsalo bien

Puedo **buscar un patrón** para hallar una regla.

$3 \times 6 = 18$

$3 \times 60 = 180$

$3 \times 600 = 1,800$

$3 \times 6,000 = $

Multiplicar por múltiplos de 10, 100 ó 1,000

APRENDE

Actividad

¿Cuál es la regla?

a. Usa calculadora para hallar los productos que faltan.

$3 \times 4 = 12$	$2 \times 3 = 6$	$4 \times 7 = 28$
$3 \times 40 = $	$2 \times 30 = $	$4 \times 70 = $
$3 \times 400 = $	$2 \times 300 = $	$4 \times 700 = $
$3 \times 4,000 = $	$2 \times 3,000 = $	$4 \times 7,000 = $

b. Halla cada producto sin usar calculadora. Después, comprueba tus respuestas con una calculadora.

4×8	7×5	6×9
4×80	7×50	6×90
4×800	7×500	6×900
$4 \times 8,000$	$7 \times 5,000$	$6 \times 9,000$

c. Explica una regla que indique cómo hallar cada producto.

¿Se cumple siempre la regla?

¡Ya sé! Hay 2 ceros en 400. Por tanto, según la regla, el producto siempre tendrá exactamente 2 ceros.

No siempre. Depende.

Cuando multiplicas por 400, ¿cuántos ceros hay en el producto? Esto es lo que Tom y Susi pensaron.

✓ Hablemos

1. **Razonamiento** ¿Quién tiene la razón? Usa 6×400 y 5×400 para decidirlo. Explícalo.

2. ¿Cuántos ceros tienen los productos de 5×200, 5×600 y 5×800?

Halla los productos. Calcula mentalmente.

1. $4 \times 70 =$ ▢

2. $5 \times 600 =$ ▢

3. $7 \times 4,000 =$ ▢

4. Sentido numérico Indica qué número va en el espacio en blanco. Para hallar $4 \times 7,000$, multiplica 4 por 7. Después, escribe ▢ ceros al final.

PRÁCTICA

Más práctica: Grupo 5-1, página 308

Ⓐ Destrezas y comprensión

Halla los productos. Calcula mentalmente.

5. 2×30 **6.** 10×7 **7.** 4×80 **8.** 7×50 **9.** 8×50

10. 5×200 **11.** 200×8 **12.** 6×600 **13.** 9×500 **14.** 4×800

15. $3 \times 2,000$ **16.** $7 \times 4,000$ **17.** $9 \times 5,000$ **18.** $8,000 \times 8$ **19.** $4 \times 5,000$

20. Sentido numérico Indica qué número va en el espacio en blanco. Para hallar 3×600, multiplica 3 por 6. Después, escribe ▢ ceros al final.

Ⓑ Razonamiento y resolución de problemas

Un brazo tiene 20 veces más millas de vasos sanguíneos que una mano, y un cuerpo humano completo tiene 6,000 veces más. Di cuántas millas hay en:

Hay 9 millas de vasos sanguíneos en la mano.

21. un brazo **22.** el cuerpo humano completo

23. **Escritura en matemáticas** Explica por qué el producto de 6×500 tiene tres ceros aunque hay sólo dos ceros en 500.

Repaso mixto y preparación de exámenes

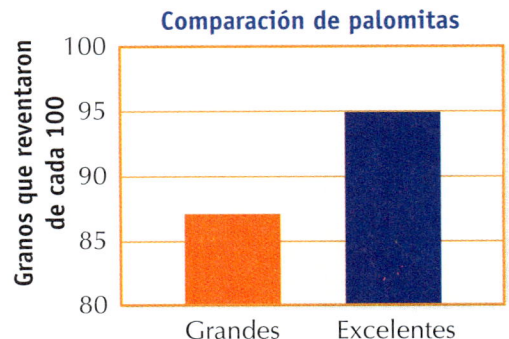

En la INTERNET
Preparación de exámenes
www.scottforesman.com

24. **Escritura en matemáticas** Explica por qué la gráfica de la derecha es engañosa.

25. ¿Cuál de estos números es igual a 20 centenas?

A. 20 **C.** 2,000

B. 200 **D.** 20,000

Comparación de palomitas

Granos que reventaron de cada 100

100	
95	
90	
85	
80	
	Grandes Excelentes

Idea clave
Para estimar, usa factores que puedas multiplicar mentalmente.

Vocabulario
• redondear (p. 20)
• números compatibles
• estimación por defecto (p. 72)
• estimación por exceso (p. 72)

EN LOS EXÁMENES

Piénsalo bien

• Sólo necesito una **estimación** porque lo que necesito saber es si hay suficiente.

• Puedo **hacer un dibujo** para mostrar la idea principal.

Estimar productos

APRENDE

¿Respuesta exacta o estimación?

Un oso panda consume 150 libras de bambú en un fin de semana. El guardián del zoológico tiene 4 sacos de bambú de 26 libras cada uno. ¿Son suficientes para alimentar al oso panda durante el fin de semana?

Tiene
(26) (26) (26) (26)
Necesita 150
Estima 4 × 26. Después, compara esa estimación con 150.

PREPÁRATE

Redondea a la posición del dígito subrayado.

1. 68   2. 52

3. 81   4. 35

5. 465   6. 350

7. Estima el costo total de un televisor de $498 y una video-casetera de $217.

26 libras

¿Cuáles son algunas maneras de estimar?

Ejemplo A

Estima 4 × 26.

Los **números compatibles** son números con los que es fácil calcular mentalmente.

Una manera

Lucy **redondeó.**

Redondeé 26 a 30.
4 × 26
4 × 30 = 120
Por tanto, 4 × 26 es aproximadamente 120.

Como 26 se redondeó a 30, Lucy halló una estimación por exceso. El producto exacto es menor que 120.

Otra manera

Alberto usó **números compatibles.**

Sustituí 26 con 25.
4 × 26
4 × 25 = 100
Por tanto, 4 × 26 es aproximadamente 100.

Como en lugar de 26 se usó 25, Alberto halló una estimación por defecto. El producto exacto es mayor que 100.

Las dos estimaciones son menores que 150. Se necesitan 150 libras, así que no hay suficiente alimento para el oso durante el fin de semana.

En estos ejemplos se usan números más grandes.

Conejos

- Cada uno consume 8 onzas de alimento al día.

- Cada uno pesa 2 libras.

Jirafas

- Cada una consume 243 veces más que un conejo.

- Cada una pesa 2,179 veces más que un conejo.

Ejemplo B

¿Aproximadamente cuántas onzas de alimento consume la jirafa por día?

Estima 8 × 243 usando números compatibles.

8 × 243
↓
8 × 250 = 2,000

Cuatro veces 250 es 1,000. Ocho veces 250 es 2,000.
Por tanto, 8 × 243 es aproximadamente 2,000.

La jirafa consume aproximadamente 2,000 onzas de alimento al día.

Ejemplo C

Aproximadamente cuántas libras pesa la jirafa?

Estima 2 × 2,179 usando redondeo.

2 × 2,179
↓
2 × 2,000 = 4,000

2,179 se redondea a 2,000.
Por tanto, 2 × 2,179 es aproximadamente 4,000.

La jirafa pesa aproximadamente 4,000 libras.

✔ **Hablemos**

1. En el Ejemplo A, ¿qué números compatibles usó Alberto?

2. En el ejemplo B, ¿es 2,000 una estimación por exceso o una estimación por defecto?

3. **Razonamiento** En el Ejemplo C, ¿cómo sabes si la respuesta exacta a 2 × 2,179 se aproxima más a 2 × 2,000 = 4,000 o a 2 × 3,000 = 6,000?

COMPRUEBA ✔

Otro ejemplo: Grupo 5-2, página 304

Estima cada producto.

1. 5 × 82   2. 53 × 3   3. 6 × 33   4. 4 × 678   5. 463 × 7

6. **Sentido numérico** Estima para determinar si 4 × 68 es menor o mayor que 280. Explica cómo lo determinaste.

A Destrezas y comprensión

7. 6×34 está cerca de $6 \times$ ▢.

8. 7×284 está cerca de $7 \times$ ▢.

Estima cada producto.

9. 4×56	**10.** 9×62	**11.** 8×105	**12.** 3×97	**13.** 4×77
14. 6×82	**15.** 26×5	**16.** 7×395	**17.** 5×625	**18.** 9×58
19. 6×145	**20.** 59×6	**21.** 4×677	**22.** 8×804	**23.** 3×75
24. 8×458	**25.** 2×399	**26.** 7×998	**27.** $9 \times 5,064$	**28.** 8×949

29. Sentido numérico Haz una estimación para saber si 6×412 es menor o mayor que 2,400. Explica cómo lo hiciste.

B Razonamiento y resolución de problemas

Matemáticas y ciencias

Usa la gráfica de barras a la derecha en los Ejercicios 30 a 35. Los elefantes son los animales terrestres más grandes. Estima qué cantidad de cada alimento consume un elefante del zoológico en 6 meses.

30. Zanahorias

31. Manzanas

32. Alimento preparado

33. Heno

34. Estima cuántas libras de alimento consume un elefante del zoológico en 1 mes.

35. ¿Cuántas libras más de heno que de manzanas consume en un mes un elefante del zoológico?

Cantidad de alimento que consume un elefante del zoológico en un mes

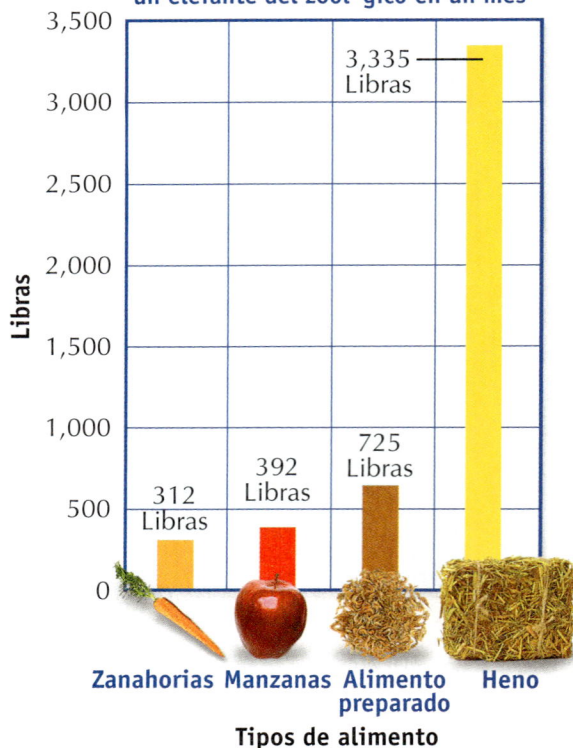

Gráfica: Libras (eje vertical, 0 a 3,500). Zanahorias 312 Libras, Manzanas 392 Libras, Alimento preparado 725 Libras, Heno 3,335 Libras. Tipos de alimento (eje horizontal).

36. Escritura en matemáticas ¿Es correcta la siguiente explicación? Si no lo es, di por qué y escribe una explicación correcta.

> ¿Está la respuesta exacta a 7×234 más cerca de $7 \times 200 = 1,400$ o de $7 \times 300 = 2,100$? Explícalo.
>
> *Creo que la respuesta exacta a 7 × 234 está más cerca de 2,100 porque 234 es mayor que 200.*

EN LOS EXÁMENES

Piénsalo bien

- Debo **comprobar si la respuesta está completa.**
- Debo **comprobar si la respuesta tiene sentido.**

C Un paso adelante

Sentido numérico En los Ejercicios 37 a 39, estima para hallar dos números cuyo producto esté entre:

37. 1,200 y 1,500.　　　　**38.** 600 y 800.　　　　**39.** 5,000 y 10,000.

Repaso mixto y preparación de exámenes

En la INTERNET
Preparación de exámenes
www.scottforesman.com

Halla las respuestas.

40. 453 + 5,788　　　　**41.** 3,000 × 8　　　　**42.** $25.13 − $18.45

43. ¿Cuántos lados tiene un rectángulo?

44. ¿Cuántos cuartos hay en un galón?

45. ¿Cuál de estas sumas está más cerca de 28 + 69?

　A. 20 + 60　　　**C.** 30 + 60

　B. 20 + 70　　　**D.** 30 + 70

46. **Álgebra** Si $n = 37$, ¿cuál es el valor de $87 + n - 9$?

　A. 41　　　**C.** 115

　B. 78　　　**D.** 133

47. **Escritura en matemáticas** Ana tiene una hermana mayor llamada Ruth. Digamos que a representa la edad de Ana. Escribe un problema que se pueda resolver usando la ecuación $a + 3 = 15$.

48. Ed tiene 28 años y conduce 18 millas de ida y vuelta a su trabajo. ¿Aproximadamente a cuántas millas está su casa del trabajo?

　A. 9 millas　　　**C.** 14 millas

　B. 10 millas　　　**D.** 46 millas

Juego de práctica

El juego de estimar multiplicaciones

Jugadores: 4　　**Material:** Rueda giratoria con números del 1 al 8

Los jugadores se turnan. En cada turno, un jugador hace girar la flecha 4 veces para obtener 4 dígitos que pueden colocarse en cualquiera de los espacios en blanco.

　　　×

El jugador redondea para estimar el producto. Esa estimación es el número de puntos que el jugador obtiene en ese turno. Gana el primer jugador que alcanza 50,000 puntos.

Idea clave
La manera de hallar productos mentalmente depende de los tipos de números que usas al calcular.

Vocabulario
- descomponer (p. 62)
- números compatibles (p. 258)

Cálculo mental

APRENDE

✓ **PREPÁRATE**

1. 40×2 2. $60 + 8$

3. $70 - 7$ 4. 200×3

5. 500×4 6. $160 + 28$

¿Cuáles son algunas de las maneras de multiplicar mentalmente?

Ejemplo A

Halla 2×64 al **descomponer** los números.

PASO 1 Usa el valor posicional para descomponer 64 en 60 y 4.

$$64 = 60 + 4$$

PASO 2 Piensa en 2×64 como 2×60 y 2×4.

$$(2 \times \boxed{60}) + (2 \times \boxed{4})$$
$$120 \quad + \quad 8$$

PASO 3 Suma los productos parciales para obtener el total.
$$120 + 8 = 128$$

$$2 \times 64 = 128$$

Ejemplo B

Halla 18×3 usando **números compatibles.**

PASO 1 Sustituye 18 con un número compatible que sea fácil de multiplicar por 3.

$$18 \times 3$$
$$\downarrow \quad \text{Suma 2 para}$$
$$20 \times 3 \quad \text{obtener 20.}$$

PASO 2 Halla el nuevo producto.

$$20 \times 3 = 60$$

PASO 3 Ahora ajústalo. Resta 2 grupos de 3.
$$60 - 6 = 54.$$

$$18 \times 3 = 54$$

✔ Hablemos

1. ¿Puedes hallar 3×18 al descomponer? Explícalo.

2. ¿Por qué son 20 y 3 números compatibles?

3. ¿Cómo puedes hallar 4×19 usando números compatibles?

Ya entiendo.
18×3 significa 18 grupos de 3.

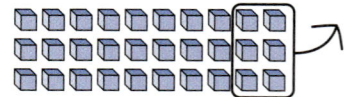

Como hallé 20 grupos de 3, necesito restar 2 grupos de 3 para obtener la respuesta final.

Usa el método para descomponer para hallar cada producto mentalmente.

1. 4×36 **2.** 8×52 **3.** 63×2 **4.** 81×4 **5.** 41×92

Usa números compatibles para hallar cada producto mentalmente.

6. 3×32 **7.** 28×5 **8.** 4×79 **9.** 58×3 **10.** 8×59

11. Sentido numérico ¿Qué método usarías para hallar 48×6? Explica.

PRÁCTICA

Más práctica: Grupo 5-3, página 308

Ⓐ Destrezas y comprensión

Usa cálculo mental para hallar cada producto.

12. 32×6 **13.** 7×19 **14.** 8×61 **15.** 59×5 **16.** 4×15

17. 51×9 **18.** 99×8 **19.** 32×5 **20.** 3×72 **21.** 29×6

22. 7×39 **23.** 59×3 **24.** 38×6 **25.** 5×71 **26.** 83×4

27. 9×81 **28.** 5×29 **29.** 9×21 **30.** 6×51 **31.** 5×78

32. Sentido numérico ¿Cómo calcularías mentalmente 26×8?

Ⓑ Razonamiento y resolución de problemas

33. Álgebra En $a \times c = 128$, a es un número de un solo dígito y c es un número de dos dígitos. ¿Qué números podrían representar a y c?

34. Escritura en matemáticas El cuento exagerado de Paul Bunyan dice que su estatura era 3 veces la altura de un árbol de 28 pies. Los cuernos de su buey, *Babe*, eran tan anchos como cuatro veces un río de 25 pies. ¿Cuál era la estatura de Paul Bunyan? ¿Cuál era el ancho de los cuernos de *Babe*? Explica cómo hallaste las respuestas.

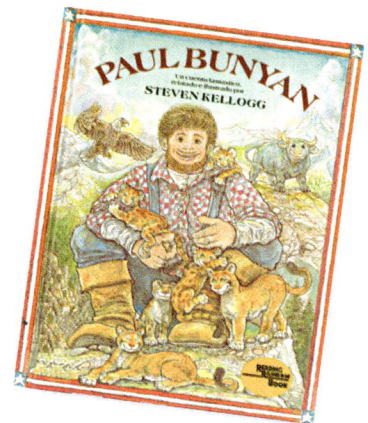

PAUL BUNYAN
Un cuento famoso de...
relatado e ilustrado por
STEVEN KELLOGG

Repaso mixto y preparación de exámenes

En la INTERNET
Preparación de exámenes
www.scottforesman.com

Halla las respuestas.

35. $2{,}500 - 375$ **36.** $906 + 48$ **37.** $314 + 108 + 36$

38. ¿Cuál es una estimación razonable para $8{,}892 + 2{,}388$?

A. 11,000 **B.** 16,000 **C.** 100,000 **D.** 110,000

EN LOS EXÁMENES

Piénsalo bien
• Puedo **usar la multiplicación** cuando estoy uniendo grupos iguales.
• Puedo **usar objetos** para **resolver un problema más sencillo.**

Usar matrices para multiplicar

APRENDE

Actividad

¿Cómo multiplicas con una matriz?

Una matriz es un conjunto de objetos ordenados en filas iguales. La foto muestra una matriz de ventanas. A continuación se muestra cómo hallar el producto de 5 × 15 usando una matriz de bloques de valor posicional.

Paso 1: Usa bloques de valor posicional para construir la matriz.

5 filas de 1 decena y 5 unidades.

Paso 2: Descompón la matriz en unidades y decenas.

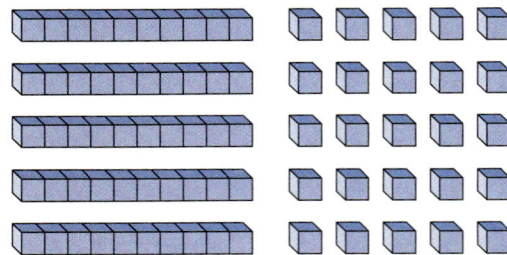

5 filas de 1 decena
$5 \times 10 = 50$

5 filas de 5 unidades
$5 \times 5 = 25$

Paso 3: Suma las decenas y las unidades. Da el producto.

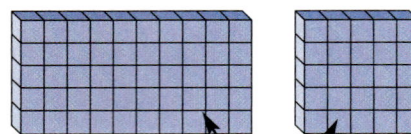

$50 + 25 = 75$
Por tanto, $5 \times 15 = 75$.

a. Usa bloques de valor posicional para construir cada matriz. Sigue los pasos anteriores para hallar cada producto.

2×14 3×16 2×24 3×12 2×32

b. Explica por qué descomponer la matriz de 2×24 en decenas y unidades es como resolver dos problemas más sencillos. ¿Cuáles son esos dos problemas más sencillos?

Actividad

¿Cómo anotas lo que mostraste en la matriz?

Ésta es una manera de anotar lo que haces cuando usas una matriz de bloques de valor posicional para hallar el producto de 2×26.

Lo que **muestras**	Lo que **escribes**
2×26	

$2 \times 20 = 40$ $2 \times 6 = 12$

$40 + 12 = 52$

$$
\begin{array}{r}
26 \\
\times\ 2 \\
\hline
12 \\
40 \\
\hline
52
\end{array}
$$

2×6 unidades

2×2 decenas

Los números 12 y 40 son <mark>productos parciales</mark>; 52 es el producto.

a. Usa bloques de valor posicional para construir cada matriz. Sigue el método anterior para hallar cada producto.

2×16 $\qquad$ 3×26 $\qquad$ 2×21 $\qquad$ 3×13 $\qquad$ 2×22

b. En la matriz anterior, ¿dónde ves 12? ¿Dónde ves 40?

c. ¿Cuáles son los productos parciales de cada uno de los productos anteriores? ¿Cuál es el producto?

En la INTERNET
Más ejemplos
www.scottforesman.com

COMPRUEBA ✓

Otro ejemplo: Grupo 5-4, página 305

Usa bloques o haz un dibujo para construir una matriz.
Luego copia y completa el cálculo.

1.
$$
\begin{array}{r}
15 \\
\times\ 3 \\
\hline
\end{array}
$$

2.
$$
\begin{array}{r}
14 \\
\times\ 5 \\
\hline
\end{array}
$$

EN LOS EXÁMENES

Piénsalo bien
Haré dibujos para mostrar bloques. **Dibujaré** segmentos para las decenas y puntos para las unidades.

o ● ● ● ● ●

3.
$$
\begin{array}{r}
21 \\
\times\ 7 \\
\hline
\end{array}
$$

4.
$$
\begin{array}{r}
13 \\
\times\ 6 \\
\hline
\end{array}
$$

5. Sentido numérico ¿Cuáles son los dos problemas más sencillos que podrías usar para resolver 3×24? (Pista: Piensa en decenas y unidades.)

A Destrezas y comprensión

Usa la matriz para hallar los productos parciales y el producto.
Copia y completa el cálculo.

6.
$$\begin{array}{r} 23 \\ \times\ 3 \\ \hline \end{array}$$

7.
$$\begin{array}{r} 18 \\ \times\ 6 \\ \hline \end{array}$$

8.
$$\begin{array}{r} 16 \\ \times\ 3 \\ \hline \end{array}$$

9.
$$\begin{array}{r} 12 \\ \times\ 4 \\ \hline \end{array}$$

10.
$$\begin{array}{r} 25 \\ \times\ 2 \\ \hline \end{array}$$

11.
$$\begin{array}{r} 18 \\ \times\ 3 \\ \hline \end{array}$$

12. 2×17

13. 5×14

14. 3×26

15. 3×27

16. **Sentido numérico** Señala dos problemas más sencillos en que podrías descomponer 5×38. (Pista: Piensa en decenas y unidades.)

B Razonamiento y resolución de problemas

Matemáticas y arte

Casa en la ribera del río

A fines del siglo XIX, Leo Gausson pintó la *Casa en la ribera del río* usando puntos de pintura. En 2001, un artista hizo por computadora la Figura 2. La computadora almacenó el dibujo usando matrices de cuadritos llamados píxels.

Figura 1

17. Una parte de la Figura 2 tiene 9 filas de 15 píxels. Otra parte tiene 8 filas de 24 píxels. ¿Cuántos píxels hay en total?

18. **Escritura en matemáticas** Sin usar los bloques, escribe una descripción de una matriz de bloques de valor posicional para el producto de 6×48.

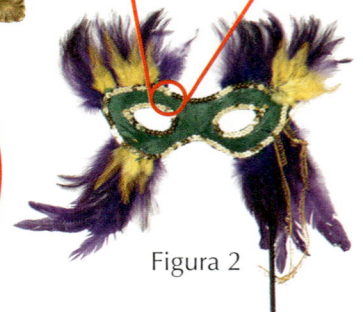

Figura 2

Repaso mixto y preparación de exámenes

En la INTERNET
Preparación de exámenes
www.scottforesman.com

Usa cálculo mental para hallar cada producto.

19. 19×4 **20.** 99×6 **21.** 7×41 **22.** 2×38

23. ¿Cuál de estas respuestas es la correcta?

A. $2 \times 8 = 48$ **B.** $9 \times 8 = 74$ **C.** $39 - 10 = 19$ **D.** $40 + 8 = 48$

Ampliación
La propiedad distributiva

Álgebra Como se muestra a continuación, la propiedad distributiva te permite descomponer problemas como 3×21 en dos problemas más sencillos.

Lo que ves	Por qué funciona
	$3 \times 21 = 3 \times (20 + 1)$ Descompón 21 usando el valor posicional.
	$= (3 \times 20) + (3 \times 1)$ Propiedad distributiva
	$= \quad 60 \quad + \quad 3$ Halla los productos.
	$= \quad 63$ Suma los productos.

Muestra cómo la propiedad distributiva se puede usar para hallar cada producto.

1. 4×35 **2.** 7×36 **3.** 6×52 **4.** 8×43

Aprender con tecnología
Usar matrices para multiplicar

Halla el producto de 4×23 usando el área de matriz en Bloques de valor posicional de eTools. Para hallar 4×23, dibuja una caja con 23 unidades de ancho y 4 unidades de alto. Empieza a llenar la caja con filas de bloques de 2 decenas y bloques de 3 unidades.

1. ¿Cómo cambian los números de unidades y decenas y el total indicado en el odómetro mientras construyes la matriz?

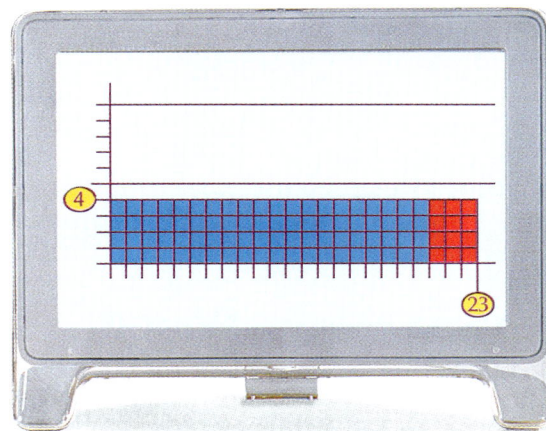

Para los Ejercicios 2 a 4, primero estima cada producto. Luego, compara el total de la estimación con el total que aparece en el odómetro.

2. 5×13 **3.** 6×52 **4.** 7×73

¿Lo sabes hacer?

¿Lo entiendes?

Multiplicar por múltiplos de 10, 100 ó 1,000 (5-1)

Halla estos productos.

1. 3×40

2. 5×200

3. $6 \times 7,000$

4. 4×500

5. 7×400

6. $2 \times 6,000$

A Explica cómo hallaste la respuesta al Ejercicio 3.

B Si estás multiplicando por 400, ¿cuándo tendrá el producto más de 2 ceros? Explica por qué.

Estimar productos (5-2)

Estima cada producto.

7. 2×47

8. 5×355

9. 6×705

10. 3×73

11. 5×584

12. 8×99

C Describe dos maneras de estimar 4×23.

D ¿Es tu estimación para el ejercicio 9 una estimación por exceso o una estimación por defecto? Explícalo.

Cálculo mental (5-3)

Usa cálculo mental para hallar cada producto.

13. 48×3

14. 7×24

15. 73×2

16. 9×65

17. 22×8

18. 39×5

E Di en qué ejercicios usaste el método para descomponer.

F Di cómo podrías usar los números compatibles para hallar el producto en el Ejercicio 14.

Usar matrices para multiplicar (5-4)

Usa una matriz para hallar cada producto.

19.
$$\begin{array}{r} 35 \\ \times\ 2 \\ \hline \end{array}$$

20.
$$\begin{array}{r} 16 \\ \times\ 8 \\ \hline \end{array}$$

G ¿Cuáles son los productos parciales en los Ejercicios 19 y 20?

H Señala dos problemas más sencillos que podrías usar para hallar 4×53?

EN LOS EXÁMENES

Piénsalo bien

En los ejercicios de opción múltiple, **primero se eliminan las respuestas que no tienen sentido.**

OPCIÓN MÚLTIPLE

1. Un pasaje aéreo a París cuesta $400. ¿Cuál es el precio de 5 pasajes? (5-1)

    A. $200   **B.** $1,000   **C.** $2,000   **D.** $2,500

2. ¿Cuál es la mejor estimación de 48×9? (5-2)

    A. 500   **B.** 600   **C.** 700   **D.** 800

RESPUESTA LIBRE

Halla los productos. Calcula mentalmente. (5-1, 5-3)

3. 6×10 **4.** 8×50 **5.** $2 \times 5,000$ **6.** 7×700 **7.** 3×900

8. 2×48 **9.** 6×19 **10.** 5×99 **11.** 8×31 **12.** 4×103

Estima cada producto. (5-2)

13. 8×46 **14.** 5×14 **15.** 5×815 **16.** 2×889 **17.** 4×606

Usa bloques o haz un dibujo para construir una matriz. Luego, halla los productos. (5-4)

18. $\begin{array}{r} 27 \\ \times\ 3 \\ \hline \end{array}$ **19.** $\begin{array}{r} 12 \\ \times\ 5 \\ \hline \end{array}$ **20.** $\begin{array}{r} 48 \\ \times\ 4 \\ \hline \end{array}$ **21.** $\begin{array}{r} 74 \\ \times\ 7 \\ \hline \end{array}$

Para los Ejercicios 22 a 25, usa la pictografía de la derecha. (5-1)

Di cuál es la distancia de dos viajes de ida y vuelta de Nueva York a:

22. Berlín   **23.** Juneau

24. Honolulu   **25.** Ciudad del Cabo

Airline Distances from New York

Berlin	✈ ✈ ✈ ✈
Cape Town	✈ ✈ ✈ ✈ ✈ ✈ ✈ ✈
Honolulu	✈ ✈ ✈ ✈ ✈
Juneau	✈ ✈ ✈

Each ✈ = 1,000 miles.

Escritura en matemáticas

26. Explica cómo podrías averiguar cuántos ceros hay en el producto de 3×700? (5-1)

27. ¿Es $6 \times 7,204$ mayor o menor que 42,000? Explica cómo lo sabes sin conocer la respuesta exacta. (5-2)

28. Explica cómo hallar 5×18 descomponiendo el problema en dos problemas más sencillos. (5-4)

Idea clave
Para hallar un producto como 3 × 26, puedes descomponerlo en problemas más sencillos.

Multiplicar números de dos dígitos por números de un dígito

1. 8 × 4   **2.** 6 × 6

3. 5 × 7   **4.** 8 × 6

5. 3 × 9   **6.** 7 × 4

APRENDE

¿Qué datos necesitas?

Cuando comenzaron los vuelos en avión, los aviones eran mucho más lentos que hoy en día. ¿Qué distancia recorrería el avión de 1903 en 3 segundos?

Archivo de datos

Historia de la aviación

Año	Suceso	Velocidad (pies por segundo)
1783	Primer vuelo en globo	3
1804	Primer planeador	5
1903	Primer vuelo con motor	26
1966	Primer avión *jumbo*	851

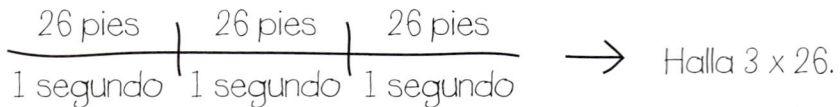

EN LOS EXÁMENES

Piénsalo bien

• Necesito **datos del problema** *y* **datos de la tabla**.

• Puedo **hacer un dibujo para mostrar el problema**.

26 pies   26 pies   26 pies
1 segundo 1 segundo 1 segundo   →   Halla 3 × 26.

¿Cómo multiplicas con papel y lápiz?

Ejemplo A

Halla 3 × 26.

		Lo que **piensas**	Lo que **escribes**
PASO 1	Mutliplica las unidades. Reagrupa si es necesario.	$3 \times 6 = 18$ unidades. Reagrupa 18 unidades en 1 decena y 8 unidades.	$\begin{array}{r} 1 \\ 26 \\ \times\ 3 \\ \hline 8 \end{array}$
PASO 2	Multiplica las decenas. Agrega cualquier decena adicional.	3×2 decenas = **6** decenas **6** decenas + **1** decena = **7** decenas	$\begin{array}{r} 1 \\ 26 \\ \times\ 3 \\ \hline 78 \end{array}$

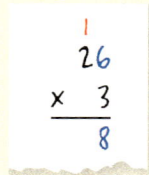

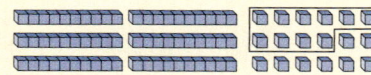

El avión de 1903 hubiera recorrido 78 pies en 3 segundos.

$$\begin{array}{r} 43 \\ \times\ 2 \\ \hline 86 \end{array}$$

$$\begin{array}{r} 61 \\ \times\ 4 \\ \hline 244 \end{array}$$

$$\begin{array}{r} 4 \\ 36 \\ \times\ 7 \\ \hline 252 \end{array}$$

EN LOS EXÁMENES

Piénsalo bien

También **lo puedo hacer de otra manera:** mostrando todos los productos parciales.

$$\begin{array}{r} 36 \\ \times\ 7 \\ \hline 42 \\ 210 \\ \hline 252 \end{array}$$

✔ **Hablemos**

1. En el Ejemplo A, Paso 2, ¿cuáles fueron los dos números que se multiplicaron primero? ¿Qué número se sumó?

2. En el Ejemplo D, ¿es realmente 7×3, ó 7×30?

¿Es razonable la respuesta?

Ejemplo E

¿Es 78 una respuesta razonable para 3×26?

Exacto: $3 \times 26 = 78$

Estimación: $3 \times 30 = 90$

Redondea 26 a 30.
Como 78 está cerca de 90, la respuesta es razonable.

✔ **Hablemos**

3. Supongamos que para estimar 3×26 usaste 3×25 en lugar de 3×30. ¿Cuál sería tu estimación?

4. Sentido numérico ¿Es 282 una respuesta razonable para 6×47? Estima para determinarlo.

En la INTERNET
Más ejemplos
www.scottforesman.com

COMPRUEBA ✔

Otro ejemplo: Grupo 5-5, página 305

Halla los productos. Determina si tu respuesta es razonable.

1. $\begin{array}{r} 12 \\ \times\ 6 \end{array}$ **2.** $\begin{array}{r} 18 \\ \times\ 7 \end{array}$ **3.** $\begin{array}{r} 72 \\ \times\ 5 \end{array}$ **4.** $\begin{array}{r} 49 \\ \times\ 8 \end{array}$ **5.** $\begin{array}{r} 63 \\ \times\ 3 \end{array}$

6. $\begin{array}{r} 66 \\ \times\ 8 \end{array}$ **7.** $\begin{array}{r} 94 \\ \times\ 5 \end{array}$ **8.** $\begin{array}{r} 37 \\ \times\ 4 \end{array}$ **9.** $\begin{array}{r} 78 \\ \times\ 7 \end{array}$ **10.** $\begin{array}{r} 53 \\ \times\ 9 \end{array}$

11. Sentido numérico Gary dijo que $3 \times 54 = 222$. Haz una estimación para comprobarlo. Si la respuesta de Gary es incorrecta, halla la respuesta correcta.

A Destrezas y comprensión

Halla los productos. Determina si tu respuesta es razonable.

12. 15
$\times$ 5
7_

13. 14
$\times$ 6
8_

14. 28
$\times$ 3
_4

15. 34
$\times$ 7
_3_

16. 43
$\times$ 4
1__

17. 94
$\times$ 3

18. 32
$\times$ 5

19. 18
$\times$ 7

20. 77
$\times$ 7

21. 45
$\times$ 6

22. 23
$\times$ 7

23. 88
$\times$ 9

24. 56
$\times$ 4

25. 82
$\times$ 8

26. 63
$\times$ 4

27. 4×42

28. 6×76

29. 4×47

30. 3×92

31. 7×29

32. 9×24

33. 5×43

34. 55×7

35. 4×61

36. 68×7

37. 34×8

38. 6×72

39. 37×8

40. 55×6

41. 9×89

42. Sentido numérico Jo dijo que $7 \times 68 = 476$. Estima para comprobar si la respuesta es correcta. Si no lo es, halla la respuesta correcta.

43. Estimación Estima para determinar cuál es el producto mayor: 906×3 u 806×4.

B Razonamiento y resolución de problemas

Matemáticas y estudios sociales

Los aviones modernos son mucho más grandes que el avión de los hermanos Wright y pueden volar mucho más lejos que en 1903.

44. ¿Cuántos pies más mide la extensión de la alas del avión *jumbo* que la de las alas del avión de los hermanos Wright?

45. Imagina que haces 100 viajes en el avión de los hermanos Wright. ¿Irías tan lejos como en un viaje en un *jumbo*? Explícalo.

46. Si colocáramos 5 aviones de los hermanos Wright uno sobre el otro, ¿serían tan altos como un avión *jumbo*? Explícalo.

Archivo de datos

Avión *jumbo*		Avión de los hermanos Wright
196 pies	**Extensión de las alas**	40 pies
63 pies	**Altura**	12 pies
6,000 millas	**Autonomía de vuelo**	60 millas

47. **Escritura en matemáticas** ¿Es correcta la siguiente explicación? Si no lo es, di por qué y escribe la respuesta correcta.

Explica por qué los pasos para hallar 3 × 34 tienen sentido.

$$\begin{array}{r} 1 \\ 34 \\ \times\ \ 4 \\ \hline 136 \end{array}$$

4 x 4 unidades = 16 unidades o 1 decena 6 unidades.
Escribe el 1 en la columna de las decenas.
4 x 3 decenas = 12 decenas
12 decenas + 1 decena = 13 decenas.
La respuesta es 13 decenas y 6 unidades, o sea, 136.

EN LOS EXÁMENES

Piénsalo bien

Puedo **hacer dibujos para explicar mi razonamiento.**

C Un paso adelante

48. Escribe una pregunta que se pueda responder usando el Archivo de datos de la página 272 y usando una o más operaciones. Halla la respuesta.

Repaso mixto y preparación de exámenes

En la INTERNET
Preparación de exámenes
www.scottforesman.com

49. Dibuja una matriz para 4 × 36. Luego halla el producto.

50. Halla 7,006 − 428.

A. 6,578   **B.** 6,582   **C.** 7,422   **D.** 7,434

Discovery CHANNEL SCHOOL™   Descubre las matemáticas en tu mundo

Todo está en el aire

Los globos de aire caliente de hoy en día pueden volar alrededor de 500 horas y usan unos 15 galones de combustible por hora.

1. Si un piloto volara 65 horas al año, ¿volaría más o volaría menos de 500 horas en 7 años?

2. Si un piloto volara 90 horas por año, ¿volaría más o volaría menos de 500 horas en 5 años?

3. ¿Cuántos galones de combustible se necesitarían para 8 horas de vuelo?

En la INTERNET
Video y actividades
www.scottforesman.com

Para la parte inferior de los globos de aire caliente, se usa el mismo material resistente al fuego que usan los bomberos y corredores de autos.

Multiplicar números de tres dígitos por números de un dígito

APRENDE

¿Cómo multiplicas números más grandes?

Los pasos para multiplicar números de dos dígitos por números de un dígito se pueden ampliar para multiplicar números de tres dígitos por números de un dígito.

		Ejemplo A	Ejemplo B
PASO 1	Multiplica las unidades. Reagrupa si es necesario.	$\begin{array}{r} 3 \\ 125 \\ \times \quad 6 \\ \hline 0 \end{array}$	$\begin{array}{r} 6 \\ 208 \\ \times \quad 8 \\ \hline 4 \end{array}$
PASO 2	Multiplica las decenas. Suma cualquier decena adicional. Reagrupa si es necesario.	$\begin{array}{r} 1\,3 \\ 125 \\ \times \quad 6 \\ \hline 50 \end{array}$	$\begin{array}{r} 6 \\ 208 \\ \times \quad 8 \\ \hline 64 \end{array}$
PASO 3	Multiplica las centenas. Suma cualquier centena adicional.	$\begin{array}{r} 1\,3 \\ 125 \\ \times \quad 6 \\ \hline 750 \end{array}$	$\begin{array}{r} 6 \\ 208 \\ \times \quad 8 \\ \hline 1{,}664 \end{array}$

$\begin{array}{r} 5\,2 \\ 874 \\ \times \quad 7 \\ \hline 6{,}118 \end{array}$

✓ Hablemos

1. En el Ejemplo A, Paso 3, ¿es realmente 6×1 ó 6×100? Explícalo.

2. En el Ejemplo B, Paso 2, ¿cuáles fueron los dos números que se multiplicaron primero? ¿Qué número se le sumó a este producto?

3. **Estimación** ¿Cómo puedes estimar cada producto en los ejemplos anteriores?

Halla los productos. Estima para comprobar si son razonables.

1. 423
× 2

2. 506
× 4

3. 821
× 3

4. 159
× 5

5. 624
× 7

6. Compresión numérica ¿Cómo podrías usar el producto de 103 por 5 para hallar el producto de 206 por 5?

PRÁCTICA

Más práctica: Grupo 5-6, página 309

Ⓐ Destrezas y comprensión

Halla los productos. Haz estimaciones para comprobar si son razonables.

7. 406
× 5

8. 511
× 9

9. 293
× 9

10. 804
× 8

11. 146
× 3

12. 302
× 9

13. 525
× 2

14. 203
× 7

15. 9×608

16. 7×778

17. 6×451

18. 3×409

19. 5×935

20. 2×673

21. 8×667

22. 4×873

23. Sentido numérico ¿Es 261×5 mayor o menor que 1,000? Explícalo.

Ⓑ Razonamiento y resolución de problemas

El corazón de una ardilla late 245 veces por minuto. Di cuántas veces latirá el corazón de una ardilla en:

24. 3 minutos

25. 5 minutos

26. 8 minutos

27. **Escritura en matemáticas** Halla un valor razonable para *n* si la estimación del producto de *n* y 998 es 5,000. Di cómo hiciste tu estimación.

El corazón de los animales pequeños late más rápido que el corazón de los animales grandes.

Repaso mixto y preparación de exámenes

En la INTERNET
Preparación de exámenes
www.scottforesman.com

Halla los productos.

28. 6×200

29. $8 \times 4,000$

30. 42×7

31. 5×84

32. Álgebra Di cuáles son los siguientes tres números en este patrón:
2, 6, 10, 14, ▪, ▪, ▪

A. 15, 16, 17

B. 16, 18, 20

C. 18, 22, 26

D. 18, 24, 28

Predecir y verificar

Predecir y **verificar** al leer en matemáticas puede ayudarte a usar la **estrategia para resolver problemas** *Prueba, comprueba y revisa* de la siguiente lección.

En lectura, predecir y verificar te ayuda a pensar en lo que va a sucedes en un cuento. En matemáticas, predecir y verificar te ayuda a probar distintas respuestas y a comprobar si son correctas.

*Para **verificar**, usa la información del problema y **comprueba** si funciona.*

Kim tiene 2 veces la edad de Tyler. La suma de sus edades es 24 años. ¿Cuál es la edad de Tyler?

Predice	Verifica		
Predice la edad de Tyler.	Multiplica para hallar la edad de Kim.	Halla la suma de sus edades.	Compara la suma con 24.
10	$10 \times 2 = 20$	$10 + 20 = 30$	muy alta
4	$4 \times 2 = 8$	$4 + 8 = 12$	muy baja
7	$7 \times 2 = 14$	$7 + 14 = 21$	muy baja
8	$8 \times 2 = 16$	$8 + 16 = 24$	correcta

*Predice una respuesta razonable para **probar**.*

*Usa los resultados de la primera predicción para **revisar** tu predicción. Continúa prediciendo y verificando hasta que halles la respuesta correcta.*

1. ¿Qué información del problema te dice que la primera predicción es muy alta?

2. ¿Por qué es 4 un número muy bajo para la predicción de la edad de Tyler?

En los Ejercicios 3 a 6, usa este problema y la foto de la derecha.

Hay tres veces más pasteles de manzana que pasteles de cereza. Hay 20 pasteles en total. ¿Cuántos pasteles de cereza hay?

3. Haz la predicción del número de pasteles de cereza.

4. **Escritura en matemáticas** Explica cómo puedes verificar tu predicción.

5. Si tu predicción no es la solución correcta, haz una segunda predicción y comprueba si funciona.

6. ¿Cuántos pasteles de cereza hay?

Pastel de cerezas $3.50

Pastel de manzana $4.00

En los Ejercicios 7 a 9, usa este problema.

En una práctica de basquetbol, Maya y Verónica hicieron 30 lanzamientos entre las dos. Maya hizo 4 lanzamientos más. ¿Cuántos lanzamientos hizo Verónica?

7. Predice el número de lanzamientos que hizo Verónica y verifica tu predicción.

8. **Escritura en matemáticas** ¿Necesitas revisar tu predicción? Explica por qué sí o por qué no.

9. ¿Cuántos lanzamientos hizo Verónica?

Para los Ejercicios 10 a 12, usa este problema y el anuncio de la derecha.

Rafael compró dos pizzas pequeñas de diferente sabor y una pizza grande para una fiesta. Gastó $40. ¿Qué pizzas compró?

10. Haz una predicción de las dos pizzas pequeñas y la pizza grande que compró Rafael. Verifica tu predicción.

11. ¿Necesitas revisar tu predicción? Si es así, haz otra predicción y comprueba si es correcta.

12. **Escritura en matemáticas** ¿Qué pizzas compró Rafael? Explica cómo supiste que ya habías resuelto el problema.

	Pequeña	Grande
Queso	$11	$14
Salchicha	$12	$16
Especial	$14	$18

Resolución de problemas: Estrategia

Predecir y verificar

te ayudará con...

la estrategia para resolver problemas *Prueba, comprueba y revisa*.

Idea clave
La estrategia de probar, comprobar y revisar te ayuda a resolver problemas.

Probar, comprobar y revisar

APRENDE

¿Cómo pruebas, compruebas y revisas?

Ofertas Suzanne gastó $27, sin incluir el impuesto, en artículos para perros. Compró dos artículos de un mismo tipo y un artículo de otro tipo. ¿Qué compró Suzanne?

¡Ofertas de artículos para perros!

Correa	$8
Collar	$6
Tazones	$7
Camas	$15
Juguetes	$12

Lee para comprender

¿Qué sabes?

Suzanne compró tres artículos.
Dos artículos eran del mismo tipo.
Los precios están en el anuncio.
Suzanne pagó $27 por los tres artículos.

¿Qué quieres averiguar?

¿Cuáles son los tres artículos que Suzanne compró?

Planea y resuelve

¿Qué estrategia usarás?

Estrategia: Prueba, comprueba y revisa

Dos camas es demasiado. Voy a probar con una. Luego probaré con dos de los artículos más pequeños. Probaré las correas primero.

$8 + $6 + $15 = $31
Es mucho, pero está muy cerca.

Si dejo la cama, necesitaré reducir a $4 o $2 por cada artículo. Probaré con los collares.

$6 + $6 + $15 = $27 ¡Eso es!

Respuesta: Suzanne compró dos collares y una cama.

Cómo pruebas, compruebas y revisas

Paso 1 Piensa bien antes de hacer una primera prueba que sea razonable.
Paso 2 Usa la información que se da en el problema para comprobar.
Paso 3 Revisa. Usa tu primera prueba para hacer una segunda prueba que sea razonable. Comprueba.
Paso 4 Usa las pruebas anteriores para seguir probando y comprobando hasta que obtengas la respuesta.

Vuelve y comprueba

¿Lo has hecho bien?

Sí, la suma es $27, y hay dos artículos de un tipo y uno de otro.

✔ Hablemos

1. ¿Cómo sabes que dos camas es demasiado?

2. En la segunda prueba, ¿qué número era el mismo que en la primera prueba? ¿qué cambió?

¿Cuándo pruebas, compruebas y revisas?

Contar cachorritos En el consultorio del veterinario había 16 perros. Había tres veces más adultos que cachorritos. ¿Cuántos adultos y cuántos cachorritos había en el consultorio?

> **Cuándo pruebas, compruebas y revisas**
>
> Piensa en probar, comprobar y revisar cuando **haya que combinar algunas cantidades para hallar un total.**
> - Artículos en oferta en la tienda de mascotas
> - Número de adultos y de cachorritos
>
> **No sabes cuáles o cuántos de los artículos se están usando para obtener el total.**

Solución:

Prueba con 5 cachorritos. Entonces $3 \times 5 = 15$ adultos.

$5 + 15 = 20$ Es demasiado.

Prueba con 4 cachorritos. Entonces $3 \times 4 = 12$ adultos.

$4 + 12 = 16$ ¡Eso es!

✔ Hablemos

3. ¿Por qué 6 cachorros no hubiera sido un buen número para la segunda prueba?

COMPRUEBA ✔

Usa la primera prueba como ayuda para hacer una segunda prueba. Termina de resolver el problema.

1. La mamá de Elba llevó 24 cajas entre jugo de naranja y jugo de uva al parque. Había el doble de cajas de jugo de naranja que de uva. ¿Cuántas cajas de cada tipo llevó?

   Prueba con 6 jugos de uva.
   Luego, 2 × 6 = 12 jugos de naranja.
   6 + 12 = 18 Es demasiado bajo.

2. En el fútbol americano, un equipo puede anotar 2, 3, 6, 7 u 8 puntos. Los Bulldogs lograron anotar 3 veces y obtuvieron 13 puntos. ¿Cómo anotaron sus puntos?

   Prueba 3 + 3 + 8 = 14
   Es demasiado alto.

Otro ejemplo: Grupo 5-7, página 310

A Usar la estrategia

En los Ejercicios 3 a 5, usa los datos de la derecha.

Completar la solución Usa la primera prueba como ayuda para hacer una segunda prueba. Termina de resolver el problema.

3. Sin incluir el impuesto, Anthony gastó $15 en Villa Diversión. Compró 3 artículos distintos. ¿Qué compró?

> Prueba $9 + $2 + $5 = $16
> Es demasiado alto.

Villa Diversión

Cuerda para saltar	$2
Patineta	$25
Pelota de basquetbol	$8
Pelota de fútbol	$6
Pelota de béisbol	$5
Bate	$9

Usa la estrategia Prueba, comprueba y revisa para resolver problemas
Prueba, comprueba y revisa para resolver cada problema. Escribe la respuesta en una oración completa.

4. Sin incluir el impuesto, Amy gastó $35 en 4 artículos de Villa Diversión. Dos de los cuatro artículos eran iguales. ¿Qué compró Amy?

5. Sin incluir el impuesto, Nick gastó $30 en Villa Diversión. Compró dos de un mismo artículo y dos de otro artículo. ¿Qué compró?

6. Jason puso 27 fotos en 6 páginas de su álbum de fotos. En cada página caben 3 fotos grandes, 4 medianas y 6 pequeñas. Jason tenía varias fotos de cada tamaño. ¿Cuántas fotos de cada tamaño tenía Jason?

Matemáticas y estudios sociales

Cada estado tiene dos senadores, pero el número de miembros de la Cámara de Representantes depende de la población de cada estado. Imagina que todos los representantes de cada uno de tres estados votaron para aprobar una nueva ley. ¿Cuál de los estados en el archivo de datos podría ser si hubiera

7. 56 votos?

8. 73 votos?

9. 37 votos?

10. 44 votos?

Archivo de datos

Cámara de representates de los Estados Unidos 108.° Congreso

Estado	Miembros
California	53
Florida	25
Indiana	9
Michigan	15
Carolina del Norte	13
Ohio	18
Virginia	11

B Práctica de estrategias mixtas

Resuelve cada problema. Responde con una oración completa.

11. La clase de la maestra Ángeles dedica la misma cantidad de tiempo cada mañana a matemáticas, lectura y ciencias. Fíjate en el horario de las mañanas. ¿Cuánto tiempo pasa la clase de la maestra Ángeles en cada materia?

Horario de la clase de la maestra Ángeles	
Introducción	10 minutos
Lectura	?
Matemáticas	?
Recreo	20 minutos
Ciencias	?
Total	165 minutos

12. Sam ganó $7 por hora y Lisa ganó $8 por hora. Lisa y Sam trabajaron el mismo número de horas. Sam ganó $49. ¿Cuánto ganó Lisa?

13. Nancy coloca en línea 18 pisapapeles de su colección. Los pisapapeles siguen el siguiente patrón: pequeño, grande, grande, pequeño, grande, grande, pequeño, y así sucesivamente. ¿Es el último pisapapeles grande o pequeño?

14. **Escritura en matemáticas** Usa los datos de Villa Diversión de la página 280. Escribe un problema que se pueda resolver con la estrategia de probar, comprobar y revisar.

ESTRATEGIAS

- **Muestra lo que sabes**
  Haz un dibujo
  Organiza la información en una lista
  Haz una tabla
  Haz una gráfica
  Usa objetos
  Represéntalo o usa objetos
- **Busca un patrón**
- **Prueba, comprueba y revisa**
- **Escribe una oración numérica**
- **Usa razonamiento lógico**
- **Resuelve un problema más sencillo**
- **Empieza por el final**

Escoge uno

Cálculo mental

EN LOS EXÁMENES

Piénsalo bien

¿En aprietos? No me rindo. Podría:
- volver a leer el problema.
- decir lo que sé.
- identificar datos clave y detalles.
- decir el problema con mis propias palabras.
- mostrar la idea principal.
- probar una estrategia diferente.
- comprobar cada paso.

Repaso mixto y preparación de exámenes

En la INTERNET
Preparación de exámenes
www.scottforesman.com

15. 235	**16.** 704	**17.** 915	**18.** 43	**19.** 3,000
× 8	× 6	× 7	× 9	× 8

Álgebra Halla el valor de cada expresión si $x = 48$.

20. $x - 29$ **21.** $x + 34$ **22.** $2x$ **23.** $x \div 6$

24. ¿Cuál de las siguientes operaciones NO es igual a 8×12?

A. $80 + 24$ **B.** $80 + 16$ **C.** $64 + 32$ **D.** 96

Idea clave
Usa cálculo mental, papel y lápiz o calculadora, dependiendo de los números con que trabajes.

Materiales
• calculadora

EN LOS EXÁMENES

Piénsalo bien

Antes de hacer un cálculo, debo **determinar qué método es más conveniente.**

Escoger un método para calcular

APRENDE

¿Cuándo usas diferentes métodos?

Cuando calcules, prueba primero el cálculo mental. Luego, piensa en papel y lápiz. Para problemas muy difíciles, usa calculadora.

Archivo de datos

Paneles solares	Precios
Pequeños	$1,150
Medianos	$2,006
Grandes	$2,374

Ejemplo A

¿Cuánto cuestan 4 paneles solares medianos?

$4 \times \$2,006 = $

Esta operación es fácil, así que puedo usar **cálculo mental.**

4×6 es 24.
$4 \times 2,000$ es 8,000.
Por tanto, $4 \times \$2,006$ es $8,024.

Precio: $8,024

Ejemplo B

¿Cuánto cuestan 3 paneles solares pequeños?

$3 \times \$1,150 = $

No hay muchas reagrupaciones. Usaré **lápiz y papel.**

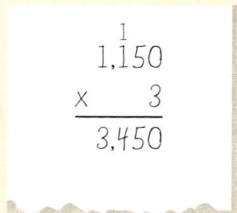

$$\begin{array}{r} \overset{1}{1,}150 \\ \times \quad 3 \\ \hline 3,450 \end{array}$$

Precio: $3,450

Ejemplo C

¿Cuánto cuestan 8 paneles solares grandes?

$8 \times \$2,374 = $

Hay muchas reagrupaciones. Usaré **calculadora.**

Presionar: 8 ×

2374 =

Pantalla: 18992

Precio: $18,992

🔥 **Hablemos**

1. ¿Por qué es $8 \times 2,374$ un cálculo más difícil que $4 \times 2,006$?

2. ¿Por qué no usarías calculadora para hallar $2 \times 4,301$?

Halla los productos. Di qué método usaste para calcular.

1. 4,010
× 3

2. 3,759
× 8

3. $1,907
× 6

4. 2,987
× 4

5. $5,221
× 7

6. Sentido numérico Román usó papel y lápiz para hallar 8,004 × 8. ¿Pudo haber hallado la respuesta de una manera más rápida? Explícalo.

Más práctica: Grupo 5-8, página 310

PRÁCTICA

A Destrezas y comprensión

Halla los productos. Di qué método usaste para calcular.

7. 3,597
× 9

8. 6,923
× 5

9. 8,041
× 3

10. 7,002
× 9

11. 3,812
× 9

12. 6,020
× 3

13. 5,003
× 6

14. 4,874
× 7

15. 3,220
× 4

16. 8,108
× 9

17. Sentido numérico ¿Por qué usar calculadora no es un buen método para hallar 3 × 4,200?

B Razonamiento y resolución de problemas

En un período de 3 años, ¿cuántas unidades vendrán del

18. petróleo?

19. carbón?

20. gas natural?

21. **Escritura en matemáticas** ¿Tendría más sentido hallar 4,008 × 3 o hallar 2,971 × 5 calculando mentalmente? Explica tu respuesta.

Archivo de datos

Estimaciones del consumo de energía para 2005

Fuente	Unidades*
Petróleo	4,141
Carbón	2,415
Gas natural	2,588
Otras	1,559

*10 billones de unidades térmicas británicas

Repaso mixto y preparación de exámenes

En la INTERNET
Preparación de exámenes
www.scottforesman.com

En los Ejercicios 22 a 24, da los números que faltan en cada patrón.

22. 26, 52, 104, ■, ■, ■

23. 10, 40, 160, ■, ■, ■

24. 4, 20, 100, ■, ■, ■

25. Nate y Jay gastaron un total de $85 en zapatos. Nate gastó $17 más que Jay. ¿Cuánto gastó cada uno?

26. ¿Cuántas ventanas hay en un edificio de 9 pisos si en cada piso hay 28 ventanas?

A. 19 ventanas

B. 37 ventanas

C. 182 ventanas

D. 252 ventanas

¿Lo sabes hacer?

¿Lo entiendes?

Multiplicar números de dos dígitos por números de un dígito (5-5)

1. 79
  × 5

2. 46
  × 7

3. 63 × 3

4. 58 × 4

5. 36 × 6

6. 72 × 2

A ¿Es 40 × 6 una buena estimación para comprobar el Ejercicio 5? Di por qué.

B Usa la estimación para decidir cuál tiene el producto más alto: 308 × 4 ó 202 × 7.

Multiplicar números de tres dígitos por números de un dígito (5-6)

7. 519
  × 4

8. 337
  × 2

9. 181 × 9

10. 268 × 6

11. 503 × 5

12. 421 × 8

C Explica los pasos que seguiste para reagrupar las unidades en decenas en el Ejercicio 8.

D ¿Es 100 × 9 una buena estimación para comprobar el Ejercicio 9? Explica el porqué.

Resolución de problemas: Estrategia   Probar, comprobar y revisar (5-7)

13. Prueba, comprueba y revisa para resolver el problema. Responde con una oración completa.

Útiles escolares Troy y Ana gastaron un total de $32 en útiles escolares. Troy gastó $4 más que Ana. ¿Cuánto gastó cada uno?

E Si tu primera prueba fue incorrecta, di cómo la revisarías para resolver el problema.

F Explica por qué comprobar tu respuesta es un paso importante en la resolución de problemas.

Escoger un método para calcular (5-8)

Halla los productos. Di qué método usaste.

14. 3,629
  × 9

15. 7,200
  × 4

16. 5,000 × 7

17. 6,132 × 3

G En los Ejercicios 14 y 15, explica cómo escogiste un método para calcular.

H Explica por qué no usarías calculadora para hallar el producto en el Ejercicio 16.

OPCIÓN MÚLTIPLE

1. Halla el producto de 67 y 4. (5-5)

A. 188 **B.** 248 **C.** 268 **D.** 328

2. Hay 7 días en una semana. ¿Cuántos días hay en 26 semanas?

A. 142 días **B.** 144 días **C.** 164 días **D.** 182 días

RESPUESTA LIBRE

Halla los productos. Determina si tu respuesta es razonable. (5-5, 5-6)

3. 22
× 6

4. 27
× 5

5. 109
× 3

6. 522
× 8

7. 229
× 7

8. 640
× 4

9. 58
× 7

10. 221
× 5

Halla los productos. Di qué método usaste para calcular. (5-8)

11. 1,000
× 6

12. 8,748
× 7

13. 5,231
× 3

En los exámenes

Piénsalo bien
Debo volver **a leer el problema para asegurarme de que contesté la pregunta.**

14. El señor Jackson tenía 40 frascos de galletas en su colección. Tenía 4 veces más frascos grandes que frascos pequeños. ¿Cuántos frascos de cada tamaño tenía en su colección? (5-7)

15. Wendy les dio 10 galletas a sus perros. A su perro grande le dio 2 galletas más que a su perro pequeño. ¿Cuántas galletas le dio a cada perro?

Escritura en matemáticas

16. Explica cómo puedes usar la estimación para determinar qué operación tiene el producto más alto: 296×5 ó 396×4. (5-6)

17. Escribe una pregunta que se pueda responder usando una multiplicación. (5-5, 5-6, 5-7)

18. Imagina que usas calculadora para hallar $8,562 \times 7$ y obtienes 5,992. Explica cómo podrías averiguar que ésa no es la respuesta correcta. (5-8)

EN LOS EXÁMENES

Piénsalo bien

- Puedo **multiplicar cuando combino grupos iguales.**
- Puedo **hacer un dibujo** para mostrar la idea principal.

Multiplicar dinero

APRENDE

✓ **PREPÁRATE**

1. 214 × 2   2. 103 × 5
3. 447 × 3   4. 6 × 220
5. 801 × 9   6. 4 × 732

¿Cuándo debes multiplicar?

¿Cuál es el precio de tres comidas de pollo con fideos?

$7.35

$7.35

$7.35

?

Halla 3 × $7.35.

Especiales

Pollo con fideos $7.35

Pollo con arroz $7.15

Pollo con papas $6.25

Ejemplo

PASO 1 Multiplica de la misma manera que con números enteros.

$$\begin{array}{r} {\scriptstyle 1\,1} \\ \$7.35 \\ \times \quad 3 \\ \hline 2205 \end{array}$$

PASO 2 Escribe la respuesta en dólares y centavos.

$$\begin{array}{r} {\scriptstyle 1\,1} \\ \$7.35 \\ \times \quad 3 \\ \hline \$22.05 \end{array}$$

El precio de 3 comidas de pollo con fideos es de $22.50.

✔ **Hablemos**

1. ¿Cuántos dígitos hay a la derecha del punto que se usa para separar los dólares de los centavos?

2. **¿Es razonable?** ¿Es $22.05 una respuesta razonable? ¿Cómo harías una estimación de 3 × $7.35 para determinarlo?

1. $2.36
× 4

2. $5.08
× 3

3. $76.59
× 7

4. $18.03
× 9

5. Sentido numérico Usa los datos de la página 286. ¿Son $35.00 suficientes para comprar 5 comidas de pollo con fideos? Explícalo.

PRÁCTICA

Más práctica: Grupo 5-9, página 311

A **Destrezas y comprensión**

6. $1.37
× 7

7. $2.70
× 4

8. $34.75
× 5

9. $20.04
× 6

10. $14.99
× 8

11. 5 × $32.75 **12.** 9 × $2.21 **13.** 3 × $4.75 **14.** 4 × $51.27 **15.** $9.39 × 4

16. Sentido numérico Usa los datos de la página 286. ¿Son $14.00 suficientes para comprar 2 comidas de pollo con arroz? Explícalo.

B **Razonamiento y resolución de problemas**

Halla los siguientes precios.

17. 2 imanes de sandía

18. 4 imanes de sandía

19. 9 imanes de zanahoria **20.** 7 imanes de zanahoria

$2.75 cada una

$2.39 cada una

21. ¿Cuánto costarían 5 comidas de pollo con arroz si el impuesto por cada comida es de $0.18? Usa los datos de la página 286.

En los Ejercicios 22 y 23, usa el menú de la derecha. Los precios incluyen el impuesto.

22. ¿Cuánto más costarían 4 pizzas grandes que 4 pizzas pequeñas?

23. **Escritura en matemáticas** ¿Podrías comprar 1 pizza mediana y 2 jugos medianos con $10? Explícalo.

Menú de RICA PIZZA

	Pizza	Jugo
pequeña	$3.25	$0.75
mediana	$5.50	$1.25
grande	$7.95	$1.75

Repaso mixto y preparación de exámenes

En la INTERNET
Preparación de exámenes
www.scottforesman.com

24. 18 ÷ 9 **25.** 54 × 6 **26.** 60 ÷ 12 **27.** 64 ÷ 8 **28.** 325 × 4

29. Halla 3,004 × 6.

A. 1,824 **B.** 12,024 **C.** 18,024 **D.** 18,240

Álgebra

Idea clave

Cuando multiplicas 3 factores, puedes usar las propiedades para ahorrar tiempo.

Vocabulario
- propiedad conmutativa de la multiplicación (p. 129)
- propiedad asociativa de la multiplicación

Multiplicar tres factores

APRENDE

¿Cómo haces la multiplicación más fácil?

Al multiplicar tres números, puedes comenzar con cualesquiera dos de estos números que te faciliten más los cálculos. Estas dos propiedades explican por qué esto funciona.

Propiedad conmutativa de la multiplicación

Puedes multiplicar dos números en cualquier orden.

$5 \times 6 = 6 \times 5$

Propiedad asociativa de la multiplicación

Puedes cambiar la agrupación de los factores.

$(5 \times 2) \times 3 = 5 \times (2 \times 3)$

Muestra tres maneras de hallar $25 \times 2 \times 4$.

Tim multiplicó 25 y 2 primero.

$25 \times 2 \times 4$
$(25 \times 2) \times 4$
$50 \times 4 = 200$

Ana multiplicó 2 y 4 primero.

$25 \times 2 \times 4$
$25 \times (2 \times 4)$
$25 \times 8 = 200$

Chris multiplicó 25 y 4 primero.

$25 \times 2 \times 4$
$25 \times 4 \times 2$
$(25 \times 4) \times 2$
$100 \times 2 = 200$

Piénsalo bien

Siempre debo comprobar si hay **una manera más fácil de calcular.**

✔ **Hablemos**

1. ¿Qué propiedad usó Chris para ir de $25 \times 2 \times 4$ a $25 \times 4 \times 2$?

2. Tim y Chris dijeron que era más fácil hallar la respuesta si usabas el 25 primero. ¿Por qué crees que dijeron esto?

1. $5 \times 2 \times 3$ **2.** $50 \times 3 \times 2$ **3.** $4 \times 20 \times 2$ **4.** $3 \times 3 \times 30$

5. Sentido numérico Para $25 \times 3 \times 2$, ¿es más fácil hallar mentalmente 25×3 ó 25×2? ¿Por qué?

PRÁCTICA

Más práctica: Grupo 5-10, página 311

A Destrezas y comprensión

6. $7 \times 5 \times 2$ **7.** $4 \times 6 \times 5$ **8.** $4 \times 3 \times 10$ **9.** $8 \times 100 \times 2$

10. $4 \times 25 \times 4$ **11.** $80 \times 6 \times 1$ **12.** $40 \times 3 \times 3$ **13.** $9 \times 4 \times 5$

14. $3 \times 50 \times 6$ **15.** $3 \times 60 \times 3$ **16.** $250 \times 7 \times 2$ **17.** $4 \times 500 \times 6$

18. Sentido numérico Para $4 \times 8 \times 5$, ¿es más fácil hallar $4 \times 5 = 20$ primero, en lugar de hallar $4 \times 8 = 32$? Explícalo.

B Razonamiento y resolución de problemas

19. Muestra tres maneras de hallar $3 \times 30 \times 2$.

20. ¿Cuántas estampillas hay en una sección de la colección?

21. Escritura en matemáticas ¿Cuánto cuesta una página de 9 filas de estampillas de 5¢ si hay 8 estampillas por fila? Explica dos maneras distintas de resolver el problema.

Colección de estampillas
1 sección = 5 páginas
1 página = 9 filas
1 fila = 8 estampillas

EN LOS EXÁMENES

Piénsalo bien
- Mi respuesta debe ser **corta pero completa.**
- Debo **explicar los pasos en orden.**

C Un paso adelante

22. Razonamiento Cuando hay dos operaciones en un cálculo, ¿puedes comenzar con cualquier operación y obtener siempre la misma respuesta? Prueba $(5 \times 30) - 2$ y $5 \times (30 - 2)$ para determinarlo.

23. ¿Cuánto cuestan 8 cajas de bolígrafos si hay 5 paquetes por caja, 5 bolígrafos por paquete y cada bolígrafo cuesta $2?

Repaso mixto y preparación de exámenes

En la INTERNET
Preparación de exámenes
www.scottforesman.com

Calcula mentalmente para hallar cada respuesta.

24. $450 + 19$ **25.** $985 - 400$ **26.** $9 \times \$7.33$ **27.** $5 \times \$1.98$

28. ¿Cuál de estas longitudes NO es mayor que 2 pies?

A. 30 pulgadas   **B.** 20 pulgadas   **C.** 3 yardas   **D.** 1 yarda

Resolución de problemas: Destreza

¡La lectura te ayuda!

Identificar la idea principal
te ayuda a...
escoger una operación

Idea clave
Comprender cuándo escoger la operación adecuada te ayuda a resolver problemas.

Escoger una operación

APRENDE

¿Qué te ayuda a escoger una operación?

Datos sobre los yoyos La NASA llevó un yoyo al espacio, primero en 1985 y luego en 1992.

En 1990, los estudiantes de una clase de secundaria de Indiana hicieron un yoyo gigante. Pesaba 6 veces lo que pesa Pete. Pete pesa 136 libras. Para ayudarte a **escoger una operación**, identifica primero la idea principal del problema.

Ejemplo A	**Ejemplo B**
¿Cuánto pesaba el yoyo gigante?	¿Cuántos años pasaron entre la primera y la segunda vez que enviaron un yoyo al espacio?

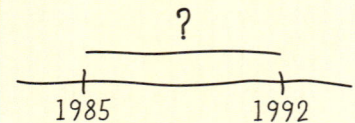

Lee para comprender

Muestra la idea principal.

Ejemplo A	Ejemplo B
136 Peso de Pete: 136 libras	136 136 136 136 136 136 Peso del yoyo: 6 veces el peso de Pete	? 1985 ⎯⎯⎯ 1992

Planea y resuelve

Escoge una operación.

Ejemplo A	Ejemplo B
Multiplica para hallar el número de veces del peso de Pete. **136 × 6 =** ▢ Peso de Pete / tantas veces el peso de Pete / Peso del yoyo	Resta para comparar los números. **1992 − 1985 =** ▢ Segunda vez / Primera vez / Años que pasaron

✔ **Hablemos**

1. Da la respuesta de cada uno de los problemas anteriores en una oración completa.

2. **Sentido numérico** Jack dijo que podía usar la suma para resolver el problema en el Ejemplo B. ¿Tendría razón? Explícalo.

El dibujo muestra la idea principal. Usa el dibujo para escoger una operación y resolver el problema.

1. Los yoyos aparecieron por primera vez en los Estados Unidos en 1866, pero el nombre "yoyo" sólo se usó 50 años más tarde. Proviene de una palabra filipina que significa "ven-ven" o "regresar". ¿En qué año obtuvo el yoyo su nombre?

50 años
- - - - - - - - - - - - - - - -
1866   ?

PRÁCTICA

Más práctica: Grupo 5-11, página 311

Haz un dibujo para mostrar la idea principal. Luego escoge una operación y resuelve el problema.

2. Usa la información de la derecha. ¿Cuánto más vale una tonelada de monedas de 10¢ que una tonelada de monedas de 1¢?

3. Los policías caminan unas 1,632 millas al año. Los carteros caminan unas 1,056 millas al año. ¿Cuántas millas más camina un policía que un cartero en un año?

4. Si hay 24 horas en un día, ¿cuántas horas hay en una semana?

5. María ahorró 56 monedas de 10¢ y 3 veces esa cantidad en monedas de 1¢. ¿Cuántas monedas de 1¢ ahorró?

6. Usa los datos de la derecha. ¿Cuántas monedas más de 10¢ que de 1¢ hay en una pila de 5 pies?

7. <u>Escritura en matemáticas</u> Usa los datos que aparecen abajo. ¿Cuántas pilas más de monedas de 1¢ que de monedas de 10¢ hay en una tonelada? Explica cómo hallaste tu respuesta.

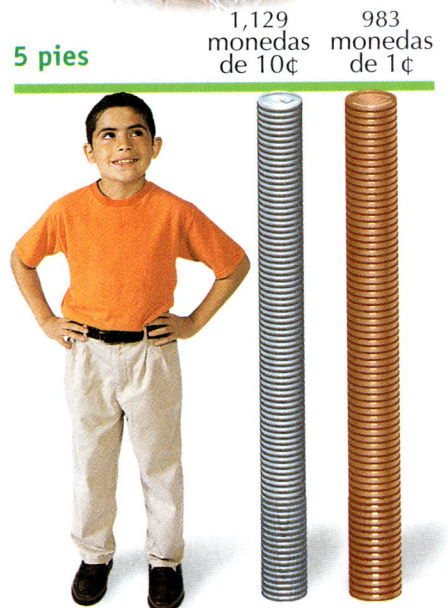

Valor de una tonelada de monedas

$50,000
$40,000 — $40,000
$30,000
$20,000
$10,000
$3,600
$0

Monedas de 1¢   Monedas de 10¢

5 pies

1,129 monedas de 10¢   983 monedas de 1¢

Una tonelada de monedas de 1¢:
360 pilas de 5 pies de alto
Una tonelada de monedas de 10¢:
350 pilas de 5 pies de alto

Resolución de problemas: Aplicaciones

El avión *Jumbo* El 747 es uno de los aviones más grandes del mundo. Puede transportar más de 400 personas a la vez. Desde 1969, los aviones 747 han transportado más de 3,000 millones de pasajeros por 35,000 millones de millas.

Dato curioso La sección económica de un 747 es más larga que la distancia recorrida por el primer vuelo de Orville y Wilbur Wright en Kitty Hawk, Carolina del Norte, en 1903.

1 En los tanques de un 747 cabe 4,774 veces más de lo que cabe en el tanque del carro de Joe. Joe llena el tanque de su carro en 3 minutos. A ese mismo ritmo, ¿en cuánto tiempo se llenarían los tanques de un 747?

2 Usa la información anterior. ¿Cuántos años después del primer vuelo de los hermanos Wright hizo el 747 su primer vuelo?

Usar datos clave

3 ¿Qué distancia podría recorrer un 747 a velocidad de crucero en 4 horas?

Datos clave
Avión 747-400

- 18 ruedas
- 6 millones de partes
- 171 millas de cables
- 211 pies y 5 pulgadas de ancho
- 231 pies y 10 pulgadas de largo
- Promedio de velocidad de crucero: 567 mi/h
- Peso máximo: 875,000 lb

4 Un carrito de comida tiene 12 compartimientos. En cada compartimiento hay 2 bandejas de comida. ¿Cuántas bandejas hay en 8 carritos?

5 Para un vuelo largo, se preparan más de 5 toneladas de comida y bebidas. ¿Cuántas libras de comida y bebidas se preparan? (Recuerda: 1 tonelada = 2,000 libras.)

6 **Tomar decisiones** Imagínate que te ganas $2,000 para que tú y un amigo viajen en avión. ¿Qué viajes harían? ¿Cuánto dinero les sobraría?

Destino	Precio del viaje de ida y vuela
Chicago	$296
Nueva York	$239
Los Ángeles	$349
Orlando	$189
Hawai	$625

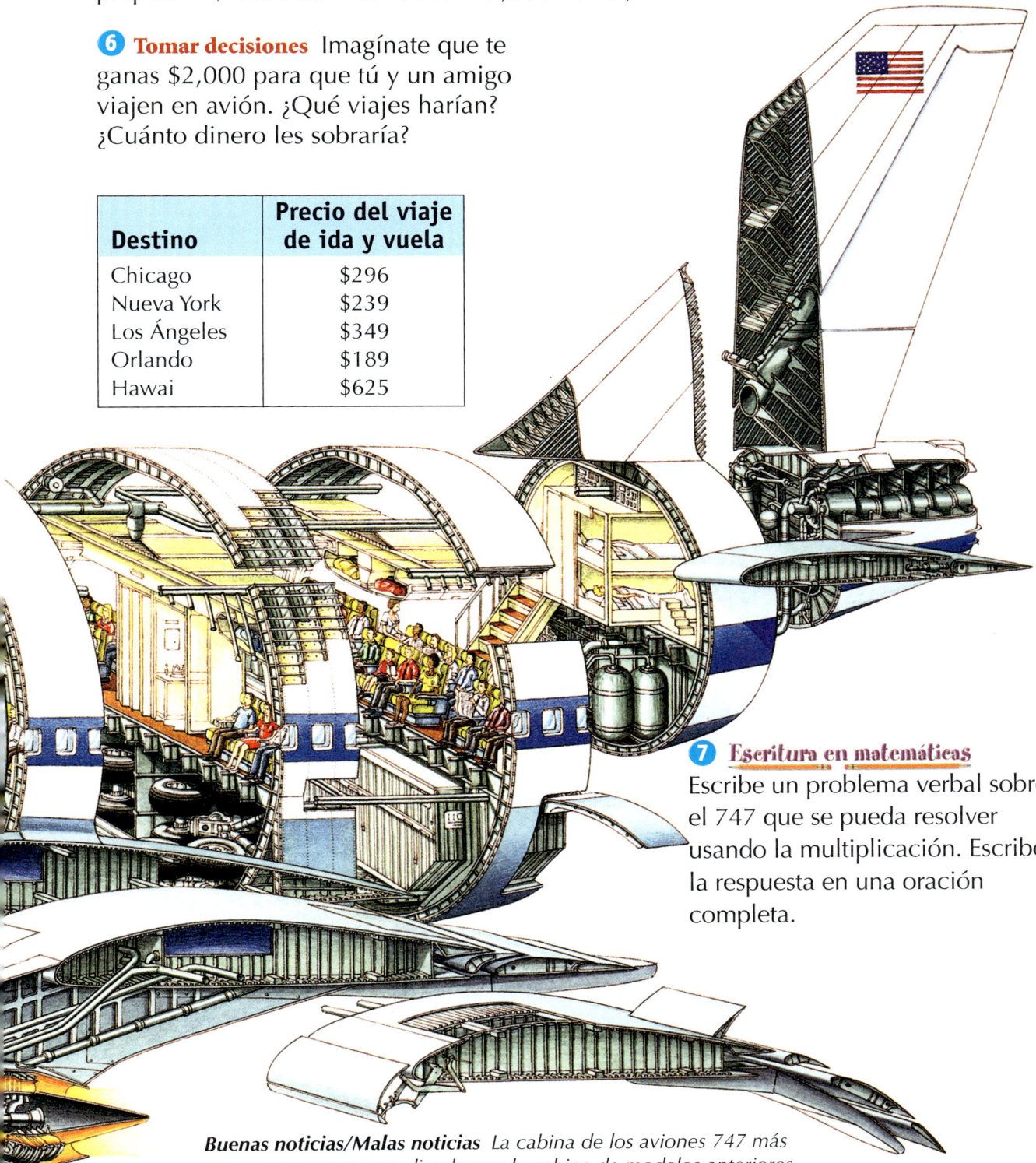

7 **Escritura en matemáticas**
Escribe un problema verbal sobre el 747 que se pueda resolver usando la multiplicación. Escribe la respuesta en una oración completa.

Buenas noticias/Malas noticias *La cabina de los aviones 747 más nuevos es menos complicada que la cabina de modelos anteriores. Desafortunadamente, los pilotos todavía deben saber cómo usar los 365 indicadores, luces e interruptores.*

¿Lo sabes hacer?

¿Lo entiendes?

Multiplicar dinero (5-9)

Halla los productos. Haz estimaciones para comprobar.

1. $2.39
      × 8

2. $57.40
      × 5

3. $6.95
      × 3

4. $20.50
      × 4

5. Los adultos pagan $7.75 para entrar al cine, y los niños pagan $4.50. ¿Cuánto les costaría a 2 adultos y 4 niños entrar al cine?

A ¿Cuáles son los signos que siempre debes incluir en las respuestas a problemas con dinero?

B Explica cómo hallaste la respuesta para el Ejercicio 5.

Multiplicar tres factores (5-10)

Halla los productos.

6. $8 \times 5 \times 4$

7. $6 \times 70 \times 5$

8. $10 \times 2 \times 7$

9. $7 \times 2 \times 5$

10. $2 \times 150 \times 8$

11. $40 \times 5 \times 9$

12. $3 \times 4 \times 25$

13. $500 \times 2 \times 6$

C Di qué números multiplicaste primero para hallar cada producto.

D Explica cómo te puede ayudar la propiedad asociativa a hallar el producto en el Ejercicio 12.

Resolución de problemas: Estrategia   Escoger una operación (5-11)

14. Para resolver el siguiente problema, haz un dibujo que represente la idea principal. Escoge luego una operación y resuelve el problema.

Mapa En el mapa de Lance, cada pulgada representa 13 millas. El aeropuerto está a 4 pulgadas del parque estatal. ¿Cuántas millas son éstas?

E Explica el dibujo que hiciste. ¿Cómo muestra la idea principal?

F ¿Cómo te ayuda tu dibujo a escoger una operación?

OPCIÓN MÚLTIPLE

1. Halla el producto de 2 × 8 × 50. (5-10)

   A. 800 **B.** 600 **C.** 500 **D.** 400

2. El lavado de un carro cuesta $3.50. Elliot lavó 5 carros y Sam lavó 4. ¿Cuánto dinero ganaron entre los dos? (5-12)

   A. $9.00 **B.** $17.50 **C.** $27.50 **D.** $31.50

RESPUESTA LIBRE

Halla los productos. (5-9)

3. $1.81
   ×   6

4. $3.09
   ×   4

5. $21.50
   ×   5

6. $59.99
   ×   3

Halla los productos. (5-10)

7. 4 × 6 × 6

8. 7 × 3 × 10

9. 2 × 250 × 2

10. 25 × 7 × 4

En los Ejercicios 11 a 13, usa el problema Visitantes al Capitolio. (5-11)

11. Haz un dibujo para mostrar la idea principal.

12. ¿Qué operación debes hacer?

13. Resuelve el problema.

Usa la tabla de la derecha para resolver los Ejercicios 14 y 15.

14. ¿Cuántas bombillas hay en 1 cajón? ¿Y en 3 cajones? (5-10, 5-11)

15. ¿Cuánto costaría una caja de bombillas si un paquete cuesta $3.29? (5-11)

16. Amanda compró 3 afiches. Cada afiche costó $5.95, incluyendo el impuesto. ¿Cuánto gastó en total? (5-9, 5-11)

Visitantes al Capitolio En la primavera, 875 visitantes recorren el edificio del Capitolio cada hora. ¿Cuántos visitantes recorrerán el edificio del Capitolio en 8 horas?

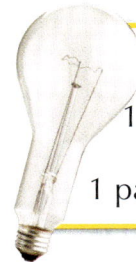

Bombillas

1 cajón = 10 cajas
1 caja = 8 paquetes
1 paquete = 4 bombillas

Escritura en matemáticas

17. Explica los pasos que usarías para hallar $48 × 6 mentalmente. (5-9)

18. Indica tres maneras de hallar 4 × 20 × 3. ¿Cuál crees que es la manera más fácil? Explica tu respuesta. (5-10)

Estrategias para exámenes

Comprende la pregunta.

Reúne información para hallar la respuesta.

Planea cómo hallar la respuesta.

Escoge la mejor opción.

➡ **Usa escritura en matemáticas.**

Mejora las respuestas escritas.

Usa escritura en matemáticas

En los exámenes, a veces te piden que des respuestas escritas. Te piden, por ejemplo, que expliques algo o que hagas una descripción o una comparación. Mira cómo un estudiante siguió estos pasos para responder a esta pregunta de examen usando la escritura en las matemáticas.

1. Para resolver este problema, debes ESTIMAR. NO halles la respuesta exacta.

ESTIMA el número de libros que hay en este librero.

Estimación: _____

En las siguientes líneas, explica cómo hiciste la estimación.

_____

_____

Comprende la pregunta.
Necesito estimar el número de libros que hay en el librero y explicar cómo hice la estimación.

Reúne información para hallar la respuesta.
*Necesito sacar información del **texto** y de la **ilustración**.*

Planea cómo hallar la respuesta.
*Cada sección del librero tiene más o menos el mismo número de libros, así que puedo **hacer una multiplicación**.*

Usa escritura en matemáticas.

- Haz que tu respuesta sea breve, pero completa.

- Usa palabras del problema y emplea los términos matemáticos con exactitud.

- Describe los pasos en orden.

- Haz dibujos que te ayuden a explicar tu razonamiento.

Estimación: 90 libros

En las siguientes líneas, explica cómo hiciste la estimación.

Primero, conté 15 libros en la primera sección. Luego, conté 6 secciones de libros.

⑮ ⑮ ⑮ ⑮ ⑮ ⑮

Después, multipliqué 15 x 6.

Así obtuve una estimación de 90 libros.

2. Esta tabla muestra el número de millas que un delfín puede nadar. También muestra el número de horas que le lleva a un delfín en nadar esa distancia. Completa el patrón de la tabla para hallar el número de millas que puede nadar un delfín en 4 horas.

Patrones de natación del delfín

Número de horas	1	2	3	4
Número de millas	20	40	60	

Respuesta: _80 millas_

En las siguientes líneas, explica cómo cambia el número de millas que nada un delfín cada hora.

El número de millas que

nada un delfín aumenta

20 millas cada hora.

> **Piénsalo bien**
>
> *Hallé el patrón: el número que falta es 80. Ahora necesito explicar o describir el patrón de la tabla. El problema me indica que diga cómo cambia el número de millas cada hora. Comenzaré usando las palabras del problema. El número de millas que nada un delfín aumenta 20 millas cada hora.*

Ahora es tu turno

Da una respuesta completa para cada problema.

3. Para resolver este problema debes ESTIMAR. NO halles la respuesta exacta.

ESTIMA el número de monedas de 5¢. Explica después cómo hallaste la estimación.

4. Esta tabla muestra cuánto cuesta el alquiler de bicicletas.

Alquiler de bicicletas El Centro

Número de horas	1	2	3	4	5
Precio	$8	$16	$24	$32	

Halla el precio para alquilar una bicicleta por 5 horas y explica cómo cambian los precios según el número de horas.

En mi escuela hay aproximadamente 500 estudiantes.

*Recuerda, **redondear** es mostrar un número en su más cercana decena, centena, y así sucesivamente. (p. 258)*

¿Lo entendí?

Usa cálculo mental para estimar y hallar los productos. (Lecciones 5-1, 5-2 y 5-3)

Estima 8×24. Luego halla el producto exacto.

Redondea para hacer la estimación.

24 se redondea a 20.

8×24 es aproximadamente

$8 \times 20 = 160$ Para hallar 8×20, halla 8×2, luego escribe un cero.

O usa **números compatibles** para hacer la estimación.

24 está cerca de 25.

8×24 es aproximadamente

$8 \times 25 = 200$.

Usa el método de descomponer para hallar el producto exacto.

8×24

$8 \times 20 + 8 \times 4$

$160 + 32$

192

1. Usa cálculo mental para estimar 7×32. Luego halla el producto exacto.

Las personas que trabajan juntas son fácilmente compatibles.

*Los **números compatibles** son números con los que es fácil calcular mentalmente. (p. 164)*

*Parcial viene de "parte". Un **producto parcial** es una parte del producto.*

¿Lo entendí?

Sigue los diferentes pasos cuando multipliques. (Lecciones 5-4, 5-5, 5-6 y 5-9)

Muestra los **productos parciales** 21 y 350.

$$\begin{array}{r} 53 \\ \times\ 7 \\ \hline 21 \\ 350 \\ \hline 371 \end{array}$$

O anota tu trabajo de esta manera, multiplicando las unidades, las decenas y así sucesivamente.

$$\begin{array}{r} {}^{2}53 \\ \times\ 7 \\ \hline 371 \end{array} \qquad \begin{array}{r} {}^{12}239 \\ \times\ 3 \\ \hline 717 \end{array}$$

Multiplica el dinero como si fueran números enteros.

$$\begin{array}{r} {}^{1}\ {}^{1}\$26.18 \\ \times\ 2 \\ \hline \$52.36 \end{array}$$

Agrega $ y . en el producto.

2. Halla 6×487 y $3 \times \$24.62$.

Mi mamá conduce la misma distancia al trabajo en ambas direcciones.

La **propiedad conmutativa de la multiplicación** dice que el orden de los factores no afecta el producto. Ejemplo:
$5 \times 6 = 6 \times 5$ (p. 190)

¿Lo entendí?

Escoge un método para calcular o usa las propiedades de la multiplicación. (Lecciones 5-8, 5-10)

Usa papel y lápiz cuando no haya muchas reagrupaciones.	Usa la **propiedad conmutativa.**	Usa la **propiedad asociativa.**
$\begin{array}{r} 1 \\ 2,120 \\ \times \quad 5 \\ \hline 10,600 \end{array}$	$40 \times 7 \times 5$ $40 \times 5 \times 7$ Cambia el orden del 200×7 5 y el 7. $1,400$	$17 \times 5 \times 2$ $17 \times (5 \times 2)$ Comienza con el 5 y 17×10 el 2. $1,700$

3. Halla $1,302 \times 4$ y $500 \times 9 \times 2$ y $30 \times 3 \times 5$.

Mi papá se asoció con sus compañeros de trabajo.

La **propiedad asociativa de la multiplicación** dice que la manera en que se agrupan los factores no afecta el producto. Ejemplo:
$5 \times (2 \times 3) = (5 \times 2) \times 3$
(p. 190)

¿Lo entendí?

Prueba, comprueba y revisa, o escoge operaciones para resolver problemas. (Lecciones 5-7, 5-11)

Usa los siguientes datos para probar y comprobar una respuesta. Después, revisa y haz otra prueba si es necesario.

María tiene 2 veces la edad de Ben. La suma de sus edades es 18. ¿Cuál es la edad de Ben?

Prueba	**Comprueba**	
Ben tiene 8 años.	$8 \times 2 = 16$; $8 + 16 = 24$	Demasiado
Ben tiene 5 años.	$5 \times 2 = 10$; $5 + 10 = 15$	Muy poco
Ben tiene 6 años.	$6 \times 2 = 12$; $6 + 12 = 18$	Correcto

Ben tiene 6 años.

Para escoger una operación, identifica la idea principal mediante un dibujo.

Jane conduce 13 millas para llegar a su trabajo. Gina conduce 3 veces esa distancia. ¿Cuánto conduce Gina?

13 — Distancia que conduce Jane
13 | 13 | 13 — Distancia que conduce Gina

Gina conduce 39 millas.

4. Andy pagó un total de $28 por una camiseta y un par de pantalones cortos. Los pantalones costaron tres veces más que la camiseta. ¿Cuánto costó la camiseta?

Respuestas: **1.** Estimación posible: 210; 224 **2.** 2,992; $73.86 **3.** 5,208; 9,000; 450 **4.** $7

OPCIÓN MÚLTIPLE

Escoge la letra de la respuesta correcta.

1. Halla 4 × 5,000.

   A. 200   **C.** 20,000

   B. 2,000   **D.** 200,000

2. ¿Cuál es la estimación más razonable para 8 × 612?

   A. 480   **C.** 4,800

   B. 540   **D.** 5,400

3. ¿Qué producto muestra esta matriz?

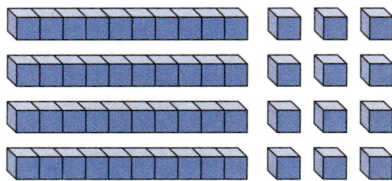

   A. 4 × 3

   B. 4 × 13

   C. 10 × 13

   D. 3 × 43

4. Usa cálculo mental para hallar 19 × 7.

   A. 26   **C.** 143

   B. 133   **D.** 763

5. Multiplica 86 × 5.

   A. 91   **C.** 400

   B. 340   **D.** 430

6. Halla el producto de 7 y 134.

   A. 938   **C.** 948

   B. 942   **D.** 72,128

7. ¿Cuál producto NO es el mismo que el de 5 × 9 × 2?

   A. 45 × 2

   B. 5 × 18

   C. 10 × 9

   D. 5 × 20

> **EN LOS EXÁMENES**
>
> **Piénsalo bien**
> - Debo **buscar palabras como** *no* y *excepto* **en las preguntas.**
> - Necesito **leer cada opción de respuesta con cuidado.**

8. Max tiene dos veces la cantidad de tarjetas de béisbol que Carlos. Entre los dos tienen 60 tarjetas de béisbol. ¿Cuántas tarjetas de béisbol tiene Carlos?

   A. 15   **B.** 20   **C.** 60   **D.** 180

9. ¿Cuál sería el método para calcular más apropiado para hallar 2 × 8,000?

   A. Usar cálculo mental

   B. Usar papel y lápiz

   C. Usar calculadora

   D. Usar una recta numérica

10. Si un disco compacto se vende a $9.85 incluyendo el impuesto, ¿cuánto cuestan 3 discos?

   A. $27.45   **C.** $28.55

   B. $27.55   **D.** $29.55

11. Cada fila de asientos del teatro tiene 24 sillas. Si las primeras 8 filas están totalmente llenas, ¿cuántas personas hay en las primeras 8 filas?

   A. 32 personas

   B. 162 personas

   C. 192 personas

   D. 212 personas

Estima cada producto.

12. 6×82

13. 109×8

Calcula mentalmente para hallar el producto.

14. 500×8

15. 3×99

16. $3,000 \times 5$

17. 9×101

Halla los productos.

18.   46
        $\times\ \ 5$

19.   606
        $\times\ \ \ 7$

20. $70.60
        $\times\ \ \ \ \ 9$

21.   2,321
        $\times\ \ \ \ \ 3$

22. $6 \times \$1.95$

23. 53×8

24. $2 \times 62 \times 5$

25. $78 \times 8 \times 0$

26. $3 \times 100 \times 5$

27. $1 \times 8 \times 20$

28. $4 \times 5 \times 50$

29. $25 \times 9 \times 4$

30. A una velocidad de crucero de 490 millas por hora, ¿cuántas millas puede recorrer un avión en 3 horas?

31. Un modelo pequeño de avión cuesta $8.99. Halla el costo de 4 modelos.

32. Hay 6 cajas de papel en una bodega. Cada caja contiene 8 paquetes y cada paquete contiene 500 hojas. ¿Cuántas hojas de papel hay en total en la bodega?

Escritura en matemáticas

33. Dibuja una matriz para hallar 3×14. Escribe el producto y explica cómo lo hallaste.

34. Prueba, comprueba y revisa para resolver el problema de la pizza.

EN LOS EXÁMENES

Piénsalo bien
- Tengo que **escribir mis pasos en orden.**
- Mi respuesta y explicación deben ser **breves pero completas.**

Pizza En el Café de Sam ayer vendieron cuatro veces más pizzas de salchichón que de queso. Vendieron un total de 30 pizzas. ¿Cuántas pizzas de cada tipo vendieron en el Café de Sam ayer? Explica cómo escogiste los números para tu primera prueba.

35. Haz un dibujo para mostrar la idea principal. Luego escoge una operación y resuelve el problema de las monedas.

Monedas Katy ha ahorrado 32 monedas de 25¢ y cuatro veces esa cantidad en monedas de 10¢. ¿Cuántas monedas de 10¢ ha ahorrado Katy?

Números y operaciones

OPCIÓN MÚLIPLE

1. Percy gastó $18 en marcadores de colores. Compró 2 marcadores amarillos, 3 marcadores rosados y 4 marcadores azules. Si cada marcador costó lo mismo, ¿cuánto costó cada uno?

   A. $2   **B.** $3   **C.** $6   **D.** $9

2. ¿Cuál es el producto de 47×5?

   A. 235   **C.** 252

   B. 240   **D.** 255

3. Redondea 236,184 a la decena de millar más cercana.

   A. 200,000   **C.** 240,000

   B. 230,000   **D.** 300,000

RESPUESTA LIBRE

4. Escribe estos números en orden, de menor a mayor.

   3,022   2,331   3,113   2,311

5. Indica cuál es la menor cantidad posible de billetes y monedas para juntar $16.38.

6. Mi tía compró un afiche en oferta por $5.39. Antes, el afiche costaba $7.89. ¿Cuánto dinero ahorró mi tía?

Escritura en matemáticas

7. Dibuja una matriz para mostrar 4×14. Escribe el producto y explica cómo lo hallaste.

Geometría y medición

OPCIÓN MÚLTIPLE

8. Chepe comenzó una carrera de 3 millas a las 3:30 P.M. Atravesó la línea de meta a las 4:05 P.M. ¿Cuánto tiempo le llevó a Chepe completar la carrera?

   A. 25 minutos

   B. 35 minutos

   C. 1 hora y 25 minutos

   D. 1 hora y 35 minutos

9. ¿Cuántas tazas hay en 1 cuarto?

   A. 2 tazas   **C.** 8 tazas

   B. 4 tazas   **D.** 16 tazas

RESPUESTA LIBRE

10. Un carro pesa 1,780 libras. El conductor pesa 165 libras. Hay dos paquetes de 20 libras en el asiento trasero. ¿Cuál es el peso total del carro con el conductor y los paquetes adentro?

Escritura en matemáticas

11. Usa términos geométricos para describir una característica común de las figuras de cada grupo.

Grupo A	Grupo B

Análisis de datos y probabilidad

12. Si haces girar esta flecha 20 veces, ¿en qué color caería más a menudo?

A. verde

B. azul

C. rojo

D. amarillo

13. ¿Cuál es el rango de este grupo de datos?
4, 3, 7, 10, 3, 5, 6

A. 3   **B.** 5   **C.** 7   **D.** 10

RESPUESTA LIBRE

Usa la pictografía en los Ejercicios 14 a 17.

Cajas de manzanas vendidas

Viernes	🍎 🍎 🍎
Sábado	🍎 🍎 🍎 🍎
Domingo	🍎 🍎 🍎

Cada 🍎 = 20 cajas.

14. ¿Qué día se vendieron más cajas de manzanas?

15. ¿Cuántas cajas más se vendieron el sábado que el domingo?

16. ¿Cuántas cajas se vendieron en total?

Escritura en matemáticas

17. El lunes se vendieron 100 cajas de manzanas. Explica cómo mostrarías estos datos en la pictografía.

Álgebra

18. ¿Qué oración numérica NO está en la misma familia de operaciones que $63 \div 7 = 9$?

EN LOS EXÁMENES

Piénsalo bien

Debo **fijarme en palabras como NO y EXCEPTO.**

A. $63 \div 9 = 7$

B. $9 \times 7 = 63$

C. $9 \times 3 = 27$

D. $7 \times 9 = 63$

19. Resuelve $n + 31 = 52$ probando estos valores para n: 12, 21, 83, 1, 1,612.

A. $n = 12$ **C.** $n = 83$

B. $n = 21$ **D.** $n = 1,612$

20. Terry corrió 1 vuelta el lunes, 4 vueltas el martes y 7 vueltas el miércoles. Si continuara con este patrón, ¿cuántas vueltas correría el viernes?

A. 9 vueltas   **C.** 13 vueltas

B. 10 vueltas   **D.** 16 vueltas

RESPUESTA LIBRE

21. ¿Cuál es la regla de esta tabla?

Entrada	3	4	5	6
Salida	12	16	20	24

Escritura en matemáticas

22. Escribe el número que falta en este patrón numérico: 63, 54, 45, ■, 27. Explica cómo hallaste tu respuesta.

Grupo 5-1 (páginas 256–257)

Halla 6 × 500.

Calcula mentalmente. Busca patrones en factores y productos.

6 × 5 = 30

6 × 5**0** = 30**0**

6 × 5**00** = 30**00**

Recuerda que cuando el producto de una operación básica tiene un cero, ese cero no es parte del patrón.

Halla los productos. Calcula mentalmente.

1. 3 × 40

2. 8 × 90

3. 5 × 300

4. 4 × 8,000

5. 7 × 60

6. 9 × 4,000

7. 6 × 8,000

8. 4 × 500

Grupo 5-2 (páginas 258–261)

Estima 4 × 458.

Una manera: redondear

4 × 458
↓
4 × 500 = 2,000

Otra manera: usar números compatibles

4 × 458
↓
4 × 450 = 1,800

Piensa:
Dos veces 450 es 900.
Por tanto, cuatro veces 450 es 1,800.

Recuerda que los números compatibles son números con lo que puedes calcular mentalmente con facilidad.

Estima cada producto.

1. 3 × 22

2. 7 × 157

3. 6 × 732

4. 9 × 588

5. 5 × 1,260

6. 8 × 4,657

7. 4 × 290

8. 2 × 3,501

9. 7 × 699

10. 6 × 112

11. 2 × 4,011

12. 5 × 253

Grupo 5-3 (páginas 262–263)

Halla 4 × 52 por descomposición.

50 **2**

4 × 52
4 × 50 + 4 × 2
200 + 8
208

Halla 78 × 6 usando números compatibles.

78   ×   6
↓
80   ×   6 = 480
480 − 12 = 468

Resta los 2 grupos que sobran de 6.

Recuerda que cuando usas números compatibles tienes que sumar o restar los grupos que sobran del nuevo producto para poder obtener el producto final.

1. 6 × 38

2. 5 × 42

3. 7 × 53

4. 9 × 87

5. 2 × 55

6. 4 × 76

7. 3 × 65

8. 8 × 29

Halla 4×12.

Usa bloques o haz un dibujo para construir una matriz.

$$\begin{array}{r} 12 \\ \times\ 4 \\ \hline 8 \\ 40 \\ \hline 48 \end{array}$$

$4 \times 10 = 40$ $4 \times 2 = 8$

$40 + 8 = 48$

Recuerda comprobar que tu dibujo muestre con exactitud los números que se multiplican.

1. $\begin{array}{r} 22 \\ \times\ 6 \\ \hline \end{array}$ **2.** $\begin{array}{r} 28 \\ \times\ 3 \\ \hline \end{array}$

3. $\begin{array}{r} 75 \\ \times\ 5 \\ \hline \end{array}$ **4.** $\begin{array}{r} 53 \\ \times\ 4 \\ \hline \end{array}$

5. $\begin{array}{r} 88 \\ \times\ 2 \\ \hline \end{array}$ **6.** $\begin{array}{r} 21 \\ \times\ 6 \\ \hline \end{array}$

Halla 5×13.

1 Multiplica las unidades. Reagrupa si es necesario.

2 Multiplica las decenas. Suma cualquier decena que sobra.

$$\begin{array}{r} 1 \\ 13 \\ \times\ 5 \\ \hline 5 \end{array}$$

$$\begin{array}{r} 1 \\ 13 \\ \times\ 5 \\ \hline 65 \end{array}$$

Recuerda que puedes usar una matriz como ayuda para multiplicar. Comprueba tu respuesta con una estimación.

1. $\begin{array}{r} 18 \\ \times\ 2 \\ \hline \end{array}$ **2.** $\begin{array}{r} 48 \\ \times\ 5 \\ \hline \end{array}$

3. $\begin{array}{r} 33 \\ \times\ 6 \\ \hline \end{array}$ **4.** $\begin{array}{r} 97 \\ \times\ 7 \\ \hline \end{array}$

5. $\begin{array}{r} 62 \\ \times\ 4 \\ \hline \end{array}$ **6.** $\begin{array}{r} 25 \\ \times\ 8 \\ \hline \end{array}$

Halla 768×6.

1 Multiplica las unidades. Reagrupa si es necesario.

2 Multiplica las decenas. Suma cualquier decena que sobra. Reagrupa si es necesario.

3 Multiplica las centenas. Suma cualquier centena que sobra.

$$\begin{array}{r} 4 \\ 768 \\ \times\ 6 \\ \hline 8 \end{array}$$

$$\begin{array}{r} 4\,4 \\ 768 \\ \times\ 6 \\ \hline 08 \end{array}$$

$$\begin{array}{r} 4\,4 \\ 768 \\ \times\ 6 \\ \hline 4{,}608 \end{array}$$

Recuerda comprobar tus respuestas con una estimación.

1. $\begin{array}{r} 239 \\ \times\ 4 \\ \hline \end{array}$ **2.** $\begin{array}{r} 980 \\ \times\ 8 \\ \hline \end{array}$

3. $\begin{array}{r} 485 \\ \times\ 3 \\ \hline \end{array}$ **4.** $\begin{array}{r} 186 \\ \times\ 7 \\ \hline \end{array}$

5. $\begin{array}{r} 228 \\ \times\ 2 \\ \hline \end{array}$ **6.** $\begin{array}{r} 391 \\ \times\ 5 \\ \hline \end{array}$

Set 5-7 (páginas 278–281)

Cinco caballos necesitaban 9 herraduras nuevas. Cada uno necesitaba al menos una, ninguno necesitaba las 4, al menos uno necesitaba 3 herraduras y al menos un caballo necesitaba 2 herraduras nuevas. ¿Cuántos caballos necesitaban 2 herraduras nuevas?

Prueba, comprueba y revisa.

Prueba $3 + 3 + 2 + 1 + 1 = 10$
Es demasiado alto. Usa una herradura menos.

Prueba $3 + 2 + 2 + 1 + 1 = 9$
¡Eso es correcto!

Dos caballos necesitaban 2 herraduras nuevas.

Recuerda que al comprobar puedes ver si tus primeras pruebas eran muy altas o muy bajas.

Ken tiene una colección de 24 carros de juguete para ponerlos en un mostrador que tiene 5 anaqueles. Él quiere usar todos los anaqueles.

1. Si Ken quiere poner 4 ó 6 carros por anaquel, ¿en cuántos anaqueles habrá 6 carros?

2. Si Ken quiere poner 6 u 8 carros por anaquel, ¿en cuántos anaqueles habrá 8 carros?

Grupo 5-8 (páginas 282–283)

Halla los productos.

$7 \times 4,050$
Calcula mentalmente.

> 7×50 es 350.
> $7 \times 4,000$ es $28,000$.
> Por tanto, $7 \times 4,050$ es $28,350$.

$3 \times 2,240$

Usa papel y lápiz.
No hay muchas reagrupaciones.

$$\begin{array}{r} 2,240 \\ \times \quad 3 \\ \hline 6,720 \end{array}$$

$9 \times 6,856$

Usa calculadora.
Hay muchas reagrupaciones.

9 $\boxed{\times}$ **6,856** $\boxed{=}$

$\boxed{61704}$

Recuerda que tienes que decidir primero qué método para calcular funcionará mejor para cada problema.

1.
$$\begin{array}{r} 4,582 \\ \times \quad 6 \\ \hline \end{array}$$

2.
$$\begin{array}{r} 9,000 \\ \times \quad 3 \\ \hline \end{array}$$

3.
$$\begin{array}{r} \$7,500 \\ \times \quad 5 \\ \hline \end{array}$$

4.
$$\begin{array}{r} 2,331 \\ \times \quad 4 \\ \hline \end{array}$$

5.
$$\begin{array}{r} 2,021 \\ \times \quad 3 \\ \hline \end{array}$$

6.
$$\begin{array}{r} 5,924 \\ \times \quad 8 \\ \hline \end{array}$$

7.
$$\begin{array}{r} 4,000 \\ \times \quad 9 \\ \hline \end{array}$$

8.
$$\begin{array}{r} 3,807 \\ \times \quad 2 \\ \hline \end{array}$$

9.
$$\begin{array}{r} 1,241 \\ \times \quad 2 \\ \hline \end{array}$$

10.
$$\begin{array}{r} 6,037 \\ \times \quad 8 \\ \hline \end{array}$$

11. $2,001 \times 6$

12. $4 \times \$5,050$

13. $8 \times 1,111$

14. $5 \times \$2,798$

15. $3 \times 4,999$

16. $4 \times \$2,020$

17. $9 \times 5,861$

18. $8 \times \$6,000$

Grupo 5-9 (páginas 286–287)

Halla $8 \times \$3.57$.

1 Multiplica como si fueran números enteros.

2 Escribe la respuesta en dólares y centavos.

$$\begin{array}{r} \scriptstyle 4\ 5 \\ \$3.57 \\ \times\ \ \ \ \ 8 \\ \hline 2856 \end{array}$$

$$\begin{array}{r} \scriptstyle 4\ 5 \\ \$3.57 \\ \times\ \ \ \ \ 8 \\ \hline \$28.56 \end{array}$$

Recuerda que los problemas de multiplicación con dólares y centavos necesitan un signo de dólar y un punto decimal en el producto.

1. $\begin{array}{r} \$3.14 \\ \times\ \ \ \ 5 \\ \hline \end{array}$
2. $\begin{array}{r} \$0.56 \\ \times\ \ \ \ 7 \\ \hline \end{array}$

3. $\begin{array}{r} \$13.46 \\ \times\ \ \ \ 3 \\ \hline \end{array}$
4. $\begin{array}{r} \$8.37 \\ \times\ \ \ \ 9 \\ \hline \end{array}$

5. $\begin{array}{r} \$84.99 \\ \times\ \ \ \ 8 \\ \hline \end{array}$
6. $\begin{array}{r} \$10.42 \\ \times\ \ \ \ 4 \\ \hline \end{array}$

Grupo 5-10 (páginas 288–289)

Halla $15 \times 4 \times 5$.

Comienza con dos números cualesquiera. Multiplica luego por el tercer número.

$15 \times 4 \times 5$

$(15 \times 4) \times 5$

60×5

300

Recuerda que puedes multiplicar los factores en cualquier orden. También puedes agrupar de distinta manera los factores.

1. $6 \times 15 \times 5$ **2.** $10 \times 3 \times 8$

3. $6 \times 60 \times 9$ **4.** $2 \times 150 \times 5$

5. $40 \times 3 \times 4$ **6.** $2 \times 8 \times 500$

7. $25 \times 7 \times 4$ **8.** $4 \times 42 \times 5$

Grupo 5-11 (páginas 290–291)

La cantidad de manzanos de un huerto es 3 veces la cantidad de cerezos. Si hay 52 cerezos, ¿cuántos manzanos habrá?

Haz un dibujo para mostrar la idea principal del problema.

Usa el dibujo para escoger una operación.

Cerezos

Manzanos

$52 \times 3 = 156$

Hay 156 manzanos.

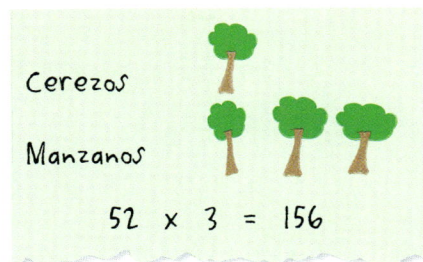

Recuerda hacer un dibujo de la idea principal antes de escoger una operación.

1. Una oficina ordenó 6 fotocopiadoras. Cada una pesaba 108 libras. Halla el peso total de la orden.

2. Celia tiene cuatro semanas para ahorrar $58 para sus vacaciones. La primera semana ahorró $10, la segunda $21 y la tercera $17. ¿Cuánto dinero más tiene que ahorrar?

Grupo 5-1 (páginas 256–257)

Halla los productos. Calcula mentalmente.

1. 4×200 **2.** 9×50 **3.** $3 \times 6{,}000$ **4.** 6×800 **5.** 8×40

6. $2 \times 5{,}000$ **7.** 6×90 **8.** 4×800 **9.** $2 \times 4{,}000$ **10.** 3×500

11. $5 \times 6{,}000$ **12.** 9×900 **13.** $7 \times 5{,}000$ **14.** 9×300 **15.** 6×30

16. 9×400 **17.** $8 \times 7{,}000$ **18.** 7×800 **19.** 5×70 **20.** 4×600

21. $6 \times 4{,}000$ **22.** 5×300 **23.** 2×900 **24.** $8 \times 5{,}000$ **25.** 3×700

26. Maggie puede escribir a máquina 50 palabras por minuto.
¿Cuántas palabras puede escribir en 8 minutos?

Grupo 5-2 (páginas 258–261)

Estima cada producto.

1. 6×38 **2.** 7×465 **3.** 4×721 **4.** 5×885 **5.** 62×4

6. $5{,}500 \times 8$ **7.** 2×77 **8.** 223×4 **9.** 3×399 **10.** 7×125

11. 9×45 **12.** 3×820 **13.** 975×5 **14.** 722×3 **15.** 6×34

16. $7 \times 6{,}210$ **17.** $8{,}051 \times 2$ **18.** 5×46 **19.** 28×7 **20.** 508×9

21. 5×499 **22.** 512×8 **23.** 6×21 **24.** 2×799 **25.** 189×5

26. Andy y su familia pasaron 5 noches en un hotel. El precio por cada noche era $85.
¿Cuánto pagó aproximadamente la familia de Andy por su estadía en el hotel?

Grupo 5-3 (páginas 262–263)

Halla los productos. Calcula mentalmente.

1. 21×8 **2.** 32×6 **3.** 49×5 **4.** 51×7 **5.** 81×9

6. 8×38 **7.** 4×26 **8.** 3×88 **9.** 34×6 **10.** 72×7

11. 5×90 **12.** 7×85 **13.** 67×2 **14.** 15×8 **15.** 23×5

16. 99×9 **17.** 39×7 **18.** 22×6 **19.** 5×17 **20.** 4×60

21. 9×16 **22.** 82×5 **23.** 84×6 **24.** 39×7 **25.** 6×45

26. Dina compró 2 panes de hamburguesa por cada una de las 27 personas que había
invitado a un asado. ¿Cuántos panes de hamburguesa compró?

Grupo 5-4 (páginas 264–267)

Usa bloques o haz un dibujo para construir una matriz. Luego, halla los productos.

1. $\begin{array}{r} 17 \\ \times\ 3 \\ \hline \end{array}$	**2.** $\begin{array}{r} 28 \\ \times\ 2 \\ \hline \end{array}$	**3.** $\begin{array}{r} 14 \\ \times\ 5 \\ \hline \end{array}$	**4.** $\begin{array}{r} 22 \\ \times\ 6 \\ \hline \end{array}$	**5.** $\begin{array}{r} 23 \\ \times\ 3 \\ \hline \end{array}$
6. $\begin{array}{r} 34 \\ \times\ 2 \\ \hline \end{array}$	**7.** $\begin{array}{r} 21 \\ \times\ 7 \\ \hline \end{array}$	**8.** $\begin{array}{r} 18 \\ \times\ 4 \\ \hline \end{array}$	**9.** $\begin{array}{r} 24 \\ \times\ 4 \\ \hline \end{array}$	**10.** $\begin{array}{r} 19 \\ \times\ 2 \\ \hline \end{array}$
11. $\begin{array}{r} 12 \\ \times\ 6 \\ \hline \end{array}$	**12.** $\begin{array}{r} 20 \\ \times\ 5 \\ \hline \end{array}$	**13.** $\begin{array}{r} 31 \\ \times\ 3 \\ \hline \end{array}$	**14.** $\begin{array}{r} 15 \\ \times\ 4 \\ \hline \end{array}$	**15.** $\begin{array}{r} 32 \\ \times\ 7 \\ \hline \end{array}$

16. Dina sembró semillas en 4 macetas. Si sembró 16 semillas en cada maceta, ¿cuántas semillas sembró en total?

Grupo 5-5 (páginas 270–273)

Halla los productos. Determina si tu respuesta es razonable.

1. $\begin{array}{r} 54 \\ \times\ 4 \\ \hline \end{array}$	**2.** $\begin{array}{r} 28 \\ \times\ 7 \\ \hline \end{array}$	**3.** $\begin{array}{r} 66 \\ \times\ 2 \\ \hline \end{array}$	**4.** $\begin{array}{r} 75 \\ \times\ 4 \\ \hline \end{array}$	**5.** $\begin{array}{r} 36 \\ \times\ 5 \\ \hline \end{array}$
6. $\begin{array}{r} 82 \\ \times\ 6 \\ \hline \end{array}$	**7.** $\begin{array}{r} 91 \\ \times\ 9 \\ \hline \end{array}$	**8.** $\begin{array}{r} 55 \\ \times\ 8 \\ \hline \end{array}$	**9.** $\begin{array}{r} 72 \\ \times\ 2 \\ \hline \end{array}$	**10.** $\begin{array}{r} 61 \\ \times\ 3 \\ \hline \end{array}$

11. 59×6 **12.** 24×8 **13.** 3×44 **14.** 39×7 **15.** 4×98

16. Has encontrado 18 artículos sobre pandas en la Internet. Si te toma 3 minutos entrar e imprimir cada artículo, ¿cuánto te tomará entrar a todos los artículos e imprimirlos?

Grupo 5-6 (páginas 274–275)

Halla los productos. Estima para comprobar si son razonables.

1. $\begin{array}{r} 164 \\ \times\ 2 \\ \hline \end{array}$	**2.** $\begin{array}{r} 608 \\ \times\ 8 \\ \hline \end{array}$	**3.** $\begin{array}{r} 710 \\ \times\ 9 \\ \hline \end{array}$	**4.** $\begin{array}{r} 314 \\ \times\ 5 \\ \hline \end{array}$	**5.** $\begin{array}{r} 815 \\ \times\ 6 \\ \hline \end{array}$
6. $\begin{array}{r} 117 \\ \times\ 9 \\ \hline \end{array}$	**7.** $\begin{array}{r} 291 \\ \times\ 3 \\ \hline \end{array}$	**8.** $\begin{array}{r} 844 \\ \times\ 6 \\ \hline \end{array}$	**9.** $\begin{array}{r} 472 \\ \times\ 5 \\ \hline \end{array}$	**10.** $\begin{array}{r} 157 \\ \times\ 7 \\ \hline \end{array}$

11. 955×3 **12.** 9×197 **13.** 6×344 **14.** 347×2 **15.** 987×3

16. Un envase de yogur tiene 225 calorías. ¿Cuántas calorías hay en 6 envases de yogur?

Grupo 5-7 (páginas 278–281)

Prueba, comprueba y revisa para dar la respuesta a cada problema. Responde con una oración completa.

Artículos para gerbos

Comida $5 por bolsa

Virutas $4 por bolsa

Juguetes $2 cada uno

1. Tandy gastó $13, sin incluir el impuesto, en 4 artículos para su gerbo. ¿Qué compró?

2. Tomás gastó $15, sin incluir el impuesto, en 4 artículos para su gerbo. ¿Qué compró?

3. Roger quitó todas las ruedas de sus triciclos y bicicletas viejas. Sacó 14 ruedas de 6 de ellos. ¿Cuántos triciclos y cuántas bicicletas tenía?

4. El cumpleaños de Peter es 50 días antes que el de su padre. Si el cumpleaños de su padre es el 11 de agosto, ¿cuándo es el de Peter?

JUNIO						
D	L	M	M	J	V	S
						1
2	3	4	5	6	7	8
9	10	11	12	13	14	15
16	17	18	19	20	21	22
23	24	25	26	27	28	29
30						

JULIO						
D	L	M	M	J	V	S
	1	2	3	4	5	6
7	8	9	10	11	12	13
14	15	16	17	18	19	20
21	22	23	24	25	26	27
28	29	30	31			

AGOSTO						
D	L	M	M	J	V	S
				1	2	3
4	5	6	7	8	9	10
11	12	13	14	15	16	17
18	19	20	21	22	23	24
25	26	27	28	29	30	31

SEPTIEMBRE						
D	L	M	M	J	V	S
1	2	3	4	5	6	7
8	9	10	11	12	13	14
15	16	17	18	19	20	21
22	23	24	25	26	27	28
29	30					

5. Hannah compró un sombrero por $7.50 y unos pantalones por $15.95. Tuvo que pedirle $1 prestado a una de sus amigas para pagar por su almuerzo, que costaba $3.50. ¿Cuánto dinero tenía Hannah al comienzo?

Grupo 5-8 (páginas 282–283)

Halla los productos. Escoge un método para calcular y di que método usaste.

1. $2,005 \times 3$

2. $2,874 \times 6$

3. $\$9,042 \times 3$

4. $5,000 \times 8$

5. $8,312 \times 2$

6. $\$7,040 \times 4$

7. $1,023 \times 7$

8. $4,874 \times 8$

9. $\$3,660 \times 5$

10. $\$1,999 \times 4$

11. $7,000 \times 2$

12. $6,736 \times 3$

13. $8,004 \times 6$

14. $4,004 \times 8$

15. Jeanne usó calculadora para hallar $1,021 \times 4$. ¿Usarías tu calculadora? Explícalo. Halla el producto.

Grupo 5-9 (páginas 286–287)

Halla los productos.

1. $0.89
   × 7

2. $4.67
   × 8

3. $0.55
   × 3

4. $8.90
   × 6

5. $3.28
   × 2

6. $17.34
   × 4

7. $77.91
   × 6

8. $12.63
   × 5

9. $82.99
   × 9

10. $41.32
   × 3

11. $35.47
   × 5

12. $22.15
   × 7

13. $78.09
   × 6

14. $31.50
   × 8

15. $11.25
   × 6

16. $10.45 × 2   **17.** $2.56 × 9   **18.** 8 × $46.78   **19.** 6 × $37.30

20. $8.95 × 6   **21.** 3 × $3.89   **22.** 7 × $1.98   **23.** 4 × $25.50

24. El precio de cada camisa es $11.57 en Centro Moda. ¿Cuánto costarían 4 camisas?

Grupo 5-10 (páginas 288–289)

Halla los productos.

1. 50 × 5 × 4   **2.** 4 × 81 × 2   **3.** 7 × 8 × 4   **4.** 6 × 40 × 3

5. 8 × 47 × 5   **6.** 100 × 7 × 6   **7.** 60 × 2 × 7   **8.** 75 × 8 × 2

9. 3 × 4 × 33   **10.** 53 × 2 × 5   **11.** 4 × 25 × 2   **12.** 28 × 4 × 5

13. 2 × 6 × 5   **14.** 10 × 2 × 25   **15.** 35 × 2 × 2   **16.** 2 × 45 × 5

17. Laurie puede preparar 2 docenas de galletas al día. Si prepara galletas durante 5 días, ¿cuántas preparará?

Grupo 5-11 (páginas 290–291)

1. En una tienda prepararon 46 sándwiches en la mañana, 21 en la tarde y 29 en la noche. ¿Cuántos sándwiches en total prepararon en la tienda?

2. Marta compró 3 paquetes de tenedores de plástico y 4 paquetes de platos de cartón. En cada paquete hay 75 vasos. ¿Cuántos platos compró Marta?

3. La abuela de Roberto nació en 1946. Roberto nació en 1994. ¿Cuántos años más tiene la abuela de Roberto que Roberto?

Multiplicación por números de dos dígitos

DIAGNOSTICAR EL NIVEL

A Vocabulario

(páginas 124–125, 258–259, 266–267)

Escoge del cuadro el término más adecuado.

1. Una __?__ es un grupo de objetos ordenados en filas iguales.

2. Los números que son fáciles de calcular mentalmente se llaman __?__.

3. La propiedad __?__ de la multiplicación te permite multiplicar dos números en cualquier orden.

Vocabulario

- **redondear** *(p. 258)*
- **números compatibles** *(p. 266)*
- **conmutativa** *(p. 266)*
- **matriz** *(p. 124)*
- **asociativa** *(p. 266)*

B Patrones con múltiplos de 10

(páginas 256–257)

Escribe los números que faltan.

4. 10 20 ▪ 40 ▪ 60

5. 30 60 90 ▪ ▪ 180

6. 70 140 210 ▪ 350 ▪

7. 80 ▪ 240 ▪ 400 480

8. 500 1,000 ▪ ▪ 2,500

9. Observa el Ejercicio 4. Si el patrón continúa, ¿qué número sería el décimo término?

¿Lo sabes?

¿Aproximadamente cuántas veces come un cocodrilo durante toda su vida?

Lo descubrirás en la Lección 6-10.

DORLING KINDERSLEY EYEWITNESS BOOKS

REPTILE

Discover the intriguing world of reptiles— their natural history, habits, and life-styles

COLIN McCARTHY

C Estimar productos

(páginas 258–259)

Estima cada producto.

10. 27×3 **11.** 38×9

12. 92×7 **13.** 18×6

14. 83×8 **15.** 33×4

16. 986×9 **17.** 723×6

18. 765×5 **19.** 832×7

20. 855×3 **21.** 632×8

22. 295×2 **23.** 304×5

D Multiplicar por números de un dígito

(páginas 274–275)

24. 315×4 **25.** 687×9

26. 909×8 **27.** 796×5

28. 234×7 **29.** 874×6

30. $6{,}258 \times 2$ **31.** $7{,}452 \times 5$

32. $3{,}084 \times 3$ **33.** $1{,}025 \times 5$

34. Si un paquete de CDs en blanco cuesta $9.95, ¿cuánto costarán 3 paquetes sin impuesto?

313

Idea clave

Las operaciones básicas y el valor posicional te permiten multiplicar números como 50 y 300.

EN LOS EXÁMENES

Piénsalo bien

- Puedo **usar lo que sé.** Hay 50 estados.

- El número 3,000 es **una estimación,** por tanto, 150,000 también es una estimación.

Multiplicar por múltiplos de 10

APRENDE

¿Cómo calculas mentalmente para multiplicar?

Halla el número total de escuelas que habría en los EE. UU. si cada estado tuviera el mismo número de escuelas que Florida. Luego, halla el total si cada estado tuviera la misma cantidad de escuelas que Michigan.

Puedes usar un patrón para multiplicar calculando mentalmente.

Archivo de datos

**Escuelas primarias y secundarias
1999 a 2000
(al millar más cercano)**

California	9,000
Florida	3,000
Michigan	4,000

Ejemplo A

Florida:
Halla $50 \times 3,000$.

$$5 \times 3 = 15$$
$$5 \times 30 = 150$$
$$50 \times 30 = 1,500$$
$$50 \times 300 = 15,000$$
$$50 \times 3,000 = 150,000$$

El número de ceros de ambos factores es igual al número de ceros del producto.

Habría 150,000 escuelas.

Ejemplo B

Michigan:
Halla $50 \times 4,000$.

$$5 \times 4 = 20$$
$$5 \times 40 = 200$$
$$50 \times 40 = 2,000$$
$$50 \times 400 = 20,000$$
$$50 \times 4,000 = 200,000$$

Cuando el producto de una operación básica tiene ceros, los ceros no son parte del patrón.

Habría 200,000 escuelas.

✓ Hablemos

1. Explica el patrón para hallar $50 \times 3,000$.

2. Cuando multiplicas $50 \times 4,000$, ¿cuántos ceros hay en el producto? ¿Por qué?

Multiplica. Calcula mentalmente.

1. 20×60 **2.** 40×500 **3.** $80 \times 2,000$ **4.** $20 \times 4,000$

5. Sentido numérico Di qué números van en los espacios en blanco. Para hallar 70×600, multiplica __?__ por __?__. Luego, agrega __?__ ceros al final.

PRÁCTICA

Más práctica: Grupo 6-1, página 360

Ⓐ Destrezas y comprensión

Multiplica. Calcula mentalmente.

6. 80×60 **7.** 20×90 **8.** 30×400 **9.** 80×400

10. 60×300 **11.** 40×600 **12.** 70×500 **13.** 20×300

14. $50 \times 9,000$ **15.** $90 \times 3,000$ **16.** $40 \times 4,000$ **17.** $30 \times 7,000$

18. Sentido numérico ¿Cuántos ceros hay en el producto de $50 \times 8,000$? Explica cómo lo sabes.

Ⓑ Razonamiento y resolución de problemas

En los Ejercicios 19 a 21, usa la gráfica de la derecha. Halla el número de escuelas que habría en los EE. UU. si cada estado tuviera la misma cantidad de escuelas que:

Escuelas primarias y secundarias 1999 a 2000 (al millar más cercano)

Ohio	🏫 🏫 🏫 🏫
Oklahoma	🏫 🏫
Texas	🏫 🏫 🏫 🏫 🏫 🏫 🏫 🏫

Cada 🏫 = 1,000 escuelas.

19. Texas.   **20.** Oklahoma.

21. ¿Habría más o menos de 90,000 escuelas si cada estado tuviera la misma cantidad de escuelas que Ohio?

22. Álgebra Halla el valor de $30n$, si $n = 9,000$.

23. Escritura en matemáticas Explica por qué el producto de 60 por 5,000 tiene cinco ceros, si 60 tiene un cero y 5,000 tiene tres ceros.

🦉 Repaso mixto y preparación de exámenes

En la INTERNET
Preparación de exámenes
www.scottforesman.com

24. ¿Cuántos minutos hay en 8 horas?

25. Estimación Estima 6×835.

   A. 48   **B.** 480   **C.** 4,800   **D.** 48,000

Idea clave
Para estimar, usa factores que puedas multiplicar fácilmente usando cálculo mental.

Vocabulario
- redondear (p. 20)
- números compatibles (p. 258)
- estimación por defecto (p. 72)
- estimación por exceso (p. 72)
- rango (p. 226)

EN LOS EXÁMENES

Piénsalo bien

- **Necesito estimar** porque sólo debo saber aproximadamente cuántas veces al año la estación orbita alrededor de la Tierra.

- Tengo que **usar lo que sé.** Un año tiene 52 semanas.

Estimar productos

APRENDE

✓ PREPÁRATE
1. 20×200 2. 30×800
3. 40×30 4. 60×400

¿De qué maneras puedes estimar?

La Estación Espacial Internacional orbita alrededor de la Tierra cada 92 minutos cuando está a 206 millas náuticas (aproximadamente 382 kilómetros) de nuestro planeta. Por tanto, orbita alrededor de la Tierra aproximadamente 109 veces a la semana.

Ejemplo A

¿Aproximadamente cuánto demora la Estación Espacial Internacional en orbitar 12 veces alrededor de la Tierra?

Estima 12×92.

Tomás **redondeó.**

$$12 \times 92$$
$$\downarrow \quad \downarrow$$
$$10 \times 90 = 900$$

Como ambos números se reemplazaron por números menores, 900 es una **estimación por defecto.** La respuesta exacta es mayor que 900.

La Estación Espacial Internacional demora un poco más de 900 minutos en orbitar 12 veces alrededor de la Tierra.

Ejemplo B

¿Aproximadamente cuántas veces orbita la Estación Espacial Internacional alrededor de la Tierra en un año (52 semanas)?

Estima 52×109.

Kelly usó **números compatibles.**

Es fácil multiplicar 5×11.

$$52 \times 109$$
$$\downarrow \quad \downarrow$$
$$50 \times 110 = 5,500$$

Como 52 se reemplazó por un número menor y 109 se reemplazó por un número mayor, es difícil saber si 5,500 es una **estimación por exceso** o una estimación por defecto.

La Estación Espacial Internacional orbita alrededor de la Tierra aproximadamente 5,500 veces al año.

✓ Hablemos

1. En el Ejemplo A, ¿cómo sabes que 900 es una estimación por defecto?

2. En el Ejemplo B, ¿qué números compatibles usó Kelly?

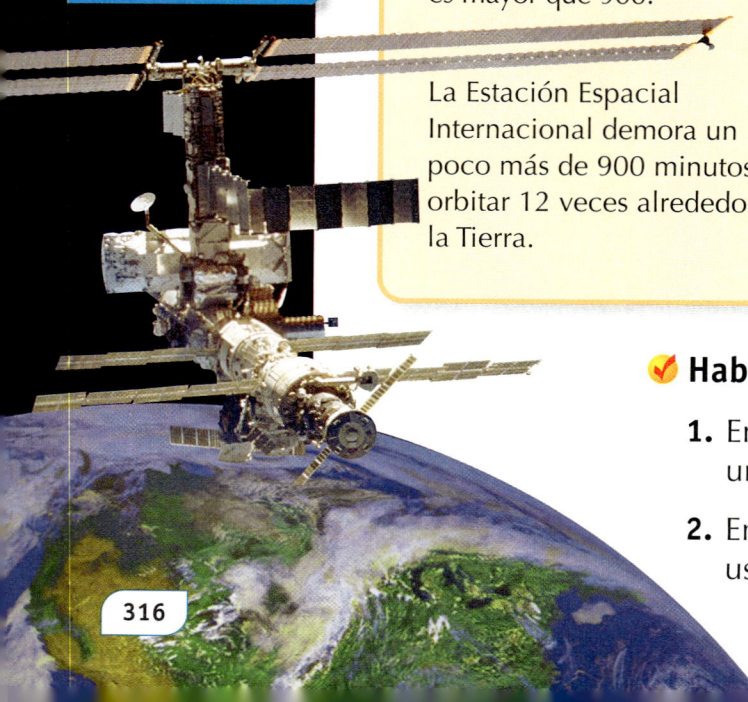

¿Cómo hallas el rango de la respuesta exacta?

Un año se define como el tiempo que demora un planeta en girar una vez alrededor del Sol. Un año de Plutón son aproximadamente 248 años terrestres.

Ejemplo C

Estima el número de años terrestres que equivalen a 34 años de Plutón.

Halla un rango para estimar 34×248.

Estima por defecto reemplazando 34 y 248 por números menores.

34×248
↓   ↓
$30 \times 200 = 6,000$

$3 \times 2 = 6$
$3 \times 200 = 600$
Por tanto,
$30 \times 200 = 6,000$

Estima por exceso reemplazando 34 y 248 por números mayores.

34×248
↓   ↓
$40 \times 250 = 10,000$

$4 \times 25 = 100$
$4 \times 250 = 1,000$
Por tanto,
$40 \times 250 = 10,000$

Las estimaciones de 6,000 y 10,000 son el **rango** de la respuesta. El producto de 34×248 está entre 6,000 y 10,000.

El número de años terrestres que equivalen a 34 años de Plutón está entre 6,000 y 10,000 años.

✔ Hablemos

3. ¿Cómo sabes que el producto de 34×248 está entre 6,000 y 10,000?

4. ¿Se usó redondeo para hallar la estimación por defecto? Explícalo.

COMPRUEBA ✓

Otro ejemplo: Grupo 6-2, página 356

Estima cada producto.

1. 61×23 **2.** 53×82 **3.** 49×743 **4.** 712×92

Halla un rango para estimar cada producto.

5. 27×42 **6.** 36×85 **7.** 625×16 **8.** 54×815

9. Sentido numérico Para estimar el producto de 48×83, Pat multiplicó 50×100. Di cómo sabes si ésta es una estimación por defecto o una estimación por exceso.

A Destrezas y comprensión

Estima cada producto.

10. 49×26　　　**11.** 85×61　　　**12.** 33×32　　　**13.** 64×54

14. 19×361　　　**15.** 43×903　　　**16.** 215×49　　　**17.** 886×27

Halla un rango para estimar cada producto.

18. 72×87　　　**19.** 57×94　　　**20.** 52×733　　　**21.** 546×83

22. Sentido numérico ¿Está el producto de 32×72 más cerca de una estimación por defecto de 2,100 ó de una estimación por exceso de 2,800? Explícalo.

B Razonamiento y resolución de problemas

23. Estima para determinar qué operación tiene un producto mayor, 59×31 ó 52×42. Explícalo.

Matemáticas y ciencias

24. Usa los datos de la página 316. ¿Cuánto demora aproximadamente la Estación Espacial Internacional en orbitar 18 veces la Tierra?

En los Ejercicios 25 y 26, usa los datos de la derecha.

25. A la decena de millar más cercana, ¿cuántas celdas solares hay en la Estación Espacial Internacional?

26. La Estación Espacial Internacional usa 64 kilovatios de electricidad para soporte vital y recarga de baterías. ¿Cuántos kilovatios de electricidad quedan para experimentos científicos?

Los paneles solares de la Estación Espacial Internacional contienen un total de 262,400 celdas solares y generan 110 kilovatios.

27. **Escritura en matemáticas** ¿Es correcta la siguiente explicación? De no ser así, di por qué y escribe la respuesta correcta. Si es correcta, di cómo hallar una estimación por defecto.

> ¿Es 7,200 una estimación por exceso o una estimación por defecto para 79×89? Explícalo.
>
> 79×89
> ↓　　↓
> $80 \times 90 = 7,200$
> Como $80 > 79$ y $90 > 89$, 7,200 es una estimación por exceso.

EN LOS EXÁMENES

Piénsalo bien
Comprobaré que la respuesta sea clara y fácil de seguir.

C Un paso adelante

Estima cada producto.

28. $18 \times 4{,}216$ **29.** $22 \times 5{,}291$ **30.** $1{,}882 \times 37$ **31.** $52 \times 3{,}925$

Repaso mixto y preparación de exámenes

En la INTERNET
Preparación de exámenes
www.scottforesman.com

Multiplica. Calcula mentalmente.

32. 90×40 **33.** 50×800 **34.** $70 \times 4{,}000$ **35.** 4×30

36. **Escritura en matemáticas** Ana tiene 3 años de edad y Joan tiene 32 meses. ¿Quién es mayor? Explícalo.

37. Elizabeth compró 4 libros. Cada libro costó $2.35. ¿Cuánto gastó?

     A. $8.20   **B.** $8.40   **C.** $9.20   **D.** $9.40

Aprender con tecnología

Usar eTools: Hoja de cálculo/datos/gráficas para multiplicar por múltiplos de 10, 100 y 1,000

Introduce los datos de la derecha en tu hoja de cálculo. Luego, copia los contenidos de A2, B3 y C2 en la quinta fila. Anota los productos.

Repite los pasos anteriores empleando los siguientes factores.

1. 24×5

2. 24×6

3. 24×7

4. ¿Qué le pasa a cada producto a medida que aumenta el número de ceros de un factor?

	A	B	C
1	factor	factor	producto
2	24	3	=A2*B2
3		=B2x10	
4			

Idea clave
Para hallar un producto como 14 × 23, puedes usar una matriz y descomponer el problema en cuatro problemas más sencillos.

Vocabulario
• productos parciales (p. 264)

Materiales
• papel cuadriculado
• regla
o **e tools**

Usar matrices para multiplicar

✓ PREPÁRATE

1. 8×20 2. 3×30
3. 20×90 4. 70×40

APRENDE

Los cultivos, las ventanas y las bandas de los desfiles son algunos ejemplos de elementos que se ordenan en matrices.

Actividad

¿Cómo multiplicas con una matriz?

Una banda marcha en 23 filas, con 14 miembros en cada una. ¿Cuántos miembros tiene la banda?

Recuerda que puedes multiplicar resolviendo problemas más sencillos y sumando luego los **productos parciales.**

A continuación se muestra cómo usar una matriz para hallar el producto de 14×23.

EN LOS EXÁMENES

Piénsalo bien
Puedo **usar un modelo** y **resolver problemas más sencillos** para multiplicar.

Paso 1: Usa papel cuadriculado. Dibuja un rectángulo de 23 unidades de longitud y 14 unidades de ancho.

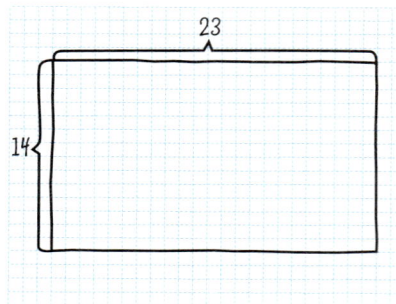

Paso 2: Separa el rectángulo en decenas y unidades para cada factor. Halla el número de cuadrados que hay en cada rectángulo más pequeño.

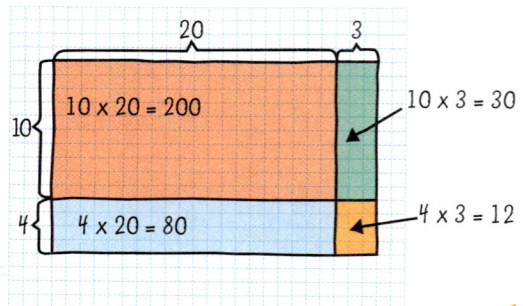

$10 \times 20 = 200$
$10 \times 3 = 30$
$4 \times 20 = 80$
$4 \times 3 = 12$

Paso 3: Suma la cantidad de cuadrados que hay en los cuatro rectángulos.

```
   12
   80
   30
+ 200
  322
```

a. Usa papel cuadriculado para dibujar cada rectángulo. Sigue los pasos anteriores para hallar cada producto.

15×12 16×24 18×35 26×29

b. Explica por qué descomponer el rectángulo de 14×23 en rectángulos más pequeños es como resolver cuatro problemas más sencillos. ¿Cuáles son los problemas más sencillos?

¿Cómo anotas lo que muestras con la matriz?

A continuación se muestra una manera de anotar lo que haces con el papel cuadriculado y una matriz para hallar el producto de 24 × 27.

Lo que **muestras**	Lo que **escribes**

Lo que muestras:

```
        20          7
    ┌─────────┬────────┐
    │         │ 20 x 7 │
    │         │ = 140  │
 20 │ 20x20   │        │
    │ = 400   │        │
    │         │        │
    ├─────────┼────────┤
  4 │ 4x20=80 │ 4x7=28 │
    └─────────┴────────┘
```

Lo que escribes:

```
      27
   x  24
   ─────
      28
      80
     140
   + 400
   ─────
     648
```

a. Usa papel cuadriculado para dibujar cada rectángulo. Usa el método anterior para hallar cada producto.

17×25 19×32 21×29 12×38

b. Explica por qué descomponer el rectángulo de 24 × 27 en rectángulos más pequeños es como resolver cuatro problemas más sencillos. ¿Cuáles son los problemas más sencillos?

COMPRUEBA ✓

Otro ejemplo: Grupo 6-3, página 357

Usa papel cuadriculado para dibujar un rectángulo. Luego, copia y completa el cálculo.

1.

```
      25
   ×  13
   ─────
      ▢▢
      ▢▢
      ▢▢
     ▢▢▢
     ▢▢▢
```

2.

```
      36
   ×  14
   ─────
      ▢▢
     ▢▢▢
      ▢▢
     ▢▢▢
     ▢▢▢
```

3. Sentido numérico ¿Cuáles son los otros cuatro problemas más sencillos que puedes usar para hallar 32×48?

4. Sentido numérico ¿Cuáles son los otros cuatro problemas más sencillos que puedes usar para hallar 35×34?

A Destrezas y comprensión

Usa papel cuadriculado para dibujar un rectángulo. Luego, copia
y completa el cálculo.

5.
$$\begin{array}{r} 29 \\ \times\ 15 \\ \hline \end{array}$$

6.
$$\begin{array}{r} 28 \\ \times\ 22 \\ \hline \end{array}$$

7.
$$\begin{array}{r} 35 \\ \times\ 16 \\ \hline \end{array}$$

8.
$$\begin{array}{r} 19 \\ \times\ 27 \\ \hline \end{array}$$

9.
$$\begin{array}{r} 34 \\ \times\ 25 \\ \hline \end{array}$$

10.
$$\begin{array}{r} 23 \\ \times\ 18 \\ \hline \end{array}$$

11. 14×43

12. 24×34

13. 33×37

14. 13×46

15. Sentido numérico ¿Cuáles son los otros cuatro problemas
más sencillos que puedes usar para hallar 42×56?

B Razonamiento y resolución de problemas

Matemáticas y ciencias

Diciembre tiene 31 días. Di cuántas libras de cada alimento
podría comer un hipopótamo del Nilo en diciembre:

16. de heno.

17. de coles.

18. de pienso.

19. de alimento en total.

20. ¿Cuántas libras más de heno que de
pienso comería un hipopótamo del
Nilo en diciembre?

21. Escritura en matemáticas Usa una
matriz para explicar en qué se
parece el producto de 12×24
a la suma de los productos de
2×24 y de 10×24.

Archivo de datos

Lo que come un hipopótamo del Nilo	
Alimento	Libras por día
Heno	40
Pienso	14
Coles	2

C Un paso adelante

Usa cuadrículas para hallar cada producto. Luego, contesta la pregunta.

22. ¿Es 26 × 24 = 24 × 26?

23. ¿Es 12 × 43 = 43 × 12?

Repaso mixto y preparación de exámenes

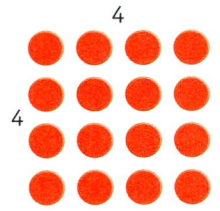

En la INTERNET
Preparación de exámenes
www.scottforesman.com

Estimación Estima cada producto.

24. 49 × 39

25. 71 × 52

26. 246 × 43

27. 85 × 368

28. Tate leyó desde las 5:17 P.M. hasta las 6:32 P.M. ¿Cuánto tiempo leyó?

A. 15 min

B. 45 min

C. 1 h 15 min

D. 1 h 45 min

Ampliación

Cuadrados perfectos

Materiales: Fichas

Los cuatro primeros números que son cuadrados perfectos son 1, 4, 9 y 16. Se llaman **cuadrados perfectos** porque describen matrices cuadradas.

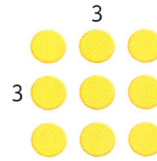

1. Usa fichas o letras equis para construir todos los cuadrados perfectos que hay entre 1 y 100.

2. ¿Cuántos cuadrados perfectos construiste?

3. ¿Es 50 un cuadrado perfecto? Explica por qué.

4. Halla 3 cuadrados perfectos mayores que 100.

Comprender fuentes gráficas: Listas

Al leer en matemáticas, **comprender fuentes gráficas, como listas,** puede ayudarte a usar la **estrategia de resolución de problemas** *Organiza la información en una lista* de la siguiente lección.

En lectura, comprender las listas puede ser útil para comprender lo que lees. En matemáticas, comprender las listas puede ayudarte a resolver problemas.

Cada fila describe una combinación diferente.

Carl organizó la información en una lista para mostrar todas las combinaciones posibles que podía hacer con los jarrones y las flores.

*Los rótulos al comienzo de la **lista** indican qué tipo de elementos se incluyen en cada combinación.*

Jarrón	Flores
vidrio	rosas
vidrio	lirios
vidrio	tulipanes
cerámica	rosas
cerámica	lirios
cerámica	tulipanes

Es posible hacer 6 combinaciones diferentes.

El número de filas indica el número posible de combinaciones diferentes que se pueden hacer.

1. ¿Entre cuántos jarrones diferentes tuvo que escoger Carl?

2. ¿Por qué crees que Carl escribió jarrón de vidrio en las tres primeras filas de su lista en lugar de escribir jarrón de cerámica?

3. ¿De qué otra manera pudo haber organizado Carl la información en una lista?

En los Ejercicios 4 a 7, usa el siguiente problema y la lista de la derecha.

Eileen y sus 4 amigos quieren subirse a la estrella. Cada asiento es para 2 personas. Eileen hizo una lista para mostrar todas las combinaciones posibles para que 2 amigos compartan el mismo asiento.

Amigo 1	Amigo 2
Eileen	Jon
Eileen	Frank
Eileen	Helen
Eileen	Tracy
Jon	Frank
Jon	Helen
Jon	Tracy
Frank	Helen
Frank	Tracy
Helen	Tracy

4. ¿Cuál es el número máximo de amigos que pueden compartir el mismo asiento?

5. ¿Cuántas combinaciones posibles diferentes hay para que 2 amigos compartan el mismo asiento?

6. ¿Cuántas de estas combinaciones incluyen a Eileen? ¿A Jon? ¿A Frank? ¿A Helen? ¿A Tracy?

7. **Escritura en matemáticas** Cuando Eileen hizo su lista, ¿por qué no agregó otra fila en que estuviese primero el nombre de Tracy?

En los Ejercicios 8 a 11, usa el siguiente problema y la lista de la derecha.

Billy tiene dinero suficiente para comprar sólo 3 libros. Los libros entre los que puede escoger incluyen uno de poesía, uno de misterio, una biografía y un libro de historia.

Libro 1	Libro 2	Libro 3
poesía	misterio	biografía
poesía	misterio	historia
poesía	biografía	historia
misterio	biografía	historia

8. ¿Entre cuántos libros puede escoger Billy?

9. ¿Cuántas combinaciones diferentes de 3 libros es posible hacer?

10. ¿Cuántas combinaciones diferentes incluyen el libro de misterio y la biografía?

11. **Escritura en matemáticas** ¿Cómo pudo Billy haber organizado de otra manera la información en una lista?

En los Ejercicios 12 a 14, usa la lista de la derecha.

Inés compró 3 plantas diferentes. Debe decidir en qué orden plantarlas en su jardinera.

1.ª planta	2.ª planta	3.ª planta
margaritas	tulipanes	lirios
margaritas	lirios	tulipanes
tulipanes	lirios	margaritas
tulipanes	margaritas	lirios
lirios	margaritas	tulipanes
lirios	tulipanes	margaritas

12. ¿Qué plantas compró Inés?

13. ¿De cuántas maneras diferentes es posible agruparlas?

14. **Escritura en matemáticas** Describe cómo organizó Inés la información en una lista.

Resolución de problemas: Estrategia

Idea clave
Aprender cómo y cuándo organizar la información en una lista te permite resolver problemas.

Organizar la información en una lista

Comprender fuentes gráficas como las listas

te ayuda con...
la estrategia de resolución de problemas *Organiza la información en una lista*.

APRENDE

¿Cómo organizas la información en una lista?

Colorear mapas Necesitas al menos cuatro colores para diferenciar las secciones adyacentes de cualquier mapa. Si colocas el color rojo en todas las combinaciones y los demás colores son morado, amarillo, verde y naranja, ¿cuántas combinaciones de cuatro colores es posible hacer?

Lee para comprender

¿Qué sabes?

Hay 4 opciones de color además del rojo. El orden de los colores no es importante.

¿Qué quieres averiguar?

Hallar cuántas maneras hay de escoger 3 colores entre 4 opciones.

Planea y resuelve

¿Qué estrategia usarás?

Estrategia: **Organiza la información en una lista**

Usa rojo, morado, amarillo, verde y naranja. El rojo debe estar en todas las combinaciones.

Organiza las opciones en una lista que comience con rojo y morado.
Rojo, morado, amarillo, verde
Rojo, morado, amarillo, naranja
Rojo, morado, verde, naranja

La única combinación que queda es rojo, amarillo, verde, naranja.

Respuesta: Es posible hacer 4 combinaciones.

¿Cómo organizas la información en una lista?

Paso 1 Identifica los objetos que debes combinar.

Paso 2 Escoge uno de los objetos. Combina ese objeto con los demás para hallar todas las combinaciones posibles.

Paso 3 Repite el Paso 2 tantas veces como sea necesario.

Vuelve y comprueba

¿Lo has hecho bien?

Sí, el rojo está en todas las combinaciones. La manera en que se organizó la información en una lista muestra que se hallaron todas las maneras posibles.

✔ Hablemos

1. ¿Por qué rojo, morado, verde, amarillo no es una opción?

2. ¿Por qué es útil organizar la información en una lista?

¿Cuándo organizas la información en una lista?

Representantes de la clase Ralph, Kyle, Dora y Kay están postulados para ser representantes de la clase. Se elegirá a los dos estudiantes que obtengan el mayor número de votos. ¿Cuántos resultados posibles hay para la elección? (PISTA: No es importante quién tiene la mayoría de votos entre los dos primeros).

Solución
Ralph-Kyle
Ralph-Dora   Kyle-Dora
Ralph-Kay   Kyle-Kay   Dora-Kay

Hay seis resultados posibles.

¿Cuándo organizas la información en una lista?

Piensa en organizar la información en una lista cuando:

Te piden hallar combinaciones de dos o más elementos.

- Colores: rojo, morado, amarillo, verde y naranja
- Personas: Ralph, Kyle, Dora, Kay

Hay suficientes elementos como para que sea útil organizar la información en una lista.

✔ Hablemos

3. ¿Por qué no es necesario incluir en la lista Kyle-Ralph?

4. ¿Cómo se organizó la lista anterior?

En la INTERNET
Más ejemplos
www.scottforesman.com

COMPRUEBA ✔

Otro ejemplo: Grupo 6-4, página 357

En los Ejercicios 1 y 2, usa el comienzo de las listas. Complétalas para resolver el problema.

1. Mascotas Katie tiene un perro, un gato y un pez dorado. Los alimenta en diferente orden cada día. ¿De cuántas maneras diferentes es posible alimentarlos?

perro, gato, pez dorado

perro, pez dorado, gato,

2. Quíntuples Ben, Kari, Kristi, Jami y Juli son quíntuples. Deben turnarse para que dos de ellos ayuden a su madre en su trabajo todos los sábados. ¿Cuántas combinaciones es posible hacer?

Ben-Kari   Ben-Kristi
              Kari-Kristi

A Usar la estrategia

Completar una lista Usa el comienzo de la lista. Complétala para resolver el problema.

> El primero es presidente y el segundo es vicepresidente.
> Katie-Tom   Katie-Ahmet   Katie-Josie

3. Katie, Tom, Ahmet y Josie están postulados para ser presidente de la clase. El que obtenga la segunda mayoría de votos será vicepresidente. ¿Cuántos resultados posibles hay para la elección?

Organizar la información en una lista para resolver problemas
Organiza la información en una lista para resolver el problema. Escribe la respuesta en una oración completa.

4. Andrea y Calvin hacen decoraciones para una fiesta. Quieren usar dos colores de papel crepé. Sus opciones son rojo, azul, verde, naranja y amarillo. ¿De cuántas maneras pueden escoger dos colores?

5. Usa los datos de la derecha. ¿De cuántas maneras puedes comprar 200 canicas?

10 canicas   50 canicas   100 canicas

Matemáticas y estudios sociales

El presidente de los Estados Unidos nombra a las personas que dirigen los organismos de la rama ejecutiva del gobierno. Estas personas son miembros del gabinete del presidente. A la derecha aparecen los 4 miembros que tenía el primer gabinete de George Washington.

El primer gabinete

Secretario de Estado	Thomas Jefferson
Secretario de Guerra	Henry Knox
Secretario del Tesoro	Alexander Hamilton
Procurador General	Edmund Randolph

6. ¿De cuántas maneras se podría organizar el primer gabinete en una lista de un periódico si Thomas Jefferson apareciera primero?

7. El presidente Washington nombró el primer gabinete en 1789. ¿Hace cuántos años ocurrió eso?

Imagina que algunos miembros del primer gabinete tuvieran una reunión. Di cuántas combinaciones sería posible hacer en cada caso si:

8. se reúnen dos miembros.

9. se reúnen tres miembros.

B Práctica mixta de estrategias

Resuelve cada problema. Escribe la respuesta en una oración completa.

10. Si usas como máximo tres monedas de 5¢, ¿cuántas maneras hay de cambiar un dólar usando sólo monedas de 25¢, de 10¢ y de 5¢?

11. Tracey y Teri juegan con números. Cuando Tracey dice 3, Teri dice 6. Cuando Tracey dice 8, Teri dice 16. Cuando Tracey diga 5, ¿qué dirá Teri?

12. Sara y Karl trabajaron recolectando duraznos en los huertos. Sara recolectó 9 fanegas al día y Karl 11 fanegas al día. ¿Cuántas fanegas había recolectado Karl cuando Sara llevaba 81 fanegas?

13. Alex puede tomar lecciones de batería los martes, miércoles o jueves. Las horas que tiene disponibles son las 4:00, las 5:00 y las 6:00. Haz una lista de los días y horas en que Alex puede tomar sus lecciones de batería.

14. Escritura en matemáticas El periódico de la escuela tiene un total de 20 artículos y anuncios. Hay 8 artículos más que anuncios. ¿Cuántos artículos tiene el periódico? ¿Cuántos anuncios tiene? Explica cómo resolviste el problema.

ESTRATEGIAS

- **Muestra lo que sabes**
  Haz un dibujo
  Organiza la información en una lista
  Haz una tabla
  Haz una gráfica
  Represéntalo o usa objetos
- **Busca un patrón**
- **Prueba, comprueba y revisa**
- **Escribe una oración numérica**
- **Usa razonamiento lógico**
- **Resuelve un problema más sencillo**
- **Empieza por el final**

Escoge uno

Cálculo mental

EN LOS EXÁMENES

Piénsalo bien

¿En apriertos? No me rindo. Podría:
- volver a leer el problema.
- decir lo que sé.
- identificar datos clave y detalles.
- decir el problema con mis propias palabras.
- mostrar la idea principal.
- probar una estrategia diferente.
- comprobar cada paso.

Repaso mixto y preparación de exámenes

En la INTERNET
Preparación de exámenes
www.scottforesman.com

15. Usa la cuadrícula para hallar los productos parciales y el producto total. Copia y completa los cálculos.

$$\begin{array}{r} 27 \\ \times\ 14 \\ \hline \end{array}$$

16. Jason tenía $20. Gastó $11.19 en la tienda y $1.25 en comida. ¿Cuánto dinero le quedó?

A. $7.56   **B.** $8.56   **C.** $8.66   **D.** $11.19

¿Lo sabes hacer?

¿Lo entiendes?

Multiplicar por múltiplos de 10 (6-1)
Estimar productos (6-2)

Multiplica. Calcula mentalmente.

1. 30×30 **2.** 20×700

3. $50 \times 5,000$ **4.** $80 \times 9,000$

Estima cada producto.

5. 22×32 **6.** 39×68

7. 53×108 **8.** 445×71

9. 36×243 **10.** 26×389

Ⓐ Di cómo hallaste el producto en el Ejercicio 2.

Ⓑ Describe cómo puedes hallar el rango del producto para estimar 47×28.

Usar matrices para multiplicar (6-3)

Usa papel cuadriculado para dibujar un rectángulo. Luego, copia y completa los cálculos.

11. $\begin{array}{r} 35 \\ \times\ 23 \\ \hline \end{array}$

 3×5
 3×30
 20×5
 20×30

12. $\begin{array}{r} 21 \\ \times\ 28 \\ \hline \end{array}$

 8×1
 8×20
 20×1
 20×20

13. 17×23 **14.** 28×15

Ⓒ Di cómo hallaste el producto en el Ejercicio 13.

Ⓓ ¿Cuáles son los cuatro problemas más sencillos que puedes usar para hallar 74×56?

Resolución de problemas: Estrategia Organizar la información en una lista (6-4)

15. Organiza la información en una lista y úsala para resolver el problema de la pizza.

Pizza Marisol tiene cebollas, champiñones, brócoli y pimientos verdes. ¿Con cuántas combinaciones de 3 vegetales diferentes puede hacer una pizza?

Ⓔ Di cómo organizaste la información en una lista y la usaste para resolver el problema.

Ⓕ ¿Por qué es útil una lista para este tipo de problema?

OPCIÓN MÚLTIPLE

EN LOS EXÁMENES

Piénsalo bien

Puedo estimar para verificar que mi **respuesta sea razonable.**

1. En la clase del maestro Cheng hay 20 estudiantes. Si cada estudiante reúne 40 piedras, ¿cuántas piedras tendrá la clase? (6-1)

   A. 40 piedras   **B.** 60 piedras   **C.** 600 piedras   **D.** 800 piedras

2. Josie tiene 12 paquetes de cuentas. Cada paquete tiene 36 cuentas. ¿Cuántas cuentas tiene Josie? (6-3)

   A. 48 cuentas   **B.** 108 cuentas   **C.** 432 cuentas   **D.** 3,672 cuentas

RESPUESTA LIBRE

Multiplica. Calcula mentalmente. (6-1)

3. 90×70 **4.** 60×70 **5.** $3,000 \times 20$ **6.** 80×800

7. 30×500 **8.** 40×60 **9.** 90×300 **10.** $5,000 \times 20$

Estima cada producto. (6-2)

11. 21×11 **12.** 38×19 **13.** 26×242 **14.** 33×446

Copia y completa. (6-3)

15.
$$
\begin{array}{r}
13 \\
\times\ 22 \\
\hline
\end{array}
$$

16.
$$
\begin{array}{r}
19 \\
\times\ 31 \\
\hline
\end{array}
$$

17.
$$
\begin{array}{r}
24 \\
\times\ 25 \\
\hline
\end{array}
$$

18.
$$
\begin{array}{r}
38 \\
\times\ 18 \\
\hline
\end{array}
$$

19. Todd, Martin, Dallas, Seth, Josh y Carlo son amigos. ¿De cuántas maneras pueden formar grupos de tres para un proyecto? Organiza la información en una lista.

Escritura en matemáticas

20. Explica por qué el producto de 60×500 tiene más ceros que el producto de 60×700. (6-1)

21. Explica cómo hallar un rango para estimar 47×62. (6-2)

EN LOS EXÁMENES

Piénsalo bien

Necesito una **respuesta exacta.**

Puedo mostrar todos los productos parciales para multiplicar de **otra manera.**

$$
\begin{array}{r}
25 \\
\times\ 17 \\
\hline
35 \\
140 \\
50 \\
200 \\
\hline
425 \\
\end{array}
$$

Multiplicar números de dos dígitos

APRENDE

¿Cómo multiplicas con lápiz y papel?

Ejemplo A

Si hay 17 granjas y cada una tiene 25 cabras, ¿cuántas cabras tendrán en total todas las granjas?

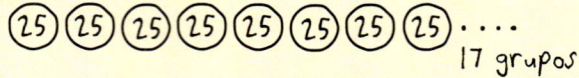

㉕ ㉕ ㉕ ㉕ ㉕ ㉕ ㉕ ㉕ · · · ·

17 grupos

Como cada granja tiene 25 cabras, puedes multiplicar.

	Lo que **piensas**	Lo que **escribes**
PASO 1 Multiplica las unidades. Reagrupa de ser necesario.	7×5 unidades = 35 unidades. Reagrupo 35 unidades en 3 decenas 5 unidades. 7×2 decenas = 14 decenas. 14 decenas + 3 decenas 5 unidades = 17 decenas 5 unidades.	$\begin{array}{r} 3 \\ 25 \\ \times\ 17 \\ \hline 175 \\ \end{array}$
PASO 2 Multiplica las decenas. Reagrupa de ser necesario.	1 decena × 5 unidades = 5 decenas. 1 decena × 2 decenas = 20 decenas. 5 decenas + 20 decenas = 25 decenas, o 250.	$\begin{array}{r} 3 \\ 25 \\ \times\ 17 \\ \hline 175 \\ 250 \\ \end{array}$
PASO 3 Suma los productos parciales.	5 unidades + 0 unidades = 5 unidades 7 decenas + 5 decenas = 12 decenas Reagrupo 12 decenas en 1 centena 2 decenas. 1 centena + 1 centena + 2 centenas = 4 centenas.	$\begin{array}{r} 3 \\ 25 \\ \times\ 17 \\ \hline 175 \\ 250 \\ \hline 425 \\ \end{array}$

✔ Hablemos

1. ¿Por qué colocas un cero en la posición de las unidades en el Paso 2?

2. Explica cómo estimar 17 × 25.

En la INTERNET
Más ejemplos
www.scottforesman.com

¿Es razonable la respuesta?

Puedes estimar para verificar que tu respuesta sea razonable.

Ejemplo B

Si 26 granjas tienen 39 ovejas cada una, ¿cuántas ovejas habría en total?

Multiplica 26 × 39.

Estima: 30 × 40 = 1,200

El producto es menor que 1,200.

Multiplica por las unidades. Coloca un cero en la posición de las unidades. Luego, multiplica por las decenas.

$$
\begin{array}{r}
\overset{1}{\overset{5}{39}} \\
\times\ 26 \\
\hline
234 \\
780 \\
\hline
1{,}014
\end{array}
$$

6 × 39 = 234

20 × 39 = 780

El producto 1,014 es razonable porque es un poco menor que la estimación de 1,200.

Habría 1,014 ovejas en total.

Ejemplo C

Si 70 granjas tienen 82 vacas cada una, ¿cuántas vacas habría en total?

Multiplica 70 × 82.

Estima: 70 × 80 = 5,600

El producto es mayor que 5,600.

Como 0 × 82 = 0, sólo debes colocar un cero en la posición de las unidades.

$$
\begin{array}{r}
\overset{1}{82} \\
\times\ 70 \\
\hline
5{,}740
\end{array}
$$

El producto 5,740 es razonable porque es un poco mayor que la estimación de 5,600.

Habría 5,740 vacas en total.

✔ Hablemos

3. En el Ejemplo C, ¿cómo sabes que 5,740 es una respuesta razonable?

4. ¿Es 385 una respuesta razonable para 31 × 56? Explícalo.

COMPRUEBA ✔

Otro ejemplo: Grupo 6-5, página 358

1.	2.	3.	4.	5.
39 × 25	69 × 28	47 × 80	86 × 31	53 × 79

6. **Sentido numérico** Sam multiplicó 42 × 70 y obtuvo un producto de 294. Explica por qué la respuesta de Sam no es razonable.

A Destrezas y comprensión

7. 63
    × 38

8. 22
    × 79

9. 86
    × 40

10. 55
    × 73

11. 39
    × 68

12. 21
    × 24

13. 63
    × 58

14. 74
    × 35

15. 19
    × 50

16. 47
    × 88

17. 98
    × 34

18. 66
    × 28

19. 54
    × 42

20. 83
    × 52

21. 37
    × 70

22. **Sentido numérico** Lorena multiplica 27 × 25. ¿Cómo sabe que el producto debe ser menor que 1,000?

B Razonamiento y resolución de problemas

23. Cada cartón de huevos contiene dos docenas de huevos. 12 huevos son una docena. ¿Cuántos huevos hay en 14 cartones?

Matemáticas y estudios sociales

Un año tiene 52 semanas. Di cuánto dinero gasta una familia estadounidense para alimentar a un niño de:

24. 6 a 8 años de edad.

25. 15 a 17 años de edad.

26. 9 a 14 años de edad.

27. 3 a 5 años de edad.

Archivo de datos

Dinero que gasta una familia estadounidense para alimentar a un hijo	
Edad del hijo	Cantidad semanal
3 a 5 años	$23
6 a 8 años	$30
9 a 14 años	$35
15 a 17 años	$39

28. En cuatro semanas, ¿cuánto dinero más gasta una familia para alimentar a un niño de 16 años que a un niño de 7 años?

29. **Escritura en matemáticas** ¿Es correcta la siguiente explicación? De no ser así, di por qué y escribe la respuesta correcta. Si es correcta, haz un dibujo para mostrar el producto.

Explica cómo hallar el producto de 72 por 26.

Multiplico las unidades. Luego, multiplico las decenas.

        72
      × 26

       432
       144

       576

EN LOS EXÁMENES

Piénsalo bien

- Debo **describir** en orden **todos los pasos.**
- Siempre debo verificar que mi **respuesta sea razonable.**

C Un paso adelante

Álgebra Halla el valor de cada expresión, si $n = 75$.

30. $12n$ **31.** $36n$ **32.** $28n$ **33.** $56n$ **34.** $87n$

Repaso mixto y preparación de exámenes

En la INTERNET
Preparación de exámenes
www.scottforesman.com

35. Liz tiene una calcomanía azul, una verde, una amarilla y otra morada. Haz una lista de las diferentes maneras en que puede colocarlas en su libro si la verde va siempre primero.

36. **Escritura en matemáticas** Gabby estimó 81×89 y obtuvo 7,200. ¿Es razonable esto? Explícalo.

37. Mateo escribió los números 3, 7, 11 y 15. ¿Cuáles son los tres números que siguen en su patrón?

     A. 16, 17, 18   **B.** 18, 21, 24   **C.** 19, 23, 27   **D.** 20, 24, 28

Discovery CHANNEL SCHOOL

Descubre las matemáticas en tu mundo

Un lagarto feroz

Se considera que los dragones de Komodo son los lagartos más grandes del mundo y los más fieros depredadores. Son carnívoros, es decir, comen carne, y se sabe que comen venados, cabras e incluso otros lagartos.

1. Un elefante puede oler agua a 5,000 pies de distancia. Un dragón de Komodo puede oler a su presa a 5 veces esa distancia. ¿Desde qué distancia puede un dragón de Komodo oler a su presa?

2. Un dragón de Komodo puede tener una masa de 98 gramos al romper el cascarón. Un dragón de un año puede tener 87 veces esa masa. ¿Cuál será la masa posible de un dragón de un año?

En la INTERNET
Video y actividades
www.scottforesman.com

Multiplicar números grandes

APRENDE

¿Cómo multiplicas números grandes por números de dos dígitos?

Los microscopios cuestan $245 cada uno.

¿Cuánto dinero necesita la escuela primaria Lincoln para comprar 28 microscopios?

✓ **PREPÁRATE**

1. $\begin{array}{r} 205 \\ \times\ 10 \end{array}$
2. $\begin{array}{r} 319 \\ \times\ 9 \end{array}$
3. $\begin{array}{r} 24 \\ \times\ 30 \end{array}$
4. $\begin{array}{r} 83 \\ \times\ 18 \end{array}$

Ejemplo

Multiplica 28 × 245.

Estima: 30 × 250 = 7,500.

El producto es menor que 7,500.

PASO 1	**PASO 2**	**PASO 3**
Multiplica las unidades. Reagrupa de ser necesario.	Coloca un cero en la posición de las unidades. Multiplica las decenas. Reagrupa de ser necesario.	Suma los productos parciales.
$\begin{array}{r} {\scriptstyle 3\,4} \\ 245 \\ \times\ \ 28 \\ \hline 1960 \end{array}$	$\begin{array}{r} {\scriptstyle 1} \\ {\scriptstyle 3\,4} \\ 245 \\ \times\ \ 28 \\ \hline 1960 \\ 4900 \end{array}$	$\begin{array}{r} {\scriptstyle 1} \\ {\scriptstyle 3\,4} \\ 245 \\ \times\ \ 28 \\ \hline 1960 \\ 4900 \\ \hline 6{,}860 \end{array}$

El producto 6,860 es razonable porque es un poco menor que la estimación de 7,500.

✓ Hablemos

1. ¿Cuánto dinero necesita la escuela primaria Lincoln para comprar los microscopios?

2. ¿Por qué hay un cero en la posición de las unidades en el Paso 2?

1. 123
× 36

2. 621
× 23

3. 525
× 44

4. 293
× 58

5. 372
× 70

6. Sentido numérico ¿Es 60,232 una respuesta razonable para 19 × 328? Explícalo.

PRÁCTICA

Más práctica: Grupo 6-6, página 362

A Destrezas y comprensión

7. 607
× 68

8. 474
× 19

9. 191
× 98

10. 765
× 82

11. 176
× 73

12. 393
× 54

13. 637
× 82

14. 505
× 26

15. 224
× 34

16. 919
× 23

17. 213
× 29

18. 721
× 58

19. 382
× 64

20. 857
× 32

21. 409
× 45

22. Sentido numérico ¿Es 7,788 una respuesta razonable para 48 × 649? Explícalo.

B Razonamiento y resolución de problemas

Usa la gráfica de barras en los Ejercicios 23 a 26.

Halla cuántas veces late en 15 minutos el corazón de cada persona según su frecuencia cardíaca.

23. Joe   **24.** María

En 20 minutos, ¿cuántas veces más late el corazón de

25. María que el de Tina?

26. Joe que el de Tina?

Frecuencia cardíaca

Joe — 147
María — 158
Tina — 116

0 20 40 60 80 100 120 140 160 180
Latidos por minuto

27. Escritura en matemáticas ¿Cómo puedes usar el producto
6 × 207 = 1,242 para hallar el producto de 12 × 207?

Repaso mixto y preparación de exámenes

En la INTERNET
Preparación de exámenes
www.scottforesman.com

28. 37
× 83

29. 52
× 76

30. 29
× 48

31. 70
× 80

32. 518
× 3

33. Álgebra Halla el valor de $b + 19$, si $b = 13$.

A. 6   **B.** 12   **C.** 22   **D.** 32

Piénsalo bien

Antes de calcular, debo **determinar que método para calcular es más razonable usar.**

Escoger un método para calcular

APRENDE

PREPÁRATE

1. 40×80
2. 3×250
3. $\begin{array}{r} 205 \\ \times \quad 9 \end{array}$
4. $\begin{array}{r} 73 \\ \times 28 \end{array}$

¿Cómo usas diferentes métodos?

Al multiplicar, prueba primero calculando mentalmente. Luego, piensa en usar lápiz y papel. Usa calculadora para problemas que sean muy difíciles.

Ventas de la semana

Súper Video	$2,000
Videos Populares	$905
Videos del Este	$1,837

Ejemplo A	**Ejemplo B**	**Ejemplo C**
¿Cual será la venta total de Súper Video en 10 semanas?	¿Cual será la venta total de Videos del Este al año? Recuerda, 1 año = 52 semanas.	¿Cual será la venta total de Videos Populares en un trimestre (13 semanas)?
$10 \times \$2,000 =$	$52 \times \$1,837 =$	$13 \times 905 =$
Es fácil hacer esto mentalmente. Usaré **cálculo mental.**	Hay mucho que reagrupar. Usaré **calculadora.**	No hay mucho que reagrupar. Usaré **lápiz y papel.**

Ejemplo A:
10 × 2,000 es 2,000 con un cero más o 20,000.

Ejemplo B:
Presiona:

52 ✕ **1837** ENTER =

Pantalla:

95524

Ejemplo C:
$$\begin{array}{r} \overset{1}{905} \\ \times \quad 13 \\ \hline 2715 \\ 9050 \\ \hline 11,765 \end{array}$$

Venta total:
$20,000

Venta total:
$95,524

Venta total:
$11,765

✔ **Hablemos**

1. ¿Por qué es más fácil calcular $10 \times 2,000$ que 13×905?

2. ¿Por qué no usarías calculadora para hallar el valor de 20×320?

COMPRUEBA ✓

Multiplica. Di qué método usaste.

1. 500
    × 30

2. 426
    × 79

3. 1,980
    ×   17

4. 316
    × 21

5. 250
    × 40

6. Sentido numérico Carl usó calculadora para hallar 300 × 90.
¿Pudo usar otro método más rápido? Explícalo.

PRÁCTICA

Más práctica: Grupo 6-7, página 363

A Destrezas y comprensión

Multiplica. Di qué método usaste.

7.   61
    × 15

8. 2,364
    ×   21

9. 900
    × 90

10.   61
    × 30

11. 878
    × 33

12. 1,182
    ×   45

13.   50
    × 400

14. 684
    × 20

15. 369
    × 64

16. 202
    × 12

17. Sentido numérico Explica cómo haces un cálculo mental
para hallar 40 × 60 × 25.

B Razonamiento y resolución de problemas

Usa la pictografía de la derecha en
los Ejercicios 18 y 19. ¿Cuánta lluvia
y nieve esperarías que cayera en

18. Berlín en
175 años?

19. Manila en
8 años?

20. Escritura en matemáticas Explica
cuándo escoges usar lápiz y
papel para multiplicar.

Promedio anual de lluvia y nieve*

Montreal, Canadá	〇〇〇〇〇〇〇
Manila, Filipinas	〇〇〇〇〇〇〇〇〇〇
Berlín, Alemania	〇〇〇〇〇〇〇〇〇〇〇

Cada 〇 = 5 pulgadas.
*Redondeada a la pulgada más cercana.

Repaso mixto y preparación de exámenes

En la INTERNET
Preparación de exámenes
www.scottforesman.com

21. Multiplica 19 × 79. Determina si tu respuesta es razonable.

22. Usa la pictografía anterior. ¿Cuánta más lluvia y nieve cae
en Berlín que en Manila en un año?

A. 10 pulgadas   **B.** 22 pulgadas   **C.** 9 pies   **D.** 22 pies

Multiplicar dinero

APRENDE

¿Cuándo multiplicas?

Usa los datos de la derecha. Kristen patinó 18 horas el mes pasado. Ella tiene sus propios patines. ¿Cuánto gastó en total?

$2.95 $2.95 $2.95 . . . . . .
18 grupos de $2.95

Patinaje sobre hielo

Precio por hora $2.95
Alquiler de patines $1.75

EN LOS EXÁMENES

Piénsalo bien
Puedo **multiplicar cuando combino grupos iguales.**

Ejemplo

Halla $18 \times \$2.95$.

Estima: $20 \times \$3 = 60$

El producto debe ser menor que $60.

PASO 1 Multiplica como si fueran números enteros.

$$\begin{array}{r} {}^{7\ 4} \\ \$2.95 \\ \times\ \ \ \ 18 \\ \hline 2360 \\ 2950 \\ \hline 5310 \end{array}$$

Multiplica las unidades y luego, las decenas.

PASO 2 Escribe la respuesta en dólares y centavos.

$$\begin{array}{r} {}^{7\ 4} \\ \$2.95 \\ \times\ \ \ \ 18 \\ \hline 2360 \\ 2950 \\ \hline \$53.10 \end{array}$$

El producto $53.10 es razonable porque es un poco menor que $60.

Kristen gastó en total $53.10.

✔ Hablemos

1. ¿Por qué no es $11.73 una respuesta razonable para $34 \times \$3.45$?

COMPRUEBA ✅

1. $3.65
   × 15

2. $5.25
   × 28

3. $6.82
   × 31

4. $1.95
   × 42

5. $2.37
   × 26

6. **Sentido numérico** ¿Es $9.86 un producto razonable para 17 × $5.80? Explica cómo puedes usar una estimación para determinarlo.

PRÁCTICA

Más práctica: Grupo 6-8, página 363

Ⓐ Destrezas y comprensión

7. $4.43
   × 15

8. $1.19
   × 56

9. $2.26
   × 23

10. $3.91
    × 31

11. $6.35
    × 18

12. $5.50
    × 25

13. $3.48
    × 42

14. $2.10
    × 76

15. $7.14
    × 59

16. $3.33
    × 44

17. $2.86
    × 62

18. $3.75
    × 29

19. $5.23
    × 37

20. $6.09
    × 51

21. $4.95
    × 16

22. **Sentido numérico** Mike multiplica 25 × $5.75. ¿Cuál de los siguientes productos es el más razonable? ¿$14.37, $143.75 ó $1,437.50? Explícalo.

Ⓑ Razonamiento y resolución de problemas

Cuánto ganaba una persona con salario mínimo al trabajar 35 horas en los siguientes años:

23. 1990
24. 1970
25. 2000
26. 1980

Archivo de datos
Salario mínimo federal por hora de trabajo

1970	$1.45
1980	$3.10
1990	$3.80
2000	$5.15

27. ¿Cuánto más gana un trabajador por 8 horas de trabajo en 2000 que lo que ganaba en 1990?

28. **Escritura en matemáticas** Mark multiplicó 32 × $4.35 y obtuvo una respuesta de $13.92. ¿Es razonable? ¿Qué pudo haber hecho mal?

🦉 Repaso mixto y preparación de exámenes

En la INTERNET
Preparación de exámenes
www.scottforesman.com

29. Resuelve. Di qué método de cálculo usaste.

   Tina compró 20 paquetes de calcomanías. Cada uno contenía 250 calcomanías. ¿Cuántas calcomanías compró?

30. El estadio tiene 23,452 asientos. Para un juego de *hockey* se vendieron 17,986 boletos. ¿Cuántos boletos no se vendieron?

   A. 5,466 boletos   **B.** 5,566 boletos   **C.** 6,466 boletos   **D.** 14,534 boletos

Identificar los pasos de un proceso
te ayuda a...
escribir para explicar.

Idea clave
Hay cosas específicas que puedes hacer para escribir una buena explicación en matemáticas.

Piénsalo bien
- A veces una tabla me permite ver cómo cambian los números.
- Al observar la tabla puedo imaginar el patrón.

Escribir para explicar

APRENDE

¿Cómo escribes una buena explicación?

Cuando escribes la explicación de un patrón, debes saber cómo un cambio en una cantidad provoca un cambio en otra.

Palomitas de maíz Los estadounidenses consumen más de 18.5 mil millones de cuartos de palomitas de maíz al año. Cada hombre, mujer y niño de los Estados Unidos debe comer 73 cuartos al año para consumir esa cantidad de palomitas. Imagina que Lucy consume 73 cuartos de palomitas al año. Completa el patrón de la tabla para mostrar cuántos cuartos de palomitas de maíz habrá consumido Lucy después de 4, 5 y 6 años.

Número de años	1	2	3	4	5	6
Número de cuartos de palomitas	73	146	219			

Explica cómo cambia el número de cuartos de palomitas consumidas a medida que cambia el número de años.

Escribir una explicación matemática

- Di cómo cambia una cantidad al cambiar otra. Ésta es la explicación del patrón.
- Incluye ejemplos específicos para apoyar tu respuesta.

A medida que el número de años aumenta en 1, el número de cuartos de palomitas aumenta en 73.

Por tanto, después de 4 años, Lucy habrá consumido 219 + 73 = 292 cuartos. Después de 5 años, habrá consumido 292 + 73 = 365 cuartos. Después de 6 años, habrá consumido 365 + 73 = 438 cuartos de palomitas.

Hablemos

1. Al explicar un patrón, ¿por qué es importante mencionar cómo el cambio en una cantidad causa un cambio en la otra?

2. Explica cómo puedes usar la multiplicación para hallar la cantidad de cuartos de palomitas de maíz que Lucy habrá consumido en 10 años.

COMPRUEBA ✓

1. Algunas células se dividen como se muestra en el dibujo de la derecha. Copia la tabla y usa el patrón para completarla.

Comienzo:

1 célula

1.ª división
2 células

2.ª división
4 células

3.ª división
8 células

Número de divisiones	0	1	2	3	4	5	6
Número de células	1	2	4	8			

Explica cómo cambia el número de células a medida que cambia el número de divisiones.

PRÁCTICA

Escribe para explicar.

2. Copia la tabla y usa el patrón para completarla. Explica cómo el número de días cambia al cambiar el número de semanas.

Semanas	1	2	3	4	5	6
Días	7	14	21			

3. Beto construye un patio de ladrillos usando el patrón de la derecha. Explica cómo aumenta el número de ladrillos rojos al aumentar el número de ladrillos grises. Si Beto usa 8 ladrillos grises en el centro, ¿cuántos ladrillos rojos necesitará?

4. **Álgebra** Usa las oraciones numéricas de la derecha. ¿A qué números reemplazan ●, ▲ y ■? Explica cómo hallaste esos números.

A. ● + ● = 16

B. ▲ + ■ = 16

C. ▲ + ● = 10

5. Usa la pictografía para saber cuántas tarjetas de béisbol tiene Trent. Muestra tu cálculo de manera clara. Explica cómo hallaste tu respuesta.

Colecciones de tarjetas de béisbol

George	
Becky	
Trent	
Linda	

Cada 🃏 = 25 tarjetas.

DK Resolución de problemas: Aplicaciones

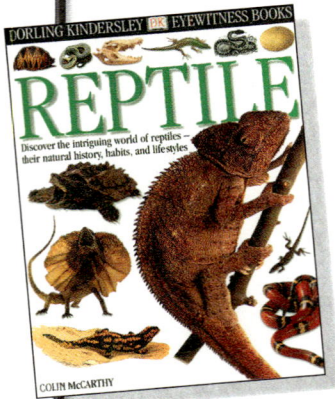

Reptiles La forma de los reptiles es muy variada. Las tortugas, las serpientes, los lagartos y los caimanes son reptiles. A algunos se les teme y a otros se les adora. Quizás no haya otro grupo de animales que cause reacciones tan diversas y fuertes en la gente.

Dato curioso El reptil más pequeño que existe es un tipo de geco cuya longitud puede alcanzar sólo $\frac{3}{4}$ de pulgada. Podría enroscarse cómodamente sobre una moneda de 10¢. Si juntamos 8 de estos reptiles, pesarían aproximadamente lo mismo que un clip.

❶ Hay aproximadamente 7 veces más especies conocidas de tortuga terrestre que de tortuga marina. Si hay 7 especies de tortuga marina, ¿aproximadamente cuántas especies de tortuga terrestre se conocen?

❷ Algunos cocodrilos llegan a vivir 100 años. Comen aproximadamente 50 veces al año. ¿Aproximadamente cuántas veces comerá un cocodrilo durante toda su vida?

❸ El lagarto más grande que existe es el dragón de Komodo. Su longitud es aproximadamente 10 veces la del lagarto tokay. Si el lagarto tokay mide 31 centímetros de largo, ¿cuánto mide el dragón de Komodo?

4 La espina dorsal de los seres humanos al nacer tiene generalmente 33 vértebras. Algunas serpientes tienen más de 12 veces esa cantidad de vértebras. ¿Cuántas vértebras tienen esas serpientes?

Datos clave
Especies de reptil

- Lagartos   3,000 especies
- Serpientes   2,700 especies
- Tortugas   200 especies
- Tuátaras   2 especies
- Cocodrilos   23 especies

(Incluye cocodrilos, caimanes y reptiles similares)

5 Las tortugas marinas pueden nadar 15 millas en una hora. ¿Qué distancia puede recorrer una tortuga a esa velocidad en 6 horas?

Usar datos clave

6 ¿Cuántas especies más hay de lagartos que de serpientes? Calcula mentalmente.

7 **Escritura en matemáticas** Skip dice que hay aproximadamente 9 veces más especies de tortuga que de cocodrilo. Steve dice que sólo hay aproximadamente 6 veces más tortugas que cocodrilos. ¿Quién está en lo correcto? Explica tu respuesta.

8 **Tomar decisiones** Observa los reptiles de la tabla. ¿A cuál elegirías como mascota? ¿Cuánto te costaría comprar el reptil, su hábitat y alimento para 3 meses?

Reptil	Precio	Hábitat	Alimento (mensual)
Tortuga terrestre	$100	$50	$20
Camaleón	$75	$100	$20
Pitón	$60	$80	$12
Varano	$75	$150	$25

Buenas noticias/Malas noticias *Como los reptiles son animales de sangre fría y no usan la energía de los alimentos para entrar en calor, no necesitan comer tanto como los mamíferos. Desafortunadamente, sólo pueden vivir en lugares cálidos.*

¿Lo sabes hacer?

¿Lo entiendes?

Multiplicar números de dos dígitos (6-5); Multiplicar números grandes (6-6); Multiplicar dinero (6-8)

1. 23
$\times$ 45

2. 78
$\times$ 32

3. 142
$\times$ 19

4. 202
$\times$ 37

5. 153
$\times$ 42

6. 815
$\times$ 45

7. $2.15
$\times$ 23

8. $1.99
$\times$ 28

A Di cómo hallaste cada producto en los Ejercicios 3 y 7.

B Explica cómo sabes que tu respuesta es razonable en el Ejercicio 2.

Escoger un método para calcular (6-7)

Multiplica. Di qué método usaste.

9. 67
$\times$ 30

10. 1,492
$\times$ 57

11. 300
$\times$ 40

12. 25
$\times$ 11

13. 37×111

14. 64×935

C ¿Por qué escogiste el método que usaste para hallar el producto en el Ejercicio 12?

D Explica por qué no usarías calculadora para hallar el producto del Ejercicio 11.

Resolución de problemas: Destreza   Escribir para explicar (6-9)

15. La tabla muestra el precio de los boletos del parque Divertilandia. Copia la tabla y completa el patrón. Explica cómo cambia el precio al cambiar el número de boletos.

Número de boletos	Precio
1	$1.25
2	$2.50
3	$3.75
4	
5	
6	

E ¿Por qué es útil hacer una tabla para explicar un patrón?

F ¿Cuánto costarían 10 boletos en Divertilandia?

OPCIÓN MÚLTIPLE

1. El Sr. Ortega compró 36 haces de leña. Cada haz contiene 15 trozos de madera. ¿Cuántos trozos de madera compró el Sr. Ortega? (6-5)

A. 186   **B.** 216   **C.** 510   **D.** 540

2. Se necesitan 218 varillas de mimbre para hacer un mantel individual. ¿Cuántas varillas se necesitan para hacer 25 manteles individuales? (6-6)

A. 1,526   **B.** 5,410   **C.** 5,450   **D.** 5,460

Piénsalo bien

Siempre debo **verificar que mi respuesta sea razonable.**

RESPUESTA LIBRE

Multiplica. Determina si tu respuesta es razonable. (6-5 y 6-6)

3. 63	**4.** 89	**5.** 142	**6.** 197
× 38	× 47	× 18	× 23

Multiplica. Di qué método usaste. (6-7)

7. 3,921	**8.** 900	**9.** 28	**10.** 570
× 15	× 90	× 21	× 30

Usa la información de la derecha en los Ejercicios 11 a 14. (6-8)

¿Cual es el precio de

11. 34 paquetes de cuentas?

12. 23 estuches de costura?

13. 46 yardas de material?

14. 12 rollos de cinta?

Artículos de la tienda de artesanía

Artículo	Precio
Paquete de cuentas	$2.25
Rollo de cinta	$1.97
1 yarda de material	$3.25
Estuche de costura	$5.74

Escritura en matemáticas

15. Haz una tabla que muestre el precio de los helados de fruta. Explica cómo cambia el precio al cambiar la cantidad de helados comprados. (6-9)

16. Escribe una pregunta que se pueda contestar multiplicando 15 × $1.85. (6-8)

Helados de fruta 49¢ cada una

Mejora las respuestas escritas

Puedes seguir los siguientes consejos para aprender cómo mejorar las respuestas escritas en un examen. Es importante escribir una respuesta clara e incluir sólo la información necesaria para contestar la pregunta.

La guía siguiente muestra cómo calificar la Pregunta de examen 1.

Guía para calificar

4 puntos

Calificación máxima: 4 puntos
La lista y la explicación están correctas.

3 puntos

Calificación parcial: 3 puntos
La lista tiene 4 ó 5 resultados y la explicación está correcta.

2 puntos

Calificación parcial: 2 puntos
La lista tiene al menos 4 resultados o la explicación está correcta, pero no ambas.

1 punto

Calificación parcial: 1 punto
La lista tiene 2 ó 3 resultados y la explicación está incorrecta.

0 puntos

Calificación nula: 0 puntos
La lista tiene 0 ó 1 resultado y la explicación está incorrecta.

1. Carl, Allen y Marty quieren beber de la fuente de agua.

En el espacio siguiente, haz una lista de todas las maneras diferentes en que los tres estudiantes se pueden alinear. Puedes usar las iniciales de cada nombre en tu lista (por ejemplo: C, A, M).

En las siguientes líneas explica cómo hiciste tu lista.

_____

_____

_____

Mejora las respuestas escritas

- Verifica si tu respuesta está completa.

  *Para **obtener el máximo de puntos posibles,** debo hacer una lista y explicar cómo la hice.*

- Verifica si tu respuesta tiene sentido.

  *Necesito **verificar que mi lista esté completa.** ¿Se muestran en la lista todas las maneras posibles de alinearse?*

- Verifica si tu explicación es clara y fácil de seguir.

*Debo releer mi explicación para verificar que describí de **manera clara y precisa** cómo hice la lista. **¿Describí los pasos en orden?** ¿Incluí información innecesaria?*

Anne usó la guía de la página 348 para calificar la respuesta de un estudiante a la Pregunta de examen 1. A continuación se muestra la hoja del estudiante.

1.°	2.°	3.°
C	A	M
C	M	A
A	C	M
A	M	C

En las siguientes líneas explica cómo hiciste tu lista.

Primero escogí a Carl y hallé todas las combinaciones colocándolo de primero. Luego, repetí eso con los otros dos niños.

Piénsalo bien

La respuesta está incompleta. El estudiante no incluyó las combinaciones con Marty primero: M, A, C y M, C, A. La explicación está correcta y es clara. Como la lista tiene 4 resultados y la explicación está correcta, la respuesta obtiene 3 puntos.

Ahora es tu turno

Califica la hoja del estudiante. Si no merece 4 puntos, reescríbela para obtenerlos.

2. Paul pide un sándwich submarino. Puede escoger dos ingredientes cualesquiera de los cuatro siguientes: jamón, pavo, queso o carne.

Haz una lista para mostrar todas las opciones que tiene Paul para los dos ingredientes. Puedes usar en tu lista la primera letra de cada uno de los ingredientes (por ejemplo: J, P, Q, C).

JP
JQ
JC

En las siguientes líneas, explica cómo hiciste tu lista.

Combiné el primer ingrediente, jamón, con cada uno de los demás.

¿Lo entendí?

El rango del precio del almuerzo en la escuela varía entre $1.59 y $3.00.

Un **rango** te indica aproximadamente dónde está la respuesta. (p. 317)

Estimar productos. (Lección 6-2)

Estima 42×26.

Usa el redondeo.

42×26

$40 \times 30 = 1,200$

Usa números compatibles.

42×26

$40 \times 25 = 1,000$

Halla un rango.

42×26 — Usa números menores

$40 \times 20 = 800$

42×26 — Usa números mayores

$50 \times 30 = 1,500$

El producto está entre 800 y 1,500.

1. Halla un rango para estimar 42×68.

Mi carro para armar trae muchas partes.

Recuerda, un **producto parcial** es una parte del producto. (p. 320)

¿Lo entendí?

Sigue los pasos en orden al multiplicar. (Lecciones 6-5, 6-6 y 6-8)

Multiplica las unidades. Reagrupa de ser necesario.

$$
\begin{array}{r}
\overset{2\,\overset{1}{4}}{537} \\
\times \ \ 26 \\
\hline
3222
\end{array}
$$

Multiplica las decenas. Reagrupa de ser necesario.

$$
\begin{array}{r}
\overset{2\,\overset{1}{4}}{537} \\
\times \ \ 26 \\
\hline
3222 \\
10740
\end{array}
$$

Suma los productos parciales.

$$
\begin{array}{r}
\overset{2\,\overset{1}{4}}{537} \\
\times \ \ 26 \\
\hline
3222 \\
+ 10740 \\
\hline
13,962
\end{array}
$$

Multiplica el dinero como si fueran números enteros.

$$
\begin{array}{r}
\overset{1}{\$4.13} \\
\times \ \ 25 \\
\hline
2065 \\
+ \ 8260 \\
\hline
\$103.25
\end{array}
$$

Coloca un $ y un . en el producto.

2. Halla 72×38, 491×16 y $54 \times \$2.79$.

Usa diferentes métodos para calcular cuando multipliques. (Lecciones 6-1 y 6-7)

A nuestro maestro le gusta que organicemos nuestros escritorios para que podamos hallar fácilmente las cosas.

Halla 30 × 6,000.

Calcula mentalmente. Piensa en los patrones.

$3 \times 6 = 18$
$3 \times 60 = 180$
$30 \times 60 = 1,800$
$30 \times 600 = 18,000$
$30 \times 6,000 = 180,000$

Halla 204 × 32.

No hay que hacer muchas reagrupaciones. Usa lápiz y papel.

$$\begin{array}{r} {}^{1} \\ 204 \\ \times \quad 32 \\ \hline 408 \\ + \quad 6120 \\ \hline 6,528 \end{array}$$

Halla 39 × 2,478.

Hay que hacer muchas reagrupaciones. Usa calculadora.

Presiona:

39 [×] 2478 [ENTER =]

Pantalla: 96642

Por tanto,
$39 \times 2,478 = 96,642.$

3. Halla 80 × 700, 12 × 470 y 89 × 963.

Al **organizar** la información en una **lista** puedo hallar diferentes combinaciones o agrupaciones. (p. 326)

Escribe para explicar u organiza la información en una lista para resolver problemas. (Lecciones 6-4 y 6-9)

Organiza la información en una lista para mostrar las maneras en que se pueden combinar u agrupar las cosas.

¿De cuántas maneras pueden sentarse juntos Kay, Carl y Paco en la obra de teatro?

Kay, Carl, Paco
Kay, Paco, Carl
Carl, Kay, Paco
Carl, Paco, Kay
Paco, Kay, Carl
Paco, Carl, Kay

Hay 6 maneras.

Un diagrama de flujo te permite organizar tus ideas cuando te piden que expliques.

Haz un diagrama de flujo para mostrar cómo hallaste la respuesta al problema de la izquierda.

Hice una lista con las agrupaciones que comenzaban con Kay.
↓
Hice una lista con las agrupaciones que comenzaban con Carl.
↓
Hice una lista con las agrupaciones que comenzaban con Paco.

4. ¿De cuántas maneras se pueden escoger 2 colores entre rojo, azul, verde y rosado?

OPCIÓN MÚLTIPLE

Escoge la letra correcta para cada respuesta.

1. Calcula mentalmente para multiplicar $30 \times 4{,}000$.

A. 120   **C.** 12,000

B. 1,200   **D.** 120,000

2. ¿Cuál es la estimación más razonable de 17×231?

A. 2,000   **C.** 20,000

B. 4,000   **D.** 40,000

3. ¿Qué producto muestra esta matriz?

10×30		10×6
2×30		2×6

A. 12×36 **C.** 2×36

B. $12 + 36$ **D.** 12×63

4. Halla 42×18.

A. 60   **C.** 746

B. 378   **D.** 756

5. Halla el producto de 34 por 116.

A. 150   **C.** 3,824

B. 812   **D.** 3,944

6. Halla 20×400.

A. 800   **C.** 80,000

B. 8,000   **D.** 800,000

7. ¿Qué método de cálculo será el mejor para hallar $63 \times 5{,}279$?

A. Calcular mentalmente.

B. Usar papel y lápiz.

C. Usar calculadora.

D. Usar una recta numérica.

8. ¿Qué oración numérica es VERDADERA?

A. $6 \times 40 = 2{,}400$

B. $60 \times 40 = 2{,}400$

C. $60 \times 400 = 2{,}400$

D. $60 \times 4{,}000 = 2{,}400$

EN LOS EXÁMENES

Piénsalo bien

- Debo **leer con atención cada problema.**

- Debo estar **atento a palabras como VERDADERO, FALSO o NO.**

9. Tim estimó que 32×81 es aproximadamente 2,400. ¿Cuál de las siguientes opciones sobre la estimación de Tim es VERDADERA?

A. 2,400 es una estimación por defecto.

B. El rango para el producto estimado es 2,400.

C. 2,400 es una estimación por exceso.

D. Es difícil saber si 2,400 es una estimación por exceso o una estimación por defecto.

10. Una librería acaba de recibir un pedido de 35 libros. Cada libro costó $4.29. ¿Cuál fue el precio total del pedido?

A. $35.00   **C.** $150.15

B. $39.29   **D.** $1,501.50

RESPUESTA LIBRE

Estima cada producto. Di si tu estimación es una estimación por exceso o una estimación por defecto.

11. 56×78

12. 23×451

Multiplica. Calcula mentalmente.

13. 40×80

14. $60 \times 3,000$

15. $2,000 \times 90$

16. 700×50

Halla cada producto.

17.
$$\begin{array}{r} \$2.38 \\ \times \quad 51 \\ \hline \end{array}$$

18.
$$\begin{array}{r} 105 \\ \times \quad 47 \\ \hline \end{array}$$

19.
$$\begin{array}{r} 99 \\ \times 12 \\ \hline \end{array}$$

20.
$$\begin{array}{r} 13 \\ \times 19 \\ \hline \end{array}$$

21. ¿Qué método para calcular usarías al hallar $38 \times 5,349$?

22. Una fábrica produce 275 carros a la semana. ¿Cuántos carros produce la fábrica al año? Recuerda que un año tiene 52 semanas.

23. Un estadio tiene 32 secciones. En cada sección hay aproximadamente 185 asientos. Estima el número total de asientos del estadio.

24. Dibuja una matriz que pueda usarse para hallar 16×21.

Escritura en matemáticas

25. Explica cómo descompones los números para hallar 76×54.

26. Organiza la información en una lista para resolver este problema.

Carter sólo tiene espacio para tres pajareras en su jardín. Tiene una pajarera color marrón, una roja, una blanca y una negra. ¿Entre cuántas combinaciones diferentes de pajareras debe escoger Carter?

EN LOS EXÁMENES

Piénsalo bien

- Puedo usar un **diagrama de flujo** como ayuda para mostrar mis ideas.
- Escribiré **mis pasos en orden.**

27. Resuelve este problema. Muestra tus cálculos. Luego, explica como hallaste tu respuesta.

Un servicio de taxis cobra una tarifa de $2.00 y $0.75 por milla. Melisa viajó 13 millas en el taxi. ¿Cuánto le cobró en total el servicio de taxis a Melisa?

Números y operaciones

OPCIÓN MÚLTIPLE

1. Carol compró 4 paquetes de platos de cartón y 3 paquetes de vasos de cartón. Cada paquete de platos costó $2.75 y cada paquete de vasos costó $1.99. ¿Cuánto gastó Carol en total?

   A. $16.97   **C.** $5.03

   B. $16.21   **D.** $4.74

2. ¿Qué número NO está entre 4,783 y 4,873?

   A. 4,787   **C.** 4,788

   B. 4,878   **D.** 4,837

RESPUESTA LIBRE

3. Escribe en forma estándar ciento setenta y nueve mil doscientos cuatro.

4. Halla un rango para estimar 67×235.

5. Hay 359 estudiantes en tercer grado, 395 en cuarto grado y 393 en quinto grado. Escribe los grados en orden del que tiene más estudiantes hasta el que tiene menos.

   EN LOS EXÁMENES

   Piénsalo bien
   Debo verificar que mi respuesta tenga sentido.

Escritura en matemáticas

6. Explica cómo hallar $80 \times 4,000$ calculando mentalmente.

Geometría y medición

OPCIÓN MÚLTIPLE

7. ¿Cuál de estas figuras es un prisma rectangular?

   A.

   C.

   B.

   D.

8. ¿Cuál de los siguientes períodos de tiempo es mayor que 30 meses?

   A. 2 años   **C.** 156 semanas

   B. 712 días   **D.** 1 año bisiesto

RESPUESTA LIBRE

Usa el reloj de la derecha en los Ejercicios 9 y 10.

9. Escribe la hora que muestra el reloj de dos maneras diferentes.

10. ¿Qué hora será 50 minutos después de la hora que muestra el reloj?

11. Emily hizo un letrero para la venta de jardín que tenía 5 lados iguales y 5 esquinas. ¿Qué forma tenía el letrero de Emily?

Escritura en matemáticas

12. El tren de Kelly dejó la estación 1 a las 9:45 A.M. LLegó a la estación 2 a las 12:10 P.M. ¿Cuánto se demoró el tren en viajar de la estación 1 a la 2? Explica cómo hallaste tu respuesta.

OPCIÓN MÚLTIPLE

13. ¿Cuál es el rango de los datos de este diagrama de puntos?

Edad de los jugadores del equipo

A. 7 **B.** 10 **C.** 12 **D.** 17

14. Un cubo numérico está rotulado del 1 al 6. Si lanzas una vez el cubo numérico, ¿qué resultado es verdadero?

A. El número es impar.

B. El número es menor que 7.

C. El número es par.

D. El número es mayor que 1.

RESPUESTA LIBRE

Usa la cuadrícula de coordenadas en los Ejercicios 15 a 17.

Identifica el par ordenado de cada punto.

15. *C* **16.** *A* **17.** *B*

Escritura en matemáticas

18. ¿En qué se parecen los pares ordenados de los puntos *D* y *F*?

OPCIÓN MÚLTIPLE

19. Halla el número que falta en el patrón.

7, 14, 28, ▮, 112

A. 48

B. 56

C. 94

D. 214

EN LOS EXÁMENES

Piénsalo bien

En las preguntas de opción múltiple, **elimina primero cualquier respuesta que no sea razonable.**

20. ¿Qué expresión numérica representa la frase "$237 disminuido en $19"?

A. $237 + 19$ **C.** $237 - 19$

B. $19 + 237$ **D.** $19 - 237$

21. Resuelve $14 + n = 21$.

A. $n = 3$ **C.** $n = 14$

B. $n = 7$ **D.** $n = 35$

RESPUESTA LIBRE

22. ¿Cuál es la regla para esta tabla?

Entrada	22	23	24	25
Salida	13	14	15	16

Escritura en matemáticas

23. Allen hace un collar de cuentas siguiendo el patrón de abajo. Si continúa con el mismo patrón, ¿cuáles serán las siguientes dos cuentas que usará? Explica tu respuesta.

roja, roja, negra, azul, azul, roja, roja, _?_, _?_

Grupo 6-1 (páginas 314–315)

Halla 80×500.

Calcula mentalmente. Busca patrones en los factores y productos.

$8 \times 5 = 40$

$8 \times 5\mathbf{0} = 40\mathbf{0}$

$8\mathbf{0} \times 5\mathbf{0} = 4{,}0\mathbf{00}$

Recuerda que el número de ceros que hay en ambos factores es igual al número de ceros del producto, excepto cuando hay un cero en la operación básica.

1. 50×70 **2.** 30×600

3. 80×80 **4.** $90 \times 8{,}000$

5. $60 \times 9{,}000$ **6.** 20×500

7. 40×50 **8.** $70 \times 2{,}000$

9. $70 \times 7{,}000$ **10.** 90×600

11. 20×80 **12.** $40 \times 3{,}000$

13. $30 \times 5{,}000$ **14.** 60×300

15. $80 \times 2{,}000$ **16.** 50×600

Grupo 6-2 (páginas 316–319)

Estima 37×44.

Una manera: Redondear.

37×44

$40 \times 40 = 1{,}600$

Otra manera: Hallar un rango

Estimación por defecto.

37×44

$30 \times 40 = 1{,}200$

Estimación por exceso.

37×44

$40 \times 50 = 2{,}000$

El producto de 37×44 está entre $1{,}200$ y $2{,}000$.

Recuerda que también puedes usar números compatibles para estimar.

Estima cada producto.

1. 17×76 **2.** 52×81

3. 49×23 **4.** 37×173

5. 845×62 **6.** 75×204

7. 28×315 **8.** 61×488

Halla un rango para estimar cada producto.

9. 26×67 **10.** 33×74

11. 81×46 **12.** 51×711

13. 863×21 **14.** 483×65

15. 43×126 **16.** 68×63

17. 527×18 **18.** 293×13

Grupo 6-3 (páginas 320–323)

Usa papel cuadriculado para dibujar un rectángulo. Luego, copia y completa el cálculo.

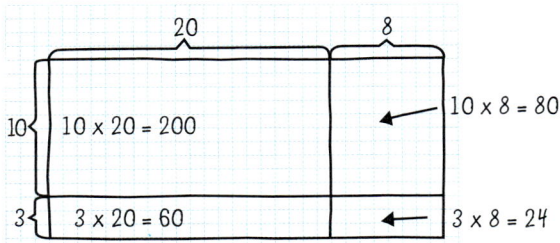

$$
\begin{array}{r}
28 \\
\times\ 13 \\
\hline
24 \leftarrow 3 \times 8 \\
60 \leftarrow 3 \times 20 \\
80 \leftarrow 10 \times 8 \\
200 \leftarrow 10 \times 20 \\
\hline
364
\end{array}
$$

Recuerda que puedes multiplicar resolviendo problemas más sencillos y sumando los productos parciales.

1.
$$
\begin{array}{r}
14 \\
\times\ 17 \\
\hline
\end{array}
$$

2.
$$
\begin{array}{r}
23 \\
\times\ 19 \\
\hline
\end{array}
$$

3. 16×24

4. 21×13

5. 22×31

6. 25×18

7. 18×14

8. 13×13

9. 17×25

10. 15×12

Grupo 6-4 (páginas 326–329)

Organiza la información en una lista para resolver el problema.

Libby, Caty, Mitch y Ryan escogen compañeros de juego. ¿Cuántos grupos de dos pueden hacer?

1 Identifica las personas que debes agrupar.

Libby, Caty, Mitch y Ryan

2 Escoge una persona. Halla las combinaciones.

Libby, Caty
Libby, Mitch
Libby, Ryan

3 Repite el Paso 2 tantas veces como sea necesario.

Libby, Caty
Libby, Mitch   Caty, Mitch
Libby, Ryan   Caty, Ryan   Mitch, Ryan

Pueden hacer 6 grupos de dos personas.

Recuerda que la manera en que organices la información en tu lista te facilita hallar todas las posibilidades de un problema.

1. Robin tiene marcadores rojos, azules, verdes y negros. ¿De cuántas maneras diferentes puede usar dos marcadores para hacer un cartel?

2. Verónica, Tania y Suzie le hacen una pulsera a cada una de las otras dos amigas. ¿Cuántas pulseras harán?

3. Kyle tiene jamón, pollo y pavo. ¿Cuántas combinaciones puede hacer con dos ingredientes para un sándwich?

4. Robert tiene un libro de misterio, uno de ciencia ficción, uno de ficción histórica y uno de poesía. ¿De cuántas maneras diferentes puede leer los libros?

Grupo 6-5 (páginas 332–335)

Halla 87 × 25.

$$
\begin{array}{r}
{\scriptstyle 1} \\
{\scriptstyle 3} \\
87 \\
\times\ 25 \\
\hline
435 \\
1740 \\
\hline
2{,}175
\end{array}
$$

5 × 87 = 435
20 × 87 = 1740

Recuerda que al multiplicar por las decenas, debes colocar un cero en la posición de las unidades.

1. 49
    × 63

2. 25
    × 25

3. 46
    × 72

4. 34
    × 56

5. 19
    × 86

6. 27
    × 32

Grupo 6-6 (páginas 336–337)

Multiplica 35 × 398.

1
Multiplica las unidades. Reagrupa de ser necesario.

$$
\begin{array}{r}
{\scriptstyle 4\ 4} \\
398 \\
\times\ \ 35 \\
\hline
1990
\end{array}
$$

2
Coloca un cero en las unidades. Multiplica las decenas. Reagrupa.

$$
\begin{array}{r}
{\scriptstyle 2\ 2} \\
{\scriptstyle 4\ 4} \\
398 \\
\times\ \ 35 \\
\hline
1990 \\
11940
\end{array}
$$

3
Suma los productos parciales.

$$
\begin{array}{r}
{\scriptstyle 2\ 2} \\
{\scriptstyle 4\ 4} \\
398 \\
\times\ \ 35 \\
\hline
1990 \\
11940 \\
\hline
13{,}930
\end{array}
$$

Recuerda que debes sumar los productos parciales para hallar un producto.

1. 216
    × 48

2. 634
    × 29

3. 575
    × 67

4. 482
    × 56

5. 703
    × 23

6. 745
    × 37

7. 341
    × 42

8. 607
    × 15

Grupo 6-7 (páginas 338–339)

Multiplica. Di qué método usaste.

31 × 212

No hay que reagrupar. Usa lápiz y papel.

$$
\begin{array}{r}
212 \\
\times\ \ 31 \\
\hline
212 \\
6360 \\
\hline
6{,}572
\end{array}
$$

Recuerda que puedes calcular mentalmente, usar calculadora o usar lápiz y papel para multiplicar.

1. 210
    × 80

2. 123
    × 21

3. 300
    × 40

4. 988
    × 79

5. 404
    × 20

6. 3,745
    ×   67

Halla 34 × $2.45.

```
  1 1
  1 2
$2.45    Multiplica como si fueran
×   34   números enteros.
─────
  980
 7350    Coloca el signo de dólar y el
─────    punto decimal en la respuesta.
$83.30
```

Recuerda que los problemas de multiplicación con dólares y centavos deben llevar un signo de dólar y un punto decimal en el producto.

1. $3.37
   ×   24

2. $4.15
   ×   24

2. $1.96
   ×   42

3. $2.84
   ×   25

5. $3.27
   ×   19

6. $6.20
   ×   26

Al escribir para explicar un patrón, sigue estos pasos.

Paso 1: Halla dos datos que te permitan hallar un patrón. (Longitud de cada lado y el perímetro).

Paso 2: Di cómo cambia una cantidad a medida que cambia la otra. Da ejemplos.

Joan gana $16 la hora. Él comenzó la siguiente tabla para hallar cuánto gana en 1, 2 y 3 horas de trabajo.

¿Cuánto gana en 4, 5 y 6 horas de trabajo? Escribe para explicar tus respuestas.

Horas	1	2	3	4	5	6
Ingresos	$16	$32	$48			

A medida que las horas aumentan en 1, el salario de Joan aumenta en $16.
Por tanto, después de 4 horas, Joan ha ganado $48 + $16 = $64. Después de 5 horas, Joan ha ganado $64 + $16 = $80. Después de 6 horas, Joan ha ganado $80 + $16 = $96.

Recuerda que observar una tabla puede ser útil para hallar un patrón.

1. Copia la tabla y usa el patrón para completarla. Explica cómo cambia el perímetro de un cuadrado a medida que cambia la longitud de sus lados.

Longitud de cada lado de un cuadrado	Perímetro del cuadrado
1 in	4 in
2 in	8 in
3 in	12 in
4 in	
5 in	
6 in	

2. Si recibes $2 al día, en lugar de $12 a la semana, ¿cuánto dinero más ganarás al año? Supón que no es un año bisiesto. Recuerda que un año tiene 365 días, o 52 semanas.

Grupo 6-1 (páginas 314–315)

Multiplica. Calcula mentalmente.

1. 20×80 **2.** 60×300 **3.** 80×70 **4.** $30 \times 7,000$

5. 90×500 **6.** $40 \times 6,000$ **7.** 50×20 **8.** 70×900

9. 50×50 **10.** $70 \times 5,000$ **11.** 40×800 **12.** $20 \times 7,000$

13. 60×200 **14.** 90×700 **15.** 60×90 **16.** $80 \times 5,000$

17. 90×80 **18.** 50×300 **19.** $30 \times 4,000$ **20.** 60×500

Hay 30 cuentas en cada bolsa. Cuántas cuentas tendrá Elia si compra:

21. 20 bolsas.   **22.** 40 bolsas.   **23.** 60 bolsas.   **24.** 80 bolsas.

Hay 200 calcomanías en un rollo. Cuántas calcomanías hay en:

25. 10 rollos.   **26.** 30 rollos.   **27.** 50 rollos.   **28.** 70 rollos.

29. Henry compró 40 cajas de sobres. Cada caja trae 40 sobres. ¿Cuántos sobres compró?

Grupo 6-2 (páginas 316–319)

Estima cada producto.

1. 53×42 **2.** 39×16 **3.** 34×54 **4.** 18×31

5. 23×802 **6.** 46×46 **7.** 521×51 **8.** 636×47

9. 81×881 **10.** 298×65 **11.** 317×71 **12.** 48×762

Halla un rango para estimar cada producto.

13. 21×43 **14.** 68×35 **15.** 91×56 **16.** 82×14

17. 33×51 **18.** 77×23 **19.** 69×426 **20.** 34×613

21. 283×49 **22.** 270×33 **23.** 505×88 **24.** 464×55

25. 248×87 **26.** 28×387 **27.** 758×42 **28.** 16×129

29. La maestra Libby compró 19 cajas de pañuelos de papel para su salón de clases. Cada caja contiene 144 pañuelos. Halla un rango para estimar el número de pañuelos de papel que tiene la maestra Libby.

Grupo 6-3 (páginas 320–323)

Usa papel cuadriculado para dibujar un rectángulo. Luego, copia y completa el cálculo.

1.   12
     $\times$ 24

2.   15
     $\times$ 17

3.   21
     $\times$ 21

4.   16
     $\times$ 13

5.   22
     $\times$ 14

6.   18
     $\times$ 13

7.   11
     $\times$ 31

8.   23
     $\times$ 24

9. 21×19

10. 12×14

11. 34×12

12. 25×19

13. 15×23

14. 27×35

15. 18×26

16. 33×15

17. Una hogaza de pan puede cortarse en 22 tajadas.
¿Cuántas tajadas pueden cortarse de 12 hogazas de pan?

Grupo 6-4 (páginas 326–329)

Organiza la información en una lista para resolver el
problema. Escribe la respuesta en una oración completa.

1. Jackie tiene un marco de fotos rojo, uno azul y otro morado.
¿De cuántas maneras puede colocarlos en fila sobre
un estante?

2. Courtney tiene platos azules, amarillos, rojos y verdes. Quiere
usar platos de dos colores diferentes para su fiesta. ¿Entre
cuántas combinaciones diferentes puede escoger?

3. Marcus, Dustin, Aaron y Gavin intentan ingresar a un equipo. Sólo se escogerán 3 niños
para el equipo. ¿De cuántas maneras diferentes pueden ser escogidos para el equipo?

4. Sólo se pueden colocar 3 tipos de fruta en la
ensalada. Jaime tiene fresas, uvas, piña y bananos.
¿Cuántas ensaladas diferentes puede hacer?

Grupo 6-5 (páginas 332–335)

1. $\begin{array}{r} 58 \\ \times\ 19 \\ \hline \end{array}$	**2.** $\begin{array}{r} 67 \\ \times\ 85 \\ \hline \end{array}$	**3.** $\begin{array}{r} 92 \\ \times\ 74 \\ \hline \end{array}$	**4.** $\begin{array}{r} 28 \\ \times\ 49 \\ \hline \end{array}$	**5.** $\begin{array}{r} 39 \\ \times\ 56 \\ \hline \end{array}$
6. $\begin{array}{r} 97 \\ \times\ 61 \\ \hline \end{array}$	**7.** $\begin{array}{r} 25 \\ \times\ 52 \\ \hline \end{array}$	**8.** $\begin{array}{r} 36 \\ \times\ 36 \\ \hline \end{array}$	**9.** $\begin{array}{r} 69 \\ \times\ 42 \\ \hline \end{array}$	**10.** $\begin{array}{r} 78 \\ \times\ 52 \\ \hline \end{array}$
11. $\begin{array}{r} 45 \\ \times\ 25 \\ \hline \end{array}$	**12.** $\begin{array}{r} 29 \\ \times\ 83 \\ \hline \end{array}$	**13.** $\begin{array}{r} 72 \\ \times\ 66 \\ \hline \end{array}$	**14.** $\begin{array}{r} 57 \\ \times\ 30 \\ \hline \end{array}$	**15.** $\begin{array}{r} 94 \\ \times\ 23 \\ \hline \end{array}$
16. $\begin{array}{r} 12 \\ \times\ 36 \\ \hline \end{array}$	**17.** $\begin{array}{r} 33 \\ \times\ 43 \\ \hline \end{array}$	**18.** $\begin{array}{r} 26 \\ \times\ 13 \\ \hline \end{array}$	**19.** $\begin{array}{r} 71 \\ \times\ 39 \\ \hline \end{array}$	**20.** $\begin{array}{r} 53 \\ \times\ 64 \\ \hline \end{array}$

21. Hay 24 tortillas de harina en un paquete. El club de fútbol compró 18 paquetes de tortillas para hacer burritos y venderlos en el puesto durante el juego. ¿Cuántos burritos podrán hacer?

22. La Sra. Wiley compró 34 cajas de pasas para el picnic de la escuela primaria. Cada caja pesa 15 onzas. ¿Cuánto pesan las pasas en total?

Grupo 6-6 (páginas 336–337)

1. $\begin{array}{r} 246 \\ \times\ 18 \\ \hline \end{array}$	**2.** $\begin{array}{r} 837 \\ \times\ 42 \\ \hline \end{array}$	**3.** $\begin{array}{r} 174 \\ \times\ 25 \\ \hline \end{array}$	**4.** $\begin{array}{r} 529 \\ \times\ 63 \\ \hline \end{array}$	**5.** $\begin{array}{r} 413 \\ \times\ 46 \\ \hline \end{array}$
6. $\begin{array}{r} 303 \\ \times\ 76 \\ \hline \end{array}$	**7.** $\begin{array}{r} 473 \\ \times\ 84 \\ \hline \end{array}$	**8.** $\begin{array}{r} 612 \\ \times\ 39 \\ \hline \end{array}$	**9.** $\begin{array}{r} 777 \\ \times\ 44 \\ \hline \end{array}$	**10.** $\begin{array}{r} 547 \\ \times\ 52 \\ \hline \end{array}$
11. $\begin{array}{r} 398 \\ \times\ 71 \\ \hline \end{array}$	**12.** $\begin{array}{r} 642 \\ \times\ 82 \\ \hline \end{array}$	**13.** $\begin{array}{r} 955 \\ \times\ 23 \\ \hline \end{array}$	**14.** $\begin{array}{r} 243 \\ \times\ 19 \\ \hline \end{array}$	**15.** $\begin{array}{r} 708 \\ \times\ 57 \\ \hline \end{array}$
16. $\begin{array}{r} 271 \\ \times\ 17 \\ \hline \end{array}$	**17.** $\begin{array}{r} 325 \\ \times\ 24 \\ \hline \end{array}$	**18.** $\begin{array}{r} 118 \\ \times\ 39 \\ \hline \end{array}$	**19.** $\begin{array}{r} 538 \\ \times\ 42 \\ \hline \end{array}$	**20.** $\begin{array}{r} 494 \\ \times\ 63 \\ \hline \end{array}$

21. Roger tiene 17 álbumes de fotos. En cada uno caben 128 fotos. ¿Cuántas fotos necesita Roger para llenar todos los álbumes?

22. Razonamiento Hoy es el 12.º cumpleaños de Lisa. ¿Cuántas semanas ha vivido?

Grupo 6-7 (páginas 338–339)

Multiplica. Di qué método usaste.

1. 21 $\times$ 13	**2.** 978 $\times$ 96	**3.** 46 $\times$ 31	**4.** 300 $\times$ 20	**5.** 7,683 $\times$ 65
6. 700 $\times$ 30	**7.** 1,001 $\times$ 19	**8.** 202 $\times$ 21	**9.** 3,598 $\times$ 78	**10.** 2,300 $\times$ 10
11. 45 $\times$ 32	**12.** 2,967 $\times$ 29	**13.** 270 $\times$ 20	**14.** 800 $\times$ 70	**15.** 386 $\times$ 88

16. Un rollo de cinta mide 1,296 pulgadas. ¿Cuántas pulgadas hay en una docena de rollos? (PISTA: Una docena son 12 elementos.)

Grupo 6-8 (páginas 340–341)

1. $1.65 $\times$ 32	**2.** $3.19 $\times$ 14	**3.** $5.24 $\times$ 55	**4.** $2.08 $\times$ 49	**5.** $4.37 $\times$ 28
6. $8.06 $\times$ 72	**7.** $2.23 $\times$ 17	**8.** $6.62 $\times$ 87	**9.** $5.15 $\times$ 23	**10.** $3.41 $\times$ 48
11. $2.93 $\times$ 28	**12.** $7.14 $\times$ 63	**13.** $9.09 $\times$ 26	**14.** $4.50 $\times$ 35	**15.** $2.76 $\times$ 33

16. El Sr. Brown compró 24 paquetes de marcadores. Cada paquete le costó $2.79. ¿Cuánto gastó el Sr. Brown en marcadores?

Grupo 6-9 (páginas 342–343)

Escribe para explicar.

1. Raúl trabaja en un supermercado y está arreglando las latas de sopa en una pila como la que se muestra a la derecha. Copia la tabla y usa el patrón para completarla.

Fila 3
Fila 2
Fila 1

Número de fila	1	2	3	4	5	6
Número de latas	8	7	6			

Explica cómo cambia el número de latas por fila a medida que cambia el número de fila.

2. Amplía la tabla. ¿Qué fila tendrá 1 lata?

CAPÍTULO 7

División

A Vocabulario

(páginas 124, 146, 148)

Escoge del cuadro el término más adecuado.

1. En la oración numérica 18 ÷ 6 = 3, 18 es el __?__, 6 es el __?__ y 3 es el __?__.

2. En la oración numérica 5 × 8 = 40, 5 es un __?__.

3. La multiplicación y la división son __?__.

Vocabulario

- **factor** *(p. 124)*
- **dividendo** *(p. 146)*
- **divisor** *(p. 146)*
- **cociente** *(p. 146)*
- **operaciones inversas** *(p. 148)*

B Multiplicar por múltiplos de 10, 100 ó 1,000 *(páginas 256–257)*

4. 7×40

5. 2×900

6. 3×800

7. 5×200

8. $4 \times 6,000$

9. $9 \times 7,000$

10. ¿Cómo te facilita la multiplicación de 7 por 30 el saber que $7 \times 3 = 21$? ¿Y la de 7 por 300? ¿Y la de 7 por 3,000?

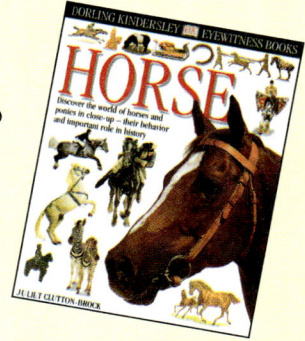

C Operaciones de división

(páginas 150–151)

11. $12 \div 2$ **12.** $20 \div 4$ **13.** $9 \div 3$

14. $42 \div 7$ **15.** $27 \div 9$ **16.** $36 \div 6$

17. $5\overline{)45}$ **18.** $8\overline{)48}$ **19.** $7\overline{)63}$

Escribe una división para resolver cada problema.

20. Tina quiere colocar 4 monedas en cada monedero. ¿Cuántos monederos necesita para guardar 24 monedas?

21. Travis ordena sus 15 carros de juguete en 3 filas. ¿Cuántos carros debe colocar en cada fila?

D Multiplicar

(páginas 270–271)

Estima cada producto. Luego, multiplica.

22. 5×31 **23.** 3×25

24. 2×167 **25.** 8×249

26. 6×419 **27.** 42×376

28. ¿Es 252 una respuesta razonable para 7×36? Estima para determinarlo.

29. El maestro de música tiene 3 cajas de sombreros para el coro. Cada caja tiene 35 sombreros. ¿Cuántos sombreros hay en total?

Idea clave
Las operaciones básicas y los patrones de valor posicional te ayudan a hallar fácilmente cocientes como 1,800 ÷ 6.

Vocabulario
• cociente (p. 146)

Materiales
• calculadora

EN LOS EXÁMENES

Piénsalo bien
Puedo **buscar un patrón** para hallar una regla.

Usar patrones para dividir mentalmente

APRENDE

Actividad

¿Cuál es la regla?

a. Usa calculadora para hallar cada **cociente**. Busca un patrón.

$15 \div 3 = 5$	$35 \div 5 = 7$	$40 \div 8 = 5$
$150 \div 3 =$	$350 \div 5 =$	$400 \div 8 =$
$1{,}500 \div 3 =$	$3{,}500 \div 5 =$	$4{,}000 \div 8 =$
$15{,}000 \div 3 =$	$35{,}000 \div 5 =$	$40{,}000 \div 8 =$

b. Halla cada cociente sin usar calculadora. Luego, úsala para comprobar tus respuestas.

$81 \div 9$	$18 \div 6$	$30 \div 5$
$810 \div 9$	$180 \div 6$	$300 \div 5$
$8{,}100 \div 9$	$1{,}800 \div 6$	$3{,}000 \div 5$
$81{,}000 \div 9$	$18{,}000 \div 6$	$30{,}000 \div 5$

c. Describe una regla que indique cómo hallar el cociente.

¿Cómo divides mentalmente?

	Ejemplo A	Ejemplo B
	Halla $240 \div 6$.	Halla $3{,}000 \div 5$.
Lo que piensas	Halla la operación básica. $240 \div 6$ $24 \div 6 = 4$ **24** decenas $\div$ **6** = 4 decenas o 40	Halla la operación básica. $3{,}000 \div 5$ $30 \div 5 = 6$ **30** centenas $\div$ **5** = 6 centenas o 600
Lo que escribes	$240 \div 6 = 40$	$3{,}000 \div 5 = 600$

> $3{,}000 \div 5$ es lo mismo que $30 \div 5$ con dos ceros al final. Por tanto, $3{,}000 \div 5 = 600$.

✓ **Hablemos**

1. Halla $2{,}400 \div 6$ y $24{,}000 \div 6$.

Usa patrones para hallar cada cociente.

1. 36 ÷ 6 = ⬜
360 ÷ 6 = ⬜
3,600 ÷ 6 = ⬜
36,000 ÷ 6 = ⬜

2. 54 ÷ 9 = ⬜
540 ÷ 9 = ⬜
5,400 ÷ 9 = ⬜
54,000 ÷ 9 = ⬜

3. 10 ÷ 5 = ⬜
100 ÷ 5 = ⬜
1,000 ÷ 5 = ⬜
10,000 ÷ 5 = ⬜

4. 30 ÷ 6 = ⬜
300 ÷ 6 = ⬜
3,000 ÷ 6 = ⬜
30,000 ÷ 6 = ⬜

5. Sentido numérico ¿En qué se parece dividir 280 por 4 a dividir 28 por 4?

PRÁCTICA

Más práctica: Grupo 7-1, página 428

A Destrezas y comprensión

Divide. Calcula mentalmente.

6. 240 ÷ 4

7. 4,000 ÷ 5

8. 63,000 ÷ 7

9. 7,200 ÷ 8

10. 140 ÷ 2

11. 1,800 ÷ 3

12. 49,000 ÷ 7

13. 2,000 ÷ 4

14. 420 ÷ 6

15. 6,400 ÷ 8

16. 45,000 ÷ 5

17. 1,000 ÷ 2

18. Sentido numérico ¿En qué se parece dividir 2,100 por 7 a dividir 21 por 7? ¿En qué se parece dividir 2,100 por 7 a dividir 210 por 7?

B Razonamiento y resolución de problemas

Usa el mapa de la derecha en los Ejercicios 19 y 20. Supón que conduces la misma cantidad de millas por hora.

19. ¿Cuántas millas por hora recorres si demoras 4 horas en ir de Mayville a Greenfield? ¿Y si demoras 9 horas en ir de Greenfield a Dexter?

20. **Escritura en matemáticas** ¿Es razonable demorarse 4 horas en viajar de Dexter a Richwood? Explica por qué.

Repaso mixto y preparación de exámenes

En la INTERNET
Preparación de exámenes
www.scottforesman.com

21.
  35
× 17
────

22.
  $2.43
×   38
─────

23.
  $4.72
×   65
─────

24.
  1,284
×   56
─────

25. Halla el valor de 6n, si n = 10.

A. 4   **B.** 16   **C.** 60   **D.** 610

Idea clave
Hay diferentes maneras de estimar cocientes.

Vocabulario
• números compatibles (p. 62)
• estimación por exceso (p. 72)
• estimación por defecto (p. 72)

EN LOS EXÁMENES

Piénsalo bien
• Puedo **hacer un dibujo** para mostrar la idea principal.
• Sólo necesito una **estimación** porque debo saber cuántas muñecas recibirá aproximadamente cada sobrina.

Estimar cocientes

APRENDE

¿Respuesta exacta o estimación?

Muñecas antiguas La tía Glenna decidió regalar su colección de 310 muñecas antiguas a sus 8 sobrinas. Quiere dar la misma cantidad de muñecas a cada sobrina. Desea saber cuántas muñecas regalará aproximadamente a cada una.

✓ **PREPÁRATE**

Redondea al valor posicional del dígito subrayado.

1. 5<u>2</u>7   2. 5,<u>8</u>75

3. <u>6</u>74   4. <u>2</u>,347

5. <u>1</u>48   6. 8,<u>9</u>25

310

? ? ? ? ? ? ? ?

¿Cómo estimas cocientes?

Ejemplo A

Estima $310 \div 8$.

Una manera

Mark usó **números compatibles.**

Ajusté 310 a 320 porque $32 \div 8 = 4$.

$320 \div 8 = 40$

Por tanto, $310 \div 8$ es aproximadamente 40.

Otra manera

Nina pensó en la multiplicación.

Pensé, ¿8 veces qué número es aproximadamente 310?

$8 \times 4 = 32$, por tanto, $8 \times 40 = 320$.

Por tanto, $310 \div 8$ es aproximadamente 40.

Una buena estimación sería aproximadamente 40 muñecas para cada sobrina.

✔ Hablemos

1. ¿Por qué ajustó Mark 310 a 320?

2. ¿Por qué se usa la división para resolver el problema de las Muñecas antiguas de la página 368?

En la INTERNET
Más ejemplos
www.scottforesman.com

¿Es tu estimación una estimación por exceso o una estimación por defecto?

Anna, Ahmet, Emily y Daniel ganaron $115 trabajando en su vecindario. Deben estimar 115 ÷ 4 para saber cuánto recibirá cada uno.

Ejemplo B

Anna halló una **estimación por defecto.**

Exacta: 115 ÷ 4   115 se cambia por un número menor.

Estimación: 100 ÷ 4 = 25

Por tanto, la estimación de $25 es menor que la respuesta exacta.

Ejemplo C

Ahmet halló una **estimación por exceso.**

Exacta: 115 ÷ 4   115 se cambia por un número mayor.

Estimación: 120 ÷ 4 = 30

Por tanto, la estimación de $30 es mayor que la respuesta exacta.

✔ Hablemos

3. ¿Usarías una estimación por defecto o una estimación por exceso para saber cuánto dinero recibirás? Explícalo.

4. Para estimar 760 ÷ 8, Juan ajustó 760 a 720. Halla su estimación. ¿Es una estimación por exceso o una estimación por defecto?

COMPRUEBA ✔

Otro ejemplo: Grupo 7-2, página 424

Estima cada cociente. Menciona si hallaste una estimación por exceso o una estimación por defecto.

1. $79 ÷ 4   **2.** 439 ÷ 7   **3.** 603 ÷ 3   **4.** 182 ÷ 8

5. Sentido numérico Escribe dos grupos diferentes de números compatibles que puedas usar para estimar el cociente de 262 ÷ 4.

Ⓐ Destrezas y comprensión

Estima cada cociente. Menciona si hallaste una estimación
por exceso o una estimación por defecto.

6. $58 \div 3$ **7.** $159 \div 2$ **8.** $186 \div 6$ **9.** $535 \div 9$

10. $582 \div 2$ **11.** $572 \div 7$ **12.** $342 \div 5$ **13.** $452 \div 4$

14. $289 \div 5$ **15.** $805 \div 9$ **16.** $365 \div 4$ **17.** $391 \div 8$

18. $361 \div 7$ **19.** $636 \div 8$ **20.** $178 \div 3$ **21.** $431 \div 7$

22. $928 \div 9$ **23.** $468 \div 9$ **24.** $638 \div 7$ **25.** $117 \div 3$

26. Sentido numérico Tina usó $250 \div 5 = 50$ para estimar
$225 \div 5$. ¿Obtuvo una estimación por defecto o una
estimación por exceso? Explícalo.

Ⓑ Razonamiento y resolución de problemas

Matemáticas y vida diaria

Usa la gráfica en los Ejercicios 27 a 30.

27. Si Paige leyó su libro en 7 días,
¿cuántas páginas aproximadamente
leyó cada día?

28. Si Julio leyó su libro en 6 días,
¿cuántas páginas aproximadamente
leyó cada día?

29. Si Pat y Keisha leyeron sus libros en
7 días, ¿aproximadamente cuántas páginas
más leyó al día Pat que Geisha?

30. ¿Cuántas páginas hay en total en los
cinco libros favoritos?

31. **Escritura en matemáticas** Rob debe estimar
el cociente de $430 \div 6$. Menciona dos
maneras diferentes en que puede hacer
una estimación razonable y hállala
usando ambas maneras.

**Cantidad de páginas de los libros
favoritos de los estudiantes**

Paige	
Keisha	
Julio	
Nelson	
Pat	

Cada = 50 páginas.

C Un paso adelante

Completa cada ● con > o <. Explica cómo sabes qué cociente es mayor sin dividir.

32. $930 \div 4$ ● $762 \div 4$

33. $742 \div 8$ ● $742 \div 7$

Repaso mixto y preparación de exámenes

En la INTERNET
Preparación de exámenes
www.scottforesman.com

Halla cada cociente. Calcula mentalmente.

34. $810 \div 9$

35. $1,200 \div 3$

36. $2,500 \div 5$

37. $4,800 \div 8$

38. En una escuela hay 120 estudiantes de cuarto grado. ¿Cuántos estudiantes habrá en cada grupo si los dividen en 3 grupos? ¿En 4 grupos? ¿En 6 grupos?

39. ¿Qué opción es una estimación razonable para 7×35?

    A. 40   **B.** 110   **C.** 140   **D.** 280

Juego de práctica

Seis en línea

Número de jugadores: 2 o más

Materiales: Tablero de cálculo para cada jugador, flecha giratoria rotulada del 2 al 9, 18 fichas para cada jugador

El primer jugador hace girar la flecha y busca en su tablero un múltiplo del número que indicó la flecha. El jugador coloca una ficha sobre ese número. Si hay varios números posibles, el jugador escoge sólo uno para marcarlo.

Luego, el segundo jugador toma su turno.

El juego continúa hasta que un jugador logra colocar 6 fichas en línea en el tablero, ya sea horizontal, vertical o diagonalmente. Ese jugador gana el juego.

Idea clave
A veces puede sobrar algo cuando divides.

Vocabulario
• residuo
• divisor (p. 146)

Materiales
• fichas
  o  tools

EN LOS EXÁMENES

Piénsalo bien
• Puedo **escoger la división** cuando busco grupos iguales.
• Puedo **hacer un dibujo para mostrar el problema.**

Dividir dejando residuos

APRENDE

✓ **PREPÁRATE**

Divide.
1. 15 ÷ 3   **2.** 12 ÷ 4
3. 48 ÷ 8   **4.** 54 ÷ 9

¿Qué ocurre cuando sobra algo?

Camilo ordena 14 sillas en 3 filas de modo que cada fila tenga la misma cantidad de sillas. ¿Cuántas sillas hay en cada fila? ¿Cuántas sillas sobran?

La parte que sobra se llama **residuo**. El residuo debe ser siempre menor que el **divisor.**

Ejemplo

Halla 14 ÷ 3.

Lo que **muestras**	Lo que **piensas**	Lo que **escribes**
	Si coloco 14 fichas en 3 grupos, tengo 4 en cada grupo.	$3\overline{)14}$ Divido.
	Usé 12 fichas en los 3 grupos.	$\begin{array}{r} 4 \\ 3\overline{)14} \\ \underline{12} \\ 2 \end{array}$ Multiplico.
	Sobran 2 fichas. Esto no es suficiente para colocar una más en cada grupo. Escribo el residuo junto al cociente.	$\begin{array}{r} 4\ R2 \\ 3\overline{)14} \\ \underline{12} \\ 2 \end{array}$ Resto. Comparo. $2 < 3$
	Compruebo: Multiplico 4 × 3. Luego, sumo 2.	Compruebo: $4 \times 3 = 12$ $12 + 2 = 14$

✓ **Hablemos**

1. ¿Qué indica el residuo?

2. ¿Puede ser 3 el residuo de ▮ ÷ 3? Explícalo.

En la INTERNET
Más ejemplos
www.scottforesman.com

Usa fichas o haz dibujos. Menciona cuántos elementos hay en cada fila y cuántos sobran si se dividen por igual entre las filas.

1. 17 sillas
3 filas

2. 23 pelotas
8 filas

3. 28 libros
3 filas

4. 21 discos
6 filas

5. Sentido numérico ¿Qué residuos es posible obtener al dividir por 4? Explica tu respuesta.

PRÁCTICA

Más práctica: Grupo 7-3, página 428

A Destrezas y comprensión

Divide. Usa fichas o dibujos como ayuda.

6. $4\overline{)25}$

7. $7\overline{)30}$

8. $5\overline{)28}$

9. $9\overline{)29}$

10. $8\overline{)73}$

11. $9\overline{)49}$

12. $4\overline{)30}$

13. $7\overline{)55}$

14. $6\overline{)45}$

15. $2\overline{)19}$

16. $3\overline{)29}$

17. $5\overline{)48}$

18. $6\overline{)29}$

19. $8\overline{)57}$

20. $5\overline{)33}$

21. Sentido numérico ¿Puede ser 5 el residuo al dividir por 6? ¿Por qué?

B Razonamiento y resolución de problemas

22. En el salón A hay 8 filas con 16 sillas cada una. En el salón B hay 20 filas con 7 sillas cada una. ¿Qué salón tiene más sillas?

23. Álgebra Si $48 \div 7 = 6$ Rn, ¿cuál es el valor de n?

24. Escritura en matemáticas Al ordenar 38 escritorios en 6 filas iguales, sobraron 8 escritorios. Explica si esto es razonable.

Repaso mixto y preparación de exámenes

En la INTERNET
Preparación de exámenes
www.scottforesman.com

Halla cada cociente. Calcula mentalmente.

25. $300 \div 5$

26. $1,800 \div 2$

27. $2,400 \div 3$

28. $2,700 \div 9$

29. Estima $572 \div 8$.

A. 70

B. 100

C. 120

D. 200

Todas las páginas del libro están disponibles en línea y en CD-ROM.

Sección A Lección 7-3

373

Idea clave
Descompón el problema y divide las decenas, y luego las unidades para hallar cocientes de 2 dígitos.

Materiales
• bloques de valor posicional o **e tools**

EN LOS EXÁMENES

Piénsalo bien
Puedo **usar objetos** o **hacer dibujos** para dividir.

Cocientes de dos dígitos

APRENDE

Actividad

¿Cómo hallas cocientes de dos dígitos?

Lápices Pedro tiene 54 lápices y 3 cajas de lápices vacías. Quiere colocar la misma cantidad de lápices en cada caja. ¿Cuántos lápices debe colocar en cada una?

Como Pedro quiere formar 3 grupos iguales de lápices, puede dividir para hacerlo.

Halla $54 \div 3$.

Paso 1: Usa bloques de valor posicional para mostrar 54.

Paso 2: Divide las decenas en 3 grupos iguales. ¿Cuántas decenas colocas en cada grupo? ¿Cuántas decenas te sobran?

Paso 3: Cambia las decenas que sobran por unidades.

Paso 4: Distribuye las unidades en los 3 grupos de modo que haya la misma cantidad en cada grupo. ¿Cuántas unidades hay en cada grupo?

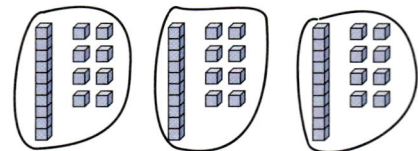

a. ¿Cuánto es $54 \div 3$? ¿Cuántos lápices debe colocar Pedro en cada caja?

b. Divide. Usa bloques de valor posicional.

$52 \div 4$ $34 \div 2$ $60 \div 5$

¿Cómo anotas la división?

Ejemplo

Halla $46 \div 3$.

		Lo que **muestras**	Lo que **piensas**	Lo que **escribes**
PASO 1	Divide las decenas.		Hay 1 decena en cada grupo y sobra 1 decena.	$\begin{array}{r} 1 \\ 3\overline{)46} \\ -3 \\ \hline 1 \end{array}$
PASO 2	Baja las unidades para reagrupar.		Cambia la decena que sobra por diez unidades. La decena y las 6 unidades forman 16 unidades.	$\begin{array}{r} 1 \\ 3\overline{)46} \\ -3 \\ \hline 16 \end{array}$
PASO 3	Divide las unidades.		Hay 5 unidades en cada grupo y sobra 1 unidad.	$\begin{array}{r} 15 \text{ R1} \\ 3\overline{)46} \\ -3 \\ \hline 16 \\ -15 \\ \hline 1 \end{array}$

$46 \div 3 = 15 \text{ R1}$

✔ Hablemos

1. Después de cambiar por unidades la decena que sobra, ¿cuántas unidades quedan en total?

2. ¿Cómo compruebas que 15 R1 es la respuesta correcta?

COMPRUEBA ✔

Otro ejemplo: Grupo 7-4, página 424

Usa bloques de valor posicional o haz dibujos. Menciona cuántos elementos hay en cada caja y cuántos sobran.

1. 57 lápices
   3 cajas

2. 98 fotos
   7 cajas

3. 71 CDs
   2 cajas

4. 95 calendarios
   4 cajas

5. **Sentido numérico** Tienes 56 revistas. Las divides por igual en varias cajas. ¿Cuántas cajas debes usar para colocar menos de 10 revistas en cada una?

A Destrezas y comprensión

Usa bloques de valor posicional o haz dibujos. Menciona cuántas naranjas hay en cada bolsa y cuántas sobran.

6. 70 naranjas
5 bolsas

7. 63 naranjas
3 bolsas

8. 31 naranjas
2 bolsas

9. 58 naranjas
4 bolsas

Divide. Usa bloques de valor posicional o dibujos como ayuda.

10. $5\overline{)90}$　　**11.** $2\overline{)78}$　　**12.** $6\overline{)85}$　　**13.** $3\overline{)77}$　　**14.** $4\overline{)84}$

15. $6\overline{)73}$　　**16.** $4\overline{)93}$　　**17.** $2\overline{)70}$　　**18.** $3\overline{)98}$　　**19.** $5\overline{)71}$

20. $5\overline{)70}$　　**21.** $3\overline{)63}$　　**22.** $2\overline{)38}$　　**23.** $4\overline{)56}$　　**24.** $7\overline{)79}$

25. Sentido numérico Tienes 38 naranjas. Las divides por igual en varias bolsas. ¿Cuál es la mayor cantidad de bolsas que usas para colocar al menos 10 naranjas en cada una?

B Razonamiento y resolución de problemas

Matemáticas y arte

Usa la tabla de la derecha en los Ejercicios 26 a 28. La sala de cada galería contiene la misma cantidad de pinturas. ¿Cuántas pinturas hay en cada sala de la

Galería	Cantidad de salas	Cantidad de pinturas
Eton	7	91
Sunrise	5	65
Pallet	4	52
Rogers	8	96
Eastern	6	72

26. Galería Eton?　　**27.** Galería Rogers?

28. ¿Cuántas pinturas más hay en una sala de la Galería Sunrise que en una de la Galería Eastern?

29. Escritura en matemáticas ¿Es correcta la siguiente explicación? Si no lo es, di por qué y escribe la respuesta correcta.

Halla 57 ÷ 4. Explica qué hiciste.
Dividí 57 bloques en 4 grupos.

57 ÷ 4 = 14 R2

EN LOS EXÁMENES

Piénsalo bien

Puedo usar **objetos** o **hacer un dibujo** para explicar mi razonamiento.

C Un paso adelante

Halla los tres números que siguen en cada patrón.

30. 85, 80, 75, …   **31.** 78, 75, 72, …   **32.** 72, 68, 64, …

Repaso mixto y preparación de exámenes

En la INTERNET
Preparación de exámenes
www.scottforesman.com

Divide. Usa fichas como ayuda.

33. $2\overline{)9}$ **34.** $8\overline{)59}$ **35.** $9\overline{)65}$ **36.** $4\overline{)38}$ **37.** $5\overline{)39}$

38. Halla 23×548.

    A. 2,740   **B.** 11,384   **C.** 12,604   **D.** 12,884

Aprender con tecnología

Usar Bloques de valor posicional de eTools para dividir

Para dividir $137 \div 3$ con los bloques de valor posicional de eTools, escribe en éste el dividendo, 137.

Luego, arrastra bloques y descompónlos según sea necesario para crear grupos iguales. El número de grupos que formas es el divisor.

Cuenta el número de bloques que hay en los grupos iguales y cuenta cuántos sobraron.

1. ¿Qué representa el número de bloques de cada grupo?

2. ¿Qué representa el número de bloques que sobró?

3. ¿Te facilita el conteo la agrupación de los bloques en pilas?

Usa los bloques de valor posicional de eTools para dividir.

4. $183 \div 3$ **5.** $222 \div 4$

6. $87 \div 5$ **7.** $281 \div 5$

8. $306 \div 8$ **9.** $420 \div 4$

10. $215 \div 7$ **11.** $563 \div 6$

¿Lo sabes hacer?

¿Lo entiendes?

Usar patrones para dividir mentalmente (7-1)

Divide. Calcula mentalmente.

1. $210 \div 3$

2. $800 \div 2$

3. $4,800 \div 6$

4. $4,000 \div 8$

5. $30,000 \div 5$

6. $36,000 \div 4$

A Explica cómo calculaste mentalmente para hallar el cociente del Ejercicio 5.

B Si divides un número por 5 y el cociente tiene 1 cero, ¿puede ser 200 ese número? ¿300? ¿500?

Estimar cocientes (7-2)

Estima cada cociente.

7. $64 \div 2$

8. $88 \div 3$

9. $165 \div 8$

10. $400 \div 6$

11. $562 \div 7$

12. $318 \div 5$

C Explica qué método usaste para hallar la estimación del Ejercicio 8.

D Tu estimación para el Ejercicio 12, ¿fue una estimación por exceso o una estimación por defecto?

Dividir dejando residuos (7-3)

Divide. Usa fichas o dibujos como ayuda.

13. $2\overline{)13}$

14. $7\overline{)23}$

15. $6\overline{)39}$

16. $4\overline{)19}$

17. $5\overline{)42}$

18. $9\overline{)71}$

E ¿Cómo sabes que 2R9 no es la respuesta correcta para el Ejercicio 14?

F Explica por qué el residuo debe ser menor que el divisor.

Cocientes de dos dígitos (7-4)

Divide. Usa bloques de valor posicional o dibujos como ayuda.

19. $5\overline{)86}$

20. $3\overline{)77}$

21. $4\overline{)76}$

22. $2\overline{)58}$

23. $6\overline{)84}$

24. $4\overline{)50}$

G ¿Cómo compruebas que tu respuesta al Ejercicio 19 está correcta?

H En el Ejercicio 20, después de cambiar las decenas que sobran por unidades, ¿cuántas unidades te quedan en total?

OPCIÓN MÚLTIPLE

1. Miguel tiene 48 marcadores. Los ordena en 3 pilas. ¿Cuántos marcadores hay en cada pila? (7-4)

    A. 7   **B.** 10   **C.** 15   **D.** 16

2. ¿Qué multiplicación te ayuda a estimar $354 \div 9$? (7-2)

    A. 9×3 **B.** 9×4 **C.** 9×30 **D.** 9×40

RESPUESTA LIBRE

Divide. Calcula mentalmente. (7-1)

3. $600 \div 2$ **4.** $200 \div 5$ **5.** $6,300 \div 9$ **6.** $9,000 \div 3$ **7.** $5,600 \div 8$

Divide. Usa fichas o dibujos como ayuda. (7-3)

8. $3\overline{)8}$ **9.** $8\overline{)36}$ **10.** $4\overline{)23}$ **11.** $6\overline{)56}$ **12.** $7\overline{)43}$

Estima cada cociente. (7-2)

13. $5\overline{)206}$ **14.** $2\overline{)38}$ **15.** $6\overline{)352}$ **16.** $4\overline{)192}$ **17.** $7\overline{)291}$

Divide. Usa bloques de valor posicional o dibujos como ayuda. (7-4)

18. $3\overline{)42}$ **19.** $8\overline{)92}$ **20.** $6\overline{)74}$ **21.** $3\overline{)52}$ **22.** $2\overline{)95}$

El envío de premios que aparece a la derecha debe dividirse por igual entre 5 tiendas. (7-1)

23. ¿Cuántos osos recibirá cada tienda?

24. ¿Cuántos carritos recibirá cada tienda?

2,500 CARRITOS

1,000 OSOS

Escritura en matemáticas

25. ¿Cómo usas la operación $32 \div 4 = 8$ para dividir 32,000 por 4? (7-1)

26. Explica cómo sabes si 30 es una estimación por exceso o una estimación por defecto para $245 \div 7$. (7-2)

27. Escribe un problema que pueda resolverse dividiendo 51 por 4. (7-4)

Idea clave

Descompón el problema y divide las decenas, y luego las unidades para hallar cocientes de 2 dígitos.

Vocabulario
- dividendo (p. 146)
- divisor (p. 146)
- cociente (p. 146)

EN LOS EXÁMENES

Piénsalo bien

Debo **comprender** el vocabulario.

19 ← cociente
4)76 ← dividendo
↑
divisor

Dividir números de dos dígitos

APRENDE

¿Cómo divides con lápiz y papel?

Una compañía electrónica regaló 76 calculadoras a la Escuela Primaria Hill. Si las calculadoras se repartieron por igual entre 4 clases de cuarto grado, ¿cuántas calculadoras le tocaron a cada clase?

PREPÁRATE

Estima cada cociente.

1. 62 ÷ 3   **2.** 38 ÷ 2

3. 248 ÷ 5   **4.** 179 ÷ 3

5. 502 ÷ 7   **6.** 732 ÷ 9

Ejemplo A

Halla 76 ÷ 4.

Estima: 76 está cerca de 80, y 80 ÷ 4 es 20, por tanto, el cociente es un poco menor que 20. El cociente tiene dos dígitos, por tanto, comienza dividiendo las decenas.

		Lo que **piensas**	Lo que **escribes**
PASO 1	Divide las decenas.	7 decenas ÷ 4 = 1 decena en cada grupo. Se usan 4 decenas, sobran 3 decenas.	1 4)76 − 4 3 Multiplica. 1 × 4 Resta. 7 − 4 Compara. 3 < 4
PASO 2	Baja las unidades y divide.	36 unidades ÷ 4 = 9 unidades en cada grupo.	19 4)76 −4↓ 36 − 36 0 Multiplica. 9 × 4 Resta. Compara. 0 < 4
COMPRUEBA	Multiplica el cociente por el divisor.	El producto, 76, es el mismo que el dividendo, 76. Se comprueba la respuesta.	3 19 × 4 76

Por tanto, 76 ÷ 4 = 19. Cada clase recibió 19 calculadoras.

✓ Hablemos

1. ¿Por qué multiplicaste para comprobar la división?

En la INTERNET
Más ejemplos
www.scottforesman.com

¿Qué ocurre si sobra algo?

Ejemplo B

Halla $83 \div 3$.

Estima: 83 está cerca de 90 y $90 \div 3$ es 30, por tanto, el cociente es un poco menor que 30. El cociente tiene dos dígitos, por tanto, comienza dividiendo las decenas.

PASO 1	PASO 2	COMPRUEBA
Divide las decenas.	Baja las unidades y divide.	Multiplica el cociente por el divisor y suma el residuo.

PASO 1 Divide las decenas.

$\begin{array}{r} 2 \\ 3\overline{)83} \\ -\ 6 \\ \hline 2 \end{array}$
Multiplica. 2×3
Resta. $8 - 6$
Compara. $2 < 3$

PASO 2 Baja las unidades y divide.

$\begin{array}{r} 27 \\ 3\overline{)83} \\ -\ 6\downarrow \\ \hline 23 \\ -\ 21 \\ \hline 2 \end{array}$
Multiplica. 7×3
Resta. $23 - 21$
Compara. $2 < 3$

COMPRUEBA Multiplica el cociente por el divisor y suma el residuo.

$\begin{array}{r} \overset{2}{27} \\ \times\ 3 \\ \hline 81 \end{array}$ $\begin{array}{r} 81 \\ +\ 2 \\ \hline 83 \end{array}$

Se comprueba la respuesta.

Por tanto, $83 \div 3 = 27$ R2.

Ejemplo C

Halla $64 \div 4$.

Estima: $80 \div 4 = 20$.

$\begin{array}{r} 16 \\ 4\overline{)64} \\ -\ 4 \\ \hline 24 \\ -\ 24 \\ \hline 0 \end{array}$

Comprueba: $4 \times 16 = 64$

Se comprueba la respuesta.

Ejemplo D

Halla $53 \div 2$.

Estima: $60 \div 2 = 30$.

$\begin{array}{r} 26\ \text{R1} \\ 2\overline{)53} \\ -\ 4 \\ \hline 13 \\ -\ 12 \\ \hline 1 \end{array}$

Comprueba: $2 \times 26 = 52$
$52 + 1 = 53$.
Se comprueba la respuesta.

Ejemplo E

Halla $97 \div 8$.

Estima: $80 \div 8 = 10$.

$\begin{array}{r} 12\ \text{R1} \\ 8\overline{)97} \\ -\ 8 \\ \hline 17 \\ -\ 16 \\ \hline 1 \end{array}$

Comprueba: $8 \times 12 = 96$
$96 + 1 = 97$.
Se comprueba la respuesta.

✔ Hablemos

2. En el Paso 1 del Ejemplo B, ¿por qué comparas la diferencia, 2, con el divisor, 3?

3. Razonamiento ¿Tiene uno o dos dígitos el cociente de $58 \div 6$? Explica cómo lo sabes sin hallar la respuesta exacta.

COMPRUEBA ✓

1.
```
    3
2)64
  − 6
    0
  −
    0
```

2.
```
    9
5)95
  −
    0
```

3.
```
    ☐☐ R
7)82
  −
  ─
    ☐
```

4.
```
    ☐☐ R
4)75
  −
  ─
```

5. Sentido numérico Explica por qué 43 ÷ 3 tiene dos dígitos en el cociente, mientras que 43 ÷ 7 tiene un solo dígito en el cociente.

PRÁCTICA

A Destrezas y comprensión

6.
```
    2
3)78
  −
  ─
    0
```

7.
```
    6
5)80
  −
  ─
    0
```

8.
```
    ☐☐ R4
8)92
  −
  ─
    ☐
```

9.
```
    ☐☐ R
4)94
  −
  ─
```

10. 2)56
11. 7)84
12. 5)74
13. 6)68
14. 9)99

15. 4)58
16. 5)78
17. 2)45
18. 3)64
19. 8)91

20. 6)62
21. 2)74
22. 4)63
23. 6)88
24. 7)83

25. 4)91
26. 3)57
27. 6)76
28. 3)94
29. 5)70

30. Sentido numérico Imagina que divides 48 por 5 y obtienes 8 R8. ¿Cómo sabes que cometiste un error?

B Razonamiento y resolución de problemas

Matemáticas y vida diaria

Usa la tabla de la derecha en los Ejercicios 31 y 32.

31. Si las cajas de jugo se dividen por igual entre 3 tiendas, ¿cuántas cajas recibe cada tienda?

32. Si cada caja de budín contiene 36 envases, ¿cuántos envases de budín hay en total?

EXISTENCIAS

ARTÍCULO	CANTIDAD DE CAJAS
JUGO	84
PASTA	75
PURÉ	65
BUDÍN	42
SOPA	30

33. Álgebra Si $79 \div 6 = 13$ Rn, ¿cuál es el valor de n?

34. Escritura en matemáticas Escribe un problema que pueda resolverse dividiendo 74 por 6.

C Un paso adelante

¿Es posible repartir por igual 90 cajas de libros entre varias librerías sin que sobren cajas y sin dividir éstas en partes? Explica tu respuesta.

35. 3 librerías   **36.** 5 librerías   **37.** 7 librerías   **38.** 8 librerías

Repaso mixto y preparación de exámenes

En la INTERNET
Preparación de exámenes
www.scottforesman.com

Divide. Usa bloques de valor posicional o dibujos como ayuda.

39. $2\overline{)74}$ **40.** $5\overline{)60}$ **41.** $4\overline{)71}$ **42.** $7\overline{)93}$ **43.** $3\overline{)86}$

44. Redondea 243,872 al millar más cercano.

    A. 240,000   **B.** 243,000   **C.** 243,900   **D.** 244,000

Discovery CHANNEL SCHOOL   **Descubre las matemáticas en tu mundo**

Lobos no tan solitarios

Los lobos son dueños de sus territorios. Las manadas de lobos defienden sus territorios de otros lobos intrusos que intenten ocuparlos. Generalmente, el territorio que pertenece a una manada es heredado por sus crías.

1. El promedio de territorio que controla una manada de lobos de Wisconsin es de aproximadamente 70 millas cuadradas. Hay casi 2,100 millas cuadradas de terreno oficial para la conservación de la vida silvestre en Wisconsin. Estima la cantidad de manadas que pueden ocupar este territorio.

2. Los lobos grises atrapan animales mucho más grandes que ellos. El peso medio de un lobo gris es de 80 libras. El peso medio de un alce es 13 veces esa cantidad. ¿Cuál es el peso medio de un alce?

En la INTERNET
Video y actividades
www.scottforesman.com

Resolución de problemas: Destreza

¡La lectura te ayuda!

Crear organizadores gráficos te ayuda a... interpretar residuos.

Idea clave
Una situación real te puede indicar cómo interpretar un residuo.

Interpretar residuos

APRENDE

¿Cómo interpretas el residuo en una división?

Microbuses 86 estudiantes de cuarto grado deben viajar en microbuses. En cada uno pueden viajar 6 estudiantes.

Al dividir para resolver un problema, una situación real te puede indicar cómo **interpretar el residuo**.

Ejemplo A	Ejemplo B	Ejemplo C
Lee para comprender ¿Cuántos microbuses se llenarán por completo?	**Lee para comprender** ¿Cuántos estudiantes viajarán en el microbús que no se llenó completamente?	**Lee para comprender** ¿Cuántos microbuses se necesitan para transportar a todos los estudiantes?
Planea y resuelve $86 \div 6 = 14$ R2 14 microbuses se llenarán por completo.	**Planea y resuelve** $86 \div 6 = 14$ R2 Dos estudiantes viajarán en el microbús que no se llenó completamente.	**Planea y resuelve** $86 \div 6 = 14$ R2 Se necesitan 14 microbuses.
Vuelve y comprueba 14 microbuses transportarán a 6 estudiantes cada una. Un microbús transportará menos de 6 estudiantes.	**Vuelve y comprueba** El residuo, 2, nos indica que hay 2 estudiantes más para ir en otro microbús.	**Vuelve y comprueba** Se necesita un microbús más para llevar a los 2 estudiantes que sobran. Por tanto, se necesitan $14 + 1 = 15$ microbuses.

✔ **Hablemos**

1. ¿Cuántos estudiantes viajan en los microbuses que se llenaron completamente?

COMPRUEBA ✓

1. Debes organizar las mesas para la fiesta de la escuela. En cada mesa pueden sentarse 4 personas y son 58 invitados.

   A. ¿Cuántas mesas se llenarán completamente?

   B. ¿Cuántas mesas necesitarás?

2. Kay ahorró $40 para comprar dinosaurios en miniatura para su colección. Cada uno cuesta $3.

   A. ¿Cuántos dinosaurios puede comprar Kay?

   B. ¿Cuánto dinero más necesitará Kay para comprar otro dinosaurio?

PRÁCTICA

Más práctica: Grupo 7-6, página 429

Los estudiantes de cuarto grado le ayudan a la maestra Marshall a hacer decoraciones primaverales de pollitos para su clase de primer grado. Usa la decoración de la derecha en los Ejercicios 3 a 5.

3. ¿Cuántos pollitos pueden hacer los estudiantes con 32 botones?

4. ¿Cuántos pollitos pueden hacer con 85 palitos? ¿Cuántos palitos sobrarán?

5. ¿Cuántas motas de algodón necesitan para hacer 16 pollitos?

En los Ejercicios 6 a 9, usa la siguiente gráfica de barras. Tres escuelas primarias reunieron todo el papel que desechan en un día. Se hicieron fardos de 6 libras con el papel, y un fardo más pequeño con el papel que sobró.

6. ¿Cuántas libras de papel reunió cada escuela?

7. ¿Cuántos fardos hizo cada escuela?

8. ¿Cuántos fardos completos se reunieron en total?

9. **Razonamiento** ¿Cuántos fardos de 6 libras se pueden hacer si se juntan todos los fardos pequeños?

10. **Escritura en matemáticas** Escribe un problema que pueda resolverse usando $76 \div 3 = 25$ R1.

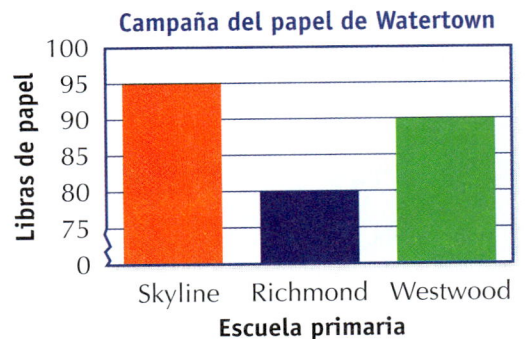

Campaña del papel de Watertown

Libras de papel

	100			
Skyline	95			
	90			Westwood
	85			
	80	Richmond		
	75			
	0			

Skyline   Richmond   Westwood
Escuela primaria

Idea clave
Divide números grandes de la misma manera que divides números más pequeños.

Dividir números de tres dígitos

Estima cada cociente.

1. $75 \div 4$ **2.** $62 \div 3$

3. $485 \div 5$ **4.** $823 \div 4$

APRENDE

¿Cómo divides números grandes?

Una compañía de autobuses escolares tiene 273 autobuses y cinco lotes de estacionamiento. Si la compañía quiere estacionar la misma cantidad de autobuses en cada lote, ¿cuántos autobuses deben estacionar en cada lote?

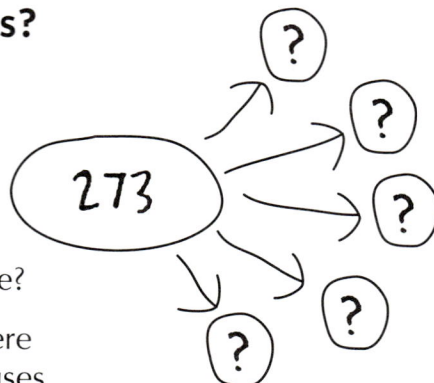

Puedes dividir porque la compañía quiere estacionar la misma cantidad de autobuses en cada lote.

273

EN LOS EXÁMENES

Piénsalo bien

• Puedo dividir para **hallar cuántos elementos hay en cada grupo.**

• Puedo **hacer un dibujo** para mostrar la idea principal.

Ejemplo A

Halla $273 \div 5$.

Estima: 273 está cerca de 250 y $250 \div 5$ es 50, por tanto, el cociente es un poco mayor que 50.

PASO 1	PASO 2	COMPRUEBA
Divide las decenas.	Baja las unidades y divide.	Multiplica el cociente por el divisor y suma el residuo.

PASO 1

$$\begin{array}{r} 5 \\ 5\overline{)273} \\ -\ 25 \\ \hline 2 \end{array}$$

Multiplica.
Resta.
Compara. $2 < 5$

PASO 2

$$\begin{array}{r} 54\text{ R}3 \\ 5\overline{)273} \\ -\ 25\downarrow \\ \hline 23 \\ -\ 20 \\ \hline 3 \end{array}$$

Multiplica.
Resta.
Compara. $3 < 5$

COMPRUEBA

$$\begin{array}{r} \overset{2}{54} \\ \times\ \ 5 \\ \hline 270 \end{array} \qquad \begin{array}{r} 270 \\ +\ \ \ 3 \\ \hline 273 \end{array}$$

Se comprueba la respuesta.
El dividendo es 273.

Por tanto, $273 \div 5 = 54$ R3.

La compañía puede estacionar 54 autobuses en cada lote. Sobrarán 3 autobuses.

✓ Hablemos

1. En el Ejemplo A, ¿por qué comienzas a dividir las decenas?

En la INTERNET
www **Más ejemplos**
www.scottforesman.com

¿Cómo sabes dónde debes comenzar a dividir?

Una estimación te ayuda a determinar dónde debes comenzar a dividir. Si el cociente estimado tiene 2 dígitos, comienza con las decenas. Si tiene 3 dígitos, comienza con las centenas.

Cuando divido por 5, veo si el número que estoy dividiendo es mayor o menor que 500.

Ejemplo B

Menciona dónde debes comenzar a dividir.

921 ÷ 8

Estima: 921 es más que 800, y 800 ÷ 8 es 100, por tanto, el cociente tiene tres dígitos. Comienza a dividir las centenas.

Ejemplo C

Menciona dónde debes comenzar a dividir.

278 ÷ 3

Estima: 278 es menos que 300, y 300 ÷ 3 es 100, por tanto, el cociente tiene dos dígitos. Comienza a dividir las decenas.

Ejemplo D

Halla 869 ÷ 7.

Estima: 869 está cerca de 700, y 700 ÷ 7 es 100.

PASO 1

Divide las centenas.

$$
\begin{array}{r}
1 \\
7\overline{)869} \\
-7 \\
\hline
1
\end{array}
$$

Multiplica.
Resta.
Compara.
1 < 7

PASO 2

Baja las decenas y divide.

$$
\begin{array}{r}
12 \\
7\overline{)869} \\
-7\downarrow \\
\hline
16 \\
-14 \\
\hline
2
\end{array}
$$

Multiplica.
Resta.
Compara.
2 < 7

PASO 3

Baja las unidades y divide.

$$
\begin{array}{r}
124\ R1 \\
7\overline{)869} \\
-7 \\
\hline
16 \\
-14\downarrow \\
\hline
29 \\
-28 \\
\hline
1
\end{array}
$$

Multiplica.
Resta.
Compara.
1 < 7

COMPRUEBA

Multiplica el cociente por el divisor y suma el residuo.

$$
\begin{array}{r}
1\,2 \\
124 \\
\times\ \ 7 \\
\hline
868
\end{array}
\qquad
\begin{array}{r}
868 \\
+\ \ \ 1 \\
\hline
869
\end{array}
$$

Se comprueba la respuesta.

869 ÷ 7 = 124 R1

✔ Hablemos

2. Explica cómo un cociente estimado te ayuda a determinar dónde debes comenzar a dividir.

1.
```
     2
6)156
  -
  ___
  -
  ___
    0
```

2.
```
     6 R
9)327
  -
  ___
  -
  ___
```

3.
```
     4
3)741
  -
  ___
  -
  ___
  -
  ___
    0
```

4.
```
       R
4)750
  -
  ___
  -
  ___
  -
  ___
```

5. Sentido numérico Menciona si 384 ÷ 3 tiene un cociente de dos o de tres dígitos. Explica cómo lo sabes sin dividir.

PRÁCTICA

Más práctica: Grupo 7-7, página 429

A Destrezas y comprensión

6.
```
     2
5)145
  -
  ___
  -
  ___
    0
```

7.
```
     9 R
3)268
  -
  ___
  -
  ___
```

8.
```
     2
8)984
  -
  ___
  -
  ___
  -
  ___
    0
```

9.
```
       R
7)965
  -
  ___
  -
  ___
  -
  ___
```

10. 4)336   **11.** 7)861   **12.** 2)523   **13.** 6)435   **14.** 8)426

15. 5)470   **16.** 2)931   **17.** 7)248   **18.** 6)762   **19.** 8)995

20. 2)483   **21.** 9)819   **22.** 3)537   **23.** 5)641   **24.** 4)396

25. Sentido numérico Menciona si 420 ÷ 5 tiene un cociente de dos o de tres dígitos. Explica cómo lo sabes sin dividir.

B Razonamiento y resolución de problemas

Matemáticas y vida diaria

26. Si se reparten por igual 484 autobuses en 4 lotes de estacionamientos, ¿cuántos autobuses hay en cada lote?

27. Si una flota de 531 taxis se divide de modo que haya 9 taxis en cada parada, ¿cuántas paradas habrá?

28. Álgebra Si $149 \div 6 = 24$ Rn, ¿cuál es el valor de n?

29. Escritura en matemáticas Escribe un problema de división cuyo resultado tenga un residuo de 3.

C Un paso adelante

Completa cada ● con > o <. Busca un patrón.

30. $48 \div 3$ ● $48 \div 4$ **31.** $80 \div 5$ ● $80 \div 4$ **32.** $75 \div 5$ ● $75 \div 3$

Repaso mixto y preparación de exámenes

En la INTERNET
Preparación de exámenes
www.scottforesman.com

Estima cada cociente. Luego, divide y comprueba tu respuesta.

33. $3\overline{)42}$ **34.** $4\overline{)63}$ **35.** $6\overline{)258}$ **36.** $7\overline{)520}$ **37.** $5\overline{)738}$

38. Debes guardar 80 CDs en cajas para 6 CDs.
¿Cuántas cajas llenas?

    A. 2 cajas   **B.** 12 cajas   **C.** 13 cajas   **D.** 14 cajas

Aprender con tecnología

Usar calculadora para hallar residuos

Ésta es una manera de hallar el cociente y el residuo de $298 \div 48$ usando calculadora.

Presiona: 298 [÷] 48 [ENTER =]   Pantalla: `6.2083333`

El resultado, 6.2083333, significa que el cociente es 6 con un residuo. Usa la siguiente secuencia de teclas para hallar el residuo.

Presiona: 298 [−] [(] 6 [×] 48 [)] [ENTER =]   Pantalla: `10`

Por tanto, $298 \div 48 = 6$ R10

Otra manera de dividir es usando la tecla [Int÷]. El resultado muestra el residuo como un número entero.

Presiona: 298 [Int÷] 48 [ENTER =]   Pantalla: `6   10`

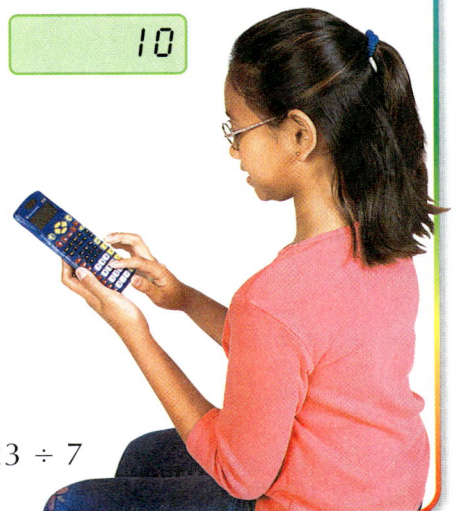

Usa calculadora para dividir. Escribe el residuo como un número entero.

1. $847 \div 6$ **2.** $578 \div 63$ **3.** $726 \div 34$ **4.** $923 \div 7$

EN LOS EXÁMENES

Piénsalo bien

Sé que 18 y 108 no son el mismo número.

Ceros en el cociente

APRENDE

¿Son importantes los ceros?

Ejemplo

Halla 435 ÷ 4.

Estima: 435 está cerca de 400, y 400 ÷ 4 es 100. El cociente tiene tres dígitos, por tanto, comienza a dividir las centenas.

PASO 1	PASO 2	PASO 3	COMPRUEBA
Divide las centenas.	Baja las decenas y divide.	Baja las unidades y divide.	Multiplica el cociente por el divisor y suma el residuo.

PASO 1

Divide las centenas.

$$\begin{array}{r} 1 \\ 4\overline{)435} \\ -4 \\ \hline 0 \end{array}$$

Multiplica.
Resta.
Compara.
0 < 4

PASO 2

Baja las decenas y divide.

$$\begin{array}{r} 10 \\ 4\overline{)435} \\ -4\downarrow \\ \hline 03 \\ -0 \\ \hline 3 \end{array}$$

Multiplica.
Resta.
Compara.
3 < 4

PASO 3

Baja las unidades y divide.

$$\begin{array}{r} 108\ R3 \\ 4\overline{)435} \\ -4 \\ \hline 03 \\ -0\downarrow \\ \hline 35 \\ -32 \\ \hline 3 \end{array}$$

Multiplica.
Resta.
Compara.
3 < 4

COMPRUEBA

Multiplica el cociente por el divisor y suma el residuo.

$$\begin{array}{r} {\scriptstyle 1\,3} \\ 108 \\ \times\quad 4 \\ \hline 432 \end{array} \qquad \begin{array}{r} 432 \\ +\quad 3 \\ \hline 435 \end{array}$$

Se comprueba la respuesta.

Por tanto, 435 ÷ 4 = 108 R3.

Si tengo en mente el cero del cociente, puedo usar un atajo en problemas como 435 ÷ 4.

$$\begin{array}{r} 108\ R3 \\ 4\overline{)435} \\ -4 \\ \hline 035 \\ -32 \\ \hline 3 \end{array}$$

← Bajo el 3 y divido. Como 3 ÷ 4 = 0 R3, coloco un cero en el cociente y bajo el 5.

✔ Hablemos

1. Explica por qué el cociente 18 R3 no es razonable para 435 ÷ 4.

COMPRUEBA ✓

Divide. Comprueba tu respuesta.

1. $4\overline{)812}$ **2.** $6\overline{)627}$ **3.** $9\overline{)931}$ **4.** $8\overline{)877}$ **5.** $7\overline{)814}$

6. Sentido numérico ¿Cómo sabes, sin dividir, que $816 \div 4$ no puede ser 24?

PRÁCTICA

Más práctica: Grupo 7-8, página 430

A Destrezas y comprensión

Divide. Comprueba tu respuesta.

7. $2\overline{)416}$ **8.** $9\overline{)936}$ **9.** $3\overline{)620}$ **10.** $7\overline{)912}$ **11.** $5\overline{)518}$

12. $5\overline{)535}$ **13.** $3\overline{)612}$ **14.** $7\overline{)758}$ **15.** $2\overline{)721}$ **16.** $4\overline{)837}$

17. $5\overline{)548}$ **18.** $6\overline{)243}$ **19.** $3\overline{)926}$ **20.** $7\overline{)735}$ **21.** $8\overline{)857}$

22. $2\overline{)815}$ **23.** $9\overline{)905}$ **24.** $6\overline{)614}$ **25.** $8\overline{)863}$ **26.** $3\overline{)628}$

27. Sentido numérico ¿Cómo sabes, sin dividir, que el cociente de $385 \div 5$ tendrá dos dígitos?

B Razonamiento y resolución de problemas

La cafetería de la escuela tiene 4 refrigeradores. El personal intenta dividir los envases de jugo y leche por igual entre los refrigeradores.

28. ¿Cuántos envases de jugo hay en cada refrigerador?

29. ¿Cuántos envases de leche y jugo hay en total?

30. **Escritura en matemáticas** Si el personal divide la leche por igual entre los refrigeradores y coloca los envases que sobran en un solo refrigerador, ¿cuántos envases tendrá ese refrigerador? Explícalo.

Inventario actual

Leche	403 envases
Jugo	436 envases

🦉 Repaso mixto y preparación de exámenes

En la INTERNET
Preparación de exámenes
www.scottforesman.com

Estima cada cociente. Luego, divide y comprueba tu respuesta.

31. $3\overline{)42}$ **32.** $4\overline{)63}$ **33.** $6\overline{)258}$ **34.** $7\overline{)520}$ **35.** $5\overline{)738}$

36. Álgebra Halla el valor de $n + 26$, si $n = 45$.

A. 19 **B.** 61 **C.** 71 **D.** 1,170

Dividir cantidades de dinero

¿Cómo divides cantidades de dinero?

Un paquete de 8 botellas de agua mineral está en oferta a $2.48. ¿Cuál es el precio de cada botella de agua?

Ejemplo

Halla $2.48 \div 8$.

Estima: Como el paquete de 8 botellas cuesta menos de $8, cada botella debe costar menos de $1.

PASO 1	PASO 2	COMPRUEBA
Divide como lo harías con números enteros.	Coloca el signo de dólar y el punto decimal en el cociente.	Multiplica el cociente por el divisor.

PASO 1

$$\begin{array}{r} 31 \\ 8\overline{)\$2.48} \\ -\ 24 \\ \hline 08 \\ -\ 8 \\ \hline 0 \end{array}$$

PASO 2

$$\begin{array}{r} \$0.31 \\ 8\overline{)\$2.48} \\ -\ 24 \\ \hline 08 \\ -\ 8 \\ \hline 0 \end{array}$$ Sube el punto decimal.

COMPRUEBA

$$\begin{array}{r} \$0.31 \\ \times\qquad 8 \\ \hline \$2.48 \end{array}$$

Se comprueba la respuesta.

Por tanto, $2.48 \div 8 = \$0.31$. Cada botella de agua cuesta $0.31. Otra manera de escribir $0.31 es 31¢.

✔ **Hablemos**

1. ¿Cómo sabes que el cociente es $0.31 y no $3.10 o $31?

Divide. Comprueba tu respuesta.

1. $3\overline{)\$4.62}$ **2.** $7\overline{)\$6.37}$ **3.** $4\overline{)\$7.28}$ **4.** $2\overline{)\$1.36}$ **5.** $8\overline{)\$8.40}$

6. Sentido numérico ¿Cómo sabes, usando una estimación, que $19.50 ÷ 5$ es 3.90 y no $39?

PRÁCTICA

Más práctica: Grupo 7-9, página 430

A Destrezas y comprensión

Divide. Comprueba tu respuesta.

7. $5\overline{)\$4.65}$ **8.** $9\overline{)\$9.54}$ **9.** $6\overline{)\$8.88}$ **10.** $8\overline{)\$4.40}$ **11.** $3\overline{)\$1.74}$

12. $2\overline{)\$9.32}$ **13.** $7\overline{)\$8.68}$ **14.** $4\overline{)\$1.24}$ **15.** $9\overline{)\$6.03}$ **16.** $5\overline{)\$5.15}$

17. Sentido numérico Al dividir $7.85 por 6, ¿es la respuesta un poco más que $1 o un poco menos que $1? Explica cómo lo sabes sin hallar la respuesta exacta.

B Razonamiento y resolución de problemas

Usa la tabla de la derecha en los Ejercicios 18 a 21. Halla el precio de un ala de pollo en cada tipo de paquete.

18. Paquete de 4.   **19.** Paquete de 8.

20. ¿Cuánto más cuesta un ala de pollo de un paquete de 2 que de un paquete de 6?

21. El Sr. Juárez compró un paquete de 4 y un paquete de 6 alas de pollo. ¿Cuánto pagó por ambos paquetes?

22. <u>Escritura en matemáticas</u> Explícale a un amigo cómo dividir $7.45 por 5.

Paquetes de alas de pollo

Cantidad de alas	Precio
2	$1.58
4	$2.72
6	$3.96
8	$4.72

Repaso mixto y preparación de exámenes

En la INTERNET
Preparación de exámenes
www.scottforesman.com

Estima cada cociente. Luego, divide y comprueba tu respuesta.

23. $8\overline{)492}$ **24.** $3\overline{)754}$ **25.** $4\overline{)439}$ **26.** $6\overline{)382}$ **27.** $5\overline{)628}$

28. Halla $0 ÷ 4$.

A. 0   **B.** 1   **C.** 4   **D.** No se puede desarrollar.

Identificar la idea principal

Identificar la idea principal al leer en matemáticas puede ayudarte a usar la **estrategia de resolución de problemas** *Escribe una oración numérica* de la siguiente lección.

En lectura, identificar la idea principal puede ser útil para saber de qué trata el cuento. En matemáticas, la idea principal de algunos problemas puede ser parte-parte-todo o grupos iguales con algún elemento desconocido.

*La **idea principal** aquí es grupos iguales, con la cantidad por grupo desconocida.*

Una tienda de mascotas tiene 433 peces. Éstos incluyen 237 peces de agua dulce. El resto son peces de agua salada. ¿Cuántos peces de agua salada tiene la tienda?

433	
237	?

Todo **Parte** **Parte**
433 − 237 = *n*

La tienda colocó 52 peces de colores en 4 peceras con la misma cantidad de peces en cada pecera. ¿Cuántos peces de colores hay en cada pecera?

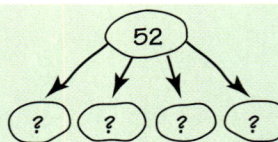

Cantidad **Cantidad** **Cantidad**
total **de grupos** **por grupo**
52 ÷ 4 = *n*

*La **idea principal** aquí es parte-parte-todo, con una parte desconocida.*

*Cada figura muestra la idea principal. La idea principal te facilita saber qué **oración numérica** escribir.*

1. En el primer problema, el número de peces de agua dulce es una parte. ¿Cuál es la otra parte?

2. En el segundo problema, ¿cuál es la cantidad de grupos?

En los Ejercicios 3 a 6, usa el siguiente problema y el dibujo de la derecha.

Sergio compró un paquete de globos para un baile de la escuela. Hay 144 globos rojos y el resto de los globos son blancos. ¿Cuántos globos blancos hay?

3. ¿Cuál es la idea principal en este problema?

4. Haz un dibujo para mostrar la idea principal.

5. **Escritura en matemáticas** ¿Qué operación usarías para resolver este problema? Explica cómo lo sabes.

6. Escribe una oración numérica para este problema.

216 Globos

Para los Ejercicios 7 a 9, usa el siguiente problema.

Claudia horneó 120 galletas. Tiene 5 latas para hornear. ¿Cuántas galletas colocará en cada lata si quiere hornear la misma cantidad en cada una?

7. ¿Cuál es la idea principal en este problema?

8. Haz un dibujo para mostrar la idea principal.

9. Escribe una oración numérica para este problema.

En los Ejercicios 10 a 13, usa el siguiente problema y la tabla de la derecha.

Griffin compró 3 cajas de velas flotantes. ¿Cuánto dinero gastó en total?

10. ¿Cuál es la idea principal en este problema?

11. Haz un dibujo para mostrar la idea principal.

12. Escribe una oración numérica para este problema.

13. **Escritura en matemáticas** Usa la información de la tabla para escribir un problema de parte-parte-todo.

Tienda de velas

Tipo de vela	Velas por caja	Precio
Votiva	6	$5.94
Largas	6	$9.48
Flotante	3	$5.39

Resolución de problemas: Estrategia

¡La lectura te ayuda!

Identificar la idea principal te ayuda con... la estrategia de resolución de problemas, *Escribe una oración numérica.*

Idea clave
Aprender cómo y cuándo escribir una oración numérica te ayudará a resolver problemas.

EN LOS EXÁMENES

Piénsalo bien
La **idea más importante** es formar grupos iguales, por tanto, debo escribir una división.

Escribir una oración numérica

APRENDE

¿Cómo escribes una oración numérica para resolver un problema?

Tocadiscos En la bandeja del nuevo tocadiscos de María caben 6 CDs a la vez. Si María tiene 204 CDs, ¿cuántas veces puede llenar la bandeja de su tocadiscos sin repetir ningún CD?

Lee para comprender

¿Qué sabes? 6 CDs por vez. Un total de 204 CDs.

¿Qué quieres averiguar? Hallar el número de veces que puede llenarse la bandeja del tocadiscos.

Cómo escribir una oración numérica

Paso 1 Muestra la idea principal del problema.

Paso 2 Determina qué operación va con la idea principal.

Paso 3 Usa una letra para indicar lo que quieres averiguar. Escribe una oración numérica.

Paso 4 Resuelve la oración numérica.

Planea y resuelve

¿Qué estrategia usarás?   Estrategia: **Escribe una oración numérica.**

Paso 1: Muestra la idea principal.

Paso 2: Usa la división, ya que debes averiguar cuántos grupos de 6 hay en 204.

Paso 3: Sea n el número de grupos de 6 que hay en 204. Escribe una oración numérica. $204 \div 6 = n$

Paso 4:
Resuelve $204 \div 6 = n$

$$\begin{array}{r} 34 \\ 6\overline{)204} \\ -18 \\ \hline 24 \\ -24 \\ \hline 0 \end{array}$$

Respuesta: $n = 34$; El tocadiscos puede llenarse 34 veces sin repetir ningún CD.

Vuelve y comprueba

¿Es razonable tu respuesta? Sí, la respuesta tiene sentido porque $6 \times 34 = 204$.

✔ Hablemos

1. ¿Cuál es el total en el problema del tocadiscos? ¿Cuántos grupos iguales hay?

2. ¿Qué representa *n* en el Paso 3?

¿Cuándo escribes una oración numérica?

Artículos escolares Un marcador cuesta $1.35. Un bolígrafo cuesta $0.75. ¿Cuál es el precio de 2 marcadores y 1 bolígrafo?

	p	
$1.35	$1.35	$0.75

> **Cuándo escribir una oración numérica**
>
> Piensa en escribir una oración numérica cuando:
> **El problema describe una situación que puede completarse usando una o varias operaciones.**
> • Se da el precio total para 6 cantidades iguales.
> • Se combina el precio de los marcadores y bolígrafos.

Multiplica para hallar el precio de 2 marcadores. Luego, suma el precio del bolígrafo.

p = precio total de los 3 artículos.

$(2 \times \$1.35) + \$0.75 = p$

$\$2.70 + \$0.75 = p$

$\$3.45 = p$

El precio total de 2 marcadores y 1 bolígrafo es de $3.45.

✔ Hablemos

3. ¿Por qué se puede usar la multiplicación para hallar el precio de los dos marcadores?

4. ¿Qué representa *p* en el problema de los Útiles escolares?

COMPRUEBA ✔

Otro ejemplo: Grupo 7-10, página 426

Resuelve la oración numérica. Escribe la respuesta en una oración completa.

1. Tom llenó bolsas con toronjas de una caja. La caja tenía 52 toronjas y Todd colocó 4 toronjas en cada bolsa. ¿Cuántas bolsas llenó?
b = número de bolsas llenas
$52 \div 4 = b$

2. Tricia corrió 5 veces más lejos que Alí. Alí corrió 375 metros. ¿Qué distancia corrió Tricia?
t = distancia que corrió Tricia;
$375 \times 5 = t$

A Usar la estrategia

Usar una oración numérica para resolver problemas
Resuelve la oración numérica. Escribe la respuesta en una oración completa.

184

3. En una liga hay 8 equipos de fútbol. Cada equipo tiene el mismo número de jugadores. Hay 184 jugadores en total. ¿Cuántos hay en cada equipo?

   n = el número de jugadores de cada equipo

   184 ÷ 8 = n

? ? ? ? ? ? ? ?

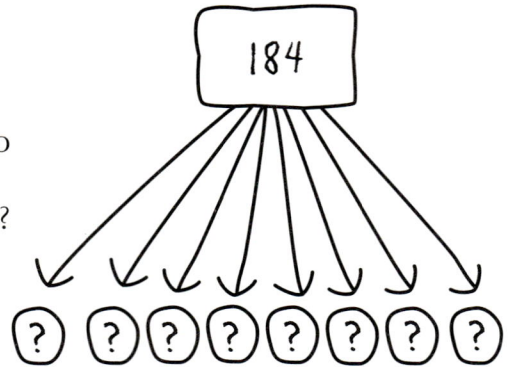

Escribir una oración numérica para resolver problemas En los Ejercicios 4 a 9, usa la información que aparece al final de esta página. Haz un dibujo para mostrar la idea principal de cada problema. Usa una letra para mostrar lo que quieres averiguar. Luego, escribe una oración numérica y resuélvela. Da la respuesta en una oración completa.

4. Tom compró un saco de papas de 8 libras. ¿Cuánto le costó cada libra de papas?

5. Samanta compró 7 libras de cebollas. ¿Cuánto pagó?

6. Corey compró un saco de papas de 8 libras y 3 libras de cebollas. ¿Cuánto gastó en total?

7. ¿Cuánto más cuestan 8 libras de cebollas que 8 libras de papas?

8. Chet compró dos sacos de 8 libras de papas y 10 libras de cebollas. ¿Cuánto pagó?

B Práctica mixta de estrategias

Resuelve cada problema.

9. Janna dio $10 al empleado por un saco de 8 libras de papas. ¿Cuánto cambio debe recibir?

Papas saco de 8 libras $4.72

Cebollas $0.79 la libra

ESTRATEGIAS

- **Muestra lo que sabes**
  Haz un dibujo
  Organiza la información en una lista
  Haz una tabla
  Haz una gráfica
  Represéntalo o usa objetos
- **Busca un patrón**
- **Prueba, comprueba y revisa**
- **Escribe una oración numérica**
- **Usa razonamiento lógico**
- **Resuelve un problema más sencillo**
- **Empieza por el final**

Escoge uno

Cálculo mental

10. Una caja pequeña de cereal cuesta $3. Una caja grande cuesta el doble de eso. Gastaste $15. ¿Cuántas cajas de cada tipo compraste? Explica cómo obtuviste tu respuesta.

11. En el festival de jazz, Neil gastó $12 en comida, $8.50 en un CD y $2 en un programa. Si le quedaron $4, ¿cuánto tenía al comienzo?

12. **Escritura en matemáticas** Resuelve el problema de los Colores del fútbol. Escribe un párrafo para convencer a un compañero de que tu respuesta es correcta.

Colores del fútbol El equipo de fútbol quiere escoger sus colores representativos entre negro, celeste, azul marino, rojo, verde y amarillo. ¿Cuántos grupos de dos colores pueden escoger?

EN LOS EXÁMENES

Piénsalo bien

¿En aprietos? No me rindo. Podría:
- volver a leer el problema.
- decir lo que sé.
- identificar datos clave y detalles.
- decir el problema con mis propias palabras.
- mostrar la idea principal.
- probar una estrategia diferente.
- comprobar cada paso.

Repaso mixto y preparación de exámenes

En la INTERNET
Preparación de exámenes
www.scottforesman.com

Divide. Comprueba tu respuesta.

13. $8\overline{)56}$ **14.** $3\overline{)20}$ **15.** $4\overline{)69}$ **16.** $6\overline{)506}$ **17.** $7\overline{)\$7.63}$

18. ¿Cuántos días hay en abril, mayo y junio en total?

Usa la pictografía de la derecha en los Ejercicios 19 a 23.

19. ¿Cuántos calendarios representa cada símbolo?

20. ¿Cuántos calendarios más se vendieron en la semana 1 que en la semana 2?

21. ¿En qué semana se vendieron más calendarios?

22. ¿Cuántos calendarios se vendieron en total en las semanas 3 y 4?

23. ¿Cuántos calendarios se vendieron en diciembre?

Cantidad de calendarios vendidos en diciembre

Semana 1	
Semana 2	
Semana 3	
Semana 4	

Cada ▦ = 25 calendarios.

24. La Escuela América tiene 32 salones de clases. Cada salón tiene 12 computadoras. ¿Cuántas computadoras hay en total en todos los salones?

    A. 44 computadoras   **C.** 374 computadoras

    B. 96 computadoras   **D.** 384 computadoras

¿Lo sabes hacer?

¿Lo entiendes?

Dividir números de dos dígitos (7-5)
Resolución de problemas: Destreza Interpretar residuos (7-6)

Divide. Comprueba tu respuesta.

1. $3\overline{)81}$ **2.** $2\overline{)72}$ **3.** $4\overline{)60}$

4. $8\overline{)99}$ **5.** $6\overline{)95}$ **6.** $7\overline{)95}$

7. Debes comprar utilería para la obra de la escuela. Necesitas 50 gorras marineras para el coro. Las gorras vienen en paquetes de 4. ¿Cuántos paquetes debes comprar?

A Menciona cómo comprobar las respuestas de los Ejercicios 4 a 6.

B Explica cómo afectó el residuo a tu respuesta del Ejercicio 7.

Dividir números de tres dígitos (7-7)
Ceros en el cociente (7-8)

Divide. Comprueba tu respuesta.

8. $5\overline{)625}$ **9.** $7\overline{)505}$ **10.** $9\overline{)467}$

11. $2\overline{)821}$ **12.** $6\overline{)610}$ **13.** $3\overline{)625}$

14. $8\overline{)824}$ **15.** $4\overline{)540}$ **16.** $7\overline{)447}$

C Menciona cómo determinaste dónde debías comenzar a dividir en el Ejercicio 8.

D Explica por qué el cociente 41 R1 no es razonable para el Ejercicio 11.

Dividir cantidades de dinero (7-9)
Resolución de problemas: Estrategia Escribir una oración numérica (7-10)

Divide. Comprueba tu respuesta.

17. $5\overline{)\$7.25}$ **18.** $3\overline{)\$7.44}$ **19.** $7\overline{)\$6.65}$

20. $2\overline{)\$3.56}$ **21.** $4\overline{)\$5.36}$ **22.** $8\overline{)\$8.32}$

23. Un paquete de 8 lápices cuesta $2.32. ¿Cuál es el precio de cada lápiz?

24. Hay 6 grupos de estudiantes en el museo. Cada grupo tiene el mismo número de estudiantes. Hay 108 estudiantes en total. ¿Cuántos estudiantes hay en cada grupo?

E Menciona cómo colocas el signo de dólar y el punto decimal al dividir cantidades de dinero.

F En el Ejercicio 23, ¿qué oración numérica puedes escribir para resolver el problema?

OPCIÓN MÚLTIPLE

1. 628 ÷ 4 (7-7)

    A. 15 R2   **B.** 132   **C.** 154 R2   **D.** 157

2. $7.42 ÷ 7 (7-8 y 7-9)

    A. $0.16   **B.** $0.18   **C.** $1.06   **D.** $1.08

RESPUESTA CORTA

Divide. Comprueba tu respuesta. (7-5, 7-7, 7-8 y 7-9)

3. $4\overline{)48}$ **4.** $2\overline{)76}$ **5.** $9\overline{)828}$ **6.** $3\overline{)543}$ **7.** $8\overline{)919}$

8. $5\overline{)520}$ **9.** $7\overline{)843}$ **10.** $6\overline{)632}$ **11.** $3\overline{)\$5.76}$ **12.** $9\overline{)\$5.58}$

13. $4\overline{)112}$ **14.** $5\overline{)\$7.95}$ **15.** $6\overline{)495}$ **16.** $3\overline{)873}$ **17.** $4\overline{)812}$

Usa la gráfica de la derecha en los Ejercicios 18 a 21. En los Ejercicios 18 y 19, haz un dibujo para mostrar la idea principal. Luego, escribe una oración numérica. Da la respuesta en una oración completa. (7-6 y 7-10)

Colecciones de Julie

Cantidad			
60	57	52	
50			34

Colecciones: Hojas, Conchas, Flores

18. Si Julie clava 6 hojas en cada tablero, ¿cuántos tableros necesita?

19. Si Julie coloca 4 conchas de mar en cada tablero, ¿cuántos tableros necesita?

20. Si Julie coloca 5 flores en cada tablero, ¿cuántas flores habrá en el tablero que no se complete?

21. Julie quiere colocar sus hojas y flores en un solo álbum de recortes. Coloca 3 hojas o 2 flores en cada página. ¿Cuántas páginas necesita en total?

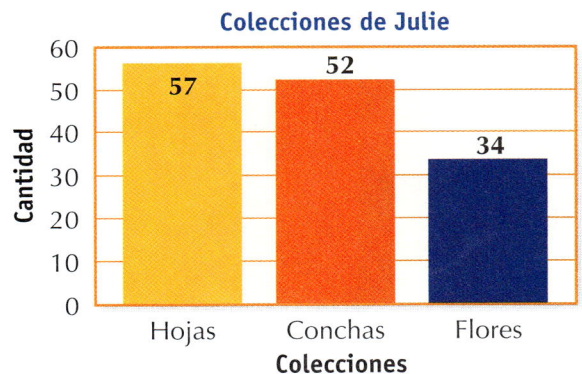

Escritura en matemáticas

22. Escribe un problema que se pueda resolver dividiendo un número de tres dígitos por un número de un dígito. (7-7)

23. Divides 857 ÷ 8 y obtienes 17 R1. ¿Cómo sabes que cometiste un error? (7-8)

Idea clave

Usa reglas para saber si un número es divisible por 2, 3, 5, 9 ó 10.

Vocabulario
• divisible
• reglas de divisibilidad

Piénsalo bien

Sé que los **números pares** terminan en 0, 2, 4, 6 u 8, y que los **números impares** terminan en 1, 3, 5, 7 ó 9.

$$\frac{51}{5\overline{)285}}$$
$$35$$
$$5$$

Reglas de divisibilidad

APRENDE

¿Cómo sabes si un número es divisible por otro?

Un número es **divisible** por otro si al dividirlo no hay residuo.

Usa las siguientes **reglas de divisibilidad** para determinar si un número es o no divisible por otro.

Reglas de divisibilidad

Un número entero es divisible por	Algunos números divisibles por
2 si el dígito de las unidades es par.	**2** son 2, 10, 236.
3 si la suma de sus dígitos es divisible por 3.	**3** son 3, 15, 231.
5 si el dígito de las unidades es 0 ó 5.	**5** son 5, 20, 145.
9 si la suma de sus dígitos es divisible por 9.	**9** son 9, 36, 189.
10 si el dígito de las unidades es 0.	**10** son 10, 80, 340.

Prueba si 285 es divisible por 2, 3, 5, 9 ó 10.

2: El dígito de las unidades, 5, no es par, por tanto, 285 no es divisible por 2.

3: La suma de los dígitos es 2 + 8 + 5 = 15. Como 15 es divisible por 3, 285 es divisible por 3.

5: El dígito de las unidades es 5, por tanto, 285 es divisible por 5.

9: La suma de los dígitos, 15, no es divisible por 9, por tanto, 285 no es divisible por 9.

10: El dígito de las unidades no es 0, por tanto, 285 no es divisible por 10.

285		
Divisible por	Sí	No
2		X
3	X	
5	X	
9		X
10		X

285 es divisible por 3 y 5.

✔ Hablemos

1. Explica por qué 285 es divisible por 3 pero no por 9.

Prueba si cada número es divisible por 2, 3, 5, 9 ó 10.

1. 54   **2.** 75   **3.** 186   **4.** 480   **5.** 675   **6.** 872

7. Sentido numérico Explica por qué todos los números terminados en cero son divisibles por 10.

PRÁCTICA   *Más práctica: Grupo 7-11, página 430*

A Destrezas y comprensión

Prueba si cada número es divisible por 2, 3, 5, 9 ó 10.

8. 57   **9.** 68   **10.** 85   **11.** 165   **12.** 384   **13.** 966

14. 572   **15.** 450   **16.** 780   **17.** 822   **18.** 931   **19.** 896

20. Sentido numérico ¿Son divisibles por 2 también todos los números divisibles por 10? ¿Cómo lo sabes? ¿Son divisibles por 10 también todos los números divisibles por 2? ¿Cómo lo sabes?

B Razonamiento y resolución de problemas

21. Jen tiene 50 lápices. Quiere colocarlos en bolsas de modo que cada una contenga la misma cantidad. ¿Cuáles son tres maneras diferentes en que Jen puede hacerlo?

22. Sam empaca 138 CDs. ¿Puede colocarlos en 3 cajas de modo que cada caja tenga la misma cantidad? ¿Cómo lo determinas sin dividir?

23. **Escritura en matemáticas** Explica cómo sabes si 260 es divisible por 2, 3, 5, 9 ó 10.

Repaso mixto y preparación de exámenes

En la INTERNET
Preparación de exámenes
www.scottforesman.com

Divide. Comprueba tu respuesta.

24. $3\overline{)\$1.26}$ **25.** $8\overline{)\$1.76}$ **26.** $2\overline{)\$1.46}$ **27.** $5\overline{)\$8.35}$ **28.** $9\overline{)\$1.98}$

29. Nathan compró 4 paquetes de 10 tarjetas de béisbol cada uno para agregarlas a las 180 tarjetas que ya tenía. ¿Cuántas tarjetas tiene ahora?

A. 190 tarjetas   **B.** 200 tarjetas   **C.** 210 tarjetas   **D.** 220 tarjetas

Vocabulario
• media
• promedio

Hallar promedios

APRENDE

¿Cómo hallas la media?

Al igual que la mediana y la moda, la **media** nos indica lo que caracteriza a los números en un grupo de datos. A la media a veces se le llama **promedio**.

Para hallar un promedio, se combinan todos los elementos y se dividen por igual. El diagrama de la derecha muestra que 5 es el promedio de 7, 4 y 4.

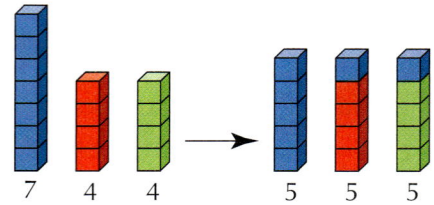

7   4   4   →   5   5   5

✔ PREPÁRATE

Halla la mediana y la moda de cada grupo de datos. Luego, halla la suma.

1. 5, 7, 7, 6, 4, 3, 8

2. 25, 28, 32, 46, 28

3. 85, 86, 85, 89, 90, 92, 84

		Ejemplo A	**Ejemplo B**
		Las 3 calificaciones de María en los exámenes de matemáticas son 81, 87 y 93. Halla su promedio de calificación.	Las calificaciones de María en los exámenes de estudios sociales son 84, 78, 92, 86 y 80. Halla su promedio de calificación.
PASO 1	Suma los números del grupo.	$\begin{array}{r} 1 \\ 81 \\ 87 \\ +\ 93 \\ \hline 261 \end{array}$	$\begin{array}{r} 2 \\ 84 \\ 78 \\ 92 \\ 86 \\ +\ 80 \\ \hline 420 \end{array}$
PASO 2	Divide la suma por el número de sumandos.	$\begin{array}{r} 87 \\ 3\overline{)261} \\ -24 \\ \hline 21 \\ -21 \\ \hline 0 \end{array}$ El promedio de calificación de María en matemáticas es 87.	$\begin{array}{r} 84 \\ 5\overline{)420} \\ -40 \\ \hline 20 \\ -20 \\ \hline 0 \end{array}$ El promedio de calificación de María en estudios sociales es 84.

✔ Hablemos

1. ¿Por qué divides por 3 en el Ejemplo A y por 5 en el Ejemplo B?

En la INTERNET
Más ejemplos
www.scottforesman.com

Halla el promedio, o la media, de cada grupo de datos.

1. 3, 8, 8, 17

2. 15, 38, 25, 22, 40

3. 115, 192, 152

4. Sentido numérico Sin calcular, ¿cuál es el promedio de 17, 17, 17 y 17?

PRÁCTICA

Más práctica: Grupo 7-12, página 431

A Destrezas y comprensión

Halla el promedio, o la media, de cada grupo de datos.

5. 25, 93, 35, 92, 40

6. 56, 84, 72, 68

7. 3, 5, 7, 4, 6, 5

8. 165, 248, 136

9. 46, 32, 40, 42

10. 2, 2, 8, 8, 1, 3

11. Sentido numérico Busca un grupo de 3 números diferentes cuyo promedio sea 45. ¿Puede haber otro grupo con el mismo promedio?

B Razonamiento y resolución de problemas

Usa la tabla de la derecha en los Ejercicios 12 a 14. Menciona cuál fue el promedio de minutos diarios que ocupó Jacob en cada actividad.

12. Hacer tareas.

13. Practicar violín.

14. ¿En qué ocupa Jacob más tiempo, en hacer tareas o en practicar violín?

15. Razonamiento La media de 3 números es 8. Dos de los números son 12 y 3. ¿Cuál es el tercer número?

16. Escritura en matemáticas ¿Crees que el promedio de 96, 97, 98 y 20 esté entre 90 y 100? Explícalo.

Horario de Jacob en minutos

Día	Tareas	Violín
Lunes	45	25
Martes	85	50
Miércoles	30	35
Jueves	65	15
Viernes	20	75

Repaso mixto y preparación de exámenes

En la INTERNET
Preparación de exámenes
www.scottforesman.com

17. Prueba si 270 es divisible por 2, 3, 5, 9 ó 10.

18. $7.44 ÷ 6

A. $1.06

B. $1.23

C. $1.24

D. $1.26

Idea clave
Las operaciones básicas y los patrones de valor posicional te ayudan a hallar cocientes como 2,100 ÷ 70.

Materiales
• calculadora

Piénsalo bien

Puedo **buscar un patrón** para hallar una regla.

63 ÷ 9 = 7 y
630 ÷ 90 = 7
630 ÷ 9 = 70 y
6,300 ÷ 90 = 70

Dividir por múltiplos de 10

APRENDE

Actividad

¿Cuál es la regla?

a. Usa calculadora para hallar cada cociente. Busca un patrón en el número de ceros.

6 ÷ 3 = 2   12 ÷ 4 = 3   30 ÷ 5 = 6
60 ÷ 3 =   120 ÷ 4 =   300 ÷ 5 =
60 ÷ 30 =   120 ÷ 40 =   300 ÷ 50 =
600 ÷ 30 =   1,200 ÷ 40 =   3,000 ÷ 50 =

b. Halla cada cociente sin usar calculadora. Luego, úsala para comprobar tus respuestas.

48 ÷ 8   21 ÷ 7   20 ÷ 4
480 ÷ 8   210 ÷ 7   200 ÷ 4
480 ÷ 80   210 ÷ 70   200 ÷ 40
4,800 ÷ 80   2,100 ÷ 70   2,000 ÷ 40

c. Escribe una regla que indique cómo hallar el cociente.

¿Cómo divides mentalmente por números como 20, 50 y 70?

Así es como Allison y Anthony hallaron 1,800 ÷ 20.

✓ **Hablemos**

1. ¿Qué método prefieres? ¿Por qué?

2. Explica cómo calculas mentalmente 5,400 ÷ 90.

1,800 ÷ 20 es lo mismo que 180 ÷ 2, por tanto, 1,800 ÷ 20 es 90.

¿Cuántas veces 20 es igual a 1,800? Sé que 90 × 20 = 1,800. Por tanto, 1,800 ÷ 20 es 90.

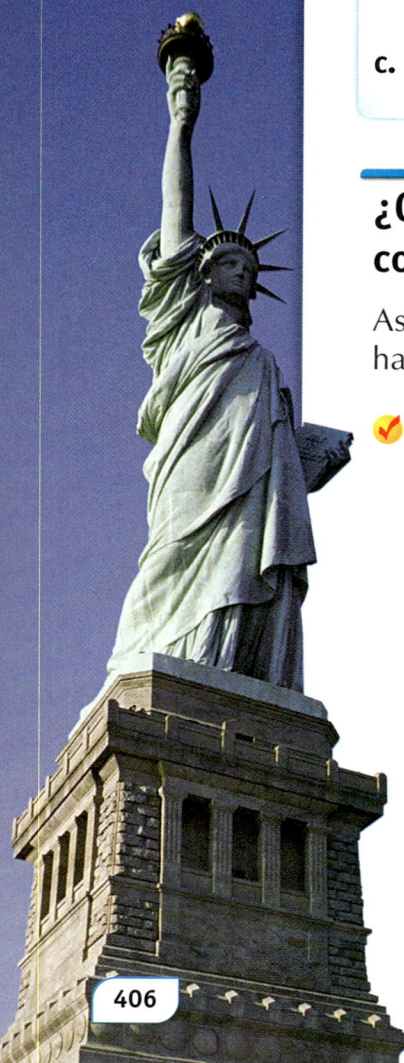

Divide. Calcula mentalmente.

1. 800 ÷ 40   **2.** 1,800 ÷ 30   **3.** 6,300 ÷ 90   **4.** 2,000 ÷ 50

5. Sentido numérico Escribe otra división que tenga el mismo resultado que 1,800 ÷ 30.

PRÁCTICA

Más práctica: Grupo 7-13, página 431

A Destrezas y comprensión

Divide. Calcula mentalmente.

6. 90 ÷ 30   **7.** 560 ÷ 80   **8.** 4,200 ÷ 70   **9.** 300 ÷ 60

10. 120 ÷ 20   **11.** 360 ÷ 60   **12.** 270 ÷ 30   **13.** 400 ÷ 80

14. 2,800 ÷ 70   **15.** 7,200 ÷ 90   **16.** 3,200 ÷ 40   **17.** 1,000 ÷ 50

18. Sentido numérico Escribe otra división que tenga el mismo resultado que 160 ÷ 2.

B Razonamiento y resolución de problemas

Usa el archivo de datos de la derecha para los Ejercicios 19 a 21. La Estatua de la Libertad tiene aproximadamente 60 acres de superficie. Menciona aproximadamente cuántas veces más grandes son los siguientes monumentos nacionales:

19. Scott's Bluff.   **20.** Navajo.

21. El monumento nacional de la Cueva Jewel en Dakota del Sur es aproximadamente 20 veces más grande que la Estatua de la Libertad. ¿Cuántos acres tiene aproximadamente?

22. Harry lee un libro de 3 capítulos. El primer capítulo tiene 15 páginas. El segundo capítulo tiene 17 páginas. El libro tiene 60 páginas. ¿Cuántas páginas tiene el tercer capítulo?

23. Escritura en matemáticas Escribe un problema que use la información del Archivo de datos.

Archivo de datos

Monumento nacional	Número aproximado de acres
Estatua de la Libertad (NY/NJ)	60
Navajo (AZ)	360
Scott's Bluff (NE)	3,000

Repaso mixto y preparación de exámenes

En la INTERNET
Preparación de exámenes
www.scottforesman.com

24. Halla la media de 2, 9, 5, 3, 4, 5 y 7.

25. ¿Por cuál de los siguientes números es divisible el número 357?

A. 2   **B.** 3   **C.** 5   **D.** 9

Idea clave
Puedes dividir por divisores de dos dígitos como lo hiciste con los de un dígito, pero tu estimación es aun más importante.

Vocabulario
- números compatibles (p. 258)
- redondear (p. 20)

EN LOS EXÁMENES

Piénsalo bien
Puedo usar una estimación para **determinar si la respuesta es razonable.**

Dividir con divisores de dos dígitos

APRENDE

¿Qué es una estimación razonable?

Los 28 estudiantes de la clase de cuarto grado de la maestra York comparten 202 canicas. ¿Cuántas canicas recibirá cada estudiante?

✓ **PREPÁRATE**

Divide. Calcula mentalmente.

1. $140 \div 20$
2. $350 \div 70$
3. $5,400 \div 60$
4. $4,000 \div 50$
5. $5,600 \div 80$
6. $1,200 \div 30$

Ejemplo A

Estima $202 \div 28$.

Una manera

Tim usó **números compatibles** y la división.

Ajusté 28 a 30 y 202 a 210.

$$202 \div 28$$
$$\downarrow \qquad \downarrow$$
$$210 \div 30 = 7$$

Por tanto, $202 \div 28$ es aproximadamente 7.

Otra manera

Sue **redondeó** y multiplicó.

Redondeé 28 a 30. Luego, pensé: ¿Cuántas veces 30 es aproximadamente 202?

$6 \times 30 = 180$ y $7 \times 30 = 210$

Por tanto, $202 \div 28$ es aproximadamente 6 ó 7.

Ejemplo B

Calcula $202 \div 28$.

Usa la estimación de 7.

$$\begin{array}{r} 7 \text{ R6} \\ 28\overline{)202} \\ -196 \\ \hline 6 \end{array}$$

Multiplica. $7 \times 28 = 196$
Compara. $196 < 202$
Resta. $202 - 196 = 6$
Compara. $6 < 28$

Comprueba Multiplica el divisor por el cociente y suma el residuo.

$$\begin{array}{r} \overset{5}{2}8 \\ \times \quad 7 \\ \hline 196 \end{array} \qquad \begin{array}{r} \overset{11}{1}96 \\ + \quad 6 \\ \hline 202 \end{array}$$

Se comprueba la respuesta. 202 es el dividendo.

Cada estudiante recibirá 7 canicas y sobrarán 6 canicas.

¿Cómo sabes si debes ajustar tu estimación?

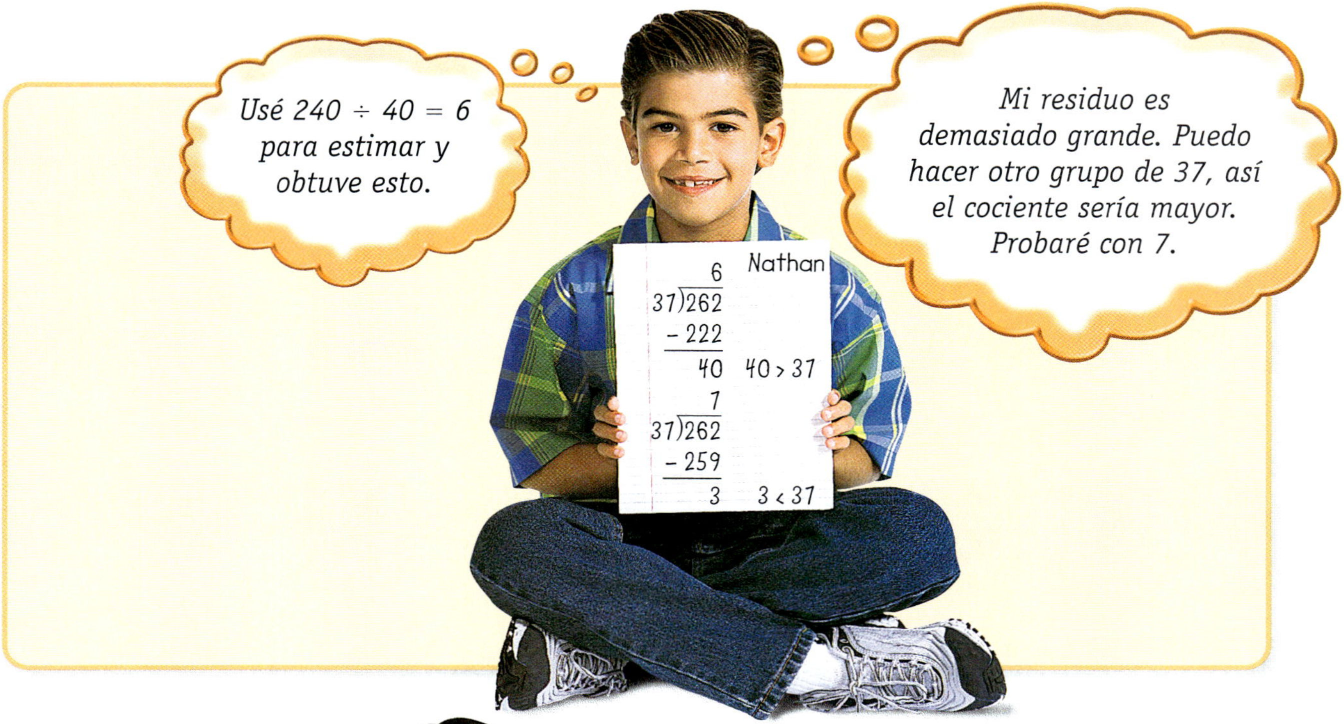

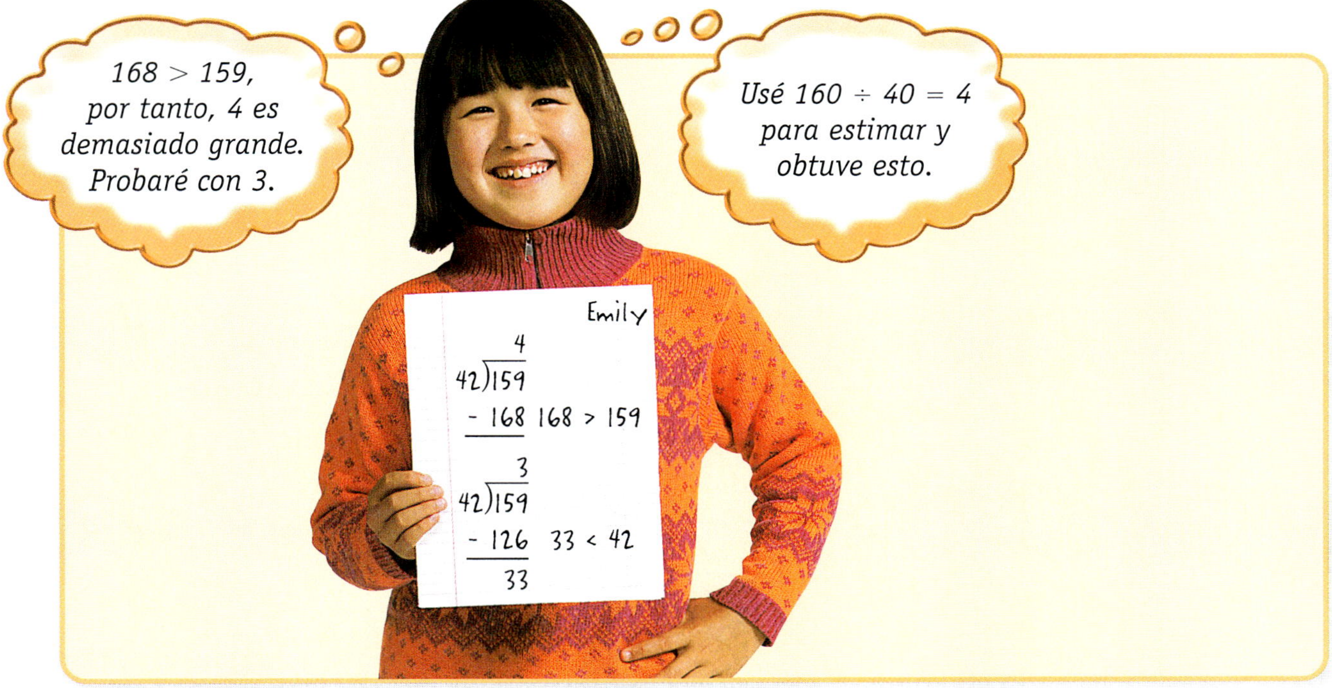

Usé 240 ÷ 40 = 6 para estimar y obtuve esto.

Mi residuo es demasiado grande. Puedo hacer otro grupo de 37, así el cociente sería mayor. Probaré con 7.

Nathan

$$
\begin{array}{r}
6 \\
37\overline{)262} \\
-222 \\
\hline
40 \quad 40 > 37
\end{array}
$$

$$
\begin{array}{r}
7 \\
37\overline{)262} \\
-259 \\
\hline
3 \quad 3 < 37
\end{array}
$$

168 > 159, por tanto, 4 es demasiado grande. Probaré con 3.

Usé 160 ÷ 40 = 4 para estimar y obtuve esto.

Emily

$$
\begin{array}{r}
4 \\
42\overline{)159} \\
-168 \quad 168 > 159
\end{array}
$$

$$
\begin{array}{r}
3 \\
42\overline{)159} \\
-126 \quad 33 < 42 \\
\hline
33
\end{array}
$$

✔ **Hablemos**

2. ¿Cómo supo Nathan que su estimación era muy pequeña?

3. ¿Cómo supo Emily que su estimación era muy grande?

Estima cada cociente. Luego, divide.

1. 376 ÷ 53   **2.** 135 ÷ 18   **3.** 190 ÷ 62   **4.** 241 ÷ 33

5. Sentido numérico ¿Cómo sabes, sin dividir, que 285 ÷ 18 es mayor que 10? PISTA: Piensa en la multiplicación.

PRÁCTICA   *Más práctica: Grupo 7-14, página 431*

A Destrezas y comprensión

Estima cada cociente. Luego, divide.

6. 135 ÷ 32   **7.** 244 ÷ 34   **8.** 512 ÷ 56   **9.** 281 ÷ 91

10. 25)‾175   **11.** 74)‾153   **12.** 87)‾714   **13.** 43)‾241

14. 12)‾101   **15.** 65)‾520   **16.** 99)‾308   **17.** 22)‾197

18. Sentido numérico Si divides 344 por 43 y obtienes un resultado de 80, ¿cómo sabes que cometiste un error?

B Razonamiento y resolución de problemas

Matemáticas y estudios sociales

En Turquía, muchas personas viajan en pequeños minibuses llamados *dolmus*. El nombre proviene de una palabra turca que significa "lleno", porque los *dolmus* parten sólo cuando se llenan de pasajeros. La tabla muestra el número de minibuses y la cantidad de pasajeros que transportan en varias rutas comúnmente usadas.

Rutas del minibús

Ruta	Número de minibuses	Cantidad de pasajeros
A	23	207
B	35	245
C	18	144
D	15	165

Usa la tabla de la derecha en los Ejercicios 19 a 22. Halla el promedio de pasajeros que viajan en cada minibús para cada ruta.

19. Ruta A.   **20.** Ruta B.

21. Ruta C.   **22.** Ruta D.

Escritura en matemáticas Determina si debes ajustar o no cada estimación. Explica cómo lo sabes.

23. $56\overline{)275}$ ⁵

24. $45\overline{)362}$ ⁷

25. $38\overline{)345}$ ⁹

26. $68\overline{)198}$ ³

C Un paso adelante

Halla cada cociente de dos dígitos.

27. $15\overline{)165}$

28. $36\overline{)576}$

29. $19\overline{)456}$

30. $23\overline{)805}$

Repaso mixto y preparación de exámenes

En la INTERNET
Preparación de exámenes
www.scottforesman.com

Prueba si cada número es divisible por 2, 3, 5, 9 ó 10.

31. 80　　　**32.** 72　　　**33.** 147　　　**34.** 328　　　**35.** 486　　　**36.** 726

37. 3,600 ÷ 40

　　A. 6　　　　　　**B.** 9　　　　　　**C.** 60　　　　　　**D.** 90

Tecnología

Usar calculadora para hallar promedios

Puedes hallar el promedio de un grupo de datos con calculadora. Usa la siguiente secuencia de teclas para hallar el promedio de 84, 73, 92, 67 y 74:

Presiona: **(** 84 **+** 73 **+** 92 **+** 67 **+** 74 **)** **÷** 5 **ENTER =**

Pantalla: $\boxed{78}$

Halla el promedio de los siguientes grupos de datos con calculadora.

1. 77, 56, 92, 66, 47, 64

2. 124, 321, 456, 771

3. 87, 67, 45, 67, 98, 55, 46, 63

4. 167, 94, 208, 37, 116, 254

5. 796, 812, 806, 764, 708, 752

6. 1,030, 2,475, 2,125, 1,925, 2,005

DK Resolución de problemas: Aplicaciones

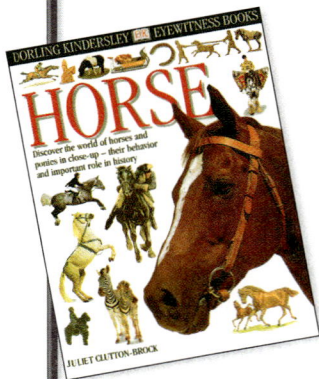

Competencias ecuestres En las olimpiadas se realizan 6 grandes competencias ecuestres. Éstas son salto ecuestre, adiestramiento y la prueba de los tres días en modalidad individual y por equipos. La prueba de los tres días fue reconocida como deporte olímpico en 1912. Esta competencia prueba la resistencia, velocidad y cooperación entre el caballo y su jinete.

Dato curioso Las competencias ecuestres son uno de los pocos deportes olímpicos en el que hombres y mujeres compiten unos contra otros.

1 En las Olimpiadas de 2000, 74 jinetes clasificaron para la competencia de saltos, pero 29 de ellos fueron eliminados o se retiraron. ¿Cuántos jinetes completaron el evento?

2 Las alturas de 3 saltos son 58 pulgadas, 56 pulgadas y 51 pulgadas. ¿Cuál es la altura media de los saltos?

3 Las pacas de heno se dividen generalmente en 10 trozos. ¿Cuántas pacas forman 2,500 trozos?

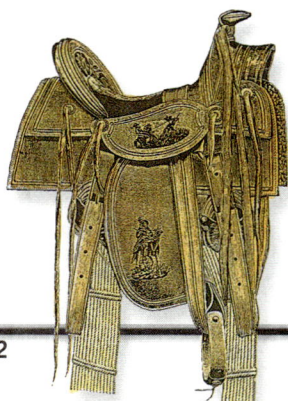

4 **Escritura en matemáticas** Hay 10 caballos en una caballeriza. Se les alimenta dos veces al día. Cada vez que se les alimenta, 5 caballos consumen 6 libras de grano, 3 caballos consumen 4 libras de grano y 2 caballos consumen 3 libras de grano. ¿Cuánto grano se necesita diariamente para alimentar a los caballos? Explica en oraciones completas cómo hallaste tu respuesta.

Datos clave
Puntuación de saltos

- Gana el jinete con la menor puntuación.
- Tumbar una valla equivale a 4 puntos.
- La primera vez que un caballo se rehúsa a saltar se le anotan 3 puntos.
- La segunda vez que se rehúsa a saltar se le anotan 6 puntos.
- La tercera vez que se rehúsa a saltar es eliminado.

Usar datos clave

5 Un jinete obtuvo 12 puntos por tumbar algunas vallas. ¿Cuántas vallas tumbó?

6 En las carreras de la antigüedad, los carros pueden haber recorrido más de 9,200 metros. Escribe este número en palabras.

7 La altura de un caballo se mide hasta lo más alto de su lomo en una unidad de medida llamada palmo menor. Un palmo menor equivale a 4 pulgadas. El caballo más alto que se ha registrado medía más de 84 pulgadas de alzada. ¿Cuántos palmos medía este caballo?

Alturas comunes

Caballo	Palmos
Shire	17
Pura sangre	16
Árabe	15
Appaloosa	14
Poni de Gales	12

8 **Tomar decisiones** ¿Qué tipo de caballo te gustaría montar? ¿Cuánto más mide ese caballo que un poni Shetland de 40 pulgadas?

Buenas noticias/Malas noticias Es agradable tener un caballo, ya que son animales hermosos, pero requieren más atención que la mayoría de los animales domésticos.

¿Lo sabes hacer?

¿Lo entiendes?

Reglas de divisibilidad (7-11)

Prueba si cada número es divisible por 2, 3, 5, 9 ó 10.

1. 39   **2.** 95   **3.** 420

4. 162   **5.** 746   **6.** 855

A Menciona cómo sabes que 420 es divisible por 3 pero no por 9.

B ¿Es 7 divisible por 7? Explica cómo lo sabes.

Hallar promedios (7-12)

Halla el promedio, o media, de cada grupo de datos.

7. 2, 1, 1, 0

8. 14, 17, 35, 28, 41

9. Alturas del grupo A en pulgadas: 46, 45, 42, 51

10. Alturas del grupo B en pulgadas: 49, 52, 40

C Menciona cómo determinaste qué número debías dividir para hallar el promedio en el Ejercicio 8.

D Escribe un grupo de datos de cuatro números diferentes que tengan un promedio de 10.

Dividir por múltiplos de 10 (7-13)

Divide. Calcula mentalmente.

11. $800 \div 20$ **12.** $720 \div 80$

13. $4,900 \div 70$ **14.** $4,000 \div 50$

15. $4,800 \div 60$ **16.** $8,100 \div 90$

E Menciona cómo calculaste mentalmente para hallar el cociente en el Ejercicio 14.

F Escribe otro problema de división con el mismo cociente que $4,900 \div 70$.

Dividir con divisores de dos dígitos (7-14)

Estima cada cociente. Luego, divide.

17. $116 \div 19$ **18.** $275 \div 31$

19. $310 \div 63$ **20.** $144 \div 47$

21. $165 \div 22$ **22.** $208 \div 54$

G Menciona qué método usaste para estimar en el Ejercicio 22.

H Explica cómo sabes que un cociente estimado de 4 es muy pequeño para el Ejercicio 17.

EN LOS EXÁMENES

Piénsalo bien

En las preguntas de opción múltiple, primero **elimina cualquier respuesta que no sea razonable.**

OPCIÓN MÚLTIPLE

1. ¿Cuál de los siguientes números es divisible por 3? (7-11)

   A. 326   **B.** 143   **C.** 472   **D.** 582

2. ¿Qué estimación es razonable para 389 ÷ 52? (7-14)

   A. 4   **B.** 7   **C.** 40   **D.** 70

3. ¿Qué opción tiene el mismo cociente que 2,700 ÷ 90? (7-13)

   A. 27 ÷ 9   **B.** 270 ÷ 9   **C.** 270 ÷ 90   **D.** 2,700 ÷ 9

RESPUESTA LIBRE

Divide. Calcula mentalmente. (7-13)

4. 300 ÷ 30   5. 240 ÷ 80   6. 2,800 ÷ 40   7. 3,000 ÷ 60

Estima cada cociente. Luego, divide. (7-14)

8. 154 ÷ 22   9. 238 ÷ 78   10. 248 ÷ 51   11. 502 ÷ 86

Usa la gráfica de la derecha en los Ejercicios 12 a 17.

3 fábricas diferentes despacharon pelotas de basquetbol. Di qué fábrica despachó todas las pelotas que tenía en cajas que contenían: (7-11)

Cantidad de pelotas despachadas

Fábrica Dunk	🏀🏀🏀🏀🏀	276
Fábrica La Mejor	🏀🏀🏀🏀🏀🏀	315
Fábrica Zonal	🏀🏀🏀	180

Cada 🏀 = 50 pelotas de basquetbol.

12. 2 pelotas.   13. 3 pelotas.

14. 5 pelotas.   15. 9 pelotas.

16. Halla el número promedio de pelotas hechas en cada fábrica. (7-12)

Escritura en matemáticas

17. La fábrica Dunk despachó todas las pelotas de basquetbol en 4 días y la fábrica La Mejor, en 5 días. ¿Que fábrica despachó diariamente más pelotas en promedio? Explícalo. (7-12 y 7-15)

18. Explica cómo estimar 492 ÷ 83. (7-14)

Estrategias para exámenes

Comprende la pregunta.

Reúne información para hallar la respuesta.

Planea cómo hallar la respuesta.

Escoge la mejor opción.

Usa escritura en matemáticas.

Mejora las respuestas escritas.

Planea cómo hallar la respuesta

Después de comprender una pregunta de examen y de reunir la información que necesitas, debes planear cómo hallar la respuesta. Piensa en destrezas y estrategias para resolver problemas y en métodos para calcular.

1. El cuaderno muestra las ganancias de Jack durante el verano.

Fecha	Paga
15 de junio	$ 9.75
29 de junio	$ 8.50
6 de julio	$12.50
15 de julio	$ 7.75
29 de julio	$ 8.80
10 de agosto	$10.50
Total:	$ 7.20
	$65.00

Si Jack trabajó un total de 20 horas, ¿cuál de las siguientes expresiones representa **mejor** la cantidad que ganó por hora?

A. $n < \$3$

B. $n = \$65$

C. $n > \$3$

D. $n = \$3$

Comprende la pregunta.

• Busca palabras importantes. Termina la oración "Tengo que hallar…".

Tengo que hallar qué expresión representa mejor la cantidad que Jack ganó por hora.

Reúne información para hallar la respuesta.

La imagen muestra que Jack ganó $65. El texto dice que trabajó 20 horas.

Planea cómo hallar la respuesta.

• Piensa en destrezas y estrategias para resolver problemas.

Como tengo que separar $65 en 20 grupos iguales, debo dividir. No necesito una respuesta exacta, por tanto, puedo estimar el cociente. Usaré números compatibles para estimar. Luego, escogeré la expresión que represente mejor mi estimación.

• Escoge el método para calcular.

Sólo tengo que estimar, por tanto, calcularé mentalmente.

2. ¿Qué operaciones se pueden usar en las siguientes casillas para obtener el menor resultado posible?

1 ▢ 7 ▢ 1

A. + y +

B. × y ×

C. × y +

D. × y −

Ahora es tu turno

En cada problema, describe un plan para hallar la respuesta.

3. El estado de Florida tiene un total de 67 condados. De éstos, hay 7 condados que llevan el nombre de algún presidente de los Estados Unidos.

Escribe una ecuación para calcular el número de condados de Florida que NO llevan el nombre de algún presidente de los Estados Unidos.

4. Los paquetes de 6 latas de comida para perros están en oferta esta semana en Ciudad Mascota.

$2.82

¿Qué operación usarías para hallar el precio de una lata de comida para perros?

A. suma

B. división

C. multiplicación

D. resta

Repaso de vocabulario clave y conceptos

"Por exceso" y "por defecto" tienen significados opuestos.

*Recuerda, una **estimación por exceso** es mayor que la respuesta, mientras que una **estimación por defecto** es menor. (p. 369)*

¿Lo entendí?

Calcula mentalmente para dividir y para estimar cocientes. (Lecciones 7-1, 7-2 y 7-13)

Halla 5,600 ÷ 70.	**Estima 412 ÷ 6.**	**Estima 548 ÷ 90.**
Piensa en la operación básica: 56 ÷ 7 = 8. Piensa en el patrón de ceros: 5,600 ÷ 70 es lo mismo que 560 ÷ 7.	Usa números compatibles: Ajusta 412 a 420 porque 42 ÷ 6 = 7.	Usa números compatibles: Ajusta 548 a 540 porque 54 ÷ 9 = 6.
5,600 ÷ 70 = 80	420 ÷ 6 = 70	540 ÷ 90 = 6
	Por tanto, 412 ÷ 6 es aproximadamente 70.	Por tanto, 548 ÷ 90 es aproximadamente 6.
	Como 412 se cambió por un número mayor, 70 es una **estimación por exceso.**	Como 548 se cambió por un número menor, 6 es una **estimación por defecto.**

1. Halla 160 ÷ 8 y 4,500 ÷ 50.

2. Estima 224 ÷ 3 y 261 ÷ 50.

Al terminar de comer, guardo los residuos de comida.

*Al terminar de dividir, la parte que sobra se llama **residuo.** (p. 372)*

¿Lo entendí?

Sigue los pasos en orden al dividir. (Lecciones 7-3, 7-4, 7-5, 7-7, 7-8, 7-9 y 7-14)

Estima el cociente para determinar en qué valor posicional debes comenzar a dividir. Divide, multiplica, resta, compara y baja los dígitos. Si hay algún residuo, escríbelo en el cociente.

```
  23 R3      Divide las decenas.      106 R2          7 R4        $1.64    Divide el
4)95         Multiplica. 2 × 4      7)744         32)228        5)$8.20    dinero como
 − 8         Resta. 9 − 8            − 7            − 224         − 5       si fueran
  15         Compara. 1 < 4           04              4           32        números
 − 12        Baja las unidades       − 0                         − 30      enteros.
   3         y divide.                44                           20       Luego, escribe
             Multiplica. 3 × 4       − 42                         − 20      el $ y el . en
             Resta. 15 − 12            2                            0       el cociente.
             Compara. 3 < 4
```

3. Halla 55 ÷ 3, 814 ÷ 23 y $2.58 ÷ 6.

Divisible *viene de la palabra* dividir.

Un número es **divisible** *por otro si no hay residuo después de dividir.* (p. 402)

Usa la división para describir números. (Lecciones 7-11 y 7-12)

Usa las **reglas de divisibilidad** para probar si 78 es **divisible** por 2, 3, 5, 9 ó 10.

¿Es divisible por 2? Sí, 8 es un número par.

¿Es divisible por 3? Sí, 7 + 8 = 15 y 15 es divisible por 3.

¿Es divisible por 5? No, el dígito de las unidades no es 0 ni 5.

¿Es divisible por 9? No, 7 + 8 = 15 y 15 no es divisible por 9.

¿Es divisible por 10? No, el dígito de las unidades no es 0.

78 es divisible por 2 y por 3.

Halla el **promedio,** o **media,** de este grupo de datos.
8, 6, 5, 4, 7

Suma los números del grupo:
8 + 6 + 5 + 4 + 7 = 30

Divide la suma por la cantidad de sumandos:
30 ÷ 5 = 6

El promedio es 6.

4. Prueba si 60 es divisible por 2, 3, 5, 9 ó 10.

5. Halla el promedio del siguiente grupo de datos: 12, 16, 15, 18, 12, 17.

Mis notas son un promedio de las de mis compañeros.

El **promedio**, *o* **media**, *de un grupo de datos te dice lo que es típico.* (p. 404)

Interpreta los residuos o escribe oraciones numéricas para resolver problemas. (Lecciones 7-6 y 7-10)

Las situaciones reales te indican cómo interpretar el residuo.

Paul tiene 50 cuentas. Usará 8 cuentas en cada collar. ¿Cuántos collares puede hacer? ¿Cuántas cuentas sobrarán?

50 ÷ 8 = 6 R2

Paul puede hacer 6 collares. Le sobrarán 2 cuentas.

Para escribir una oración numérica, determina qué operación va con la idea principal. Usa una letra para mostrar lo que quieres averiguar.

Alice compró 3 libros de calcomanías en $5.25. ¿Cuánto pagó por cada libro?

$5.25

? ? ?

n es el precio de cada libro.

$5.25 ÷ 3 = *n*
$5.25 ÷ 3 = $1.75

Alice pagó $1.75 por cada libro.

6. Si una camiseta cuesta $9, ¿cuántas puedes comprar con $40? ¿Cuánto te sobrará?

OPCIÓN MÚLTIPLE

Escoge la letra de la respuesta correcta.

1. Calcula mentalmente para dividir 4,800 ÷ 60.

A. 8

C. 800

B. 80

D. 8,000

2. ¿Qué estimación es la más razonable para 281 ÷ 9?

A. 3

C. 30

B. 4

D. 40

3. ¿A qué división representa este modelo de fichas?

A. 17 ÷ 3 = 5 R2

B. 17 ÷ 5 = 3 R1

C. 15 ÷ 5 = 3

D. 15 ÷ 3 = 3

4. ¿Qué opción es la respuesta correcta y la explicación para 4)‾58‾ ?

A. 14 R2, porque 14 × 4 = 56 y 56 + 2 = 58

B. 13 R6, porque 13 × 4 = 52 y 52 + 6 = 58

C. 12, porque 12 × 4 = 58

D. 12, porque 5 ÷ 4 = 1 y 8 ÷ 4 = 2

5. Halla $8.70 ÷ 5.

A. $0.174

C. $1.74

B. $1.70

D. $17.40

6. Tammy horneó 47 galletas. Caben 9 galletas en cada bolsa. ¿Qué opción NO es verdadera?

A. Cada bolsa tendrá nueve galletas.

B. La bolsa que no está llena tendrá dos galletas.

C. Se llenarán cinco bolsas.

D. Se necesitarán seis bolsas para guardar todas las galletas.

7. Halla 810 ÷ 6.

A. 13 R3

C. 130 R5

B. 13 R30

D. 135

8. ¿Qué número es divisible por 3?

A. 92

C. 123

B. 107

D. 241

9. Halla el promedio, o media, de este grupo de datos: 10, 12, 16, 14, 18.

A. 8   **B.** 14   **C.** 15   **D.** 70

10. ¿Qué oración numérica es FALSA?

A. 20 ÷ 4 = 5

B. 200 ÷ 40 = 5

C. 2,000 ÷ 4 = 50

D. 2,000 ÷ 40 = 50

EN LOS EXÁMENES

Piénsalo bien

• Debo **leer con atención cada problema.**

• Debo **buscar palabras como VERDADERO, FALSO o NO.**

11. Había 192 músicos en el desfile de bandas. Cada fila tenía 8 músicos. ¿Qué oración numérica usarías para hallar cuántas filas de músicos había en el desfile?

A. $192 + 8 = n$ **C.** $192 \times 8 = n$

B. $192 - 8 = n$ **D.** $192 \div 8 = n$

12. ¿Qué oración numérica comprueba que el cociente de $60 \div 4 = 15$?

A. $60 - 15 = 4$

B. $15 \times 4 = 60$

C. $15 \div 4 = 60$

D. $60 + 15 + 4 = 79$

RESPUESTA LIBRE

Estima cada cociente.

13. $652 \div 9$ **14.** $57 \div 6$

Calcula mentalmente para hallar cada cociente.

15. $600 \div 3$ **16.** $4,900 \div 70$

17. $560 \div 80$ **18.** $3,500 \div 5$

Halla cada cociente.

19. $4\overline{)73}$ **20.** $6\overline{)648}$

21. $7\overline{)\$6.02}$ **22.** $117 \div 23$

23. Hay 15 estudiantes en un paseo escolar. La maestra Hubert quiere dividirlos en grupos iguales de 2, 3 ó 5 estudiantes. ¿De qué tamaño podrá hacer los grupos sin que sobre ningún estudiante?

24. En las últimas tres pruebas de matemáticas, Sharon obtuvo 77, 83 y 95. ¿Cuál fue el promedio de las calificaciones de Sharon?

25. El Sr. Cohen compró en el mercado 7 matas de romero en $8.05. ¿Cuánto costó cada mata de romero? Haz un dibujo para mostrar la idea principal. Luego, escribe una oración numérica y resuélvela.

Una costurera compró 85 yardas de tela. Necesita 4 yardas de tela para hacer un vestido.

26. ¿Cuántos vestidos puede hacer?

27. ¿Cuánta tela le sobrará?

Escritura en matemáticas

28. Explica cómo sabes que un cociente estimado de 8 es muy grande para $317 \div 42$.

29. Caben 8 discos compactos en cada estuche. Si tienes 43 discos, ¿cuántos estuches necesitarás para guardarlos todos? Explica cómo hallaste tu respuesta.

30. Explica cómo sabes si 156 es divisible por 3 ó 5.

Números y operaciones

OPCIÓN MÚLTIPLE

1. Hay una oferta de 6 latas de comida para gatos en $3.54. ¿Cuál es el precio de una lata?

   A. $0.54   **C.** $5.40

   B. $0.59   **D.** $5.90

2. ¿Qué estimación es la más razonable para 258×42?

   A. 100   **C.** 10,000

   B. 1,000   **D.** 100,000

3. 3,050 personas asistieron al teatro el sábado. El domingo asistieron 2,641 personas. ¿Cuántas personas más asistieron al teatro el sábado que el domingo?

   A. 409   **B.** 1,419

   C. 1,409   **D.** 1,611

RESPUESTA LIBRE

4. Escribe los siguientes números en orden de menor a mayor.

   2,975   2,795   2,579   2,597

5. Prueba si 72 es divisible por 2, 3, 5, 9 ó 10.

Escritura en matemáticas

6. Explica cómo dividir $4.83 por 3.

EN LOS EXÁMENES

Piénsalo bien
- Debo **describir los pasos en orden.**
- Debo **dar las respuestas en oraciones completas.**

Geometría y medición

OPCIÓN MÚLTIPLE

7. ¿Cuál es el tiempo transcurrido si ambos relojes indican una hora de la mañana?

   Comienzo   Final

   A. 2 horas y 35 minutos

   B. 2 horas y 15 minutos

   C. 1 hora y 45 minutos

   D. 1 hora y 15 minutos

8. ¿Qué opción es un cuerpo geométrico?

   A. pentágono   **C.** cubo

   B. círculo   **D.** rectángulo

RESPUESTA LIBRE

9. El Sr. Lewis condujo 325 millas hasta Ciudad Capital. Condujo a una velocidad promedio de 65 millas por hora. ¿Cuánto demoró el Sr. Lewis en llegar a Ciudad Capital?

10. ¿En qué se diferencia un cuadrado de un triángulo?

Escritura en matemáticas

11. Phil corrió dos veces alrededor del perímetro del parque. ¿Qué distancia corrió en total? Explica tu respuesta.

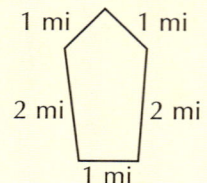

Análisis de datos y probabilidad

OPCIÓN MÚLTIPLE

12. ¿Cuál es la media de los datos en el diagrama de puntos?

Estatura de los estudiantes

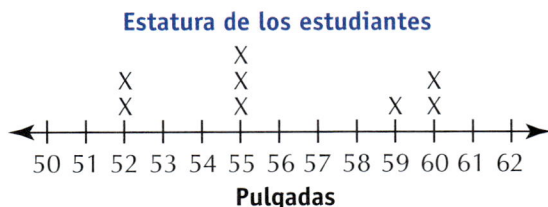

Pulgadas

A. 8 in   **C.** 55 in

B. 52 in   **D.** 56 in

RESPUESTA LIBRE

13. Si haces girar una vez la flecha giratoria, ¿es más probable que se detenga en un número divisible por 2 o por 3?

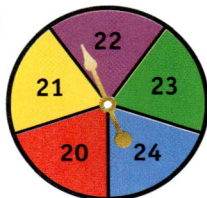

Usa la gráfica lineal en los Ejercicios 14 a 16.

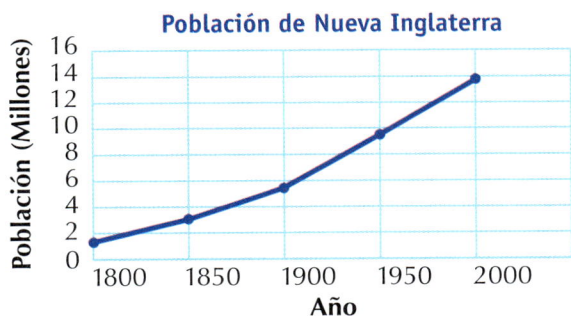

14. ¿Cuál es el intervalo de la escala vertical en la gráfica?

15. ¿Aproximadamente cuántas personas vivían en Nueva Inglaterra en 1850?

Escritura en matemáticas

16. Describe la tendencia de los datos de la gráfica lineal.

Álgebra

OPCIÓN MÚLTIPLE

17. ¿Cuál es el siguiente número en el patrón?

3, 9, 27, 81, ▨

A. 162   **B.** 213   **C.** 243   **D.** 283

18. ¿Qué ecuación NO tiene una solución de $n = 7$?

A. $63 \div n = 9$ **C.** $n + 24 = 31$

B. $8 \times n = 15$ **D.** $14 - n = 7$

19. Halla el valor de $84 \div m$, si $m = 4$.

A. 12   **B.** 20   **C.** 21   **D.** 22

RESPUESTA LIBRE

20. Completa la tabla y describe la regla que usaste.

Entrada	25	35	45	55
Salida	5	7	9	

21. Calvin compró 7 postales en $2.45. ¿Cuánto pagó por cada postal? Escribe una oración numérica. Luego, resuélvela.

Escritura en matemáticas

22. Explica cómo usar patrones para hallar $4,000 \div 8$ y $4,000 \div 80$.

En los exámenes

Piénsalo bien

Puedo usar operaciones básicas para **buscar un patrón** y hallar una regla.

Grupo 7-1 (páginas 366–367)

Divide 5,600 ÷ 7.

Calcula mentalmente.

$56 \div 7 = 8$

56 centenas ÷ 7 = 8 centenas u 800

$5,600 \div 7 = 800$

Recuerda que los ceros de las operaciones básicas NO son parte del patrón.

Divide. Calcula mentalmente.

1. $150 \div 5$ **2.** $300 \div 6$

3. $2,700 \div 3$ **4.** $7,200 \div 9$

Grupo 7-2 (páginas 368–371)

Estima 768 ÷ 9.

Una manera: Números compatibles

$720 \div 9 = 80$

Otra manera: Usar la multiplicación

¿9 veces qué número es aproximadamente 768?

$9 \times 90 = 810$

Recuerda que las operaciones básicas te ayudan a hacer una estimación.

Estima cada cociente.

1. $38 \div 2$ **2.** $362 \div 5$

3. $6\overline{)381}$ **4.** $4\overline{)335}$

5. $3\overline{)192}$ **6.** $8\overline{)301}$

Grupo 7-3 (páginas 372–373)

Divide 11 ÷ 2.

Usa fichas como ayuda.

$$\begin{array}{r} 5 \text{ R1} \\ 2\overline{)11} \\ -10 \\ \hline 1 \end{array}$$

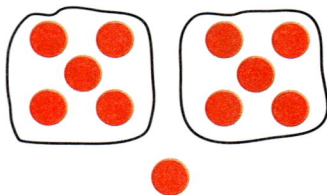

Recuerda que el residuo debe ser menor que el divisor.

Divide. Usa fichas o dibujos como ayuda.

1. $4\overline{)11}$ **2.** $7\overline{)17}$

3. $5\overline{)49}$ **4.** $8\overline{)42}$

5. $9\overline{)37}$ **6.** $3\overline{)22}$

Grupo 7-4 (páginas 374–377)

Di cuántos libros hay en cada pila si se dividen por igual 52 libros en 4 pilas.

Usa bloques de valor posicional.

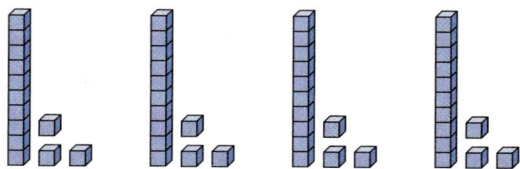

Cada pila tiene 13 libros.

Recuerda dividir las decenas y luego las unidades.

Divide. Usa bloques de valor posicional o dibujos como ayuda.

1. 44 libros
4 pilas

2. 30 libros
2 pilas

3. 45 libros
3 pilas

4. 65 libros
5 pilas

Divide 86 ÷ 6.

Comprueba tu respuesta.

$\begin{array}{r} 1 \\ 6{\overline{)86}} \\ -6 \\ \hline 2 \end{array}$ Divide.
Multiplica.
Resta.

$\begin{array}{r} 14\ \text{R}2 \\ 6{\overline{)86}} \\ -6 \\ \hline 26 \\ -24 \\ \hline 2 \end{array}$ Baja el 6.
Divide.
Multiplica.
Resta.

Comprueba:

$\begin{array}{r} 14 \\ \times\ 6 \\ \hline 84 \end{array}$ $\begin{array}{r} 84 \\ +\ 2 \\ \hline 86 \end{array}$ Se comprueba la respuesta.

Recuerda que una estimación te puede indicar dónde debes comenzar a dividir y si tu respuesta es razonable.

Divide. Comprueba tu respuesta.

1. $2{\overline{)54}}$ **2.** $9{\overline{)96}}$

3. $7{\overline{)80}}$ **4.** $5{\overline{)79}}$

5. $3{\overline{)82}}$ **6.** $4{\overline{)7}}$

7. $8{\overline{)90}}$ **8.** $4{\overline{)67}}$

9. $5{\overline{)83}}$ **10.** $7{\overline{)98}}$

11. $6{\overline{)78}}$ **12.** $5{\overline{)66}}$

Necesitas 76 globos para la fiesta de la escuela. Los globos vienen en paquetes de 6. ¿Cuántos paquetes debes comprar?

Halla 76 ÷ 6.

76 ÷ 6 = 12 R4

Necesitas comprar 13 paquetes para tener suficientes globos.

Recuerda que la situaciones reales te indican cómo interpretar el residuo.

Tienes 95 flores. Quieres usar 3 flores para decorar cada mesa.

1. ¿Cuántas mesas puedes decorar?

2. Si colocas en tu ropa las flores que sobran, ¿cuántas flores te colocarás?

Halla 832 ÷ 6.

Estima: 832 es más que 600, por tanto, el cociente tiene tres dígitos. Comienza dividiendo las centenas.

$\begin{array}{r} 138\ \text{R}4 \\ 6{\overline{)832}} \\ -6 \\ \hline 23 \\ -18 \\ \hline 52 \\ -48 \\ \hline 4 \end{array}$

Recuerda que una estimación te puede indicar dónde debes comenzar a dividir.

Divide. Comprueba tu respuesta.

1. $9{\overline{)576}}$ **2.** $5{\overline{)615}}$

3. $4{\overline{)341}}$ **4.** $8{\overline{)943}}$

5. $6{\overline{)925}}$ **6.** $2{\overline{)357}}$

7. $3{\overline{)586}}$ **8.** $5{\overline{)193}}$

9. $7{\overline{)825}}$ **10.** $4{\overline{)528}}$

Grupo 7-8 (páginas 390–391)

Halla $514 \div 5$.

Estima: 514 es más que 500 y $500 \div 5 = 100$, por tanto, el cociente tiene tres dígitos. Comienza dividiendo las centenas.

```
  102 R4        Comprueba:
5)514                 1
 − 5          102        510
 ──          ×   5      +   4
  01         ───       ───
 − 0          510        514
 ──
  14          Se comprueba
 − 10         la respuesta.
 ──
   4
```

Recuerda escribir los ceros en el cociente cuando sea necesario.

Divide. Comprueba tu respuesta.

1. $8)\overline{825}$ 2. $2)\overline{612}$

3. $3)\overline{619}$ 4. $6)\overline{723}$

5. $7)\overline{738}$ 6. $9)\overline{966}$

7. $4)\overline{827}$ 8. $3)\overline{540}$

9. $8)\overline{851}$ 10. $2)\overline{417}$

11. $6)\overline{633}$ 12. $4)\overline{424}$

Grupo 7-9 (páginas 392–393)

Halla $\$4.71 \div 3$.

Estima: Como $\$4.71$ es más que $\$3$, el cociente debe ser mayor que $\$1$.

```
 $1.57         Comprueba:
3)$4.71               2
 − 3          $1.57
 ──           ×     3
  17          ───
 − 15         $4.71
 ──
   21         Se comprueba
 − 21         la respuesta.
 ──
    0
```

Recuerda que al dividir cantidades de dinero, debes subir el punto decimal al cociente.

Divide. Comprueba tu respuesta.

1. $4)\overline{\$8.56}$ 2. $6)\overline{\$5.88}$

3. $7)\overline{\$5.25}$ 4. $2)\overline{\$7.32}$

5. $5)\overline{\$8.85}$ 6. $9)\overline{\$4.32}$

7. $8)\overline{\$3.68}$ 8. $3)\overline{\$6.09}$

9. $6)\overline{\$7.26}$ 10. $4)\overline{\$5.96}$

Grupo 7-10 (páginas 396–399)

Escribe una oración numérica para resolver el problema.

Hay 224 jugadores en la liga de béisbol. Cada equipo tiene el mismo número de jugadores. Hay 16 equipos. ¿Cuántos jugadores hay en cada equipo?

n = la cantidad que hay en cada equipo

$224 \div 16 = n$

$n = 14$

Recuerda usar una letra para representar lo que quieres averiguar.

Escribe una oración numérica para resolver cada problema. Menciona qué representa la variable.

1. Siete postales cuestan $\$9.45$. ¿Cuánto cuesta cada postal?

2. Tina pagó $\$0.35$ por revelar cada una de sus 8 fotos. ¿Cuánto gastó en total?

Grupo 7-11 (páginas 402–403)

Prueba si 378 es divisible por 2, 3, 5, 9 ó 10.

El dígito de las unidades, 8, es par, por tanto, 378 es divisible por 2. La suma de los dígitos es $3 + 7 + 8 = 18$. Como 18 es divisible por 3, 378 es divisible por 3. 18 es divisible por 9, por tanto, 378 es divisible por 9. El dígito de las unidades no es ni 0 ni 5, por tanto, 378 no es divisible ni por 5 ni por 10.

378 es divisible por 2, 3 y 9.

Recuerda que los números pares terminan en 0, 2, 4, 6 u 8.

Prueba si cada número es divisible por 2, 3, 5, 9 ó 10.

1. 48   **2.** 79   **3.** 153

4. 214   **5.** 435   **6.** 682

7. 828   **8.** 102   **9.** 515

10. 720   **11.** 364   **12.** 180

Grupo 7-12 (páginas 404–405)

Halla el promedio, o media, de 33, 42, 28 y 37.

Suma: $33 + 42 + 28 + 37 = 140$

Divide: $140 \div 4 = 35$

El promedio es 35.

Recuerda sumar los números del grupo de datos y luego, dividir por la cantidad de sumandos.

Halla la media de cada grupo de datos.

1. 2, 3, 5, 7, 3, 4   **2.** 2, 6, 5, 4, 3, 4

3. 135, 210, 183   **4.** 28, 47, 53, 16

Grupo 7-13 (páginas 406–407)

Divide $2,100 \div 30$. Calcula mentalmente.

$2,100 \div 30 = 210 \div 3$

21 decenas $\div 3 = 7$ decenas, o 70

Por tanto, $2,100 \div 30 = 70$.

Recuerda que puedes usar patrones de ceros para dividir por múltiplos de 10.

Divide. Calcula mentalmente.

1. $250 \div 50$ **2.** $160 \div 20$

3. $2,400 \div 60$ **4.** $3,600 \div 90$

Grupo 7-14 (páginas 408–411)

Divide $334 \div 65$.

$$\begin{array}{r} 5\ \text{R9} \\ 65\overline{)334} \\ -\ 325 \\ \hline 9 \end{array}$$

Comprueba:

$$\begin{array}{r} 1 \\ 65 \\ \times\ \ 5 \\ \hline 325 \end{array} \qquad \begin{array}{r} 325 \\ +\ \ 9 \\ \hline 334 \end{array}$$

Se comprueba la respuesta.

Recuerda que debes comprobar que el residuo sea menor que el divisor.

1. $87 \div 12$ **2.** $345 \div 49$

3. $57\overline{)384}$ **4.** $39\overline{)186}$

5. $68\overline{)562}$ **6.** $82\overline{)225}$

7. $28\overline{)212}$ **8.** $14\overline{)126}$

Grupo 7-1 (páginas 366–367)

Divide. Calcula mentalmente.

1. $400 \div 2$ **2.** $400 \div 5$ **3.** $180 \div 9$ **4.** $1,200 \div 4$ **5.** $1,400 \div 7$

6. $6,000 \div 3$ **7.** $1,600 \div 8$ **8.** $5,400 \div 6$ **9.** $4,200 \div 7$ **10.** $1,200 \div 2$

11. Razonamiento Si 560 dividido por un número es 80, ¿cuál es ese número?
7

Grupo 7-2 (páginas 368–371)

Estima cada cociente.

1. $115 \div 6$ **2.** $162 \div 3$ **3.** $198 \div 4$ **4.** $223 \div 7$ **5.** $302 \div 9$

6. $5\overline{)413}$ **7.** $2\overline{)142}$ **8.** $8\overline{)654}$ **9.** $6\overline{)554}$ **10.** $5\overline{)243}$

11. Si en 5 días, das 100 vueltas a la piscina nadando, ¿cuántas vueltas das aproximadamente al día?

Grupo 7-3 (páginas 372–373)

Divide. Usa fichas como ayuda.

1. $4\overline{)14}$ **2.** $8\overline{)19}$ **3.** $5\overline{)22}$ **4.** $6\overline{)33}$ **5.** $7\overline{)38}$

6. $2\overline{)17}$ **7.** $9\overline{)75}$ **8.** $3\overline{)11}$ **9.** $8\overline{)76}$ **10.** $6\overline{)50}$

11. Si 8 personas comparten por igual 26 trozos de pizza, ¿cuántos trozos recibe cada uno? ¿Cuántos trozos sobran?

Grupo 7-4 (páginas 374–377)

Usa bloques de valor posicional. Di cuántos miembros del club hay en cada comité si todos los miembros se dividen por igual en los comités.

1. 75 miembros
5 comités

2. 36 miembros
3 comités

3. 88 miembros
8 comités

4. 84 miembros
7 comités

Divide. Usa bloques de valor posicional como ayuda.

5. $3\overline{)78}$ **6.** $2\overline{)38}$ **7.** $6\overline{)90}$ **8.** $4\overline{)80}$ **9.** $9\overline{)99}$

10. Howie debe guardar 96 adornos en cajas que pueden contener 6 adornos. ¿Cuántas cajas necesitará?

Grupo 7-5 (páginas 380–383)

Copia y completa.

1.
```
    2▢
3)81
  - 6
  ──
  ▢▢
  - ▢▢
  ──
    0
```

2.
```
   ▢7
5)85
  - ▢
  ──
  ▢▢
  - ▢▢
  ──
    0
```

3.
```
  ▢▢ R▢
2)73
  - ▢
  ──
  ▢▢
  - ▢▢
  ──
    ▢
```

4.
```
  ▢▢ R▢
8)92
  - ▢
  ──
  ▢▢
  - ▢▢
  ──
    ▢
```

Divide. Comprueba tu respuesta.

5. 4)98   **6.** 7)90   **7.** 5)83   **8.** 6)88   **9.** 3)94

10. La Escuela Primaria Millville tiene 96 estudiantes de cuarto grado y 4 maestros de cuarto grado. Si los dividimos por igual, ¿cuántos estudiantes habrá en cada clase?

Grupo 7-6 (páginas 384–385)

Mónica tiene 55 yardas de material para cercar los árboles. Cada árbol necesita 8 yardas de material.

1. ¿Cuántos árboles se pueden cercar?

2. ¿Cuántas yardas de material le sobrarán a Mónica?

Steven tiene 82 onzas de limonada para servir en vasos de 6 onzas.

3. ¿Cuántos vasos necesita Steven para servir toda la limonada?

4. ¿Cuántos vasos puede llenar Steven?

5. ¿Cuántas onzas de limonada habrá en el vaso que no se llene completamente?

Grupo 7-7 (páginas 386–389)

Divide. Comprueba tu respuesta.

1. 2)754   **2.** 7)441   **3.** 4)678   **4.** 9)208   **5.** 8)574

6. 3)824   **7.** 5)937   **8.** 6)492   **9.** 3)197   **10.** 4)253

11. Una estrella del basquetbol firmó 171 autógrafos en 3 horas. Si firmó la misma cantidad por hora, ¿cuántos autógrafos firmó en una hora?

Grupo 7-8 (páginas 390–391)

Divide. Comprueba tu respuesta.

1. 3)321   **2.** 5)520   **3.** 4)428   **4.** 7)724   **5.** 2)815

6. 6)657   **7.** 9)984   **8.** 8)849   **9.** 5)652   **10.** 4)415

11. Los 6 músicos de una banda de rock quieren repartirse por igual $648. ¿Cuánto dinero recibirá cada músico?

Grupo 7-9 (páginas 392–393)

Divide. Comprueba tu respuesta.

1. 2)$8.72   **2.** 4)$6.36   **3.** 7)$6.02   **4.** 9)$2.16   **5.** 6)$1.56

6. 8)$5.20   **7.** 9)$9.27   **8.** 5)$8.75   **9.** 3)$6.57   **10.** 5)$6.45

11. Hay una oferta de camisetas a 3 en $5.25. ¿Cuánto cuesta cada camiseta?

Grupo 7-10 (páginas 396–399)

Troy colocó 3 cachorros en una jaula para transportar perros. La jaula pesa 20 onzas. Cada cachorro pesa 8 onzas. ¿Cuánto pesan en total los cachorros y la jaula?

1. Haz un dibujo para representar la idea principal del problema.

2. ¿Qué operaciones usarás para resolver el problema?

3. Usa una letra para el peso total y escribe una oración numérica.

4. Resuelve la oración numérica.

5. Da la respuesta en una oración completa.

Grupo 7-11 (páginas 402–403)

Prueba si cada número es divisible por 2, 3, 5, 9 ó 10.

1. 90   **2.** 36   **3.** 83   **4.** 174   **5.** 265   **6.** 424

7. 310   **8.** 561   **9.** 738   **10.** 645   **11.** 913   **12.** 834

13. Explica por qué todos los números divisibles por 9 son también divisibles por 3.

14. Halla un número que sea divisible por 5 y por 9.

15. Halla un número que sea divisible por 2, 3 y 5.

Grupo 7-12 (páginas 404–405)

Halla el promedio, o media, de cada grupo de datos.

1. 3, 7, 4, 2, 4

2. 17, 18, 19, 18

3. 8, 7, 8, 7, 9, 9

4. 46, 83, 48, 75

5. 172, 210, 185

6. 36, 48, 72, 25, 64

7. 258, 369, 171

8. 37, 259, 92, 132

9. 10, 12, 9, 6, 4, 9, 6

La tabla muestra la cantidad de minutos que dos operadoras hicieron funcionar la rueda de Chicago en cuatro vueltas. Menciona cuál es el número promedio de minutos por vuelta que hace funcionar la rueda cada operadora.

10. Sue.

11. Nan.

12. ¿Qué operadora tiene un promedio de vuelta de mayor duración? Explica cómo lo averiguaste.

Minutos en la rueda de Chicago

Vuelta	Operadora	
	Sue	Nan
1	3	3
2	5	2
3	4	4
4	4	3

Grupo 7-13 (páginas 406–407)

Divide. Calcula mentalmente.

1. $60 \div 20$

2. $160 \div 40$

3. $350 \div 50$

4. $140 \div 70$

5. $4,200 \div 60$

6. $1,500 \div 30$

7. $6,300 \div 70$

8. $100 \div 20$

9. $3,200 \div 80$

10. $1,400 \div 20$

11. $5,400 \div 60$

12. $4,500 \div 90$

13. Escribe otra división con el mismo resultado que $2,500 \div 50$.

14. Si recorres en carro 60 millas por hora, ¿cuántas horas demorarás en recorrer 480 millas?

Grupo 7-14 (páginas 408–411)

Estima cada cociente. Luego, divide.

1. $135 \div 26$

2. $300 \div 64$

3. $610 \div 94$

4. $89 \div 41$

5. $321 \div 85$

6. $378 \div 52$

7. $402 \div 76$

8. $152 \div 16$

9. $72\overline{)351}$

10. $48\overline{)398}$

11. $35\overline{)336}$

12. $93\overline{)264}$

13. $58\overline{)474}$

14. $29\overline{)111}$

15. $81\overline{)576}$

16. $67\overline{)443}$

17. Explica cómo sabes que un cociente estimado de 7 es muy grande para $139 \div 21$.

CAPÍTULO

8

Geometría y medición

A Vocabulario
(Grado 3)

Escoge del cuadro el término más adecuado.

1. El __?__ de un objeto indica cuánto mide hacia los lados.

2. La __?__ de un objeto indica cuánto mide de largo.

3. Mide la __?__ de un objeto para hallar cuál es la distancia de la parte de abajo a la parte de arriba del objeto.

Vocabulario
- **altura** *(Gr. 3)*
- **longitud** *(Gr. 3)*
- **perímetro** *(Gr. 3)*
- **ancho** *(Gr. 3)*

B Cuerpos geométricos
(Grado 3)

Menciona el cuerpo geométrico al que se parece cada objeto.

4.

5.

6.

7.

432

¿Lo sabes?

¿Tiene la torre Sears más del doble de altura que la torre Eiffel?

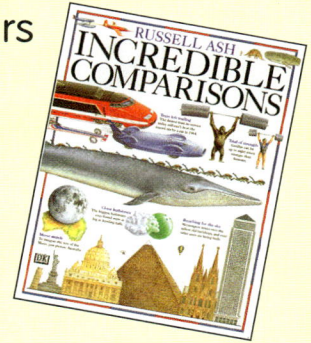

Lo descubrirás en la Lección 8-14.

RUSSELL ASH
INCREDIBLE COMPARISONS

C Suma en columnas

(páginas 80–81)

8.
```
   18
   12
 + 27
```

9.
```
   61
   49
 + 38
```

10.
```
   23
   58
   30
 + 49
```

11.
```
    76
   182
    51
 + 179
```

12. Shannon sumó $56 + 97 + 78$. ¿Debe ser su respuesta mayor o menor que 200?

D Multiplicar tres factores

(páginas 288–289)

13. $3 \times 5 \times 5$

14. $6 \times 2 \times 4$

15. $1 \times 15 \times 2$

16. $8 \times 8 \times 6$

17. $4 \times 10 \times 9$

18. $20 \times 7 \times 3$

19. Muestra dos maneras de hallar $2 \times 5 \times 4$.

20. Halla el producto de $3 \times 3 \times 3$.

21. Leonel prepara 3 docenas de *bagels* en una hora. Si prepara *bagels* por 8 horas, ¿cuántos preparará?

Idea clave
Existe una relación única entre los cuerpos geométricos y las figuras planas.

Vocabulario
- figura plana
- cuerpo geométrico
- cubo
- arista
- cara
- vértice
- prisma rectangular
- prisma triangular
- pirámide
- pirámide rectangular
- pirámide cuadrangular
- esfera
- cilindro
- cono
- modelo plano

Materiales
- conjunto de cuerpos geométricos
- tijeras
- cinta adhesiva
- papel punteado

Relacionar cuerpos geométricos con figuras planas

APRENDE

✓ **PREPÁRATE**

Nombra la figura. ¿Cuántas esquinas y lados tiene cada una?

1. 2. 3. 4.

¿Qué relación hay entre los cuerpos geométricos y las figuras planas?

Un cuadrado es una **figura plana**. Tiene sólo dos dimensiones: longitud y ancho. Se pueden combinar seis cuadrados para formar un cubo, que es un **cuerpo geométrico**. Los cuerpos geométricos tienen tres dimensiones: longitud, ancho y altura.

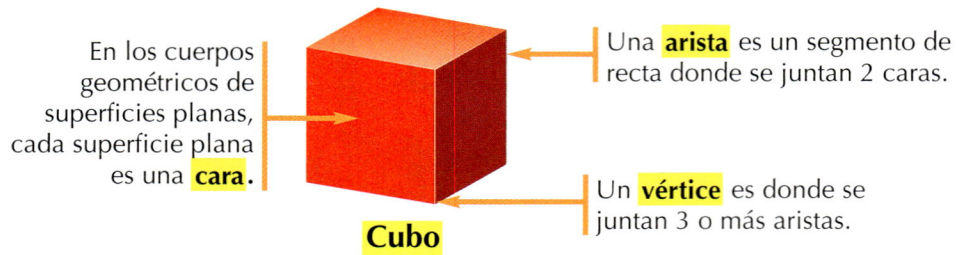

En los cuerpos geométricos de superficies planas, cada superficie plana es una **cara**.

Una **arista** es un segmento de recta donde se juntan 2 caras.

Un **vértice** es donde se juntan 3 o más aristas.

Cubo

Los cuerpos geométricos también se llaman sólidos geométricos. Éstos son también cuerpos geométricos que tienen todas sus superficies planas.

  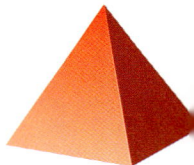

Prisma rectangular   **Prisma triangular**   **Pirámide rectangular**   **Pirámide cuadrangular**

Éstos son algunos cuerpos geométricos con superficies curvas.

Esfera   **Cilindro**   **Cono**

✓ **Hablemos**

1. ¿Qué cuerpo geométrico no tiene superficies planas? ¿Qué cuerpos geométricos tienen tanto superficies planas como curvas?

¿Cómo construyes un cuerpo geométrico?

Un **modelo plano** es un patrón que se puede usar para construir un cuerpo geométrico.

a. Traza cada modelo plano y recórtalo. Dobla por los segmentos de recta discontinuas y pégalos con cinta adhesiva para formar un cuerpo geométrico.

Prisma rectangular

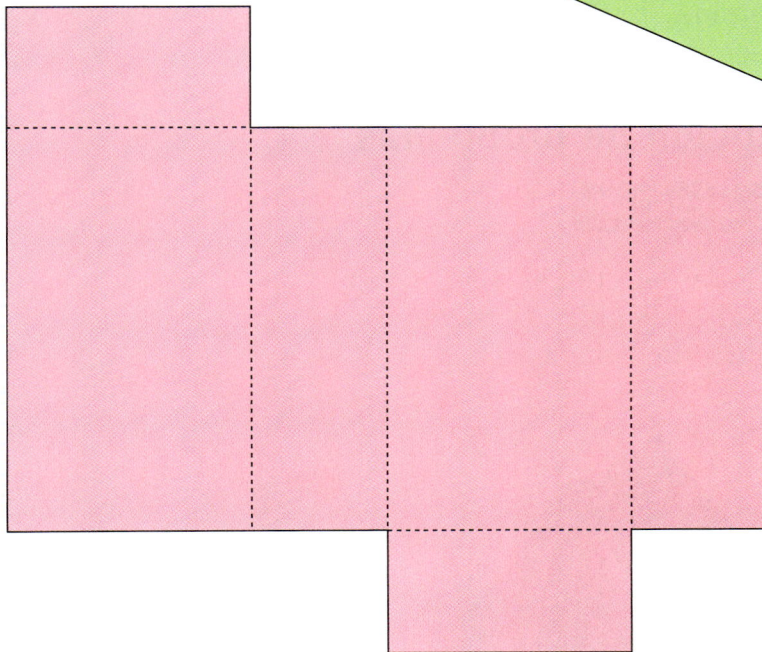

Pirámide rectangular

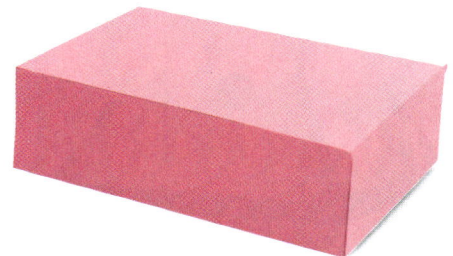

b. Dibuja un modelo plano de un cubo y luego constrúyelo. Puedes usar papel punteado como ayuda.

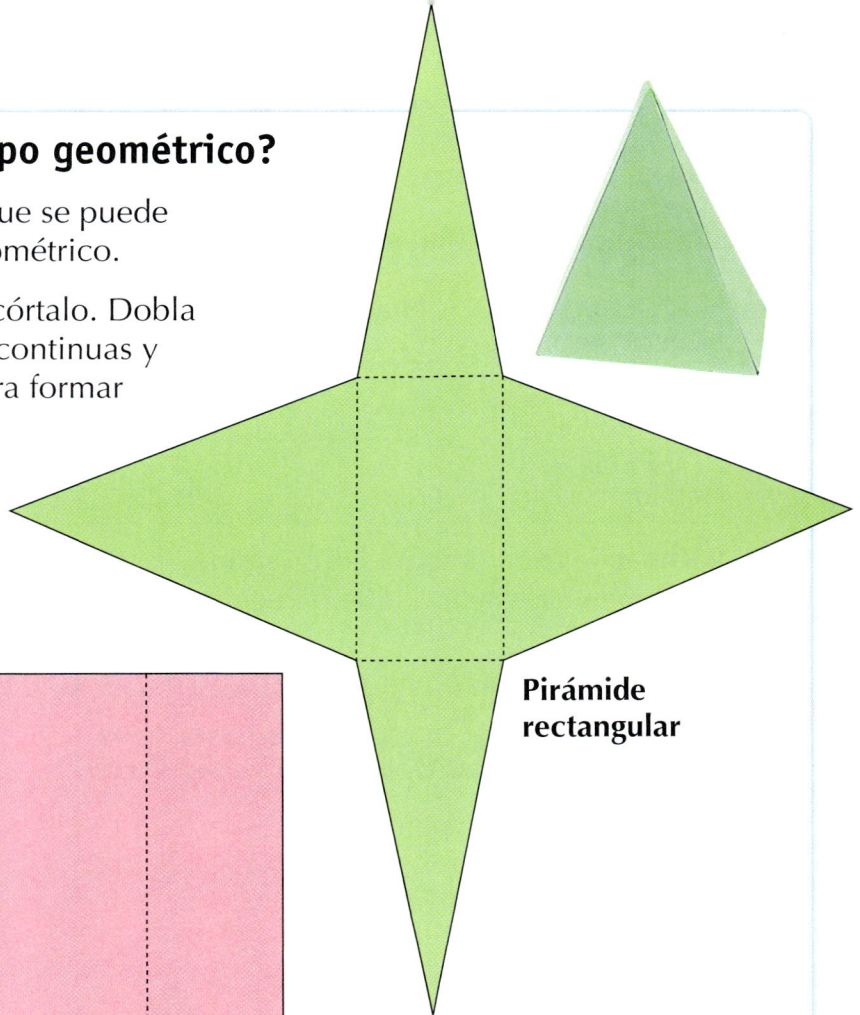

COMPRUEBA ✔

Otro ejemplo: Grupo 8-1, página 490

Copia y completa la tabla.

	Cuerpo geométrico	Número de caras	Número de aristas	Número de vértices	Figura de las caras
1.	Cubo	6			
2.	Prisma rectangular				
3.	Prisma triangular				2 triángulos y 3 rectángulos

4. Razonamiento Compara los prismas rectangulares con los triangulares. ¿En qué se parecen? ¿En qué se diferencian?

A Destrezas y comprensión

Copia y completa la tabla.

	Cuerpo geométrico	Número de caras	Número de aristas	Número de vértices	Figura de las caras
5.	Pirámide rectangular				
6.	Pirámide cuadrangular				4 triángulos y 1 cuadrado

7. Razonamiento Compara las pirámides rectangulares con las cuadrangulares. ¿En qué se parecen? ¿En qué se diferencian?

B Razonamiento y resolución de problemas

Matemáticas y estudios sociales

Durante miles de años, personas de todas las culturas han vivido en tiendas o las han usado por diversión. Identifica el cuerpo geométrico que mejor describe la forma de cada tienda.

8.

9.

10.

El pueblo sami del norte de Escandinavia vive en tiendas Lavvu.

11. **Escritura en matemáticas** Una lata de pintura puede parecer un cilindro. ¿A qué cuerpo geométrico se parece cada uno de estos objetos de la vida real?

C Un paso adelante

12. ¿Qué cuerpos geométricos se pueden combinar para formar esta figura?

13. ¿Qué cuerpos geométricos obtendrías si cortaras un prisma triangular como se muestra?

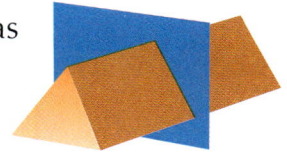

Coloca un prisma rectangular, un prisma triangular, una pirámide cuadrangular, un cono y un cilindro en tu escritorio. Dibuja cómo se vería cada cuerpo geométrico si lo miraras desde:

14. arriba.   **15.** el costado.   **16.** abajo.

Repaso mixto y preparación de exámenes

En la INTERNET
Preparación de exámenes
www.scottforesman.com

Halla cada respuesta.

17. $1.56 ÷ 6   **18.** $12.07 × 8   **19.** $17.11 − 12.93   **20.** $3.52 × 51

21. Los estudiantes de cuarto grado imprimen folletos de poesía. Cada folleto tiene 24 páginas. ¿Cuántos folletos pueden hacer con un paquete de 500 hojas de papel?

A. 2   **B.** 20   **C.** 21   **D.** 24

Juego de práctica

Muchos atributos

Número de jugadores: 2

Materiales: 1 grupo de cartas de polígonos
                1 grupo de cartas de atributos

Los jugadores colocan las cartas de polígonos boca arriba sobre la mesa. Las cartas de atributos se colocan boca abajo. El Jugador A saca la primera carta de atributo y reúne todos los polígonos que tienen ese atributo. Luego, el Jugador B saca la carta de atributo siguiente y hace lo mismo. Si no quedan polígonos con el atributo de la carta, el jugador pierde el turno. El juego continúa hasta que no queden cartas de polígonos. El ganador es el jugador que reúna más cartas de polígonos.

Vocabulario
- polígono
- lado
- vértice
- triángulo
- cuadrilátero
- pentágono
- hexágono
- octágono

Materiales
- conjunto de polígonos o **e tools**

Piénsalo bien

Puedo **buscar un patrón** como ayuda para hallar una regla.

Polígonos

APRENDE

¿Cómo identificas los polígonos?

Un **polígono** es una figura plana cerrada formada por segmentos de recta. Cada segmento de recta es un **lado**. El punto donde se cortan los lados se llama **vértice**.

Polígono

Éstos son algunos ejemplos de polígonos.

| **Triángulo** | **Cuadrilátero** | **Pentágono** | **Hexágono** | **Octágono** |
| 3 lados | 4 lados | 5 lados | 6 lados | 8 lados |

✔ **Hablemos**

1. Indica si cada una de las figuras de la derecha es un polígono. Explica tu razonamiento.

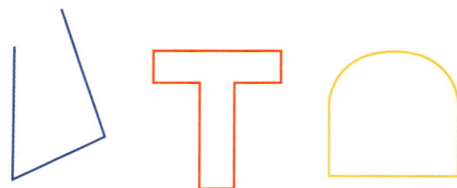

Actividad

¿Cómo agrupas polígonos?

a. Agrupa los conjuntos de polígonos según el número de lados de cada uno. Colócalos en pilas sobre una hoja de papel y escribe el nombre del polígono junto a cada pila.

b. **Trabaja con un compañero** Halla otra manera de agrupar los conjuntos de polígonos. Ve si tu compañero puede adivinar de qué manera los agrupaste.

 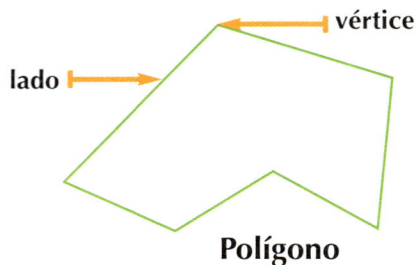

Dibuja un ejemplo de cada polígono. ¿Cuántos lados y vértices tiene cada uno?

1. Cuadrilátero

2. Hexágono

3. Triángulo

4. Razonamiento Si un polígono tiene 22 lados, ¿cuántos vértices tiene?

PRÁCTICA

Más práctica: Grupo 8-2, página 494

A Destrezas y comprensión

Dibuja un ejemplo de cada polígono. ¿Cuántos lados y vértices tiene cada uno?

5. Octágono

6. Pentágono

7. Polígono de 10 lados

8. Razonamiento Si un polígono tiene 35 vértices, ¿cuántos lados tiene?

B Razonamiento y resolución de problemas

9. Razonamiento Di cuál es el siguiente polígono en el patrón. Explica por qué.

10. Observa el dibujo de la derecha. Identifica los polígonos que tienen letras.

11. **Escritura en matemáticas** ¿Qué regla piensas que se usó para agrupar estos polígonos?

Grupo 1   Grupo 2

Repaso mixto y preparación de exámenes

En la INTERNET
Preparación de exámenes
www.scottforesman.com

12. Halla el promedio de 6, 10, 4 y 8.

13. ¿Cuántas caras tiene un prisma triangular?

A. 2   **B.** 3   **C.** 5   **D.** 6

Vocabulario
- punto
- recta
- segmento de recta
- semirrecta
- ángulo
- vértice
- ángulo recto
- ángulo agudo
- ángulo obtuso
- ángulo llano
- rectas paralelas
- rectas secantes
- rectas perpendiculares

Materiales
- reglas
- pajillas o tiras de papel
  o **e tools**
- cinta adhesiva

Rectas, segmentos de recta, semirrectas y ángulos

APRENDE

✓ PREPÁRATE

¿Cuántas aristas y vértices tiene cada figura?

1.
2.
3.
4.

¿Cuáles son algunos términos geométricos importantes?

La siguiente tabla muestra algunos términos que ayudan a describir figuras geométricas y objetos del mundo real.

Ejemplo

	Lo que **dibujas**	Lo que **escribes**	Lo que **dices**
Un **punto** es una ubicación exacta en el espacio.	• A	A o punto A	punto A
Una **recta** es un recorrido recto de puntos que se extiende infinitamente en dos direcciones.	B C	$\overleftrightarrow{BC}$ (o $\overleftrightarrow{CB}$)	recta BC o recta CB
Un **segmento de recta** es parte de una recta. Tiene dos extremos.	D E	$\overline{DE}$ (o $\overline{ED}$)	segmento de recta DE o segmento de recta ED
Una **semirrecta** es parte de una recta. Tiene un extremo y se extiende infinitamente en una sola dirección.	extremo F G	$\overrightarrow{FG}$	semirrecta FG
Un **ángulo** está formado por dos semirrectas que tienen el mismo extremo. El extremo en común se llama **vértice**.	vértice B A C	∠BAC (o ∠CAB o ∠A)	ángulo BAC o ángulo CAB o ángulo A

Cuando se usan tres letras, la letra del medio siempre indica el vértice.

✔ Hablemos

1. ¿Por qué hay una flecha en el dibujo de la semirrecta y dos flechas en el dibujo de la recta?

2. ¿Cuáles son los nombres de las semirrectas que forman el ángulo de la tabla?

En la INTERNET
Más ejemplos
www.scottforesman.com

Actividad

¿Cuáles son algunos de los ángulos y rectas especiales?

Los ángulos tienen nombres especiales dependiendo de su tamaño.

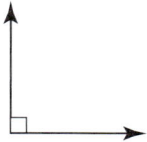

Un **ángulo recto** tiene una esquina cuadrada.

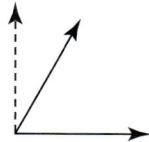

Un **ángulo agudo** es menor que un ángulo recto.

Un **ángulo obtuso** es mayor que un ángulo recto.

Un **ángulo llano** forma una línea recta.

a. Usa pajillas o tiras de papel para formar cada tipo de ángulo descrito arriba. Pégalos con cinta adhesiva en tu hoja de papel y rotúlalos.

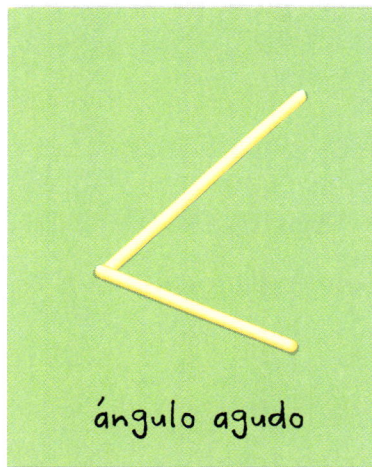

ángulo agudo

EN LOS EXÁMENES

Piénsalo bien

Puedo **usar un objeto,** como la esquina de una tarjeta, para comparar cualquier ángulo con un ángulo recto.

Los pares de rectas tienen nombres especiales dependiendo de la relación que exista entre ellas.

Las **rectas paralelas** nunca se intersecan.

Las **rectas secantes** pasan por el mismo punto.

Las **rectas perpendiculares** son rectas que forman ángulos rectos.

b. Usa pajillas o tiras de papel para mostrar un ejemplo de cada par de rectas descrito arriba. Pégalas con cinta adhesiva en tu hoja de papel y rotúlalas.

Usa términos geométricos para describir lo que se muestra. Sé lo más específico que puedas.

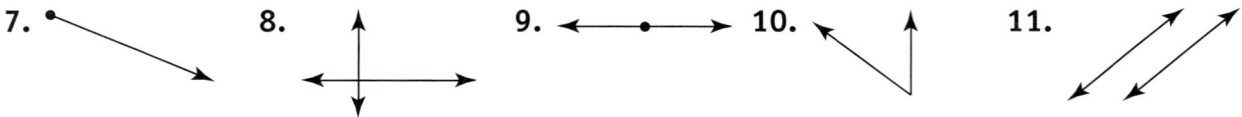

1.   **2.**   **3.**   **4.**   **5.**

6. Razonamiento Dibuja y rotula ∠PQR, un ángulo recto, y ∠AEF, un ángulo agudo.

PRÁCTICA

Más práctica: Grupo 8-3, página 494

A Destrezas y comprensión

Usa términos geométricos para describir lo que se muestra. Sé lo más específico que puedas.

7.   **8.**   **9.**   **10.**   **11.**

12. Razonamiento Dibuja y rotula ∠HUM, un ángulo llano, y ∠WSV, un ángulo obtuso.

B Razonamiento y resolución de problemas

Usa el dibujo de la derecha en los Ejercicios 13 a 15.

13. Nombra tres segmentos de recta.

14. Nombra dos semirrectas.

15. Nombra un ángulo recto, un ángulo agudo, un ángulo obtuso y un ángulo llano.

Matemáticas y estudios sociales

Usa el mapa de las pistas de aterrizaje del aeropuerto de la derecha. Identifica el color de cada una de las siguientes figuras.

16. Ángulo obtuso

17. Rectas paralelas

18. Rectas perpendiculares

19. Ángulo agudo

20. **Escritura en matemáticas** Describe algo de tu salón de clases que sea un ejemplo de rectas paralelas. Describe algo que sea un ejemplo de rectas perpendiculares.

C Un paso adelante

El punto que está entre los extremos de un segmento de recta se llama **punto medio.** Identifica cada punto medio.

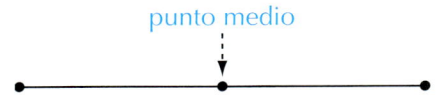

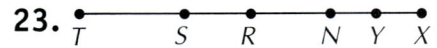

punto medio

21. C   K   W   **22.** F   E   H   G   **23.** T   S   R   N   Y   X

En la INTERNET
Preparación de exámenes
www.scottforesman.com

24. Halla el tiempo transcurrido desde las 10:35 A.M. hasta la 1:10 P.M.

25. ¿Cuál es el nombre de un polígono de 6 lados?

A. Octágono   **B.** Cuadrilátero   **C.** Pentágono   **D.** Hexágono

Ampliación
Medir ángulos

Materiales: Transportador

Para hallar el tamaño o medida de un ángulo puedes usar un transportador. Los ángulos se miden en grados (°). Sigue estos pasos para medir el $\angle LMN$.

- Coloca la marca central del transportador sobre el vértice M.
- Coloca la marca del cero sobre la semirrecta MN.
- Fíjate que el transportador tiene dos escalas.
- Usa la escala que comienza con el cero en $\overrightarrow{MN}$ y síguela hasta $\overrightarrow{ML}$. $\overrightarrow{ML}$ cruza el transportador en los 45°.

La medida del $\angle LMN$ es 45°.

Traza y amplía las manecillas de cada esfera de reloj. Mide los ángulos que forman.

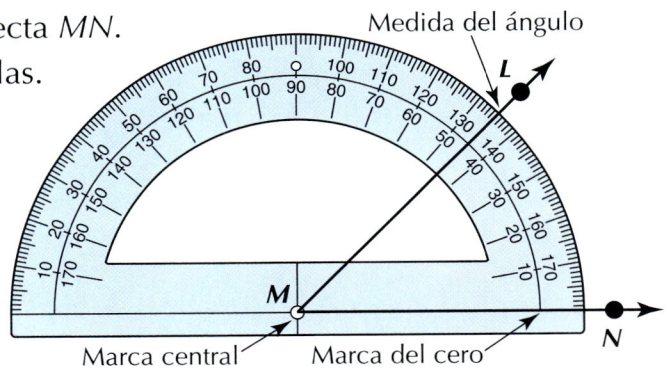

Medida del ángulo

Marca central   Marca del cero

1.   **2.**   **3.**

4. ¿Qué ángulo de arriba es un ángulo recto? ¿Cuánto mide un ángulo recto?

5. ¿Qué ángulo de arriba es un ángulo llano? ¿Cuánto mide un ángulo llano?

Idea clave
Hay diferentes maneras de clasificar los triángulos y los cuadriláteros.

Vocabulario
• triángulo equilátero
• triángulo isósceles
• triángulo escaleno
• triángulo rectángulo
• triángulo acutángulo
• triángulo obtusángulo
• rectángulo
• cuadrado
• trapecio
• paralelogramo
• rombo

Materiales
• pajillas o tiras de papel
  o etools
• tijeras
• regla
• papel cuadriculado

EN LOS EXÁMENES

Piénsalo bien
Puedo **organizar la información en una lista** para asegurarme de usar todas las combinaciones de longitudes diferentes.

Triángulos y cuadriláteros

APRENDE

✓ **PREPÁRATE**

Menciona cada polígono.

1. 2.

3. 4.

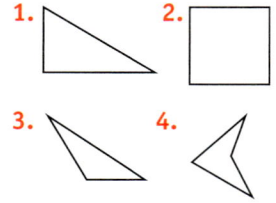

Actividad

¿Cómo clasificas los triángulos?

a. Corta pajillas o tiras de papel de las siguientes longitudes.

- **1 trozo de 3 pulgadas de longitud**
- **4 trozos de 4 pulgadas de longitud cada uno**
- **1 trozo de 5 pulgadas de longitud**
- **2 trozos de 6 pulgadas de longitud cada uno**

b. Usa los trozos de 3, 4 y 5 pulgadas para formar tantos triángulos de formas diferentes como puedas. Dibuja cada uno en una hoja de papel. (Pista: Marca sólo los vértices y luego usa una regla para unirlos.)

Los triángulos se pueden clasificar según la longitud de sus lados.

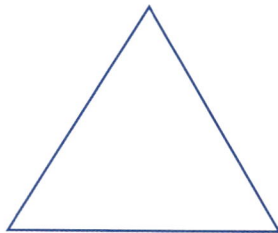

Triángulo equilátero
Todos los lados tienen la misma longitud.

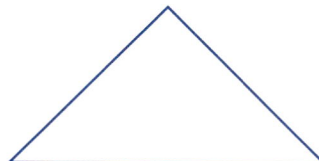

Triángulo isósceles
Al menos dos lados tienen la misma longitud.

Triángulo escaleno
Ningún lado tiene la misma longitud.

c. Rotula cada triángulo como equilátero, isósceles o escaleno.

Otra manera de clasificar triángulos es según sus ángulos.

Triángulo rectángulo	**Triángulo acutángulo**	**Triángulo obtusángulo**
Uno de sus ángulos es recto.	Sus tres ángulos son agudos.	Uno de sus ángulos es obtuso.

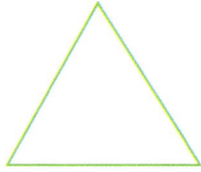

d. En una hoja de papel cuadriculado, usa pajillas o trozos de papel para hacer un ejemplo de cada uno de los triángulos anteriores. Dibuja cada triángulo y rotúlalo como rectángulo, acutángulo u obtusángulo.

e. Describe los triángulos de la derecha según sus lados y según sus ángulos.

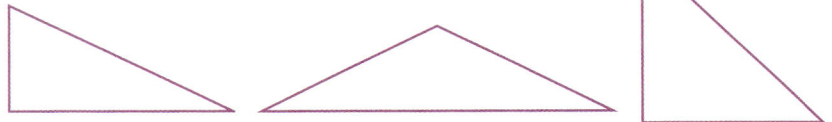

Actividad

¿Cómo clasificas los cuadriláteros?

Los cuadriláteros se pueden clasificar según sus ángulos o según sus pares de lados.

Rectángulo	**Cuadrado**
Tiene cuatro ángulos rectos.	Tiene cuatro ángulos rectos y todos los lados de la misma longitud.

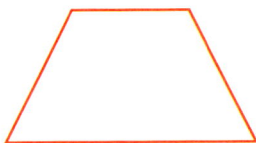

Trapecio	**Paralelogramo**	**Rombo**
Tiene sólo un par de lados paralelos.	Los lados opuestos son paralelos.	Los lados opuestos son paralelos y todos los lados tienen la misma longitud.

a. En una hoja de papel cuadriculado, usa algunas de las pajillas o trozos de papel para hacer un ejemplo de cada cuadrilátero. Dibuja y rotula cada cuadrilátero.

b. ¿Qué observas en la longitud de los lados del rectángulo? ¿Y del paralelogramo?

En la INTERNET
Más ejemplos
www.scottforesman.com

Clasifica cada triángulo según sus lados y luego según sus ángulos.

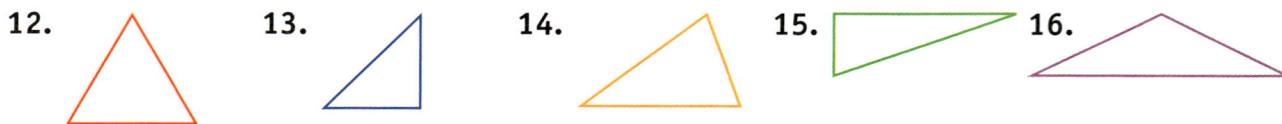

1.   **2.**   **3.**   **4.**   **5.**

Escribe el nombre de cada cuadrilátero.

6.   **7.**   **8.**   **9.**   **10.**

11. Sentido numérico ¿Puede un cuadrilátero ser tanto un cuadrado como un rectángulo? Explícalo.

PRÁCTICA

Más práctica: Grupo 8-4, página 494

A Destrezas y comprensión

Clasifica cada triángulo según sus lados y luego, según sus ángulos.

12.   **13.**   **14.**   **15.**   **16.**

Escribe el nombre de cada cuadrilátero.

17.   **18.**   **19.**   **20.**   **21.**

22. Razonamiento ¿Puede un cuadrilátero ser tanto un paralelogramo como un rombo? Explícalo.

B Razonamiento y resolución de problemas

Matemáticas y estudios sociales

Hay muchas banderas que tienen diferentes figuras geométricas.

23. Escritura en matemáticas Usa términos matemáticos de esta lección para describir las figuras que se usan en cada bandera.

*La **República Checa** está en Europa Central.*

__Chile__ es un país ubicado al suroeste de América del Sur.

C Un paso adelante

24. Dibuja un rectángulo. Luego, une uno de sus pares de vértices opuestos con un segmento de recta.

   a. Clasifica los triángulos resultantes según sus lados y según sus ángulos.

   b. Une los otros vértices opuestos. Clasifica los cuatro triángulos según sus lados y según sus ángulos.

   c. Repite los pasos a y b, comenzando con un cuadrado.

Repaso mixto y preparación de exámenes

En la INTERNET
Preparación de exámenes
www.scottforesman.com

25. Kyle compró cinco carpetas en $1.49 cada una. El impuesto era de 38¢. ¿Qué precio total pagó Kyle?

26. Dibuja y rotula un ángulo agudo, un ángulo obtuso, un ángulo recto y un ángulo llano.

27. ¿Qué nombre reciben dos rectas que no se intersecan?

   A. Paralelas   **B.** Secantes   **C.** Derechas   **D.** Perpendiculares

Discovery CHANNEL SCHOOL — Descubre las matemáticas en tu mundo

Sin planos pequeños

El edificio más alto de Boston es una torre de vidrio llamada torre John Hancock. El arquitecto del edificio, I.M. Pei, diseñó el plano de cada piso en forma de paralelogramo.

1. ¿En qué se parecen un rectángulo y un paralelogramo? ¿En qué se diferencian?

2. Las esquinas del plano de planta de un piso rectangular son ángulos rectos. Describe las esquinas del plano de planta de la torre John Hancock.

3. Describe las esquinas de planos de pisos que tengan forma de trapecio y forma de rombo.

En la INTERNET
Video y actividades
www.scottforesman.com

Idea clave
Los círculos son curvas planas cerradas que se ven a menudo a nuestro alrededor.

Vocabulario
• círculo
• centro
• radio
• diámetro
• cuerda

Materiales
• compás
• regla o

e tools

EN LOS EXÁMENES

Piénsalo bien
• Puedo **hacer un dibujo** como ayuda para describir las partes de un círculo.

• Debo **probar, comprobar y revisar** mi predicción del diámetro y el radio.

Círculos

APRENDE

Actividad

¿Cómo dibujas y describes círculos?

Un **círculo** es una figura plana cerrada formada por todos los puntos que están a la misma distancia de un punto llamado **centro**.

Algunos segmentos de recta tienen una relación especial con el círculo.

Una **cuerda** es cualquier segmento de recta que une dos puntos del círculo.

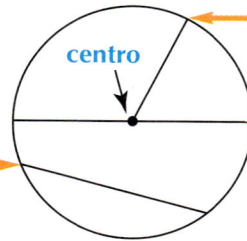

centro

Un **radio** es cualquier segmento de recta que une el centro del círculo con uno de sus puntos.

Un **diámetro** es cualquier segmento de recta que une dos puntos del círculo y pasa por el centro.

a. Usa el compás para dibujar un círculo grande.

b. Usa una regla para dibujar y rotular un radio, un diámetro y una cuerda.

c. ¿En qué piensas que se diferencia la longitud del diámetro y la longitud del radio? Verifica tu predicción. ¿Cómo la comprobaste?

PREPÁRATE

Menciona cada cuerpo geométrico.

1.   2.

3.   4.

COMPRUEBA ✓

Otro ejemplo: Grupo 8-5, página 491

Usa términos geométricos para describir lo que se muestra en rojo.

1.   2.   3.   4.   5.

6. Razonamiento Si el radio de un círculo mide 7 pulgadas, ¿qué longitud tiene su diámetro?

A Destrezas y comprensión

Usa términos geométricos para describir lo que se muestra en rojo.

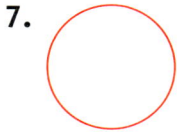

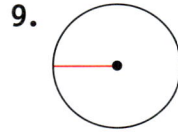

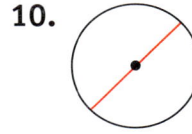

7. **8.** **9.** **10.** **11.**

12. Razonamiento Si el diámetro de un círculo mide 20 centímetros, ¿qué longitud tiene su radio?

B Razonamiento y resolución de problemas

Halla la longitud del diámetro de cada objeto circular.

13. 3 in   **14.** 7 in   **15.** 13 in

16. **Escritura en matemáticas** ¿Es correcta la explicación de la derecha? De no ser así, di por qué y escribe la respuesta correcta.

¿Es $\overline{AB}$ una cuerda?

$\overline{AB}$ es una cuerda porque no pasa por el centro.

Repaso mixto y preparación de exámenes

En la INTERNET
Preparación de exámenes
www.scottforesman.com

17. Halla los números que faltan en el patrón.

9, 18, 27, 36, ▨, ▨, ▨

18. Halla el valor de 15m, si m = 7.

A. 22   **B.** 75   **C.** 105   **D.** 157

19. **Escritura en matemáticas** Lidia hizo dos grupos de triángulos. Usa términos geométricos para describir una característica de cada grupo.

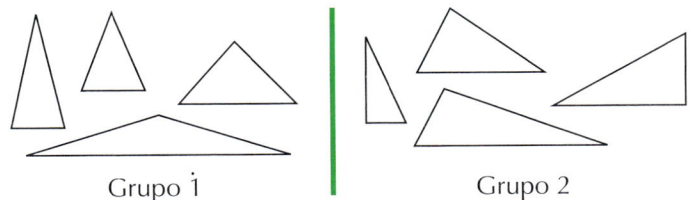

Grupo 1   Grupo 2

¿Lo sabes hacer?   ## ¿Lo entiendes?

Relacionar cuerpos geométricos con figuras planas (8-1)

Nombra cada cuerpo geométrico que se muestra.

1.   **2.**

Ⓐ ¿Cuántas caras tiene el cuerpo geométrico del Ejercicio 1?

Ⓑ ¿Cuántas aristas tiene el cuerpo geométrico del Ejercicio 2?

Polígonos (8-2)

Dibuja un ejemplo de cada polígono. ¿Cuántos lados y vértices tiene cada uno?

3. hexágono   **4.** cuadrilátero

5. pentágono   **6.** octágono

Ⓒ Dibuja un ejemplo de una figura que no sea polígono.

Ⓓ Explica por qué un círculo no es un polígono.

Rectas, segmentos de recta, semirrectas y ángulos (8-3); Círculos (8-5)

Usa términos geométricos para describir lo que se muestra en rojo. Sé lo más específico que puedas.

7.   **8.**

9.   **10.**

Ⓔ Explica por qué una recta se dibuja con dos flechas.

Ⓕ Explica por qué el segmento de recta del Ejercicio 9 es tanto un diámetro como una cuerda.

Triángulos y cuadriláteros (8-4)

Clasifica cada triángulo según sus lados y luego, según sus ángulos.

11.   **12.**

13. Escribe el nombre del cuadrilátero.

Ⓖ Di lo que sabes sobre los lados y los ángulos de un cuadrado.

Ⓗ Explica por qué un triángulo equilátero es también un triángulo isósceles.

OPCIÓN MÚLTIPLE

1. ¿Qué cuerpo geométrico no tiene ninguna cara triangular? (8-1)

   A. prisma rectangular

   B. pirámide cuadrangular

   C. pirámide rectangular

   D. prisma triangular

2. ¿Cuál de las figuras NO puede tener lados paralelos? (8-4)

   A. rectángulo   **B.** rombo   **C.** trapecio   **D.** triángulo

EN LOS EXÁMENES

Piénsalo bien

- Puedo **usar objetos** como ayuda para identificar y describir cuerpos geométricos, ángulos, triángulos y cuadriláteros.

- Debo **buscar las palabras resaltadas, como NO.**

RESPUESTA LIBRE

Di el número de caras, aristas y vértices que tiene cada cuerpo geométrico. (8-1)

3. pirámide cuadrangular

4. prisma triangular

5. prisma rectangular

6. cubo

Escribe el nombre de la figura plana que describe la forma de cada señal de tránsito. Sé lo más específico que puedas. (8-2, 8-4 y 8-5)

7. STOP

8.

9. SPEED 20

10.

Usa términos geométricos para describir lo que se muestra en rojo. Sé lo más específico que puedas. Si la figura es un triángulo, clasifícala según sus lados y ángulos. (8-2, 8-4 y 8-5)

11.

12.

13.

14.

Usa la figura de la derecha en los Ejercicios 15 a 18. (8-3)

15. Identifica un ángulo agudo.

16. Identifica una semirrecta.

17. Identifica un ángulo obtuso.

18. Identifica un par de rectas perpendiculares.

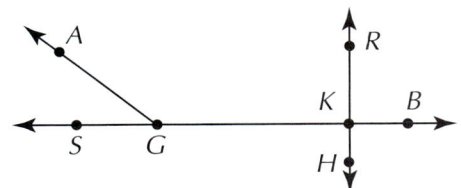

Escritura en matemáticas

19. Jaime dijo que dibujó un cuerpo geométrico de 6 caras y 8 vértices. ¿Es posible? De ser así, dibújalo. De no ser así, explica por qué es imposible. (8-1)

20. Dibuja un modelo plano de una pirámide cuadrangular. Identifica los polígonos de tu modelo plano. Sé lo más específico que puedas. (8-1 y 8-2)

Idea clave
Existen varias maneras de mover una figura a una nueva posición.

Vocabulario
- deslizamiento (traslación)
- inversión (reflexión)
- giro (rotación)
- figuras congruentes

Materiales
- conjunto de polígonos
- papel cuadriculado
- papel de calcar
  o **e tools**

EN LOS EXÁMENES

Piénsalo bien
- Puedo **usar objetos** para explorar deslizamientos, inversiones y giros.
- Puedo **sacar conclusiones** de mis dibujos.

Figuras congruentes y movimientos

APRENDE

¿De qué maneras puede moverse una figura?

Éstas son tres maneras diferentes de mover una figura plana.

En un **deslizamiento**, o **traslación**, se mueve una figura en una dirección recta.

En la **inversión**, o **reflexión**, de una figura se ve la imagen reflejada de ésta.

En un **giro**, o **rotación**, se mueve una figura alrededor de un punto.

✓ PREPÁRATE

Identifica las figuras. Sé lo más específico que puedas.

1.
2.
3.
4.

Actividad

¿Cambia el tamaño o forma de una figura al moverla?

a. Coloca un conjunto de polígonos en una hoja de papel cuadriculado. Traza líneas alrededor de él. Deslízalo a una nueva posición. Luego, traza nuevamente líneas alrededor de él.

b. ¿Son del mismo tamaño las dos figuras? ¿Tienen la misma forma? Explica cómo puedes usar papel de calcar o el conjunto de polígonos original para comprobarlo.

c. Comienza nuevamente y dibuja una inversión. ¿Cambió el tamaño o la forma de la figura?

d. Ahora dibuja un giro. ¿Cambió el tamaño o la forma de la figura?

¿Cómo se llaman las figuras que tienen el mismo tamaño y la misma forma?

Las figuras relacionadas por una traslación (deslizamiento), una reflexión (inversión) o una rotación (giro) tienen el mismo tamaño y forma. Estas figuras son **congruentes**. Puedes usar papel de calcar y deslizamientos, inversiones o giros para verificar si dos figuras son congruentes.

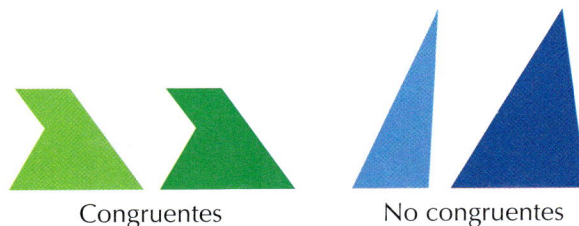

Congruentes   No congruentes

✅ Hablemos

1. ¿Qué letras de la derecha parecen ser congruentes?

2. ¿Qué puedes usar para mostrar que las letras son congruentes: un deslizamiento, una inversión o un giro?

3. ¿Cómo sabes si dos polígonos son congruentes?

Otro ejemplo: Grupo 8-6, página 491

COMPRUEBA ✓

¿Parecen ser congruentes las figuras de cada par? De ser así, di si están relacionadas por una inversión, un deslizamiento o un giro.

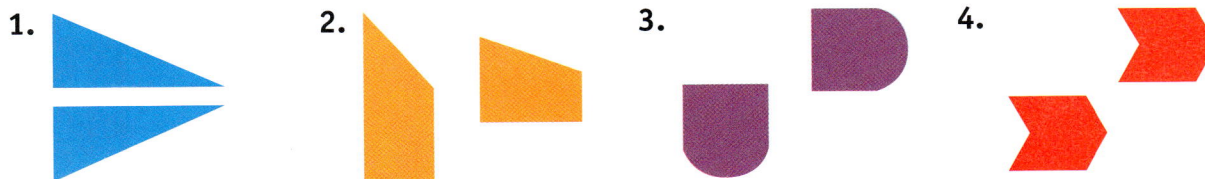

1.   2.   3.   4.

5. **Razonamiento** ¿Puede ser posible que un trapecio sea congruente con un cuadrado? Explícalo.

PRÁCTICA

Más práctica: Grupo 8-6, página 495

Ⓐ Destrezas y comprensión

¿Parecen ser congruentes las figuras de cada par? De ser así, di si están relacionadas por una inversión, un deslizamiento o un giro.

6.   7.   8.   9.

10. **Razonamiento** ¿Puede ser posible que un rectángulo sea congruente con un cuadrado? Explícalo.

B Razonamiento y resolución de problemas

11. Describe dos objetos de tu salón de clases que sean congruentes.

12. Así se ve el mensaje de la derecha en un espejo. ¿Qué dice el mensaje original?

ME GUSTA LA GEOMETRÍA.

13. Morgan dice que si desliza, invierte o gira un círculo, el resultado se ve siempre igual. ¿Está en lo correcto? Explícalo.

14. La orden *¡media vuelta!* le indica a una persona que gire en la dirección opuesta. ¿Se parece esto más a un deslizamiento, a una inversión o a un giro?

Matemáticas y arte

Los patrones de mosaicos, llamados **teselaciones,** se pueden dibujar deslizando, invirtiendo o girando ciertos polígonos. En las teselaciones siguientes, di si los polígonos rojos están relacionados por un deslizamiento, una inversión o un giro.

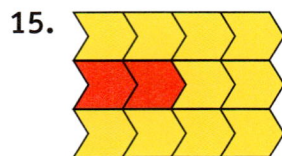

15.

16.

17.

18. Dibuja tu propia teselación. Di qué movimientos usaste para crear el patrón.

Escritura en matemáticas Para cada par de figuras, describe todo lo que es igual y todo lo que es diferente. Luego, di si las figuras son congruentes.

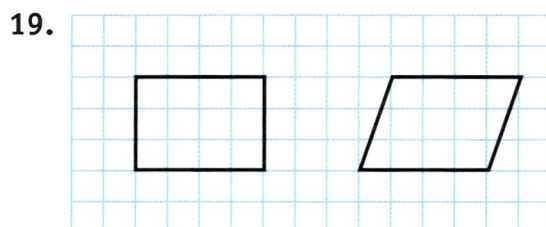

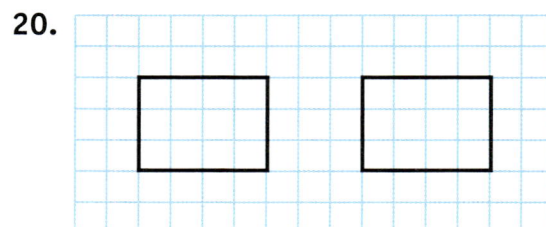

19.

20.

C Un paso adelante

Dibuja la figura que sigue en cada patrón.

21.

22.

🦉 **Repaso mixto y preparación de exámenes**

En la INTERNET
Preparación de exámenes
www.scottforesman.com

23. ¿Qué cuerpos geométricos tienen algunas de sus caras triangulares?

24. $\overline{GH}$ es __?__.

    A. una cuerda   **C.** un centro

    B. un radio   **D.** un diámetro

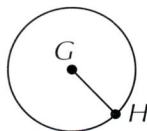

Aprender con tecnología

Usar Dibujos geométricos de eTools para realizar transformaciones

Usa Dibujos geométricos, de eTools, para dibujar un triángulo escaleno que se vea como el del dibujo de la pantalla de la derecha, y rotula sus vértices como se muestra. Ahora realiza las siguientes transformaciones.

1. Invierte el $\triangle ABC$ sobre una recta paralela a la recta que contiene el lado BC.

2. Da al $\triangle ABC$ $\frac{1}{4}$ de giro (90°), $\frac{1}{2}$ giro (180°) y $\frac{3}{4}$ de giro (270°).

3. Desliza el $\triangle ABC$ a la derecha, a la izquierda, hacia arriba y hacia abajo.

Si una figura rota sobre sí misma en menos de un giro completo, entonces la figura tiene *simetría rotacional*. Dibuja las figuras de la lista de abajo, halla su centro y, luego, halla la medida de ángulo y giro más pequeños que harán rotar la figura sobre sí misma. Si esto no es posible, entonces la figura no tiene simetría rotacional.

4. Rectángulo   **5.** Cuadrado

6. Triángulo isósceles   **7.** Triángulo equilátero

8. ¿Qué figuras de los Ejercicios 4 a 7 tienen simetría rotacional?

Vocabulario
• simétrico
• eje de simetría

Materiales
• papel cuadriculado
• tijeras
• conjunto de polígonos
o 🅔 tools

Simetría

APRENDE

Actividad

¿Qué son las figuras simétricas?

a. En una hoja de papel cuadriculado, dibuja un rectángulo grande que no sea un cuadrado y recórtalo.

b. Dobla el rectángulo por la mitad de modo que las dos mitades coincidan una con otra. Describe las dos mitades.

c. Abre el rectángulo. Luego, dóblalo de una manera diferente de modo que las otras dos mitades coincidan una con la otra.

Un rectángulo es una figura **simétrica** porque puede doblarse en dos mitades congruentes que coinciden una con la otra. Cada doblez se sitúa a lo largo de un **eje de simetría**. El rectángulo tiene dos ejes de simetría. La W de la derecha tiene un solo eje de simetría.

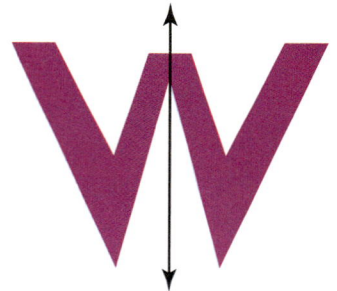

d. Dibuja y recorta un cuadrado. Dóblalo para hallar un eje de simetría. ¿Tiene otros ejes de simetría? ¿Cuántos?

Actividad

¿Cómo dibujas un diseño simétrico?

Puedes usar un conjunto de polígonos o papel cuadriculado para crear diseños simétricos.

a. Coloca los polígonos como se muestra a la derecha. Añade más polígonos para completar el diseño de modo que el resultado tenga simetría.

b. Haz tu propio diseño simétrico con polígonos. Dibuja tu diseño en papel.

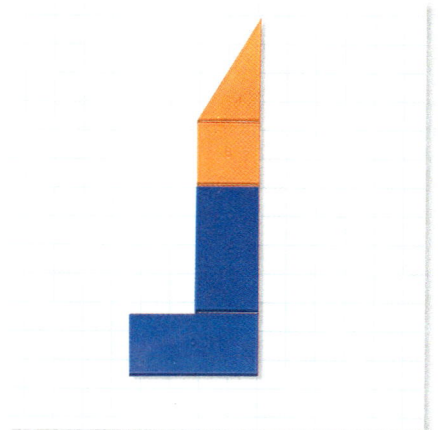

✓ **PREPÁRATE**

Traza cada figura. Luego, dibuja una inversión.

1.

2.

¿Cuántos ejes de simetría tiene cada figura?

1.    **2.**    **3.** S   **4.** 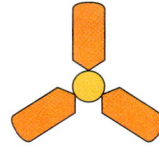   **5.**

6. Razonamiento ¿Cuántos ejes de simetría tiene un círculo?

PRÁCTICA

Más práctica: Grupo 8-7, página 495

(A) Destrezas y comprensión

¿Cuántos ejes de simetría tiene cada figura?

7.    **8.** 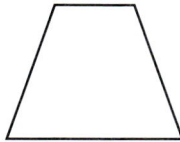   **9.**    **10.**    **11.**

12. Razonamiento ¿Cuántos ejes de simetría tiene un triángulo escaleno?

(B) Razonamiento y resolución de problemas

13. Copia el diseño de la derecha en papel cuadriculado. Luego, añádelo a la figura de modo que el resultado sea simétrico.

14. En la notación musical que se muestra, ¿qué línea es un eje de simetría para las seis notas?

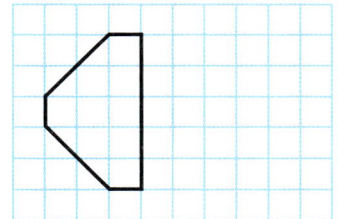

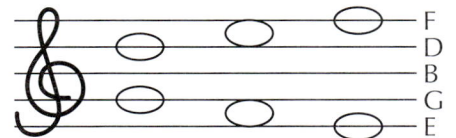

15. ~~Escritura en matemáticas~~ Dibuja una figura que no sea simétrica. Explica tu razonamiento.

🦉 Repaso mixto y preparación de exámenes

En la INTERNET
Preparación de exámenes
www.scottforesman.com

16. ¿Cuál es el valor de 2 monedas de 25¢, 3 de 10¢, 4 de 5¢ y 3 de 1¢?

17. ¿Qué par de figuras parecen ser congruentes?

A. 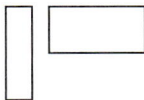   **B.**   **C.** 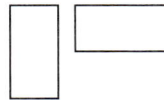   **D.**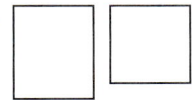

Idea clave
Algunas figuras tienen la misma forma, pero no necesariamente el mismo tamaño.

Vocabulario
• figuras semejantes

EN LOS EXÁMENES

Piénsalo bien
Debo **clasificar y categorizar** figuras geométricas.

Figuras semejantes

APRENDE

¿Qué son las figuras semejantes?

En su viaje a Rusia, Isabel compró un juego de *matriushkas,* muñecas múltiples. Todas las muñecas tienen la misma forma.

Las figuras que tienen la misma forma son **figuras semejantes**. Pueden tener o no el mismo tamaño.

No semejantes   Semejantes

✓ PREPÁRATE
Di si las figuras de cada par son congruentes.

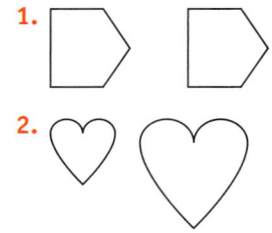

1.

2.

Estas figuras semejantes también son congruentes.

Ejemplo

¿Parecen ser semejantes las figuras de cada par?

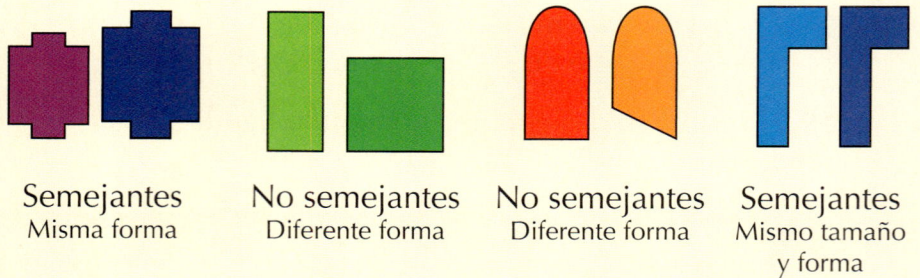

Semejantes
Misma forma

No semejantes
Diferente forma

No semejantes
Diferente forma

Semejantes
Mismo tamaño y forma

☑ Hablemos

1. ¿Son también congruentes las muñecas múltiples que se muestran arriba? Explícalo.

2. **Razonamiento** ¿Parecen ser semejantes los dos triángulos de la derecha? Explícalo.

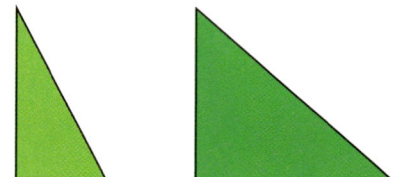

¿Parecen ser semejantes las figuras de cada par? De ser así, ¿son también congruentes?

1.

2.

3.

4.

5. Razonamiento ¿Son semejantes todos los cuadrados? ¿Son semejantes todos los rectángulos? Explícalo.

PRÁCTICA

Más práctica: Grupo 8-8, página 496

A **Destrezas y comprensión**

¿Parecen ser semejantes las figuras de cada par? De ser así, ¿son también congruentes?

6.

7.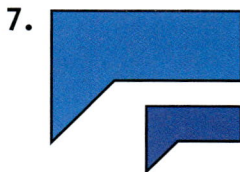

8.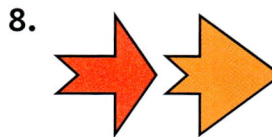

9.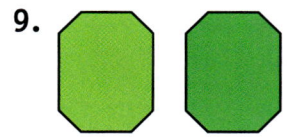

10. Razonamiento ¿Son semejantes todos los círculos? ¿Son semejantes todos los triángulos? Explícalo.

B **Razonamiento y resolución de problemas**

11. ¿Qué objetos de la derecha son semejantes? ¿Cuáles son también congruentes?

12. Dibuja tu propio ejemplo de figuras semejantes.

13. Escritura en matemáticas Describe la diferencia entre congruentes y semejantes. Explícalo.

Repaso mixto y preparación de exámenes

En la INTERNET
Preparación de exámenes
www.scottforesman.com

14. Dibuja una figura que tenga un eje de simetría.

15. ¿Qué expresión significa "seis veces la suma de cuatro más siete"?

A. $6 \times 4 + 7$ **B.** $6 \times 4 \times 7$ **C.** $6 \times (4 + 7)$ **D.** $(6 \times 4) + 7$

16. Observa el triángulo de la derecha. ¿Qué parte de la figura representan las letras *R, S* y *T*?

A. lados   **C.** caras

B. vértices   **D.** segmentos

Resolución de problemas: Destreza

Escribir para describir

Idea clave
Hay cosas específicas que puedes hacer para escribir una buena descripción en matemáticas.

APRENDE

¿Cómo escribes una buena descripción?

Al describir figuras geométricas, debes usar términos geométricos.

Cajas de palomitas de maíz Tomás diseña la parte delantera de las tres cajas de palomitas de maíz que se muestran abajo. Usa términos geométricos para describir en qué se parecen un trapecio, un cuadrado y un rectángulo.

Caja A   Caja B   Caja C

Escribir una descripción matemática

- Haz una lista de todos los términos geométricos que dicen o describen en qué se parecen las figuras.
- Escoge los términos que usarás en tu respuesta.
- Usa correctamente los términos geométricos al escribir tu descripción.

Términos geométricos que describen en qué se parecen las partes delanteras de las figuras:

  polígonos
  cuadriláteros
  4 ángulos
  2 lados paralelos

Todas las figuras son polígonos. Como todas tienen 4 lados y 4 ángulos, todas son cuadriláteros. Los polígonos son un trapecio, un rectángulo y un cuadrado, por tanto, todos tienen al menos dos lados que son paralelos.

✔ Hablemos

1. ¿Qué palabras de la descripción son términos geométricos?

2. Observa las cajas A y C. Usa términos geométricos para describir en qué se diferencia un trapecio de un rectángulo.

3. Observa las cajas B y C. Describe en qué se diferencia un rectángulo de un cuadrado.

1. A continuación se muestran los logotipos de dos equipos. Escribe dos enunciados para describir en qué se parecen los logotipos. Usa términos geométricos.

PRÁCTICA

Más práctica: Grupo 8-9, página 496

Escribe para describir. Usa términos geométricos.

2. Escribe dos enunciados para describir en qué se parecen las dos formas de almohada.

3. Escribe dos enunciados para describir en qué se parecen los cuadrados y los rectángulos. ¿Es un cuadrado un rectángulo especial?

4. Katie agrupó cuatro conjuntos de cuerpos geométricos en dos grupos, como se muestra a la derecha. Describe en qué se parecen los cuerpos geométricos de cada grupo. Describe una manera diferente en que puedes agrupar los cuatro cuerpos geométricos.

Grupo 1   Grupo 2

5. Dos clases de cuarto grado vendieron rollos de papel para envolver y reunieron dinero para una computadora nueva. Cada estudiante vendió al menos 7 rollos. Los resultados se muestran a continuación. ¿En qué se diferencian las ventas de las dos clases?

Número de rollos de papel para envolver vendidos por los estudiantes de la clase de la maestra Clark

Número de rollos de papel para envolver vendidos por los estudiantes de la clase de la maestra Arnoff

6. Escribe dos enunciados que comparen las formas de los trozos de queso de la derecha.

¿Lo sabes hacer?

¿Lo entiendes?

Figuras congruentes y movimientos (8-6)

¿Parecen ser congruentes las figuras de cada par? De ser así, di si están relacionadas por una inversión, un deslizamiento o un giro.

1.

2.

3.

4.

A Para cada par de figuras congruentes de los ejercicios 1 a 4, explica cómo determinaste que cada una era una inversión, un deslizamiento o un giro.

B Dibuja un par de triángulos congruentes de modo que uno sea rectángulo y el otro sea isósceles. ¿Qué debe cumplirse con respecto a ambos triángulos?

Simetría (8-7)

¿Cuántos ejes de simetría tiene cada figura?

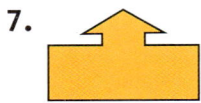

5.

6.

7.

8.

C ¿Son simétricas todas las figuras de los Ejercicios 5 a 8? Explícalo.

D Dibuja una figura que no sea simétrica.

Figuras semejantes (8-8)
Resolución de problemas: Destreza   Escribir para describir (8-9)

¿Parecen ser semejantes las figuras de cada par? De ser así, ¿son también congruentes?

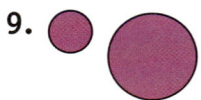

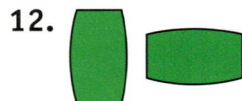

9.

10.

11.

12.

E Di cómo determinaste si las figuras de los Ejercicios 10 y 11 eran semejantes.

F Escribe dos enunciados que describan las figuras del Ejercicio 10.

EN LOS EXÁMENES

Piénsalo bien

Debo observar atentamente las opciones de cada respuesta.

OPCIÓN MÚLTIPLE

1. ¿Qué figura tiene más de dos ejes de simetría? (8-7)

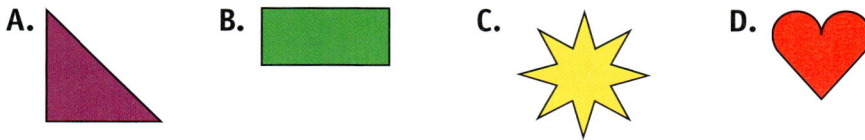

   A.   **B.**   **C.**   **D.**

2. ¿Qué figura es una inversión de la figura de la derecha? (8-6)

   A.   **B.**   **C.**   **D.**

RESPUESTA LIBRE

¿Parecen ser semejantes las figuras de cada par? De ser así, ¿son también congruentes? Para cada par de figuras congruentes, di si están relacionadas por una inversión, un deslizamiento o un giro. (8-6 y 8-8)

3.   4.   5.   6.

¿Cuántos ejes de simetría tiene cada figura? (8-7)

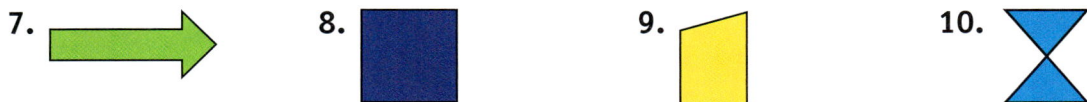

7.   8.   9.   10.

11. Halla el eje de simetría de la figura de la derecha. ¿Están relacionadas las dos mitades congruentes de esta figura por una inversión, un deslizamiento o un giro? (8-6 y 8-7)

Escritura en matemáticas

12. ¿Te mueves por un tobogán común de un patio de juegos como lo harías en un deslizamiento? Explica por qué. (8-6)

13. Explica por qué todos los triángulos equiláteros son semejantes pero no todos son congruentes. (8-8)

14. Escribe dos enunciados que describan los polígonos de la derecha. (8-9)

Álgebra

Idea clave
Existen diferentes maneras de hallar la distancia que hay alrededor de una figura.

Vocabulario
• perímetro

Materiales
• pajillas o tiras de papel
o **e tools**

EN LOS EXÁMENES

Piénsalo bien
Puedo **usar objetos** como ayuda para investigar los perímetros.

Perímetro

APRENDE

Actividad

¿Cómo hallas el perímetro de una figura?

La distancia que hay alrededor de una figura es su **perímetro**.

a. **Trabaja con un compañero.** Usa al menos 10 pajillas o tiras de papel para hacer un rectángulo. Cuenta las pajillas para hallar el perímetro.

b. Pide a tu compañero que haga un rectángulo de forma diferente que tenga el mismo perímetro.

c. Estima el perímetro de una hoja de papel. Luego, usa pajillas o tiras de papel para hallar su perímetro. Cuenta el número de pajillas o tiras de papel para hallar el perímetro.

d. Usa al menos 10 pajillas o tiras de papel para hacer un triángulo. Pide a tu compañero que cuente la cantidad de pajillas o tiras de papel para hallar el perímetro. Luego, pídele que haga un triángulo para ti. ¿Cuál es el perímetro?

e. Usa 36 pajillas o tiras de papel para hacer una figura. Describe la figura que hiciste. Di la longitud de cada lado.

PREPÁRATE

Nombra el cuadrilátero.

1. Tengo cuatro ángulos rectos y mis lados no tienen todos la misma longitud.

2. Tengo cuatro ángulos rectos y todos mis lados tienen la misma longitud.

¿Cómo calculas el perímetro?

Puedes sumar para hallar el perímetro de una figura. A veces puedes usar una fórmula.

Ejemplo A

Halla el perímetro de este hexágono.

Suma las longitudes de los lados.

30 + 12 + 13 + 14 + 14 + 24 = 107

El perímetro es de 107 metros.

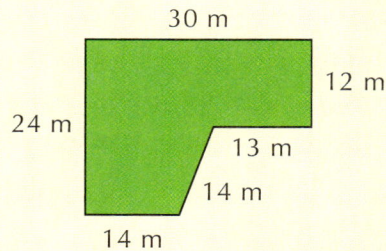

30 m

12 m

24 m

13 m

14 m

14 m

Ejemplo B

Halla el perímetro de este rectángulo.

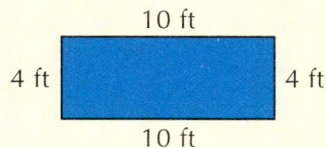

10 ft

4 ft   4 ft

10 ft

Una manera

Emma sumó.

10 + 4 + 10 + 4 = 28

El perímetro es de 28 pies.

Otra manera

Miguel usó una fórmula.

$P = 2\ell + 2a$

$P = (2 \times 10) + (2 \times 4)$

$= 20 + 8$

$= 28$

El perímetro es de 28 pies.

Fórmula del perímetro de un rectángulo

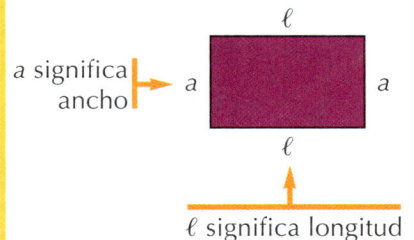

ℓ

a significa ancho

a a

ℓ

ℓ significa longitud

Perímetro = (2 × longitud) + (2 × ancho)

$P = 2\ell + 2a$

✔ Hablemos

1. Halla el perímetro del cuadrado de la derecha. ¿Cómo puedes usar la suma para hallar la respuesta? ¿Cómo puedes usar la multiplicación?

2. **Álgebra** Si ℓ representa la longitud del lado de un cuadrado, ¿por qué es $P = 4\ell$ la fórmula del perímetro de un cuadrado?

3. **Sentido numérico** ¿Mide más o menos de 100 pulgadas el perímetro de un cuadrado cuyos lados tienen 22 pulgadas? Estima para determinarlo.

⊢⊣ = 1 unidad

En la INTERNET
www **Más ejemplos**
www.scottforesman.com

COMPRUEBA ✓

Halla el perímetro de cada figura.

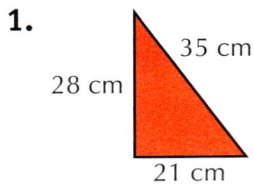

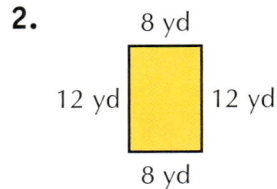

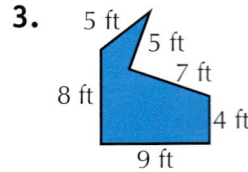

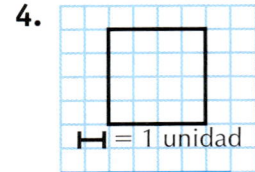

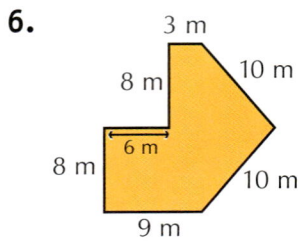

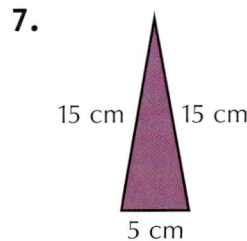

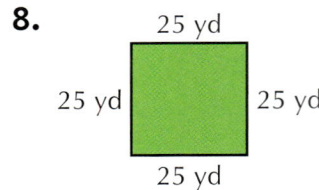

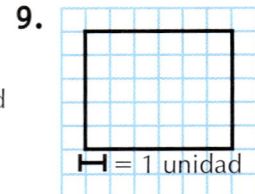

1.

35 cm
28 cm
21 cm

2.

8 yd
12 yd 12 yd
8 yd

3.

5 ft
5 ft
7 ft
8 ft
4 ft
9 ft

4.

⊢ = 1 unidad

5. Razonamiento ¿Qué figura tiene mayor perímetro: un rectángulo de 20 pulgadas por 32 pulgadas o un cuadrado de 28 pulgadas?

PRÁCTICA

Más práctica: Grupo 8-10, página 496

Ⓐ Destrezas y comprensión

Halla el perímetro de cada figura.

6.

3 m
8 m 10 m
6 m
8 m 10 m
9 m

7.

15 cm 15 cm
5 cm

8.

25 yd
25 yd 25 yd
25 yd

9.

⊢ = 1 unidad

10. Razonamiento ¿Qué figura tiene mayor perímetro: un rectángulo de 16 pies por 26 pies o un cuadrado de 20 pies?

Ⓑ Razonamiento y resolución de problemas

11. La longitud del lado de un cuadrado es de 26 pulgadas. ¿Cuál es su perímetro?

12. El perímetro de un rectángulo es de 32 pulgadas. Su longitud es de 10 pulgadas. ¿Cuál es su ancho?

Matemáticas y vida diaria

En muchas granjas, los niños cuidan los animales de corral, como las cabras. A algunas personas les gusta la leche de cabra y los quesos que se preparan con ella.

13. ¿Qué cantidad de cerca se necesita para un corral rectangular de cabras que mide 12 pies por 16 pies?

14. Escritura en matemáticas Describe una situación hogareña en la que necesitarías saber el perímetro de algo.

C Un paso adelante

15. Daniel dibujó la mitad de la letra "H" mayúscula en una cuadrícula, como se muestra. La recta segmentada representa un eje de simetría. Copia el trabajo de Daniel en una hoja de papel cuadriculado. Completa la otra mitad de la H. Estima el perímetro. Luego, halla el perímetro de la H.

☐ = 1 unidad

16. Calculadora El perímetro de un cuadrado es de 1,464 metros. Usa calculadora para hallar la longitud de un lado.

Repaso mixto y preparación de exámenes

En la INTERNET
Preparación de exámenes
www.scottforesman.com

17. Escribe dos enunciados que describan un triángulo rectángulo.

18. ¿Qué número NO es divisible por 3?

  A. 381   **B.** 420   **C.** 451   **D.** 501

Ampliación
Circunferencia

El perímetro de un círculo se llama **circunferencia.**

1. Copia la siguiente tabla. Selecciona 4 objetos circulares de diferente tamaño. Mide el diámetro y la circunferencia de cada objeto al centímetro más cercano. Escribe las mediciones en la tabla.

Objeto	Diámetro (d)	Circunferencia (C)	C ÷ d

2. Para cada objeto, divide la circunferencia por el diámetro. Redondea el cociente al número entero más cercano. Escribe el cociente en la última columna de la tabla.

3. ¿Observas algún patrón al dividir la circunferencia por el diámetro?

4. Estima la circunferencia de un círculo que tiene un diámetro de 12 pulgadas.

Álgebra

Idea clave

Hay diferentes maneras de contar las unidades cuadradas que se necesitan para cubrir una superficie.

Vocabulario
• área

Materiales
• fichas cuadradas
• papel cuadriculado
o **e tools**

Área

APRENDE

Actividad

¿Cómo hallas el área de una figura?

El número de unidades cuadradas necesarias para cubrir la región que está dentro de una figura es su **área**.

a. Trabajo en parejas. Hagan dos rectángulos diferentes con las fichas cuadradas. Cuenten cada ficha como una unidad cuadrada. ¿Cuál es el área de cada rectángulo? ¿Cuál es el perímetro?

PREPÁRATE

1. 7×9 2. 8×8
3. 5×7 4. 3×9
5. 10×14 6. 22×17
7. **Halla el perímetro de un rectángulo de 9 pulgadas por 12 pulgadas.**

Área = 10 unidades cuadradas

b. Deslicen sus rectángulos y júntenlos para formar una figura más grande. Hallen el área y el perímetro de la nueva figura.

c. ¿Pueden sumar el área de los rectángulos más pequeños para obtener el área de la nueva figura? Expliquen.

Piénsalo bien

Puedo **razonar lógicamente** para estimar un área. Contaré dos cuadrados parciales de la cuadrícula como un cuadrado entero.

d. Halla el área de las 2 primeras figuras. Estima el área de las 2 últimas figuras. ¿Qué figura tiene mayor área?

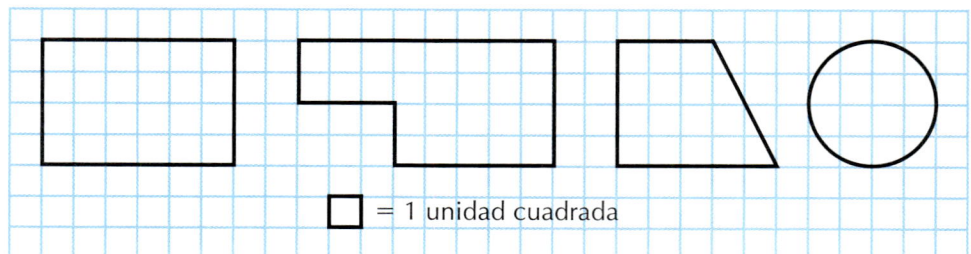

☐ = 1 unidad cuadrada

e. ¿Debes contar cada una de las unidades cuadradas para hallar el área del rectángulo? Explícalo.

¿Cómo calculas el área de una figura?

A veces puedes usar la multiplicación para hallar el área de una figura.

Ejemplo A

Halla el área de este rectángulo.

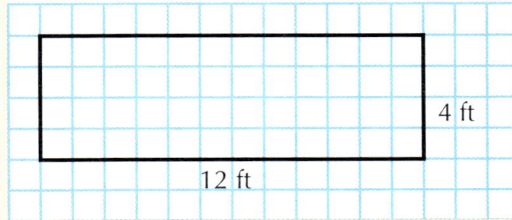

4 ft

12 ft

Una manera

John contó las unidades cuadradas.

El área es de 48 pies cuadrados.

Otra manera

Kelly usó una fórmula.

$A = \ell a$

$A = 12 \times 4$

$\quad = \quad 48$

El área es de 48 pies cuadrados.

Fórmula del área de un rectángulo

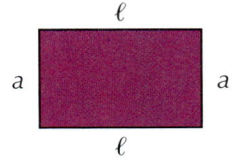

ℓ

a $\qquad$ a

ℓ

Área = longitud × ancho

$A = \ell a$

Ejemplo B

Halla el área de esta figura.

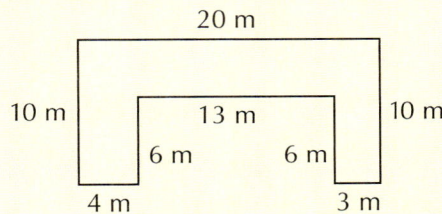

20 m

10 m $\quad$ 13 m $\quad$ 10 m

6 m $\qquad$ 6 m

4 m $\qquad$ 3 m

Dibuja segmentos para dividir la figura en rectángulos. Halla el área de cada rectángulo y suma.

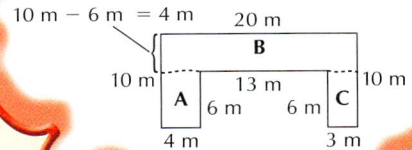

10 m − 6 m = 4 m $\quad$ 20 m

B

10 m $\quad$ A $\quad$ 13 m $\quad$ C $\quad$ 10 m

6 m $\quad$ 6 m

4 m $\qquad$ 3 m

Rectángulo A	**Rectángulo B**	**Rectángulo C**
$A = \ell a$	$A = \ell a$	$A = \ell a$
$A = 6 \times 4$	$A = 20 \times 4$	$A = 6 \times 3$
$\quad = \quad 24$	$\quad = \quad 80$	$\quad = \quad 18$

$24 + 80 + 18 = 122$, por tanto, el área de la figura original es de 122 metros cuadrados.

✔ Hablemos

1. En el ejemplo B, ¿cuáles son las dimensiones del Rectángulo B? Explícalo.

2. **Álgebra** Si ℓ representa la longitud del lado de un cuadrado, ¿por qué la fórmula del área de un cuadrado es $A = \ell \times \ell$?

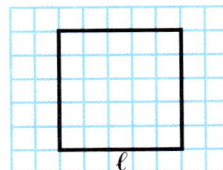

ℓ

Otro ejemplo: Grupo 8-11, página 493

Halla el área de cada figura.

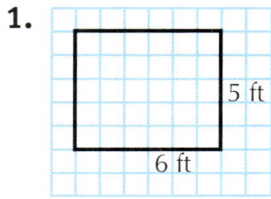

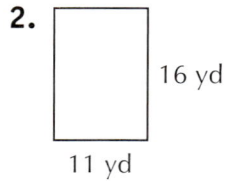

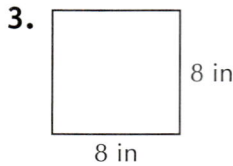

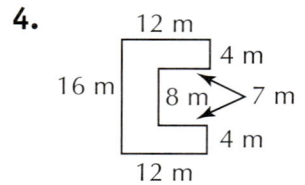

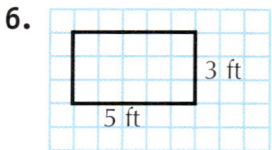

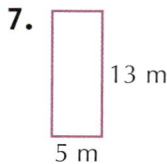

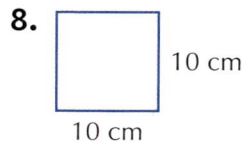

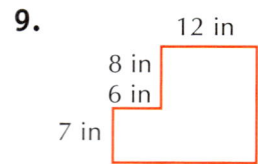

1.

5 ft
6 ft

2.
16 yd
11 yd

3.
8 in
8 in

4.
12 m
4 m
16 m
8 m → 7 m
4 m
12 m

5. Razonamiento El área de un cuadrado es de 25 yardas cuadradas. Halla la longitud de uno de sus lados.

Más práctica: Grupo 8-11, página 497

A Destrezas y comprensión

Halla el área de cada figura.

6.
3 ft
5 ft

7.
13 m
5 m

8.
10 cm
10 cm

9.
12 in
8 in
6 in
7 in

10. Razonamiento El área de un rectángulo es de 72 centímetros cuadrados. La longitud del rectángulo es de 9 cm. Halla el ancho.

B Razonamiento y resolución de problemas

11. En papel cuadriculado, ¿cuántos rectángulos diferentes puedes dibujar que tengan un área de 12 unidades cuadradas? ¿Tienen todos el mismo perímetro?

12. El perímetro de un cuadrado es de 20 yd. ¿Cuál es su área?

Matemáticas y vida diaria

El dibujo a escala de la derecha muestra dos hoyos de golf en miniatura.

13. Halla el área de cada hoyo de golf. ¿Cuál tiene un área mayor: el hoyo 1 o el hoyo 2?

14. Halla el perímetro de cada hoyo de golf. ¿Cuál tiene un perímetro mayor: el hoyo 1 o el hoyo 2?

15. ¿Te gustaría saber el área o el perímetro antes de colocar barras alrededor de cada hoyo?

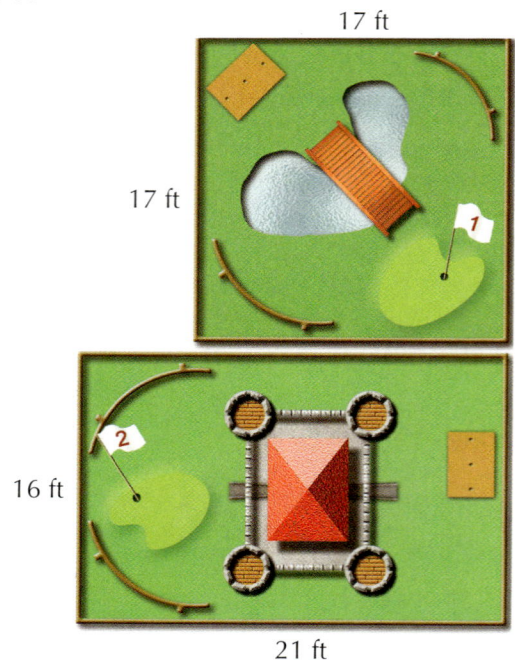

17 ft
17 ft
16 ft
21 ft

16. <u>**Escritura en matemáticas**</u> Explica la diferencia que hay entre el perímetro y el área de una figura.

C Un paso adelante

La **medida de la superficie** de un prisma es la suma de las áreas de todas sus caras. Hacer un dibujo del modelo plano de un prisma te puede ayudar a calcular el área de la superficie.

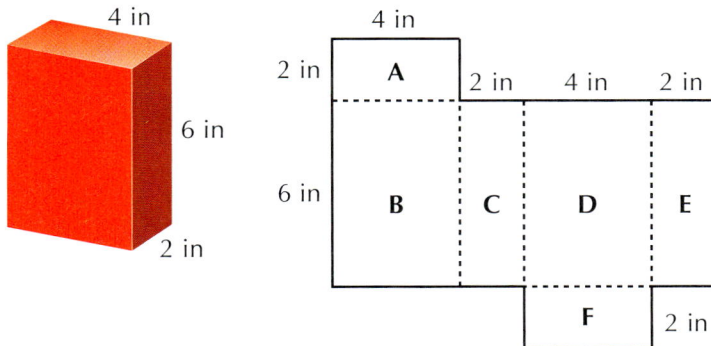

Cara	Área
A	8 pulgadas cuadradas
B	
C	
D	
E	
F	
Medida de la superficie (total)	

17. Copia y completa la tabla de arriba para hallar la medida de la superficie del prisma rectangular.

Repaso mixto y preparación de exámenes

En la INTERNET
Preparación de exámenes
www.scottforesman.com

18. Halla la mediana de este grupo de datos: 12, 8, 19, 22, 11, 14, 19.

19. ¿Cuál es el perímetro de un cuadrado en que uno de sus lados mide 8 pulgadas?

A. 2 pulgadas   **B.** 12 pulgadas   **C.** 32 pulgadas   **D.** 64 pulgadas

Ampliación
Área y perímetro usando un tablero geométrico

1. Copia la tabla. Luego, usa ligas para formar el Polígono A en tu tablero geométrico. Halla el perímetro y el área del Polígono A. Escribe estos números en la tabla.

2. Crea dos polígonos diferentes que tengan el mismo perímetro que el Polígono A. Llámalos Polígono B y Polígono C. Halla el área de cada uno de estos polígonos. Escribe las áreas en la tabla.

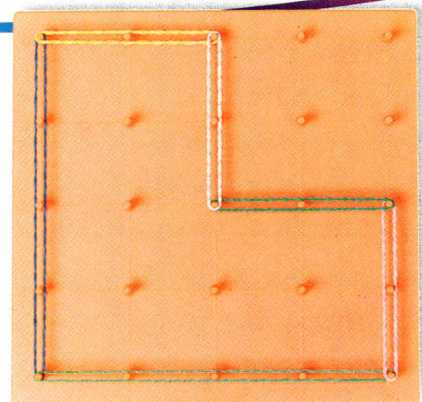

	Perímetro	Área
Polígono A		
Polígono B		
Polígono C		

Visualizar

Al leer en matemáticas, el **visualizar** te puede ayudar a usar la **estrategia de resolución de problemas** *Represéntalo* de la siguiente lección.

En lectura, el visualizar te puede ser útil para "ver" lo que ocurre en un cuento. En matemáticas, el visualizar te ayudará a "ver" lo que ocurre en un problema y a hacer una representación para resolverlo.

*Cuando **visualizo** el problema, veo un rectángulo que tiene una longitud de 10 pies y un ancho de 8 pies.*

Con la ayuda de un patrón, Beth esta pintando un borde en las paredes del perímetro de su porche. El patrón mide 2 pies de largo. El espacio rectangular mide 10 pies por 8 pies. ¿Cuántas veces repetirá Beth el patrón para cubrir todo el perímetro de su porche?

Lo representaré.
Haré que 1 centímetro represente 1 pie y "construiré" la habitación con papeles de 1 cm o con cuadrados plásticos.

Entonces usaré trozos de pajilla de 2 cm de largo cada uno para representar el patrón.

1. ¿Cuántos cuadrados se necesitan para representar la longitud de la habitación?

2. ¿Por qué los trozos de pajillas deben ser de 2 cm de largo?

En los Ejercicios 3 a 5, usa el siguiente problema.

El piso de una sala de reuniones cuadrada se cubre con baldosas de 1 pie cuadrado. La sala tiene un perímetro de 44 pies. ¿Cuántas baldosas cuadradas se necesitarán para cubrir el piso de la sala de reuniones?

3. Visualiza el problema. Describe lo que ves.

4. Usa cuadrados de 1 centímetro, de papel o de plástico, para representar el problema.

5. **Escritura en matemáticas** ¿Cuál es la longitud y el ancho de la sala de reuniones? ¿Cómo lo sabes?

En los Ejercicios 6 a 8, usa el siguiente problema.

Si sigues el estilo de los escalones de la izquierda, ¿cuántos cubos se necesitan para construir 5 escalones?

6. Visualiza el problema. Describe lo que ves.

7. Usa cubos pequeños para representar el problema.

8. **Escritura en matemáticas** ¿Podrías resolver el problema con la misma facilidad usando un dibujo? Explícalo.

En los Ejercicios 9 a 11, usa el siguiente problema.

Travis quiere usar 12 secciones de cerca de cuatro pies para cerrar un huerto rectangular. ¿Cuáles son todas las diferentes dimensiones posibles del huerto?

9. Visualiza el problema. Describe lo que ves.

10. Usa pajillas o tiras de papel para representar el problema.

11. **Escritura en matemáticas** Describe una forma de colocar las secciones de la cerca.

Resolución de problemas: Estrategia

¡La lectura te ayuda!

Visualizar

te ayuda con...

la estrategia de resolución de problemas *Represéntalo*.

Idea clave
Aprender cómo y cuándo hacer una representación te puede ayudar a resolver problemas.

Materiales
- pajillas o trozos de papel
- fichas cuadradas

o **e tools**

Representarlo

APRENDE

¿Cómo representas un problema para resolverlo?

Perreras Carrie compró 8 secciones de cerca de diez pies para hacer una perrera rectangular. Quiere que su perro tenga tanto espacio como sea posible. ¿Cómo debe colocar los 80 pies de cerca?

Lee para comprender

¿Qué sabes?

Carrie tiene 8 secciones de diez pies, u 80 pies, de cerca. Quiere que la perrera rectangular sea lo más grande posible.

¿Qué quieres averiguar?

Hallar cómo debe hacer Carrie la cerca.

Planea y resuelve

¿Qué estrategia usarás?

Estrategia: Represéntalo

Cómo representarlo

Paso 1: Si es necesario, escoge objetos para hacer la representación.

Paso 2: Muestra lo que sabes.

Paso 3: Haz una representación del problema.

Paso 4: Halla la respuesta en tu trabajo.

Usaré pajillas para hacer una representación.

Una perrera de 10 por 30 pies tiene un área de 300 pies cuadrados. Una perrera de 20 por 20 tiene un área de 400 pies cuadrados. La perrera de 20 por 20 es más grande.

Vuelve y comprueba

¿Lo has hecho bien?

Sí, cada perrera tiene un perímetro de 80 pies.

EN LOS EXÁMENES

Piénsalo bien

Visualizar la perrera del problema me ayuda a **representarla** con pajillas.

✔ Hablemos

1. Razonamiento ¿Pueden tener dos rectángulos el mismo perímetro y diferentes áreas?

Usa fichas cuadradas para resolver el problema. Da la respuesta en una oración completa.

1. **Área de lectura** La maestra Watson consiguió 42 cuadritos de alfombra para cubrir un área de lectura en su salón. El lado de cada cuadrito mide un pie. Su clase quiere colocar un borde alrededor del área de lectura. ¿Cómo pueden colocar los cuadritos para hacer el borde más corto?

PRÁCTICA

Más práctica: Grupo 8-12, página 497

Resuelve cada problema. Escribe la respuesta en una oración completa.

2. Carol y Raúl tienen 10 metros de borde para hacer un jardín rectangular. ¿De qué longitud y ancho deben hacer el jardín para obtener la mayor área?

3. La clase económica de un avión tiene 9 asientos en cada fila. Ésta tiene capacidad para 216 pasajeros. ¿Cuántas filas de asientos hay?

4. **Álbumes de fotografías** Laura y Kelly coleccionan fotos de personas famosas y las colocan en un álbum de fotografías. Laura coloca diariamente 5 fotos en su álbum. Kelly comienza a coleccionar el mismo día que Laura y coloca diariamente 3 fotos en su álbum. ¿Cuántas fotos tiene Kelly en su álbum cuando Laura tiene 25 fotos en el suyo?

5. ¿Cuántos cubos se necesitan para construir la 7.ª figura si el patrón continúa?

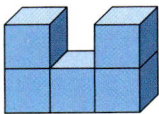
Figura 1

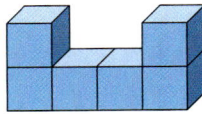
Figura 2

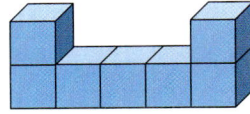
Figura 3

6. ¿Cuántos rectángulos diferentes puedes hacer con 24 cuadrados?

7. Marisol tiene la misma cantidad de monedas de 25¢ que de 5¢. Tiene $2.10. ¿Cuántas monedas de 25¢ y de 5¢ tiene ella?

8. Imagina que agrupas 48 fichas. El primer grupo tiene 3 fichas. Cada grupo siguiente tiene 2 fichas más que el grupo anterior. ¿Cuántos grupos tienes?

Álgebra

Idea clave

Existen diferentes maneras de contar las unidades cúbicas que se necesitan para llenar un cuerpo geométrico.

Vocabulario
• volumen

Materiales
• cubos pequeños
• cajas pequeñas

EN LOS EXÁMENES

Piénsalo bien

Puedo **usar objetos** para estimar el volumen de un cuerpo geométrico.

Volumen

APRENDE

Actividad

¿Cómo mides el volumen?

El número de unidades cúbicas necesarias para llenar un cuerpo geométrico es su **volumen**.

a. Llena una caja con tantos cubos pequeños como puedas. Cuenta cada cubo como una unidad cúbica. ¿Cuál es el volumen de la caja? ¿Es tu respuesta exacta o es una estimación? Explícalo.

b. ¿Cómo puedes usar la multiplicación para hallar el volumen de tu caja? ¿De la caja de la derecha?

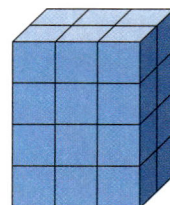

Volumen = 24 unidades cúbicas

¿Cómo hallas el volumen de un prisma rectangular?

Puedes contar cubos o usar la multiplicación para hallar el volumen de un prisma rectangular.

Ejemplo

Halla el volumen de este prisma rectangular.

2 yd
2 yd
4 yd

Una manera

Lisa contó las unidades cúbicas.

El volumen es de 16 yardas cúbicas.

Otra manera

Marta usó una fórmula.

$V = \ell ah$

$V = 4 \times 2 \times 2$

$= 16$

El volumen es de 16 yardas cúbicas.

Fórmula del volumen de un prisma rectangular

h representa la altura

Volumen = longitud × ancho × altura

$V = \ell ah$

Halla el volumen de cada cuerpo.

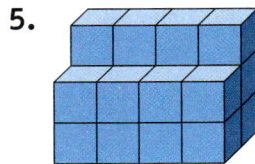

1.

2.

3.

8 m

5 m   3 m

4. Razonamiento La longitud de una arista de un cubo mide 3 pies. Halla el volumen. Explica cómo hallaste tu respuesta.

PRÁCTICA

Más práctica: Grupo 8-13, página 497

A Destrezas y comprensión

Halla el volumen de cada cuerpo.

5.

6.

7.

6 in

10 in   4 in

8. Razonamiento Halla los volúmenes de las figuras A y B de la derecha. ¿Qué relación hay entre los volúmenes?

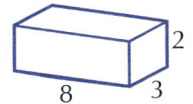

2

4   3

Figura A

2

8   3

Figura B

B Razonamiento y resolución de problemas

9. Imagina que la caja de la derecha se coloca dentro del cajón. Halla cuánto espacio queda dentro del cajón.

10. **Escritura en matemáticas** Una caja tiene una longitud de 3 yardas y un ancho de 2 yardas. Su volumen es de 30 yardas cúbicas. ¿Cuál es su altura? Explícalo.

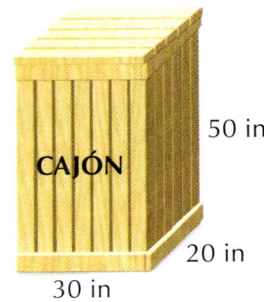

CAJÓN

50 in

20 in

30 in

CAJA

30 in

20 in

20 in

Repaso mixto y preparación de exámenes

En la INTERNET
Preparación de exámenes
www.scottforesman.com

11. ¿Cuántos ejes de simetría tiene la figura de la derecha?

12. ¿Cuál es el perímetro de un cuadrado que tiene un área de 36 pies?

A. 6 pies   **B.** 24 pies   **C.** 30 pies   **D.** 36 pies

DK Resolución de problemas: Aplicaciones

Edificios altos ¿Por qué se construyen estructuras altas? Una de las razones principales es el espacio para oficinas, pero también son importantes como soporte para antenas de comunicación. Muchas se construyen para inspirar respeto o atraer turistas. Cualquiera sea la razón, los edificios altos se convierten a menudo en símbolos de sus ciudades.

Dato curioso Las torres Petronas de Malasia tienen pináculos que son más altos que el techo de la torre Sears de Chicago, pero la torre Sears es la que tiene el último piso a mayor altura.

1 La base de la Gran Pirámide es un cuadrado. Cada lado mide aproximadamente 755 pies de largo. Cada lado del Pentágono mide aproximadamente 921 pies de largo. ¿Qué diferencia hay entre los perímetros de ambos edificios?

2 La base de la torre inclinada de Pisa es un círculo. ¿Cuál es la forma general de toda la torre?

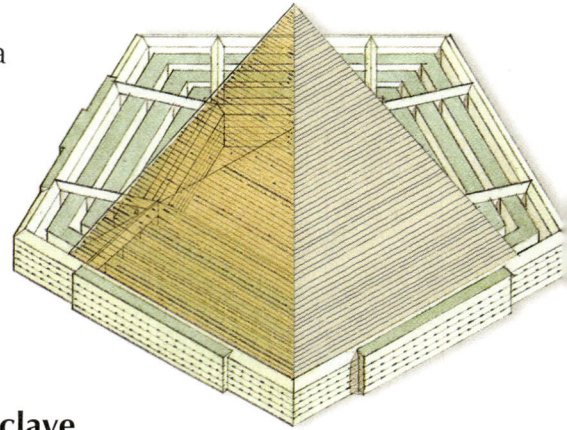

Usar datos clave

3 Aproximadamente, ¿cuántas veces más alta es la torre CN que la Estatua de la Libertad?

4 ¿Cuántos pies más alta es la torre Sears que la torre Eiffel? ¿Tiene la torre Sears más del doble de altura que la torre Eiffel?

Datos clave
Estructuras altas

Estructura	Altura
• Torre inclinada de Pisa	180 ft
• Estatua de la Libertad	305 ft
• Gran Pirámide	481 ft
• 1 Canada Square	797 ft
• Torre Eiffel	1,052 ft
• Banco de China	1,033 ft
• Edificio Chrysler	1,046 ft
• Edificio Empire State	1,250 ft
• Torre Sears	1,453 ft
• Torre CN	1,815 ft
• Torre KTHI-TV	2,063 ft

Buenas noticias/Malas noticias Los edificios altos se ven hermosos en el horizonte, pero pueden hacer que las calles de la ciudad parezcan estrechas y oscuras.

5 **Escritura en matemáticas** Describe cinco figuras diferentes que veas en los edificios de abajo.

6 Tres de estas estructuras no tienen simetría. ¿Cuáles son? Indica sus posiciones de izquierda a derecha comenzando en la página 478.

7 **Tomar decisiones** Dibuja un rascacielos usando sólo paralelogramos. Dibuja otro rascacielos usando sólo figuras que no sean paralelogramos. ¿Qué rascacielos sería más conveniente construir? Explica tu respuesta.

¿Lo sabes hacer?

¿Lo entiendes?

Perímetro (8-10)
Área (8-11)

Halla el perímetro y el área de cada figura.

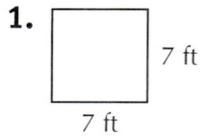

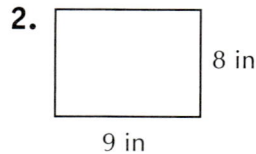

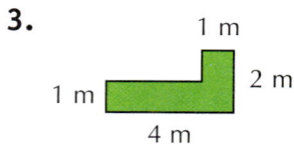

1. 7 ft / 7 ft

2. 8 in / 9 in

3. 1 m / 1 m / 2 m / 4 m

A Explica cómo hallaste el perímetro en el Ejercicio 2 y el área en el Ejercicio 1.

B ¿Qué representan ℓ y a en la fórmula $P = 2\ell + 2a$?

Resolución de problemas: Estrategia   Representarlo (8-12)

4. Kristen diseña un corral para caballos que debe tener un área de 105 metros cuadrados. ¿De qué longitud y ancho debe hacer el corral para usar la menor cantidad de cerca? Supón que la longitud y el ancho deben ser metros enteros.

C Describe cómo resolviste el problema con una representación.

D Menciona las longitudes y los anchos de dos rectángulos que tengan igual área y diferentes perímetros.

Volumen (8-13)

Halla el volumen de cada figura.

5. 5 in / 5 in / 5 in

6. 7 ft / 2 ft / 2 ft

7. Un prisma rectangular tiene una longitud de 6 metros, un ancho de 2 metros y una altura de 4 metros. ¿Cuál es su volumen?

E Explica cómo hallaste el volumen en el Ejercicio 5.

F ¿Es importante el orden en que multiplicas las longitudes de los lados para hallar el volumen? Explica tu respuesta.

EN LOS EXÁMENES

Piénsalo bien

Puedo **usar objetos** o fórmulas para hallar perímetros, áreas y volúmenes.

OPCIÓN MÚLTIPLE

1. Camila plantó un jardín de tulipanes en el patio delantero. El jardín tenía forma de rectángulo, con 4 pies de largo y 2 pies de ancho. ¿Cuántos pies de ribete debe comprar si quiere colocar ribetes alrededor de todo su jardín? (8-10)

   A. 6 pies   **B.** 8 pies   **C.** 10 pies   **D.** 12 pies

2. El área de un rectángulo es de 42 metros cuadrados. El ancho del rectángulo es de 6 metros. ¿Cuál es su longitud? (8-11)

   A. 7 metros   **B.** 32 metros   **C.** 48 metros   **D.** 252 metros

RESPUESTA LIBRE

Halla el perímetro de cada figura. (8-10)

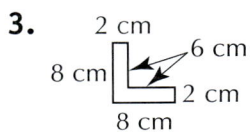

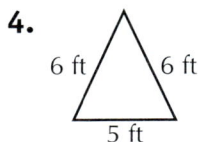

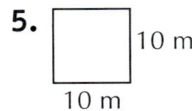

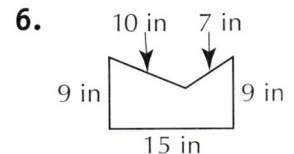

3.
2 cm
8 cm
6 cm
2 cm
8 cm

4.
6 ft   6 ft
5 ft

5.
10 m
10 m

6.
10 in   7 in
9 in   9 in
15 in

Halla el área de cada figura. (8-11)

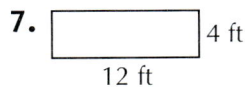

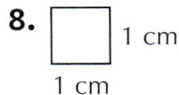

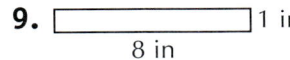

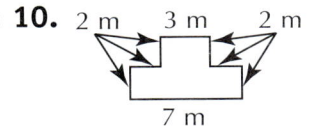

7.
4 ft
12 ft

8.
1 cm
1 cm

9.
1 in
8 in

10.
2 m   3 m   2 m
7 m

Halla el volumen de cada figura. (8-13)

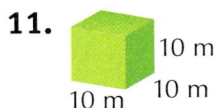

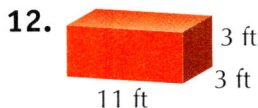

11.
10 m
10 m   10 m

12.
3 ft
3 ft
11 ft

13.
4 m
3 m
9 m

14.
1 in
15 in
1 in

Escritura en matemáticas

15. Explica qué está incorrecto en la respuesta de la derecha. (8-11)

16. Explica cómo puedes resolver el siguiente problema haciendo una representación. (8-12)

    Steven hizo 3 placas al día y María hizo 2 llaveros al día en la clase de artesanía. ¿Cuántas placas había hecho Steven cuando María había hecho 10 llaveros?

Halla el área.

4 ft
7 ft

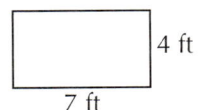

$7 + 7 + 4 + 4 = 22$
El área es de 22 pies.

Estrategias para exámenes

| Comprende la pregunta. |
| Reúne información para hallar la respuesta. |
| Planea cómo hallar la respuesta. |
| Escoge la mejor opción. |
| Usa escritura en matemáticas. |
| **Mejora las respuestas escritas.** |

Mejora las respuestas escritas

Sigue los consejos de abajo para aprender a mejorar las respuestas escritas de un examen. Es importante escribir una respuesta clara e incluir sólo la información necesaria para contestar la pregunta.

A continuación, encontrarás una guía para calificar las Preguntas de examen 1 y 2.

Guía para calificar

4 puntos

Calificación máxima: 4 puntos

La respuesta y la explicación son correctas.

3 puntos

Calificación parcial: 3 puntos

La respuesta es correcta, pero falta un detalle en la explicación.

2 puntos

Calificación parcial: 2 puntos

La respuesta es correcta o la explicación es correcta, pero no ambas.

1 punto

Calificación parcial: 1 punto

La espuesta es incorrecta. La explicación sólo demuestra comprensión parcial.

0 puntos

Calificación nula: 0 puntos

No hay respuesta ni explicación o están incorrectas.

1. Helen dibujó la letra mayúscula "**H**" en la cuadrícula siguiente.

H = 1 unidad

Halla el área de la letra "**H**". Explica cómo hallaste tu respuesta.

_____ unidades cuadradas

Mejora las respuestas escritas.

- Comprueba si tu respuesta está completa.

  *Para **obtener tantos puntos como pueda,** debo hallar el área de H y explicar cómo lo hice.*

- Comprueba si tu respuesta tiene sentido.

  *¿Usé correctamente los **términos matemáticos** para explicar cómo hallé el área?*

- Comprueba si tu explicación es clara y fácil de seguir.

  *Debo releer mi explicación y comprobar si expliqué mi trabajo **de manera precisa y clara.** ¿Incluí sólo la información que se pedía?*

Jessica usó la guía de la página 482 para calificar la respuesta de un estudiante a la Pregunta del examen 1. A continuación se muestra el trabajo del estudiante.

Halla el área de la letra "**H**". Explica cómo hallaste tu respuesta.

_____38_____ unidades cuadradas

Los cuadrados pequeños de la cuadrícula son unidades cuadradas. Por tanto, conté los cuadrados pequeños para hallar el área.

Piénsalo bien

El área está correcta. La explicación es bastante buena, pero el estudiante no dijo qué cuadrados pequeños contó. El estudiante debe decir que contó los cuadrados pequeños que están dentro de la H. Como la respuesta está correcta, pero falta un detalle en la explicación, el estudiante obtiene 3 puntos.

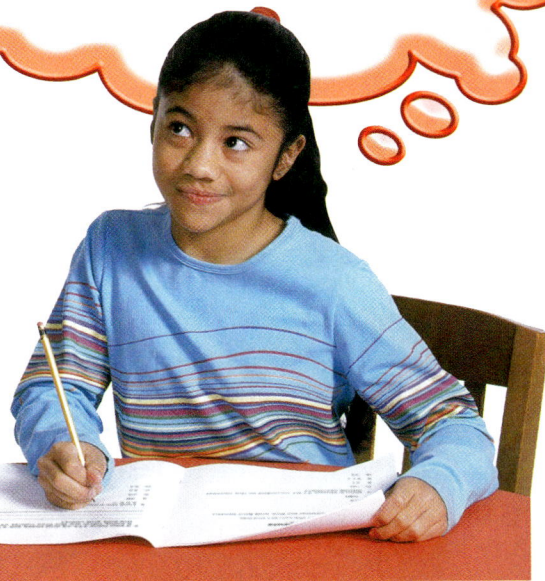

Ahora es tu turno

Califica el trabajo del estudiante. Si no obtiene 4 puntos, reescríbelo para obtenerlos.

2. Lawrence dibujó la letra mayúscula "**L**" en la cuadrícula de abajo.

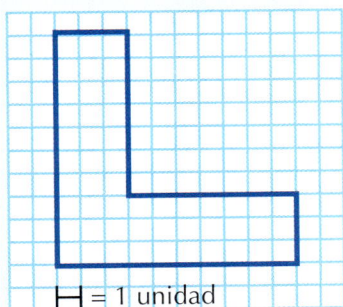

= 1 unidad

Halla el perímetro de la letra "**L**". Explica cómo hallaste tu respuesta.

El perímetro es de 51 unidades. Separé la L en 2 rectángulos. Multipliqué 3 x 10 para obtener el perímetro de un rectángulo y 3 x 7 para obtener el perímetro del otro. Luego, sumé 30 + 21 para obtener el perímetro total: 51 unidades.

¿Lo entendí?

Usa términos geométricos para describir figuras. (Lección 8-3)

Rectas y partes de rectas

Punto: A • A

Recta: $\overleftrightarrow{QS}$

Q S

Segmento de recta: $\overline{TU}$

T U

Semirrecta: $\overrightarrow{DE}$

D E

Pares de rectas

Paralelas

Secantes

Perpendiculares

Ángulos

$\angle XYZ$ vértice X Y Z

recto   agudo   obtuso

llano

1. Nombra un segmento de recta, una semirrecta, un ángulo agudo y un par de rectas perpendiculares de este diagrama.

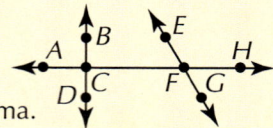

A B E H D C F G

> Mi abuelo usa un cepillo plano para suavizar superficies. A veces comienza con un bloque geométrico de madera.
>
> Una **figura plana** es lisa. Un **cuerpo geométrico** tiene 3 dimensiones. (p. 434)

¿Lo entendí?

Clasifica los cuerpos geométricos. (Lecciones 8-1, 8-2, 8-4 y 8-5)

Identifica cada figura.

Recuerda las clasificaciones de figuras **planas** y cuerpos **geométricos** que aparecen a la derecha.

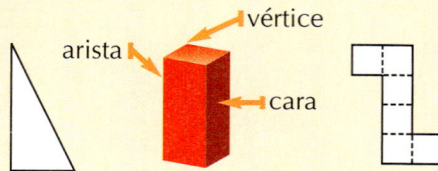

arista   vértice   cara

Triángulo isósceles rectángulo

Prisma rectangular

Modelo plano para cubo

Figuras planas

polígonos: triángulo, cuadrilátero, pentágono, hexágono, octágono

triángulos: equilátero, isósceles, escaleno, rectángulo, acutángulo, obtusángulo

cuadriláteros: rectángulo, cuadrado, trapecio, paralelogramo, rombo

círculo

Cuerpos geométricos

todas las superficies planas: cubo, prisma rectangular, prisma triangular, pirámide rectangular, pirámide cuadrangular

superficies curvas: esfera, cilindro, cono

2. Identifica cada figura.

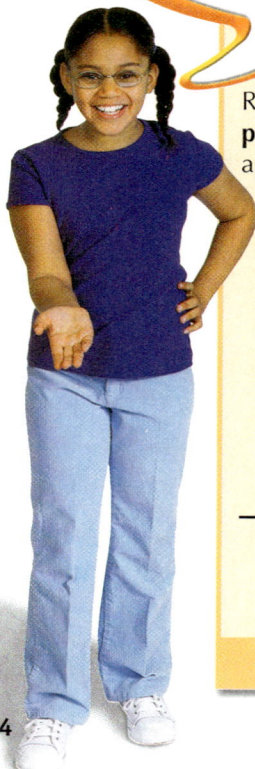

En el parque hay una cerca en el perímetro del área de juegos de los niños.

El **perímetro** es la distancia que hay alrededor de una figura plana y el **área** es la medida interior. *(pp. 464, 468)*

Medir, comparar y mover figuras.
(Lecciones 8-6, 8-7, 8-8, 8-10, 8-11 y 8-13)

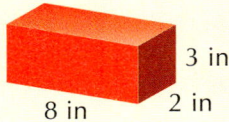

6 in

11 in
Perímetro: 34 in
$P = 2\ell + 2a$
Área: 66 in cuadradas
$A = \ell a$

3 in

8 in   2 in
Volumen: 48 in cúbicas
$V = \ell a h$

Figuras congruentes
Mismo tamaño y forma

Figuras semejantes

Misma forma

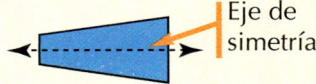
Eje de simetría

Figura simétrica

Deslizamiento
Traslación

Inversión
Reflexión

Giro
Rotación

3. ¿Están los cuadriláteros verdes de arriba relacionados por un deslizamiento, una inversión o un giro?

4. Halla el perímetro y el área de un rectángulo de 4 pies por 9 pies.

Resolver problemas escribiendo para describir o representándolos.
(Lecciones 8-9 y 8-12)

Describe dos figuras diciendo en qué se parecen y en qué se diferencian.

Describe estas dos figuras.

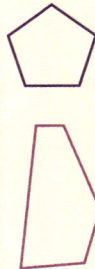

Ambos polígonos son pentágonos. El de arriba tiene lados de la misma longitud y el de abajo tiene lados de diferente longitud.

Usa objetos para resolver problemas.

¿Cuáles son las dimensiones de un rectángulo que tiene un área de 18 unidades cuadradas y un perímetro de 22 unidades?

Usa 18 fichas cuadradas. Haz un rectángulo que tenga un perímetro de 22 unidades.

Las dimensiones del rectángulo son 2 unidades por 9 unidades.

5. ¿Cuál es el perímetro de un cuadrado que tiene un área de 36 unidades cuadradas?

Respuestas: 1. Ejemplos: $\overline{CF}$; $\overline{FH}$; $\angle EFC$; $\overline{BD}$ y $\overline{AH}$ **2.** rombo; triángulo escaleno obtusángulo; hexágono **3.** Inversión **4.** 26 pies; 36 pies cuadrados **5.** 24 unidades

OPCIÓN MÚLTIPLE

Escoge la letra de la respuesta correcta.

1. ¿Qué opción NO se cumple para el siguiente cuerpo geométrico?

EN LOS EXÁMENES

Piénsalo bien
- Debo **buscar palabras como NO y EXCEPTO.**
- Puedo **eliminar las opciones incorrectas.**

A. Tiene 6 vértices.

B. Es un prisma triangular.

C. Tiene 9 aristas.

D. Todas sus caras son triángulos.

2. ¿Qué polígono tiene 5 vértices?

A. triángulo   **C.** cuadrilátero

B. hexágono   **D.** pentágono

3. ¿Cuál de los ángulos de la figura siguiente es un ángulo obtuso?

A. $\angle MKL$

B. $\angle JKL$

C. $\angle JKM$

D. $\angle JML$

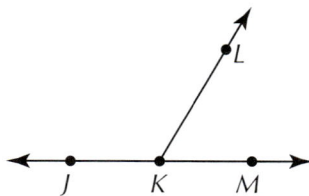

4. ¿Qué cuadrilátero tiene un solo par de lados paralelos?

A. trapecio   **C.** rombo

B. rectángulo   **D.** paralelogramo

5. ¿Qué opción describe mejor en términos geométricos lo que ocurrió con la "U"?

HOLA
EST U DIANTES

A. deslizamiento   **C.** giro

B. rotación   **D.** inversión

6. ¿Qué término geométrico describe lo que se muestra en rojo?

A. centro

B. radio

C. cuerda

D. diámetro

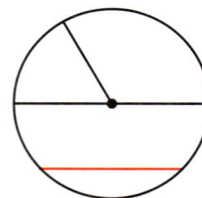

7. ¿Qué par de figuras parecen ser congruentes?

A.

C.

B.

D.

8. ¿Qué recta punteada es un eje de simetría?

A. R

C. T

B. S

D. U

9. ¿Cuál es el perímetro de esta figura?

A. 16 pies

B. 32 pies

C. 63 pies

D. 81 pies

7 ft

9 ft

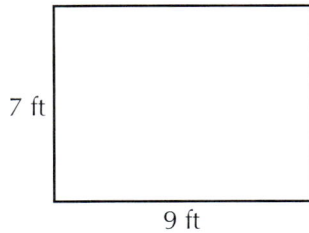

10. ¿Cuál es el área de la siguiente figura coloreada?

A. 11 yardas cuadradas

B. 24 yardas cuadradas

C. 28 yardas cuadradas

D. 32 yardas cuadradas

⊢ = 1 yd cuadrada

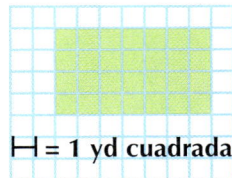

11. ¿Cuál es el volumen de esta figura?

A. 18 metros cúbicos

B. 30 metros cúbicos

C. 210 metros cúbicos

D. 210 metros cuadrados

7 m
6 m
5 m

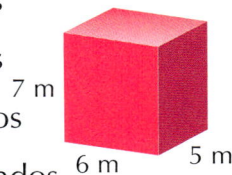

RESPUESTA LIBRE

Dibuja un ejemplo de cada polígono. ¿Cuántos lados y vértices tiene cada uno?

12. triángulo

13. rombo

14. pentágono

15. hexágono

Halla el perímetro y el área de cada rectángulo de longitud y ancho dados.

16. $\ell = 9$ ft, $a = 10$ ft

17. $\ell = 12$ m, $a = 8$ m

18. ¿Parecen ser semejantes las figuras de la derecha? De ser así, ¿son también congruentes?

En los Ejercicios 19 y 20, usa la siguiente figura.

H   I
J
K   L

19. Nombra tres semirrectas diferentes.

20. Nombra un ángulo agudo, un ángulo obtuso y un ángulo llano.

Escritura en matemáticas

21. Explica cómo usarías la estrategia Represéntalo para resolver el siguiente problema.

Toby tiene 18 pies de material para cercar un arenero rectangular. ¿De qué longitud y ancho debe Toby hacer el arenero para obtener la mayor área?

EN LOS EXÁMENES

Piénsalo bien

• Debo **buscar palabras que me indiquen de qué trata el problema.**

• Debo **hacer dibujos** para hallar la respuesta.

22. Escribe dos enunciados que describan las figuras siguientes.

23. ¿Cuántas fichas cuadradas se necesitarían para cubrir un diseño cuadrado que tiene una longitud de 5 fichas? Explica cómo lo sabes.

Números y operaciones

OPCIÓN MÚLTIPLE

1. Un paquete de 6 envases de jugo cuesta $2.10. ¿Cuánto cuesta un envase de jugo?

A. $0.30   **C.** $0.35

B. $0.33   **D.** $0.60

2. ¿Cuál es la estimación más razonable para 6,125 − 3,921?

A. 2,000   **C.** 4,000

B. 3,000   **D.** 5,000

3. ¿Qué número es divisible por 3?

A. 46   **B.** 51   **C.** 79   **D.** 85

RESPUESTA LIBRE

4. Hay 60 estudiantes que van de excursión al museo de ciencias. Cada camioneta tiene capacidad para 8 estudiantes. ¿Cuántas camionetas se necesitan para transportar a todos los estudiantes?

5. Ryan compró 2 camisetas en $7 cada una, 3 pares de pantalones cortos en $12 cada uno y 11 pares de calcetines en $2 cada uno. ¿Cuánto gastó Ryan en total?

EN LOS EXÁMENES

Piénsalo bien
- Debo **leer atentamente cada parte de la pregunta.**
- **Completaré los pasos en orden.**

Escritura en matemáticas

6. Usa una matriz para hallar 4 × 16. Explica por qué este método es como resolver dos problemas más sencillos.

Geometría y medición

OPCIÓN MÚLTIPLE

7. ¿Qué par de figuras son congruentes?

A.   **C.**

B.   **D.**

8. ¿Qué hora será 2 horas y 30 minutos después de la 1:45 P.M.?

A. 2:45 P.M.   **C.** 3:45 P.M.

B. 3:15 P.M.   **D.** 4:15 P.M.

RESPUESTA LIBRE

9. Usa términos geométricos para escribir dos enunciados que describan lo que se muestra.

X   Y   Z

10. ¿Cómo se llama un polígono de cinco lados?

11. Todos los sábados, Tony corre una vez alrededor de un parque cuadrado. Cada lado del parque mide 2 millas de largo. ¿Cuánto corre Tony cada sábado?

Escritura en matemáticas

12. Explica cómo hallar el área de este rectángulo de dos maneras diferentes. Halla el área.

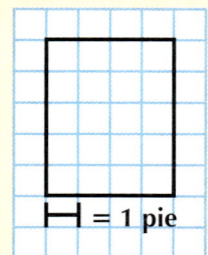

= 1 pie

Análisis de datos y probabilidad

13. ¿Cuál es el rango del grupo de datos de las edades de los miembros del equipo?

Edades de los miembros del equipo

Edad	Número
20	II
21	ЖHT
22	ЖHT I
23	IIII
24	IIII
25	I

A. 5   **B.** 6   **C.** 20   **D.** 22

14. Halla la moda para las edades de los miembros del equipo.

A. 20   **B.** 21   **C.** 22   **D.** 25

RESPUESTA LIBRE

Usa la gráfica de barras en los Ejercicios 15 y 16.

Campaña de lectura de cuarto grado

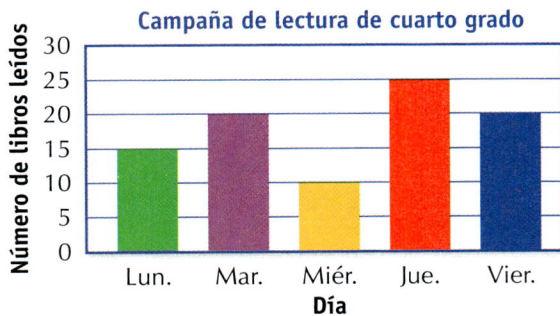

15. ¿En qué día leyeron los estudiantes la mayor cantidad de libros?

16. ¿En qué días leyeron los estudiantes la misma cantidad de libros?

Escritura en matemáticas

17. ¿Qué otro tipo de gráfica puede usarse para representar los datos de la gráfica de barras? Explica tu respuesta.

Álgebra

OPCIÓN MÚLTIPLE

18. Completa el patrón.

1, 4, 16, 64, ▮

A. 250   **B.** 256   **C.** 360   **D.** 364

19. ¿Qué enunciado numérico NO es verdadero?

A. $54 \div 9 = 5$ **C.** $27 + 29 = 56$

B. $7 \times 8 = 56$ **D.** $54 - 19 = 35$

20. ¿Qué expresión representa la frase "36 disminuido en un número n"?

A. $n - 36$ **C.** $36 \div n$

B. $36 - n$ **D.** $n \div 36$

RESPUESTA LIBRE

21. Completa la tabla y describe la regla que usaste.

Entrada	7	9	11	13
Salida	42	54	66	

22. Resuelve la siguiente ecuación probando estos valores para m: 3, 4, 6 y 8.

$96 \div m = 16$

Escritura en matemáticas

23. Los Clark tienen una piscina rectangular en su patio. Cubre 108 pies cuadrados del patio. La piscina tiene 9 pies de ancho. Halla la longitud de la piscina. Explica cómo hallaste tu respuesta.

Grupo 8-1 (páginas 434–437)

Nombra el cuerpo geométrico que se muestra.

Identifica qué figuras planas forman las caras de este cuerpo geométrico.

4 caras son triángulos

1 cara es un cuadrado

El cuerpo geométrico es una pirámide cuadrangular.

Tiene 4 caras triangulares y 1 cara cuadrada.

Recuerda que la esfera, el cilindro y el cono tienen superficies curvas.

1. ¿Cuántas caras tiene una pirámide cuadrangular?

2. ¿Cuántas aristas tiene una pirámide cuadrangular?

3. ¿Cuántos vértices tiene una pirámide cuadrangular?

4. ¿Qué figura plana es una cara tanto de un cilindro como de un cono?

Grupo 8-2 (páginas 438–439)

Nombra el polígono que se muestra.

Cuenta el número de lados para identificar el polígono.

Lado 1
Lado 6
Lado 2
Lado 5
Lado 3
Lado 4

El polígono tiene 6 lados.

El polígono es un hexágono.

Recuerda que un polígono tiene el mismo número de lados que de vértices.

¿Cuántos lados y vértices tiene cada polígono?

1. Triángulo   4. Rectángulo

2. Octágono   5. Pentágono

3. Cuadrado   6. Cuadrilátero

Grupo 8-3 (páginas 440–443)

Usa términos geométricos para describir lo que se muestra.

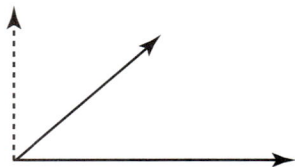

El ángulo es menor que un ángulo recto. Es un ángulo agudo.

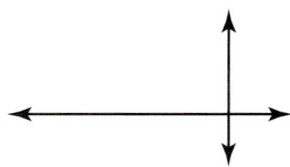

Las rectas forman ángulos rectos donde se intersecan. Son rectas perpendiculares.

Recuerda clasificar los ángulos según su tamaño y los pares de rectas según su relación.

Usa términos geométricos para describir lo que se muestra.

1.   2.

3.   4.

5.   6.

Grupo 8-4 (páginas 444-447)

Clasifica el triángulo según sus lados y ángulos.

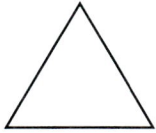

Todos los lados miden lo mismo. Es un triángulo equilátero. Todos los ángulos son agudos. Es un triángulo acutángulo.

Nombra el cuadrilátero.

Los lados opuestos son paralelos y miden lo mismo. No hay ángulos rectos. Es un paralelogramo.

Recuerda que un cuadrilátero puede ser un rectángulo, un cuadrado, un trapecio, un paralelogramo o un rombo.

Clasifica cada triángulo según sus lados y ángulos, y nombra cada cuadrilátero.

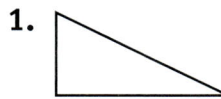

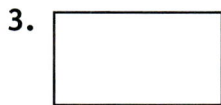

1.

2.

3.

4.

Grupo 8-5 (páginas 448-449)

Usa un término geométrico para describir lo que se muestra en rojo.

El segmento une el centro con un punto del círculo.

Lo que se muestra en rojo es un radio del círculo.

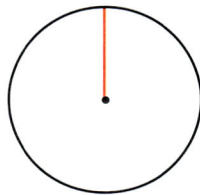

Recuerda que la longitud del diámetro de un círculo es el doble de la longitud de su radio.

Usa términos geométricos para describir lo que se muestra en rojo.

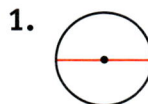

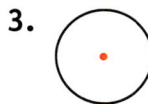

1.

2.

3.

4.

Grupo 8-6 (páginas 452-455)

¿Son congruentes las figuras? De ser así, di si están relacionadas por una inversión, un deslizamiento o un giro.

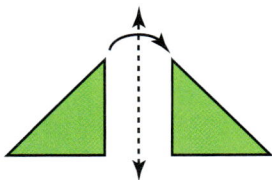

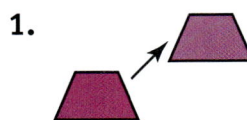

Las figuras son del mismo tamaño y forma. Las figuras son congruentes. La segunda figura es una imagen de la primera reflejada en un espejo. Las figuras están relacionadas por una inversión.

Recuerda que puedes usar deslizamientos, inversiones y giros para probar si dos figuras son congruentes.

¿Son congruentes las figuras de cada par? De ser así, di si están relacionadas por una inversión, un deslizamiento o un giro.

1.

2.

Grupo 8-7 (páginas 456–457)

¿Cuántos ejes de simetría tiene la figura?

Piensa en doblar una figura por la mitad para determinar si tiene simetría.

Si la figura se dobla por la mitad en la recta vertical, las dos mitades son congruentes.

La figura tiene un eje de simetría.

Recuerda que las figuras pueden tener más de un eje de simetría.

¿Cuántos ejes de simetría tiene cada figura?

1.

2.

3.

4.

Grupo 8-8 (páginas 458–459)

¿Son semejantes las figuras? De ser así, ¿son también congruentes?

Ambas figuras son rectángulos que tienen la misma forma. Las figuras son semejantes.

Las figuras no tienen el mismo tamaño. Las figuras no son congruentes.

Recuerda que si dos figuras son semejantes y tienen el mismo tamaño, son también congruentes.

¿Son semejantes las figuras de cada par? De ser así, ¿son también congruentes?

1.

2.

Grupo 8-9 (páginas 460–461)

Describe las siguientes figuras.

Ambas figuras son prismas. La primera figura es un prisma rectangular y la segunda es un prisma triangular.

Recuerda usar palabras como "ambos", "mismo", "diferente" para escribir descripciones.

Describe las siguientes figuras.

1.

2.

Halla el perímetro de este rectángulo.

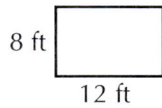

8 ft [ ] 12 ft

Suma la longitud de los lados o usa una fórmula.

$12 + 8 + 12 + 8 = 40$ ft

$P = 2\ell + 2a$
$P = (2 \times 12)\ 1\ (2 \times 8)$
$P = 24 + 16$
$P = 40$ ft

P = perímetro
ℓ = longitud
a = ancho

Recuerda que $P = 4l$ es la fórmula del perímetro de un cuadrado.

Halla el perímetro de cada figura.

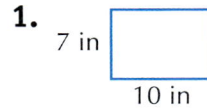

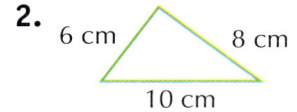

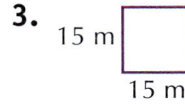

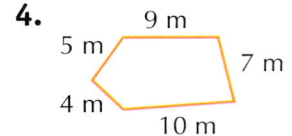

1. 7 in [ ] 10 in

2. 6 cm / 8 cm \ 10 cm

3. 15 m [ ] 15 m

4. 5 m, 9 m, 7 m, 4 m, 10 m

Halla el área de este rectángulo.

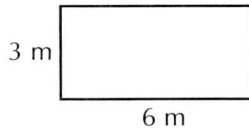

3 m [ ] 6 m

Usa una fórmula:

$A = \ell \times a$

$A = 6 \times 3$

$A = 18$ metros cuadrados

A = área
ℓ = longitud
a = ancho

Recuerda que el área se mide siempre en unidades cuadradas.

Halla el área de cada figura.

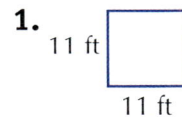

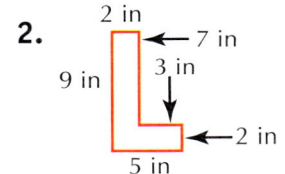

1. 11 ft [ ] 11 ft

2. 2 in, 7 in, 9 in, 3 in, 2 in, 5 in

Cuando resuelvas un problema haciendo una representación, sigue estos pasos.

Paso 1: Escoge objetos para hacer la representación.

Paso 2: Muestra lo que sabes.

Paso 3: Haz una representación del problema.

Paso 4: Halla la respuesta en tu trabajo.

Recuerda lo que representan tus objetos en el problema.

1. Dave tiene 36 fichas cuadradas. Quiere colocar un borde alrededor de las fichas. ¿Cómo debo colocar las fichas para hacer el borde más corto que pueda?

Halla el volumen de este prisma rectangular.

Volumen = longitud × ancho × altura

$V = \ell \times a \times h$
$V = 5 \times 2 \times 4$
$V = 40$ pies cúbicos

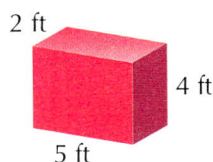

2 ft, 4 ft, 5 ft

Recuerda que el volumen se mide siempre en unidades cúbicas.

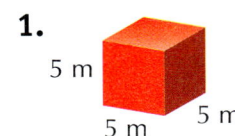

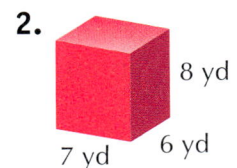

1. 5 m, 5 m, 5 m

2. 8 yd, 7 yd, 6 yd

Grupo 8-1 (páginas 434–437)

Nombra cada cuerpo geométrico. Di la forma de las caras de cada cuerpo.

1.    **2.**    **3.**    **4.**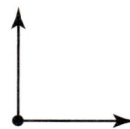

5. De una bolsa de bloques de madera, Susan escoge un cono, un cilindro y una esfera. ¿Qué tienen en común todos estos bloques?

Grupo 8-2 (páginas 438–439)

Dibuja un ejemplo de cada polígono. Di cuántos lados y vértices tiene cada uno.

1. triángulo   **2.** hexágono   **3.** pentágono

4. octágono   **5.** cuadrilátero   **6.** paralelogramo

7. Si un polígono tiene 12 vértices, ¿cuántos lados tiene?

Grupo 8-3 (páginas 440–443)

Usa términos geométricos para describir lo que se muestra. Sé lo más específico que puedas.

1.   **2.**   **3.**   **4.**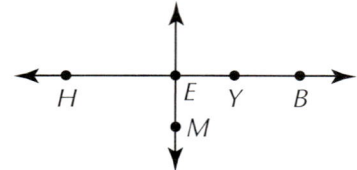

5. Nombra tres segmentos de recta diferentes de la figura de la derecha.

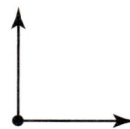

Grupo 8-4 (páginas 444–447)

Clasifica cada triángulo según sus lados y luego, según sus ángulos.

1. 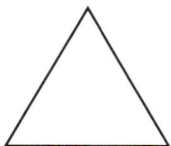   **2.**    **3.** 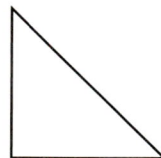   **4.**

5. Escribe el nombre de todos los cuadriláteros que están en la figura de la derecha.

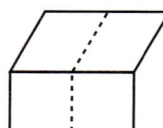

Grupo 8-5 (páginas 448–449)

Usa términos geométricos para describir lo que se muestra en rojo.

1. **2.** **3.** **4.**

5. El diámetro de cada rueda de la bicicleta de Tony mide 20 pulgadas. ¿Cuál es la longitud del radio de las ruedas de la bicicleta?

Grupo 8-6 (páginas 452–455)

¿Son congruentes las figuras de cada par? De ser así, di si están relacionadas por una inversión, un deslizamiento o un giro.

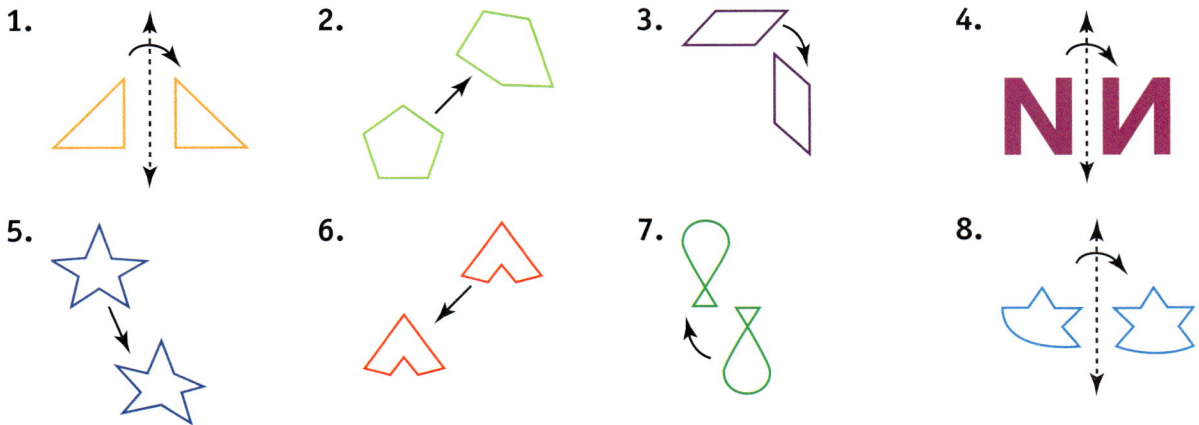

1. **2.** **3.** **4.**

5. **6.** **7.** **8.**

9. Dos triángulos son congruentes. El primer triángulo es escaleno. ¿Qué sabes sobre el segundo triángulo?

Grupo 8-7 (páginas 456–457)

¿Cuántos ejes de simetría tiene cada figura?

1. **2.** **3.** **4.**

5. La vela del velero a escala de Brandon es un triángulo isósceles. ¿Cuántos ejes de simetría tiene la vela?

Grupo 8-8 (páginas 458–459)

¿Son semejantes las figuras de cada par? De ser así, ¿son también congruentes?

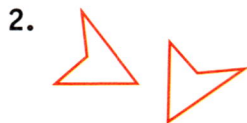

1.   **2.**   **3.**   **4.**

5. En la figura de la derecha, identifica un par de figuras que sean congruentes y un par de figuras que sean semejantes, pero no congruentes.

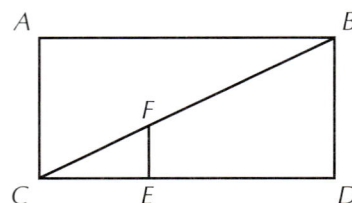

Grupo 8-9 (páginas 460–461)

Escribe dos enunciados que describan cada par de figuras.

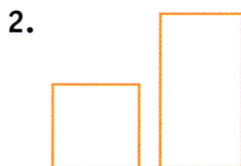

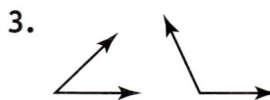

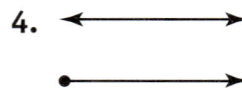

1.   **2.**   **3.**   **4.**

5. Describe la información que muestran las tablas de la derecha.

Entrada	2	3	4	5
Salida	8	9	10	11

Entrada	2	3	4	5
Salida	12	18	24	30

Grupo 8-10 (páginas 464–467)

Halla el perímetro de cada figura.

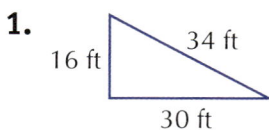

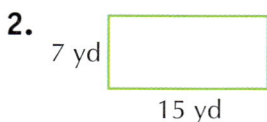

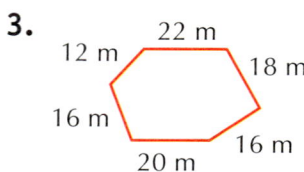

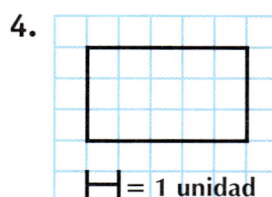

1.   **2.**   **3.**   **4.**

5. El perímetro de un rectángulo mide 48 pulgadas. Su ancho es de 11 pulgadas. ¿Cuál es la longitud del rectángulo?

6. El perímetro de un rectángulo mide 38 yardas. Su longitud es de 14 yardas. ¿Cuál es el ancho del rectángulo?

Grupo 8-11 (páginas 468–471)

Halla el área de cada rectángulo.

1.

8 ft
7 ft

2.

12 in

12 in

3.

10 cm

15 cm

4.

11 yd

9 yd

5. El perímetro de un cuadrado es de 28 pies. ¿Cuál es el área del cuadrado?

6. Un rectángulo tiene un área de 54 cm cuadrados. La longitud del rectángulo es de 6 cm. ¿Cuál es el ancho del rectángulo?

Grupo 8-12 (páginas 472–473)

Resuelve cada problema haciendo una representación. Escribe la respuesta en una oración completa.

1. Un restaurante tiene 8 mesas cuadradas pequeñas. En cada lado de las mesas puede sentarse 1 persona. Martha quiere juntar las mesas pequeñas para formar 1 mesa grande rectangular para una fiesta. Quiere ordenar las mesas de modo que pueda sentarse la mayor cantidad de personas en la mesa grande. ¿Cómo debe ordenar las 8 mesas pequeñas?

2. El señor Sánchez tiene 20 pies de cerca para marcar el espacio que tiene en su patio trasero para un jardín rectangular. Quiere que el jardín tenga la mayor área posible. ¿Cuál debe ser la longitud y el ancho del jardín?

Grupo 8-13 (páginas 476–477)

Halla el volumen de cada figura.

1.

2.

3.

4 in

6 in

5 in

4. El volumen de una caja de juguetes es de 24 pies cúbicos. Su longitud es de 8 pies y su ancho es de 3 pies. ¿Cuál es la altura de la caja de juguetes?

Conceptos de fracciones

DIAGNOSTICAR EL NIVEL

A Vocabulario
(Grado 3)

Escoge del recuadro el término más adecuado.

1. Una __?__ describe una parte de un entero o de un conjunto.

2. El __?__ de una fracción indica el número de partes iguales del entero o del conjunto.

3. Cuando una figura tiene tres partes iguales, éstas se llaman __?__.

Vocabulario
- **fracción** *(Gr. 3)*
- **denominador** *(Gr. 3)*
- **mitades** *(Gr. 3)*
- **número mixto** *(Gr. 3)*
- **numerador** *(Gr. 3)*
- **tercios** *(Gr. 3)*

B Operaciones de división
(páginas 148–149)

4. $18 \div 3$ 5. $24 \div 8$

6. $16 \div 4$ 7. $36 \div 9$

8. $25 \div 5$ 9. $14 \div 2$

10. $48 \div 6$ 11. $56 \div 8$

12. Claudia plantó 49 flores en macetas. En cada maceta plantó 7 flores. ¿Cuántas macetas usó?

13. Jaime recorrió 32 millas en su bicicleta. Si demoró 4 horas, ¿cuántas millas recorrió cada hora?

C Conceptos de fracciones

(Grado 3)

Escribe el número de partes iguales que hay en cada figura.

14.

15.

16.

17.

18.

19.

D Partes de una región o de un conjunto

(Grado 3)

Escribe qué fracción de cada figura es verde.

20.

21.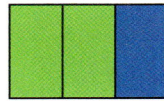

Escribe qué fracción de cada conjunto es verde.

22.

23.

Idea clave
Las fracciones representan partes de una región entera.

Vocabulario
• fracción
• numerador
• denominador

EN LOS EXÁMENES

Piénsalo bien
• Puedo **usar el dibujo** como ayuda para comprender las fracciones.
• Existe **más de una manera** de mostrar una fracción.

Partes de una región

APRENDE

¿Cómo representas y muestras una parte de una región?

La clase de cuarto grado del profesor Aydin dibuja los planos de un patio de juegos. En el plano de la derecha, ¿qué parte del patio estará cubierto de pasto?

Puedes usar una **fracción** para expresar una parte de un entero. Usa una fracción para representar la parte del patio que estará cubierta de pasto.

$\frac{3}{4}$ ← El **numerador** indica cuántas partes iguales se describen.

← El **denominador** indica cuántas partes iguales hay en total.

Por tanto, $\frac{3}{4}$ del patio estarán cubiertos de pasto.

Diferentes regiones pueden ser la misma parte de un entero.

PREPÁRATE

1. 8 ÷ 2   **2.** 12 ÷ 4

3. 6 ÷ 3   **4.** 15 ÷ 5

5. 12 ÷ 6   **6.** 10 ÷ 2

Ejemplo

Muestra un patio de juegos que tenga $\frac{1}{2}$ de pasto.

La manera de Carly

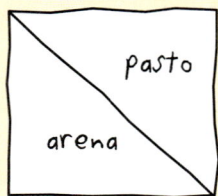

Dividí un cuadrado en 2 triángulos iguales e hice 1 parte de arena y 1 parte de pasto.

La manera de Steve

Dividí un cuadrado en 2 rectángulos iguales e hice 1 parte de arena y 1 parte de pasto.

La manera de Pat

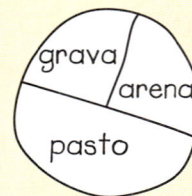

Dividí un círculo en 3 partes e hice 1 parte de grava, 1 parte de arena y 1 parte de pasto.

✔ Hablemos

1. ¿Es $\frac{1}{2}$ de un todo siempre del mismo tamaño?

2. Misty dijo que el diagrama de Pat muestra $\frac{1}{3}$ del pasto del patio, porque hay 3 partes y 1 parte está cubierta de pasto. ¿Está en lo correcto? Explícalo.

En la INTERNET
Más ejemplos
www.scottforesman.com

1. Escribe una fracción para la parte que es azul en la región de la derecha.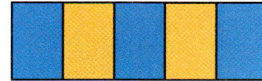

En los Ejercicios 2 a 5, dibuja un modelo para representar cada fracción.

2. $\frac{2}{3}$ **3.** $\frac{3}{8}$ **4.** $\frac{7}{10}$ **5.** $\frac{4}{5}$

6. Sentido numérico ¿Es azul $\frac{1}{4}$ del círculo de la derecha? Explica por qué.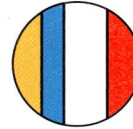

PRÁCTICA

Más práctica: Grupo 9-1, página 556

A **Destrezas y comprensión**

7. Escribe una fracción para la parte que es verde en la región de la derecha.

En los Ejercicios 8 a 12, haz un modelo para representar cada fracción.

8. $\frac{4}{12}$ **9.** $\frac{5}{6}$ **10.** $\frac{4}{7}$ **11.** $\frac{1}{4}$ **12.** $\frac{64}{100}$

13. Sentido numérico ¿Comerás más si comes $\frac{1}{3}$ de una pizza pequeña o $\frac{1}{3}$ de una pizza mediana? Explícalo.

B **Razonamiento y resolución de problemas**

En los Ejercicios 14 a 17, escribe una fracción para la parte que es roja en cada bandera.

14.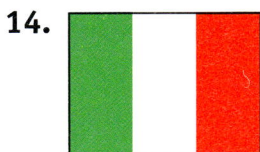
Italia

15.
Indonesia

16.
Taiwán

17.
Austria

18. **Escritura en matemáticas** Suzie dice que $\frac{2}{3}$ del rectángulo de la derecha son amarillos. Explica por qué está equivocada.

Repaso mixto y preparación de exámenes

En la INTERNET
Preparación de exámenes
www.scottforesman.com

19. Halla el volumen del cuerpo geométrico de la derecha.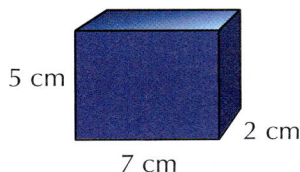

5 cm
2 cm
7 cm

20. $354 \div 2$

A. 122   **C.** 172

B. 127   **D.** 177

Vocabulario
• fracción (p. 500)
• numerador (p. 500)
• denominador (p. 500)

EN LOS EXÁMENES

Piénsalo bien
Puedo **hacer un dibujo** para representar fracciones.

Partes de un conjunto

APRENDE

¿Cómo representas y muestras una parte de un conjunto?

Ejemplo A

¿Qué parte de las frutas son peras rojas?

Numerador $\longrightarrow \dfrac{2}{5} \longleftarrow$ Número de peras rojas
Denominador $\longrightarrow \phantom{\dfrac{2}{5}} \longleftarrow$ Cantidad total de frutas

Las peras rojas son $\frac{2}{5}$ de las frutas.

Puedes usar una fracción para representar una parte de un conjunto.

Ejemplo B

Representa un conjunto con $\frac{7}{10}$ de manzanas.

7 de las 10 frutas son manzanas.

Ejemplo C

Representa un conjunto con $\frac{6}{6}$ de manzanas.

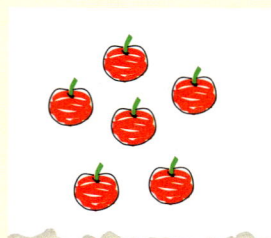

Todas las frutas son manzanas.

Ejemplo D

Representa un conjunto con $\frac{0}{4}$ de manzanas.

No hay manzanas en el conjunto.

✓ **Hablemos**

1. En el Ejemplo D, ¿por qué ninguna de las frutas es manzana?

COMPRUEBA ✓

Otro ejemplo: Grupo 9-2, página 552

¿Qué fracción de cada conjunto es azul?

1. **2.** **3.** **4.**

5. Sentido numérico Si $\frac{1}{3}$ de un conjunto son manzanas, ¿qué parte no son manzanas?

A Destrezas y comprensión

¿Qué fracción de cada conjunto es roja?

6. ■■■■

7. ●●●●●
●●●●●

8. △△△△△

9. △△△△
△△△△

10. ●●●
●●●
●●●

11. ▬▬▬
▬▬▬

12. △△△△△
△△△△

13. ■■■■■
■■■■■
■■■■■

En los Ejercicios 14 a 21, dibuja un modelo para representar cada fracción como parte de un conjunto.

14. $\frac{3}{8}$

15. $\frac{1}{6}$

16. $\frac{3}{3}$

17. $\frac{3}{20}$

18. $\frac{3}{5}$

19. $\frac{1}{4}$

20. $\frac{6}{10}$

21. $\frac{11}{25}$

22. Sentido numérico *Stellaluna* es un cuento sobre un murciélago criado por pájaros. Aproximadamente $\frac{1}{4}$ de los mamíferos de la Tierra son murciélagos. ¿Qué fracción de los mamíferos no son murciélagos?

B Razonamiento y resolución de problemas

¿Qué fracción de las frutas de la derecha son

23. toronjas?   **24.** fresas?

25. limones?

26. fresas y limones juntos?

27. fresas, toronjas y limones juntos?

28. Escritura en matemáticas Kevin mostró un grupo de fichas en que todas las fichas eran rojas. ¿Qué fracción de las fichas de Kevin eran rojas si tenía 5 fichas? ¿Y si tuviera 3 fichas? Explícalo.

Repaso mixto y preparación de exámenes

En la INTERNET
Preparación de exámenes
www.scottforesman.com

29. Escribe la fracción para la parte azul de la región de la derecha.

30. 36×48

A. 432

B. 1,628

C. 1,704

D. 1,728

Idea clave
Las fracciones representan partes de una longitud.

Materiales
• tiras de fracciones
  o **e** tools
• regla

Piénsalo bien
Puedo **usar un modelo** para comprender fracciones como parte de una longitud.

Fracciones, longitud y la recta numérica

APRENDE

✓ **PREPÁRATE**

Dibuja un modelo para representar cada fracción.

1. $\frac{2}{3}$ **2.** $\frac{1}{5}$

3. $\frac{5}{6}$ **4.** $\frac{7}{8}$

Actividad

¿Cómo representas y muestras una parte de una longitud?

a. Usa las tiras de fracciones azules y anaranjadas. ¿Qué parte de la longitud de la tira azul es cada tira anaranjada?

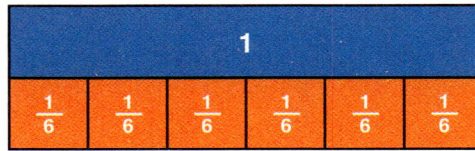

b. Dibuja una recta numérica que sea un poco más larga que la tira azul. Marca los extremos de la tira en la recta numérica y rotúlalos 0 y 1.

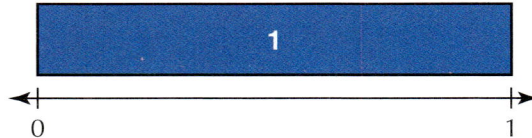

c. Usa las tiras anaranjadas para dividir en 6 partes iguales la longitud que hay entre 0 y 1 en la recta numérica. Rotula las marcas $\frac{1}{6}, \frac{2}{6}, \frac{3}{6}, \frac{4}{6}$ y $\frac{5}{6}$. La recta numérica muestra sextos.

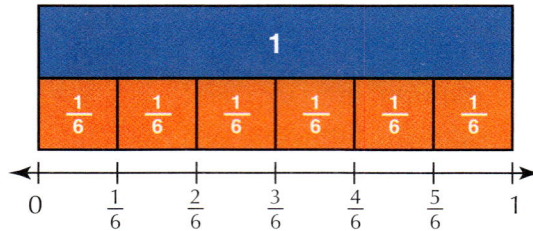

d. Usa las tiras de fracciones para dibujar una recta numérica que muestre:

Cuartos   Tercios   Décimos   Octavos

e. Escribe una fracción para la parte verde de cada longitud.

¿Cómo localizas y representas fracciones en la recta numérica?

Ejemplo A

Representa $\frac{4}{5}$ en una recta numérica.

Dibuja una recta numérica y rotula 0 y 1. Luego, divide en 5 longitudes iguales la distancia que hay entre 0 y 1. Rotula $\frac{1}{5}$, $\frac{2}{5}$, $\frac{3}{5}$ y $\frac{4}{5}$. Dibuja un punto en $\frac{4}{5}$.

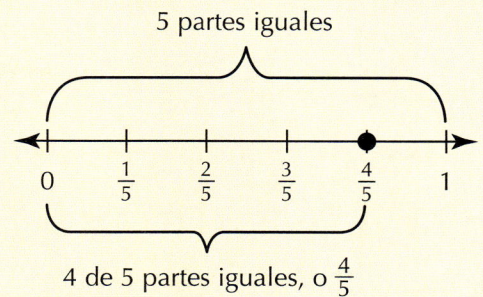

5 partes iguales

4 de 5 partes iguales, o $\frac{4}{5}$

La localización de un punto en una recta numérica indica la longitud desde 0 hasta el punto.

Ejemplo B

¿Qué fracción debe escribirse en el punto A?

Hay 4 partes iguales entre 0 y 1. Hay 3 de estas partes iguales entre el 0 y el punto A. Por tanto, se debe escribir $\frac{3}{4}$ en el punto A.

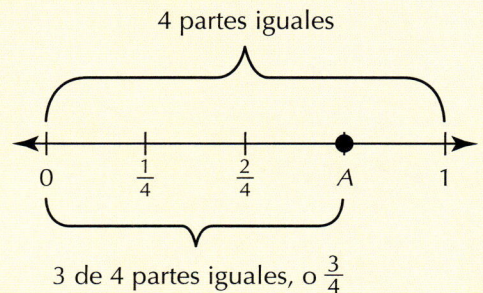

4 partes iguales

3 de 4 partes iguales, o $\frac{3}{4}$

✔ Hablemos

1. En el Ejemplo B, ¿por qué se debe escribir $\frac{3}{4}$ en el punto A?

2. Dibuja cómo representas $\frac{2}{3}$ en una recta numérica.

En la INTERNET
Más ejemplos
www.scottforesman.com

COMPRUEBA ✓

Otro ejemplo: Grupo 9-3, página 552

Escribe una fracción para la parte azul de cada longitud.

1.

¿Qué fracción se debe escribir en cada punto?

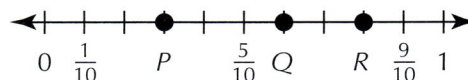

$0 \quad \frac{1}{10} \quad P \quad \frac{5}{10} \quad Q \quad R \quad \frac{9}{10} \quad 1$

4. P

2.

5. Q

3.

6. R

7. Sentido numérico Explica por qué se debe escribir $\frac{1}{2}$ tanto en A como en B.

A

B

$0 \qquad 1 \qquad 0 \qquad 1$

A Destrezas y comprensión

Escribe una fracción para la parte roja de cada longitud.

8. **9.** **10.**

11. **12.** **13.**

¿Qué fracción se debe escribir en cada punto?

0   A   B $\frac{4}{8}$ C   D $\frac{7}{8}$ 1

14. *A* **15.** *B* **16.** *C* **17.** *D*

18. Sentido numérico Haz un dibujo para representar $\frac{1}{3}$ de dos maneras diferentes. Usa tiras de fracciones y una recta numérica.

B Razonamiento y resolución de problemas

Razonamiento Escribe las fracciones que faltan.

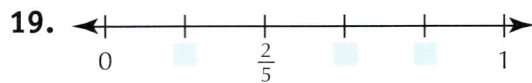

19. 0 $\frac{2}{5}$ 1

20. 0 $\frac{1}{8}$ $\frac{2}{8}$ $\frac{4}{8}$ $\frac{5}{8}$ 1

Matemáticas y arte

En las cenefas de papel pintado se repite a menudo el mismo dibujo. En los Ejercicios 21 a 24, escribe una fracción para la parte de la tira que corresponde al patrón. Usa las rectas numéricas como ayuda.

21. **22.**

23. **24.**

25. **Escritura en matemáticas** ¿Es correcta la siguiente explicación? De no ser así, di por qué y escribe la respuesta correcta.

Dibuja una recta numérica para representar $\frac{2}{3}$. Explica por qué representa $\frac{2}{3}$.

Mostré 0 y 1 en una recta numérica. Luego, agregué 3 marcas entre estos números y escribí $\frac{2}{3}$ en la segunda marca.

0   $\frac{2}{3}$ 1

EN LOS EXÁMENES

Piénsalo bien

Debo **visualizar**. Puedo pensar: "¿Está el punto que marqué a $\frac{2}{3}$ de la distancia desde 0 a 1?"

C Un paso adelante

Escribe si cada fracción está más cerca de 0, de 1 o de $\frac{1}{2}$.

26. ◄——●——►
0   $\frac{2}{3}$ 1

27. ◄—●———►
0 $\frac{1}{6}$ 1

28. ◄———●—►
0    $\frac{4}{5}$ 1

Repaso mixto y preparación de exámenes

En la INTERNET
Preparación de exámenes
www.scottforesman.com

En los Ejercicios 29 a 32, haz un dibujo para representar cada fracción como parte de un conjunto.

29. $\frac{2}{8}$ **30.** $\frac{4}{5}$ **31.** $\frac{11}{12}$ **32.** $\frac{7}{20}$

33. Cody tiene 23 lápices. Los reparte por igual entre 4 amigos y se queda con los que sobran. ¿Cuántos lápices recibió cada amigo?

A. 4 lápices   **B.** 5 lápices   **C.** 6 lápices   **D.** 92 lápices

Discovery CHANNEL SCHOOL

Descubre las matemáticas en tu mundo

La tortuga verde

La tortuga verde es la tortuga de caparazón duro más grande del mundo. Se le llama así por el color de su grasa. Las tortugas verdes a menudo llegan a pesar 300 libras y pueden alcanzar casi 4 pies de longitud. En los Estados Unidos, están protegidas por la Ley de Especies en Peligro de Extinción.

1. De las seis especies de tortugas marinas que viven en aguas australianas, hay 3 especies que casi nunca se les encuentra. ¿Qué fracción de las especies no se le encuentra casi nunca?

2. Las tortugas verdes pueden llegar a vivir más de 100 años. ¿Cuántos meses hay en 100 años?

Las tortugas verdes no pueden esconder la cabeza dentro de su caparazón.

En la INTERNET
Video y actividades
www.scottforesman.com

Idea clave
Pensar en fracciones de referencia puede ayudarte a estimar cantidades fraccionarias.

Vocabulario
• fracciones de referencia

EN LOS EXÁMENES

Piénsalo bien
Sólo necesito una **estimación**.

Estimar partes fraccionarias

APRENDE

¿Cómo estimas partes?

El señor Clarence cosecha las calabazas de su jardín. ¿Aproximadamente qué parte del jardín falta cosechar?

$\frac{1}{2}$

Piensa en las fracciones de referencia. Las **fracciones de referencia** son fracciones que se usan frecuentemente, como $\frac{1}{4}$, $\frac{1}{3}$, $\frac{1}{2}$, $\frac{2}{3}$ y $\frac{3}{4}$. Estas fracciones se pueden usar para estimar partes fraccionarias.

$\frac{1}{3}$

La parte del jardín que falta cosechar está más cerca de $\frac{1}{3}$. Falta cosechar aproximadamente $\frac{1}{3}$ del jardín.

$\frac{1}{4}$

> **PREPÁRATE**
> Dibuja un modelo para representar cada fracción.
> 1. $\frac{1}{6}$ 2. $\frac{3}{4}$
> 3. $\frac{5}{8}$ 4. $\frac{2}{3}$

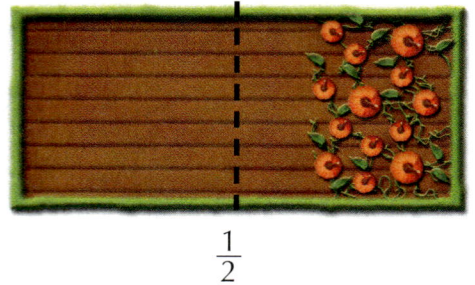

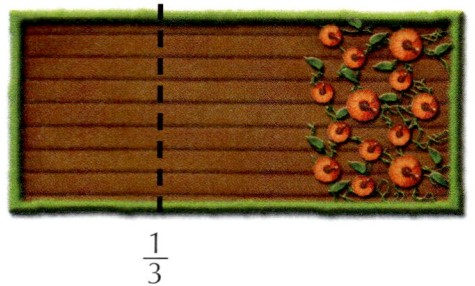

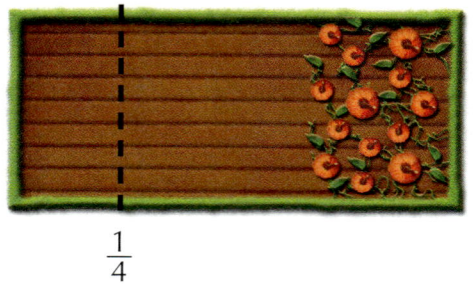

Ejemplo

Estima la fracción que se debe escribir en A.

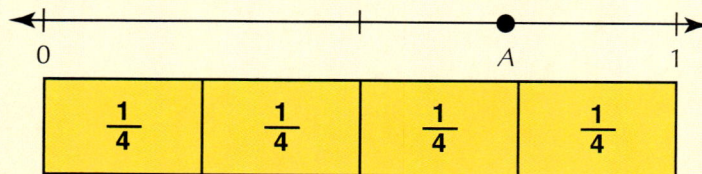

Se debe escribir $\frac{3}{4}$ en el punto A.

Piensa en las tiras de fracciones.

✔ Hablemos

1. ¿Cuál es la fracción de referencia en el Ejemplo?

2. Estima la parte fraccionaria que es verde.

COMPRUEBA ✓

1. Estima la parte fraccionaria amarilla del rectángulo.

2. Estima la fracción que debe escribirse en *P*.

3. **Sentido numérico** Si más de la mitad de un rectángulo es roja, ¿es $\frac{1}{3}$ una estimación razonable para la parte roja? Explícalo.

PRÁCTICA

Más práctica: Grupo 9-4, página 557

A Destrezas y comprensión

Estima la parte fraccionaria verde de cada ejercicio.

4.

5.

6.

Estima la fracción que debe escribirse en cada punto.

7. *A*   **8.** *B*   **9.** *C*   **10.** *D*   **11.** *E*

12. Sentido numérico ¿Es $\frac{3}{4}$ una estimación razonable para la parte verde de la longitud de la derecha? Explícalo.

B Razonamiento y resolución de problemas

Estima la parte que tiene flores en cada jardín.

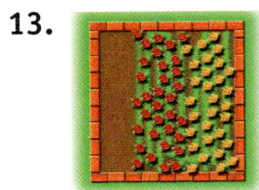

13.

14.

15.

16. **Escritura en matemáticas** ¿Aproximadamente qué parte es verde en la figura de la derecha? Explica cómo lo estimaste.

Repaso mixto y preparación de exámenes

En la INTERNET
Preparación de exámenes
www.scottforesman.com

Escribe una fracción para la parte roja de cada longitud.

17.

18.

19.

20. Jason tenía $25.15. Gastó $9.73 en la tienda. ¿Cuánto dinero le quedó?

A. $15.42   **B.** $16.42   **C.** $24.62   **D.** $34.88

Comprender las fuentes gráficas: Ilustraciones

Al leer en matemáticas, **comprender fuentes gráficas como los dibujos** puede ayudarte a usar la **estrategia de resolución de problemas *Haz un dibujo*** de la siguiente lección.

En lectura, comprender los dibujos te puede ser útil para comprender un cuento. En matemáticas, comprender los dibujos te ayudará a resolver problemas.

*Busca información en el **dibujo**.*

*Puedo obtener información de los rótulos y precios del **dibujo**.*

Pastel de frutas
$5.25 pastel completo
o
95¢ el trozo

Puedo contar para obtener información. Por ejemplo, puedo contar el número de trozos iguales en que está dividido cada pastel.

Manzana $5.25

Arándano $5.25

Durazno $5.25

Cereza $5.25

1. ¿Cuál es el precio de un pastel de manzana entero?

2. ¿En cuántos trozos iguales está dividido cada pastel?

3. ¿Qué fracción del pastel de durazno se ha vendido?

En los Ejercicios 4 a 7, usa la ilustración de la derecha.

4. ¿Qué muestra la ilustración?

5. ¿Qué rótulos aparecen en la ilustración?

6. ¿Qué distancia hay de la casa de Daniel a la escuela?

7. **Escritura en matemáticas** Si Daniel camina desde su casa hasta la oficina de correos, ¿qué fracción de la distancia de su casa a la escuela ha caminado? Explica cómo hallaste tu respuesta.

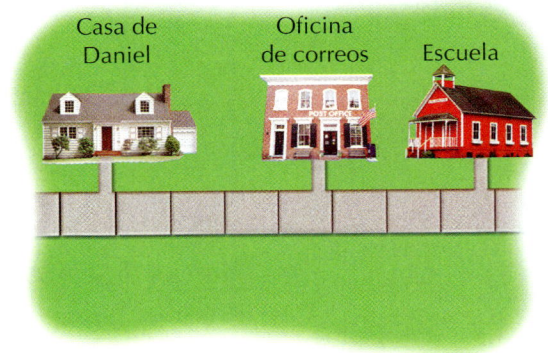

Casa de Daniel Oficina de correos Escuela

Cada ☐ = 1 cuadra

Rollos de frutas
$5.50 cada rollo o
$0.50 cada trozo

En los Ejercicios 8 a 10, usa la ilustración de la izquierda.

8. ¿En cuántos trozos iguales está dividido cada rollo?

9. ¿Cuál es el precio de un rollo entero?

10. **Escritura en matemáticas** Explica cómo usarías el dibujo para hallar el precio total de un rollo de frutas entero más 3 trozos de otro rollo.

En los Ejercicios 11 a 13, usa la ilustración de la derecha.

11. ¿Qué caja contiene los clavos más largos?

12. ¿Cuántos clavos más hay en la caja azul que en la roja?

13. **Escritura en matemáticas** Escoge dos cajas de clavos. ¿En qué se parecen? ¿En qué se diferencian?

$1\frac{3}{4}''$
500 Clavos

$2\frac{1}{2}''$
200 Clavos

$1\frac{3}{4}''$
200 Clavos

Resolución de problemas: Estrategia

Comprender fuentes gráficas como los dibujos

te ayuda con...

la estrategia de resolución de problemas, *Haz un dibujo*.

Idea clave
Aprender cómo y cuándo hacer un dibujo te puede ayudar a resolver problemas.

Hacer un dibujo

APRENDE

¿Cómo haces un dibujo para resolver un problema?

Marcas de carrera Una carrera de 5 kilómetros tenía marcas en la línea de salida y en la de meta. También se pusieron marcas cada un kilómetro. ¿Cuántas marcas se usaron para la carrera?

Lee para comprender

¿Qué sabes?

La carrera era de 5 kilómetros. Había marcas en las líneas de salida y de meta. Había marcas en cada kilómetro de la carrera.

¿Qué quieres averiguar?

El número de marcas que se usaron.

Planea y resuelve

¿Qué estrategia usarás?

Estrategia: **Haz un dibujo**

Cómo haces un dibujo

Paso 1: Haz un dibujo para representar la situación. No intentes dibujar los objetos del mundo real.

Paso 2: Completa el dibujo para representar la acción en el cuento.

Paso 3: Interpreta el dibujo para responder la pregunta del problema.

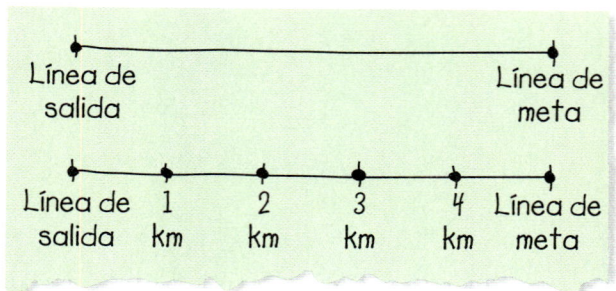

Línea de salida — Línea de meta

Línea de salida — 1 km — 2 km — 3 km — 4 km — Línea de meta

Respuesta: Se usaron 6 marcas para la carrera.

Vuelve y comprueba

¿Lo has hecho bien?

Sí, se mostraron todas las marcas.

✓ Hablemos

1. Zack dijo que la respuesta era 4 marcas. ¿Qué olvidó hacer?

Resuelve el problema. Escribe la respuesta en una oración completa.

1. **Compartir sándwiches** Shawn, Heidi y Missy quieren compartir en partes iguales 2 sándwiches de un pie de largo. ¿Cuánto debe recibir cada una de las tres amigas?

PRÁCTICA

Más práctica: Grupo 9-5, página 557

Resuelve cada problema. Escribe la respuesta en una oración completa.

2. **Carrera de relevos** Un equipo de carrera de relevos tiene 4 corredores. Cada uno corre la misma distancia en una carrera de dos millas. ¿Qué distancia corre cada corredor?

3. Wally, Sam, Jack y Telly colocaron en fila sus colchonetas de ejercicios. La colchoneta de Jack está junto a una sola colchoneta. Telly está en la tercera colchoneta. Sam no está junto a Telly. ¿Quién está en cada colchoneta?

4. **Marco** Compras 16 trozos de madera conectables para hacer un marco rectangular para el tablero de avisos. Cada trozo mide un pie de largo. ¿Cuál es la mayor área que puedes enmarcar?

5. El club Kennel construye una cerca alrededor de un corral que mide 36 pies de largo y 24 pies de ancho. Deben colocar un poste en cada esquina y uno cada 6 pies en los lados. ¿Cuántos postes necesitan?

6. El papá de Manuela le prometió agregar $4 a su cuenta de ahorros por cada $10 que ella ahorre. Si su papá puso $24 en su cuenta, ¿cuánto ahorró Manuela?

7. **Escritura en matemáticas** ¿Cuántos sándwiches diferentes puedes hacer usando pollo o carne, y tres de los ingredientes de la siguiente lista? Haz una lista de los diferentes sándwiches y explica cómo la hiciste.

Haz tu propio sándwich

Escoge pollo o carne
y 3 ingredientes.

Encurtidos • Tomates
• Lechuga • Salsa

ESTRATEGIAS

- **Muestra lo que sabes**
  Haz un dibujo
  Organiza la información en una lista
  Haz una tabla
  Haz una gráfica
  Represéntalo o usa objetos
- **Busca un patrón**
- **Prueba, comprueba y revisa**
- **Escribe una oración numérica**
- **Usa razonamiento lógico**
- **Resuelve un problema más sencillo**
- **Empieza por el final**

Escoge uno

Cálculo mental

EN LOS EXÁMENES

Piénsalo bien

¿En aprietos? No me rindo. Podría:

- volver a leer el problema.
- decir lo que sé.
- identificar datos clave y detalles.
- decir el problema en mis propias palabras.
- mostrar la idea principal.
- probar una estrategia diferente.
- comprobar cada paso.

Todas las páginas del libro están disponibles en línea y en CD-ROM.

Sección A   Lección 9-5   **513**

¿Lo sabes hacer?

¿Lo entiendes?

Partes de una región (9-1)
Partes de un conjunto (9-2)

¿Qué fracción de cada región o conjunto es azul?

1.

2.

3.

4.

Dibuja un modelo para representar cada fracción como una parte de una región y como una parte de un conjunto.

5. $\frac{3}{10}$

6. $\frac{7}{12}$

Ⓐ Escribe cómo hallaste las fracciones en los Ejercicios 1 y 3.

Ⓑ Explica por qué el modelo que hiciste en el Ejercicio 5 puede parecer diferente al de otra persona.

Fracciones, longitud y la recta numérica (9-3)
Estimar partes fraccionarias (9-4)

Escribe una fracción para la parte verde de cada longitud.

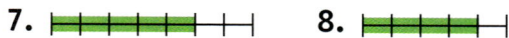

7.

8.

Estima la fracción que debe escribirse en cada punto.

9. *A*   10. *B*   11. *C*   12. *D*

Ⓒ Escribe cómo hallaste la fracción en el Ejercicio 7.

Ⓓ Explica cómo representarías $\frac{3}{4}$ en una recta numérica.

Resolución de problemas: Estrategia   Hacer un dibujo (9-5)

13. Haz un dibujo y úsalo para resolver el problema del Trabajo.

Trabajo ¿Cómo pueden 8 amigos repartirse por igual 2 horas de trabajo? ¿Cuánto tiempo trabajará cada amigo?

Ⓔ Explica cómo usaste un dibujo para resolver el problema.

Ⓕ ¿Cómo pueden 6 amigos repartirse por igual 2 horas de trabajo?

EN LOS EXÁMENES

Piénsalo bien

Puedo **hacer un dibujo** para resolver problemas.

OPCIÓN MÚLTIPLE

1. Megan tiene 7 canicas rojas y 8 canicas verdes. ¿Qué fracción de las canicas de Megan son verdes? (9-2)

   A. $\frac{7}{8}$ B. $\frac{7}{15}$ C. $\frac{8}{7}$ D. $\frac{8}{15}$

2. Mason cortó una manzana en 8 trozos iguales. Ashley comió 2 trozos, Luis comió 3 trozos y Mason comió 3 trozos. ¿Qué fracción de la manzana comió Mason? (9-1)

   A. $\frac{2}{3}$ B. $\frac{2}{8}$ C. $\frac{2}{6}$ D. $\frac{3}{8}$

RESPUESTA LIBRE

Escribe una fracción para la parte roja de cada región, conjunto o longitud. (9-1, 9-2 y 9-3)

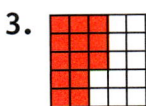

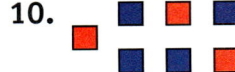

3.   4.   5.   6.

7.   8.   9.   10.

Dibuja un modelo para mostrar cada fracción como una parte de una región y como una parte de un conjunto. (9-1 y 9-2)

11. $\frac{1}{3}$ 12. $\frac{3}{4}$ 13. $\frac{7}{8}$ 14. $\frac{2}{5}$

¿Qué fracción se debe escribir en cada punto? (9-3)

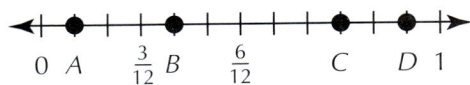

0 A $\frac{3}{12}$ B $\frac{6}{12}$ C   D 1

15. A   16. B   17. C   18. D

Escritura en matemáticas

19. ¿Son amarillos $\frac{4}{5}$ del rectángulo de la derecha? Explica por qué. (9-1)

20. Estima la parte fraccionaria que quedó de la pizza. Explica cómo la estimaste. (9-4)

21. Haz un dibujo para mostrar la manera en que 6 personas se pueden repartir 2 pizzas por igual. (9-5)

Idea clave
Una fracción se puede representar de diferentes maneras.

Vocabulario
- fracciones equivalentes
- numerador (p. 500)
- denominador (p. 500)

Materiales
- tiras de fracciones

o **e tools**

EN LOS EXÁMENES

Piénsalo bien

Puedo **usar un modelo** para hallar fracciones equivalentes.

Fracciones equivalentes

APRENDE

PREPÁRATE

Dibuja un modelo para representar cada uno.

1. $\frac{4}{6}$ como parte de un conjunto

2. $\frac{6}{8}$ como parte de una longitud

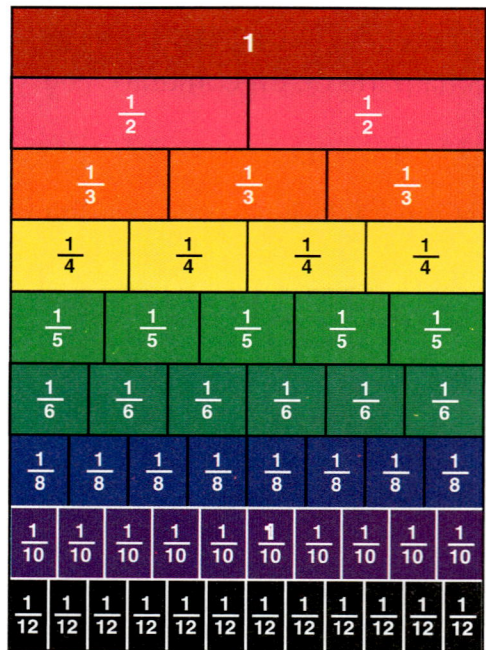

Actividad

¿Qué son las fracciones equivalentes?

a. Usa tiras de fracciones para mostrar $\frac{1}{4}$ y $\frac{2}{8}$ de la tira de la unidad roja. ¿Son $\frac{1}{4}$ y $\frac{2}{8}$ la misma parte de la longitud de la tira roja?

Tanto $\frac{1}{4}$ como $\frac{2}{8}$ representan la misma parte de la tira roja.

Las fracciones que representan la misma cantidad se llaman **fracciones equivalentes**.

Escribe $\frac{1}{4} = \frac{2}{8}$.

b. Usa tiras de fracciones para hallar otra fracción equivalente a $\frac{1}{4}$ y $\frac{2}{8}$.

c. Usa tiras de fracciones para hallar la mayor cantidad de fracciones que puedas que sean equivalentes a cada una de las siguientes fracciones.

$\frac{3}{4}$ $\frac{2}{5}$ $\frac{4}{6}$ $\frac{3}{6}$

d. Si $\frac{2}{8}$ y $\frac{3}{12}$ son equivalentes a $\frac{1}{4}$, ¿son equivalentes entre sí?

e. Usa tiras de fracciones para averiguar si cada par de fracciones es equivalente.

$\frac{4}{5}$ y $\frac{8}{10}$ $\frac{2}{3}$ y $\frac{9}{12}$ $\frac{1}{2}$ y $\frac{5}{10}$

¿Cómo hallas fracciones equivalentes?

Para hallar fracciones equivalentes, multiplica el numerador y el denominador de una fracción por un mismo número. ¡Pero nunca multipliques por cero!

Ejemplo A

Multiplica para hallar la fracción equivalente a $\frac{2}{5}$.

Lo que **muestras**	Lo que **piensas**	Lo que **escribes**
	$\overset{\times 2}{\underset{\times 2}{\frac{2}{5} = \frac{4}{10}}}$	$\frac{2}{5} = \frac{4}{10}$

También puedes dividir el numerador y el denominador de una fracción por un mismo número, siempre y cuando no uses cero.

Ejemplo B

Divide para hallar una fracción equivalente a $\frac{4}{6}$.

Lo que **muestras**	Lo que **piensas**	Lo que **escribes**
$\frac{4}{6}$ ← fichas rojas ← total de fichas $\frac{2}{3}$ ← Grupos de fichas rojas ← total de grupos de fichas	$\overset{\div 2}{\underset{\div 2}{\frac{4}{6} = \frac{2}{3}}}$	$\frac{4}{6} = \frac{2}{3}$

✔ Hablemos

1. En el Ejemplo B, el numerador y el denominador de $\frac{4}{6}$ se dividen por 2 para obtener $\frac{2}{3}$. ¿Es 2 un **factor** de 4 y 6?

2. Si multiplicas el numerador y el denominador por 3 en vez de por 2 para obtener una fracción equivalente a $\frac{2}{5}$, ¿qué fracción obtendrás?

En la INTERNET
Más ejemplos
www.scottforesman.com

Multiplica o divide para hallar fracciones equivalentes.

1.
$\times 6$
$$\frac{1}{2} = \frac{\ }{\ }$$
$\times 6$

2.
$\times 3$
$$\frac{3}{4} = \frac{\ }{\ }$$
$\times 3$

3.
$\div 2$
$$\frac{8}{10} = \frac{\ }{\ }$$
$\div 2$

4.
$\div 3$
$$\frac{6}{9} = \frac{\ }{\ }$$
$\div 3$

5. Sentido numérico Explica por qué $\frac{2}{3}$ y $\frac{3}{6}$ no son fracciones equivalentes.

PRÁCTICA

Más práctica: Grupo 9-6, página 557

A **Destrezas y comprensión**

Multiplica o divide para hallar fracciones equivalentes.

6.
$\times 3$
$$\frac{2}{3} = \frac{\ }{\ }$$
$\times 3$

7.
$\times 4$
$$\frac{1}{2} = \frac{\ }{\ }$$
$\times 4$

8.
$\div 3$
$$\frac{9}{15} = \frac{\ }{\ }$$
$\div 3$

9.
$\div 2$
$$\frac{4}{10} = \frac{\ }{\ }$$
$\div 2$

10. $\frac{5}{6}$ **11.** $\frac{1}{4}$ **12.** $\frac{8}{12}$ **13.** $\frac{2}{8}$ **14.** $\frac{4}{16}$ **15.** $\frac{1}{6}$

16. Sentido numérico Escribe dos fracciones que representen la parte roja de la figura de la derecha. ¿Son equivalentes tus fracciones? Explícalo.

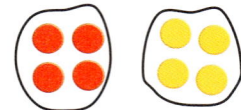

B **Razonamiento y resolución de problemas**

Matemáticas y estudios sociales

Usa el mapa de la derecha en los Ejercicios 17 a 22. Escribe dos fracciones equivalentes para describir qué parte de los estados que están a lo largo de la costa del océano Atlántico:

17. tienen un nombre que comienza con M.

18. tienen un nombre que comienza con N o R.

19. están al norte de Virginia.

20. tienen una dirección en su nombre.

21. tienen un nombre que termina en vocal.

22. tienen un nombre de varias palabras.

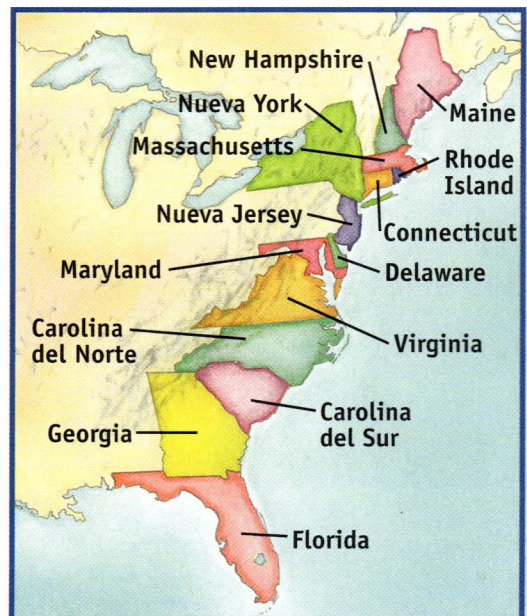

23. **Escritura en matemáticas** ¿Es correcta la siguiente explicación? De no ser así, di por qué y escribe la respuesta correcta.

> Haz un dibujo para mostrar una fracción equivalente a $\frac{8}{10}$. Explícalo.
>
> Tengo 10 fichas. 8 fichas son rojas. Las coloco en grupos y obtengo $\frac{3}{4}$.

Piénsalo bien

Debo multiplicar o dividir para comprobar que mi **respuesta tenga sentido.**

C Un paso adelante

Para hallar $\frac{2}{3}$ de 9, coloca 9 fichas en tres grupos iguales. Cuenta cuántas fichas hay en 2 de los tres grupos. Por tanto, $\frac{2}{3}$ de 9 es 6. Halla cada parte en los Ejercicios 24 a 27. Puedes usar fichas como ayuda.

24. $\frac{1}{2}$ de 8

25. $\frac{1}{3}$ de 12

26. $\frac{2}{5}$ de 10

27. $\frac{3}{4}$ de 12

Repaso mixto y preparación de exámenes

En la INTERNET
Preparación de exámenes
www.scottforesman.com

28. Tracy quiere plantar flores a lo largo de 9 pies de acera. Planea colocar una flor en cada extremo y una flor cada un pie. ¿Cuántas flores plantará?

29. Escribe el decimal para la parte coloreada de la derecha.

    A. 0.38   **B.** 0.8   **C.** 0.83   **D.** 0.9

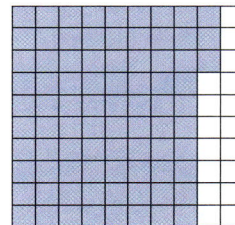

Aprender con tecnología

Usar calculadora para hallar fracciones equivalentes

La tecla F↔D te permite cambiar entre fracciones y decimales.

Para hallar una fracción equivalente a $\frac{1}{2}$, presiona 1 [n] 2 [d] [ENTER =] [F↔D].

Verás que el equivalente decimal de $\frac{1}{2}$ es 0.5.

Presiona [F↔D] nuevamente para hallar una fracción equivalente a 0.5.

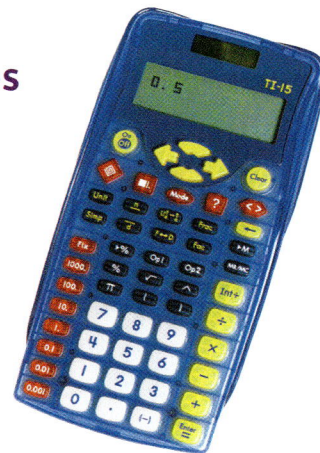

En los Ejercicios 1 a 4, usa calculadora para hallar una fracción equivalente.

1. $\frac{3}{4}$ 2. $\frac{5}{8}$ 3. $\frac{11}{20}$ 4. $\frac{9}{50}$

EN LOS EXÁMENES

Piénsalo bien

• Existe **más de una manera** en que puedo hallar la mínima expresión.

• Debo **comprobar mi respuesta** para asegurarme de que no haya más factores comunes.

Fracciones en su mínima expresión

APRENDE

¿Cómo escribes una fracción en su mínima expresión?

Carrie hizo un dibujo con tiza en la acera. ¿Qué fracción del dibujo de Carrie son los cuadrados azules? Escribe la fracción en su mínima expresión.

$\dfrac{8}{12}$ ← Cantidad de cuadrados azules
← Cantidad total de cuadrados

Como 4 es factor de 8 y factor de 12, es un **factor común** de 8 y 12. Una fracción está en su **mínima expresión** si el numerador y el denominador no tienen otro factor común además del número 1.

PREPÁRATE

Halla las fracciones equivalentes.

1. $\dfrac{6}{8}$ 2. $\dfrac{4}{10}$

3. $\dfrac{8}{12}$ 4. $\dfrac{2}{4}$

Ejemplo

Escribe $\dfrac{8}{12}$ en su mínima expresión.

Una manera

Clint dividió dos veces.

$\dfrac{8}{12} = \dfrac{4}{6}$ $\div 2$

8 y 12 son pares.
2 es un factor común.

$\dfrac{4}{6} = \dfrac{2}{3}$ $\div 2$

Puedo dividir 4 y 6 por 2.
No puedo seguir dividiendo.

Otra manera

Roy dividió una vez.

El factor común de 8 y 12 es 4.

$\dfrac{8}{12} = \dfrac{2}{3}$ $\div 4$

El único factor común de 2 y 3 es 1.

El dibujo de Carrie tiene $\dfrac{2}{3}$ azul.

✓ Hablemos

1. ¿Qué hizo Clint para escribir $\dfrac{8}{12}$ en su mínima expresión?

2. ¿Son $\dfrac{8}{12}$ y $\dfrac{2}{3}$ fracciones equivalentes? Explícalo.

COMPRUEBA ✓

Escribe cada fracción en su mínima expresión. Si ya está en su mínima expresión, escribe mínima expresión.

1. $\frac{3}{6}$ **2.** $\frac{6}{9}$ **3.** $\frac{7}{8}$ **4.** $\frac{4}{7}$ **5.** $\frac{5}{15}$

6. Sentido numérico Explica cómo sabes que $\frac{3}{4}$ está en su mínima expresión.

PRÁCTICA

Más práctica: Grupo 9-7, página 557

A Destrezas y comprensión

Escribe cada fracción en su mínima expresión. Si ya está en su mínima expresión, escribe mínima expresión.

7. $\frac{3}{12}$ **8.** $\frac{2}{10}$ **9.** $\frac{4}{8}$ **10.** $\frac{12}{16}$ **11.** $\frac{4}{6}$ **12.** $\frac{2}{5}$

13. $\frac{6}{8}$ **14.** $\frac{3}{16}$ **15.** $\frac{8}{10}$ **16.** $\frac{4}{12}$ **17.** $\frac{3}{7}$ **18.** $\frac{8}{12}$

19. $\frac{9}{10}$ **20.** $\frac{9}{15}$ **21.** $\frac{12}{20}$ **22.** $\frac{5}{6}$ **23.** $\frac{3}{9}$ **24.** $\frac{15}{18}$

25. Sentido numérico Explica cómo sabes que $\frac{14}{20}$ no está en su mínima expresión.

B Razonamiento y resolución de problemas

Escribe cada fracción en su mínima expresión. ¿Qué fracción del conjunto de pelotas

26. es roja? **27.** tiene franjas? **28.** tiene diseños?

29. Escritura en matemáticas ¿Qué fracción de las pelotas es azul? Explica cómo sabes que esta fracción está en su mínima expresión.

Repaso mixto y preparación de exámenes

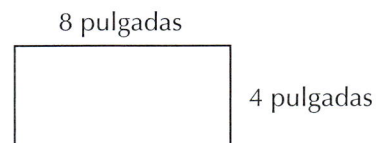

En la INTERNET
Preparación de exámenes
www.scottforesman.com

Multiplica o divide para hallar fracciones equivalentes.

30. × 7
$\frac{1}{2} = \frac{\ }{\ }$
  × 7

31. × 4
$\frac{3}{4} = \frac{\ }{\ }$
  × 4

32. ÷ 3
$\frac{12}{15} = \frac{\ }{\ }$
  ÷ 3

33. ÷ 2
$\frac{2}{6} = \frac{\ }{\ }$
  ÷ 2

34. ¿Cuál es el perímetro de un rectángulo que mide 8 pulgadas de longitud y 4 pulgadas de ancho?

8 pulgadas

4 pulgadas

A. 12 pulgadas **C.** 24 pulgadas

B. 20 pulgadas **D.** 32 pulgadas

Usar el sentido numérico al comparar fracciones

APRENDE

Actividad

¿Cómo usas las tiras de fracciones para comparar fracciones?

a. Usa tiras de fracciones para mostrar $\frac{4}{6}$ y $\frac{5}{6}$. ¿Cuál es más grande?

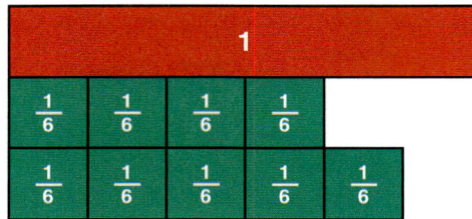

b. Usa tiras de fracciones para comparar. Luego, escribe > o < para cada pareja de fracciones.

$\frac{3}{10}$ ⬤ $\frac{7}{10}$ $\qquad$ $\frac{5}{8}$ ⬤ $\frac{3}{8}$ $\qquad$ $\frac{2}{3}$ ⬤ $\frac{1}{3}$

c. Escribe una regla que indique cómo comparar dos fracciones con el mismo denominador.

d. Usa tiras de fracciones para mostrar medios y octavos. Determina qué fracción con denominador 8 es igual a $\frac{1}{2}$, qué fracciones son mayores que $\frac{1}{2}$ y qué fracciones son menores que $\frac{1}{2}$.

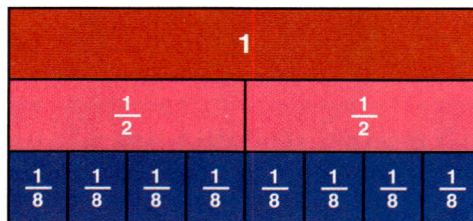

e. Usa tiras de fracciones para determinar qué fracción con denominador 10 es igual a $\frac{1}{2}$, qué fracciones son menores que $\frac{1}{2}$ y qué fracciones son mayores que $\frac{1}{2}$.

f. Usa tiras de fracciones. Escribe > o < en cada círculo. Usa las dos primeras comparaciones como ayuda para determinar la tercera.

$\frac{1}{3}$ ⬤ $\frac{1}{2}$ y $\frac{1}{2}$ ⬤ $\frac{3}{4}$, por tanto, $\frac{1}{3}$ ⬤ $\frac{3}{4}$

$\frac{5}{8}$ ⬤ $\frac{1}{2}$ y $\frac{1}{2}$ ⬤ $\frac{2}{6}$, por tanto, $\frac{5}{8}$ ⬤ $\frac{2}{6}$

Escribe > o < en cada ⬤. Puedes usar tiras de fracciones como ayuda.

1. $\frac{1}{2}$ ⬤ $\frac{5}{6}$　　**2.** $\frac{3}{10}$ ⬤ $\frac{1}{2}$　　**3.** $\frac{3}{4}$ ⬤ $\frac{1}{3}$　　**4.** $\frac{3}{8}$ ⬤ $\frac{2}{3}$

5. Sentido numérico Explica cómo puedes determinar que $\frac{9}{12}$ es mayor que $\frac{1}{2}$.

PRÁCTICA

Más práctica: Grupo 9-8, página 558

A Destrezas y comprensión

Escribe > o < en cada ⬤. Puedes usar tiras de fracciones como ayuda.

6. $\frac{1}{4}$ ⬤ $\frac{1}{8}$　　**7.** $\frac{7}{10}$ ⬤ $\frac{9}{10}$　　**8.** $\frac{3}{10}$ ⬤ $\frac{7}{8}$　　**9.** $\frac{5}{12}$ ⬤ $\frac{1}{2}$

10. $\frac{4}{6}$ ⬤ $\frac{5}{6}$　　**11.** $\frac{1}{3}$ ⬤ $\frac{1}{4}$　　**12.** $\frac{4}{10}$ ⬤ $\frac{2}{3}$　　**13.** $\frac{3}{8}$ ⬤ $\frac{2}{8}$

14. $\frac{1}{2}$ ⬤ $\frac{5}{8}$　　**15.** $\frac{3}{4}$ ⬤ $\frac{5}{12}$　　**16.** $\frac{7}{12}$ ⬤ $\frac{11}{12}$　　**17.** $\frac{3}{8}$ ⬤ $\frac{9}{10}$

18. Sentido numérico Explica cómo puedes determinar que $\frac{23}{50}$ es menor que $\frac{1}{2}$.

B Razonamiento y resolución de problemas

Los estudiantes de la clase de la profesora Wilcox deben reunir hojas de 12 tipos de árboles. ¿Quién ha completado una mayor parte de su colección?

Colección de hojas

Nombre	Parte completa
Troy	$\frac{1}{4}$
Tina	$\frac{2}{3}$
Sandy	$\frac{3}{4}$
Aarón	$\frac{2}{6}$

19. ¿Troy o Sandy?　　**20.** ¿Tina o Aarón?

21. ¿Sandy o Aarón?　　**22.** ¿Tina o Troy?

23. Razonamiento Escribe > o < en el ⬤. Como $\frac{2}{12} < \frac{1}{3}$ y $\frac{1}{3} < \frac{4}{10}$, $\frac{2}{12}$ ⬤ $\frac{4}{10}$.

24. Escritura en matemáticas Explica cómo puedes determinar si es mayor $\frac{5}{8}$ ó $\frac{4}{12}$.

Repaso mixto y preparación de exámenes

En la INTERNET
Preparación de exámenes
www.scottforesman.com

Escribe cada fracción en su mínima expresión.

25. $\frac{9}{12}$　　**26.** $\frac{2}{8}$　　**27.** $\frac{10}{12}$　　**28.** $\frac{6}{12}$　　**29.** $\frac{6}{14}$

30. ¿En qué conjunto están ordenados los números de menor a mayor?

A. 111, 119, 117, 118　　**C.** 198, 199, 208, 206

B. 118, 131, 139, 136　　**D.** 172, 179, 181, 186

Idea clave
Existen diferentes maneras de comparar y ordenar fracciones.

Materiales
• tiras de fracciones
o **e tools**

EN LOS EXÁMENES
Piénsalo bien
Puedo comparar fracciones de **más de una manera.**

Comparar y ordenar fracciones

APRENDE

¿Cómo comparas fracciones?

Kristina y Jaime tejen alfombras. Kristina ha completado $\frac{3}{8}$ de su alfombra y Jaime ha completado $\frac{3}{4}$ de la suya.

Ejemplo A

¿Quién ha completado una mayor parte, Kristina o Jaime?

Compara $\frac{3}{8}$ y $\frac{3}{4}$.

Puedes hacer un dibujo para comparar.

$\frac{3}{8} < \frac{3}{4}$

Jaime ha completado una mayor parte que Kristina de la alfombra.

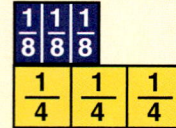

$\frac{1}{8}$	$\frac{1}{8}$	$\frac{1}{8}$
$\frac{1}{4}$	$\frac{1}{4}$	$\frac{1}{4}$

Puedes usar también el sentido numérico o fracciones equivalentes para comparar.

Ejemplo B

Compara $\frac{5}{9}$ y $\frac{2}{5}$.

Usa el sentido numérico.

Compara cada fracción con $\frac{1}{2}$.

$\frac{5}{9} > \frac{1}{2}$

$\frac{2}{5} < \frac{1}{2}$

Por tanto, $\frac{5}{9} > \frac{2}{5}$.

Ejemplo C

Compara $\frac{2}{3}$ y $\frac{5}{6}$.

$$\frac{2}{3} \overset{\times 2}{=} \frac{4}{6}$$
$$\times 2$$

$\frac{4}{6} < \frac{5}{6}$

Por tanto, $\frac{2}{3} < \frac{5}{6}$.

Cuando los denominadores son los mismos, puedes comparar sólo los numeradores.

✓ **Hablemos**

1. En el Ejemplo A, ¿cómo muestra el dibujo que $\frac{3}{8} < \frac{3}{4}$?

2. En el Ejemplo B, ¿cómo puedes saber que $\frac{5}{9} > \frac{1}{2}$ y $\frac{2}{5} < \frac{1}{2}$?

¿Cómo ordenas fracciones?

¿Qué alfombra es la más larga? ¿Qué alfombra es la más corta?

$\vdash$——— $\frac{2}{3}$ de yarda ———$\dashv$ $\vdash$——————— $\frac{3}{4}$ de yarda ———————$\dashv$ $\vdash$——— $\frac{7}{12}$ de yarda ———$\dashv$

Ejemplo D

Ordena $\frac{2}{3}$, $\frac{3}{4}$ y $\frac{7}{12}$.

Una manera

Usa una recta numérica.

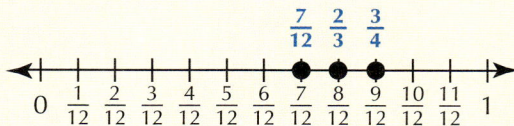

Recuerda que en una recta numérica, los números están ordenados desde el menor a la izquierda al mayor a la derecha.

El orden de las fracciones es $\frac{7}{12}$, $\frac{2}{3}$, $\frac{3}{4}$.

Otra manera

Usa fracciones equivalentes.

$$\times 4$$
$$\frac{2}{3} = \frac{8}{12}$$
$$\times 4$$

$$\times 3$$
$$\frac{3}{4} = \frac{9}{12}$$
$$\times 3$$

De menor a mayor: $\frac{7}{12}$, $\frac{8}{12}$, $\frac{9}{12}$.

El orden de las fracciones es $\frac{7}{12}$, $\frac{2}{3}$, $\frac{3}{4}$.

La alfombra que mide $\frac{3}{4}$ de yarda es la más larga. La alfombra que mide $\frac{7}{12}$ de yarda es la más corta.

✓ Hablemos

3. En el Ejemplo D, ¿cómo puedes determinar que $\frac{7}{12}$ es la fracción menor en la recta numérica?

COMPRUEBA ✓

Otro ejemplo: Grupo 9-9, página 554

Compara. Escribe $>$ o $<$ en cada ⬤. Puedes usar tiras de fracciones como ayuda.

1. $\frac{1}{2}$ ⬤ $\frac{3}{8}$ **2.** $\frac{2}{3}$ ⬤ $\frac{5}{6}$ **3.** $\frac{3}{4}$ ⬤ $\frac{5}{6}$ **4.** $\frac{7}{10}$ ⬤ $\frac{14}{20}$

Ordena los números de menor a mayor.

5. $\frac{2}{3}$, $\frac{1}{2}$, $\frac{5}{12}$ **6.** $\frac{5}{6}$, $\frac{1}{3}$, $\frac{1}{6}$ **7.** $\frac{7}{8}$, $\frac{3}{8}$, $\frac{3}{4}$ **8.** $\frac{1}{3}$, $\frac{1}{6}$, $\frac{3}{4}$

9. Sentido numérico Bobby hizo el dibujo de la derecha para mostrar que $\frac{1}{3} > \frac{1}{2}$. ¿Qué error cometió Bobby?

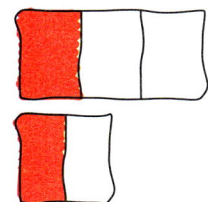

A Destrezas y comprensión

Compara. Escribe >, < o = en cada ●.

10. $\frac{5}{12}$ ● $\frac{1}{2}$ **11.** $\frac{3}{4}$ ● $\frac{7}{8}$ **12.** $\frac{1}{6}$ ● $\frac{2}{3}$ **13.** $\frac{5}{6}$ ● $\frac{10}{12}$

14. $\frac{7}{12}$ ● $\frac{3}{4}$ **15.** $\frac{2}{3}$ ● $\frac{5}{12}$ **16.** $\frac{3}{8}$ ● $\frac{2}{3}$ **17.** $\frac{3}{10}$ ● $\frac{7}{8}$

Ordena los números de menor a mayor.

18. $\frac{9}{10}, \frac{3}{12}, \frac{2}{6}$ **19.** $\frac{11}{12}, \frac{3}{8}, \frac{1}{2}$ **20.** $\frac{5}{8}, \frac{3}{4}, \frac{1}{3}$ **21.** $\frac{5}{6}, \frac{3}{8}, \frac{7}{12}$

22. $\frac{5}{6}, \frac{3}{10}, \frac{2}{3}$ **23.** $\frac{1}{3}, \frac{1}{4}, \frac{7}{10}$ **24.** $\frac{3}{4}, \frac{1}{3}, \frac{7}{12}$ **25.** $\frac{3}{4}, \frac{7}{8}, \frac{2}{3}$

26. Sentido numérico Explica por qué $\frac{2}{3} < \frac{5}{6}$.

B Razonamiento y resolución de problemas

27. Trent, Carrie y David deben decorar una docena de imanes cada uno.
David completó $\frac{1}{2}$ de los suyos, Carrie completó $\frac{1}{3}$ de los suyos y Trent ya tiene $\frac{7}{12}$ de los suyos. ¿Quién completó la mayor parte? ¿Quién tiene la menor parte?

Matemáticas y estudios sociales

Usa los datos de la derecha en los Ejercicios 28 a 33. ¿Qué estado tiene una mayor parte de su área en tierra?

28. ¿Rhode Island o Wisconsin?   **29.** ¿Hawai o la Florida?

30. ¿Florida o Carolina del Norte?   **31.** ¿Hawai o Carolina del Norte?

32. ¿Es tierra más o menos de la mitad del área de Hawai?

33. ¿Qué estado tiene la menor parte de su área en tierra: la Florida, Hawai o Carolina del Norte? ¿Cuál tiene la mayor parte de su área en tierra?

Archivo de datos

Estado	Parte de área que es tierra
Florida	$\frac{41}{50}$
Hawai	$\frac{59}{100}$
Carolina del Norte	$\frac{9}{10}$
Rhode Island	$\frac{2}{3}$
Wisconsin	$\frac{5}{6}$

34. Escritura en matemáticas ¿Es correcta la siguiente explicación? De no ser así, di por qué y escribe la respuesta correcta.

Explica cómo comparar $\frac{6}{10}$ y $\frac{2}{5}$.

$$\frac{6}{10} = \frac{3}{5} \quad (\div 2)$$

$$\frac{3}{5} > \frac{2}{5}$$

$$\frac{6}{10} > \frac{2}{5}$$

EN LOS EXÁMENES

Piénsalo bien

Existe **más de una manera en que puedo** hallar fracciones equivalentes.

C Un paso adelante

Usa el método de Jason para comparar fracciones.

Escribe > o < en cada ⬤.

35. $\frac{1}{5}$ ⬤ $\frac{1}{6}$ **36.** $\frac{1}{4}$ ⬤ $\frac{1}{2}$

37. $\frac{1}{8}$ ⬤ $\frac{1}{9}$ **38.** $\frac{1}{3}$ ⬤ $\frac{1}{7}$

Jason

$\frac{1}{3} > \frac{1}{4}$ porque 3 < 4

Los trozos son más grandes cuando divido en 3 partes iguales una casilla que cuando la divido en 4 partes.

Repaso mixto y preparación de exámenes

Escribe > o < en cada ⬤. Puedes usar tiras de fracciones como ayuda.

39. $\frac{5}{12}$ ⬤ $\frac{1}{12}$ **40.** $\frac{1}{6}$ ⬤ $\frac{1}{3}$ **41.** $\frac{2}{3}$ ⬤ $\frac{1}{2}$ **42.** $\frac{3}{10}$ ⬤ $\frac{7}{12}$

43. 404×8

A. 412   **B.** 3,202   **C.** 3,224   **D.** 3,232

Juego de práctica
Acción con fracción

Número de jugadores: 2 a 4
Materiales: Tarjetas de fracciones

Un jugador reparte a los jugadores todas las tarjetas de fracciones boca abajo. Cada jugador voltea una tarjeta. El jugador con la fracción mayor gana la ronda y se queda con las tarjetas. Si hay un empate, cada jugador juega otra tarjeta. El jugador con la fracción mayor se lleva las tarjetas. El juego continúa hasta que se usen todas las tarjetas. El jugador con más tarjetas gana.

¿Lo sabes hacer?

¿Lo entiendes?

Fracciones equivalentes (9-6)

Multiplica o divide para hallar fracciones equivalentes.

1.
$$\frac{3}{5} = \frac{\ }{\ }$$
$\times 2$

$\times 2$

2.
$$\frac{6}{15} = \frac{\ }{\ }$$
$\div 3$

$\div 3$

3. $\frac{15}{18}$

4. $\frac{3}{4}$

Ⓐ Escribe cómo hallaste cada fracción equivalente en los Ejercicios 3 y 4.

Ⓑ Explica por qué $\frac{6}{8}$ y $\frac{9}{12}$ son fracciones equivalentes.

Fracciones en su mínima expresión (9-7)

Escribe cada fracción en su mínima expresión. Si ya está en su mínima expresión, escribe mínima expresión.

5. $\frac{2}{6}$

6. $\frac{8}{14}$

7. $\frac{2}{5}$

8. $\frac{6}{10}$

9. $\frac{12}{15}$

10. $\frac{10}{24}$

Ⓒ Escribe cómo simplificaste cada fracción.

Ⓓ Explica cómo puedes determinar si $\frac{14}{16}$ está en su mínima expresión.

Usar el sentido numérico al comparar fracciones (9-8)
Comparar y ordenar fracciones (9-9)

Escribe > o < en cada ⬤.

11. $\frac{5}{12}$ ⬤ $\frac{7}{12}$

12. $\frac{2}{3}$ ⬤ $\frac{3}{10}$

13. $\frac{7}{8}$ ⬤ $\frac{1}{6}$

14. $\frac{3}{4}$ ⬤ $\frac{7}{8}$

Ordena los números de menor a mayor.

15. $\frac{2}{3}, \frac{5}{12}, \frac{5}{6}$

16. $\frac{7}{10}, \frac{1}{4}, \frac{1}{8}$

Ⓔ Escribe cómo comparaste las fracciones del Ejercicio 11.

Ⓕ Explica cómo ordenaste las fracciones del Ejercicio 15.

EN LOS EXÁMENES

Piénsalo bien

Existe **más de una manera** en que puedo hallar fracciones equivalentes, hallar la mínima expresión y comparar fracciones.

OPCIÓN MÚLTIPLE

1. Juana leyó $\frac{2}{3}$ de un libro. Denny dijo que él había leído más del mismo libro que Juana. ¿Cuál puede ser la fracción que leyó Denny del libro? (9-9)

   A. $\frac{4}{6}$ **B.** $\frac{7}{9}$ **C.** $\frac{1}{4}$ **D.** $\frac{3}{8}$

2. Mirta tiene 20 canicas. Dieciséis de éstas son rojas. En su mínima expresión, ¿qué fracción de las canicas de Mirta son rojas? (9-7)

   A. $\frac{4}{20}$ **B.** $\frac{1}{5}$ **C.** $\frac{8}{10}$ **D.** $\frac{4}{5}$

RESPUESTA LIBRE

Multiplica o divide para hallar fracciones equivalentes. (9-6)

3. $\frac{3}{8}$ 4. $\frac{1}{6}$ 5. $\frac{8}{20}$

Escribe cada fracción en su mínima expresión. Si ya está en su mínima expresión, escribe mínima expresión. (9-7)

6. $\frac{5}{10}$ 7. $\frac{7}{9}$ 8. $\frac{10}{15}$

Escribe > o < en cada ⬤. (9-8 y 9-9)

9. $\frac{5}{12}$ ⬤ $\frac{11}{12}$ 10. $\frac{7}{8}$ ⬤ $\frac{3}{10}$ 11. $\frac{1}{4}$ ⬤ $\frac{3}{8}$ 12. $\frac{5}{6}$ ⬤ $\frac{1}{2}$

Usa la información de la derecha en los Ejercicios 13 a 15. (9-8 y 9-9)

13. ¿Tiene Ted más rocas sedimentarias o más rocas metamórficas?

14. ¿Tiene Ted más rocas ígneas o más rocas sedimentarias?

15. ¿De qué tipo de rocas tiene más Ted?

Colección de rocas de Ted

Tipo	Parte de la colección
Sedimentarias	$\frac{2}{3}$
Ígneas	$\frac{2}{15}$
Metamórficas	$\frac{1}{5}$

Escritura en matemáticas

16. Joyce y Kelly tenían sándwiches del mismo tamaño. Joyce cortó su sándwich en 2 trozos iguales y se comió ambos trozos. Kelly cortó su sándwich en 4 trozos iguales y se comió 3 trozos. ¿Comieron ellas la misma cantidad de sándwich? Explica tu respuesta. (9-6)

17. Explica cómo puedes determinar la fracción mayor entre $\frac{5}{12}$ y $\frac{7}{10}$. (9-7 y 9-8)

Vocabulario
• números mixtos
• fracciones impropias

Materiales
• tiras de fracciones
o **e tools**

Números mixtos y fracciones impropias

✓ **PREPÁRATE**

1. Si 3 personas comparten por igual una pizza, ¿cuánto recibe cada persona?

APRENDE

Actividad

¿Qué son los números mixtos y las fracciones impropias?

a. Muestra 2 enteros y $\frac{1}{4}$ de otro entero con tiras de fracciones.

1	1	$\frac{1}{4}$

Las tiras de fracciones muestran $2\frac{1}{4}$. Un **número mixto** está formado por un número entero y una fracción. $2\frac{1}{4}$ es un número mixto.

b. ¿Cuántos trozos de $\frac{1}{4}$ se necesitan para cubrir las tiras de fracciones usadas para representar $2\frac{1}{4}$?

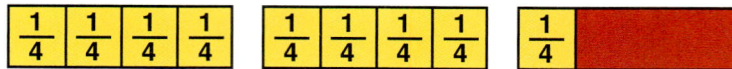

| $\frac{1}{4}$ | $\frac{1}{4}$ | $\frac{1}{4}$ | $\frac{1}{4}$ | $\frac{1}{4}$ | $\frac{1}{4}$ | $\frac{1}{4}$ | $\frac{1}{4}$ | $\frac{1}{4}$ | |

Se necesitan nueve trozos de $\frac{1}{4}$ para cubrir $2\frac{1}{4}$. Las tiras de fracciones muestran $2\frac{1}{4} = \frac{9}{4}$.

El numerador de una **fracción impropia** es mayor o igual que su denominador. $\frac{9}{4}$ es una fracción impropia.

c. Usa tiras de fracciones. Halla una fracción impropia que sea igual a cada número mixto.

$2\frac{1}{3}$ $\qquad$ $1\frac{7}{10}$ $\qquad$ $3\frac{1}{4}$ $\qquad$ $1\frac{5}{6}$

d. Usa tiras de fracciones. Halla un número mixto que sea igual a cada fracción impropia.

$\frac{7}{4}$ $\qquad$ $\frac{11}{3}$ $\qquad$ $\frac{14}{6}$ $\qquad$ $\frac{15}{8}$

e. ¿Puede escribirse $\frac{6}{3}$ como número entero? ¿Por qué?

¿Cómo cambias entre fracciones impropias y números mixtos?

Ejemplo A

Escribe $2\frac{1}{6}$ como fracción impropia.

Una manera

Usa tiras de fracciones.

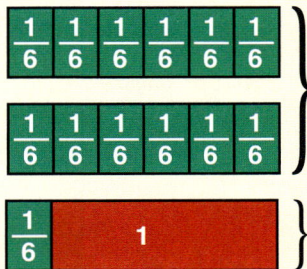

$$2 \quad \times \quad 6 \quad = \quad 12$$
enteros   sextos en   sextos
cada entero

Suma el otro sexto.
$$12 \quad + \quad 1 \quad = \quad 13$$
sextos   sexto   sextos

Por tanto, $2\frac{1}{6} = \frac{13}{6}$.

Otra manera

Calcula mentalmente.

Multiplica el número entero por el denominador. Luego, suma el numerador.

$$2 \times 6 = 12$$
$$12 + 1 = 13$$

Escribe la suma como numerador.

El denominador permanece igual.

$$\frac{13}{6}$$

Por tanto, $2\frac{1}{6} = \frac{13}{6}$.

Ejemplo B

Escribe $\frac{5}{3}$ como número mixto.

Una manera

Usa tiras de fracciones. ¿Cuántos enteros puedes formar con 5 tercios?

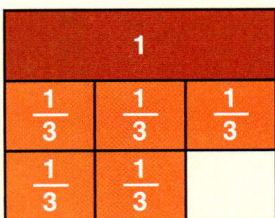

$$5 \quad \div \quad 3 \quad = \quad 1 \text{ R2}$$
tercios   tercios en   un entero y
cada entero   quedan 2 tercios

Por tanto, $\frac{5}{3} = 1\frac{2}{3}$.

Otra manera

Divide el numerador por el denominador.

$$\begin{array}{r} 1\text{ R}2 \\ 3\overline{)5} \\ -3 \\ \hline 2 \end{array}$$

Escribe el cociente como número entero.

Escribe el residuo como numerador.

$$1\frac{2}{3}$$

El denominador permanece igual.

Por tanto, $\frac{5}{3} = 1\frac{2}{3}$.

✔ Hablemos

1. ¿Cómo cambias una fracción impropia a número mixto?

En la INTERNET
Más ejemplos
www.scottforesman.com

Otro ejemplo: Grupo 9-10, página 555

Escribe cada número mixto como fracción impropia.

1. $1\frac{3}{8}$ **2.** $2\frac{2}{3}$ **3.** $3\frac{2}{10}$ **4.** $2\frac{5}{12}$

Escribe cada fracción impropia como número mixto o número entero.

5. $\frac{5}{2}$ **6.** $\frac{12}{4}$ **7.** $\frac{7}{3}$ **8.** $\frac{13}{5}$

9. Sentido numérico ¿Cómo puedes saber si una fracción impropia es igual a un número mixto o a un número entero?

PRÁCTICA

Más práctica: Grupo 9-10, página 558

Ⓐ Destrezas y comprensión

Escribe cada número mixto como fracción impropia.

10. $2\frac{3}{8}$ **11.** $1\frac{1}{2}$ **12.** $4\frac{2}{3}$ **13.** $3\frac{7}{8}$ **14.** $5\frac{1}{4}$

Escribe cada fracción impropia como número mixto o número entero.

15. $\frac{10}{3}$ **16.** $\frac{13}{8}$ **17.** $\frac{23}{8}$ **18.** $\frac{24}{6}$ **19.** $\frac{23}{4}$

20. $\frac{56}{8}$ **21.** $\frac{12}{5}$ **22.** $\frac{17}{12}$ **23.** $\frac{11}{2}$ **24.** $\frac{93}{10}$

25. Sentido numérico Escribe tres fracciones impropias diferentes que sean iguales al número entero 2.

Ⓑ Razonamiento y resolución de problemas

Matemáticas y estudios sociales

A la gente de muchos países le gusta hacer y comer pan. La tabla muestra la cantidad de harina necesaria para hacer pan en cuatro países diferentes.

Si sólo tienes una medida de $\frac{1}{2}$ taza, ¿cuántas veces tendrás que llenarla con harina para hacer

26. *Brioche?*   **27.** *Sally Lunn?*

Si sólo tienes una medida de $\frac{1}{4}$ de taza, ¿cuántas veces tendrás que llenarla con harina para hacer

28. *Kulich?*   **29.** *Limpa Rye?*

Pan	Origen étnico	Tazas de harina
Brioche	Francés	$3\frac{1}{2}$
Kulich	Ruso	$4\frac{3}{4}$
Limpa Rye	Sueco	$2\frac{3}{4}$
Sally Lunn	Inglés	$5\frac{1}{2}$

30. Escritura en matemáticas ¿Es correcta la siguiente explicación? De no ser así, di por qué y escribe la respuesta correcta.

Escribe $\frac{14}{5}$ como número mixto.

$$5\overline{)14} \qquad \frac{14}{5} = 4\frac{2}{5}$$
$$\underline{10}$$
$$4$$

EN LOS EXÁMENES

Piénsalo bien

Puedo **comprobar mi respuesta** cambiando $4\frac{2}{5}$ a fracción impropia.

C Un paso adelante

Multiplica o divide para hallar números mixtos equivalentes.

31. × 2
$$1\frac{3}{5} = 1\frac{\ }{\ }$$
× 2

32. × 5
$$3\frac{1}{4} = 3\frac{\ }{\ }$$
× 5

33. ÷ 4
$$2\frac{8}{12} = 2\frac{\ }{\ }$$
÷ 4

34. ÷ 3
$$4\frac{9}{12} = 4\frac{\ }{\ }$$
÷ 3

Repaso mixto y preparación de exámenes

En la INTERNET
Preparación de exámenes
www.scottforesman.com

Compara. Escribe > o < en cada ●.

35. $\frac{5}{6}$ ● $\frac{1}{2}$

36. $\frac{3}{4}$ ● $\frac{5}{12}$

37. $\frac{5}{6}$ ● $\frac{3}{8}$

38. $\frac{7}{10}$ ● $\frac{4}{5}$

39. 824 ÷ 4

A. 26   **B.** 206   **C.** 207   **D.** 3,296

Ampliación
Fracciones y porcentaje

Una fracción con un denominador de 100 se puede escribir como *porcentaje*. Porcentaje significa *por 100*. El símbolo de porcentaje es %.

Escribe cada fracción con un denominador de 100. Luego, escribe el porcentaje.

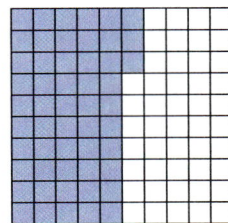

$$\frac{53}{100} = 53\%$$

1. $\frac{1}{2} = \frac{\ }{100} = \ \%$

2. $\frac{6}{10} = \frac{\ }{100} = \ \%$

3. $\frac{2}{5} = \frac{\ }{100} = \ \%$

4. $\frac{3}{4} = \frac{\ }{100} = \ \%$

5. $\frac{41}{50} = \frac{\ }{100} = \ \%$

6. $\frac{3}{25} = \frac{\ }{100} = \ \%$

7. Nueve de cada 25 estudiantes en la clase de Kelly tienen perros. ¿Qué porcentaje de los estudiantes tiene perros?

EN LOS EXÁMENES

Piénsalo bien

- Debo **obtener información del dibujo.**
- Puedo **usar lo que sé.** En una recta numérica, los números aumentan de izquierda a derecha.

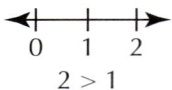

$$0 \quad 1 \quad 2$$
$$2 > 1$$

Comparar números mixtos

APRENDE

¿Cómo comparas números mixtos?

Amy necesita $1\frac{5}{6}$ yardas de tela para hacer una falda. ¿Tiene tela suficiente para hacer una falda azul y una roja?

$1\frac{2}{3}$ yardas de azul

$2\frac{1}{3}$ yardas de roja

Ejemplo A

Compara $1\frac{5}{6}$ y $2\frac{1}{3}$.

Observa primero los números naturales. $1 < 2$, por tanto, $1\frac{5}{6} < 2\frac{1}{3}$.

Amy tiene suficiente tela para hacer una falda roja.

Ejemplo B

Compara $1\frac{5}{6}$ y $1\frac{2}{3}$.

Una manera

Usa una recta numérica.

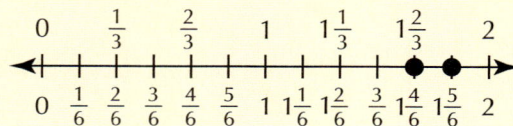

$$0 \quad \frac{1}{3} \quad \frac{2}{3} \quad 1 \quad 1\frac{1}{3} \quad 1\frac{2}{3} \quad 2$$
$$0 \quad \frac{1}{6} \quad \frac{2}{6} \quad \frac{3}{6} \quad \frac{4}{6} \quad \frac{5}{6} \quad 1 \quad 1\frac{1}{6} \quad 1\frac{2}{6} \quad \frac{3}{6} \quad 1\frac{4}{6} \quad 1\frac{5}{6} \quad 2$$

$1\frac{5}{6}$ está a la derecha de $1\frac{2}{3}$, por tanto, $1\frac{5}{6} > 1\frac{2}{3}$.

Otra manera

Halla fracciones con el mismo denominador.

$$1\frac{2}{3} \overset{\times 2}{=} 1\frac{4}{6}$$
$$\times 2$$

$$1\frac{5}{6} > 1\frac{4}{6}$$

porque $\frac{5}{6} > \frac{4}{6}$,

por tanto, $1\frac{5}{6} > 1\frac{2}{3}$.

Amy no tiene suficiente tela para hacer una falda azul.

✓ Hablemos

1. ¿Cómo usas una recta numérica para comparar $1\frac{5}{6}$ y $1\frac{2}{3}$?

Compara. Escribe >, < o = en cada ⬤.

1. $3\frac{1}{4}$ ⬤ $2\frac{1}{6}$ **2.** $2\frac{3}{4}$ ⬤ $2\frac{6}{8}$ **3.** $1\frac{1}{5}$ ⬤ $1\frac{3}{10}$ **4.** $4\frac{1}{3}$ ⬤ $5\frac{1}{3}$

5. Sentido numérico $1\frac{7}{12}$ está a la izquierda de $1\frac{3}{4}$ en la recta numérica. ¿$1\frac{7}{12}$ es menor o mayor que $1\frac{3}{4}$? Explícalo.

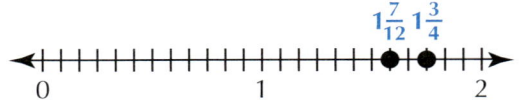

PRÁCTICA

Más práctica: Grupo 9-11, página 559

A Destrezas y comprensión

Compara. Escribe >, < o = en cada ⬤.

6. $2\frac{1}{8}$ ⬤ $1\frac{3}{4}$ **7.** $2\frac{2}{3}$ ⬤ $2\frac{4}{6}$ **8.** $4\frac{3}{8}$ ⬤ $4\frac{2}{3}$ **9.** $3\frac{3}{5}$ ⬤ $2\frac{9}{10}$

10. $1\frac{9}{12}$ ⬤ $1\frac{5}{6}$ **11.** $5\frac{6}{7}$ ⬤ $5\frac{2}{5}$ **12.** $2\frac{1}{4}$ ⬤ $3\frac{1}{4}$ **13.** $3\frac{7}{8}$ ⬤ $3\frac{3}{4}$

14. Sentido numérico Si $4\frac{4}{5} > 4\frac{3}{10}$, ¿es $4\frac{3}{10} < 4\frac{4}{5}$? Usa una recta numérica para explicarlo.

B Razonamiento y resolución de problemas

¿Quién atrapó el pez más grande?

15. ¿John o Garrett?   **16.** ¿John o Walker?

17. ¿Garrett o Branden?   **18.** ¿Branden o Walker?

Razonamiento Escribe los números que faltan.

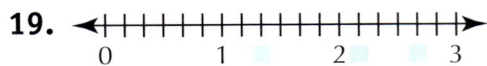

19.

Archivo de datos

Concurso de pesca

	Longitud del pez
John	$20\frac{1}{3}$ in
Branden	$15\frac{1}{2}$ in
Garrett	$15\frac{2}{3}$ in
Walker	$20\frac{1}{2}$ in

20. Escritura en matemáticas Usa una recta numérica para explicar por qué $1\frac{3}{8} < 1\frac{1}{2}$.

🦉 **Repaso mixto y preparación de exámenes**

En la INTERNET
Preparación de exámenes
www.scottforesman.com

Escribe cada número mixto como fracción impropia.

21. $4\frac{1}{3}$ **22.** $2\frac{5}{8}$

Escribe cada fracción impropia como número mixto.

23. $\frac{9}{2}$ **24.** $\frac{17}{3}$

25. Redondea 6,982 a la centena más cercana.

A. 6,000   **B.** 6,900   **C.** 6,990   **D.** 7,000

Vocabulario
• gráfica circular

EN LOS EXÁMENES

Piénsalo bien

• Puedo **sacar conclusiones** de la gráfica.

• Puedo **usar lo que sé** sobre fracciones para hacer y leer gráficas circulares.

Gráficas circulares

APRENDE

¿Cómo haces y lees una gráfica circular?

La tabla muestra el tipo de programa favorito de 16 personas. Puedes usar una gráfica circular para mostrar los datos. Las **gráficas circulares** muestran las partes de un total.

Tipo de programa favorito

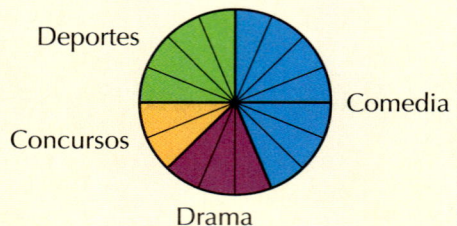

Tipo de programa	Número de personas
Comedia	7
Drama	3
Concursos	2
Deportes	4

Ejemplo A

Haz una gráfica circular para mostrar los datos de la tabla.

PASO 1 Divide un círculo en 16 partes iguales para representar a 16 personas.

PASO 2 Colorea 7 partes para Comedia, 3 partes para Drama, y así sucesivamente.

PASO 3 Rotula cada sección y escribe un título para la gráfica.

Tipo de programa favorito

Ejemplo B

¿Qué tipo de programa es el preferido de un cuarto de las personas?

Un cuarto de la gráfica circular está coloreado para deportes.

Deportes

Un cuarto de las personas prefirió los programas de deportes.

Ejemplo C

¿Aproximadamente qué fracción de las personas prefirieron los programas de deportes y de concursos en conjunto?

Observa la gráfica. Piensa en las fracciones de referencia.

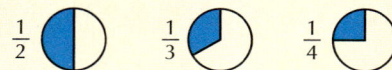

$\frac{1}{2}$ $\frac{1}{3}$ $\frac{1}{4}$

Aproximadamente $\frac{1}{3}$ de las personas prefirieron en conjunto los programas de deportes y de concursos.

✓ **Hablemos**

1. ¿Qué tipo de programa prefirió casi la mitad de las personas?

COMPRUEBA ✓

Usa la gráfica circular de la derecha.

1. ¿Aproximadamente qué fracción de los estados fueron incorporados a los EE. UU. en el siglo XVIII?

2. Sentido numérico ¿Fueron incorporados más o menos de la mitad de los estados durante el siglo XIX (de 1800 a 1899)?

Cuándo fueron incorporados los estados a los Estados Unidos

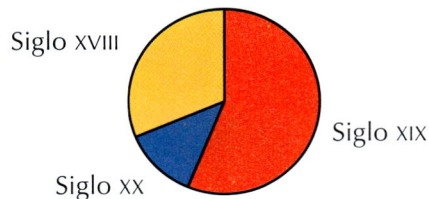

Siglo XVIII

Siglo XIX

Siglo XX

PRÁCTICA

Más práctica: Grupo 9-12, página 559

A Destrezas y comprensión

En los Ejercicios 3 a 8, usa la gráfica circular de la derecha.

¿Qué fracción de los meses tiene nombres que comienzan con

3. J?   **4.** A o M?

Sentido numérico ¿Más o menos de $\frac{1}{2}$ de los meses comienzan con

5. M, A, E o J?   **6.** una letra diferente a M, A, E o J?

Sentido numérico ¿Más o menos de $\frac{1}{4}$ de los meses comienzan con

7. A?   **8.** una letra diferente a M, A o J?

Letra inicial de los nombres de meses

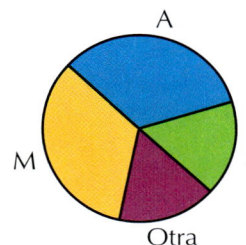

A

M

J

Otra

B Razonamiento y resolución de problemas

9. Haz una gráfica circular usando los datos de la derecha. Comienza por dividir un círculo en 8 partes iguales.

10. Usa la gráfica circular de la página 536. ¿Más o menos de $\frac{1}{4}$ de las personas prefirieron los programas de concurso y drama en conjunto?

11. Escritura en matemáticas ¿Qué información puedes obtener más fácilmente de una gráfica circular que de una tabla? Explícalo.

Campamento de arte y artesanía favorito

Arte o artesanía	Número de personas
Acuarela	3
Collage	1
Arcilla	4

🦉 Repaso mixto y preparación de exámenes

En la INTERNET
Preparación de exámenes
www.scottforesman.com

Compara. Escribe >, < o = en cada ⚪.

12. $1\frac{7}{8}$ ⚪ $2\frac{7}{8}$ **13.** $3\frac{5}{6}$ ⚪ $3\frac{10}{12}$ **14.** $2\frac{3}{4}$ ⚪ $2\frac{3}{8}$ **15.** $4\frac{3}{8}$ ⚪ $4\frac{7}{10}$

16. $186 \div 4$

A. 46   **B.** 46 R2   **C.** 48   **D.** 48 R2

Resolución de problemas: Destreza

Idea clave

Hay cosas específicas que puedes hacer para escribir una buena explicación en matemáticas.

Escribir para explicar

APRENDE

¿Cómo escribes una buena explicación?

EN LOS EXÁMENES

Piénsalo bien

- Cuando escribo para estimar, no obtengo una respuesta exacta.
- Debo comprobar siempre **para asegurarme de que mi estimación sea razonable.**

Cuando <mark>escribes para explicar</mark> una estimación, debes decir las razones por las que hiciste la estimación.

Globos Para resolver este problema debes ESTIMAR. NO calcules la respuesta exacta.

Los globos de la fotografía se colocaron en la entrada de la fiesta de la escuela. Estima el total de globos rojos que hay en todo el arco de globos. Explica cómo hiciste tu estimación.

Sección 1

Escribir una explicación matemática

- Escribe tu explicación en pasos para hacerla más clara.

- Di lo que los números significan en tu explicación.

- Di por qué realizaste ciertos pasos.

Paso 1 La sección 1 es aproximadamente $\frac{1}{4}$ del arco. Conté 5 globos rojos en esta sección.

Paso 2 Hay 4 cuartos en un entero, por tanto, cada sección tiene aproximadamente 5 globos, entonces hay aproximadamente 4×5, o 20 globos rojos en el arco.

✔ Hablemos

1. ¿Por qué es útil descomponer en pasos las explicaciones?

1. El área de la sala de estar del dibujo es de 120 pies cuadrados. Estima el área total de la casa. Explica cómo hiciste tu estimación.

2. El área de la cocina del dibujo es de 120 pies cuadrados. Estima el área de la casa sin incluir ni la cocina ni la sala de estar. Explica cómo hiciste tu estimación.

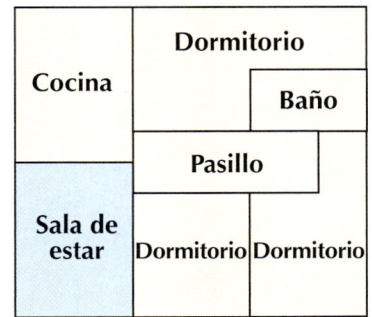

PRÁCTICA   *Más práctica: Grupo 9-13, página 559*

Para resolver estos problemas debes ESTIMAR. Escribe para explicar tu estimación.

3. Lucy camina desde el campamento al lago Oso por el sendero de la derecha. Avanza aproximadamente 2 millas. Estima la longitud total del sendero. Explica cómo hiciste tu estimación.

4. Estima la fracción roja de la bandera. Explica cómo hiciste tu estimación.

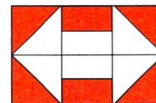

5. Explica por qué los dos dibujos de la derecha representan $\frac{3}{4}$.

6. Ordena de menor a mayor estas fracciones. Explica cómo lo determinaste.

   $\frac{5}{8}$ $\frac{5}{10}$ $\frac{5}{6}$ $\frac{5}{12}$ $\frac{5}{5}$

7. Se encuestó a cien personas sobre su flor favorita. De éstas, 25 dijeron que su flor favorita es la margarita. Haces una gráfica circular para mostrar los resultados de la encuesta. ¿Qué fracción de la gráfica debes ocupar para las margaritas? Explica cómo lo determinaste.

8. Copia la recta numérica. Estima la ubicación de cada una de las siguientes fracciones y muéstralas en la recta numérica.

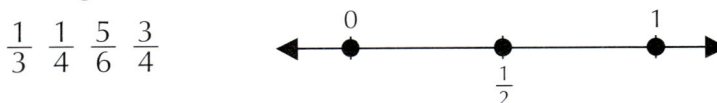

   $\frac{1}{3}$ $\frac{1}{4}$ $\frac{5}{6}$ $\frac{3}{4}$

9. ¿Aproximadamente qué fracción de la meta han logrado reunir los recaudadores de fondos según la tabla de la derecha? Explica cómo estimaste.

$500
$400
$300
$200
$100

Resolución de problemas: Aplicaciones

Arrecifes de coral Los corales son animales diminutos que crecen unos encima de otros. Cuando mueren, sus esqueletos duros quedan ahí mismo. Con el paso de los siglos, estos esqueletos se acumulan para crear grandes arrecifes. Muchos animales y plantas hermosas hallan su hogar entre los escondrijos y grietas del arrecife.

LOOK · CLOSER
CORAL REEF
A close-up look at the natural world of a coral reef

Dato curioso Los dugones son un tipo de vaca marina como el manatí. Viven sólo en los arrecifes de la costa de Australia. Se puede averiguar la edad de un dugón contando el número de capas en sus colmillos. ¡Es como contar los anillos de un árbol!

1 Algunos arrecifes de coral pueden crecer 4 pulgadas al año. ¿Cuánto pueden crecer en una década? Escribe tu respuesta en pies y pulgadas.

2 La longitud de la Gran Barrera de Coral en Australia es aproximadamente 59 veces la distancia del Canal de la Mancha. La parte más angosta del Canal de la Mancha mide aproximadamente 34 kilómetros de ancho. ¿Cuánto mide la Gran Barrera de Coral?

Usar datos clave

3 Ordena los animales de la tabla del más largo al más corto.

Datos clave
Animales de los arrecifes

Animal	Longitud
• Pez payaso	$\frac{3}{2}$ pulgadas
• Liebre marina	1 pulgada
• Camarón rojo	$\frac{5}{4}$ pulgadas
• Caballito de mar	5 pulgada
• Pez mandarín	$3\frac{1}{4}$ pulgadas
• Pepino de mar	$4\frac{3}{4}$ pulgadas

4 Un pulpo normal mide aproximadamente $9\frac{1}{2}$ pulgadas de ancho. Escribe esta longitud como fracción impropia.

5 Un ángel de mar emperador mide aproximadamente $\frac{19}{4}$ pulgadas de longitud. Escribe este número como número mixto.

6 <u>Escritura en matemáticas</u> Escribe un problema verbal sobre los arrecifes de coral usando la información de los Datos clave. Luego, escribe la respuesta en una oración completa.

7 **Tomar decisiones** Vas de vacaciones con la familia de una amiga para ver la Gran Barrera de Coral. Tu amiga hizo una gráfica circular para mostrar su presupuesto. Se parece a la siguiente:

Presupuesto de vacaciones

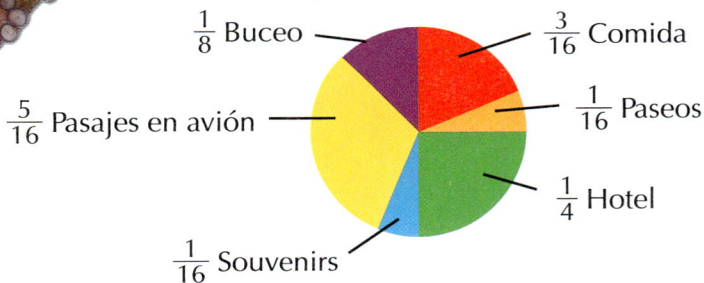

$\frac{1}{8}$ Buceo

$\frac{3}{16}$ Comida

$\frac{5}{16}$ Pasajes en avión

$\frac{1}{16}$ Paseos

$\frac{1}{4}$ Hotel

$\frac{1}{16}$ Souvenirs

Haz una gráfica para mostrar tu presupuesto. Puedes incluir las mismas categorías u otras diferentes. Comienza por dividir el círculo en 16 partes iguales.

Buenas noticias/Malas noticias

Los arrecifes de coral se hallan en climas tropicales, y allí es fácil quemarse con el sol. Afortunadamente, los corales producen su propia pantalla solar natural, así que no se queman.

¿Lo sabes hacer?

¿Lo entiendes?

Números mixtos y fracciones impropias (9-10)
Comparar números mixtos (9-11)

Escribe cada fracción impropia como número mixto o número entero.

1. $\frac{4}{3}$

2. $\frac{17}{6}$

3. $\frac{24}{8}$

4. $\frac{17}{3}$

Compara. Escribe >, < o = en cada ⬤.

5. $3\frac{7}{8}$ ⬤ $2\frac{3}{4}$

6. $1\frac{3}{4}$ ⬤ $1\frac{7}{8}$

A Di cómo hallaste cada respuesta en los Ejercicios 1 y 3. Explica cómo una fracción impropia puede ser igual a un número entero.

B Explica en qué se parece comparar fracciones a comparar números mixtos.

Gráficas circulares (9-12)

¿Aproximadamente qué fracción de las personas dijo que su fruta favorita eran

Fruta favorita

Naranjas

Bananos

Uvas

Manzanas

7. los bananos?

8. las naranjas?

9. ¿Más o menos de $\frac{1}{2}$ de las personas dijo que su fruta favorita eran las uvas o las manzanas?

C Di qué fracciones de referencia usaste para responder los Ejercicios 7 y 8.

D Explica cómo determinaste si las uvas y las manzanas juntas eran más o menos de la mitad.

Resolución de problemas: Destreza   Escribir para explicar (9-13)

10. Estima la fracción del pastel que se han comido. Explica cómo hiciste tu estimación.

E Explica cómo usar pasos te ayuda a hacer más clara tu explicación.

F Explica cómo sabes que tu respuesta al Ejercicio 10 es razonable.

OPCIÓN MÚLTIPLE

1. ¿Qué número es mayor que $3\frac{3}{4}$? (9-11)

A. $2\frac{7}{8}$ **B.** $3\frac{6}{8}$ **C.** $3\frac{1}{2}$ **D.** $3\frac{7}{8}$

2. Escribe $\frac{31}{6}$ como número mixto. (9-10)

A. $\frac{1}{6}$ **B.** $4\frac{7}{6}$ **C.** $5\frac{1}{6}$ **D.** $5\frac{1}{3}$

> ## EN LOS EXÁMENES
> **Piénsalo bien**
> Puedo **usar fracciones de referencia** para estimar y para comprender las gráficas circulares.

RESPUESTA LIBRE

Escribe cada número mixto como fracción impropia. (9-10)

3. $3\frac{2}{3}$ **4.** $4\frac{5}{6}$ **5.** $1\frac{2}{20}$ **6.** $4\frac{3}{10}$

Escribe cada fracción impropia como número mixto. (9-10)

7. $\frac{9}{8}$ **8.** $\frac{11}{3}$ **9.** $\frac{26}{25}$ **10.** $\frac{57}{10}$

Compara. Escribe >, < o = en cada ◯. (9-11)

11. $3\frac{1}{2}$ ◯ $2\frac{1}{2}$ **12.** $1\frac{1}{3}$ ◯ $1\frac{2}{6}$ **13.** $4\frac{5}{6}$ ◯ $4\frac{11}{12}$ **14.** $2\frac{3}{4}$ ◯ $3\frac{1}{4}$

En los Ejercicios 15 a 17, usa la información de la derecha. (9-12)

15. Haz una gráfica circular de los datos. Comienza por dividir un círculo en 8 partes iguales para representar 8 juegos.

16. ¿En qué fracción de los juegos las niñas anotaron 2 goles?

17. ¿Cuántos goles anotaron en un cuarto de la temporada?

> **Temporada de fútbol**
> El equipo principiante de fútbol de niñas anotó 3, 2, 0, 2, 2, 1, 2 y 3 goles en 8 juegos.

Escritura en matemáticas

18. Explica por qué $2\frac{7}{8}$ no es una respuesta razonable para cambiar $\frac{25}{8}$ a número mixto. (9-10)

19. Explica qué información puedes obtener más fácilmente de una gráfica circular que de una lista de datos. (9-12)

20. ¿Aproximadamente qué parte es roja en la figura de la derecha? Explica cómo estimaste. (9-13)

Estrategias para exámenes

| Comprende la pregunta. |
| Reúne información para hallar la respuesta. |
| Planea cómo hallar la respuesta. |
| Escoge la mejor opción. |
| Usa escritura en matemáticas. |
| Mejora las respuestas escritas. |

Planea cómo hallar la respuesta

Después de comprender una pregunta de examen y obtener la información necesaria, debes planear cómo hallar la respuesta. Piensa en las destrezas y estrategias para la resolución de problemas y en los métodos de cálculo que conoces.

1. Carol usa un grupo de cuatro tazas de medir de diferentes tamaños para cocinar. Las tazas caben una dentro de la otra; la más pequeña encima y la más grande abajo.

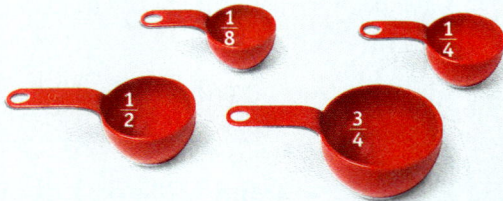

¿Qué lista ordena las tazas de la más **grande** a la más **pequeña**?

A. $\frac{3}{4}$ taza, $\frac{1}{4}$ taza, $\frac{1}{8}$ taza, $\frac{1}{2}$ taza

B. $\frac{1}{2}$ taza, $\frac{3}{4}$ taza, $\frac{1}{4}$ taza, $\frac{1}{8}$ taza

C. $\frac{1}{8}$ taza, $\frac{3}{4}$ taza, $\frac{1}{4}$ taza, $\frac{1}{2}$ taza

D. $\frac{3}{4}$ taza, $\frac{1}{2}$ taza, $\frac{1}{4}$ taza, $\frac{1}{8}$ taza

Comprende la pregunta.

Tengo que hallar la lista que ordena el tamaño de las tazas de la más grande a la más pequeña.

Reúne información para hallar la respuesta.

Por el texto y el dibujo, sé que ninguna de las tazas es del mismo tamaño y que todos los tamaños son fracciones de una taza.

Planea cómo hallar la respuesta.

• Piensa en las estrategias y destrezas para la resolución de problemas.

*Puedo **hacer un dibujo** de una recta numérica como ayuda para ordenar las fracciones. O puedo usar fracciones equivalentes para que cada fracción tenga el mismo denominador y entonces ordenar los numeradores.*

• Escoge los métodos para calcular.

Tendré que usar lápiz y papel con cualquiera de mis planes para ordenar las fracciones.

2. Los granjeros de la Florida producen más naranjas que en cualquier otro estado. De hecho, aproximadamente $\frac{8}{10}$ de todas las naranjas producidas en los Estados Unidos provienen de la Florida.

¿Qué fracción tiene un valor igual a $\frac{8}{10}$?

A. $\frac{2}{5}$

B. $\frac{1}{2}$

C. $\frac{4}{5}$

D. $\frac{10}{5}$

Piénsalo bien

Tengo que hallar qué fracción tiene un valor igual a $\frac{8}{10}$. El denominador de $\frac{8}{10}$ es 10. Escribiré una fracción equivalente con un denominador de 10 para cada respuesta. La fracción que tenga un numerador de 8 será la respuesta correcta. Usaré lápiz y papel.

Ahora es tu turno.

En cada problema, describe un plan para hallar la respuesta.

3. La bandera del estado de Iowa tiene una franja azul, una blanca y una roja, con el dibujo de un águila en el centro.

¿Que fracción describe mejor el tamaño de la franja azul?

A. $\frac{1}{4}$

B. $\frac{1}{3}$

C. $\frac{1}{2}$

D. $\frac{3}{4}$

4. Allen usó esta receta para hacer una mezcla para llevar a su excursión.

Receta: Mezcla de frutas y nueces

$1\frac{3}{4}$ libra de bananos secos

$1\frac{1}{2}$ libra de piñas secas

$1\frac{3}{8}$ libra de pasas

$1\frac{5}{8}$ libra de nueces mixtas

¿Qué fracción impropia muestra la cantidad de pasas que usó?

A. $\frac{8}{3}$

B. $\frac{11}{8}$

C. $\frac{18}{3}$

D. $\frac{13}{8}$

¿Lo entendí?

Una **fracción** se ...a representar parte de ...gión, conjunto o longitud.

Las **fracciones de referencia** son fracciones básicas como $\frac{1}{4}$, $\frac{1}{3}$, $\frac{1}{2}$, $\frac{2}{3}$ y $\frac{3}{4}$.

(p. 508)

Las fracciones representan partes iguales de un total, conjunto o longitud. (Lecciones 9-1, 9-2, 9-3, 9-4 y 9-12)

Escribe una **fracción** para representar lo que está en rojo.

$\frac{4}{7}$ ← **numerador**
← **denominador**

$\frac{3}{8}$

0 ————————— 1

$\frac{6}{10}$

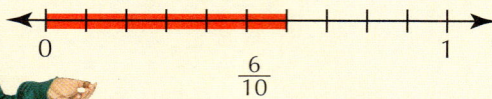

¿Aproximadamente qué fracción de los gastos del carro de Luisa es para reparaciones?

Gastos del carro de Luisa

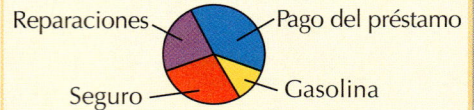

Reparaciones — Pago del préstamo
Seguro — Gasolina

Dibuja **fracciones de referencia.**

Aproximadamente $\frac{1}{4}$ de los gastos del carro de Luisa es para reparaciones.

---

1. Escribe las fracciones que faltan en la recta numérica.

0 ————————— 1

Mis amigas y yo tenemos mucho en común.

*Un **factor común** es un número que es factor de dos o más números. (p. 520)*

¿Lo entendí?

Escribe fracciones equivalentes. (Lecciones 9-6, 9-7, 9-8 y 9-9)

Escribe una **fracción equivalente** para $\frac{2}{5}$.

Multiplica o divide tanto el numerador como el denominador por un mismo número distinto de cero.

$\times 3$
$\frac{2}{5} = \frac{6}{15}$
$\times 3$

Escribe $\frac{12}{18}$ en su **mínima expresión.**

Divide el numerador y el denominador por un **factor común.**

$\div 6$
$\frac{12}{18} = \frac{2}{3}$
$\div 6$

Divide nuevamente si es necesario hasta que el único factor del numerador y del denominador sea 1.

Compara $\frac{3}{10}$ y $\frac{1}{3}$.

Usa fracciones equivalentes.

$\times 3$
$\frac{3}{10} = \frac{9}{30}$
$\times 3$

$\times 10$
$\frac{1}{3} = \frac{10}{30}$
$\times 10$

$\frac{9}{30} < \frac{10}{30}$, por tanto $\frac{3}{10} < \frac{1}{3}$.

---

2. Escribe $\frac{16}{28}$ en su mínima expresión y compara $\frac{3}{8}$ y $\frac{1}{6}$.

Cuando hago galletas, preparo una mixtura, o mezcla, de ingredientes.

*Un **número mixto** es una combinación de un número entero y una fracción.*
(p. 530)

Escribir números mixtos y fracciones impropias. (Lecciones 9-10 y 9-11)

Escribe un **número mixto** para las siguientes tiras de fracciones. Luego, cámbialo a fracción **impropia.**

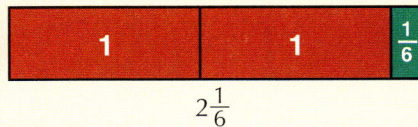

| 1 | 1 | $\frac{1}{6}$ |

$2\frac{1}{6}$

Multiplica el número entero por el denominador. Suma el numerador.

$2 \times 6 + 1 = 13$

$2\frac{1}{6} = \frac{13}{6}$

Escribe $\frac{7}{4}$ como número mixto.

Divide.
$7 \div 4 = 1$ R3

$\frac{7}{4} = 1\frac{3}{4}$

Compara $4\frac{1}{4}$ y $4\frac{1}{3}$.

Usa fracciones equivalentes.

$\overset{\times 3}{4\frac{1}{4}} = 4\frac{3}{12} \qquad \overset{\times 4}{4\frac{1}{3}} = 4\frac{4}{12}$
$\underset{\times 3}{} \qquad\qquad \underset{\times 4}{}$

$4\frac{3}{12} < 4\frac{4}{12}$, por tanto
$4\frac{1}{4} < 4\frac{1}{3}$.

3. Escribe $\frac{8}{3}$ como número mixto y $3\frac{1}{2}$ como fracción impropia.

Si mis botas son impropias para gimnasia, me las cambiaré.

*A veces debemos cambiar una **fracción impropia** a número entero o mixto.*
(p. 530)

Haz un dibujo y escribe para explicar y resolver problemas. (Lecciones 9-5 y 9-13)

Resuelve un problema haciendo un dibujo.

Emma va a cortar un pastel en sextos. Si hace la menor cantidad de cortes posibles, ¿cuántos cortes hará?

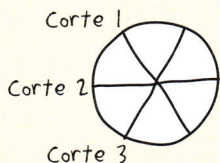

Corte 1
Corte 2
Corte 3

Emma hará 3 cortes.

Describe lo que hiciste para que tu explicación fuera clara.

Explica cómo resolviste el problema de la izquierda.

Dibujé un círculo para representar el pastel. Luego, dibujé líneas para dividirlo en sextos. Cada línea representa un corte. Como hay 3 líneas, Emma hará 3 cortes.

4. Lena va a cortar una cinta en octavos. ¿Cuántos cortes debe hacer? Explícalo.

Respuestas: 1. $\frac{1}{6}$; $\frac{3}{6}$; $\frac{4}{6}$ 2. $\frac{7}{8} < \frac{3}{3}$; $\frac{1}{6}$ 3. $2\frac{2}{3}$; $\frac{7}{2}$ 4. 7 cortes; las explicaciones variarán.

OPCIÓN MÚLTIPLE

Escoge la letra correcta para cada respuesta.

1. ¿Qué fracción de esta región es azul?

A. $\frac{1}{2}$ **C.** $\frac{4}{6}$

B. $\frac{4}{5}$ **D.** $\frac{5}{6}$

2. ¿Qué fracción de este conjunto es roja?

A. $\frac{1}{3}$ **C.** $\frac{4}{7}$

B. $\frac{3}{7}$ **D.** $\frac{7}{3}$

3. ¿Qué opción muestra $\frac{4}{9}$ de su longitud coloreada de verde?

A.

B.

C.

D.

En los exámenes

Piénsalo bien

• Debo **leer con atención cada opción de respuesta.**

• Puedo **eliminar las respuestas que no sean razonables.**

4. ¿Cuál de estas fracciones NO es equivalente a $\frac{4}{6}$?

A. $\frac{2}{3}$ **C.** $\frac{8}{12}$

B. $\frac{1}{2}$ **D.** $\frac{12}{18}$

5. ¿Cuánto es $\frac{14}{20}$ en su mínima expresión?

A. $\frac{7}{20}$ **C.** $\frac{28}{40}$

B. $\frac{7}{10}$ **D.** $\frac{4}{2}$

6. Estima la parte fraccionaria amarilla de este rectángulo.

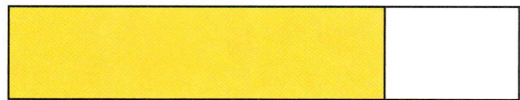

A. $\frac{1}{4}$ **C.** $\frac{2}{3}$

B. $\frac{1}{2}$ **D.** $\frac{3}{4}$

7. ¿Qué fracción impropia es igual $4\frac{1}{3}$?

A. $\frac{4}{3}$ **C.** $\frac{13}{4}$

B. $\frac{13}{3}$ **D.** $\frac{3}{4}$

8. ¿Qué fracción es menor que $\frac{2}{5}$?

A. $\frac{1}{3}$ **C.** $\frac{3}{7}$

B. $\frac{4}{9}$ **D.** $\frac{1}{2}$

9. ¿Cuál de las siguientes opciones es VERDADERA?

A. $1\frac{1}{4} > 1\frac{1}{3}$ **C.** $2\frac{7}{10} > 2\frac{2}{5}$

B. $\frac{16}{3} = 6\frac{1}{3}$ **D.** $4\frac{4}{7} < 3\frac{6}{7}$

10. ¿Qué número mixto es igual a $\frac{18}{4}$?

A. $4\frac{1}{8}$ **C.** $4\frac{1}{2}$

B. $4\frac{1}{4}$ **D.** $8\frac{1}{4}$

11. Si haces una gráfica circular para mostrar los resultados de la encuesta del color favorito que está a la derecha, ¿en cuántas partes iguales debes dividir tu círculo?

Encuesta del color favorito

Color	Votos
Rojo	5
Azul	5
Verde	6
Amarillo	4

A. 11 **C.** 24

B. 20 **D.** 30

12. ¿Qué conjunto de fracciones está escrito en orden de menor a mayor?

A. $\frac{2}{5}, \frac{3}{4}, \frac{2}{3}$ **C.** $\frac{2}{5}, \frac{2}{3}, \frac{3}{4}$

B. $\frac{3}{4}, \frac{2}{3}, \frac{2}{5}$ **D.** $\frac{2}{3}, \frac{3}{4}, \frac{2}{5}$

RESPUESTA LIBRE

En los Ejercicios 13 a 14, usa la siguiente gráfica circular.

Superficie terrestre

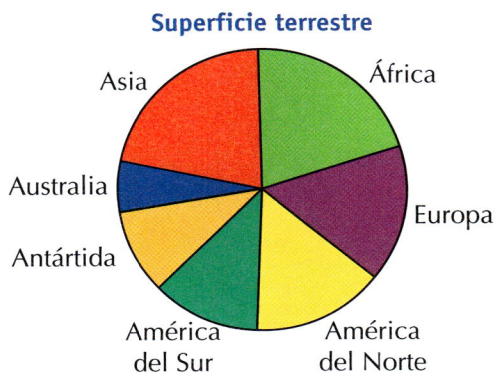

13. ¿Qué par de continentes cubren cada uno casi un cuarto de la superficie terrestre?

14. ¿Aproximadamente que fracción de la superficie terrestre cubren África y Europa juntos?

Compara. Escribe >, < o = en cada ⚪.

15. $\frac{3}{5}$ ⚪ $\frac{7}{10}$ **16.** $2\frac{1}{2}$ ⚪ $2\frac{5}{9}$

17. $1\frac{1}{6}$ ⚪ $1\frac{1}{5}$ **18.** $\frac{19}{3}$ ⚪ $6\frac{1}{3}$

19. $\frac{3}{8}$ ⚪ $\frac{4}{10}$ **20.** $4\frac{1}{2}$ ⚪ $3\frac{3}{6}$

21. Haz un dibujo para resolver este problema.

Kyle cavó una zanja de 5 pies de longitud en su jardín. Plantó una semilla al comienzo y al final de la zanja. También plantó una semilla cada $\frac{1}{4}$ de pie a lo largo de la zanja. ¿Cuántas semillas plantó Kyle en la zanja?

Escritura en matemáticas

22. El club de matemáticas usó la tabla de la derecha para mostrar cuánto dinero ganaron en recaudaciones de fondos este año. ¿Aproximadamente qué fracción de su meta para recaudar fondos alcanzó el club de matemáticas? Explica cómo lo estimaste.

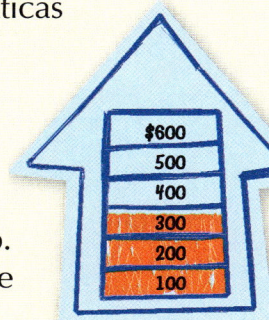

EN LOS EXÁMENES

Piénsalo bien
- Tengo que **describir mis pasos en orden**.
- Debo escribir de manera **breve pero completa**.

23. Tom escribió una fracción equivalente a $\frac{4}{6}$. El numerador era 12. ¿Qué fracción escribió Tom? Explica tu respuesta.

24. Abby, Kevin y Joe compartieron una pizza grande. Abby comió $\frac{1}{6}$ de ella, Kevin comió $\frac{1}{4}$ de ella y Joe comió $\frac{1}{8}$ de ella. ¿Quién comió más pizza? Explícalo.

Números y operaciones

OPCIÓN MÚLTIPLE

1. Diego horneó 18 pastelitos para una venta de panadería. Doce de los pastelitos eran de salvado. ¿Qué fracción de los pastelitos eran de salvado?

A. $\frac{18}{12}$ **B.** $\frac{12}{18}$ **C.** $\frac{12}{30}$ **D.** $\frac{18}{30}$

2. ¿Cuál es el producto de 16 por 15?

A. 31 **C.** 210

B. 96 **D.** 240

3. ¿Cómo se escribe sesenta millones treinta y siete mil cuarenta y ocho en forma estándar?

A. 637,048 **C.** 60,037,480

B. 60,037,048 **D.** 60,370,480

RESPUESTA LIBRE

4. ¿Qué fracción debe escribirse en el punto *P* de la recta numérica?

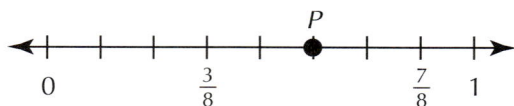

5. Cameron tiene siete billetes de $1, 3 monedas de 25¢ y 3 de 1¢. Charlotte tiene un billete de $5, dos billetes de $1, 2 monedas de 25¢, 2 de 10¢, 1 de 5¢ y 2 de 1¢. ¿Quién tiene más dinero?

Escritura en matemáticas

6. Escribe $4\frac{2}{3}$ como fracción impropia. Explica cómo hallaste tu respuesta.

Geometría y medición

OPCIÓN MÚLTIPLE

7. ¿Qué rectángulo muestra aproximadamente $\frac{1}{3}$ coloreado de verde?

8. ¿Cuál de los siguientes cuerpos geométricos no tiene superficies curvas?

A. esfera **C.** cubo

B. cono **D.** cilindro

RESPUESTA LIBRE

9. Un jardín rectangular mide 12 pies de longitud y 10 pies de ancho. ¿Cuál es el área y el perímetro del jardín?

10. ¿Cuántos lados y vértices tiene un hexágono?

Escritura en matemáticas

11. Explica por qué todos los cubos son semejantes, pero no todos son congruentes.

OPCIÓN MÚLTIPLE

12. Si haces girar 10 veces la flecha giratoria de abajo, ¿en que número crees que se detendrá más veces?

A. 1

B. 2

C. 4

D. 5

13. ¿Cuántos resultados posibles tiene la flecha giratoria de arriba?

A. 1   **C.** 5

B. 4   **D.** 8

RESPUESTA LIBRE

Usa la gráfica circular en los Ejercicios 14 a 16.

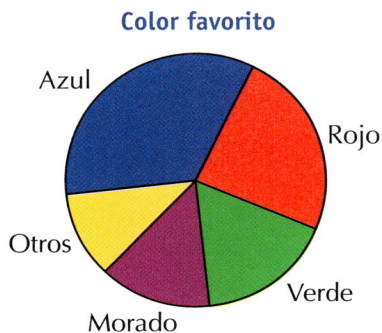

Color favorito

Azul

Rojo

Otros

Verde

Morado

14. ¿Qué color escogió aproximadamente $\frac{1}{4}$ de las personas encuestadas?

15. ¿Aproximadamente qué fracción de las personas encuestadas escogieron el verde como su color favorito?

Escritura en matemáticas

16. ¿Más o menos de $\frac{1}{2}$ de las personas dijeron que su color favorito es el azul o el rojo? Explícalo.

Álgebra

OPCIÓN MÚLTIPLE

17. ¿Cuál es el número que sigue en el patrón?

$$\frac{1}{2}, \frac{1}{4}, \frac{1}{6}, \frac{1}{8},$$

A. $\frac{1}{2}$ **C.** $\frac{1}{10}$

B. $\frac{1}{9}$ **D.** $\frac{1}{12}$

EN LOS EXÁMENES

Piénsalo bien

Tengo que **hallar una relación** entre los números del patrón.

18. ¿Qué ecuación NO tiene la solución $n = 3$?

A. $51 \div n = 17$ **C.** $59 + n = 62$

B. $n \times 24 = 62$ **D.** $32 - n = 29$

19. ¿Qué expresión representa la frase "dos más que n"?

A. $\frac{1}{2} - n$ **C.** $\frac{1}{2} + n$

B. $n - 2$ **D.** $n + 2$

RESPUESTA LIBRE

20. Completa la tabla y describe la regla que usaste.

Entrada	3	4	5	6
Salida	9	16	25	

21. Phil debe dar 4 pasos por cada 2 pasos que da su padre. Cuando Phil haya dado 20 pasos, ¿cuántos pasos habrá dado su padre?

Escritura en matemáticas

22. Resuelve esta ecuación para n. Explica cómo hallaste la solución.

$$6 + n = 25$$

Grupo 9-1 (páginas 500–501)

Escribe una fracción para la parte verde de la región de la derecha.

$$\frac{\text{numerador}}{\text{denominador}} = \frac{\text{partes verdes}}{\text{total de partes}} = \frac{4}{9}$$

$\frac{4}{9}$ de la región son verdes.

Recuerda que el numerador indica cuántas partes iguales se describen y que el denominador indica cuántas partes iguales hay en total.

Escribe una fracción para la parte azul de cada región.

1.   2.

3.   4.

Grupo 9-2 (páginas 502–503)

¿Qué fracción del conjunto de la derecha es roja?

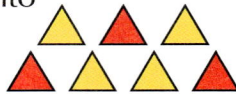

$$\frac{\text{numerador}}{\text{denominador}} = \frac{\text{triángulos rojos}}{\text{triángulos del conjunto}} = \frac{3}{7}$$

$\frac{3}{7}$ del conjunto de triángulos son rojos.

Recuerda que el numerador es el número que está sobre la línea de una fracción y que el denominador es el que está debajo de la línea.

¿Qué fracción de cada conjunto es amarilla?

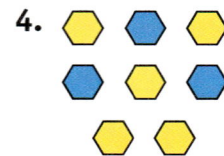

1.   2.

3.   4.

Grupo 9-3 (páginas 504–507)

¿Qué fracción se debe escribir en el punto D?

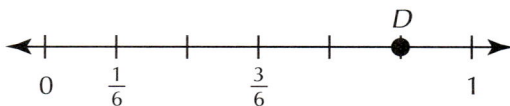

Hay 6 partes iguales entre 0 y 1. Hay 5 de estas partes iguales entre el 0 y el punto D.

Por tanto, se debe escribir $\frac{5}{6}$ en el punto D.

Recuerda que las marcas espaciadas entre 0 y 1 en una recta numérica forman partes iguales de un total.

¿Qué fracción se debe escribir en cada punto?

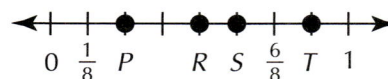

1. P   **2.** R   **3.** S   **4.** T

Escribe una fracción para la parte azul de cada longitud.

5.   6.

Estima la parte fraccionaria azul del rectángulo.

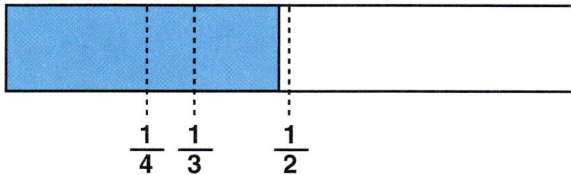

$$\frac{1}{4} \quad \frac{1}{3} \quad \frac{1}{2}$$

Compara la parte azul con fracciones de referencia. La parte azul es menos de $\frac{1}{2}$ pero más de $\frac{1}{3}$ de todo el rectángulo.

Aproximadamente $\frac{1}{2}$ del rectángulo es azul.

Recuerda que las fracciones de referencia son fracciones básicas, como $\frac{1}{4}, \frac{1}{3}, \frac{1}{2}, \frac{2}{3}$ y $\frac{3}{4}$.

Estima la parte fraccionaria verde de cada rectángulo.

1.

2.

Cuando hagas un dibujo para resolver un problema, sigue estos pasos.

Paso 1: Haz un dibujo para representar la situación. No intentes dibujar objetos reales.

Paso 2: Termina el dibujo para mostrar la acción del cuento.

Paso 3: Interpreta el dibujo para responder la pregunta del problema.

Recuerda rotular las partes de tu dibujo para mostrar lo que representan.

Haz un dibujo para resolver el problema.

1. Un túnel de 3 millas tiene una luz a la entrada y una a la salida. También tiene una luz cada $\frac{1}{4}$ de milla a lo largo del túnel. ¿Cuántas luces tiene el túnel?

Escribe una fracción equivalente para $\frac{1}{3}$.

Una manera: Usa tiras de fracciones.

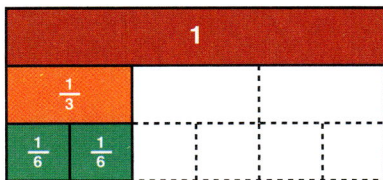

$$\frac{1}{3} = \frac{2}{6}$$

Otra manera: Multiplica.

$$\overset{\times 2}{\frac{1}{3} = \frac{2}{6}}\underset{\times 2}{}$$

Recuerda que puedes dividir el numerador y el denominador por el mismo número para escribir una fracción equivalente.

Halla una fracción equivalente.

1.
$$\overset{\div 2}{\frac{6}{10} = \frac{}{}}\underset{\div 2}{}$$

2.
$$\overset{\times 2}{\frac{3}{7} = \frac{}{}}\underset{\times 2}{}$$

Grupo 9-7 (páginas 520–521)

Escribe $\frac{4}{10}$ en su mínima expresión.

2 es un factor común de 4 y 10.

$\div 2$

$\frac{4}{10} = \frac{2}{5}$

$\div 2$

El único factor común de 2 y 5 es 1.

Por tanto, $\frac{2}{5}$ está en su mínima expresión.

$\frac{4}{10}$ en su mínima expresión es $\frac{2}{5}$.

Recuerda que una fracción está en su mínima expresión si el numerador y el denominador no tienen ningún otro factor común más que el 1.

Escribe cada fracción en su mínima expresión. Si ya está en la mínima expresión, escribe mínima expresión.

1. $\frac{3}{9}$ 2. $\frac{2}{14}$ 3. $\frac{5}{8}$

4. $\frac{10}{15}$ 5. $\frac{11}{13}$ 6. $\frac{4}{20}$

Grupo 9-8 (páginas 522–523)

¿Que fracción es mayor, $\frac{2}{5}$ ó $\frac{1}{2}$?

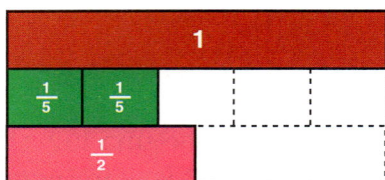

| 1 | | | | |

| $\frac{1}{5}$ | $\frac{1}{5}$ | | | |

| $\frac{1}{2}$ | | |

$\frac{1}{2}$ es mayor que $\frac{2}{5}$.

$\frac{1}{2} > \frac{2}{5}$.

Recuerda que > significa mayor que, y < significa menor que.

Escribe >, < o = en cada ⬤. Puedes usar tiras de fracciones como ayuda.

1. $\frac{1}{8}$ ⬤ $\frac{1}{4}$ 2. $\frac{3}{9}$ ⬤ $\frac{1}{3}$

3. $\frac{3}{10}$ ⬤ $\frac{1}{5}$ 4. $\frac{6}{7}$ ⬤ $\frac{4}{7}$

5. $\frac{5}{8}$ ⬤ $\frac{3}{8}$ 6. $\frac{3}{4}$ ⬤ $\frac{6}{12}$

Grupo 9-9 (páginas 524–527)

Ordena $\frac{5}{6}$, $\frac{7}{12}$ y $\frac{3}{4}$ de menor a mayor.

Usa fracciones equivalentes.

$\times 2$

$\frac{5}{6} = \frac{10}{12}$

$\times 2$

$\times 3$

$\frac{3}{4} = \frac{9}{12}$

$\times 3$

$\frac{7}{12}$, $\frac{9}{12}$, $\frac{10}{12}$

En orden, las fracciones son $\frac{7}{12}$, $\frac{3}{4}$, $\frac{5}{6}$.

Recuerda que puedes hacer dibujos o comparar cada fracción con $\frac{1}{2}$ cuando ordenas fracciones.

Escribe > o < en cada ⬤.

1. $\frac{3}{5}$ ⬤ $\frac{5}{6}$ 2. $\frac{2}{3}$ ⬤ $\frac{5}{12}$

Ordena los números de menor a mayor.

3. $\frac{7}{9}$, $\frac{2}{3}$, $\frac{5}{9}$ 4. $\frac{1}{2}$, $\frac{7}{20}$, $\frac{3}{10}$

5. $\frac{3}{5}$, $\frac{3}{10}$, $\frac{3}{8}$ 6. $\frac{2}{3}$, $\frac{1}{4}$, $\frac{5}{8}$

Grupo 9-10 (páginas 530–533)

Escribe $2\frac{4}{5}$ como fracción impropia.

1	**2**	**3**
Multiplica el número entero por el denominador. $2 \times 5 = 10$	Suma el numerador. $10 + 4 = 14$	Escribe la suma como numerador. El denominador permanece igual.

$2\frac{4}{5} = \frac{14}{5}$

Recuerda que cuando cambias una fracción impropia a número mixto, divides el numerador por el denominador.

Escribe cada número mixto como fracción impropia.

1. $2\frac{1}{2}$ **2.** $1\frac{3}{4}$ **3.** $4\frac{2}{3}$

Escribe cada fracción como número mixto.

4. $\frac{10}{3}$ **5.** $\frac{37}{5}$ **6.** $\frac{23}{4}$

Grupo 9-11 (páginas 534–535)

Compara $2\frac{1}{2}$ y $2\frac{3}{8}$.

$2\frac{1}{2} \overset{\times 4}{=} 2\frac{4}{8}$

$\times 4$

$2\frac{1}{2} > 2\frac{3}{8}$

Recuerda, puedes usar una recta numérica para comparar números mixtos.

Escribe > o < en cada ●.

1. $2\frac{1}{3}$ ● $2\frac{2}{5}$ **2.** $3\frac{7}{8}$ ● $3\frac{3}{4}$

3. $5\frac{5}{6}$ ● $5\frac{11}{12}$ **4.** $3\frac{2}{3}$ ● $4\frac{9}{18}$

Grupo 9-12 (páginas 536–537)

¿En qué actividad ocupa Ken $\frac{1}{4}$ del día?

Actividades diarias de Ken

Dormir Escuela
Otras Estudiar
Ejercicio

Ken pasa aproximadamente $\frac{1}{4}$ del día en la escuela.

Recuerda que una gráfica circular muestra los datos como partes de un entero.

1. ¿Aproximadamente qué fracción del día pasa Ken estudiando?

2. ¿En qué actividad ocupa Ken aproximadamente $\frac{1}{2}$ del día?

Grupo 9-13 (páginas 538–539)

Estima la fracción azul del cartel. Explícalo.

El cartel es aproximadamente $\frac{1}{4}$ azul. Cuatro de los 16 triángulos son azules. $\frac{4}{16} = \frac{1}{4}$

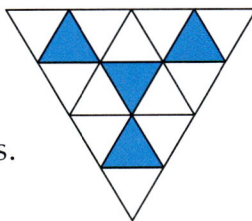

Recuerda explicar el orden de los pasos que seguiste cuando te pidan que expliques tu estimación.

1. Tina mide $4\frac{3}{4}$ pies de estatura. Mary mide $4\frac{1}{6}$. Estima para determinar quién es más alta. Explica tu estimación.

Grupo 9-1 (páginas 500–501)

Escribe una fracción para la parte azul de cada región.

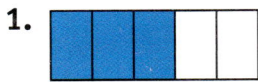

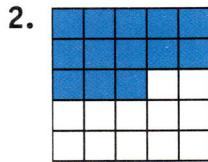

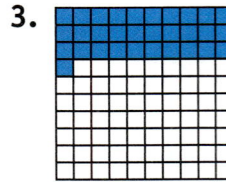

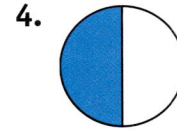

1. **2.** **3.** **4.**

5. Tony cortó un trozo de madera en 10 partes iguales. Usó 7 trozos para una pajarera. Dibuja un modelo para representar qué fracción de los trozos de madera usó Tony para la pajarera.

Grupo 9-2 (páginas 502–503)

¿Qué fracción de cada conjunto es roja?

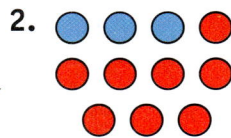

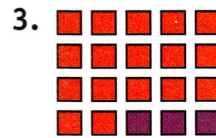

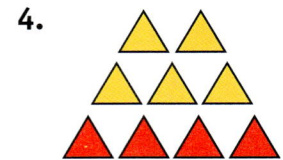

1. **2.** **3.** **4.**

Haz un dibujo para representar cada fracción como parte de un conjunto.

5. $\frac{2}{5}$ **6.** $\frac{7}{9}$ **7.** $\frac{3}{14}$ **8.** $\frac{6}{6}$

9. ¿Que fracción de las canicas es azul?

Grupo 9-3 (páginas 504–507)

Escribe una fracción para la parte verde de cada longitud.

1.   **2.**   **3.**

¿Qué fracción se debe escribir en cada punto?

4. A   **5.** B   **6.** C

A   B   C

0    $\frac{2}{12}$ $\frac{5}{12}$ $\frac{8}{12}$ 1

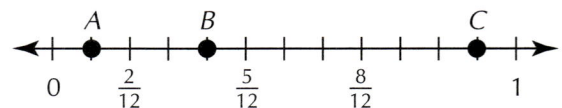

Escribe las fracciones que faltan.

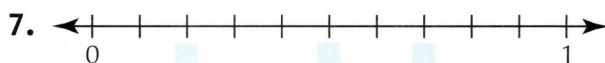

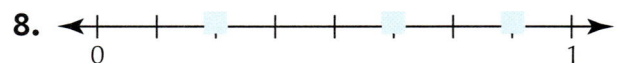

7.   0   1   **8.**   0   1

Grupo 9-4 (páginas 508–509)

Estima la parte amarilla de la figura.

1. **2.** **3.**

Grupo 9-5 (páginas 512–513)

Haz un dibujo para resolver cada problema. Escribe la respuesta en una oración completa.

1. Un sendero natural de 3 millas tiene una marca al comienzo y otra al final. Un grupo de excursionistas pasa por una marca cada $\frac{1}{2}$ milla. ¿Cuántas marcas se colocaron en el sendero?

2. Jack usó 25 baldosas para cubrir su piso cuadrado. Colocó las baldosas siguiendo un patrón de tablero de damas, es decir, alternando baldosas blancas con negras. Las baldosas de las esquinas eran blancas. ¿Qué fracción de las baldosas del piso de Jack es blanca? ¿Qué fracción es negra?

Grupo 9-6 (páginas 516–519)

Multiplica o divide para hallar fracciones equivalentes.

1. $\times 5$
$\frac{1}{3} =$
$\times 5$

2. $\div 2$
$\frac{8}{10} =$
$\div 2$

3. $\times 3$
$\frac{5}{7} =$
$\times 3$

4. $\div 3$
$\frac{3}{12} =$
$\div 3$

5. $\frac{1}{6}$ **6.** $\frac{2}{3}$ **7.** $\frac{10}{20}$ **8.** $\frac{6}{18}$ **9.** $\frac{9}{27}$

10. Haz un dibujo para representar una fracción equivalente a $\frac{6}{8}$.

Grupo 9-7 (páginas 520–521)

Escribe cada fracción en su mínima expresión. Si ya está en su mínima expresión, escribe mínima expresión.

1. $\frac{3}{15}$ **2.** $\frac{6}{7}$ **3.** $\frac{20}{30}$ **4.** $\frac{4}{16}$ **5.** $\frac{2}{3}$

6. $\frac{7}{42}$ **7.** $\frac{6}{8}$ **8.** $\frac{9}{18}$ **9.** $\frac{5}{20}$ **10.** $\frac{3}{12}$

11. Explica cómo sabes si $\frac{3}{14}$ está en su mínima expresión.

Grupo 9-8 (páginas 522–523)

Escribe >, < o = en cada ⚫. Puedes usar tiras de fracciones como ayuda.

1. $\frac{3}{4}$ ⚫ $\frac{5}{8}$ **2.** $\frac{7}{10}$ ⚫ $\frac{4}{10}$ **3.** $\frac{2}{5}$ ⚫ $\frac{4}{10}$ **4.** $\frac{1}{2}$ ⚫ $\frac{1}{4}$

5. $\frac{3}{6}$ ⚫ $\frac{1}{4}$ **6.** $\frac{5}{12}$ ⚫ $\frac{1}{2}$ **7.** $\frac{3}{4}$ ⚫ $\frac{4}{5}$ **8.** $\frac{6}{10}$ ⚫ $\frac{4}{10}$

9. $\frac{2}{8}$ ⚫ $\frac{1}{4}$ **10.** $\frac{6}{8}$ ⚫ $\frac{3}{8}$ **11.** $\frac{5}{6}$ ⚫ $\frac{4}{5}$ **12.** $\frac{2}{3}$ ⚫ $\frac{6}{10}$

13. Dorothy hizo $\frac{3}{5}$ de su tarea. Amanda hizo $\frac{1}{2}$ de su tarea. ¿Qué niña ha hecho más de su tarea?

Grupo 9-9 (páginas 524–527)

Escribe >, < o = en cada ⚫.

1. $\frac{5}{6}$ ⚫ $\frac{1}{4}$ **2.** $\frac{2}{5}$ ⚫ $\frac{7}{10}$ **3.** $\frac{3}{8}$ ⚫ $\frac{4}{8}$ **4.** $\frac{4}{5}$ ⚫ $\frac{1}{10}$

5. $\frac{4}{5}$ ⚫ $\frac{7}{10}$ **6.** $\frac{4}{7}$ ⚫ $\frac{8}{14}$ **7.** $\frac{3}{100}$ ⚫ $\frac{3}{10}$ **8.** $\frac{6}{25}$ ⚫ $\frac{2}{100}$

Ordena los números de mayor a menor.

9. $\frac{1}{2}, \frac{3}{4}, \frac{3}{8}$ **10.** $\frac{3}{4}, \frac{7}{12}, \frac{2}{3}$ **11.** $\frac{2}{5}, \frac{3}{5}, \frac{7}{10}$ **12.** $\frac{5}{6}, \frac{1}{3}, \frac{1}{6}$

13. Para un proyecto de ciencias, María midió cuánto creció una planta durante varias semanas. Al final de la Semana 1, la planta había crecido $\frac{5}{8}$ de pulgada. Creció otra $\frac{1}{2}$ pulgada durante la Semana 2. En la Semana 3, la planta creció $\frac{7}{16}$ de pulgada. ¿Durante qué semana creció más la planta de María?

Grupo 9-10 (páginas 530–533)

Escribe cada número mixto como fracción impropia.

1. $1\frac{5}{7}$ **2.** $3\frac{1}{4}$ **3.** $5\frac{1}{2}$ **4.** $2\frac{4}{5}$ **5.** $4\frac{2}{3}$

Escribe cada fracción impropia como número mixto.

6. $\frac{9}{4}$ **7.** $\frac{16}{7}$ **8.** $\frac{22}{3}$ **9.** $\frac{22}{4}$ **10.** $\frac{17}{5}$

11. $\frac{11}{10}$ **12.** $\frac{30}{6}$ **13.** $\frac{15}{2}$ **14.** $\frac{16}{8}$ **15.** $\frac{29}{9}$

16. Amy escribió tres fracciones impropias diferentes que son iguales al número entero 3. ¿Cuáles pueden ser esas tres fracciones?

Grupo 9-11 (páginas 534–535)

Compara. Escribe >, < o = en cada ⬤.

1. $2\frac{3}{5}$ ⬤ $2\frac{7}{10}$ **2.** $4\frac{2}{9}$ ⬤ $4\frac{4}{18}$ **3.** $7\frac{1}{2}$ ⬤ $7\frac{6}{20}$ **4.** $6\frac{1}{3}$ ⬤ $5\frac{1}{3}$

5. $1\frac{2}{8}$ ⬤ $1\frac{1}{4}$ **6.** $7\frac{3}{10}$ ⬤ $9\frac{4}{5}$ **7.** $10\frac{7}{9}$ ⬤ $10\frac{2}{3}$ **8.** $5\frac{6}{10}$ ⬤ $5\frac{3}{5}$

9. $6\frac{4}{5}$ ⬤ $9\frac{2}{5}$ **10.** $2\frac{2}{3}$ ⬤ $2\frac{4}{6}$ **11.** $3\frac{1}{8}$ ⬤ $3\frac{3}{4}$ **12.** $5\frac{3}{5}$ ⬤ $5\frac{9}{10}$

13. En una competencia de salto largo, Bill saltó $8\frac{3}{4}$ pies. Carlos saltó $8\frac{4}{7}$ pies. ¿Quién saltó más lejos?

Grupo 9-12 (páginas 536–537)

Usa la gráfica circular de la derecha.

1. ¿Aproximadamente qué fracción de todos los votos fueron para el béisbol?

2. ¿Qué deporte obtuvo casi $\frac{1}{2}$ de todos los votos?

3. ¿El fútbol americano recibió más o menos de $\frac{1}{4}$ de todos los votos?

4. ¿Qué par de deportes obtuvieron juntos aproximadamente $\frac{1}{4}$ de todos los votos?

Deporte favorito de la clase

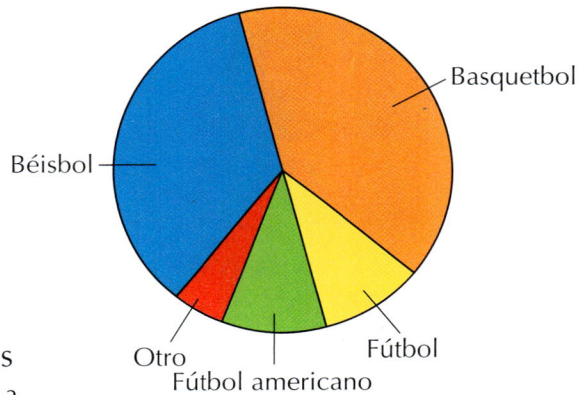

Basquetbol
Béisbol
Otro
Fútbol americano
Fútbol

Grupo 9-13 (páginas 538–539)

1. La meta de Amber es ahorrar $100 en su trabajo por horas para comprar un nuevo tocadiscos CD. Ahorró $20 la primera semana y $25 la segunda semana. Estima la fracción de su meta que ha ahorrado Amber. Explica cómo estimaste.

2. Se encuestó a cincuenta personas acerca de su tipo de música favorita. De éstas, 10 personas dijeron que el rock era su música favorita. Si haces una gráfica circular para mostrar los resultados de la encuesta, ¿qué fracción de la gráfica será para la música rock? Explica cómo lo determinaste.

3. Explica cómo puedes estimar si una fracción impropia es igual a un número entero.

Operaciones de fracciones y medidas del sistema usual

A Vocabulario

(páginas 500, 520, Grado 3)

Escoge del cuadro el término más adecuado.

1. Una unidad para medir el peso de un objeto es la __?__.

2. La __?__ es la medida de la cantidad que puede contener un envase cuando está lleno.

3. Una unidad estándar que se usa para medir la longitud es la __?__.

4. Una fracción está en su __?__ si el __?__ y el denominador no tienen otro factor común además del número 1.

Vocabulario

- **capacidad** *(Gr. 3)* • **denominador** *(p. 500)*
- **pulgada** *(Gr. 3)* • **numerador** *(p. 500)*
- **libra** *(Gr. 3)* • **mínima expresión** *(p. 520)*

B Sumar y restar fracciones *(Grado 3)*

Suma o resta. Puedes usar las tiras de fracciones o hacer un dibujo como ayuda.

5. $\frac{2}{5} + \frac{1}{5}$

6. $\frac{2}{10} + \frac{3}{10}$

7. $\frac{1}{4} + \frac{2}{4}$

8. $\frac{5}{6} - \frac{1}{6}$

9. Karen comió $\frac{3}{8}$ de una pizza y Darin comió $\frac{4}{8}$ de la misma pizza. Escribe una suma que represente la fracción de la pizza que se comieron en total.

C Longitud, peso y capacidad *(Grado 3)*

Escoge la mejor unidad para medir cada longitud. Escribe *pulgada, pie, yarda* o *milla*.

10. cordón de zapato

11. carrera de maratón

12. campo de fútbol

13. salón de clases

Escoge la mejor unidad para medir cada peso. Escribe *onza* o *libra*.

14. rebanada de pan

15. pelota de boliche

16. bicicleta

17. lápiz

Escoge la mejor unidad para medir la capacidad de cada objeto. Escribe *taza* o *galón*.

18. tanque de peces

19. tazón de sopa

20. jarro

21. bañera

D Convertir unidades de medida *(Grado 3)*

Completa cada tabla.

22. ¿Cuántas pulgadas hay en 4 pies?

Pies	1	2	3	4
Pulgadas	12	24	36	

23. ¿Cuántos galones hay en 16 cuartos?

Galones	1	2	3	
Cuartos	4	8	12	16

24. ¿Cuántas onzas hay en 1 libra?

Libras	1	2	3	4
Onzas		32	48	64

Idea clave
Para estimar sumas de fracciones, compara con $\frac{1}{2}$ los números que estés sumando.

Materiales
• tiras de fracciones
o **e tools**

Estimar sumas de fracciones

APRENDE

Actividad

¿Cómo estimas sumas de fracciones?

a. Usa tiras de fracciones para mostrar $\frac{3}{8} + \frac{2}{8}$. Luego, muestra $\frac{1}{2}$. Escribe $<$ o $>$ en cada ⬤.

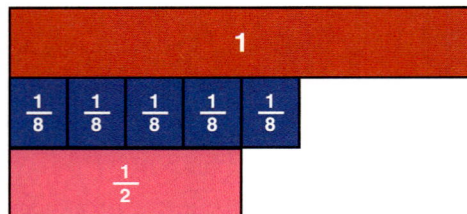

1

| $\frac{1}{8}$ | $\frac{1}{8}$ | $\frac{1}{8}$ | $\frac{1}{8}$ | $\frac{1}{8}$ |

| $\frac{1}{2}$ |

$\frac{3}{8}$ ⬤ $\frac{1}{2}$ $\frac{2}{8}$ ⬤ $\frac{1}{2}$ $\frac{3}{8} + \frac{2}{8}$ ⬤ 1

b. Usa tiras de fracciones para mostrar cada fracción y suma. Escribe $<$ o $>$ en cada ⬤.

$\frac{2}{6}$ ⬤ $\frac{1}{2}$, $\frac{1}{6}$ ⬤ $\frac{1}{2}$, $\frac{2}{6} + \frac{1}{6}$ ⬤ 1 $\frac{1}{4}$ ⬤ $\frac{1}{2}$, $\frac{1}{3}$ ⬤ $\frac{1}{2}$, $\frac{1}{4} + \frac{1}{3}$ ⬤ 1

c. Cuando se suman dos fracciones que son menores que $\frac{1}{2}$, ¿es la suma mayor o menor que 1? Propón una regla.

d. Usa tiras de fracciones para mostrar cada fracción y suma. Escribe $>$, $<$ o $=$ en cada ⬤.

$\frac{3}{5}$ ⬤ $\frac{1}{2}$, $\frac{4}{5}$ ⬤ $\frac{1}{2}$, $\frac{3}{5} + \frac{4}{5}$ ⬤ 1 $\frac{2}{3}$ ⬤ $\frac{1}{2}$, $\frac{5}{6}$ ⬤ $\frac{1}{2}$, $\frac{2}{3} + \frac{5}{6}$ ⬤ 1

e. Cuando se suman dos fracciones que son mayores que $\frac{1}{2}$, ¿es la suma mayor o menor que 1? Propón una regla.

f. Usa tiras de fracciones para mostrar cada fracción y suma. Escribe $>$, $<$ o $=$ en cada ⬤.

$\frac{3}{4}$ ⬤ $\frac{1}{2}$, $\frac{3}{8}$ ⬤ $\frac{1}{2}$, $\frac{3}{4} + \frac{3}{8}$ ⬤ 1 $\frac{2}{3}$ ⬤ $\frac{1}{2}$, $\frac{2}{6}$ ⬤ $\frac{1}{2}$, $\frac{2}{3} + \frac{2}{6}$ ⬤ 1

$\frac{1}{4}$ ⬤ $\frac{1}{2}$, $\frac{6}{10}$ ⬤ $\frac{1}{2}$, $\frac{1}{4} + \frac{6}{10}$ ⬤ 1

Cuando una de las fracciones es mayor que $\frac{1}{2}$ y la otra es menor que $\frac{1}{2}$, no se puede predecir si la suma será mayor, menor o igual a 1.

g. Predice si cada suma es mayor o menor que 1. Si no se puede predecir, escribe *No se puede predecir*. Luego, usa las tiras de fracciones para comprobar tus predicciones.

$\frac{5}{12} + \frac{4}{12}$ $\frac{2}{3} + \frac{3}{4}$ $\frac{7}{8} + \frac{1}{12}$ $\frac{1}{3} + \frac{5}{6}$

Escribe > o < en cada ●.

1. $\frac{1}{8} + \frac{2}{6}$ ● 1 **2.** $\frac{8}{12} + \frac{5}{6}$ ● 1 **3.** $\frac{7}{8} + \frac{5}{6}$ ● 1 **4.** $\frac{1}{4} + \frac{1}{3}$ ● 1

5. Estima para determinar si $\frac{3}{4} + \frac{1}{3}$ es mayor o menor que 1. Si no lo puedes predecir, explica por qué.

6. Sentido numérico Martie dice que $\frac{7}{12} + \frac{1}{9}$ es mayor que $\frac{1}{2}$, porque $\frac{7}{12} > \frac{1}{2}$. ¿Está Martie en lo correcto? Explícalo.

PRÁCTICA

Más práctica: Grupo 10-1, página 618

A Destrezas y comprensión

Escribe > o < en cada ●.

7. $\frac{3}{10} + \frac{1}{6}$ ● 1 **8.** $\frac{5}{8} + \frac{3}{4}$ ● 1 **9.** $\frac{4}{5} + \frac{4}{5}$ ● 1 **10.** $\frac{1}{3} + \frac{2}{5}$ ● 1 **11.** $\frac{1}{4} + \frac{1}{6}$ ● 1

12. $\frac{2}{12} + \frac{3}{8}$ ● 1 **13.** $\frac{9}{10} + \frac{5}{6}$ ● 1 **14.** $\frac{3}{4} + \frac{3}{5}$ ● 1 **15.** $\frac{7}{8} + \frac{4}{5}$ ● 1 **16.** $\frac{7}{10} + \frac{5}{6}$ ● 1

Estima para determinar si cada suma es mayor o menor que 1. Si no lo puedes predecir, explica por qué.

17. $\frac{1}{4} + \frac{7}{8}$ **18.** $\frac{9}{12} + \frac{2}{3}$ **19.** $\frac{1}{6} + \frac{1}{8}$ **20.** $\frac{7}{10} + \frac{2}{3}$ **21.** $\frac{5}{6} + \frac{3}{8}$

22. Sentido numérico Como $\frac{7}{8}$ y $\frac{11}{12}$ están cerca de 1, ¿está la suma $\frac{7}{8} + \frac{11}{12}$ cerca de 2? Explícalo.

B Razonamiento y resolución de problemas

23. ¿Es la suma de media hora más tres cuartos de hora más de 1 hora o es menos?

24. ¿Es la suma de media hora más un cuarto de hora más de 1 hora o es menos?

25. **Escritura en matemáticas** Kristen dijo que $\frac{7}{8} + \frac{1}{4} > 1$ porque $\frac{7}{8} + \frac{1}{8} = 1$ y $\frac{1}{4} > \frac{1}{8}$. Explica cómo usar el método de Kristen para determinar si $\frac{5}{6} + \frac{1}{12}$ es mayor o menor que 1.

Repaso mixto y preparación de exámenes

En la INTERNET
Preparación de exámenes
www.scottforesman.com

26. ¿Pueden cuatro amigos repartirse por igual 10 libros? Explica cómo lo determinaste.

27. $7.24 ÷ 4$

A. $1.01 **B.** $1.56 **C.** $1.81 **D.** $1.90

Sumar fracciones de igual denominador

APRENDE

Actividad

¿Cómo sumas con tiras de fracciones?

Ésta es una manera de hallar $\frac{5}{8} + \frac{7}{8}$ en su **mínima expresión** con tiras de fracciones.

Paso 1: Usa tiras de fracciones para combinar $\frac{5}{8}$ y $\frac{7}{8}$.

$$\frac{5}{8} + \frac{7}{8} = \frac{12}{8}$$

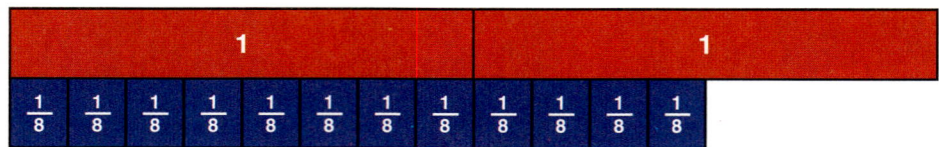

Paso 2: De ser necesario, vuelve a escribir la suma como número mixto.

$$\frac{12}{8} = 1\frac{4}{8}$$

Paso 3: De ser necesario, simplifica la fracción.

$$1\frac{4}{8} = 1\frac{1}{2}$$

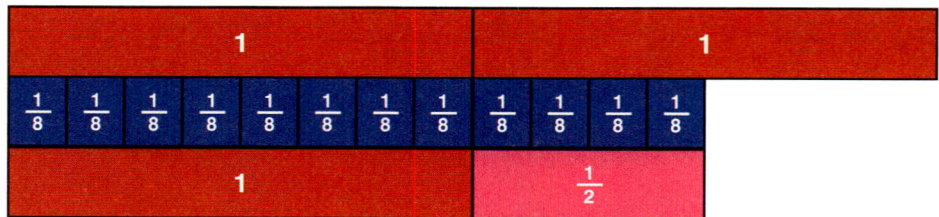

a. Usa tiras de fracciones para sumar. Escribe la suma en su mínima expresión.

$\frac{5}{12} + \frac{6}{12}$ $\frac{2}{5} + \frac{1}{5}$ $\frac{3}{6} + \frac{2}{6}$

$\frac{3}{5} + \frac{4}{5}$ $\frac{3}{4} + \frac{2}{4}$ $\frac{1}{8} + \frac{5}{8}$

$\frac{3}{10} + \frac{2}{10}$ $\frac{5}{12} + \frac{3}{12}$ $\frac{9}{10} + \frac{5}{10}$

b. Escribe una regla para sumar dos fracciones de igual denominador.

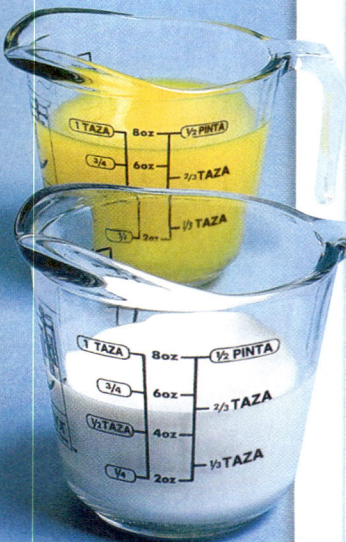

¿Cómo sumas fracciones con papel y lápiz?

		Ejemplo A	**Ejemplo B**	**Ejemplo C**
		$\frac{7}{10} + \frac{6}{10}$	$\frac{5}{12} + \frac{4}{12}$	$\frac{5}{6} + \frac{5}{6}$
	Estima	$\frac{7}{10} > \frac{1}{2}$ y $\frac{6}{10} > \frac{1}{2}$, por tanto, $\frac{7}{10} + \frac{6}{10} > 1$	$\frac{5}{12} < \frac{1}{2}$ y $\frac{4}{12} < \frac{1}{2}$, por tanto, $\frac{5}{12} + \frac{4}{12} < 1$	$\frac{5}{6} > \frac{1}{2}$, por tanto, $\frac{5}{6} + \frac{5}{6} > 1$
PASO 1	Suma los **numeradores**. Escribe la suma sobre el **denominador** común.	$\frac{7}{10} + \frac{6}{10} = \frac{13}{10}$	$\frac{5}{12} + \frac{4}{12} = \frac{9}{12}$	$\frac{5}{6} + \frac{5}{6} = \frac{10}{6}$
PASO 2	De ser necesario, simplifica.	$\frac{13}{10} = 1\frac{3}{10}$ $\frac{3}{10}$ está en su mínima expresión. Por tanto, $\frac{7}{10} + \frac{6}{10} = 1\frac{3}{10}$. La respuesta es razonable, ya que $1\frac{3}{10} > 1$.	$\frac{9}{12} = \frac{3}{4}$ $\frac{9}{12} = \frac{3}{4}$ $\div 3$ Por tanto, $\frac{5}{12} + \frac{4}{12} = \frac{3}{4}$. La respuesta es razonable, ya que $\frac{3}{4} < 1$.	$\frac{10}{6} = 1\frac{4}{6} = 1\frac{2}{3}$ $\frac{4}{6} = \frac{2}{3}$ $\div 2$ Por tanto, $\frac{5}{6} + \frac{5}{6} = 1\frac{2}{3}$. La respuesta es razonable, ya que $1\frac{2}{3} > 1$.

✔️ **Hablemos**

1. En el Ejemplo C, ¿por qué $1\frac{4}{6}$ no está en su mínima expresión?

2. En el ejemplo A, ¿cómo te indica la estimación que la suma es un número mixto?

En la INTERNET
Más ejemplos
www.scottforesman.com

COMPRUEBA ✔️

Otro ejemplo: Grupo 10-2, página 614

Halla las sumas.

1. $\frac{1}{5} + \frac{1}{5}$ **2.** $\frac{5}{9} + \frac{1}{9}$ **3.** $\frac{7}{8} + \frac{2}{8}$ **4.** $\frac{5}{6} + \frac{2}{6}$ **5.** $\frac{7}{10} + \frac{5}{10}$

6. Sentido numérico Explica cómo sumas y simplificas $\frac{3}{4} + \frac{1}{4}$.

A Destrezas y comprensión

Halla las sumas.

7. $\dfrac{3}{8} + \dfrac{4}{8}$ **8.** $\dfrac{1}{4} + \dfrac{1}{4}$ **9.** $\dfrac{7}{8} + \dfrac{7}{8}$ **10.** $\dfrac{3}{20} + \dfrac{6}{20}$ **11.** $\dfrac{4}{25} + \dfrac{7}{25}$

12. $\dfrac{2}{9} + \dfrac{7}{9}$ **13.** $\dfrac{1}{6} + \dfrac{3}{6}$ **14.** $\dfrac{3}{5} + \dfrac{1}{5}$ **15.** $\dfrac{7}{12} + \dfrac{10}{12}$ **16.** $\dfrac{1}{3} + \dfrac{2}{3}$

17. $\dfrac{3}{6} + \dfrac{5}{6}$ **18.** $\dfrac{3}{12} + \dfrac{6}{12}$ **19.** $\dfrac{7}{15} + \dfrac{11}{15}$ **20.** $\dfrac{5}{7} + \dfrac{5}{7}$ **21.** $\dfrac{9}{10} + \dfrac{7}{10}$

22. Sentido numérico ¿Es $1\dfrac{1}{8}$ una respuesta razonable para $\dfrac{3}{8} + \dfrac{2}{8}$? Explícalo.

B Razonamiento y resolución de problemas

Matemáticas y arte

Las personas usan el arte para comunicar sus pensamientos, sus sentimientos y su visión del mundo.

¿Qué fracción de los artistas de la lista de la derecha

23. nacieron en el siglo XIX?

24. nacieron en el siglo XV?

25. vivieron más de 90 años?

26. vivieron menos de 40 años?

27. **Escritura en matemáticas** ¿Es correcta la siguiente explicación? De no ser así, explica por qué y escribe la respuesta correcta. Si lo es, haz un dibujo para representar la suma.

Suma $\dfrac{1}{4} + \dfrac{1}{4}$.

$\dfrac{1}{4} + \dfrac{1}{4} = \dfrac{1+1}{4+4} = \dfrac{2}{8} = \dfrac{1}{4}$

Diez artistas famosos

Miguel Ángel Buonarroti	1475–1564
Mary Cassatt	1844–1926
Leonardo da Vinci	1452–1519
Vincent van Gogh	1853–1890
Alexander Calder	1898–1976
M.C. Escher	1898–1972
Georgia O'Keeffe	1887–1986
Rembrandt van Rijn	1606–1669
Henri de Toulouse-Lautrec	1864–1901
Pablo Picasso	1881–1973

EN LOS EXÁMENES

Piénsalo bien

Siempre debo **comprobar que mi respuesta sea razonable.**

C Un paso adelante

Álgebra Halla el valor de cada expresión si $k = \dfrac{1}{10}$.

28. $k + \dfrac{4}{10}$ **29.** $k + \dfrac{1}{10}$ **30.** $k + \dfrac{7}{10}$ **31.** $k + \dfrac{9}{10}$

Álgebra Usa la estrategia Prueba, comprueba y revisa para resolver cada ecuación.

32. $y + \dfrac{1}{5} = 1$ **33.** $y + \dfrac{1}{8} = 1$ **34.** $y + \dfrac{1}{3} = 1$ **35.** $y + \dfrac{1}{6} = 1$

Repaso mixto y preparación de exámenes

En la INTERNET
Preparación de exámenes
www.scottforesman.com

Escribe > o < en cada ⬤.

36. $\frac{3}{4} + \frac{5}{6}$ ⬤ 1   **37.** $\frac{7}{10} + \frac{7}{8}$ ⬤ 1   **38.** $\frac{1}{6} + \frac{3}{8}$ ⬤ 1   **39.** $\frac{1}{12} + \frac{2}{5}$ ⬤ 1

Escribe en palabras y el decimal de cada parte coloreada.

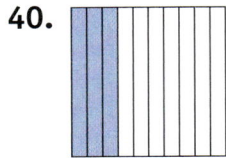

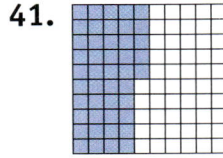

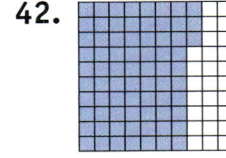

40.   **41.**   **42.**

43. **Escritura en matemáticas** Explica por qué el número 8 de $1.89 representa ocho décimas de dólar.

44.   1,284
       + 3,576

45. $9.58
       + 6.25

46.   275
       ×   6

47.   59
       × 27

48. 67 + 489 + 34

A. 470   **C.** 556

B. 523   **D.** 590

49. ¿Qué figura es un cuadrilátero?

A. cuadrado   **C.** círculo

B. triángulo   **D.** pentágono

Ampliación
Sumar números mixtos de igual denominador

Para sumar números mixtos, suma las fracciones y después suma los números enteros. De ser necesario, simplifica el resultado.

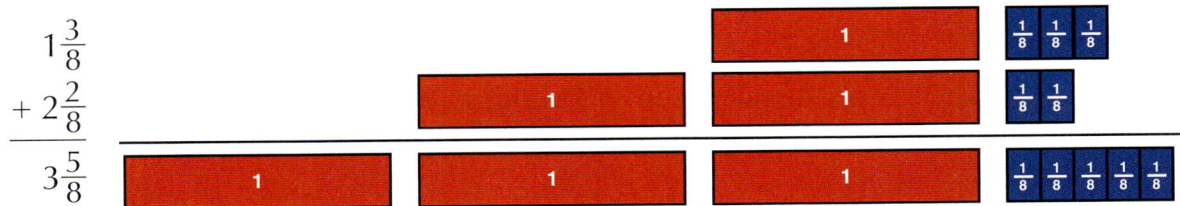

$1\frac{3}{8}$
$+ 2\frac{2}{8}$

$3\frac{5}{8}$

Halla las sumas.

1. $1\frac{1}{9}$
       $+ 2\frac{3}{9}$

2. $3\frac{1}{5}$
       $+ 4\frac{2}{5}$

3. $4\frac{5}{10}$
       $+ 1\frac{3}{10}$

4. $2\frac{1}{6}$
       $+ 3\frac{1}{6}$

Idea clave
Para sumar fracciones de distinto denominador es necesario hallar fracciones equivalentes con un denominador común.

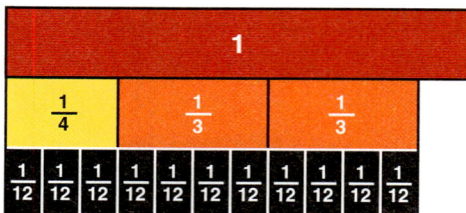

Materiales
- tiras de fracciones

o **e⚙tools**

Vocabulario
- factor (p. 124)

EN LOS EXÁMENES

Piénsalo bien

Puedo **usar objetos** para sumar fracciones.

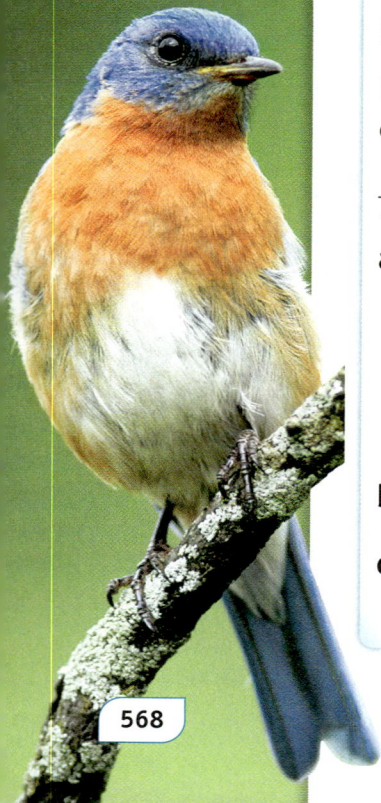

Sumar fracciones de distinto denominador

✓ PREPÁRATE

1. $\frac{1}{8} + \frac{2}{8}$ 2. $\frac{5}{7} + \frac{1}{7}$

3. $\frac{2}{5} + \frac{2}{5}$ 4. $\frac{3}{10} + \frac{3}{10}$

5. $\frac{1}{6} + \frac{5}{6}$ 6. $\frac{5}{12} + \frac{1}{12}$

APRENDE

Actividad

¿Cómo sumas fracciones cuando los denominadores son diferentes?

Ésta es una manera de hallar $\frac{2}{3} + \frac{1}{6}$.

Paso 1: Usa tiras de fracciones para combinar las fracciones.

$\frac{2}{3} = \frac{4}{6}$

Paso 2: Halla fracciones equivalentes con denominador común.

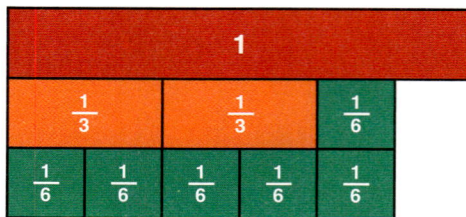

$\frac{2}{3} = \frac{4}{6}$

Paso 3: Suma.

$\frac{2}{3} + \frac{1}{6} = \frac{4}{6} + \frac{1}{6} = \frac{5}{6}$

Halla $\frac{1}{4} + \frac{2}{3}$.

Halla fracciones equivalentes con denominador común.

$\frac{1}{4} + \frac{2}{3} = \frac{3}{12} + \frac{8}{12} = \frac{11}{12}$

a. Usa tiras de fracciones para sumar. Escribe la respuesta en su mínima expresión.

$\frac{1}{4} + \frac{3}{8}$ $\qquad$ $\frac{2}{5} + \frac{3}{10}$ $\qquad$ $\frac{3}{4} + \frac{1}{2}$

$\frac{1}{3} + \frac{1}{4}$ $\qquad$ $\frac{1}{2} + \frac{2}{3}$ $\qquad$ $\frac{2}{5} + \frac{1}{2}$

b. Escribe una regla para sumar fracciones de distinto denominador.

c. Para sumar $\frac{1}{4} + \frac{2}{3}$, puedes usar el número 12 como denominador. ¿Es el número 4 **factor** de 12? ¿Es el número 3 factor de 12?

¿Cómo sumas fracciones con papel y lápiz?

Ejemplo A

Kevin y su abuelo caminaron por el Sendero de los Petirrojos y el Sendero de los Azulejos. El Sendero de los Petirrojos mide $\frac{7}{10}$ de milla y el Sendero de los Azulejos mide $\frac{3}{5}$ de milla. ¿Qué distancia recorrieron en total?

Ejemplo B

Lisa y su abuela caminaron por el Sendero de los Azulejos y el Sendero de los Colibríes. El Sendero de los Azulejos mide $\frac{3}{5}$ de milla y el Sendero de los Colibríes mide $\frac{1}{3}$ de milla. ¿Qué distancia recorrieron en total?

Estima.

$\frac{7}{10} > \frac{1}{2}$ y $\frac{3}{5} > \frac{1}{2}$, por tanto, $\frac{7}{10} + \frac{3}{5} > 1$.

$\frac{3}{5} > \frac{1}{2}$ y $\frac{1}{3} < \frac{1}{2}$, por tanto, no puedo predecir si la suma es menor o mayor que 1.

PASO 1 Halla fracciones equivalentes con denominador común.

$$\frac{7}{10} = \frac{7}{10}$$
$$+ \frac{3}{5} = \frac{6}{10}$$

$$\frac{3}{5} = \frac{9}{15}$$
$$+ \frac{1}{3} = \frac{5}{15}$$

PASO 2 Suma los numeradores. Escribe la suma sobre el denominador común. De ser necesario, simplifica.

$$\frac{7}{10}$$
$$+ \frac{6}{10}$$
$$\overline{\frac{13}{10}} = 1\frac{3}{10}$$

$$\frac{7}{10} + \frac{3}{5} = 1\frac{3}{10}$$

$$\frac{9}{15}$$
$$+ \frac{5}{15}$$
$$\overline{\frac{14}{15}}$$

$$\frac{3}{5} + \frac{1}{3} = \frac{14}{15}$$

La suma $1\frac{3}{10}$ es razonable porque $1\frac{3}{10} > 1$. Kevin y su abuelo caminaron $1\frac{3}{10}$ millas en total.

La suma $\frac{14}{15}$ es razonable porque $\frac{14}{15}$ es aproximadamente 1. Lisa y su abuela caminaron en total $\frac{14}{15}$ de milla.

✔ **Hablemos**

1. En el Paso 1 del Ejemplo A, ¿por qué $\frac{3}{5} = \frac{6}{10}$?

2. ¿Qué denominador se podría usar para hallar la longitud del Sendero de los Petirrojos y del Sendero de los Colibríes?

En la INTERNET
Más ejemplos
www.scottforesman.com

1. $\dfrac{3}{8} + \dfrac{1}{2}$ 2. $\dfrac{5}{6} + \dfrac{1}{3}$ 3. $\dfrac{1}{10} + \dfrac{3}{20}$ 4. $\dfrac{3}{25} + \dfrac{1}{50}$ 5. $\dfrac{3}{4} + \dfrac{1}{3}$

6. **Sentido numérico** ¿Podrías usar el 6 como denominador para sumar $\dfrac{1}{3}$ y $\dfrac{1}{4}$? Explícalo.

PRÁCTICA

Más práctica: Grupo 10-3, página 618

Ⓐ Destrezas y comprensión

7. $\dfrac{1}{2} + \dfrac{1}{4}$ 8. $\dfrac{2}{3} + \dfrac{1}{4}$ 9. $\dfrac{3}{4} + \dfrac{2}{3}$ 10. $\dfrac{4}{5} + \dfrac{1}{2}$ 11. $\dfrac{3}{4} + \dfrac{5}{8}$

12. $\begin{array}{r} \frac{2}{3} \\ + \frac{5}{6} \\ \hline \end{array}$ 13. $\begin{array}{r} \frac{3}{5} \\ + \frac{1}{3} \\ \hline \end{array}$ 14. $\begin{array}{r} \frac{1}{3} \\ + \frac{2}{5} \\ \hline \end{array}$ 15. $\begin{array}{r} \frac{1}{2} \\ + \frac{5}{8} \\ \hline \end{array}$ 16. $\begin{array}{r} \frac{2}{3} \\ + \frac{4}{5} \\ \hline \end{array}$ 17. $\begin{array}{r} \frac{7}{20} \\ + \frac{7}{10} \\ \hline \end{array}$

18. $\begin{array}{r} \frac{1}{3} \\ + \frac{1}{9} \\ \hline \end{array}$ 19. $\begin{array}{r} \frac{7}{8} \\ + \frac{1}{4} \\ \hline \end{array}$ 20. $\begin{array}{r} \frac{6}{7} \\ + \frac{1}{2} \\ \hline \end{array}$ 21. $\begin{array}{r} \frac{1}{6} \\ + \frac{5}{12} \\ \hline \end{array}$ 22. $\begin{array}{r} \frac{3}{4} \\ + \frac{4}{5} \\ \hline \end{array}$ 23. $\begin{array}{r} \frac{2}{5} \\ + \frac{7}{15} \\ \hline \end{array}$

24. **Sentido numérico** ¿Podrías usar el 12 como denominador para sumar $\dfrac{1}{3}$ y $\dfrac{1}{2}$? Explícalo.

Ⓑ Razonamiento y resolución de problemas

25. **Razonamiento** Usa la información de los Ejemplos A y B de la página 569. ¿Cuánto caminas en total si recorres los senderos de los Petirrojos, de los Azulejos y de los Colibríes?

🎵 **Matemáticas y música**

La tabla siguiente muestra qué fracción de los 50 estados tiene una o más compañías de ópera.

Compañías de ópera

Número de compañías	1	2	3 ó 4	5 ó mas
Fracción de los estados	$\dfrac{2}{5}$	$\dfrac{1}{10}$	$\dfrac{7}{50}$	$\dfrac{1}{25}$

¿Qué fracción de los estados tiene

26. 1 ó 2 compañías de ópera?

27. más de 2 compañías de ópera?

28. ¿Son más los estados con 1 compañía de ópera que los estados con 3 o más compañías de ópera? Explícalo.

El público que asiste a la ópera en los Estados Unidos ha aumentado en los últimos 20 años.

29. _Escritura en matemáticas_ ¿Es correcta la siguiente explicación? De no ser así, explica por qué y escribe la respuesta correcta. Si lo es, haz un dibujo para representar la suma.

$$\frac{2}{8} + \frac{1}{2} = \frac{1}{4} + \frac{2}{4} = \frac{3}{4}$$

EN LOS EXÁMENES

Piénsalo bien

Puedo sumar fracciones de **más de una manera.**

C Un paso adelante

Álgebra Halla el valor de cada expresión si $n = \frac{3}{8}$.

30. $\frac{1}{6} + n$

31. $n + \frac{2}{3}$

32. $\frac{1}{2} + n$

33. $n + n$

Repaso mixto y preparación de exámenes

En la INTERNET
Preparación de exámenes
www.scottforesman.com

34. $\frac{2}{4} + \frac{1}{4}$

35. $\frac{1}{6} + \frac{4}{6}$

36. $\frac{7}{20} + \frac{11}{20}$

37. $\frac{4}{5} + \frac{4}{5}$

38. $\frac{3}{10} + \frac{9}{10}$

39. La presentación de danza de Maggie empezó a las 5:15 P.M. y terminó a las 6:45 P.M. ¿Cuánto duró la presentación?

A. 30 minutos   **B.** 45 minutos   **C.** 1 hora 15 minutos   **D.** 1 hora 30 minutos

Discovery CHANNEL SCHOOL

Descubre las matemáticas en tu mundo

Las profundidades del océano

Sabemos menos del suelo marino de lo que sabemos acerca de la superficie de la Luna. Una de las razones es que el agua al nivel del suelo marino ejerce una presión de casi 3 toneladas por pulgada cuadrada. Esta tremenda presión limita la profundidad a la que pueden sumergirse los buzos.

1. La profundidad máxima registrada a la que se ha sumergido un buzo sin escafandra es de $\frac{4}{50}$ de milla. La profundidad máxima registrada a la que se ha sumergido un buzo con escafandra es de $\frac{19}{100}$ de milla. ¿Qué profundidad de buceo es mayor?

2. Un traje especial llamado _jimsuit_ permite que los buzos alcancen profundidades de hasta $\frac{19}{50}$ de milla. ¿Es esto más o menos de $\frac{1}{2}$ milla? Explícalo.

En la INTERNET
Video y actividades
www.scottforesman.com

¿Lo sabes hacer?

¿Lo entiendes?

Estimar sumas de fracciones (10-1)

Escribe > o < en cada ⬤.

1. $\frac{1}{2} + \frac{5}{6}$ ⬤ 1

2. $\frac{1}{5} + \frac{1}{5}$ ⬤ 1

3. $\frac{4}{5} + \frac{6}{10}$ ⬤ 1

4. $\frac{9}{10} + \frac{7}{8}$ ⬤ 1

5. $\frac{1}{6} + \frac{2}{5}$ ⬤ 1

6. $\frac{2}{3} + \frac{9}{12}$ ⬤ 1

7. $\frac{3}{4} + \frac{5}{8}$ ⬤ 1

8. $\frac{1}{3} + \frac{1}{6}$ ⬤ 1

9. $\frac{7}{10} + \frac{7}{10}$ ⬤ 1

10. $\frac{5}{8} + \frac{3}{5}$ ⬤ 1

Ⓐ Explica cómo estimaste la suma en el Ejercicio 2.

Ⓑ Escribe sin sumar dos fracciones cuya suma sea menor que uno y dos fracciones cuya suma sea mayor que uno.

Sumar fracciones de igual denominador (10-2)

11. $\frac{7}{9} + \frac{7}{9}$

12. $\frac{1}{8} + \frac{3}{8}$

13. $\frac{1}{6} + \frac{1}{6}$

14. $\frac{3}{10} + \frac{8}{10}$

15. $\frac{3}{8} + \frac{7}{8}$

16. $\frac{4}{5} + \frac{2}{5}$

17. $\frac{5}{6} + \frac{4}{6}$

18. $\frac{6}{7} + \frac{6}{7}$

19. $\frac{4}{5} + \frac{1}{5}$

20. $\frac{4}{12} + \frac{11}{12}$

21. $\frac{7}{8} + \frac{5}{8}$

22. $\frac{1}{3} + \frac{2}{3}$

23. $\frac{1}{4} + \frac{2}{4}$

24. $\frac{9}{10} + \frac{3}{10}$

Ⓒ Explica cómo hallaste la suma en su mínima expresión en el Ejercicio 12.

Ⓓ Explica cómo sabes que tu respuesta para el Ejercicio 11 es razonable.

Sumar fracciones de distinto denominador (10-3)

25. $\frac{4}{5} + \frac{9}{10}$

26. $\frac{5}{6} + \frac{5}{12}$

27. $\frac{5}{8} + \frac{1}{4}$

28. $\frac{9}{20} + \frac{3}{10}$

29. $\frac{1}{3} + \frac{1}{6}$

30. $\frac{9}{10} + \frac{1}{2}$

31. $\frac{3}{4} + \frac{2}{5}$

32. $\frac{4}{5} + \frac{1}{3}$

33. $\frac{4}{15} + \frac{3}{5}$

34. $\frac{2}{3} + \frac{7}{9}$

Ⓔ Explica cómo hallaste la suma en el Ejercicio 27.

Ⓕ Explica cómo sabes sin sumar que la suma de $\frac{2}{5} + \frac{4}{15}$ es menor que uno.

EN LOS EXÁMENES

Piénsalo bien
Puedo **usar objetos** para sumar fracciones.

OPCIÓN MÚLTIPLE

1. El señor Nelson compró $\frac{1}{4}$ de libra de alimento para tortugas y $\frac{1}{4}$ de libra de alimento para peces. ¿Cuántas libras de alimento para mascotas compró? (10-2)

   A. $\frac{1}{16}$ **B.** $\frac{1}{8}$ **C.** $\frac{1}{4}$ **D.** $\frac{1}{2}$

2. La señora Murphy compró $\frac{2}{3}$ de yarda de tela verde y $\frac{5}{6}$ de yarda de tela amarilla. ¿Cuántas yardas de tela compró? (10-3)

   A. $\frac{7}{9}$ **B.** $1\frac{1}{6}$ **C.** $1\frac{1}{2}$ **D.** $2\frac{1}{3}$

RESPUESTA LIBRE

Escribe > o < en cada ⚪. (10-1)

3. $\frac{1}{3} + \frac{3}{8}$ ⚪ 1   4. $\frac{7}{12} + \frac{3}{4}$ ⚪ 1   5. $\frac{1}{10} + \frac{1}{6}$ ⚪ 1   6. $\frac{4}{5} + \frac{9}{10}$ ⚪ 1   7. $\frac{11}{12} + \frac{5}{8}$ ⚪ 1

Suma. (10-2 y 10-3)

8. $\frac{1}{8} + \frac{1}{8}$ 9. $\frac{5}{6} + \frac{1}{6}$ 10. $\frac{1}{2} + \frac{1}{5}$ 11. $\frac{4}{5} + \frac{7}{10}$ 12. $\frac{9}{12} + \frac{5}{12}$

13. $\frac{7}{10} + \frac{4}{10}$ 14. $\frac{2}{9} + \frac{1}{3}$ 15. $\frac{11}{12} + \frac{1}{6}$ 16. $\frac{2}{3} + \frac{3}{4}$ 17. $\frac{3}{4} + \frac{1}{5}$

En los Ejercicios 18 a 25, usa la información de la derecha. (10-2 y 10-3)

¿Cuál es el peso de

18. 2 bolsas de habichuelas?   19. 2 bolsas de zanahorias?

20. las habichuelas y los frijoles verdes?   21. las habichuelas y las zanahorias?

22. el maíz y las habichuelas?   23. los frijoles verdes y las zanahorias?

24. los frijoles verdes y el maíz?   25. las zanahorias y el maíz?

Vegetales para estofado del campamento

Bolsa	Libras
Zanahorias	$\frac{3}{4}$
Maíz	$\frac{1}{2}$
Frijoles verdes	$\frac{1}{4}$
Habichuelas	$\frac{3}{4}$

Escritura en matemáticas

26. Explica cómo puedes predecir que $\frac{1}{4} + \frac{5}{12}$ es menor que 1. (10-1 y 10-3)

27. Escribe una pregunta que se pueda responder con la suma de $\frac{3}{10}$ y $\frac{4}{5}$. (10-3)

Idea clave
Cuando dos fracciones tienen igual denominador, su diferencia tiene el mismo denominador.

Materiales
• tiras de fracciones
o tools

Restar fracciones de igual denominador

APRENDE

Actividad

¿Cómo restas fracciones con tiras de fracciones?

Ésta es una manera de hallar $\frac{11}{12} - \frac{3}{12}$ con las tiras de fracciones.

Paso 1: Usa tiras de fracciones para representar $\frac{11}{12}$.

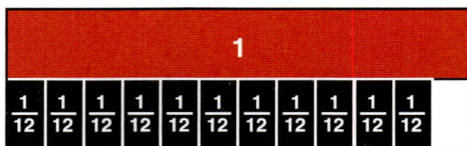

Paso 2: Quita $\frac{3}{12}$.

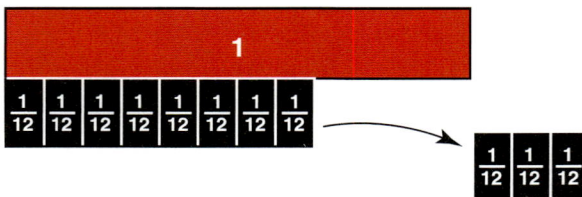

Paso 3: De ser necesario, simplifica la diferencia.

$$\frac{11}{12} - \frac{3}{12} = \frac{8}{12} = \frac{2}{3}$$

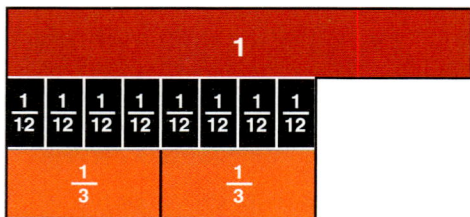

a. Resta con tiras de fracciones. Escribe cada diferencia en su mínima expresión.

$\frac{3}{4} - \frac{2}{4}$ $\frac{7}{12} - \frac{2}{12}$ $\frac{4}{5} - \frac{2}{5}$

$\frac{5}{8} - \frac{3}{8}$ $\frac{5}{6} - \frac{1}{6}$ $\frac{7}{10} - \frac{3}{10}$

b. Escribe una regla para restar dos fracciones de igual denominador.

Piénsalo bien
Puedo **usar objetos** para restar fracciones.

EN LOS EXÁMENES

¿Cómo restas fracciones con papel y lápiz?

Rodney compró $\frac{7}{8}$ de libra de cereales surtidos y $\frac{2}{6}$ de libra de fruta seca.

Hannah compró $\frac{2}{8}$ de libra de cereales surtidos y $\frac{5}{6}$ de libra de fruta seca.

$\frac{2}{6}$ de libra

$\frac{7}{8}$ de libra

$\frac{5}{6}$ de libra

$\frac{2}{8}$ de libra

		Ejemplo A	**Ejemplo B**
		¿Cuánto más cereal surtido compró Rodney que Hannah? Resta $\frac{7}{8} - \frac{2}{8}$.	¿Cuánta más fruta seca compró Hannah que Rodney? Resta $\frac{5}{6} - \frac{2}{6}$.
PASO 1	Resta los numeradores. Escribe la diferencia sobre el denominador común.	$\frac{7}{8} - \frac{2}{8} = \frac{5}{8}$	$\frac{5}{6} - \frac{2}{6} = \frac{3}{6}$
PASO 2	De ser necesario, simplifica.	El único factor común de 5 y 8 es 1. Por tanto, $\frac{5}{8}$ está en su mínima expresión. $\frac{7}{8} - \frac{2}{8} = \frac{5}{8}$ Rodney compró $\frac{5}{8}$ de libra más de cereal surtido que Hannah.	Simplifica $\frac{3}{6}$. $$\frac{3}{6} \overset{\div 3}{\underset{\div 3}{=}} \frac{1}{2}$$ Hannah compró $\frac{1}{2}$ libra más de fruta seca que Rodney.

✔ Hablemos

1. ¿Por qué es necesario simplificar en el Ejemplo B y no en el Ejemplo A?

2. **Razonamiento** Explica cómo restar $\frac{12}{25} - \frac{2}{25}$.

En la INTERNET
Más ejemplos
www.scottforesman.com

Otro ejemplo: Grupo 10-4, página 615

Halla la diferencia.

1. $\frac{2}{3} - \frac{1}{3}$ **2.** $\frac{5}{7} - \frac{2}{7}$ **3.** $\frac{8}{20} - \frac{1}{20}$ **4.** $\frac{7}{10} - \frac{3}{10}$ **5.** $\frac{9}{12} - \frac{5}{12}$

6. Sentido numérico ¿Es $1\frac{1}{9}$ una respuesta razonable para $\frac{8}{9} - \frac{2}{9}$? Explícalo.

PRÁCTICA

Más práctica: Grupo 10-4, página 619

A **Destrezas y comprensión**

Halla la diferencia.

7. $\frac{7}{8} - \frac{3}{8}$ **8.** $\frac{3}{4} - \frac{1}{4}$ **9.** $\frac{4}{7} - \frac{2}{7}$ **10.** $\frac{7}{10} - \frac{1}{10}$ **11.** $\frac{4}{5} - \frac{3}{5}$

12. $\frac{5}{9} - \frac{2}{9}$ **13.** $\frac{11}{20} - \frac{7}{20}$ **14.** $\frac{4}{6} - \frac{1}{6}$ **15.** $\frac{7}{9} - \frac{4}{9}$ **16.** $\frac{6}{50} - \frac{3}{50}$

17. $\begin{array}{r} \frac{3}{5} \\ -\frac{1}{5} \\ \hline \end{array}$ **18.** $\begin{array}{r} \frac{9}{10} \\ -\frac{7}{10} \\ \hline \end{array}$ **19.** $\begin{array}{r} \frac{8}{12} \\ -\frac{3}{12} \\ \hline \end{array}$ **20.** $\begin{array}{r} \frac{17}{25} \\ -\frac{8}{25} \\ \hline \end{array}$ **21.** $\begin{array}{r} \frac{1}{2} \\ -\frac{1}{2} \\ \hline \end{array}$ **22.** $\begin{array}{r} \frac{13}{15} \\ -\frac{7}{15} \\ \hline \end{array}$

23. Estimación ¿Es $\frac{19}{20} - \frac{2}{20}$ mayor o menor que $\frac{1}{2}$? Explica cómo lo sabes.

B **Razonamiento y resolución de problemas**

24. La suma de dos fracciones es $\frac{7}{8}$. La diferencia es $\frac{3}{8}$. ¿Cuáles son las dos fracciones?

🦋 **Matemáticas y ciencias**

El *Voyager 2* fue lanzado desde la Tierra el 20 de agosto de 1977. Esta nave demoró doce años en llegar a Neptuno. ¿Qué fracción del tiempo que demoró en llegar a Neptuno pasó entre

Voyager 2

Planeta	Tiempo desde el lanzamiento
Júpiter	.... 2 años
Saturno	.... 4 años
Neptuno	......12 años

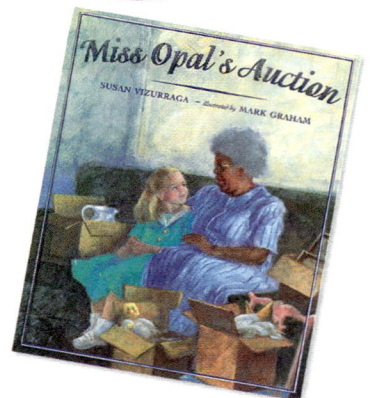

25. la Tierra y Júpiter?   **26.** Saturno y Neptuno?

27. Razonamiento En *Miss Opal's Auction (La subasta de la maestra Opal),* la maestra Opal escribió junto a la receta favorita de su madre "La próxima vez usar $\frac{1}{2}$ taza de azúcar menos". Si la receta dice 3 tazas de azúcar, ¿cuánta azúcar debe usar la próxima vez la señorita Opal?

28. Escritura en matemáticas Jake dice que sabía que $\frac{4}{5} - \frac{1}{5} = \frac{3}{5}$, porque $\frac{3}{5} + \frac{1}{5} = \frac{4}{5}$. Explica su razonamiento.

C Un paso adelante

Halla el valor de cada expresión si $s = \frac{5}{12}$.

29. $\frac{6}{12} - s$ **30.** $s - \frac{3}{12}$ **31.** $s - \frac{5}{12}$ **32.** $1 - s$

Repaso mixto y preparación de exámenes

En la INTERNET
Preparación de exámenes
www.scottforesman.com

33. $\frac{4}{9} + \frac{2}{9}$ **34.** $\frac{7}{12} + \frac{9}{12}$ **35.** $\frac{2}{3} + \frac{5}{9}$ **36.** $\frac{5}{6} + \frac{7}{12}$

37. $\begin{array}{r} 5{,}682 \\ + 6{,}829 \end{array}$ **38.** $\begin{array}{r} \$5.73 \\ - 2.82 \end{array}$ **39.** $\begin{array}{r} 8{,}004 \\ - 835 \end{array}$ **40.** $\begin{array}{r} 45 \\ \times 37 \end{array}$ **41.** $\begin{array}{r} \$3.87 \\ \times 48 \end{array}$

42. ¿Cuál es la mejor estimación para $7{,}792 + 3{,}288$?

A. 11,000 **C.** 12,000

B. 5,000 **D.** 10,000

43. ¿Cuál es la mejor estimación para $9{,}287 - 4{,}109$?

A. 13,000 **C.** 4,000

B. 5,000 **D.** 2,000

Ampliación
Restar números mixtos

Para restar números mixtos, resta las fracciones, resta los números enteros y luego, de ser necesario, simplifica.

Empieza con $3\frac{5}{6}$. **Resta $1\frac{1}{6}$.** $2\frac{4}{6} = 2\frac{2}{3}$

$\begin{array}{r} 3\frac{5}{6} \\ - 1\frac{1}{6} \\ \hline 2\frac{4}{6} = 2\frac{2}{3} \end{array}$

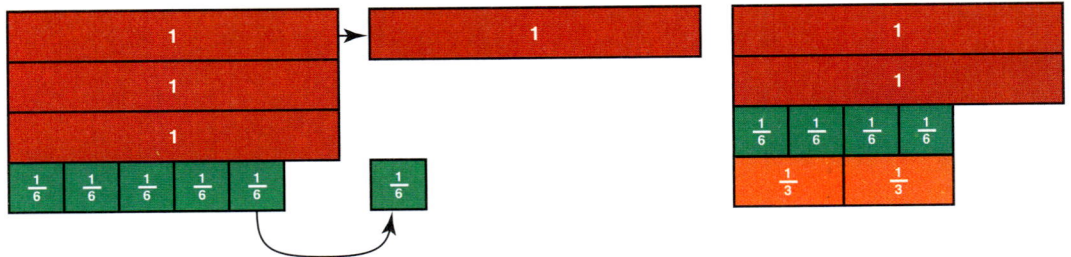

Resta.

1. $\begin{array}{r} 4\frac{6}{8} \\ - 1\frac{5}{8} \end{array}$ **2.** $\begin{array}{r} 7\frac{2}{3} \\ - 2\frac{1}{3} \end{array}$ **3.** $\begin{array}{r} 6\frac{8}{12} \\ - 4\frac{5}{12} \end{array}$ **4.** $\begin{array}{r} 2\frac{7}{10} \\ - 1\frac{1}{10} \end{array}$

5. Razonamiento Halla $2\frac{1}{4} - 1\frac{3}{4}$. Puedes usar tiras de fracciones como ayuda. Escribe la respuesta en su mínima expresión.

Restar fracciones de distinto denominador

1. $\frac{7}{8} - \frac{4}{8}$ 2. $\frac{7}{9} - \frac{5}{9}$
3. $\frac{2}{3} + \frac{1}{6}$ 4. $\frac{4}{8} + \frac{1}{4}$

APRENDE

Actividad

¿Cómo restas las fracciones cuando los denominadores son diferentes?

Ésta es una manera de hallar $\frac{2}{3} - \frac{1}{2}$.

Paso 1: Usa tiras de fracciones para hallar un denominador común.

$\frac{2}{3} = \frac{4}{6}$ $\frac{1}{2} = \frac{3}{6}$

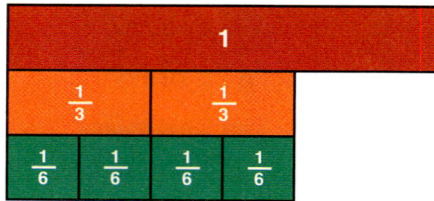

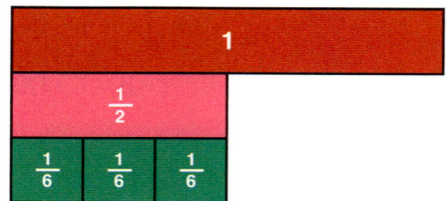

Paso 2: Quita $\frac{3}{6}$ a $\frac{4}{6}$.

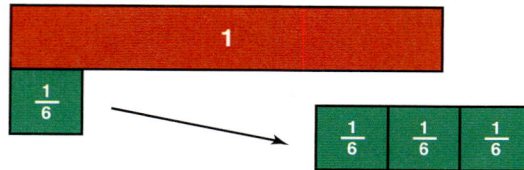

Paso 3: De ser necesario, simplifica la diferencia.

$\frac{4}{6} - \frac{3}{6} = \frac{1}{6}$

$\frac{1}{6}$ está en su mínima expresión.

a. Usa tiras de fracciones para restar. Escribe cada diferencia en su mínima expresión.

$\frac{3}{4} - \frac{1}{2}$ $\frac{7}{8} - \frac{1}{4}$ $\frac{2}{3} - \frac{1}{6}$

$\frac{2}{3} - \frac{1}{2}$ $\frac{1}{2} - \frac{2}{5}$ $\frac{3}{4} - \frac{1}{3}$

$\frac{5}{6} - \frac{1}{3}$ $\frac{2}{3} - \frac{7}{12}$ $\frac{9}{10} - \frac{3}{5}$

b. Escribe una regla para restar fracciones de distinto denominador.

¿Cómo restas fracciones con papel y lápiz?

Isabella y Danny están preparando macarrones con queso. Compraron $\frac{3}{4}$ de libra de queso.

$\frac{3}{4}$ de libra de queso

		Ejemplo A	**Ejemplo B**
		¿Cuánto queso les sobrará a Isabella y Danny si usan $\frac{1}{2}$ libra de queso?	¿Cuánto queso les sobrará a Isabella y Danny si usan $\frac{1}{3}$ de libra de queso?
PASO 1	Halla fracciones equivalentes con denominadores comunes.	Resta $\frac{3}{4} - \frac{1}{2}$. $$\begin{aligned}\frac{3}{4} &= \frac{3}{4} \\ -\frac{1}{2} &= -\frac{2}{4}\end{aligned}$$	Resta $\frac{3}{4} - \frac{1}{3}$. $$\begin{aligned}\frac{3}{4} &= \frac{9}{12} \\ -\frac{1}{3} &= -\frac{4}{12}\end{aligned}$$
PASO 2	Resta los numeradores y escribe la diferencia sobre el denominador común. De ser necesario, simplifica.	$$\begin{aligned}\frac{3}{4} &= \frac{3}{4} \\ -\frac{1}{2} &= -\frac{2}{4} \\ \hline &\frac{1}{4}\end{aligned}$$	$$\begin{aligned}\frac{3}{4} &= \frac{9}{12} \\ -\frac{1}{3} &= -\frac{4}{12} \\ \hline &\frac{5}{12}\end{aligned}$$
		Por tanto, $\frac{3}{4} - \frac{1}{2} = \frac{1}{4}$. A Isabella y Danny les sobrará $\frac{1}{4}$ de libra de queso.	Por tanto, $\frac{3}{4} - \frac{1}{3} = \frac{5}{12}$. A Isabella y Danny les sobrará $\frac{5}{12}$ de libra de queso.

✔ Hablemos

1. En el Ejemplo B, ¿por qué $\frac{3}{4} = \frac{9}{12}$?

2. ¿Qué denominador común puedes usar para restar $\frac{5}{6} - \frac{2}{3}$?

En la INTERNET
Más ejemplos
www.scottforesman.com

Otro ejemplo: Grupo 10-5, página 615

COMPRUEBA ✔

1. $\frac{3}{4} - \frac{3}{8}$

2. $\frac{5}{12} - \frac{1}{6}$

3. $\frac{4}{5} - \frac{3}{10}$

4. $\frac{1}{2} - \frac{1}{3}$

5. $\frac{3}{4} - \frac{2}{3}$

6. **Sentido numérico** ¿Puedes usar 20 como denominador común para restar $\frac{1}{2} - \frac{1}{5}$? Explícalo.

A Destrezas y comprensión

Halla las diferencias. De ser necesario, simplifica.

7. $\dfrac{1}{3} - \dfrac{1}{6}$

8. $\dfrac{2}{3} - \dfrac{1}{4}$

9. $\dfrac{1}{2} - \dfrac{3}{8}$

10. $\dfrac{2}{3} - \dfrac{5}{12}$

11. $\dfrac{7}{10} - \dfrac{1}{2}$

12. $\dfrac{5}{6} - \dfrac{5}{12}$

13. $\dfrac{4}{5} - \dfrac{1}{2}$

14. $\dfrac{11}{12} - \dfrac{3}{4}$

15. $\dfrac{3}{5} - \dfrac{1}{2}$

16. $\dfrac{5}{6} - \dfrac{2}{3}$

17. $\begin{array}{r} \dfrac{3}{5} \\ -\dfrac{3}{10} \end{array}$

18. $\begin{array}{r} \dfrac{1}{3} \\ -\dfrac{1}{4} \end{array}$

19. $\begin{array}{r} \dfrac{1}{4} \\ -\dfrac{1}{8} \end{array}$

20. $\begin{array}{r} \dfrac{7}{8} \\ -\dfrac{3}{4} \end{array}$

21. $\begin{array}{r} \dfrac{3}{5} \\ -\dfrac{2}{25} \end{array}$

22. $\begin{array}{r} \dfrac{4}{5} \\ -\dfrac{2}{3} \end{array}$

23. **Estimación** ¿Es mayor o menor que $\dfrac{1}{2}$ la diferencia de $\dfrac{24}{25} - \dfrac{4}{5}$? Explícalo.

B Razonamiento y resolución de problemas

24. Halla $\left(\dfrac{11}{12} - \dfrac{1}{2} \right) - \dfrac{1}{3}$.

25. Halla $\dfrac{11}{12} - \left(\dfrac{1}{2} - \dfrac{1}{3} \right)$.

Matemáticas y ciencias

¿Cuánto más mide

26. una mariposa azul que una araña?

27. una abeja que una araña?

28. una mariquita que una abeja?

29. una polilla que una araña?

30. **Razonamiento** ¿Mide una mariquita más o menos del doble que una abeja? Explícalo.

31. **Escritura en matemáticas** ¿Es correcta la siguiente explicación? De no ser así, explica por qué y escribe la respuesta correcta. Si lo es, haz un dibujo para representar la diferencia.

> Resta $\dfrac{4}{5} - \dfrac{1}{10}$.
>
> $\dfrac{4}{5} - \dfrac{1}{10} = \dfrac{3}{10}$
>
> Resté $4 - 1 = 3$ y lo puse sobre el 10.

Archivo de datos

Criaturas pequeñas	
Criatura	Longitud menor o ancho de las alas
Abeja	$\dfrac{1}{5}$ de centímetro
Mariposa azul	$\dfrac{7}{10}$ de centímetro
Mariquita	$\dfrac{1}{2}$ centímetro
Araña	$\dfrac{1}{10}$ de centímetro
Polilla	$\dfrac{4}{25}$ de centímetro

EN LOS EXÁMENES

Piénsalo bien

Puedo restar fracciones **de más de una manera.**

C Un paso adelante

Álgebra Halla el valor de cada expresión si $n = \frac{1}{4}$.

32. $n - \frac{1}{12}$ **33.** $\frac{3}{4} - n$ **34.** $\frac{1}{2} - n$ **35.** $n - \frac{1}{8}$ **36.** $\frac{7}{8} - n$

Repaso mixto y preparación de exámenes

En la INTERNET
Preparación de exámenes
www.scottforesman.com

37. $\frac{14}{15} - \frac{4}{15}$ **38.** $\frac{9}{25} - \frac{6}{25}$ **39.** $\frac{8}{9} - \frac{2}{9}$ **40.** $\frac{5}{7} + \frac{6}{7}$ **41.** $\frac{1}{3} + \frac{1}{6}$

42. Usa la información de la derecha.
¿Cuál es la mediana?

A. 204   **B.** 54

C. 199   **D.** 200

Escuela del distrito Riverside

Grado	K	1	2	3	4	5	6
Número de estudiantes	232	207	194	207	199	182	179

Aprender con tecnología

Usar Fracciones de eTools para sumar y restar fracciones

Selecciona el área de trabajo en tiras.

Muestra la suma de $\frac{1}{4} + \frac{1}{3}$.

a. ¿Cuál es el denominador común?

b. ¿Está el resultado en su mínima expresión?

Usa Fracciones de eTools para hallar cada suma o diferencia. Escribe el resultado en su mínima expresión.

1. $\frac{3}{8} + \frac{1}{2}$ **2.** $\frac{3}{8} + \frac{1}{4}$

3. $\frac{3}{8} + \frac{5}{8}$ **4.** $\frac{5}{8} - \frac{3}{8}$

5. $\frac{7}{10} + \frac{1}{5}$ **6.** $\frac{7}{10} - \frac{1}{5}$

7. $\frac{5}{6} + \frac{1}{6}$ **8.** $\frac{5}{6} - \frac{1}{6}$

9. $\frac{5}{12} + \frac{1}{6}$ **10.** $\frac{5}{12} - \frac{1}{6}$

11. $\frac{5}{8} + \frac{7}{8}$ **12.** $\frac{7}{12} + \frac{5}{6}$

Sacar conclusiones

Sacar conclusiones al leer en matemáticas puede ayudarte a usar la **estrategia de resolución de problemas** *Usa razonamiento lógico* de la siguiente lección.

En lectura, sacar conclusiones puede ayudarte a darle sentido a las cosas mientras lees un cuento. En matemáticas, sacar conclusiones puede ayudarte a usar el razonamiento lógico mientras piensas en un problema.

Primero haré una tabla para anotar la información dada.

Los cuatro estados más grandes de nuestra nación, en términos de área, son: Montana, Alaska, California y Texas. Texas no es el más grande. California es el tercero más grande. Montana es más pequeño que California. Haz una lista de estos estados comenzando por el más grande.

Los estados más grandes de nuestra nación

	Primero	Segundo	Tercero	Cuarto
Montana				Sí
Alaska				
California			Sí	
Texas	No			

Para completar el resto de la tabla debo mirar cada columna y cada fila, y sacar conclusiones.

Después de completar más celdas, sigue usando el razonamiento lógico para completar todas las celdas y resolver el problema.

Si hay un *Sí*, entonces puedes concluir que las otras celdas de esa fila y de esa columna deben ser *No*.

1. ¿Cómo concluyes que Alaska es el estado más grande?

2. ¿Cuántas celdas deben decir *Sí* en cada fila y columna de la tabla completa?

En los Ejercicios 3 a 5, usa el siguiente problema.

Cuatro niños tienen su cumpleaños en diferentes estaciones. Cecilia nació en enero. Nola no nació en otoño. Matt nació en primavera.

	Invierno	Primavera	Verano	Ontoño
Nola				No
Berto				
Cecilia	Sí			
Matt		Sí		

3. ¿Por qué puedes concluir que Cecilia no nació en otoño?

4. ¿Por qué puedes concluir que Berto no nació en febrero?

5. **Escritura en matemáticas** ¿Puede ser el cumpleaños de Nola en verano? ¿Por qué?

En los Ejercicios 6 a 8, usa el siguiente problema.

Anita, Tyler, Pete y Alex ganaron los cuatro primeros premios en el concurso de arte de la escuela. Pete ganó el 4.º premio. Tyler no ganó el 2.º premio. Alex ganó el 3.er premio. ¿Quién ganó el 1.er premio?

	Primero	Segundo	Tercero	Cuarto
Anita				
Tyler		No		
Pete				Sí
Alex			Sí	

6. **Escritura en matemáticas** Cuando completas la tabla, ¿cómo sabes cómo completar la fila rotulada "tercero"?

7. ¿Por qué puedes concluir que Tyler no ganó el tercer premio?

8. ¿Por qué puedes concluir que Anita ganó el segundo premio?

Resolución de problemas: Estrategia

¡La lectura te ayuda!

Idea clave
Aprender cómo y cuándo usar el razonamiento lógico te puede ayudar a resolver problemas.

Usar razonamiento lógico

APRENDE

¿Cómo usas el razonamiento lógico para resolver un problema?

Nuevos amigos Annie, Nancy, Linda y María se conocieron durante las vacaciones. Ellas son de Nueva York, la Florida, Texas y Maine. María es de Nueva York y Nancy no es de la Florida. Si Linda es de Texas, ¿de dónde es Annie?

EN LOS EXÁMENES

Piénsalo bien
Puedo **usar la información** del problema para sacar conclusiones.

Lee para comprender

¿Qué sabes?   María es de Nueva York y Linda es de Texas. Nancy no es de la Florida.

¿Qué quieres averiguar?   Hallar en qué estado vive Annie.

Planea y resuelve

¿Qué estrategia usarás?   Estrategia: **Usa razonamiento lógico**.

Paso 1 Haz una tabla.
Paso 2 Completa la tabla. Cada fila y cada columna puede tener 1 solo **Sí**, porque cada niña vive en 1 solo estado y nadie más puede vivir en el mismo estado. Completa la tabla con los No.
Paso 3 Usa el razonamiento para sacar conclusiones. Hay 3 No en la fila de Nancy, por tanto, debe vivir en Maine. Coloca un **Sí** en la celda de Maine. Completa la tabla.

	NY	FL	TX	ME
Annie				
Nancy		No		
Linda			Sí	
María	Sí			

	NY	FL	TX	ME
Annie	No	Sí	No	No
Nancy	No	No	No	Sí
Linda	No	No	Sí	No
María	Sí	No	No	No

Respuesta: Annie vive en Florida.

Vuelve y comprueba

¿Lo has hecho bien?   Sí, completé la información que me entregaron. Saqué las conclusiones correctas.

✓ **Hablemos**

1. ¿Qué colocas en las demás celdas de la misma fila y columna cuando colocas un **Sí** en una celda? ¿Por qué?

Haz una tabla y usa el razonamiento lógico para resolver el problema. Escribe la respuesta en una oración completa.

Primeros exploradores de la Antártida

James Cook

Fabian von Bellingshausen

Nathaniel Palmer

Charles Wilkes

James Weddell

1. Explorar la Antártida En la lista de la derecha aparecen cinco de los primeros exploradores de la Antártida. Dos eran británicos y uno era ruso. Los otros dos eran de los Estados Unidos. Palmer y Wilkes eran del mismo país. Cook era británico y Weddel era del mismo país que Cook. ¿De dónde era Von Bellingshausen?

Resuelve cada problema. Escribe la respuesta en una oración completa.

ESTRATEGIAS

- **Muestra lo que sabes**
  Haz un dibujo
  Organiza la información en una lista
  Haz una tabla
  Haz una gráfica
  Represéntalo o usa objetos
- **Busca un patrón**
- **Prueba, comprueba y revisa**
- **Escribe una oración numérica**
- **Usa razonamiento lógico**
- **Resuelve un problema más sencillo**
- **Empieza por el final**

Escoge uno

Cálculo mental

2. Thompson Hay 5 personas en la familia Thompson: Mary, Karl, Todd, Lindsey y Ari. Sus edades son 36, 35, 12, 9 y 4. Karl es el mayor y Ari es el más joven. Lindsey tiene 12 años. Mary no tiene 9 años. Ella es mayor que Todd. ¿Qué edad tiene Todd?

3. Bailarines Doce bailarines quieren formar un triángulo con el mismo número de bailarines en cada lado. ¿Cómo se deben colocar?

4. ¿Qué figura sigue?

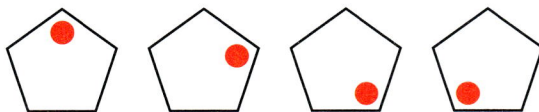

5. Ali y Tim tienen 12 hojas de papel que miden 9 pulgadas por 12 pulgadas. Quieren hacer un letrero para un juego de basquetbol con las 12 hojas. Planean poner una tira de cartulina en el borde exterior del letrero. ¿Cómo deben colocar las 12 hojas de papel para usar la menor cantidad de cartulina?

6. Escritura en matemáticas **Conejos** Marcie tiene 4 conejos llamados Rosie, Clark, Peep y Lewis. Uno es anaranjado, otro es gris, uno es negro y el otro es manchado. Rosie es anaranjada. Lewis no es gris. Peep es negro. ¿De qué color es Clark? Explica cómo hallaste tu respuesta.

¿Lo sabes hacer?

¿Lo entiendes?

Restar fracciones de igual denominador (10-4)

1. $\frac{5}{6} - \frac{3}{6}$

2. $\frac{5}{12} - \frac{1}{12}$

3. $\frac{7}{8} - \frac{5}{8}$

4. $\frac{3}{5} - \frac{2}{5}$

5. $\frac{6}{7} - \frac{2}{7}$

6. $\frac{9}{10} - \frac{3}{10}$

7. $\frac{8}{9} - \frac{5}{9}$

8. $\frac{17}{20} - \frac{7}{20}$

9. $\frac{2}{3} - \frac{2}{3}$

10. $\frac{5}{8} - \frac{1}{8}$

A Indica cómo hallaste la diferencia en el Ejercicio 2.

B ¿Cómo sabes que un resultado está en su mínima expresión?

Restar fracciones de distinto denominador (10-5)

11. $\frac{5}{8} - \frac{1}{4}$

12. $\frac{5}{6} - \frac{3}{4}$

13. $\frac{7}{9} - \frac{1}{3}$

14. $\frac{1}{2} - \frac{2}{7}$

15. $\frac{5}{6} - \frac{1}{3}$

16. $\frac{4}{5} - \frac{1}{10}$

17. $\frac{3}{4} - \frac{2}{5}$

18. $\frac{1}{4} - \frac{1}{12}$

19. $\frac{1}{2} - \frac{3}{10}$

20. $\frac{7}{12} - \frac{1}{6}$

21. $\frac{7}{10} - \frac{2}{5}$

22. $\frac{3}{8} - \frac{1}{4}$

C Indica cómo hallaste la diferencia en el Ejercicio 16.

D Explica por qué puedes usar el número 15 como denominador común para sumar las fracciones $\frac{2}{3}$ y $\frac{2}{5}$.

Resolución de problemas: Estrategia   Usar razonamiento lógico (10-6)

23. Cubiertas de libros Mandy puso cubiertas de color azul, verde, amarillo y anaranjado a sus libros de matemáticas, ciencias, ortografía e historia. No le puso una cubierta verde a su libro de matemáticas. Puso una cubierta azul a su libro de ciencias y una amarilla a su libro de historia. ¿De qué color era la cubierta de su libro de ortografía?

E Explica cómo puedes usar el razonamiento lógico para resolver el problema de las Cubiertas de libros.

F ¿Por qué es más fácil usar el razonamiento lógico al hacer una tabla?

OPCIÓN MÚLTIPLE

1. Jenny usó $\frac{3}{4}$ de taza de jugo de naranja y $\frac{2}{3}$ de taza de jugo de piña para hacer un ponche de frutas. ¿Cuánto más jugo de naranja que jugo de piña usó Jenny? (10-5)

A. $\frac{1}{12}$ taza   **B.** $\frac{1}{4}$ taza   **C.** $\frac{1}{3}$ taza   **D.** $1\frac{5}{12}$ tazas

2. ¿Cuánto más es $\frac{11}{12}$ que $\frac{7}{12}$? (10-4)

A. $\frac{1}{2}$ **B.** $\frac{1}{3}$ **C.** $\frac{1}{4}$ **D.** $\frac{1}{12}$

RESPUESTA LIBRE

Resta. De ser necesario, simplifica.   (10-4 y 10-5)

3. $\frac{4}{5} - \frac{1}{5}$ **4.** $\frac{5}{8} - \frac{2}{8}$ **5.** $\frac{5}{6} - \frac{7}{12}$ **6.** $\frac{3}{10} - \frac{1}{5}$ **7.** $\frac{3}{8} - \frac{1}{4}$

8. $\frac{4}{6} - \frac{2}{6}$ **9.** $\frac{11}{12} - \frac{5}{12}$ **10.** $\frac{2}{3} - \frac{4}{15}$ **11.** $\frac{3}{5} - \frac{1}{6}$ **12.** $\frac{5}{6} - \frac{1}{4}$

13. $\begin{array}{r} \frac{5}{7} \\ -\frac{3}{7} \\ \hline \end{array}$ **14.** $\begin{array}{r} \frac{9}{10} \\ -\frac{1}{10} \\ \hline \end{array}$ **15.** $\begin{array}{r} \frac{7}{12} \\ -\frac{1}{4} \\ \hline \end{array}$ **16.** $\begin{array}{r} \frac{13}{25} \\ -\frac{2}{5} \\ \hline \end{array}$ **17.** $\begin{array}{r} \frac{8}{9} \\ -\frac{2}{3} \\ \hline \end{array}$ **18.** $\begin{array}{r} \frac{5}{8} \\ -\frac{1}{2} \\ \hline \end{array}$

En los Ejercicios 19 y 20, usa la información de la derecha. (10-5)

¿Cuánto más se necesita de

19. tela azul que de tela verde?

20. tela azul que de tela blanca?

Telas para manualidades

Color	Azul	Verde	Blanco
Yardas	$\frac{7}{8}$	$\frac{1}{2}$	$\frac{3}{4}$

Escritura en matemáticas

21. Explica por qué la respuesta de Tom no es razonable. Luego, indica lo que hizo incorrectamente. (10-5)

Tom

$$\frac{11}{12} - \frac{2}{3} = \frac{9}{9} = 1$$

22. Los cuatro equipos de la liga de basquetbol de cuarto grado son los Gigantes, las Estrellas, los Tigres y las Panteras. Cada equipo usa una camiseta de color diferente. Los colores son rojo, azul, verde y amarillo. Los Gigantes usan el color verde. Las Panteras no usan el rojo. ¿Qué color usan los Tigres si las Estrellas usan el amarillo? Explica cómo resolviste el problema. (10-6)

Idea clave
Las unidades usuales se usan para estimar y medir longitud.

Vocabulario
• unidades usuales
• pulgada (in)
• pie (ft)
• yarda (yd)
• milla (mi)

Materiales
• regla de pulgadas
• regla de 1 yarda

Unidades usuales de longitud

✓ PREPÁRATE

1. 12 × 3   2. 48 ÷ 12

3. 12 × 5   4. 36 ÷ 3

5. 12 × 6   6. 24 ÷ 12

APRENDE

¿Cuáles son las unidades de longitud?

En los Estados Unidos se usan las **unidades usuales**. Éstas son algunas medidas usuales para medir longitud.

Aproximadamente 1 **pulgada (in)**

Casi 1 **pie (ft)**

Aproximadamente 1 **yarda (yd)**

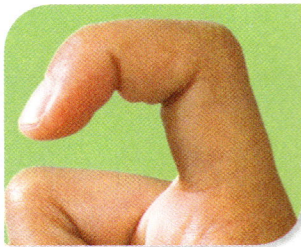

1 ft = 12 in

1 yd = 36 in
1 yd = 3 ft

✔ Hablemos

1. ¿Qué es mayor, una pulgada o una yarda?

2. ¿Qué unidad usual puedes usar para hallar la distancia entre dos ciudades?

1 mi = 5,280 ft
1 mi = 1,760 yd

*Una **milla (mi)** es dos veces la distancia alrededor de la pista.*

EN LOS EXÁMENES

Piénsalo bien

Puedo **usar objetos,** como una regla o una regla de 1 yarda, para medir longitud.

Actividad

¿Cómo mides la longitud?

a. Haz una tabla como la que se muestra. Escoge 10 objetos de varias longitudes. Estima la longitud de cada objeto.

b. Mide cada objeto a la pulgada más cercana. Si la longitud es mayor que un pie, entonces da la medida en pies y pulgadas.

Objeto	Longitud estimada	Longitud a la pulgada más cercana
Longitud de este libro		
Longitud de la clase		

c. ¿Qué objeto de los que mediste es el más largo? ¿Cuál es el más corto?

Estima primero. Luego, mide cada longitud a la pulgada más cercana.

1. ├─────────────────────────┤

2. ├──────────────────────────────────────┤

3. Razonamiento Para medir el ancho de tu escritorio, ¿qué unidad sería mejor usar, el ancho de tu mano o tu estatura?

PRÁCTICA

Más práctica: Grupo 10-7, página 620

A Destrezas y comprensión

Estima primero. Luego, mide cada longitud a la pulgada más cercana.

4. ├───────────────────────────┤

5. ├──────────────┤

Escoge la unidad más apropiada para medir la longitud de cada objeto. Escribe *in*, *ft*, *yd* o *mi*.

6. lápiz

7. árbol

8. campo de fútbol

9. engrapadora

10. jardín

11. zapato

12. habitación

13. montaña

14. Sentido numérico ¿Es una regla de 1 yarda la mejor herramienta para medir la longitud de una mosca? Explica por qué.

B Razonamiento y resolución de problemas

15. Si el perímetro del triángulo de la derecha es de 8 yardas, ¿cuál es la longitud del tercer lado?

16. Usa una regla para hallar el perímetro del rectángulo de la derecha.

17. Escritura en matemáticas Explica cómo puedes usar una cuerda para comparar la distancia que hay alrededor de una lata con su altura.

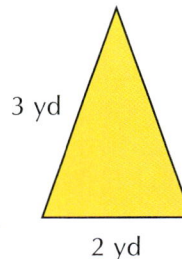

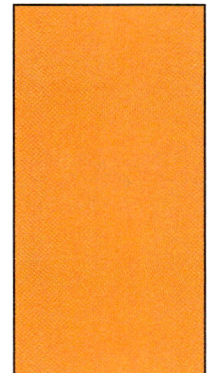

3 yd

2 yd

Repaso mixto y preparación de exámenes

En la INTERNET
Preparación de exámenes
www.scottforesman.com

18. Carlos tiene una tortuga, un tiburón, un lagarto y un perro. Sus nombres son Piluso, Jovita, Koko y Charlie. Jovita es la tortuga. Piluso no es el perro ni el lagarto. Koko es el perro. ¿Cuál es el nombre del lagarto?

19. Escribe en forma estándar sesenta y cuatro millones mil treinta y dos.

A. 64,132

B. 64,001,032

C. 64,001,320

D. 64,010,032

Idea clave
Puedes obtener medidas más cercanas si usas fracciones de pulgada.

Materiales
• reglas de pulgadas

Fracciones de pulgada

APRENDE

¿Cómo tomas medidas más exactas?

Supón que estás construyendo un aeroplano a escala y debes cortar un palito de 2 pulgadas. Al medir a la pulgada más cercana, puedes obtener un palito que mida un poco más o un poco menos de 2 pulgadas de largo.

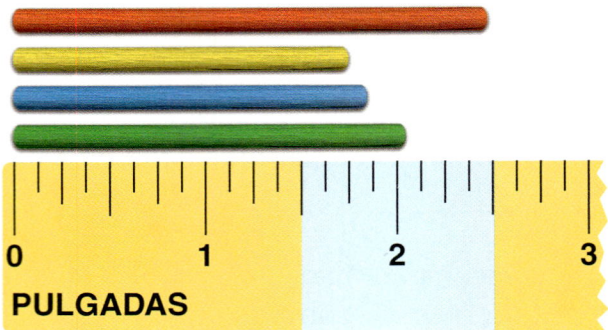

Los cuatro palitos son de 2 pulgadas cuando se miden a la pulgada más cercana.

Ejemplo

Mide el palito azul a la $\frac{1}{2}$ pulgada más cercana, al $\frac{1}{4}$ de pulgada más cercano y al $\frac{1}{8}$ de pulgada más cercano.

El palito azul mide 2 pulgadas de largo a la $\frac{1}{2}$ pulgada más cercana.

El palito azul mide $1\frac{3}{4}$ pulgadas de largo al $\frac{1}{4}$ de pulgada más cercano.

El palito azul mide $1\frac{7}{8}$ pulgadas de largo al $\frac{1}{8}$ de pulgada más cercano.

✓ **Hablemos**

1. Dibuja un segmento de recta que mida $1\frac{1}{2}$ pulgadas de largo al $\frac{1}{4}$ de pulgada más cercano.

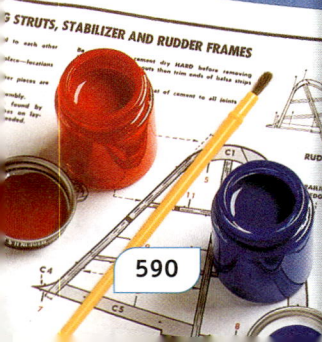

Mide cada palito de la página 590 a la pulgada, $\frac{1}{2}$ pulgada, $\frac{1}{4}$ de pulgada y $\frac{1}{8}$ de pulgada más cercanos.

1. palito rojo   **2.** palito amarillo   **3.** palito verde

4. Sentido numérico Haz un dibujo para explicar cómo un objeto puede medir 1 pulgada de largo al $\frac{1}{8}$ de pulgada más cercano.

PRÁCTICA   *Más práctica: Grupo 10-8, página 620*

A Destrezas y comprensión

Mide los siguientes palitos a la $\frac{1}{2}$ pulgada, $\frac{1}{4}$ de pulgada y $\frac{1}{8}$ de pulgada más cercanos.

5.

6.   **7.**

8. Dibuja un segmento que mida $5\frac{1}{8}$ pulgadas de largo al $\frac{1}{8}$ de pulgada más cercano.

9. Sentido numérico Dibuja un segmento que mida $1\frac{1}{4}$ pulgada de largo al $\frac{1}{4}$ de pulgada más cercano y $1\frac{1}{8}$ pulgada de largo al $\frac{1}{8}$ de pulgada más cercano. Explícalo.

B Razonamiento y resolución de problemas

Traza cada objeto. Mide después al $\frac{1}{8}$ de pulgada más cercano.

10. Longitud de tu zapato   **11.** Ancho de tu mano

12. El perímetro de un triángulo mide $\frac{5}{8}$ de pulgada. Dos de sus lados miden $\frac{1}{4}$ de pulgada cada uno. ¿Cuál es la longitud del tercer lado?

EN LOS EXÁMENES

Piénsalo bien

A veces puedo **hacer un dibujo** para explicar cómo hacer algo.

13. Escritura en matemáticas Explica cómo puedes comparar la distancia que hay alrededor de tu frente con la distancia que hay alrededor de tu muñeca.

Repaso mixto y preparación de exámenes

En la INTERNET
Preparación de exámenes
www.scottforesman.com

Estima primero. Luego, halla cada longitud a la pulgada más cercana.

14. ├────────────┤   **15.** ├───────┤

16. Whitney tiene un billete de $5, 3 monedas de 25¢, 4 monedas de 10¢ y 2 monedas de 1¢. ¿Cuánto dinero tiene Whitney?

A. $5.97   **B.** $6.12   **C.** $6.17   **D.** $6.19

Vocabulario
• capacidad
• cucharadita (cdta.)
• cucharada (cda.)
• onza líquida (fl oz)
• taza (c)
• pinta (pt)
• cuarto de galón (qt)
• galón (gal)

Materiales
• taza de medir
• recipiente de cuarto de galón
• recipiente de galón
• cucharas de medir
• recipientes de diferentes tamaños
• agua, arena o arroz

EN LOS EXÁMENES

Piénsalo bien
• Puedo **usar objetos,** como tazas o cucharas de medir, para medir la capacidad.
• Debo **determinar qué unidades usaré.**

Unidades usuales de capacidad

APRENDE

¿Cuáles son las unidades de capacidad?

La **capacidad** es el volumen que puede contener un recipiente. Éstas son algunas de las unidades para medir capacidad.

1 **cucharadita (cdta.)**

1 **taza (c)**
8 **onzas líquidas (fl oz)**
1 fl oz = 2 cda.
1 c = 8 fl oz

1 **cucharada (cda.)**
1 cda. = 3 cdta.

1 **pinta (pt)**
1 pt = 2 c

1 **cuarto de galón (qt)**
1 qt = 2 pt

1 **galón (gal)**
1 gal = 4 qt

✔ **Hablemos**

1. ¿Qué es mayor, una pinta o un galón?

En la INTERNET
Más ejemplos
www.scottforesman.com

PREPÁRATE

Escoge la unidad más apropiada para medir la longitud de cada elemento. Escribe in, ft, yd o mi.

1. camino   **2.** tablero
3. dedo   **4.** campo

Actividad

¿Cómo mides la capacidad?

a. Haz una tabla como la siguiente. Escoge seis recipientes de diferentes capacidades. Determina qué unidad usarás para medir cada recipiente. Estima la capacidad de cada uno.

b. Usa una cuchara, una taza, un recipiente de cuarto de galón o de un galón para medir la capacidad de cada recipiente a la unidad más cercana. Usa agua, arena o arroz para medir.

Recipiente	Capacidad Estimada	Capacidad a la unidad más cercana
Tazón		
Jarrón		

c. ¿Cuál de los recipientes que mediste tenía la mayor capacidad? ¿Qué unidad usaste para medirla?

Elige las unidades más apropiadas para medir la capacidad de cada recipiente. Escribe cdta., cda., fl oz, c, pt, qt o gal.

1. tazón de sopa   **2.** sal en una receta   **3.** estanque   **4.** azúcar en una receta

5. Razonamiento ¿Cuál sería la mejor unidad para medir el agua que contiene una piscina: el número de vasos de jugo o el número de bañeras?

PRÁCTICA

Más práctica: Grupo 10-9, página 620

A Destrezas y comprensión

Escoge las unidades más apropiadas para medir la capacidad de cada recipiente. Escribe *cdta., cda., fl oz, c, pt, qt o gal.*

6. lavaplatos   **7.** envase de jugo   **8.** cubeta   **9.** tanque de gasolina

10. vaso de papel   **11.** envase de yogurt   **12.** jarro   **13.** especias en una receta

14. Sentido numérico ¿Es conveniente usar un recipiente de un galón para medir el agua que contiene un molde para hacer hielo? Explícalo.

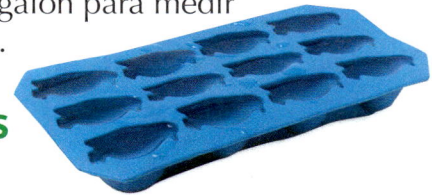

B Razonamiento y resolución de problemas

Debes agregar 2 cucharaditas de acondicionador de agua por cada 20 galones de agua de un acuario. ¿Cuánto acondicionador de agua debes agregar a cada acuario?

15. 10 galones   **16.** 80 galones

17. Razonamiento Leah dijo: "El acuario puede contener 30 tazones de agua". ¿Por qué no es ésta una buena descripción de la capacidad?

18. Escritura en matemáticas Cierta receta indica 2 tazas de harina. Si midieras esta cantidad de harina en cucharadas, ¿sería el número de cucharadas mayor o menor que 2? Explícalo.

Repaso mixto y preparación de exámenes

En la INTERNET
Preparación de exámenes
www.scottforesman.com

19. Halla la longitud al $\frac{1}{8}$ de pulgada más cercano.

PULGADAS

20. Halla el tiempo transcurrido entre las 8:15 A.M. y las 12:30 P.M.

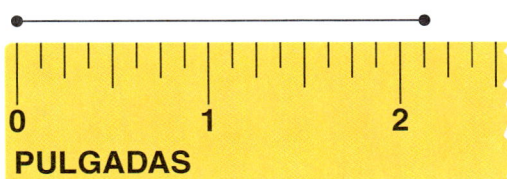

A. 4 h 15 min   **C.** 3 h 45 min

B. 4 h   **D.** 3 h 15 min

Idea clave
Las unidades usuales se usan para estimar y medir peso.

Vocabulario
• onza (oz)
• libra (lb)
• tonelada (t)

Materiales
• balanza de platillos
• pesas de una onza y de una libra
• objetos para pesar

Unidades usuales de peso

APRENDE

¿Cuáles son las unidades de peso?

Éstas son algunas medidas usuales para medir peso.

✔ **PREPÁRATE**

Escoge la unidad más apropiada para medir la capacidad de cada recipiente. Escribe *cdta., cda., fl oz, c, pt, qt* o *gal.*

1. fuente   **2.** dedal

3. cántaro   **4.** jarrón

Un colibrí puede llegar a pesar 1 onza (oz).

Un gatito puede llegar a pesar 1 libra (lb).
1 lb = 16 oz

Un caballo puede llegar a pesar 1 tonelada (t).
1 t = 2,000 lb

✔ **Hablemos**

1. ¿Qué es mayor, una onza o una libra?

2. ¿Qué unidad usual puedes usar para hallar el peso de una bolsa grande de harina?

Actividad

¿Cómo mides el peso?

a. Haz una tabla como la siguiente. Escoge seis objetos de peso diferente. Estima el peso de cada uno.

b. Usa la balanza de platillos para pesar cada objeto a la onza más cercana. Primero usa las pesas de 1 onza. Si los objetos pesan más de una libra, usa libras y onzas.

Objeto	Peso estimado	Peso a la onza más cercana
Peso de este libro		
Peso de un cuaderno		

c. ¿Cuál de los objetos que mediste pesa menos?

d. ¿Cuál de los objetos que mediste pesa más de una libra?

Escoge la unidad más apropiada para medir el peso de cada elemento. Escribe *oz, lb* o *t.*

1. hogaza de pan
2. tazón de cereal
3. camión

4. Razonamiento ¿Sería la balanza que se usó para pesar camiones la mejor herramienta para pesar un perrito? Explica por qué.

A Destrezas y comprensión

Escoge la unidad más apropiada para medir el peso de cada elemento. Escribe *oz, lb* o *t.*

5. ballena
6. manzana
7. caja de libros
8. carta

9. bolsa de papas
10. pelota de basquetbol
11. cachorro
12. casa

13. Sentido numérico ¿Qué número será mayor, el peso en libras de una caja o el peso en onzas de la misma caja?

B Razonamiento y resolución de problemas

14. Razonamiento Algunas galletas para perros vienen en cajas como la que se muestra. Nombra 3 cosas de la caja que puedas medir. Da una estimación razonable de cada medida.

15. Una de las primeras computadoras, llamada Eniac, fue terminada en 1946. Pesaba 30 toneladas. ¿Qué unidad puedes usar para medir el peso de una computadora personal moderna?

16. Escritura en matemáticas Explica por qué es mejor usar libras que usar algo como rocas para medir.

Repaso mixto y preparación de exámenes

En la INTERNET
Preparación de exámenes
www.scottforesman.com

Escoge la unidad más apropiada para medir la capacidad de cada elemento. Escribe *cdta., cda., fl oz, c, pt, qt* o *gal.*

17. pecera
18. lata de vegetales
19. cuenta gotas

20. $\frac{5}{8} + \frac{1}{4}$

A. $\frac{6}{12}$
B. $\frac{7}{4}$
C. $\frac{7}{8}$
D. $\frac{6}{8}$

21. $\frac{11}{12} - \frac{2}{3}$

A. $\frac{13}{12}$
B. $\frac{9}{9}$
C. $\frac{3}{4}$
D. $\frac{1}{4}$

EN LOS EXÁMENES

Piénsalo bien

Puedo **hacer un dibujo** como ayuda para determinar cómo convertir las unidades.

Convertir unidades y comparar medidas

APRENDE

¿Cómo conviertes las unidades usuales?

Unidades usuales

Longitud	Capacidad	Peso
1 ft = 12 in	1 cda. = 3 cdtas.	1lb = 16 oz
1 yd = 36 in	1 fl oz = 2 cdtas.	1t = 2,000 lb
1 yd = 3 ft	1 c = 8 fl oz	
1 mi = 5,280 ft	1 pt = 2 c	
1 mi = 1,760 yd	1 qt = 2 pt	
	1 gal = 4 qt	

Para convertir de unidades grandes a unidades más pequeñas, *multiplica*.

Ejemplo A

3 gal = ☐ qt

Piénsalo:
1 gal = 4 qt

3 × 4 = 12

3 gal = 12 qt

1 gal   1 gal   1 gal

Ejemplo B

5 lb 12 oz = ☐ oz

Piénsalo:
1 lb = 16 oz

$$\begin{array}{r} \overset{3}{16} \\ \times\ \ 5 \\ \hline 80 \end{array} \qquad \begin{array}{r} 80 \\ +\ 12 \\ \hline 92 \end{array}$$

5 lb 12 oz = 92 oz

Para convertir de unidades pequeñas a unidades más grandes, *divide*.

Ejemplo C

15 ft = ☐ yd
Piénsalo: 3 ft = 1 yd
15 ÷ 3 = 5
15 ft = 5 yd

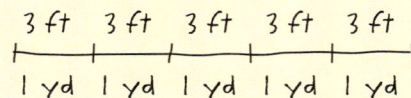

✔ **Hablemos**

1. ¿Multiplicas o divides para convertir de pies a pulgadas?

2. ¿Multiplicas o divides para convertir de cuartos a galones?

3. En el Ejemplo B, ¿por qué se suma 80 + 12?

¿Cómo comparas medidas?

Puedes usar unidades usuales para comparar medidas.

	Ejemplo D	**Ejemplo E**
	Devon compró dos galones de limonada para el día de campo de la escuela. ¿Llevó Devon limonada suficiente para 36 personas si cada persona toma 1 taza de limonada?	En el día de pista y campo, Emily saltó 2 yardas 6 pulgadas en salto largo y Tracy saltó 75 pulgadas. ¿Quién saltó más lejos?
	Compara.	Compara.
	2 gal ● 36 c	2 yd 6 in ● 75 in
PASO 1 Convierte a la misma unidad.	2 gal = 8 qt Piénsalo: 1 gal = 4 qt, 2 × 4 = 8 8 qt = 16 pt Piénsalo: 1 qt = 2 pt, 8 × 2 = 16 16 pt = 32 c Piénsalo: 1 pt = 2 c, 16 × 2 = 32	Piénsalo: 1 yd = 36 in $\begin{array}{r} 36 \\ \times\ 2 \\ \hline 72 \end{array}$ $\begin{array}{r} 72 \\ +\ 6 \\ \hline 78 \end{array}$ 2 yd = 72 in 2 yd 6 in = 78 in
PASO 2 Compara.	32 c < 36 c Por tanto, 2 gal < 36 c Devon no llevó limonada suficiente para 36 personas.	78 in > 75 in Por tanto, 2 yd 6 in > 75 in Emily saltó más lejos.

✔ Hablemos

4. ¿Multiplicas o divides para convertir de yardas a pulgadas?

5. ¿Multiplicas o divides para convertir de galones a tazas?

En la INTERNET
Más ejemplos
www.scottforesman.com

COMPRUEBA ✔

Otro ejemplo: Grupo 10-11, página 617

Halla cada número que falta.

1. 4 t = ▨ lb

2. 2 yd 1 ft = ▨ ft

3. 8 qt = ▨ gal

Compara. Escribe > o < en cada ●.

4. 2 pie ● 18 in

5. 18 fl oz ● 2 c

6. 2 lb ● 38 oz

7. Sentido numérico Pierre dijo que 4 pies es más que 32 pulgadas porque 4 pies es más que una yarda y 32 pulgadas es menos. ¿Está Pierre en lo correcto? Explícalo.

A Destrezas y comprensión

Halla cada número que falta.

8. 5 pt = ▢ c

9. 9 lb = ▢ oz

10. 6 ft 2 in = ▢ in

11. 4 qt 1 pt = ▢ pt

12. 15 ft = ▢ yd

13. 12 qt = ▢ gal

Compara. Escribe > o < en cada ▢.

14. 2 gal ▢ 7 qt

15. 4,000 yd ▢ 2 mi

16. 4,012 lb ▢ 2 t

17. 8 cdtas. ▢ 3 cdas.

18. 24 oz ▢ 1 lb 10 oz

19. 74 in ▢ 2 yd

20. Sentido numérico Explica cómo puedes usar los cuartos para comparar 1 galón y 10 pintas.

B Razonamiento y resolución de problemas

21. ¿Cuál de las cajas de cereal de la derecha pesa más?

Arroz crujiente

Hojuelas de trigo

Peso neto 1 lb 2 oz

Peso neto 20 oz

Matemáticas y ciencias

¿Te has dado cuenta de cuánto más pesa una cubeta cuando está llena de agua que cuando está vacía? Usa el Archivo de datos de la derecha. ¿Cuál es el peso en onzas de

22. 1 cuarto de agua?

23. 1 galón de agua?

24. 1 pie cúbico de agua?

25. ¿Cuál es el peso en libras de 500 galones de agua?

26. *Escritura en matemáticas* ¿Es correcta la siguiente explicación? De no ser así, explica por qué y escribe la respuesta correcta. Si es así, explica cómo resolver el problema de otra manera.

Archivo de datos

El agua es pesada	
Cantidad de agua	Peso a 68 °F
1 cuarto	2 lb 1 oz
1 galón	8 lb 5 oz
1 pie cúbico (aprox. $7\frac{1}{2}$ galones)	62 lb 6 oz
500 galones	2 t 125 lb

¿Cuántas cucharadas hay en una taza? Explícalo.

1 fl oz = 2 cdas. y 1 c = 8 fl oz

fl oz	1	2	3	4	5	6	7	8
cdas.	2	4	6	8	10	12	14	16

Hay 16 cucharadas en una taza.

EN LOS EXÁMENES

Piénsalo bien

• Puedo **hacer una tabla** para resolver el problema.

• Puedo resolver el problema de **más de una manera.**

C Un paso adelante

Puedes sumar o restar medidas.

$$\begin{array}{r} 4 \text{ yd } 2 \text{ ft} \\ +1 \text{ yd } 2 \text{ ft} \\ \hline 5 \text{ yd } 4 \text{ ft} = 6 \text{ yd } 1 \text{ ft} \end{array}$$

Piénsalo: 3 ft = 1 yd,
por tanto, 4 ft = 1 yd 1 ft

$$\begin{array}{r} \overset{4}{\cancel{5}} \text{ gal } \overset{5}{\cancel{1}} \text{ qt} \\ -3 \text{ gal } 2 \text{ qt} \\ \hline 1 \text{ gal } 3 \text{ qt} \end{array}$$

Piénsalo: 1 gal = 4 qt

Vuelve a escribir 5 gal como
4 gal + 4 qt.

5 gal 1 qt = 4 gal 5 qt

27. 2 lb 7 oz + 1 lb 3 oz

28. 2 ft 7 in + 3 ft 11 in

29. 1 qt 1 pt + 2 qt 1 pt

30. 4 gal 3 qt − 2 gal 1 qt

31. 2 t 500 lb − 1 t 800 lb

32. 5 yd − 2 ft

Repaso mixto y preparación de exámenes

Escoge la unidad más apropiada para medir el peso de cada uno. Escribe *oz*, *lb* o *t*.

33. cereza

34. camión

35. manzana

36. sandía

37. **Escritura en matemáticas** ¿Es una taza de medir una buena herramienta para medir el agua que hay en una bañera? Explica por qué.

38. $\frac{1}{5} + \frac{7}{10}$

A. $\frac{8}{15}$

B. $\frac{9}{10}$

C. $\frac{4}{5}$

D. $1\frac{3}{5}$

Juego de práctica
Emparéjalas

Número de jugadores: 2 ó 3
Materiales: Tarjetas de medidas usuales

Mezcla las tarjetas y colócalas boca abajo en 4 filas de seis tarjetas cada una. El primer jugador voltea dos tarjetas. Si las tarjetas muestran medidas equivalentes, el jugador las conserva y toma otro turno. Si las tarjetas no coinciden, se regresan a la matriz, boca abajo, y el siguiente jugador toma su turno. El juego termina cuando todas las tarjetas han sido emparejadas correctamente. El ganador es el jugador que tiene más tarjetas al final del juego.

Resolución de problemas: Destreza

Expresar opiniones
te ayuda a...
identificar si necesitas una respuesta exacta o una estimación.

Idea clave

A veces necesitas una respuesta exacta para resolver un problema y a veces una estimación es suficiente.

EN LOS EXÁMENES

Piénsalo bien

En el Ejemplo B, no se pide la cantidad exacta de cuerda, por tanto, **puedo deducir** que todo lo que necesito es una estimación.

¿Respuesta exacta o estimación?

APRENDE

¿Cuándo debes medir, y cuándo es suficiente una estimación?

La situación real te indica si debes medir o si puedes estimar para hallar una cantidad.

Ejemplo A

Hay que comprar una persiana para la ventana que se muestra. ¿Cuáles son las dimensiones internas de la ventana?

¿Qué quieres averiguar? ¿Debes medir o estimar?

Quieres saber las dimensiones interiores de la ventana. La persiana debe quedar justa, por tanto, hay que medir la ventana.

Ejemplo B

Un centro de reciclaje necesita que las pilas de cajas de cartón estén atadas con cuerdas. ¿Cuánta cuerda necesitas para atar esta pila de cajas de cartón?

¿Qué quieres averiguar? ¿Debes medir o estimar?

Quieres saber la cantidad de cuerda necesaria para atar las cajas. Sólo necesitas tener cuerda suficiente, por lo que una estimación está bien.

✔ **Hablemos**

1. Imagina que las dimensiones exteriores de la ventana del Ejemplo A son 36 pulgadas por 28 pulgadas, y que el marco tiene 3 pulgadas de ancho. ¿Cuáles son las dimensiones interiores de la ventana?

2. Imagina que la pila de cajas del Ejemplo B mide 2 pies de largo, 2 pies de ancho y 2 pies de alto. ¿Cuánta cuerda necesitas aproximadamente para atar las cajas?

Indica si es necesaria una respuesta exacta o si es suficiente una estimación. Luego, resuelve los problemas.

1. Quieres poner el jugo que se muestra en un jarro de un galón. ¿Será suficiente este recipiente?

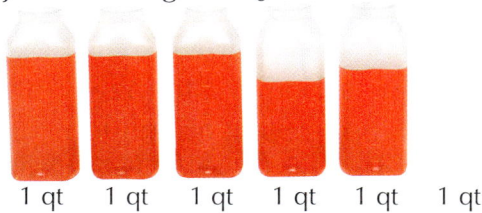

1 qt   1 qt   1 qt   1 qt   1 qt   1 qt

2. Colocas $\frac{1}{2}$ taza de harina junto a otros ingredientes en un tazón para mezclar. Luego, te das cuenta de que la receta dice $\frac{3}{4}$ de taza. ¿Cuánta más harina debes agregar al tazón?

PRÁCTICA

Más práctica: Grupo 10-12, página 621

En los Ejercicios 3 a 5, usa el problema Correr para obra benéfica.

3. ¿Son estimaciones o medidas las distancias $\frac{3}{4}$ de milla y $\frac{2}{3}$ de milla?

4. Para saber cuánto dinero ganó Carly, ¿debes sumar $\frac{3}{4} + \frac{2}{3}$ y obtener una respuesta exacta o es suficiente una estimación?

5. Halla cuánto dinero ganó Carly y explica cómo hallaste la respuesta.

> **Correr para obra benéfica**
> Carly corre para una obra de beneficencia. Gana $25 por cada milla completa que corra en dos intentos, pero no gana nada por partes de una milla. Corre $\frac{3}{4}$ de milla en su primer intento y $\frac{2}{3}$ de milla en su segundo intento.

En los Ejercicios 6 a 9, indica si es necesaria una respuesta exacta o si es suficiente una estimación. Luego, resuelve los problemas.

6. Marcel tiene $20. ¿Puede comprar 2 libros y un cartel?

7. ¿Cuánto cambio debe recibir Mary Ann si compra un libro con un billete de $10?

8. ¿Cuánto le debe cobrar el vendedor a Anthony por un libro y dos carteles?

9. Madison tiene $10. ¿Puede comprar un libro, un cartel y un marcador de libros?

¡Rebajas!

Libros	$6.95
Carteles	$2.85
Marcadores	$1.05

Los precios incluyen impuesto.

Escritura en matemáticas En los Ejercicios 10 a 12, indica la unidad de medición apropiada para cada elemento. Escribe y explica cómo lo determinaste.

10. El autobús escolar mide aproximadamente 48 __?__ de largo.

11. La superficie de la mesa estaba a 36 __?__ del piso.

12. Puedes contener la respiración durante aproximadamente 48 __?__.

DK Resolución de problemas: Aplicaciones

STEPHEN BIESTY'S INCREDIBLE CROSS-SECTIONS

FEATURING TWO FOLD-OUT PICTURES NEARLY 3 FEET LONG?

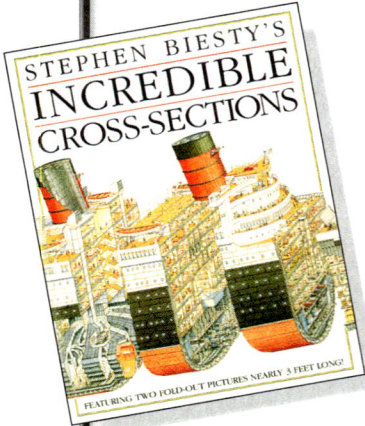

El edificio Empire State Este rascacielos es más que una alta pila de oficinas. Desde su construcción ha sido el símbolo de la ciudad de Nueva York. Cuando lo construyeron, lo llamaron la "Octava maravilla del mundo".

Dato curioso Las personas que suben a la terraza de observación del edificio Empire State a menudo ven que las gotas de lluvia suben en lugar de bajar. Esto se debe a que las gotas son empujadas hacia arriba por vientos que circulan alrededor del edificio.

1 Cuando hace viento fuerte, el edificio se puede inclinar $\frac{1}{4}$ de pulgada hacia un lado, y luego, $\frac{1}{4}$ de pulgada hacia el otro. ¿Cuánto se mueve el edificio cuando hace viento fuerte?

2 En el edificio, hay 70 millas de tuberías de agua. ¿Cuántos pies es esto?

Usar datos clave

3 ¿Cuántas libras de acero se usaron en la estructura del edificio? Escribe en palabras esa cantidad.

Datos clave
El edificio Empire State
- Construido en 410 días
- 1,454 pies de altura
- 102 pisos
- 73 ascensores
- 1,860 escalones hasta la cima
- 6,500 ventanas
- 60,000 toneladas de estructura de acero

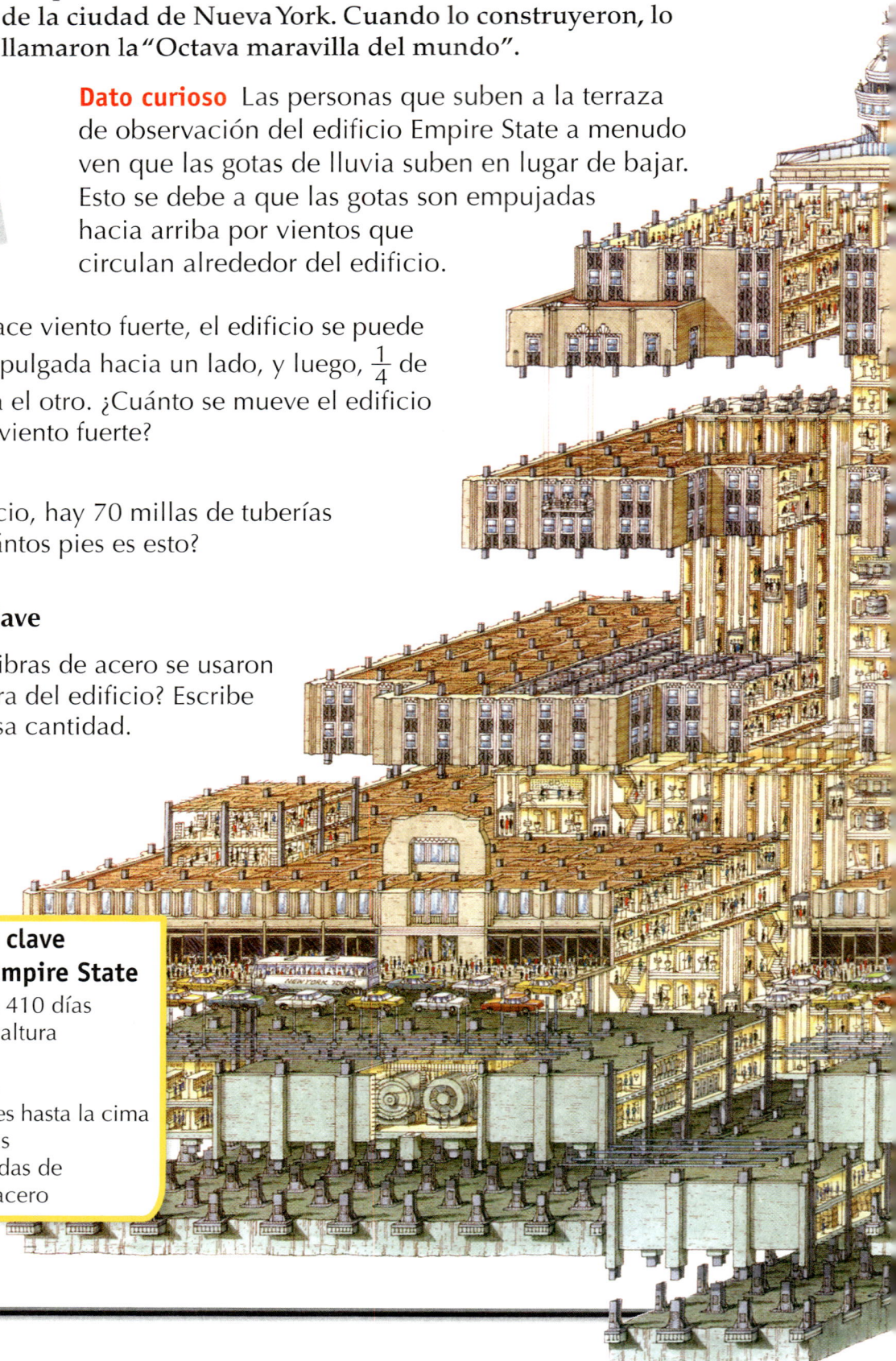

4 Algunas vigas de acero pesan 50 libras por pie de longitud. ¿Cuánto pesa una viga de estas características que mide 4 yardas de largo?

5 **Escritura en matemáticas** Había 384 albañiles y 105 electricistas trabajando en el edificio al mismo tiempo. Malinda dijo que había 4 veces más albañiles que electricistas. Max dijo que había sólo el doble de albañiles que de electricistas. ¿Quién está en lo correcto y por qué?

6 **Tomar decisiones** Imagina que puedes diseñar un edificio de 10 pisos. Haz una tabla para mostrar qué pisos tendrían tiendas, restaurantes, oficinas o apartamentos. Los pisos pueden tener más de un uso. ¿Qué fracción de los pisos tendrían tiendas? ¿Restaurantes? ¿Oficinas? ¿Apartamentos?

Buenas noticias/Malas noticias
La descomunal altura del edificio lo hace muy impresionante, pero también atrae aproximadamente 100 rayos al año.

¿Lo sabes hacer?

¿Lo entiendes?

Unidades usuales de longitud (10-7); Unidades usuales de capacidad (10-9); Unidades usuales de peso (10-10)

Una caja contiene 24 latas de tomates para embarque. Escoge la unidad de medición más apropiada.

1. la longitud de la caja.

2. el peso de la caja.

3. la capacidad de una lata.

4. la capacidad de todas las latas.

A Explica por qué tienes unidades diferentes en las respuestas de los Ejercicios 4 y 3.

B ¿Cuál es la mejor herramienta para medir la longitud de una caja de pañuelitos? Explícalo.

Fracciones de pulgada (10-8)

Indica cada longitud a la $\frac{1}{2}$ pulgada, al $\frac{1}{4}$ de pulgada y al $\frac{1}{8}$ de pulgada más cercanos.

5. ├───────────────────┤

6. ├─────────────────┤

7. ├──────────────┤

C ¿Es más exacta una medida al $\frac{1}{4}$ de pulgada más cercano o al $\frac{1}{8}$ de pulgada más cercano?

D ¿Son de la misma longitud todos los segmentos de recta que miden 3 pulgadas a la $\frac{1}{2}$ pulgada más cercana? Explícalo.

Cambiar unidades y comparar medidas (10-11)

Compara. Escribe > o < en cada ●.

8. 1,670 yd ● 1 mi   **9.** 3 gal ● 20 pt

10. 4 lb ● 50 oz   **11.** 5,000 lb ● 3 t

E Explica cómo comparaste las medidas en el Ejercicio 9.

F ¿Multiplicas o divides para convertir libras a toneladas?

Resolución de problemas: Destreza   ¿Respuesta exacta o estimación? (10-12)

12. Resuelve el problema del Jugo.

Jugo Si una naranja contiene aproximadamente 2 onzas líquidas de jugo, ¿cuántas naranjas debes usar aproximadamente para hacer una pinta de jugo?

G ¿Son una medida exacta o una estimación las 2 onzas líquidas del problema del Jugo?

H ¿Debes hallar el número exacto de naranjas o una estimación?

EN LOS EXÁMENES

Piénsalo bien

Puedo **hacer un dibujo** para explicar mi razonamiento.

OPCIÓN MÚLTIPLE

1. Kari hizo 1 cuarto de limonada. ¿Cuántas tazas de limonada hizo? (10-11)

   A. 2 tazas   **B.** 4 tazas   **C.** 6 tazas   **D.** 8 tazas

2. ¿Cuál de las siguientes es la unidad más adecuada para medir la altura de una casa de un piso? (10-7)

   A. pulgada   **B.** pie   **C.** milla   **D.** libra

RESPUESTA LIBRE

Mide cada segmento de recta a la $\frac{1}{2}$ pulgada, al $\frac{1}{4}$ de pulgada y al $\frac{1}{8}$ de pulgada más cercanos. (10-8)

3. •————————————————•

4. •————————————•

¿Cuál es la unidad más adecuada para medir (10-7, 10-9, 10-10)

5. la longitud de una botella de agua

6. la capacidad de una botella de agua

7. el peso de una botella de agua

Halla cada número que falta. (10-11)

8. 6 lb 4 oz = ▉ oz

9. 64 oz = ▉ lb

10. 4,000 lb = ▉ t

11. 9 yd 2 ft = ▉ ft

12. 72 in = ▉ ft

13. 12 ft = ▉ yd

En los Ejercicios 14 y 15, usa el Archivo de datos de la derecha.

14. ¿Qué animal tiene una mayor envergadura, un águila o una grulla? (10-11)

15. ¿Pueden dos cóndores cruzar volando uno junto al otro por un cañón de 20 pies de ancho? Di si necesitas una respuesta exacta o una estimación. Luego, resuelve el problema. (10-12)

Archivo de datos

Envergadura de las aves

Ave	Envergadura
Águila	2 yd 1 ft
Cóndor	8 ft 6 in
Grulla	72 in
Pelícano	2 yd 2 ft

Escritura en matemáticas

16. Haz una lista de tres cosas que puedes medir en la caja de jugo de la derecha. Luego, estima cada medida. (10-7, 10-9, 10-10)

17. Explica cómo podrías comparar la distancia que hay alrededor de tu libro de matemáticas con la distancia que hay alrededor de tu escritorio. (10-7)

Uva

Estrategias para exámenes

Comprende la pregunta.

Reúne información para hallar la respuesta.

Planea cómo hallar la respuesta.

Escoge la mejor opción.

Usa escritura en matemáticas.

Mejora las respuestas escritas.

Planea cómo hallar la respuesta

Después de comprender una pregunta de examen y reunir la información que necesitas, debes planear cómo hallar la respuesta. Piensa en las destrezas y estrategias para la resolución de problemas y en los métodos de cálculo que conoces.

1. El entrenador de basquetbol anotó las estaturas de los jugadores que acaban de ingresar al equipo.

¿Cuántas pulgadas mide el jugador nuevo más alto del equipo?

1 pie = 12 pulgadas

A. 18 pulgadas

B. 63 pulgadas

C. 72 pulgadas

D. 75 pulgadas

Estaturas del equipo de basquetbol

Jugador	Estatura
Alex	5 pies 7 pulgadas
Bryant	6 pies 3 pulgadas
Frank	5 pies 9 pulgadas
Juan	6 pies 1 pulgada
Peter	5 pies 11 pulgadas

Comprende la pregunta.

*Tengo que averiguar la estatura del jugador **más alto** en **pulgadas**.*

Reúne información para hallar la respuesta.

La tabla muestra las estaturas de cada uno de los jugadores en pies y pulgadas. El texto me indica que 1 pie = 12 pulgadas.

Planea cómo hallar la respuesta.

• Piensa en las destrezas y estrategias para la resolución de problemas.

Primero, tengo que hallar al jugador más alto de la lista. Por tanto, debo comparar las medidas. Luego, debo hallar la estatura de este jugador en pulgadas. Para cambiar de unidades más grandes a unidades más pequeñas, multiplico. Por tanto, puedo usar la multiplicación.

• **Escoge los métodos para calcular.**

Primero puedo calcular mentalmente para estimar. Pero después usaré papel y lápiz para hallar una respuesta exacta. Debo recordar sumar las pulgadas a la estatura del jugador después de multiplicar el número de pies por 12.

$6 \times 12 = 72, 72 + 3 = 75$.

La respuesta correcta es D, 75 pulgadas.

2. Todos los estudiantes de la escuela primaria Washington votaron para elegir la mascota de su escuela. La gráfica circular muestra qué parte del total de votos obtuvo cada mascota.

Votación por la mascota de la escuela

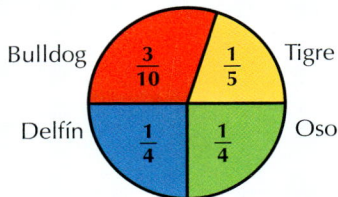

Bulldog $\frac{3}{10}$ $\frac{1}{5}$ Tigre

Delfín $\frac{1}{4}$ $\frac{1}{4}$ Oso

Según la información de la gráfica, ¿qué fracción de los votos obtuvieron en conjunto el tigre y el oso?

A. $\frac{2}{9}$ **C.** $\frac{9}{20}$

B. $\frac{1}{20}$ **D.** $\frac{2}{5}$

Piénsalo bien

Tengo que averiguar qué fracción de los votos obtuvieron en conjunto el tigre y el oso. La gráfica muestra qué fracción del total de votos obtuvo cada mascota. Primero, debo leer la gráfica para averiguar qué fracción de los votos obtuvieron el tigre y el oso por separado. Luego, debo sumar esas dos fracciones para averiguar cuánto obtuvieron en conjunto. Como las fracciones tienen denominadores distintos, usaré papel y lápiz para hallar la suma.

Ahora es tu turno

Para cada problema, describe un plan para hallar la respuesta.

3. El borrador mide $1\frac{1}{2}$ pulgada de largo. ¿Cuánto mide aproximadamente el creyón?

A. 1 pulgada **C.** 3 pulgadas

B. $1\frac{1}{2}$ pulgada **D.** 4 pulgadas

4. Toby compró $\frac{7}{8}$ de yarda de mezclilla. Usó $\frac{1}{5}$ de yarda para remendar sus *jeans*.

¿Qué cálculo puedes usar para averiguar la cantidad de tela que le sobró a Toby?

A. $\frac{7}{8} + \frac{1}{5}$ **C.** $\frac{1}{5} + \frac{7}{8}$

B. $\frac{7}{8} - \frac{1}{5}$ **D.** $\frac{1}{5} - \frac{7}{8}$

Es más fácil trabajar con números pequeños que con números grandes.

Recuerda, cuando el numerador y el denominador de una fracción no tienen otros factores en común además del 1, entonces la fracción está en su **mínima expresión.** (p. 520)

¿Lo entendí?

Estima las sumas de fracciones, y suma o resta las fracciones de igual denominador. (Lecciones 10-1, 10-2, 10-4)

A veces puedes estimar comparando cada fracción con $\frac{1}{2}$.

¿Es $\frac{5}{12} + \frac{1}{4}$ mayor o menor que 1?

$\frac{5}{12} + \frac{1}{4} < 1$ porque $\frac{5}{12} < \frac{1}{2}$ y $\frac{1}{4} < \frac{1}{2}$.

Cuando los denominadores sean iguales, suma o resta los numeradores. Escribe la suma o la resta sobre el denominador común. Escribe cada respuesta en su **mínima expresión.**

$$\frac{4}{9} + \frac{2}{9} = \frac{6}{9} = \frac{2}{3}$$

$$\frac{5}{9} - \frac{2}{9} = \frac{3}{9} = \frac{1}{3}$$

1. Usa la estimación para determinar si $\frac{7}{10} + \frac{3}{4}$ es mayor o menor que 1.

2. Halla $\frac{1}{5} + \frac{4}{5}$ y $\frac{7}{8} - \frac{3}{8}$.

Recuerda, un **factor** de un número es un número entero que lo divide sin dejar residuo. (p. 402)

Los factores de 10 son 1, 2, 5 y 10.

¿Lo entendí?

Suma o resta fracciones de distinto denominador. (Lecciones 10-3, 10-5)

Halla fracciones equivalentes de igual denominador.

$\frac{3}{5} = \frac{6}{10}$

$+ \frac{1}{2} = + \frac{5}{10}$

$\frac{11}{10} = 1\frac{1}{10}$

5 y 2 son **factores** de 10, por tanto, uso 10 como denominador común.

$\frac{7}{12} = \frac{7}{12}$

$- \frac{1}{6} = - \frac{2}{12}$

$\frac{5}{12}$

12 y 6 son factores de 12, por tanto, uso 12 como denominador común.

3. Halla $\frac{1}{4} + \frac{7}{8}$ y $\frac{5}{6} - \frac{1}{2}$.

Usual *significa "frecuente".*

En los Estados Unidos es usual que se utilicen **unidades usuales de medida,** como **pulgada, galón** y **libra.**   (p. 588)

¿Lo entendí?

Usa medidas usuales. (Lecciones 10-7, 10-8, 10-9, 10-10 y 10-11)

Mide al $\frac{1}{8}$ de pulgada más cercano.

PULGADAS

0   1   2

Unidades usuales de longitud
1 pie (ft) = 12 pulgadas (in)
1 yarda (yd) = 3 ft = 36 in
1 milla (mi) = 1,760 yd = 5,280 ft

Unidades usuales de capacidad
1 cucharada (cda.) = 3 cucharaditas (cdta.)
1 onza líquida (fl oz) = 2 cda.
1 taza (c) = 8 fl oz
1 pinta (pt) = 2 c
1 cuarto (qt) = 2 pt
1 galón (gal) = 4 qt

Unidades usuales de peso
1 libra (lb) = 16 onzas (oz)
1 tonelada (t) = 2,000 lb

8 lb = ▢ oz

Para cambiar a una unidad más pequeña, multiplica.

8 × 16 = 128

8 lb = 128 oz

24 qt = ▢ gal

Para cambiar a una unidad más grande, divide.

24 ÷ 4 = 6

24 qt = 6 gal

4. Halla cada número que falta: 7 pt = ▢ c y 11 ft = ▢ yd ▢ ft.

Mi escritorio está lleno en toda su capacidad.

La **capacidad** *es la cantidad que puede contener un recipiente.* (p. 592)

¿Lo entendí?

Usa el razonamiento lógico o determina si es suficiente una estimación. (Lecciones 10-6 y 10-12)

A veces sólo debes hallar una estimación.

Will necesita 7 pies de alambre. Tiene 68 pulgadas. ¿Tiene suficiente alambre?

Estima. 7 ft = 7 × 12 in
Por tanto, 7 ft es más que
7 × 10 in = 70 in

No, Will no tiene suficiente alambre.

Haz una tabla con la información que se entrega y usa el razonamiento lógico para sacar conclusiones.

Myrna, Jan y Zach son un bailarín, un pintor y un banquero. Myrna es la pintora y Zach no es el banquero. ¿Quién es el bailarín?

	Bailarín	Pintor	Banquero
Myrna	No	Sí	No
Jan	No	No	Sí
Zach	Sí	No	No

Zach es el bailarín.

5. Trish tiene 16 botellas de jugo de un cuarto. Necesita 44 pintas. ¿Tiene suficiente jugo?

OPCIÓN MÚLTIPLE

Escoge la letra de la respuesta correcta.

1. ¿Qué suma es menor que 1?

A. $\frac{3}{4} + \frac{5}{6}$

C. $\frac{3}{7} + \frac{4}{9}$

B. $\frac{1}{2} + \frac{2}{3}$

D. $\frac{3}{5} + \frac{6}{7}$

2. Brenda usó $\frac{4}{9}$ de libra de arcilla para hacer un jarrón y $\frac{2}{9}$ de arcilla para hacer imanes para el refrigerador. ¿Cuánta arcilla usó en total?

A. $\frac{2}{9}$ de libra

C. $\frac{2}{3}$ de libra

B. $\frac{6}{18}$ de libra

D. $\frac{8}{9}$ de libra

3. ¿Cuál es la suma de $\frac{1}{3}$ y $\frac{5}{6}$?

A. $\frac{4}{3}$

C. $\frac{6}{9}$

B. $1\frac{1}{6}$

D. $\frac{4}{9}$

4. Resta $\frac{7}{10} - \frac{3}{10}$.

A. $\frac{1}{5}$

B. $\frac{1}{2}$

C. $\frac{2}{5}$

D. $\frac{4}{5}$

EN LOS EXÁMENES

Piénsalo bien

Puedo **empezar por el final con las opciones de respuesta.**

5. ¿De qué objeto es la libra la unidad más adecuada para medir su peso?

A. clip

C. barco de carga

B. escritorio

D. sobre

6. ¿Cuál será la unidad más apropiada para medir el largo de tu zapato?

A. pulgada

C. yarda

B. pie

D. milla

7. ¿Cuál es la longitud de este creyón al $\frac{1}{8}$ de pulgada más cercano?

PULGADAS

A. 2 pulgadas

C. $2\frac{1}{2}$ pulgadas

B. $2\frac{3}{8}$ pulgadas

D. $2\frac{7}{8}$ pulgadas

8. ¿Cuál será la unidad más apropiada para medir la capacidad de un estanque de peces?

A. taza

C. cuarto de galón

B. pinta

D. galón

9. Calvin compró $\frac{5}{8}$ de libra de pavo en rebanadas. Usó $\frac{1}{2}$ libra para hacer sándwiches. ¿Cuánto pavo le sobró?

A. $\frac{4}{6}$ de libra

C. $\frac{1}{2}$ libra

B. $\frac{2}{3}$ de libra

D. $\frac{1}{8}$ de libra

10. Halla el número que falta.

24 ft = ▨ yd

A. 2   **B.** 3   **C.** 6   **D.** 8

11. ¿Cuál de las siguientes opciones es menor que 4 tazas?

A. 1 galón   **C.** 2 cuartos

B. 4 pintas   **D.** 10 onzas líquidas

12. El gato de John pesa 12 libras. ¿Cuántas onzas pesa?

A. 48 onzas

B. 120 onzas

C. 192 onzas

D. 256 onzas

RESPUESTA LIBRE

Halla las sumas o las restas. De ser posible, simplifica.

13. $\frac{3}{5} + \frac{7}{10}$ **14.** $\frac{1}{2} - \frac{4}{9}$

15. $\frac{1}{6} + \frac{1}{5}$ **16.** $\frac{7}{8} + \frac{3}{8}$

17. $\frac{4}{10} - \frac{3}{10}$ **18.** $\frac{1}{3} + \frac{3}{6}$

Halla cada número que falta.

19. 2 t = ▨ lb

20. 2 ft 5 in = ▨ in

21. 18 yd = ▨ ft

22. 8 qt = ▨ pt

Compara. Escribe > o < en cada ▨.

23. 18 in ▨ 2 ft

24. 14 qt ▨ 3 gal

25. 7 pt ▨ 10 c

26. 3 t ▨ 3,000 lb

27. Usa el razonamiento lógico para resolver este problema.

Carol, Tina y Annie toman lecciones de música. Tocan piano, violín y flauta. Tina lleva su instrumento a su lección y el instrumento de Annie no tiene cuerdas. ¿Qué instrumento toca cada niña?

Escritura en matemáticas

28. Indica si se necesita una respuesta exacta o una estimación para resolver este problema. Luego, resuélvelo y explica tu respuesta.

El camión de Michael puede llevar 1 tonelada de manera segura. Debe repartir 15 televisores y cada uno pesa 95 libras. ¿Puede Michael llevar de manera segura todos los televisores en su camión?

29. ¿Cuál es el primer paso que debes realizar para sumar o restar fracciones de distinto denominador? Explícalo.

30. ¿En qué se parecen una cucharadita, una onza líquida y una pinta? ¿En qué se diferencian? Explícalo.

Números y operaciones

OPCIÓN MÚLTIPLE

1. En la escuela de María, $\frac{3}{8}$ de los estudiantes son de sexto grado, $\frac{1}{4}$ son de séptimo grado y $\frac{3}{8}$ son de octavo grado. ¿Qué fracción de todos los estudiantes están en séptimo u octavo grado?

   A. $\frac{5}{8}$　　**B.** $\frac{4}{12}$　　**C.** $\frac{6}{8}$　　**D.** $\frac{3}{4}$

2. ¿Cuánto es 117 dividido por 8?

   A. 13 R6　　　**C.** 14 R5

   B. 14　　　　**D.** 109

3. ¿Cuál de los siguientes números representa treinta con ocho décimas en forma estándar?

   A. 3.008　　　**C.** 30.8

   B. 3.08　　　**D.** 30.08

RESPUESTA LIBRE

4. Un hipódromo de 10 millas tiene marcadores puestos al comienzo, al final y cada 2 millas. ¿Cuántos marcadores tiene puestos en total?

5. ¿Cuál es el producto de 75 por 12?

Escritura en matemáticas

6. Estima para determinar si $\frac{3}{5} + \frac{6}{9}$ es mayor o menor que 1. Explica cómo lo estimaste.

EN LOS EXÁMENES

Piénsalo bien

Daré una explicación breve pero completa.

Geometría y medición

OPCIÓN MÚLTIPLE

7. ¿Cuál es la longitud de esta cinta al $\frac{1}{8}$ de pulgada más cercano?

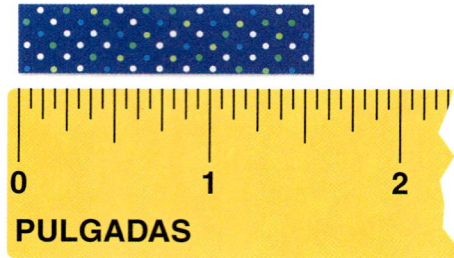

   PULGADAS

   A. $1\frac{3}{8}$ pulgada　　**C.** $1\frac{5}{8}$ pulgada

   B. $1\frac{1}{2}$ pulgada　　**D.** $1\frac{7}{8}$ pulgada

8. El concierto comenzó a las 7:45 P.M. y duró 1 hora 45 minutos. ¿A qué hora terminó el concierto?

   A. 6:00 P.M.　　　**C.** 9:15 P.M.

   B. 8:45 P.M.　　　**D.** 9:30 P.M.

RESPUESTA LIBRE

9. Una caja pequeña de petardos pesa 20 oz. Una caja grande pesa 2 lb. ¿Cuál es la diferencia de sus pesos?

10. El perímetro de un triángulo equilátero es de 27 yardas. ¿Cuál es la longitud de cada lado del triángulo?

Escritura en matemáticas

11. Coloca las siguientes palabras en tres grupos. Explica por qué las agrupaste de esa manera.

yarda	onza líquida	tonelada
pie	onza	milla
cucharadita	cuarto de galón	pulgada

Análisis de datos y probabilidad

OPCIÓN MÚLTIPLE

12. Haces girar una vez la siguiente flecha giratoria. Describe la probabilidad de que se detenga en un 6.

A. segura

B. probable

C. poco probable

D. imposible

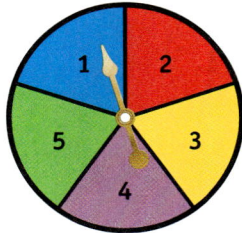

13. Para averiguar el puntaje que has obtenido con mayor frecuencia en tus exámenes de matemáticas, debes hallar

A. el rango   C. el promedio

B. la moda   D. la mediana

RESPUESTA LIBRE

En los Ejercicios 14 a 16, usa la pictografía.

Población de los estados, 2000

Alabama	🧍🧍🧍🧍🧍
Florida	🧍🧍🧍🧍🧍🧍🧍🧍🧍🧍🧍🧍🧍🧍🧍🧍
Georgia	🧍🧍🧍🧍🧍🧍🧍🧍

Cada 🧍 = 1 millón de personas

14. ¿Qué estado de la gráfica tiene la mayor población?

15. ¿Aproximadamente cuántas veces mayor es la población de Georgia que la población de Alabama?

Escritura en matemáticas

16. ¿Aproximadamente cuántas personas viven en la Florida? Explica cómo usaste la gráfica para hallar tu respuesta.

Álgebra

OPCIÓN MÚLTIPLE

17. ¿Qué número va en el ▨ para completar el patrón?

81, 64, 49, ▨, 25, 16, …

A. 36   B. 34   C. 31   D. 29

18. La suma de 2 más n da 45. ¿Qué ecuación representa este enunciado?

A. $2 + 2 = n$ C. $45 + n = 2$

B. $n + 45 = 2$ D. $2 + n = 45$

RESPUESTA LIBRE

19. Completa la tabla y escribe la regla.

Entrada	17	25	33	41
Salida	8	16	24	

20. Bill usó 4 palillos de dientes para hacer un cuadrado. Usó 7 palillos para hacer 2 cuadrados uno junto al otro y 10 palillos para hacer 3 cuadrados uno junto al otro. ¿Cuántos palillos usará Bill para hacer 4 cuadrados uno junto al otro?

Piénsalo bien

Puedo hacer dibujos para representar el problema.

Escritura en matemáticas

21. Susan hizo 3 galones de ponche de frutas. ¿Cuántas tazas de ponche hizo? Explica cómo hallaste tu respuesta.

Grupo 10-1 (páginas 562–563)

¿Es mayor o menor que 1 la suma de $\frac{3}{5} + \frac{3}{4}$?

Compara cada fracción con $\frac{1}{2}$.

$\frac{3}{5} > \frac{1}{2}$

$\frac{3}{4} > \frac{1}{2}$

$\frac{3}{5} + \frac{3}{4} > 1$

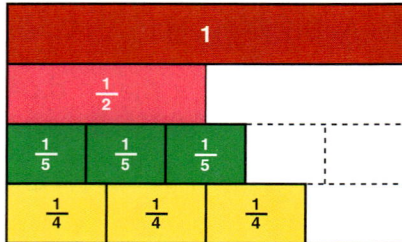

Como ambas fracciones son mayores que $\frac{1}{2}$, su suma es mayor que 1.

Recuerda que cuando dos fracciones son menores que $\frac{1}{2}$, su suma es menor que 1.

Escribe > o < en cada ●.

1. $\frac{1}{8} + \frac{1}{4}$ ● 1

2. $\frac{2}{9} + \frac{1}{3}$ ● 1

3. $\frac{7}{10} + \frac{4}{5}$ ● 1

4. $\frac{6}{7} + \frac{4}{7}$ ● 1

5. $\frac{1}{8} + \frac{3}{11}$ ● 1

6. $\frac{3}{4} + \frac{8}{12}$ ● 1

7. ¿Puedes estimar para determinar si la suma $\frac{5}{7} + \frac{1}{3}$ es mayor o menor que 1? Explica por qué.

Grupo 10-2 (páginas 564–567)

Halla $\frac{5}{12} + \frac{3}{12}$.

1

Estima.

$\frac{5}{12} < \frac{1}{2}$

$\frac{3}{12} < \frac{1}{2}$

$\frac{5}{12} + \frac{3}{12} < 1$

2

Suma los numeradores. Escribe la suma sobre el numerador común.

$\frac{5}{12} + \frac{3}{12}$

$= \frac{8}{12}$

3

De ser necesario, simplifica.

$\frac{8}{12} = \frac{2}{3}$

Recuerda escribir la respuesta en su mínima expresión.

1. $\frac{1}{4} + \frac{2}{4}$

2. $\frac{1}{2} + \frac{1}{2}$

3. $\frac{5}{6} + \frac{3}{6}$

4. $\frac{7}{10} + \frac{1}{10}$

5. $\frac{3}{5} + \frac{1}{5}$

6. $\frac{2}{9} + \frac{4}{9}$

7. Sam usó $\frac{3}{8}$ de taza de harina blanca y $\frac{5}{8}$ de taza de harina de trigo. ¿Cuánta harina usó en total?

Grupo 10-3 (páginas 568–571)

Halla $\frac{1}{3} + \frac{5}{6}$.

1

Halla fracciones equivalentes con denominador común.

$\frac{1}{3} = \frac{2}{6}$

$\frac{5}{6} = \frac{5}{6}$

2

Suma los numeradores. Escribe la suma sobre el denominador común.

$\frac{2}{6} + \frac{5}{6} = \frac{7}{6}$

3

De ser necesario, simplifica.

$\frac{7}{6} = 1\frac{1}{6}$

Recuerda que puedes estimar para comprobar que tu respuesta sea razonable.

1. $\frac{2}{7} + \frac{1}{2}$

2. $\frac{4}{5} + \frac{7}{10}$

3. $\frac{3}{4} + \frac{3}{8}$

4. $\frac{1}{6} + \frac{5}{12}$

5. Anita compró $\frac{5}{9}$ de yarda de cinta negra y $\frac{1}{3}$ de yarda de cinta blanca. ¿Cuánta cinta compró en total?

Halla $\frac{7}{9} - \frac{4}{9}$.

1	**2**
Resta los numeradores. Escribe la diferencia sobre el denominador común.	De ser necesario, simplifica.
$\frac{7}{9} - \frac{4}{9} = \frac{3}{9}$	$\frac{3}{9} = \frac{1}{3}$

Recuerda que debes usar la división para simplificar una fracción.

1. $\frac{7}{8} - \frac{5}{8}$ **2.** $\frac{5}{6} - \frac{1}{6}$

3. $\frac{9}{10} - \frac{4}{10}$ **4.** $\frac{8}{9} - \frac{2}{9}$

5. Ángela practicó piano durante $\frac{3}{4}$ de hora y Matthew practicó durante $\frac{1}{4}$ de hora. ¿Cuánto tiempo más practicó Ángela que Matthew?

Halla $\frac{6}{8} - \frac{1}{2}$.

1	**2**	**3**
Halla fracciones equivalentes con denominador común.	Resta las fracciones equivalentes.	De ser necesario, simplifica.
$\frac{6}{8} = \frac{6}{8}$ $\frac{1}{2} = \frac{4}{8}$	$\frac{6}{8} - \frac{4}{8} = \frac{2}{8}$	$\frac{2}{8} = \frac{1}{4}$

Recuerda que para restar también puedes usar las tiras de fracciones o hacer dibujos.

1. $\frac{7}{9} - \frac{2}{3}$ **2.** $\frac{3}{4} - \frac{1}{8}$

3. $\frac{4}{5} - \frac{3}{10}$ **4.** $\frac{1}{2} - \frac{1}{3}$

5. Un escarabajo mide $\frac{7}{12}$ de pulgada de ancho. Una mariquita mide $\frac{1}{4}$ de pulgada de ancho. ¿Cuál es la diferencia de ancho entre los dos insectos?

Sigue los siguientes pasos para resolver un problema usando el razonamiento lógico.

Paso 1: Haz una tabla con los rótulos correspondientes.

Paso 2: Completa la tabla con la información que te entregan.

Paso 3: Usa la información y el razonamiento lógico para sacar conclusiones.

Recuerda que en una tabla lógica puede haber un solo SÍ en cada fila y columna.

1. Andrea, Bill y Andy compraron $\frac{3}{4}$ de libra, $\frac{1}{3}$ de libra y $\frac{5}{6}$ de libra de nueces. Andrea compró menos de $\frac{1}{2}$ libra. Andy compró más que Bill. ¿Cuánto compró cada persona?

Grupo 10-7 (páginas 588–589)

¿Qué unidad de medida usual puedes usar para medir la longitud de una cocina?

Una pulgada es muy pequeña, y una yarda y una milla son muy grandes. La longitud de una cocina se puede medir en pies.

Recuerda que puedes visualizar la longitud de una pulgada, de un pie y de una yarda para resolver un problema.

Escoge la unidad más apropiada para medir la longitud de cada elemento.

1. piscina
2. tijeras
3. túnel en la montaña
4. poste telefónico

Grupo 10-8 (páginas 590–591)

Mide este segmento de recta a la $\frac{1}{2}$ pulgada, al $\frac{1}{4}$ de pulgada y al $\frac{1}{8}$ de pulgada más cercanos.

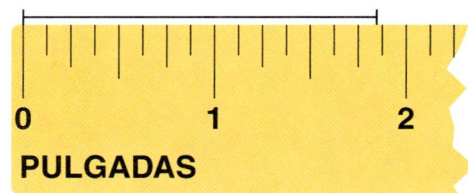

PULGADAS

A la $\frac{1}{2}$ pulgada más cercana = 2 pulgadas de largo

Al $\frac{1}{4}$ de pulgada más cercano = $1\frac{3}{4}$ pulgada de largo

Al $\frac{1}{8}$ de pulgada más cercano = $1\frac{7}{8}$ pulgada de largo

Recuerda que al estimar las medidas a fracciones diferentes de una pulgada no siempre obtendrás medidas distintas.

Mide cada segmento de recta a la $\frac{1}{2}$ pulgada, al $\frac{1}{4}$ de pulgada y al $\frac{1}{8}$ de pulgada más cercanos.

1.
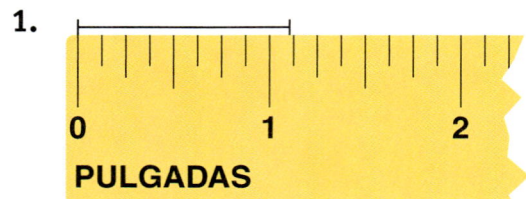
PULGADAS

2.
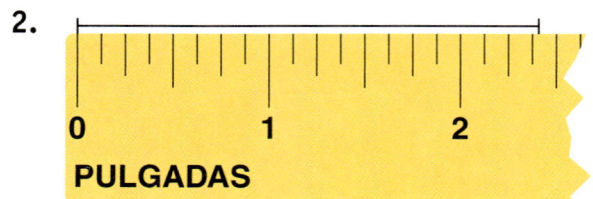
PULGADAS

Grupo 10-9 (páginas 592–593)

¿Cuál es la unidad más apropiada para medir la capacidad de un lavaplatos: la cucharadita, la cucharada, la onza líquida, la taza, la pinta, el cuarto o el galón?

Necesitas más de 1 galón para llenar un lavaplatos, por tanto, el galón es la mejor unidad.

Recuerda que la capacidad es la cantidad que puede contener un recipiente.

Escoge la unidad más apropiada para medir la capacidad de cada elemento. Escribe *cdta., cda., fl oz, c, pt, qt* o *gal.*

1. piscina
2. tazón de sopa
3. envase de jugo
4. dedal

Grupo 10-10 (páginas 594–595)

¿Qué unidad de medida usual puedes usar para hallar el peso de un perro: la onza, la libra o la tonelada?

Piensa en un objeto cuyo peso se pueda expresar con cada unidad. Compara después para decidir si esa unidad sería la mejor para medir el peso de un perro.

Debes usar las libras para medir el peso de un perro.

Recuerda que una tonelada es igual a 2,000 libras.

Elige la unidad más apropiada para medir el peso de cada elemento. Escribe *oz, lb* o *t.*

1. pelota de boliche **2.** tiza

3. ratón **4.** elefante

Grupo 10-11 (páginas 596–599)

¿Cuántas pulgadas hay en 3 pies?

1 ft = 12 pulgadas

3 pies = 3 × 12 pulgadas

3 pies = 36 pulgadas

¿Cuántas pintas hay en 14 tazas?

2 tazas = 1 pinta

14 tazas = 7 pintas

Recuerda multiplicar para convertir unidades grandes a unidades más pequeñas.

Halla cada número que falta.

1. 5 lb = ■ oz **2.** 12 ft = ■ yd

3. 3 c = ■ fl oz **4.** 4 gal = ■ pt

5. 3 t = ■ lb **6.** 2 yd = ■ in

7. 20 qt = ■ gal **8.** 6 cdta. = ■ cda.

Grupo 10-12 (páginas 600–601)

Paula tiene $60 para comprar útiles de arte. Quiere comprar lápices de colores por $6.95, un cuadernillo de papel de dibujo por $12.50 y un caballete por $47.25.¿Tiene suficiente dinero para comprar todos estos artículos?

Piénsalo: Sólo debo saber si Paula tiene suficiente dinero para comprar los artículos. Por tanto, sólo debo estimar su precio total.

Estima: $7 + $13 + $50 = $70

$70 > $60. No. Paula no tiene suficiente dinero para comprar todos los artículos.

Recuerda que a veces sólo necesitas una estimación para resolver un problema.

Indica si es necesaria una repuesta exacta o es suficiente una estimación.

1. Carl compró 5 libras de carne molida. Usará 4 onzas para hacer cada hamburguesa. ¿Tiene carne suficiente para hacer 15 hamburguesas?

2. Rosi compró 3 plantas por $2.75 cada una. ¿Cuánto dinero gastó?

Grupo 10-1 (páginas 562–563)

Escribe > o < en cada ●.

1. $\frac{1}{7} + \frac{2}{9}$ ● 1
2. $\frac{3}{4} + \frac{2}{3}$ ● 1
3. $\frac{7}{8} + \frac{6}{10}$ ● 1
4. $\frac{1}{4} + \frac{1}{5}$ ● 1

5. $\frac{10}{11} + \frac{9}{11}$ ● 1
6. $\frac{1}{3} + \frac{1}{6}$ ● 1
7. $\frac{5}{6} + \frac{4}{5}$ ● 1
8. $\frac{1}{8} + \frac{3}{7}$ ● 1

9. Lisa hizo estiramiento durante $\frac{1}{4}$ de hora en el gimnasio. Después corrió en la trotadora durante $\frac{1}{2}$ hora. ¿Pasó Lisa más o menos de una hora haciendo estiramiento y corriendo? Explica cómo lo sabes.

Grupo 10-2 (páginas 564–567)

Halla las sumas. De ser necesario, simplifica.

1. $\frac{2}{5} + \frac{1}{5}$
2. $\frac{4}{9} + \frac{1}{9}$
3. $\frac{3}{10} + \frac{4}{10}$
4. $\frac{7}{8} + \frac{5}{8}$
5. $\frac{1}{2} + \frac{1}{2}$

6. $\frac{1}{4} + \frac{3}{4}$
7. $\frac{6}{7} + \frac{5}{7}$
8. $\frac{2}{5} + \frac{4}{5}$
9. $\frac{11}{12} + \frac{9}{12}$
10. $\frac{3}{8} + \frac{3}{8}$

11. $\frac{3}{8} + \frac{5}{8}$
12. $\frac{25}{100} + \frac{50}{100}$
13. $\frac{5}{6} + \frac{5}{6}$
14. $\frac{2}{3} + \frac{1}{3}$
15. $\frac{9}{10} + \frac{7}{10}$

16. Bill compró $\frac{5}{8}$ de yarda de mezclilla. Ya tenía $\frac{1}{8}$ de yarda de la misma tela. ¿Cuánta tela tiene ahora Bill?

Grupo 10-3 (páginas 568–571)

Halla las sumas. De ser necesario, simplifica.

1. $\frac{1}{8} + \frac{1}{4}$
2. $\frac{10}{12} + \frac{1}{6}$
3. $\frac{3}{5} + \frac{7}{10}$
4. $\frac{2}{3} + \frac{5}{9}$
5. $\frac{1}{2} + \frac{5}{6}$

6. $\frac{1}{10} + \frac{2}{5}$
7. $\frac{5}{12} + \frac{1}{6}$
8. $\frac{1}{2} + \frac{1}{5}$
9. $\frac{2}{3} + \frac{5}{12}$
10. $\frac{3}{4} + \frac{2}{6}$

11. $\frac{1}{3} + \frac{4}{9}$
12. $\frac{1}{2} + \frac{7}{8}$
13. $\frac{4}{5} + \frac{9}{10}$
14. $\frac{6}{7} + \frac{5}{14}$
15. $\frac{3}{16} + \frac{5}{8}$

16. Denise comió $\frac{1}{6}$ de pizza y Sharon comió $\frac{1}{4}$ de la misma pizza. ¿Cuánto de la pizza comieron en total?

17. Patrick agregó a su receta de pastel de manzana $\frac{3}{4}$ de taza de azúcar morena y $\frac{7}{8}$ de taza de azúcar blanca. ¿Cuánta azúcar agregó en total a la receta?

Grupo 10-4 (páginas 574–577)

Halla las diferencias. De ser necesario, simplifica.

1. $\dfrac{4}{7} - \dfrac{1}{7}$ **2.** $\dfrac{8}{11} - \dfrac{5}{11}$ **3.** $\dfrac{13}{20} - \dfrac{9}{20}$ **4.** $\dfrac{5}{6} - \dfrac{2}{6}$ **5.** $\dfrac{7}{9} - \dfrac{4}{9}$

6. $\dfrac{9}{12} - \dfrac{7}{12}$ **7.** $\dfrac{5}{8} - \dfrac{3}{8}$ **8.** $\dfrac{4}{5} - \dfrac{1}{5}$ **9.** $\dfrac{9}{10} - \dfrac{7}{10}$ **10.** $\dfrac{2}{3} - \dfrac{1}{3}$

11. Rachel colocó $\dfrac{1}{4}$ de taza de mantequilla en un tazón. Luego, se dio cuenta de que la receta necesitaba $\dfrac{3}{4}$ de taza de mantequilla. ¿Cuánta mantequilla más debe agregar Rachel al tazón?

Grupo 10-5 (páginas 578–581)

Halla las diferencias. De ser necesario, simplifica.

1. $\dfrac{7}{8} - \dfrac{1}{4}$ **2.** $\dfrac{6}{10} - \dfrac{1}{5}$ **3.** $\dfrac{8}{9} - \dfrac{1}{3}$ **4.** $\dfrac{5}{6} - \dfrac{1}{2}$ **5.** $\dfrac{1}{2} - \dfrac{1}{8}$

6. $\dfrac{7}{12} - \dfrac{1}{6}$ **7.** $\dfrac{3}{4} - \dfrac{1}{8}$ **8.** $\dfrac{9}{10} - \dfrac{15}{100}$ **9.** $\dfrac{5}{6} - \dfrac{2}{3}$ **10.** $\dfrac{11}{12} - \dfrac{2}{3}$

11. $\begin{array}{r}\frac{1}{3}\\ -\frac{1}{6}\\ \hline\end{array}$ **12.** $\begin{array}{r}\frac{3}{8}\\ -\frac{1}{4}\\ \hline\end{array}$ **13.** $\begin{array}{r}\frac{11}{12}\\ -\frac{5}{6}\\ \hline\end{array}$ **14.** $\begin{array}{r}\frac{3}{4}\\ -\frac{3}{8}\\ \hline\end{array}$ **15.** $\begin{array}{r}\frac{7}{10}\\ -\frac{1}{2}\\ \hline\end{array}$

16. Jennifer compró $\dfrac{4}{5}$ de libra de castañas. Le dio $\dfrac{1}{2}$ libra a su hermana. ¿Cuánto le quedó?

Grupo 10-6 (páginas 584–585)

Haz una tabla y usa el razonamiento lógico para resolver. Escribe la respuesta en una oración completa.

1. El año pasado, todos los equipos de una liga de béisbol jugaron el mismo número de partidos. Los Tigres, los Leones y los Osos tenían las mejores marcas. Ganaron $\dfrac{7}{10}$, $\dfrac{5}{9}$ y $\dfrac{1}{2}$ de sus juegos. Los Tigres tenían la mejor marca y los Leones ganaron menos juegos que los Osos. ¿Qué fracción de los juegos ganó cada equipo?

2. Una tienda de mascotas tiene cuatro serpientes llamadas Víctor, Annie, Bob y Carl. Son una pitón, una cobra, una anaconda y una boa constrictora. Carl es una boa constrictora y Annie no es una cobra. Si Víctor es una anaconda, ¿qué es Bob?

Grupo 10-7 (páginas 588–589)

Estima primero y halla después cada longitud a la pulgada más cercana.

1. •————————• **2.** •————•

Escoge la unidad más apropiada para medir la longitud de cada elemento. Escribe in, ft, yd o mi.

3. campo de fútbol **4.** carro **5.** cepillo de dientes **6.** río

7. Tim tiene una regla y una vara de medir de una yarda. ¿Cuál es la mejor herramienta para medir la longitud de un autobús escolar? Explica tu respuesta.

Grupo 10-8 (páginas 590–591)

Mide cada cinta a la $\frac{1}{2}$ pulgada, al $\frac{1}{4}$ de pulgada y al $\frac{1}{8}$ de pulgada más cercanos.

1.

2.

3.

4.

5. Jack dice que el segmento de recta de la derecha mide 2 pulgadas de largo. ¿Midió a la $\frac{1}{2}$ pulgada o a la pulgada más cercana? Explícalo.

•————————————————•

Grupo 10-9 (páginas 592–593)

Escoge las unidades más apropiadas para medir la capacidad de cada recipiente. Escribe *cdta., cda., fl oz, c, pt, qt* o *gal.*

1. acuario **2.** gotero **3.** recipiente para leche pequeño

4. harina de una receta **5.** bañera **6.** molde para hacer hielo

7. ¿Qué es más grande, una cucharadita o una cucharada?

8. El termo amarillo de la derecha puede contener 16 onzas líquidas de agua. ¿Cuánta agua más puede contener aproximadamente el termo verde? Explica cómo lo estimaste.

Grupo 10-10 (páginas 594–595)

Escoge las unidades más apropiadas para medir el peso de cada elemento.
Escribe *oz, lb* o *t.*

1. barra de granola

2. canario

3. bolsa de harina

4. camión de reparto

5. televisor

6. borrador

7. Nombra tres animales diferentes que se puedan pesar en onzas, libras y toneladas. Indica qué animal va con cada unidad de peso.

Grupo 10-11 (páginas 596–599)

Halla cada número que falta.

1. 7 ft = ▮ in

2. 5 c = ▮ fl oz

3. 15 lb = ▮ oz

4. 24 pt = ▮ gal

5. 6,000 lb = ▮ t

6. 5 mi = ▮ yd

Compara. Escribe > o < en cada ●.

7. 4 ft 3 in ● 48 in

8. 50 lb ● 1,000 oz

9. 12 cdta. ● 6 cda.

10. 30 pt ● 10 qt

11. 4,000 yd ● 1 mi

12. 2 t ● 2,100 lb

13. Shawn mide 68 pulgadas de estatura y Brent mide 5 pies 9 pulgadas. ¿Quién es más alto?

Grupo 10-12 (páginas 600–601)

Indica si es necesaria una respuesta exacta o es suficiente una estimación. Luego, resuelve. Escribe tu respuesta en una oración completa.

1. Carla compró 2 galones de jugo para el juego de fútbol. Cada jugador beberá 2 tazas de jugo. ¿Compró Carla jugo suficiente para los 15 jugadores?

2. Anita compró 2 libras de pavo en rebanadas a $6.75 la libra y 3 libras de jamón en rebanadas a $5.99 la libra. También compró una hogaza de pan a $1.75. Si Anita pagó con dos billetes de $20, ¿cuánto recibirá de cambio?

3. William tiene $100.00 para comprar artículos de tenis. Quiere comprar una raqueta a $75.99, una visera para el sol a $8.99 y dos latas de pelotas de tenis a $3.50 cada una. ¿Tiene dinero suficiente para comprar todos los artículos?

Decimales y medidas del sistema métrico

DIAGNOSTICAR EL NIVEL

A Vocabulario
(página 28, Grado 3)

Escoge del cuadro el término más adecuado.

1. El ___?___ es una unidad métrica que se usa para medir la longitud de objetos pequeños.

2. El decimal 1.38 tiene un tres en la posición de las ___?___ y un ocho en la posición de las ___?___.

3. La unidad métrica básica de capacidad es el ___?___.

Vocabulario

- **centímetro** *(Gr. 3)* • **gramo** *(Gr. 3)*
- **centésimas** *(p. 28)* • **litro** *(Gr. 3)*
- **metro** *(Gr. 3)* • **décimas** *(p. 28)*

B Decimales *(Grado 3)*

Escribe el decimal para cada parte coloreada.

4. 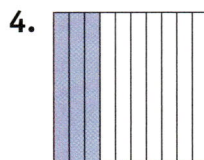 5.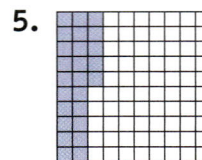

Escribe cada número decimal.

6. dieciséis centésimas

7. tres con cuatro décimas

Compara. Usa <, > o =.

8.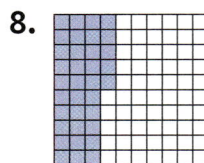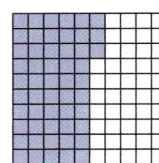

0.35 ⬤ 0.53

C Sumar y restar decimales *(Grado 3)*

Suma o resta.

9. 2.4
      + 3.1

10. 5.8
       − 1.7

11. 0.82
       + 0.16

12. 0.45
       − 0.24

13. 1.39
       + 1.52

14. 2.70
       − 1.38

15. Karen compró 3.8 libras de maní y 2.4 libras de nueces de acajú. ¿Cuántas libras de maní y nueces compró en total? ¿Cuántas libras de maní más que de nueces compró?

D Unidades métricas de medida *(Grado 3)*

Escoge la mejor estimación para cada medición.

16. longitud de un sendero para bicicletas   **A.** 3 m

17. longitud de un gusano   **B.** 3 km

18. longitud de una mesa de trabajo   **C.** 3 cm

19. capacidad de una cuchara   **A.** 5 L

20. capacidad de una bañera   **B.** 5 mL

21. capacidad de una olla para sopa   **C.** 500 L

22. masa de una moneda de 10¢   **A.** 2 kg

23. masa de un perro   **B.** 20 kg

24. masa de una bolsa de harina   **C.** 2 g

Decimales y fracciones

APRENDE

¿En qué se parecen los decimales y las fracciones?

Dawn dividió su huerto de verduras en 5 partes iguales. La cuadrícula siguiente representa la manera en que plantó su huerto.

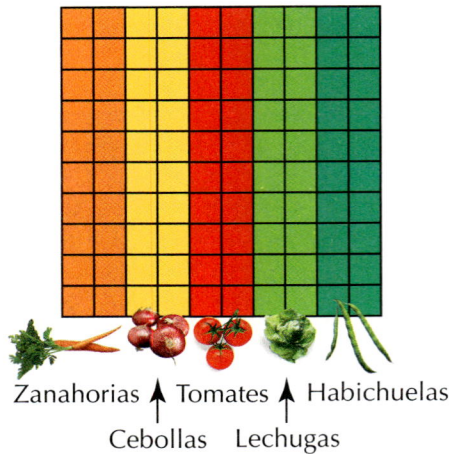

Zanahorias ↑ Tomates ↑ Habichuelas
Cebollas   Lechugas

Ejemplo A

Escribe una fracción para la parte del huerto que corresponde a las zanahorias.

$\frac{20}{100}$ ← Partes de color anaranjado que representan las zanahorias
← Parte total

÷ 20

$\frac{20}{100} = \frac{1}{5}$ Escribe la fracción en su mínima expresión.

÷ 20

$\frac{20}{100}$ ó $\frac{1}{5}$ del jardín son zanahorias.

Ejemplo B

Escribe un decimal para la parte del huerto que corresponde a las zanahorias.

20 de las 100 partes son de color anaranjado y corresponden a las zanahorias.

Veinte **centésimas**, o 0.20, son de color anaranjado.

También, 2 de 10 partes son de color anaranjado. Dos **décimas,** o 0.2, son de color anaranjado.

0.20 ó 0.2 partes del huerto corresponden a las zanahorias.

Los números $\frac{20}{100}$, $\frac{1}{5}$, 0.20 ó 0.2 son **equivalentes**.
Los números que son equivalentes representan la misma cantidad.

$$\frac{20}{100} = \frac{1}{5} = 0.20 = 0.2$$

✓ **Hablemos**

1. ¿Son iguales los nombres en palabras de $\frac{20}{100}$ y 0.20?

¿Cómo cambias entre fracciones y decimales?

Ejemplo C

Escribe 0.4 como una fracción en su mínima expresión.

0.4 son cuatro décimas, o $\frac{4}{10}$

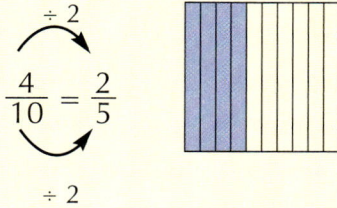

$$\frac{4}{10} = \frac{2}{5}$$

$\div 2$

$\div 2$

$0.4 = \frac{2}{5}$

Ejemplo D

Escribe $\frac{3}{4}$ como decimal.

Primero, escribe $\frac{3}{4}$ como una fracción equivalente con denominador 100.

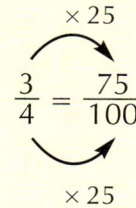

$\times 25$

$$\frac{3}{4} = \frac{75}{100}$$

Algunas fracciones se pueden escribir con denominador 100.

$\times 25$

75 de 100 es 0.75.

Por tanto, $\frac{3}{4} = 0.75$.

Puedes escribir los números mixtos como decimales y los decimales como números mixtos.

Como $\frac{3}{4} = 0.75$, $2\frac{3}{4} = 2.75$.

Como $0.4 = \frac{2}{5}$, $7.4 = 7\frac{2}{5}$.

Puedo pensar en dinero para recordar los decimales equivalentes a las fracciones de referencia $\frac{1}{2}$, $\frac{1}{4}$ y $\frac{3}{4}$.

$\frac{1}{2}$ de $1 = $0.50 ó 0.5

$\frac{1}{4}$ de $1 = $0.25

$\frac{3}{4}$ de $1 = $0.75

✔ Hablemos

2. En el Ejemplo C, ¿por qué $0.4 = \frac{4}{10}$?

3. En el Ejemplo D, ¿por qué $\frac{3}{4}$ se escribe como una fracción con denominador 100 y no con denominador 10?

COMPRUEBA ✔

Otro ejemplo: Grupo 11-1, página 678

Escribe una fracción y un decimal para la parte azul de cada cuadrícula.

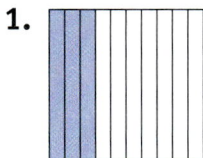

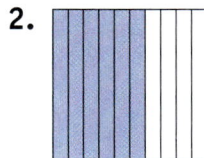

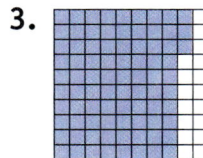

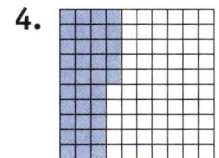

1. **2.** **3.** **4.**

Escribe el decimal para cada número.

5. $\frac{7}{10}$ **6.** $3\frac{19}{100}$

Escribe cada decimal como una fracción o un número mixto en su mínima expresión.

7. 0.56 **8.** 2.7

9. Razonamiento ¿Cómo puedes escribir un decimal para $\frac{6}{5}$?

A Destrezas y comprensión

Escribe una fracción y un decimal para la parte azul de cada cuadrícula.

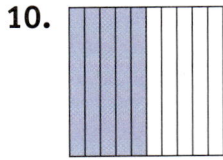

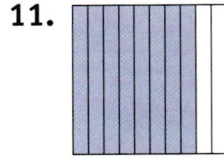

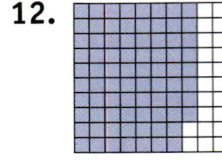

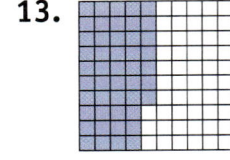

10.
11.
12.
13.

Escribe el decimal para cada número.

14. $\frac{30}{100}$ **15.** $\frac{3}{100}$ **16.** $\frac{7}{20}$ **17.** $\frac{4}{5}$

18. $\frac{1}{2}$ **19.** $\frac{1}{4}$ **20.** $7\frac{4}{100}$ **21.** $6\frac{2}{100}$

Escribe cada decimal como una fracción o un número mixto en su mínima expresión.

22. 0.73   **23.** 0.27   **24.** 0.6   **25.** 0.2

26. 0.15   **27.** 0.16   **28.** 3.25   **29.** 6.5

30. Sentido numérico Menciona seis números que sean equivalentes a 0.5. Incluye al menos una fracción y un decimal.

B Razonamiento y resolución de problemas

Matemáticas y estudios sociales

En los Ejercicios 31 a 34, usa el Archivo de datos de la derecha.

Una persona que puede leer y escribir es una persona alfabetizada. Escribe un decimal para la fracción de la población alfabetizada de:

31. Rusia.   **32.** la Argentina.

33. la República Centroafricana.

34. ¿Qué fracción del Archivo de datos no está en su mínima expresión? Escríbela en su mínima expresión.

35. **Escritura en matemáticas** ¿Es correcta la siguiente explicación? De no ser así, explica por qué y escribe la respuesta correcta. Si lo es, haz un dibujo para mostrar por qué son iguales los números y explica tu dibujo.

¿Es $\frac{7}{10}$ = 0.70?

Sí, 0.7 = 0.70. Ambos son siete décimas.

Archivo de datos

País	Tasas de alfabetización Fracción alfabetizada de la población
Argentina	$\frac{24}{25}$
República Centroafricana	$\frac{3}{5}$
Rusia	$\frac{99}{100}$
Estados Unidos	$\frac{97}{100}$
Brasil	$\frac{90}{100}$

EN LOS EXÁMENES

Piénsalo bien
Debo asegurarme de que mi **explicación sea clara y completa.**

C Un paso adelante

Porcentaje significa *por cien* o *de cien*. En la cuadrícula de la derecha, 25 de 100 cuadrados están coloreados, o sea, el 25 por ciento está coloreado. Puedes escribir 25 por ciento como 25%.

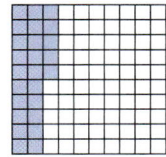

$$25\% = 0.25 = \frac{25}{100} = \frac{1}{4}$$

Escribe una fracción, un decimal y un porcentaje para la parte azul de cada cuadrícula.

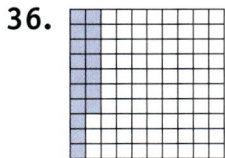

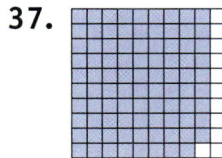

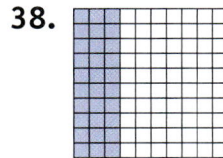

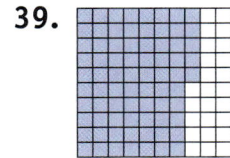

36.

37.

38.

39.

Repaso mixto y preparación de exámenes

En la INTERNET
Preparación de exámenes
www.scottforesman.com

40. Chris corrió $\frac{1}{3}$ de milla un día y $\frac{2}{5}$ de milla al día siguiente. ¿Corrió una milla en total? Indica si es necesaria una respuesta exacta o si una estimación es suficiente. Luego, resuelve.

41. ¿Cuál es el perímetro de un rectángulo que mide 4 pulgadas de largo y 2 pulgadas de ancho?

A. 6 pulgadas   **B.** 8 pulgadas   **C.** 10 pulgadas   **D.** 12 pulgadas

Discovery CHANNEL SCHOOL

Descubre las matemáticas en tu mundo

Extender sus ramas

El ser vivo más grande del mundo, la secoya gigante General Sherman, se encuentra en el Parque Nacional Secoya en California. En 1978, se desprendió de este árbol una rama que medía 140 pies. La rama tenía un radio de 3.25 pies, un diámetro de $6\frac{1}{2}$ pies y una longitud de 140 pies. Esta rama podría ser un árbol grande en otras partes de los Estados Unidos.

1. Escribe el decimal para $6\frac{1}{2}$.

2. Escribe 3.25 como fracción.

En la INTERNET
Video y actividades
www.scottforesman.com

Piénsalo bien

Puedo **usar objetos, hacer dibujos** o **hacer una tabla** para representar 1.48.

Valor posicional de los decimales

APRENDE

PREPÁRATE

Indica el valor posicional del dígito en rojo de cada número.

1. 8,**2**64   **2.** 17,**9**32

3. 2,9**2**5   **4.** 5,92**4**

¿Qué maneras hay de representar los decimales?

Éstas son algunas maneras de representar 1.48.

Recta numérica:

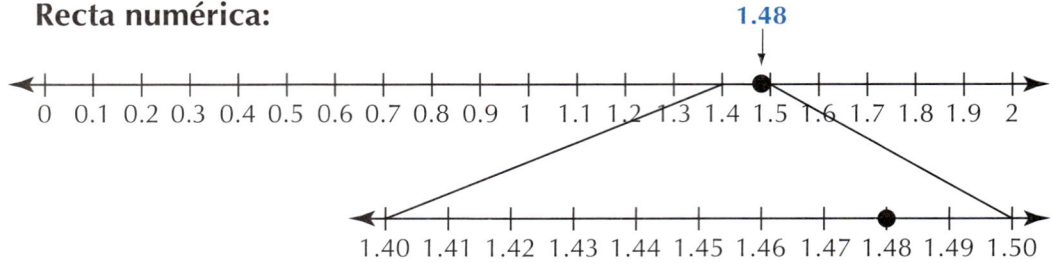

Cuadrículas:

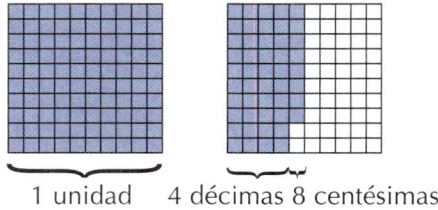

1 unidad   4 décimas 8 centésimas

Tabla de valor posicional:

decenas	unidades		décimas	centésimas
	1	.	4	8

Forma desarrollada: 1 + 0.4 + 0.08

Forma estándar: 1.48

En palabras: Uno con cuarenta y ocho centésimas

> **Ejemplo**
>
> Escribe 5.0**2** en palabras y en su forma desarrollada. Luego, indica el valor posicional del dígito en rojo.
>
> *En palabras:* cinco con dos centésimas
>
> *Forma desarrollada:* 5 + 0.02
>
> El dígito en rojo está en la posición de las centésimas, por tanto, su valor es 2 centésimas, 0.02.

*Escribo la palabra **con** para indicar el punto decimal.*

✔ Hablemos

1. ¿Qué dígito está en la posición de las décimas en 1.48?

2. Explica cómo localizar 1.48 en una recta numérica.

En la INTERNET
Más ejemplos
www.scottforesman.com

1. Escribe ocho con siete centésimas en forma estándar.

2. Escribe 25.**8**2 en palabras e indica el valor posicional del dígito en rojo.

3. **Razonamiento** Escribe un número que tenga un 3 en la posición de las decenas y un 4 en la posición de las décimas.

PRÁCTICA

Más práctica: Grupo 11-2, página 682.

A Destrezas y comprensión

Escribe cada número en forma estándar.

4. doce con cincuenta y tres centésimas.   5. $30 + 6 + 0.8 + 0.09$

Escribe cada número en palabras e indica el valor posicional del dígito en rojo.

6. 4.**2**7   7. 5.5**6**   8. **4**6.91   9. 19.0**3**

10. **Sentido numérico** Kevin dijo que un número era seis décimas, cuatro centésimas. ¿Cuál es el número de Kevin en palabras?

B Razonamiento y resolución de problemas

Escribe en palabras cada medida decimal.

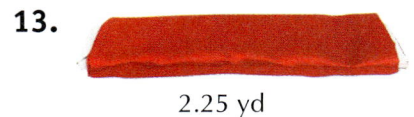

11.

0.86 lb

12.

3.78 L

13.

2.25 yd

14. **Escritura en matemáticas** Kayla halló un patrón en el valor posicional de los decimales y de los números enteros. ¿Qué valor crees que está a la derecha de las centésimas según el patrón de Kayla? Explícalo.

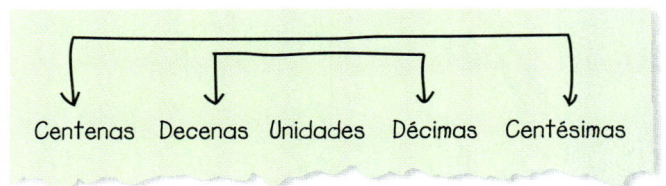

Centenas Decenas Unidades Décimas Centésimas

Repaso mixto y preparación de exámenes

En la INTERNET
Preparación de exámenes
www.scottforesman.com

Escribe el decimal para cada número.

15. $\frac{9}{10}$ 16. $3\frac{7}{100}$ 17. $\frac{65}{100}$ 18. $2\frac{75}{100}$

19. Kay compró 24 cuerdas para saltar. Cada cuerda vale $1.27. ¿Cuánto dinero gastó?

   A. $7.62   **B.** $19.28   **C.** $30.48   **D.** $30.98

Comparar y ordenar decimales

APRENDE

¿Cómo comparas y ordenas decimales?

Los cebos artificiales para pescar se venden según su peso.

PREPÁRATE

Indica el valor posicional del dígito en rojo de cada número.

1. 0.46   2. 0.79

3. 6.08   4. 3.84

Cebo de profundidad
0.44 oz

Cebo amarillo de media agua
0.63 oz

Cebo verde de media agua
0.5 oz

Cebo de paleta
0.69 oz

EN LOS EXÁMENES

Piénsalo bien
Puedo comparar decimales de **más de una manera.**

Ejemplo A

¿Qué cebo es más pesado, el cebo amarillo de media agua o el cebo de paleta?

Compara 0.63 onzas con 0.69 onzas.

Una manera: Usa cuadrículas.

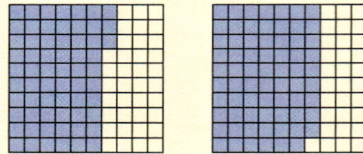

63 centésimas < 69 centésimas

0.63 < 0.69

Otra manera: Usa el valor posicional.

Comienza por la izquierda y halla la primera posición en que los dígitos sean diferentes. Compara.

0.6**3**   0.6**9**

3 centésimas < 9 centésimas

0.63 , 0.69

El cebo de paleta es más pesado que el cebo amarillo de media agua.

Ejemplo B

Ordena los pesos de los cebos de menor a mayor.

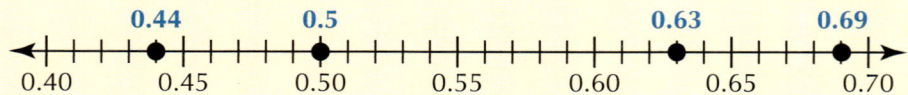

Sé que 0.5 = 0.50

```
        0.44          0.5                        0.63        0.69
    ◄──┼──●──┼──┼──┼──●──┼──┼──┼──┼──┼──┼──●──┼──┼──●──►
     0.40   0.45   0.50   0.55   0.60   0.65   0.70
```

Los pesos en orden de menor a mayor son: 0.44, 0.5, 0.63, 0.69.

✓ **Hablemos**

1. ¿Qué cebo pesa menos?

En la INTERNET
Más ejemplos
www.scottforesman.com

Compara. Escribe >, < o = en cada ●.

1. 0.56 ● 0.71   **2.** 1.48 ● 0.49   **3.** 3.76 ● 3.67   **4.** 0.30 ● 0.3

Ordena los números de menor a mayor.

5. 0.85, 0.89, 0.9, 0.8   **6.** 0.25, 0.4, 0.04, 0.35   **7.** 1.7, 1.07, 1.75

8. Sentido numérico ¿Cuál es mayor, 0.9 ó 0.09? Explícalo.

PRÁCTICA

Más práctica: Grupo 11-3, página 682

Ⓐ Destrezas y comprensión

Compara. Escribe >, < o = en cada ●.

9. 0.81 ● 0.76   **10.** 0.36 ● 0.39   **11.** 2.98 ● 3.79   **12.** 3.24 ● 3.42

13. 8.32 ● 7.46   **14.** 4.01 ● 4.1   **15.** 6.19 ● 5.19   **16.** 7.6 ● 7.60

Ordena los números de menor a mayor.

17. 3.5, 2.2, 1.9   **18.** 4.7, 5.6, 3.8   **19.** 1.54, 1.45, 1.58

20. 2.24, 2.28, 2.21   **21.** 0.7, 0.9, 0.75, 0.78   **22.** 0.62, 0.6, 0.5, 0.67

23. Sentido numérico ¿Cuál es mayor, 15.99 ó 16?

Ⓑ Razonamiento y resolución de problemas

¿Qué pez es más largo?

24. Pez A o B   **25.** Pez B o C   **26.** Pez C o D

27. Muestra en una recta numérica el tamaño de todos los peces.

28. **Escritura en matemáticas** ¿Qué valor de posición usarías para comparar 2.77 y 2.57? ¿Para comparar 2.77 y 2.75? Explícalo.

Longitud de los peces atrapados

Pez A	11.75 pulgadas
Pez B	12.5 pulgadas
Pez C	11.5 pulgadas
Pez D	11.25 pulgadas

Repaso mixto y preparación de exámenes

En la INTERNET
Preparación de exámenes
www.scottforesman.com

Escribe cada número en palabras e indica el valor posicional del dígito en rojo.

29. 8,2̲73,521   **30.** 0.1**9**   **31.** 2.**6**4   **32.** 35.**4**

33. Redondea 765,293 a la decena de millar más cercana.

A. 765,290   **B.** 760,000   **C.** 770,000   **D.** 800,000

Idea clave

El valor posicional te puede ayudar a redondear decimales.

EN LOS EXÁMENES

Piénsalo bien

Puedo **dibujar** una recta numérica para hallar el número más cercano.

Redondear decimales

APRENDE

¿Cómo redondeas decimales?

La clase de Sally tiene la siguiente alfombra en el área de lectura.

3.43 metros de ancho

4.68 metros de largo

		Ejemplo A Redondea el ancho de la alfombra al metro más cercano.	**Ejemplo B** Redondea la longitud de la alfombra a la décima de metro más cercana.
PASO 1	Halla el valor posicional al que hay que redondear.	3.43 3 está en la posición de las unidades.	4.68 El 6 está en la posición de las décimas.
PASO 2	Mira el dígito de la derecha. Si es 5 o mayor, cambia al siguiente dígito más grande. Si es menor que 5, deja el número tal como está.	3.43 Deja el número como está, porque 4 < 5. 3.43 se redondea a 3. La alfombra tiene aproximadamente 3 metros de ancho.	4.68 Cambia 6 a 7, porque 8 ≥ 5. 4.68 se redondea a 4.7. La alfombra tiene aproximadamente 4.7 metros de largo.

La recta numérica muestra que 4.68 está más cerca de 4.7 que de 4.6.

en la mitad

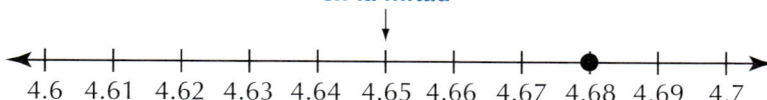

4.6 4.61 4.62 4.63 4.64 4.65 4.66 4.67 4.68 4.69 4.7

✔ **Hablemos**

1. Explica por qué 3.43 se redondea a 3 y no a 4.

2. ¿Qué número está en medio de 4.6 y 4.7?

Redondea cada número al número entero más cercano y a la décima más cercana.

1. 0.83 **2.** 0.76 **3.** 34.33 **4.** 72.56 **5.** 87.12

6. Sentido numérico ¿Está 55.5 más cerca de 55 o de 56? ¿Y 55.51? Explícalo.

PRÁCTICA

Más práctica: Grupo 11-4, página 683

A Destrezas y comprensión

Redondea cada número al número entero más cercano.

7. 67.8 **8.** 23.4 **9.** 0.8 **10.** 0.9 **11.** 51.70

12. 21.7 **13.** 35.56 **14.** 7.58 **15.** 10.75 **16.** 20.92

Redondea cada número a la décima más cercana.

17. 0.94 **18.** 4.71 **19.** 8.65 **20.** 0.85 **21.** 14.06

22. Sentido numérico Escribe cinco números que lleguen a 2 al redondearlos al número entero más cercano.

B Razonamiento y resolución de problemas

Para cada ciudad del Archivo de datos de la derecha, redondea las pulgadas de precipitación a:

Archivo de datos

Promedio de precipitaciones anuales	
Ciudad	**Pulgadas**
Houston, TX	46.07
Los Ángeles, CA	14.77
Miami, FL	55.91
Reno, NV	7.53
Richmond, VA	43.16
Washington, D.C.	38.63

23. la pulgada más cercana. **24.** la décima de pulgada más cercana.

25. ¿Cuál de las ciudades tiene la menor precipitación anual? ¿Cuál tiene la mayor precipitación?

26. Escritura en matemáticas Usa una recta numérica para explicar por qué cuando 0.35 se redondea al número entero más cercano es 0.

Repaso mixto y preparación de exámenes

En la INTERNET
Preparación de exámenes
www.scottforesman.com

Compara. Escribe >, < o = en cada ⬤.

27. 31,462 ⬤ 32,540 **28.** $\frac{3}{4}$ ⬤ $\frac{3}{8}$ **29.** $2\frac{2}{3}$ ⬤ $2\frac{4}{9}$

30. 4.62 ⬤ 6.24 **31.** 0.5 ⬤ 0.53 **32.** 8.29 ⬤ 8.37

33. Después de comer 6 uvas, a Jeb le quedaron 24. ¿Cuántas uvas tenía Jeb al comienzo?

A. 4 uvas **B.** 18 uvas **C.** 30 uvas **D.** 32 uvas

¿Lo sabes hacer?

¿Lo entiendes?

Decimales y fracciones (11-1)

Escribe el decimal para cada número.

1. $\dfrac{3}{5}$ **2.** $2\dfrac{17}{100}$ **3.** $1\dfrac{7}{10}$

Escribe cada número en su mínima expresión como fracción o número mixto.

4. 0.85   **5.** 3.08   **6.** 2.6

A Indica cómo hallaste el decimal en el Ejercicio 1.

B Indica cómo hallaste el número mixto en el Ejercicio 5.

Valor posicional de los decimales (11-2)

Escribe cada número en forma estándar.

7. cuatro con trece centésimas

8. $10 + 8 + 0.3 + 0.07$

Escribe cada número en palabras e indica el valor posicional del dígito en rojo.

9. 27.4**9**   **10.** 3.**1**8   **11.** 15.9**3**

C Indica el valor posicional que está a la derecha de las unidades.

D ¿Cómo escribirías $4 + 0.08$ en forma estándar?

Comparar y ordenar decimales (11-3)

Compara. Escribe >, < o = en cada ⬤.

12. 0.42 ⬤ 0.47   **13.** 0.9 ⬤ 0.90

14. 4.18 ⬤ 4.2   **15.** 3.45 ⬤ 3.43

16. Ordena de menor a mayor los siguientes números: 0.66, 0.63, 0.56, 0.65.

E Explica cómo comparaste los decimales en el Ejercicio 15.

F ¿Cómo usaste el valor posicional para hallar el número menor en el Ejercicio 16?

Redondear decimales (11-4)

Redondea cada número al número entero más cercano y a la décima más cercana.

17. 15.34   **18.** 3.55   **19.** 6.03

G ¿Qué número está en medio de 3.6 y 3.7?

H Explica por qué 3.66 se redondea a 3.7 y no a 3.6.

EN LOS EXÁMENES

Piénsalo bien

Puedo **usar objetos, hacer dibujos** o **hacer una tabla** para representar decimales.

OPCIÓN MÚLTIPLE

1. ¿Qué decimal es equivalente a $1\frac{5}{100}$? (11-1)

A. 0.05　　**B.** 1.05　　**C.** 1.15　　**D.** 1.5

2. ¿Qué decimal tiene un 2 en la posición de las décimas? (11-2)

A. 34.52　　**B.** 62.87　　**C.** 23.01　　**D.** 15.29

RESPUESTA LIBRE

Escribe cada decimal en su mínima expresión como fracción o número mixto. (11-1)

3. 0.28　　　　**4.** 2.16　　　　**5.** 0.1　　　　**6.** 3.55

Escribe cada número en forma estándar. (11-2)

7. $20 + 7 + 0.4 + 0.01$　　　　**8.** uno con treinta y dos centésimas

Escribe cada número en palabras e indica el valor posicional del dígito en rojo. (11-2)

9. 0.2**5**　　　**10.** 22.**8**　　　**11.** 1.9**4**　　　**12.** 4**2**.36

Escribe >, < o = en cada ⬤. (11-3)

13. 1.26 ⬤ 1.51　　　　**14.** 6.92 ⬤ 6.91

Ordena los números de menor a mayor. (11-3)

15. 0.76, 0.67, 0.75　　　　**16.** 2.37, 2.41, 1.23, 2.33

Redondea cada número al número entero más cercano y a la décima más cercana. (11-4)

17. 20.6　　　**18.** 9.73　　　**19.** 6.07　　　**20.** 12.11

En los Ejercicios 21 a 23, usa la información de la derecha. (11-3 y 11-4)

¿Qué estudiante corrió más rápido?

21. ¿Paul o Michael?　　　**22.** ¿Paul o Elliot?

23. Ordena los estudiantes del 1.er al 4.º lugar.

Resultados de una carrera

Corredor	Segundos
Paul	58.61
Andrew	59.02
Elliot	58.15
Michael	57.85

Escritura en matemáticas

24. Explica por qué $\frac{9}{20}$ y 0.45 son equivalentes. (11-1)

25. Explica por qué 7.06 y 7.6 no son equivalentes. (11-2)

Idea clave

Para estimar puedes cambiar los números por otros que sean fáciles de sumar y restar.

EN LOS EXÁMENES

Piénsalo bien

- Puedo **usar lo que sé** sobre la estimación de sumas y diferencias de números enteros para estimar sumas y diferencias de decimales.

- Debo **usar la información del dibujo** para resolver los problemas.

Estimar sumas y diferencias de decimales

APRENDE

¿Cómo estimas cuando sumas o restas decimales?

Sara vive cerca de la escuela y del parque.

Parque

1.16 millas

0.66 millas

0.95 millas

Escuela

Casa de Sara

Ejemplo A

¿Qué distancia recorre aproximadamente Sara si después de la escuela va al parque y luego a su casa?

Para estimar, redondea al número entero más cercano.

1.16 + 0.95

1 + 1 = 2   Sara recorre aproximadamente 2 millas.

Ejemplo B

¿Cuántas millas más recorre aproximadamente Sara si va al parque y luego a su casa durante 5 días, 10.55 millas en total, en lugar de ir directamente a su casa durante 5 días, 3.3 millas en total?

Redondea al número entero más cercano para estimar.

10.55 − 3.3

11 − 3 = 8   Sara recorre 8 millas más aproximadamente.

✔ Hablemos

1. Explica por qué 1.2 y 0.85 se redondean a 1.

2. **Razonamiento** ¿Cómo estimas 3.1 − 0.2?

En la INTERNET
Más ejemplos
www.scottforesman.com

Estima las sumas o diferencias.

1. 3.4 + 5.6   **2.** 7.21 + 8.9   **3.** 2.45 − 1.36   **4.** 7.85 − 3.28

5. Sentido numérico Tina sumó 2 + 1 para estimar 2.15 + 1.38. ¿Halló una estimación por exceso o una estimación por defecto? Explícalo.

PRÁCTICA   *Más práctica: Grupo 11-5, página 683*

A Destrezas y comprensión

Estima las sumas y las diferencias.

6. 0.51 + 0.76   **7.** 4.8 + 0.9   **8.** 15.84 − 8.34   **9.** 4.1 − 1.63

10. 15.3 + 4.74   **11.** 11.92 + 13.4   **12.** 8.94 − 2.33   **13.** 3.37 − 0.8

14.   3.1   **15.**   8.08   **16.**   12.5   **17.**   4.38   **18.**   12.01
     + 6.8   + 4.25   − 11.4   − 1.87   + 0.99

19. Sentido numérico Brett restó 9 − 6 = 3 para estimar 8.8 − 6.2. ¿Halló una estimación por exceso o una estimación por defecto? Explícalo.

B Razonamiento y resolución de problemas

Usa el Archivo de datos de la derecha. A la milla por hora más cercana, ¿cuánto más rápida fue la marca establecida el 15 de octubre de 1997 que la marca establecida el

20. 25 de septiembre de 1997?

21. 4 de octubre de 1983?

22. 23 de octubre de 1970?

23. Escritura en matemáticas Explica cómo estimar 5.68 + 3.4 + 12.97.

Archivo de datos

Marcas de velocidad para una milla terrestre

Fecha	Velocidad en millas por hora
23 de octubre, 1970	622.41
4 de octubre, 1983	633.47
25 de septiembre, 1997	714.14
15 de octubre, 1997	763.04

Repaso mixto y preparación de exámenes

En la INTERNET
Preparación de exámenes
www.scottforesman.com

Redondea cada número a la décima más cercana.

24. 0.87   **25.** 15.24   **26.** 47.31   **27.** 63.09

28. Álgebra Halla el valor de *a* + 17, si *a* = 25.

     A. 8   **B.** 32   **C.** 42   **D.** 425

Idea clave
Sumar y restar decimales es como sumar y restar números enteros y dinero.

Materiales
• papel cuadriculado
• creyones o marcadores

EN LOS EXÁMENES

Piénsalo bien
Puedo **usar objetos** o **hacer dibujos** para sumar y restar decimales.

Usar cuadrículas para sumar y restar decimales

APRENDE

¿Cómo usas las cuadrículas para sumar decimales?

✓ PREPÁRATE

Indica el valor posicional del dígito en rojo para cada número.

1. 4.3**2**   2. 8.**4**

3. **1**7.6   4. 9.**1**8

Actividad

Ésta es una manera de usar una cuadrícula de centésimas para sumar $0.4 + 0.32$.

Paso 1: Colorea 4 columnas de 10 cuadrados para representar 0.4.

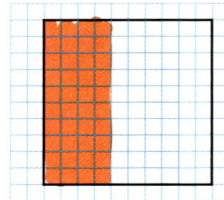

Paso 2: Colorea 32 cuadrados con un color diferente para representar 0.32.

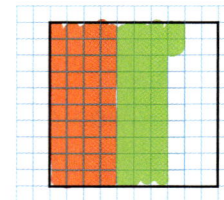

$$0.4 + 0.32 = 0.72$$

Paso 3: Cuenta todos los cuadrados coloreados. ¿Cuántas centésimas están coloreadas en total? Escribe el decimal para el número total de cuadrados coloreados.

Ésta es una manera de usar cuadrículas de centésimas para sumar $0.68 + 0.67$.

Colorea 68 cuadrados para representar 0.68. Colorea 67 cuadrados más con un color diferente para representar 0.67. Cuenta los cuadrados coloreados.

$$0.68 + 0.67 = 1.35$$

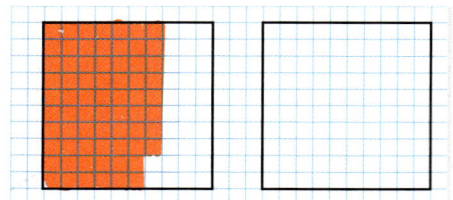

a. Usa cuadrículas para sumar.

$1.16 + 0.59$	$0.84 + 0.47$	$1.62 + 1.78$
$0.48 + 0.25$	$1.5 + 0.34$	$2.32 + 0.9$

¿Cómo usas las cuadrículas para restar decimales?

Usa el Archivo de datos de la derecha. ¿Cuántas millas más mide el puente Akashi Kaikyo que el puente Golden Gate?

Archivo de datos

Puentes colgantes

Puente	País	Longitud en millas
Akashi Kaikyo	Japón	2.4
Golden Gate	EE. UU.	1.7
Bósforo II	Turquía	0.68
Bósforo I	Turquía	0.67

Actividad

Ésta es una manera de usar cuadrículas de centenas para restar 2.4 − 1.7.

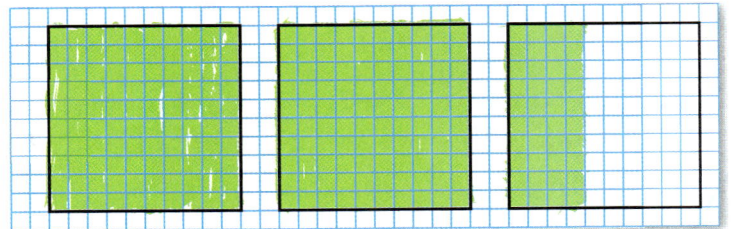

Paso 1: Colorea dos cuadrículas y 40 cuadrados de otra cuadrícula para representar 2.4.

Paso 2: Tacha 17 columnas de las cuadrículas coloreadas para representar 1.7.

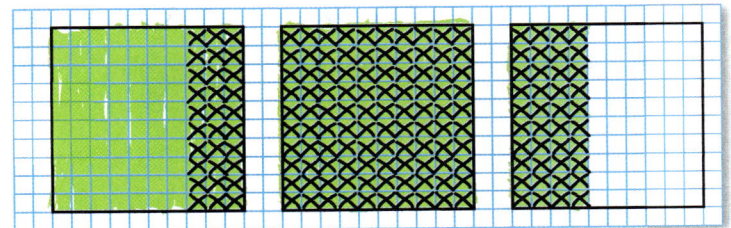

Paso 3: Cuenta los cuadrados que están coloreados, pero que no están tachados. Escribe el decimal.

$2.4 - 1.7 = 0.7$

El puente Akashi Kaikyo mide 0.7 millas más que el puente Golden Gate.

a. Usa cuadrículas para restar.

$1.79 - 0.36$	$1.56 - 1.28$	$2.34 - 0.75$
$2.4 - 0.25$	$1.8 - 0.64$	$1.03 - 0.4$

COMPRUEBA ✓   *Otro ejemplo: Grupo 11-6, página 679*

Suma o resta. Usa las cuadrículas como ayuda.

1. $0.2 + 0.63$

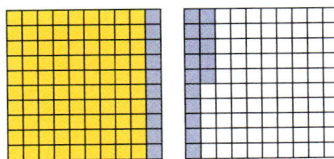

2. $0.9 + 0.25$

3. $1.45 - 0.29$

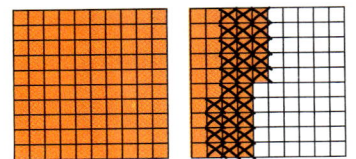

4. Sentido numérico ¿Crees que es menor que uno o mayor que uno la diferencia $1.2 - 0.85$? Explícalo.

A Destrezas y comprensión

Suma o resta. Usa las cuadrículas como ayuda.

5. 0.35 + 0.42

6. 0.57 − 0.28

7. 2.19 − 1.4

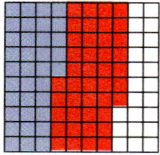 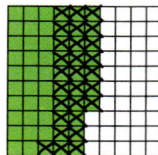 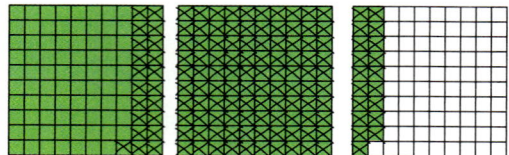

8. 0.3 + 0.58

9. 1.06 + 0.37

10. 1.7 − 0.64

11. 0.9 − 0.15

12. Sentido numérico ¿Crees que es mayor que uno o menor que uno la suma 0.24 + 0.45? Explícalo.

B Razonamiento y resolución de problemas

Matemáticas y vida diaria

Usa el Archivo de datos de la derecha. ¿Cuántos metros más saltó la ganadora de la medalla de oro

13. en 1964 que en 1928?

14. en 2000 que en 1964?

15. en 2000 que en 1928?

16. La ganadora de salto de altura de 1932 marcó 0.06 metros más que la ganadora de 1928. ¿Cuánto marcó la ganadora de 1932?

Archivo de datos

Salto de altura olímpico Alturas de la medalla de oro (mujeres) en años seleccionados		
Año	País	Altura
1928	Canadá	1.59 m
1964	Rumania	1.90 m
2000	Rusia	2.01 m

17. Escritura en matemáticas ¿En qué se parece sumar 2.35 + 1.92 y sumar $2.35 + $1.92?

C Un paso adelante

18. Halla cinco ejemplos de números decimales en tu vida diaria. Puedes comenzar buscando en los letreros y en el periódico.

Repaso mixto y preparación de exámenes

En la INTERNET
Preparación de exámenes
www.scottforesman.com

Estima las sumas y las diferencias.

19. 0.85 + 2.33

20. 4.47 + 3.82

21. 9.71 − 3.61

22. 5.72 − 2.18

23. Halla el promedio, o la media, de 20, 38, 22 y 20.

A. 20

B. 25

C. 26

D. 100

Aprender con tecnología

Usar calculadora para hallar patrones decimales

1. Usa calculadora para hallar cada producto.

   4.2×10 0.56×10 0.08×10

   4.2×100 0.56×100 0.08×100

   $4.2 \times 1,000$ $0.56 \times 1,000$ $0.08 \times 1,000$

2. Halla cada producto sin calculadora. Luego, úsala para comprobar tus resultados.

   7.84×10 0.03×10 24.5×10

   7.84×100 0.03×100 24.5×100

   $7.84 \times 1,000$ $0.03 \times 1,000$ $24.5 \times 1,000$

3. Describe una regla que indique cómo hallar cada producto.

4. Usa calculadora para hallar cada cociente.

   $9,470 \div 10$ $860 \div 10$ $28,520 \div 10$

   $9,470 \div 100$ $860 \div 100$ $28,520 \div 100$

   $9,470 \div 1,000$ $860 \div 1,000$ $28,520 \div 1,000$

5. Halla cada producto sin calculadora. Luego, úsala para comprobar tus resultados.

   $3,080 \div 10$ $50 \div 10$ $75,100 \div 10$

   $3,080 \div 100$ $50 \div 100$ $75,100 \div 100$

   $3,080 \div 1,000$ $50 \div 1,000$ $75,100 \div 1,000$

6. Describe una regla que indique cómo hallar cada cociente.

Halla cada producto o cociente.

7. 0.93×100 **8.** 0.3×10 **9.** $324 \div 100$

10. 2.45×10 **11.** 0.62×10 **12.** 36.4×100

13. $810 \div 1,000$ **14.** $519 \div 100$ **15.** 72.3×10

16. $40 \div 10$ **17.** 23.5×100 **18.** $6,040 \div 100$

19. 7.6×100 **20.** $1,200 \div 10$ **21.** $6,820 \div 1,000$

Idea clave

Al sumar decimales, comienza por la derecha y suma una posición a la vez.

EN LOS EXÁMENES

Piénsalo bien

- Puedo **hacer un dibujo** como ayuda para resolver el problema.
- Puedo **usar lo que sé** sobre la suma de números enteros y dinero para sumar decimales.

Sumar y restar decimales

APRENDE

✓ **PREPÁRATE**

1.   861
   + 409

2.   7,040
   +   984

3.   3,841
   + 2,268

4.   6,096
   + 2,085

¿En qué se parecen la suma de decimales y la suma de números enteros?

Los martes y los viernes recogen la basura en la cuadra de Craig.

¿Cuánta basura se recoge a la semana en la cuadra de Craig?

?	
36.78	47.9

Basura recogida en la cuadra de Craig

Día de recolección	Kilogramos de basura
Martes	36.78
Viernes	47.9

Ejemplo A

Estima: 40 + 50 = 90

PASO 1	**PASO 2**	**PASO 3**	**PASO 4**
Alinea los puntos decimales. De ser necesario, escribe ceros para mantener la posición.	Suma las centésimas. De ser necesario, reagrupa.	Suma las décimas. De ser necesario, reagrupa.	Suma las unidades y luego las decenas. Coloca el punto decimal.
36.78 + 47.90	36.78 + 47.90 ——— 8	1 36.78 + 47.90 ——— 68	11 36.78 + 47.90 ——— 84.68
Recuerda, 47.9 = 47.90.			

La suma 84.68 es razonable, porque está cerca de la estimación de 90.

Durante la semana, se recogieron 84.68 kilogramos de basura en la cuadra de Craig.

Para sumar decimales, alinea los puntos decimales. Después de esto, sumar decimales es como sumar números enteros.

✅ Hablemos

1. ¿Entre qué posiciones va siempre el punto decimal?

2. ¿Cómo escribirías 2.3 para sumarlo a 0.45?

¿En qué se parecen la resta de decimales y la resta de números enteros?

¿Cuánta basura más se recogió el viernes que el martes en la cuadra de Craig?

| 47.9 | |
| 36.78 | ? |

Example B

Estima: $50 - 40 = 10$

PASO 1	**PASO 2**	**PASO 3**	**PASO 4**
Alinea los puntos decimales. De ser necesario, escribe ceros para mantener la posición.	De ser necesario, reagrupa. Resta las centésimas.	De ser necesario, reagrupa. Resta las décimas.	Sigue restando las unidades y las decenas. Reagrupa cuando sea necesario. Coloca el punto decimal.
$\begin{array}{r} 47.9\mathbf{0} \\ -\ 36.78 \\ \hline \end{array}$	$\begin{array}{r} 8\ 10 \\ 47.9\ \cancel{0} \\ -\ 36.7\mathbf{8} \\ \hline \mathbf{2} \end{array}$	$\begin{array}{r} 8\ 10 \\ 47.9\ \cancel{0} \\ -\ 36.7\ 8 \\ \hline \mathbf{1}\ 2 \end{array}$	$\begin{array}{r} 8\ 10 \\ \mathbf{47.9}\ \cancel{0} \\ -\ \mathbf{36.7}\ 8 \\ \hline \mathbf{11.1}\ 2 \end{array}$

La diferencia 11.12 es razonable, porque está cerca de la estimación de 10.

El viernes se recogieron 11.12 kilogramos más de basura que el martes.

Para restar decimales, alinea los puntos decimales. Después de esto, restar decimales es como restar números enteros.

✅ Hablemos

3. En el Paso 4, ¿cómo sabes dónde colocar el punto decimal?

En la INTERNET
www Más ejemplos
www.scottforesman.com

Otro ejemplo: Grupo 11-7, página 680

COMPRUEBA ✅

1. $\begin{array}{r} 4.38 \\ +\ 17.19 \\ \hline \end{array}$
2. $\begin{array}{r} 54.76 \\ +\ 89.88 \\ \hline \end{array}$
3. $\begin{array}{r} 28.56 \\ -\ 17.79 \\ \hline \end{array}$
4. $\begin{array}{r} 45.65 \\ -\ 34.18 \\ \hline \end{array}$
5. $\begin{array}{r} 84.87 \\ -\ 35.69 \\ \hline \end{array}$

6. $4.3 + 0.85$
7. $0.94 + 0.6$
8. $0.7 - 0.36$
9. $1.4 - 0.92$

10. **Sentido numérico** ¿Es mayor que 9 o menor que 9 la diferencia $9.7 - 0.32$? Explica cómo lo sabes sin restar.

A Destrezas y comprensión

11. 3.73
     + 0.68

12. 14.95
     + 15.36

13. 9.13
     − 0.84

14. 27.6
     − 13.72

15. 56.18
     − 19.34

16. 0.86 + 0.4

17. 5.13 + 19.9

18. 36.1 − 7.55

19. 84.23 − 9.9

20. 49.2 + 0.74

21. 24.16 + 37.9

22. 94.6 − 27.81

23. 46.88 − 29.9

24. Sentido numérico ¿Es mayor o menor que 15 la suma 14.8 + 0.76? Explica cómo lo sabes sin sumar.

B Razonamiento y resolución de problemas

25. El martes se recogieron 35.94 kilogramos de basura en el vecindario de Julia y el viernes se recogieron 51.94 kilogramos de basura. ¿Cuántos kilogramos más de basura se recogieron en el vecindario de Julia que en el vecindario de Craig? Usa la tabla de la página 642.

Matemáticas y ciencias

Usa el Archivo de datos de la derecha en los Ejercicios 26 a 29.

La masa de los planetas del sistema solar se mide en relación a la masa de la Tierra. Por ejemplo, Saturno tiene una masa igual a 95.16 veces la masa de la Tierra.

¿Es la masa de la Tierra mayor o menor que la masa de

26. Saturno?

27. Venus?

28. Neptuno?

29. ¿Cuántas veces mayor es la masa de Neptuno que la de Mercurio?

30. Álgebra Halla el valor de $n + 3.2$, si $n = 0.35$.

31. Álgebra Halla el valor de $0.84 - t$, si $t = 0.6$.

32. Escritura en matemáticas ¿Es correcta la siguiente explicación? De no ser así, explica por qué y escribe la respuesta correcta. Si lo es, explica el problema de otra manera.

Archivo de datos

Masa de los planetas del sistema solar

Mercurio	0.06
Venus	0.83
Tierra	1.0
Marte	0.11
Júpiter	317.8
Saturno	95.16
Urano	14.54
Neptuno	17.15
Plutón	Menos de 0.01

Explica cómo restar 1.5 − 0.07.

1.5   −   0.07

1.5 − 0.07 = 1.43

Sobró 1   Sobraron 4 décimas   Sobraron 3 centésimas

EN LOS EXÁMENES

Piénsalo bien

Puedo **hacer dibujos para explicar mi razonamiento.**

Repaso mixto y preparación de exámenes

En la INTERNET
Preparación de exámenes
www.scottforesman.com

33. $1.3 + 0.77$ **34.** $0.83 + 1.7$ **35.** $0.8 - 0.12$ **36.** $1.3 - 0.61$

37. $\frac{7}{9} - \frac{1}{3}$

A. $\frac{6}{6}$ **B.** $\frac{5}{9}$ **C.** $\frac{4}{9}$ **D.** $\frac{6}{27}$

Ampliación

Multiplicar y dividir con decimales

Puedes sumar $0.24 + 0.24 + 0.24$ para hallar 3×0.24.

Ésta es una manera de multiplicar 3×0.24
usando la suma repetida y cuadrículas.

Paso 1: Colorea una cuadrícula para representar 0.24.

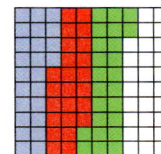

Paso 2: Colorea 0.24 más con un color diferente. Después colorea otros 0.24 con un tercer color.

Paso 3: Halla el número total de centésimas coloreadas.

Por tanto, $3 \times 0.24 = 0.72$.

Usa cuadrículas para multiplicar.

1. 3×0.32 **2.** 2×0.56 **3.** 3×0.46 **4.** 4×0.15

También puedes usar cuadrículas para
dividir decimales.
Ésta es una manera de dividir $1.35 \div 3$.

Paso 1: Colorea una cuadrícula para mostrar 1.35.

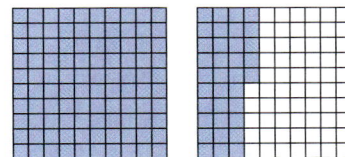

Paso 2: Recorta los cuadrados coloreados y divídelos en 3 grupos iguales.

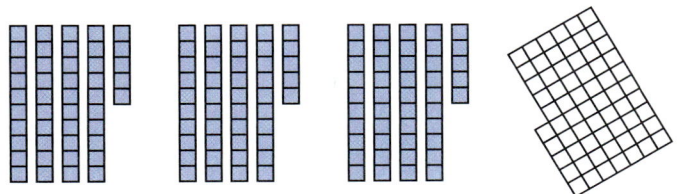

Paso 3: Halla el número de centésimas en cada grupo. Escribe el cociente.

$1.35 \div 3 = 0.45$

Usa cuadrículas para dividir.

5. $0.32 \div 2$ **6.** $0.42 \div 3$ **7.** $1.12 \div 2$ **8.** $1.14 \div 3$

Activar los conocimientos previos

Activar los conocimientos previos al leer en matemáticas puede ayudarte a usar la **estrategia de resolución de problemas** *Resuelve un problema más sencillo* de la siguiente lección.

En lectura, activar los conocimientos previos puede ayudarte a relacionar nuevas ideas con lo que ya sabes. En matemáticas, activar los conocimientos previos puede ayudarte a relacionar un problema nuevo con uno que ya sabes resolver.

Ya sé qué es el perímetro y el área de los cuadrados.

La maestra Samuels usó 15 cuadrados de alfombra para cubrir una porción del piso de su clase. El perímetro de cada cuadrado de alfombra era de 8 pies. ¿Cuál es el área del piso que cubrió la maestra Samuels con todos los cuadrados de alfombra?

Longitud de cada lado de 1 cuadrado:
$8 \div 4 = 2$ pies
Área de 1 cuadrado:
$2 \times 2 = 4$ pies cuadrados

*Entonces, usaré la respuesta de un **problema más sencillo** para hallar el área total que cubren los 15 cuadrados de alfombra.*

*Por tanto, comenzaré con el **problema más sencillo:** hallar el área de un solo cuadrado de alfombra.*

1. ¿Podrías haber resuelto este problema sin usar lo que ya sabías sobre los cuadrados? Explícalo.

2. ¿Cómo puedes usar la respuesta de un problema más sencillo para resolver el problema original?

En los Ejercicios 3 a 5, usa el siguiente problema.

Los sábados, Claudia gana $15 por cortar el césped de los vecinos y $12 por arreglar jardines. Los domingos, gana el doble de esa cantidad. ¿Cuánto ganará en 6 fines de semana?

3. ¿Cuánto gana Claudia los sábados? ¿Cuánto gana los domingos?

4. ¿Cuánto gana cada fin de semana?

5. **Escritura en matemáticas** ¿Cómo puedes usar las respuestas a estos problemas más sencillos para resolver el problema original?

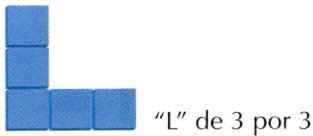

"L" de 2 por 2

"L" de 3 por 3

"L" de 4 por 4

En los Ejercicios 6 y 7, usa el siguiente problema y las figuras de la izquierda.

Liam está usando cuadrados para formar su inicial, L. Quiere colocar el mismo número de cuadrados en sentido horizontal y hacia abajo. ¿Cuántos cuadrados necesita para formar una "L" de 10 por 10?

6. ¿Cuántos cuadrados usó para formar una "L" de 2 por 2? ¿Una "L" de 3 por 3? ¿Una "L" de 4 por 4?

7. **Escritura en matemáticas** ¿Ves algún patrón en las respuestas a los problemas más sencillos? De ser así, descríbelo.

En los Ejercicios 8 y 9, usa el siguiente problema.

Jack tiene el dinero que se muestra a la derecha. ¿Cuántas monedas de 25¢ tendrá Jack si su papá le cambia todo el dinero por monedas de 25¢?

8. ¿Cuántas monedas de 25¢ recibirá Jack por cada dólar? ¿Por la moneda de 50¢?

9. **Escritura en matemáticas** ¿Cómo puedes usar las respuestas a este problema más sencillo para resolver el problema original?

Resolución de problemas: Estrategia

Activar los conocimientos previos te ayuda con...

la estrategia de resolución de problemas *Resuelve un problema más sencillo*.

Idea clave
Aprender cómo y cuándo resolver un problema más sencillo puede ayudarte a resolver otros problemas.

Resolver un problema más sencillo

APRENDE

¿Cómo resuelves un problema más sencillo?

Trenes de triángulos Cada lado de cada triángulo de la figura de la derecha mide una pulgada. ¿Cuál es el perímetro de la figura si hay 12 triángulos en una fila?

Lee para comprender

¿Qué sabes? Los triángulos están conectados. Cada lado de cada triángulo mide una pulgada.

¿Qué quieres averiguar? Hallar el perímetro de la figura con 12 triángulos.

Planea y resuelve

¿Qué estrategia usarás? **Estrategia: Resuelve un problema más sencillo**.

Paso 1 Descompón o convierte el problema en problemas que sean más fáciles de resolver.

Paso 2 Resuelve los problemas más sencillos.

Paso 3 Usa las respuestas de los problemas más sencillos para resolver el problema original.

Puedo ver 1 triángulo, luego 2 triángulos y después 3 triángulos.

perímetro = 3 pulgadas

perímetro = 4 pulgadas

perímetro = 5 pulgadas

Respuesta: El perímetro es 2 más que el número de triángulos. Para 12 triángulos, el perímetro es de 14 pulgadas.

Vuelve y comprueba

¿Lo has hecho bien? Sí, hallé el patrón correcto.

✔ Hablemos

1. ¿Cómo se descompuso el problema en problemas más sencillos?

2. Describe el patrón en los problemas más sencillos.

Resuelve el problema de las Cercas. Usa las soluciones del problema más sencillo como ayuda. Escribe la respuesta en una oración completa.

1. **Cercas** Cada sección de la cerca tiene un poste en cada extremo. ¿Cuántos postes se necesitan para construir una cerca con 10 secciones?

   Problema más sencillo: ¿Cuántos postes se necesitan para construir una cerca con 1 sección? ¿Con 2 secciones? ¿Con 3 secciones? Busca un patrón.

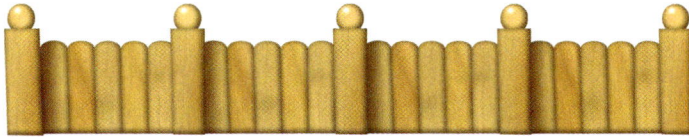

PRÁCTICA   *Más práctica: Grupo 11-8, página 684*

Resuelve cada problema. Escribe la respuesta en una oración completa.

2. **Pulseras** Karina tiene un collar de 30 pulgadas que quiere transformar en 5 pulseras para sus amigas. Un joyero le cobra $2 por cada corte que deba hacer al collar. ¿Cuánto debe pagar Karina por los cortes?

3. Troy se inscribió en un torneo de ajedrez de 32 jugadores. Los jugadores son eliminados del torneo en cuanto pierden una partida. Los ganadores de cada ronda juegan nuevamente hasta que queda un solo ganador. ¿Cuántas partidas de ajedrez habrá en total en el torneo de Troy?

4. Stacey se inscribió en un torneo de ajedrez diferente. Cada uno de los ocho jugadores del torneo juega con los demás jugadores. ¿Cuántas partidas de ajedrez habrá en total en el torneo de Stacey?

5. **Horario** Las clases que faltan en el horario de la derecha son Matemáticas, Lectura, Ortografía, Estudios sociales y Ciencias. Matemáticas comienza a las 9:40. Estudios sociales y Ciencias comienzan después de almuerzo. Lectura comienza antes del recreo de la mañana. ¿A qué hora comienza Ortografía?

ESTRATEGIAS

- **Muestra lo que sabes**
  Haz un dibujo
  Organiza la información en una lista
  Haz una tabla
  Haz una gráfica
  Represéntalo o usa objetos
- **Busca un patrón**
- **Prueba, comprueba y revisa**
- **Escribe una oración numérica**
- **Usa razonamiento lógico**
- **Resuelve un problema más sencillo**
- **Empieza por el final**

Escoge uno

Cálculo mental

nuestro horario

8:30	inicio
8:45	
9:30	descanso
9:40	
10:25	recreo
10:55	
11:30	almuerzo
12:15	
1:00	descanso
1:10	
1:55	recreo
2:05	arte, música, o E.F.
2:40	salida de la escuela

¿Lo sabes hacer?

¿Lo entiendes?

Estimar sumas y diferencias de decimales (11-5)

Estima las sumas o las diferencias.

1. $0.98 + 4.36$ **2.** $3.7 + 3.4$

3. $4.3 + 5.17$ **4.** $15.8 + 8.1$

5. $6.6 - 2.92$ **6.** $8.78 - 3.25$

7. $5.81 - 1.77$ **8.** $36.7 - 25.02$

A Explica cómo estimaste la diferencia en el Ejercicio 5.

B ¿Obtuviste una estimación por exceso o una estimación por defecto en el Ejercicio 3? Explícalo.

Usar cuadrículas para sumar y restar decimales (11-6)
Sumar y restar decimales (11-7)

9. $0.64 + 0.36$ **10.** $1.25 + 0.8$

11. $1.17 + 1.8$ **12.** $1.4 - 0.6$

13. $1.63 - 0.92$ **14.** $2.8 - 1.82$

15. $8.77 + 5.25$ **16.** $17.21 + 47.9$

17. $78.2 + 56.32$ **18.** $37.46 - 18.4$

19. $22.4 - 19.6$ **20.** $63.8 - 29.98$

C Dibuja cuadrículas para representar la diferencia en el Ejercicio 13.

D Explica cómo sumar $6.2 + 0.59$.

Resolución de problemas: Estrategia   Resolver un problema más sencillo (11-8)

21. Mesas Estás organizando las mesas para una fiesta de pizzas. En cada mesa se pueden sentar cuatro personas, como se muestra abajo. Sin embargo, quieres unir las mesas extremo con extremo para formar una mesa larga. ¿Cuántas mesas se necesitan para 24 personas?

E Describe cómo el resolver un problema más sencillo puede ayudarte a resolver el problema de las Mesas.

F Indica dos estrategias que usaste para resolver el problema de las Mesas.

EN LOS EXÁMENES

Piénsalo bien

Antes de resolver un problema, debo determinar si necesito una **respuesta exacta** o una **estimación**.

OPCIÓN MÚLTIPLE

1. El Sr. Kelly condujo 147.6 millas el sábado y 99.6 millas el domingo. ¿Aproximadamente cuántas millas condujo el fin de semana? (11-5)

   A. 50 millas   **B.** 100 millas   **C.** 250 millas   **D.** 300 millas

2. Un cuarto de libra de hamburguesa pesó 0.25 libras antes de cocinarla y 0.16 libras después de cocinarla. ¿Cuánto peso perdió durante la cocción? (11-7)

   A. 0.09 lb   **B.** 0.11 lb   **C.** 0.9 lb   **D.** 1.1 lbs

RESPUESTA LIBRE

Suma o resta. En los Ejercicios 3 a 6, usa cuadrículas como ayuda. (11-6 y 11-7)

3. $0.4 + 1.73$ **4.** $0.35 + 1.6$ **5.** $0.68 - 0.39$ **6.** $1.4 - 1.33$

7. $46.8 + 4.75$ **8.** $87.8 - 12.93$ **9.** $75.53 - 29.6$ **10.** $26.17 + 54.9$

Estima las sumas y las diferencias. (11-6)

11. $3.96 - 1.45$ **12.** $2.12 + 8.76$ **13.** $6.4 + 3.25$ **14.** $5.81 - 2.28$

En los Ejercicios 15 a 17, usa la información de la derecha. (11-7)

¿Cuántas pulgadas más de precipitación media anual recibe

15. Atlanta que Reno?

16. Memphis que Houston?

17. Memphis que Reno?

18. Un plomero demora 5 minutos en cortar un tubo. ¿Cuánto demora el plomero en cortar un tubo largo en 6 trozos? (11-8)

Archivo de datos

Precipitación media anual	
Lugar	**Pulgadas**
Atlanta, Georgia	50.77
Houston, Texas	46.07
Memphis, Tennessee	52.1
Reno, Nevada	7.53

Escritura en matemáticas

19. Usa el Archivo de datos anterior. Estima cuántas pulgadas más de precipitación media anual caen en Memphis que en Atlanta. ¿Es tu estimación una estimación por exceso o una estimación por defecto? Explica cómo lo sabes. (11-5)

20. Explica cómo puedes usar la estimación para determinar cuál tiene la suma mayor, $5.68 + 2.75$ ó $3.01 + 4.32$. (11-5)

Idea clave

Las unidades métricas se usan para estimar y medir longitud.

Vocabulario

• milímetro (mm)
• centímetro (cm)
• decímetro (dm)
• metro (m)
• kilómetro (km)

Materiales

• regla métrica
• regla de 1 metro
• objetos para medir

Unidades métricas de longitud

APRENDE

¿Qué son las unidades métricas de longitud?

La mayoría de los países del mundo usan las unidades métricas de medición. Las unidades métricas de longitud que se usan más a menudo son el **milímetro (mm)**, el **centímetro (cm)**, el **decímetro (dm)**, el **metro (m)** y el **kilómetro (km)**.

✓ PREPÁRATE

Escoge la unidad más apropiada para medir cada ancho. Escribe in, ft, yd o mi.

1. ancho de una ciudad grande

2. ancho de un vaso de jugo

Unidades métricas de longitud	
1 cm	= 10 mm
1 dm	= 10 cm
1 m	= 100 cm
1 km	= 1,000 m

Una lombriz mide aproximadamente 1 dm.

Una serpiente mide aproximadamente 1 m.

Una mariquita mide aproximadamente 1 cm. Una de sus manchas mide aproximadamente 1 mm.

Un kilómetro es la longitud de aproximadamente 40 ballenas azules puestas extremo con extremo.

Actividad

¿Cómo mides la longitud con las unidades métricas?

a. Haz una tabla como la que se muestra abajo. Escoge 10 objetos de diversas longitudes. Estima la longitud de cada objeto. Luego, usa una regla métrica o una regla de 1 metro para medir al centímetro más cercano. Si algún objeto mide más de un metro de longitud, escribe la medida en metros y centímetros.

Objeto	Longitud estimada	Longitud al centímetro más cercano
Longitud de este libro		
Longitud del salón		

b. ¿Cuál de los objetos que mediste es el más corto?

✓ Hablemos

1. ¿Cuál es mayor, 1 centímetro o 1 metro?

2. ¿Cuál es mayor, 1 metro o 1 kilómetro?

1. Estima primero. Luego, halla la longitud al centímetro más cercano. ├─────────────────────────┤

2. **Sentido numérico** Escoge la unidad más apropiada para medir la longitud de un camión de bomberos. Escribe mm, cm, dm, m o km.

PRÁCTICA

Más práctica: Grupo 11-9, página 684

A Destrezas y comprensión

Estima primero. Luego, halla la longitud al centímetro más cercano.

3. ├──────────────────────────┤   4. ├─────────┤

Escoge la unidad más apropiada para medir cada longitud.
Escribe mm, cm, dm, m o km.

5. longitud de un paseo en aeroplano

6. ancho de un grano de maíz

7. longitud de un zapato

8. altura de un árbol

Halla cada número que falta.

9. 1 m = ▨ cm

10. 1 km = ▨ m

11. 1 cm = ▨ mm

12. **Sentido numérico** Nombra 3 cosas que puedas medir en centímetros.

B Razonamiento y resolución de problemas

13. **Razonamiento** Usa una regla métrica para hallar el perímetro del rectángulo de la derecha.

14. **Escritura en matemáticas** ¿Sería una regla de 30 centímetros la mejor herramienta para medir la distancia que hay desde tu escuela al lugar donde vives. Explica por qué.

Repaso mixto y preparación de exámenes

En la INTERNET
Preparación de exámenes
www.scottforesman.com

15. 11.37 − 5.64

16. 42.51 + 6.5

17. 38.5 − 17.4

18. Un túnel mide 200 pies de largo. ¿Cuántas luces se necesitan si hay una luz al comienzo del túnel, una al final y una cada 20 pies?

19. 533 ÷ 6

A. 90 R3   **B.** 89 R1   **C.** 88 R1   **D.** 88 R5

Vocabulario
• litro (L)
• mililitro (mL)

Materiales
• taza para medir de 1 litro marcada en mililitros
• recipientes de diferentes tamaños
• agua o arena

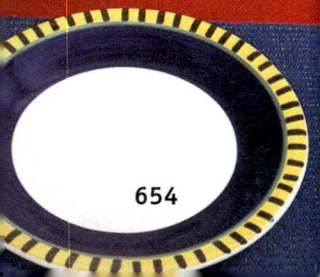

Unidades métricas de capacidad

APRENDE

¿Cuáles son las unidades métricas de capacidad?

Las dos unidades métricas de capacidad más usadas son el **litro (L)** y el **mililitro (mL)**. Un litro = 1,000 mililitros.

Para medir 1 mililitro, se puede usar un cuentagotas

Algunas botellas de agua pueden contener un litro.

✔ Hablemos

1. ¿Qué es mayor, un litro o un mililitro?

2. ¿Qué unidad métrica usarías para hallar la capacidad del tanque de gasolina de un carro?

Actividad

¿Cómo mides capacidad con las unidades métricas?

a. Haz una tabla como la que se muestra abajo. Escoge seis recipientes de diferentes capacidades. Estima la capacidad de cada uno. Luego, usa la taza de medir en unidades métricas y el agua o la arena para medir al mililitro más cercano. Si la capacidad de un recipiente es mayor a un litro, escribe la medida en litros y mililitros.

Objeto	Capacidad estimada	Capacidad al mililitro más cercano

b. ¿Cuál de los recipientes que mediste tenía la menor capacidad?

1. Escoge la unidad más apropiada para medir el perfume de una botella. Escribe L o mL.

2. Sentido numérico ¿Qué herramienta sería más apropiada para medir el agua que hay en una bañera: una botella de 1 litro o un cuentagotas? Explícalo.

PRÁCTICA

Más práctica: Grupo 11-10, página 684

A Destrezas y comprensión

Escoge la unidad más apropiada para medir la capacidad de cada uno. Escribe L o mL.

3. agua de una lavadora

4. jugo de un vaso

5. blanqueador de una botella

6. tinta de un bolígrafo

7. Sentido numérico ¿Qué sería mayor, el número de mililitros de leche de una jarra o el número de litros de leche de la misma jarra?

B Razonamiento y resolución de problemas

Un mililitro es la cantidad de líquido que puede contener un recipiente con un volumen de 1 cm cúbico.

Halla la capacidad en mililitros de cada recipiente.

Capacidad y volumen
1 mL = 1 cm cúbico
(Tamaño real)

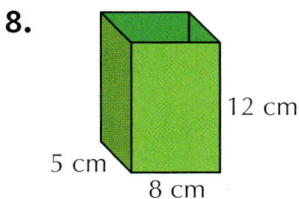

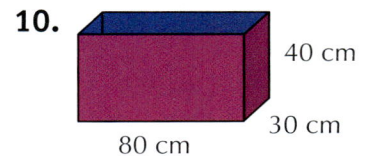

1 cm
1 cm
1 cm

8.
12 cm
5 cm
8 cm

9.
25 cm
8 cm
15 cm

10.
40 cm
30 cm
80 cm

11. **Escritura en matemáticas** Alex dijo que vació la limonada desde una jarra de 300 litros a un vaso de 20 mililitros. ¿Crees que está en lo correcto? Explica por qué.

Repaso mixto y preparación de exámenes

En la INTERNET
Preparación de exámenes
www.scottforesman.com

12. Escoge la unidad más apropiada para medir la longitud de un río. Escribe mm, cm, dm, m o km.

13. 19×309

A. 3,090

B. 3,440

C. 5,771

D. 5,871

Idea clave
Las unidades métricas se usan para estimar y medir masa.

Vocabulario
• masa
• gramo (g)
• kilogramo (kg)

Materiales
• balanza de platillos
• pesas de 1 gramo y de 1 kilogramo
• objetos para medir masa

EN LOS EXÁMENES

Piénsalo bien
Puedo **usar objetos** como una balanza de platillos y pesas para medir masa.

Unidades métricas de masa

APRENDE

¿Cuáles son las unidades métricas de masa?

La **masa** es la cantidad de materia que tiene un objeto. Las dos unidades métricas de masa que se usan más a menudo son el **gramo (g)** y el **kilogramo (kg)**. Un kilogramo = 1,000 gramos.

Una uva tiene una masa de aproximadamente 1 gramo (g).

Un melón tiene una masa de aproximadamente 1 kilogramo (kg).

✔ **Hablemos**

1. ¿Qué es mayor, un gramo o un kilogramo?

2. **Razonamiento** ¿Qué número sería menor, el número de gramos de un melón o el número de kilogramos del mismo melón?

Actividad

¿Cómo mides la masa?

a. Haz una tabla como la que se muestra abajo. Escoge seis objetos con diferentes masas. Estima la masa de cada uno. Luego, usa una balanza de platillos para medir cada objeto al gramo más cercano. Usa primero los gramos. Si algún objeto tiene una masa mayor que un kilogramo, usa gramos y kilogramos en tu respuesta.

Objeto	Masa estimada	Masa al gramo más cercano

b. ¿Cuál de los objetos que mediste tiene la menor masa?

c. ¿Cuál de los objetos que mediste tiene una masa mayor que un kilogramo?

Escoge la unidad más apropiada para medir cada masa. Escribe g o kg.

1. Pelota de béisbol   **2.** Sofá   **3.** Caballo   **4.** Billetera

5. Razonamiento La relación que hay entre un miligramo y un gramo es la misma que hay entre un milímetro y un metro. ¿Cuántos miligramos son iguales a un gramo?

A Destrezas y comprensión

Escoge la unidad más apropiada para medir cada masa. Escribe g o kg.

6. Perro   **7.** Lápiz   **8.** Papa   **9.** Carro

10. Revista   **11.** Televisor   **12.** Barra de jabón   **13.** Calculadora

14. Sentido numérico ¿Qué número sería mayor, la masa de una zanahoria en gramos o la masa de la misma zanahoria en kilogramos?

B Razonamiento y resolución de problemas

Usa la información de la derecha en los Ejercicios 15 a 18.

¿Cuál es la masa total de

15. 2 manzanas?   **16.** 2 trozos de sandía?

¿Cuánto más pesa

17. el trozo de sandía que la manzana?

18. el trozo de sandía que 3 manzanas?

19. **Escritura en matemáticas** ¿Sería una balanza de baño la mejor herramienta para pesar un elefante? ¿Por qué?

0.5 kg   *0.16 kg*

Repaso mixto y preparación de exámenes

En la INTERNET
Preparación de exámenes
www.scottforesman.com

Escoge la unidad más apropiada para medir cada capacidad. Escribe L o mL.

20. Cubeta   **21.** Vaso   **22.** Caja de bebidas   **23.** Bañera

24. 12 ft 5 in =

A. 125 in   **B.** 144 in   **C.** 149 in   **D.** 155 in

EN LOS EXÁMENES

Piénsalo bien

Puedo **usar lo que sé.**

1 cm = 10 mm

1 dm = 10 cm

1 m = 100 cm

1 m = 1,000 mm

1 km = 1,000 m

1 L = 1,000 mL

1 kg = 1,000 g

Convertir unidades y comparar medidas

APRENDE

¿Cómo conviertes las unidades métricas?

Las unidades métricas de capacidad y masa se basan en múltiplos de diez, al igual que las unidades métricas de longitud.

Para convertir unidades más grandes a unidades más pequeñas, *multiplica*.

Ejemplo A	Ejemplo B
3 m = ☐ cm	2 L = ☐ mL
Piénsalo: 1 m = 100 cm	Piénsalo: 1 L = 1,000 mL

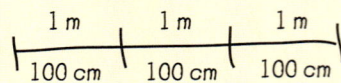

3 × 100 = 300	2 × 1,000 = 2,000
3 m = 300 cm	2 L = 2,000 mL

Para convertir unidades más pequeñas a unidades más grandes, *divide*.

Ejemplo C	Ejemplo D
50 mm = ☐ cm	4,000 g = ☐ kg
Piénsalo: 1 cm = 10 mm	Piénsalo: 1 kg = 1,000 g

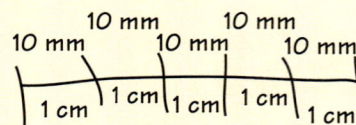

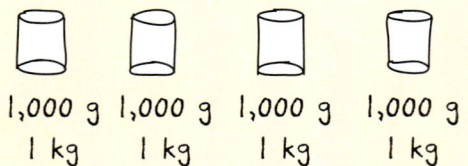

50 ÷ 10 = 5	4,000 ÷ 1,000 = 4
50 mm = 5 cm	4,000 g = 4 kg

✔ Hablemos

1. ¿Multiplicas o divides para convertir centímetros a metros?

2. ¿Por qué divides para convertir gramos a kilogramos?

¿Cómo comparas medidas?

Puedes usar las unidades métricas para comparar medidas.
Cuando las unidades sean iguales, compara los números.

Ejemplo E

¿Qué regadera es más grande?

Compara. 0.75 L ⬤ 0.85 L

Las unidades son iguales.
Compara los números.

0.75 L < 0.85 L

0.**7**5
0.**8**5
0.75 < 0.85

0.85 L   0.75 L

Cuando las unidades no sean iguales, conviértelas para que lo sean.

Ejemplo F

Brock mide 1 metro 48 centímetros de estatura y
Brandon mide 157 centímetros. ¿Quién es más alto?

PASO 1	**PASO 2**
Convierte a las mismas unidades.	Compara.
Piénsalo: 1 m = 100 cm	148 cm < 157 cm
100 + 48 = 148	1 m 48 cm < 157 cm
1 m 48 cm = 148 cm	
Brandon es más alto que Brock.	

✔ **Hablemos**

3. **Razonamiento** Explica cómo comparar 3,200 g
   y 2 kg 500 g.

En la INTERNET
Más ejemplos
www.scottforesman.com

COMPRUEBA ✓

Otro ejemplo: Grupo 11-12, página 681

Halla cada número que falta.

1. 37 cm = ⬤ mm   **2.** 4 cm 6 mm = ⬤ mm   **3.** 11,000 g = ⬤ kg

Compara. Escribe > o < en cada ⬤ .

4. 0.75 kg ⬤ 0.85 kg   **5.** 6 m ⬤ 750 cm   **6.** 8 L 400 mL ⬤ 7,540 mL

7. Sentido numérico Trina dijo que 5,600 mL es mayor que 4.8 L porque
5,600 mL es más que 5 L y 4.8 es menos. ¿Está en lo correcto Trina?

A **Destrezas y comprensión**

Halla cada número que falta.

8. 9 km = ☐ m

9. 30 kg = ☐ g

10. 4,000 m = ☐ km

11. 80 mm = ☐ cm

12. 1 km 500 m = ☐ m

13. 2 m 70 cm = ☐ cm

Compara. Escribe > o < en cada ☐.

14. 2.4 km ☐ 2.5 km

15. 1.25 L ☐ 1.5 L

16. 45 mm ☐ 4 cm 2 mm

17. 180 g ☐ 18 kg

18. 6 m 5 cm ☐ 639 cm

19. 8 km 400 m ☐ 8,200 m

20. **Sentido numérico** Si 1 g = 1,000 mg, ¿multiplicarías o dividirías para convertir 5 g a miligramos? Explica por qué.

B **Razonamiento y resolución de problemas**

Matemáticas y ciencias

Usa el Archivo de datos de la derecha en los Ejercicios 21 a 24.

21. ¿Cuánto más recorre en un minuto un guepardo que un lobo?

Halla la distancia en metros que cada animal puede recorrer en un minuto.

22. Guepardo

23. Caracol terrestre

24. Haz una lista en orden de los animales desde el que recorre la menor distancia hasta el que recorre la mayor distancia en un minuto.

25. **Escritura en matemáticas** Explica cómo cambiar 80 mm a centímetros.

Archivo de datos

Distancia que los animales pueden recorrer en un minuto	
Animal	**Distancia**
Guepardo	1 km 800 m
Caracol terrestre	83 cm
Perezoso	33 m
Lobo	750 m

Repaso mixto y preparación de exámenes

En la INTERNET
Preparación de exámenes
www.scottforesman.com

Escoge la unidad más apropiada para medir cada masa. Escribe g o kg.

26. gorra

27. refrigerador

28. sacapuntas

29. escritorio

30. ¿Qué dígito está en la posición de las centésimas en 516.78?

A. 1

B. 5

C. 7

D. 8

Ampliación

Comparar unidades métricas y unidades usuales

El símbolo ≈ se lee "es aproximadamente igual a". Esta tabla muestra una lista de unidades comparables.

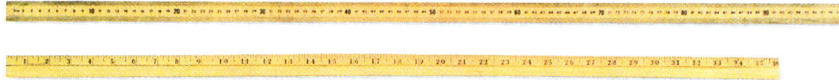

Un metro es un poco más que una yarda.

Un litro es un poco más que un cuarto de galón.

Un kilogramo es un poco más que 2 libras.

Equivalencias entre unidades usuales y métricas

Longitud
1 in = 2.54 cm
1 m ≈ 39.37 in
1 m ≈ 1.09 yd
1 km ≈ 0.6 mi
1 mi ≈ 1.6 km

Capacidad
1 L ≈ 1.06 qt
1 gal ≈ 3.8 L

Peso y masa
1 oz ≈ 28 g
1 kg ≈ 2.2 lb

Cuando visitó América del Sur, Rachel compró 3 kilogramos de naranjas. ¿Aproximadamente cuántas libras es eso?

Piénsalo:
1 kg son aprox.
2.2 libras.

$2.2 + 2.2 + 2.2 = 6.6$

$3 \text{ kg} < 6.6 \text{ lb}$

Cuando llegó de Francia, Cecelia corría 4 millas diarias. ¿Aproximadamente cuántos kilómetros es eso?

Piénsalo:
una milla es aprox.
1.6 km o 1,600 m.

$$\begin{array}{r} 1,600 \\ \times \quad 4 \\ \hline 6,400 \end{array}$$

$6,400 \text{ m} = 6.4 \text{ km}$

Estima cada medida a las unidades dadas.

1. 5 L ≈ ☐ qt

2. 3 in = ☐ cm

3. 8 kg = ☐ lb

4. 2 gal = ☐ L

5. En Francia, Steven vio un letrero que decía 20 km a París. ¿Aproximadamente cuántas millas es eso?

6. Sentido numérico Carl dijo que 30 cm es 1 pie aproximadamente. Explica por qué está en lo correcto.

Resolución de problemas: Destreza

Idea clave
Hay cosas específicas que puedes hacer para escribir una buena explicación en matemáticas.

Escribir para explicar

APRENDE

¿Cómo escribes una buena explicación?

Cuando escribes para explicar una predicción debes decir por qué ocurrirá algo.

Y el ganador es Los 611 residentes de Valle Alpino votarán para elegir un lugar para la competencia de *snowboard*. Cuatro personas encuestaron a 25 residentes cada uno sobre su preferencia. Éstos son los resultados.

Resultados de la encuesta para el lugar de la competencia de *snowboard*.	Desfiladero Gélido	Cumbre de Pinos
Encuesta de Vince	10	15
Encuesta de María	12	13
Encuesta de Kyle	6	19
Encuesta de Quentin	7	18

Predice qué lugar ganará. Luego, predice cuántos votos de los 611 obtendrá cada lugar. Explica tu predicción.

Escribir una explicación matemática

- Asegúrate de explicar claramente tu predicción.

- Enumera los pasos para hacer que tu explicación sea clara.

- Muestra y explica cuidadosamente cómo usaste los números para hacer tu predicción.

> Creo que ganará Cumbre de Pinos. Éstas son las razones:
> 1. Sumé los votos. Cumbre de Pinos obtuvo 65 y Desfiladero Gélido obtuvo 35. Esto da un total de 100.
> 2. Desfiladero Gélido obtuvo 35 de los 100 votos, o aproximadamente $\frac{1}{3}$ de los votos. Hay un poco más de 600 residentes, por tanto, Desfiladero Gélido puede obtener $\frac{1}{3}$ de 600, o sea aproximadamente 200 votos.
> 3. Esto significa que Cumbre de Pinos puede obtener 400 votos. (600 − 200 = 400)

EN LOS EXÁMENES

Piénsalo bien
Debo asegurarme de que mis explicaciones sean claras para que los demás las puedan comprender.

✔ Hablemos

1. ¿Por qué puedes estimar cuando haces una predicción?

1. Sally encuestó a 25 estudiantes de cuarto grado y les preguntó cuántas horas dormían cada noche. Los resultados se muestran en la tabla. Usa estos resultados para predecir cuántos de los 102 estudiantes de cuarto grado duermen más de 9 horas. Explica cómo hiciste tu predicción.

Horas de sueño cada noche

Menos de 7 horas	6 estudiantes
De 7 a 9 horas	14 estudiantes
Más de 9 horas	5 estudiantes

Escribe para explicar. Usa la gráfica de barras de la derecha en los Ejercicios 2 y 3.

2. La gráfica de barras muestra el resultado de una encuesta en la que se preguntó a 20 estudiantes qué color de camiseta comprarían. Basándote en la encuesta predice cuántas camisetas rojas se venderán de las 400 del Club Pep. Explica cómo hiciste tu predicción.

3. Basándote en la encuesta predice cuántas camisetas verdes y cuántas camisetas azules se venderán de las 400 del Club Pep.

Encuesta de colores de camiseta favoritos

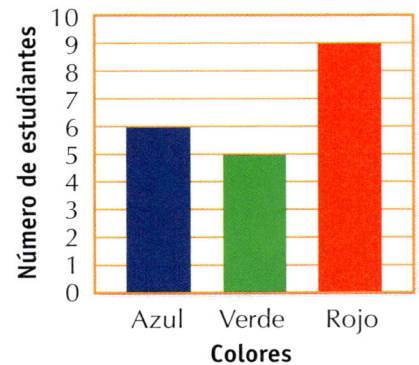

4. El último dígito del número de serie de un billete de un dólar puede ser cualquier número del 0 al 9. La señora Greene es cajera de banco. Tiene 310 billetes de un dólar en su cajón. Predice cuántos billetes de un dólar tienen un número de serie que termina en 4. Explica cómo hiciste tu predicción.

5. Jake dobló un trozo de papel por la mitad como se muestra abajo. Luego, cortó la parte anaranjada. Muestra cómo se verá el papel al abrirlo.

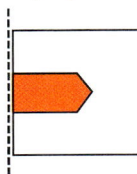

6. La siguiente figura se hizo con palillos de manualidades. Explica cómo cambia el número de palillos para hacer los cuadrados a medida que el número de éstos aumenta.

Vocabulario
• grados Fahrenheit (°F)
• grados Celsius (°C)

Temperatura

APRENDE

¿Cómo mides si hace calor o hace frío?

El 13 de febrero de 1899, la temperatura en Tallahassee, Florida, bajó a −2 °F. Fue el día más frío del que se tiene registro en Florida.

Los **grados Fahrenheit (°F)** son unidades estándar de temperatura. El agua hierve a 212 °F y se congela a 32 °F.

Los **grados Celsius (°C)** son unidades métricas de temperatura. El agua hierve a 100 °C y se congela a 0 °C.

Una temperatura que está bajo 0° se lee como **negativo**. Este termómetro muestra 2 grados Fahrenheit negativos, que se escribe −2 °F.

✓ PREPÁRATE

Muestra los siguientes números en una recta numérica.

1. 8   **2.** 15

3. 3.5   **4.** $6\frac{1}{4}$

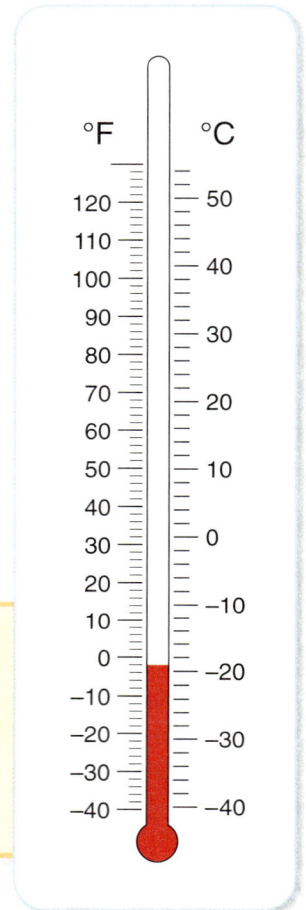

Ejemplo A

Lee el termómetro de la derecha. Escribe la temperatura en °C.

Usa la escala de °C.

La temperatura es aproximadamente −19 °C.

Ejemplo B

¿Podrías ir a nadar con 30 °C? ¿Con 30 °F?

Con 30 °C, hace mucho calor y puedes ir a nadar. Sin embargo, con 30 °F la temperatura está bajo el punto de congelación. Hace demasiado frío para ir a nadar.

✓ Hablemos

1. ¿Cómo puedes distinguir en un termómetro −2 °F de 2 °F?

2. Razonamiento ¿Qué temperatura es más cálida, −12 °C o −20 °C?

Otro ejemplo: Grupo 11-14, página 681

COMPRUEBA ✓

Lee cada termómetro. Escribe la temperatura en °F y en °C.

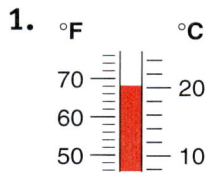

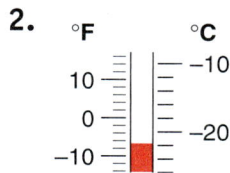

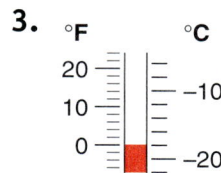

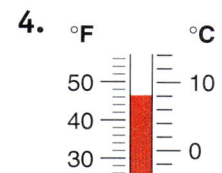

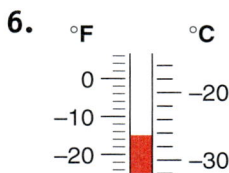

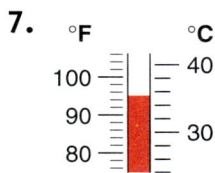

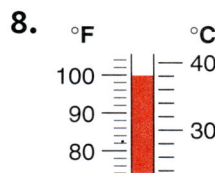

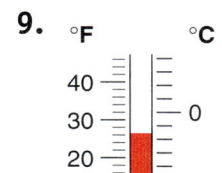

1. °F   °C

70 — 20
60 —
50 — 10

2. °F   °C

— −10
10 —
0 —
— −20
−10 —

3. °F   °C

20 —
— −10
10 —
0 —
— −20

4. °F   °C

50 — 10
40 —
30 — 0

5. Sentido numérico ¿Cuál es más fría, −6 °F o −8 °F?

PRÁCTICA

Más práctica: Grupo 11-14, página 685

Ⓐ Destrezas y comprensión

Lee cada termómetro. Escribe la temperatura en °F y en °C.

6. °F   °C

0 —
— −20
−10 —
−20 — −30

7. °F   °C

— 40
100 —
90 —
— 30
80 —

8. °F   °C

— 40
100 —
90 —
— 30
80 —

9. °F   °C

40 —
— 0
30 —
20 —

10. Sentido numérico ¿Podrías construir un fuerte de nieve si hay 10 °C de temperatura? Explica por qué.

Ⓑ Razonamiento y resolución de problemas

11. El informe climático canadiense indicó que había 32 °C. ¿Necesitarías usar una chaqueta? Explica por qué.

12. Estimación ¿Cuál podría ser la temperatura de la clase, 25 °C o 45 °C? Explícalo.

13. Razonamiento En la mañana, la temperatura era de –5 °C. Tres horas más tarde era de 10 °C. ¿Cuántos grados aumentó la temperatura?

14. Escritura en matemáticas La temperatura normal del cuerpo humano es de 98.6 °F. ¿Cuánto es aproximadamente esto en grados Celsius? Explica cómo lo determinaste.

🦉 Repaso mixto y preparación de exámenes

En la INTERNET
Preparación de exámenes
www.scottforesman.com

15. Explica cómo comparar 0.8 L y 0.75 L.

16. $\frac{2}{3} + \frac{1}{6}$

A. $\frac{3}{9}$ **B.** $\frac{1}{2}$ **C.** $\frac{5}{6}$ **D.** $1\frac{1}{3}$

DK Resolución de problemas: Aplicaciones

Seres vivos del bosque Los bosques son el hogar de muchos seres vivientes, desde insectos pequeños y brotes diminutos de semillas hasta osos y secoyas grandes. Algunos investigadores dedican toda su vida a estudiar estas criaturas y la manera en que se relacionan.

Dato curioso Cuando un pájaro carpintero hace un agujero en un árbol, su cabeza se mueve a 13 millas por hora aproximadamente. Para atrapar insectos en el árbol, este pájaro utiliza su lengua pegajosa que se extiende desde el interior de sus fosas nasales, rodea su cráneo y alcanza hasta 4 pulgadas fuera de su pico.

1 Aproximadamente $\frac{7}{10}$ de los animales del bosque son insectos. ¿Qué fracción de los animales del bosque NO son insectos?

Usar datos clave

2 Ordena los animales que aparecen en la lista de Datos clave de mayor a menor tamaño.

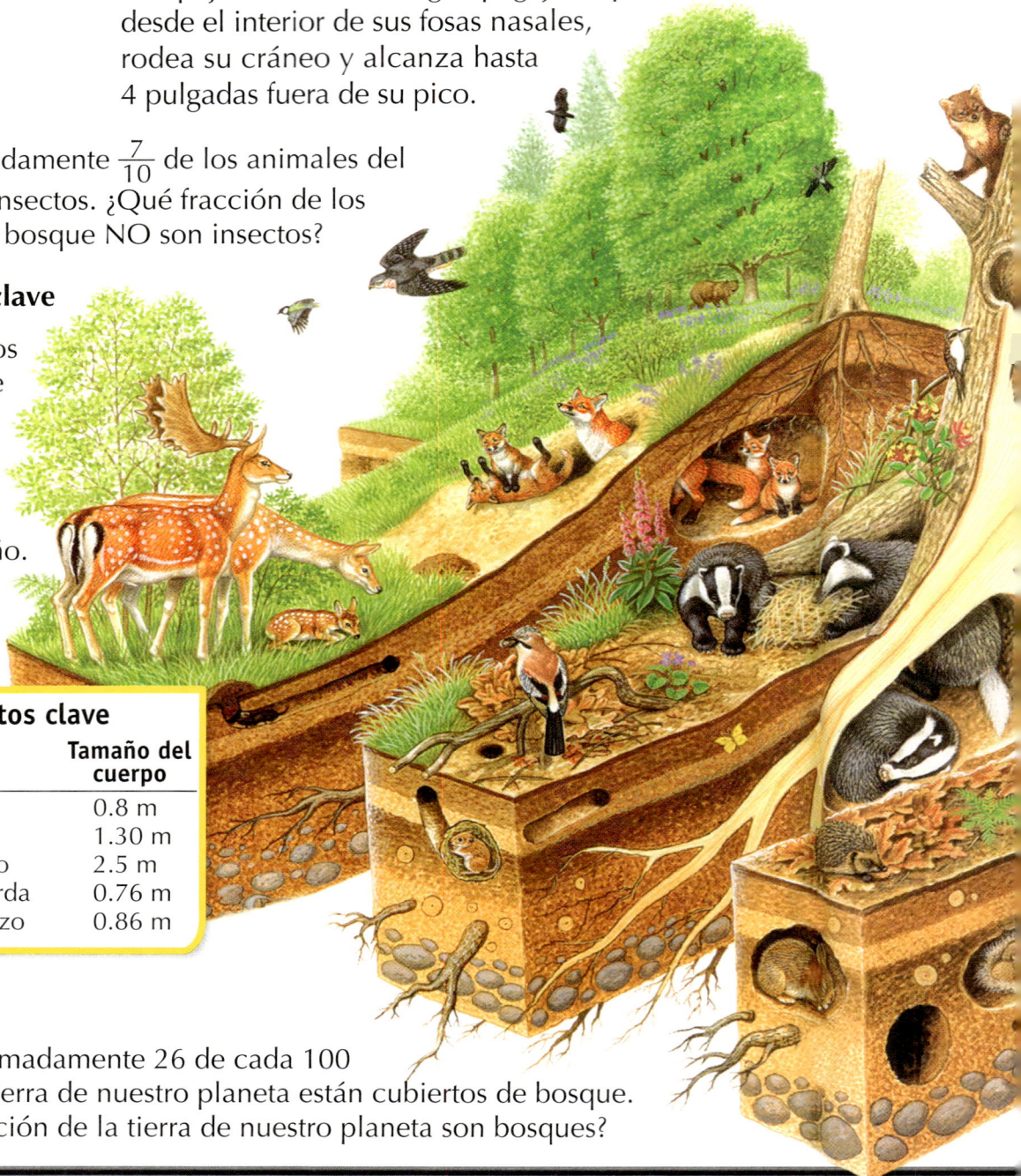

Datos clave	
Animal	**Tamaño del cuerpo**
• Tejón	0.8 m
• Jabalí	1.30 m
• Oso pardo	2.5 m
• Liebre parda	0.76 m
• Zorro rojizo	0.86 m

3 Aproximadamente 26 de cada 100 acres de tierra de nuestro planeta están cubiertos de bosque. ¿Qué fracción de la tierra de nuestro planeta son bosques?

4 Los pinos erizos están entre los árboles más antiguos y de crecimiento más lento del mundo. Se cree que uno de estos árboles tiene 4,600 años. Sólo pueden crecer 0.01 de pulgada al año. ¿Cuánto demorará este árbol en crecer 1 pulgada?

5 **Escritura en matemáticas** Escribe tu propio problema verbal sobre los seres vivos del bosque. Escribe la respuesta a tu problema en una oración completa.

6 **Tomar decisiones** Nombra 6 animales que aparezcan en esta lección y que te gustaría ver en un paseo por el bosque. ¿Qué fracción de estos animales son mamíferos?

7 La cola de los topos del Pacífico mide 55 milímetros, la de los topos europeos mide 3.75 centímetros, la de los topos de nariz peluda mide 35 milímetros y la de los topos nariz de estrella mide $7\frac{1}{4}$ centímetros. Ordena estos topos según la longitud de su cola, del que la tiene más corta al que la tiene más larga.

Buenas noticias/Malas noticias
Los cuerpos de bomberos han protegido muchos bosques del fuego producido por los rayos. Desafortunadamente, esto ha producido la acumulación de hojas secas, pasto y madera, lo que puede provocar incendios mucho más difíciles de apagar.

¿Lo sabes hacer?   ¿Lo entiendes?

Unidades métricas de longitud (11-9); Unidades métricas de capacidad (11-10); Unidades métricas de masa (11-11);

Escribe la unidad métrica más apropiada para medir cada elemento.

1. Masa de un tomate
2. Longitud de un mosquito
3. Capacidad del fregadero de la cocina

A Explica cómo decidiste qué unidad usar en el Ejercicio 2.

B Indica cómo determinas cuántos centímetros son 4 m 50 cm.

Cambiar unidades y comparar medidas (11-12)

Halla cada número que falta.

4. 5 km = ▮ m   5. 2 L = ▮ mL

6. 60 cm = ▮ mm   7. 3 m = ▮ dm

C Explica cómo determinaste si debías multiplicar o dividir en el Ejercicio 5.

D Indica cómo determinas cuál es más grande, 9 m 80 cm o 950 cm.

Resolución de problemas: Destreza   Escribir para explicar (11-13)

8. **Encuesta sobre el tipo de pizza favorito**

	Queso	Vegetariana	Salchicha
3.er grado	6	3	11
4.º grado	6	5	9
5.º grado	7	2	11

Según la encuesta, predice cuántos de los 298 estudiantes ordenarán pizza de queso. Explícalo.

E ¿A cuántos estudiantes encuestaron de cada grado?

F Indica qué números usaste en tu explicación.

Temperatura (11-14)

Escribe la temperatura en °F o °C.

9.

10.

G ¿Hace más frío con 30 °C o con 30 °F?

H Explica cómo se lee una temperatura que está 8º bajo 0 °C.

OPCIÓN MÚLTIPLE

1. ¿Cuál es la mejor estimación para la longitud de una canoa? (11-9)

A. 4 mm   **B.** 4 cm   **C.** 4 m   **D.** 4 km

2. ¿Qué opción es igual a 2 L 500 mL? (11-12)

A. 25 mL   **B.** 2500 mL   **C.** 25 L   **D.** 2500 L

EN LOS EXÁMENES

Piénsalo bien
Puedo **usar lo que sé** para cambiar las unidades.

RESPUESTA LIBRE

3. Estima primero. Luego, halla la longitud al centímetro más cercano. (11-9)

Halla cada número que falta. (11-12)

4. 5 kg = ▉ g   **5.** 100 cm = ▉ m   **6.** 2 L = ▉ mL

Compara. Escribe > o < en cada ●. (11-12)

7. 3 L ● 3,200 mL   **8.** 7,500 g ● 7 kg   **9.** 9 m 60 cm ● 950 cm

Lee cada termómetro. Escribe la temperatura en °F y °C. (11-14)

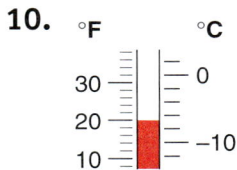

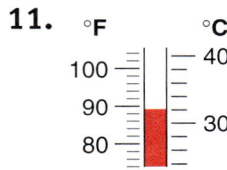

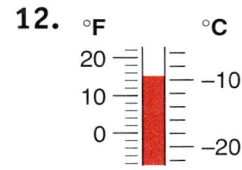

10. °F   °C
30
20
10
0
−10

11. °F   °C
100   40
90
80   30

12. °F   °C
20   −10
10
0   −20

¿Cuál es la mejor herramienta para hallar cada medida de una bolsa de harina como la que se muestra a la derecha? (11-9, 11-10, 11-11)

13. Altura   **14.** Capacidad   **15.** Masa

Usa unidades métricas para dar una estimación razonable de cada medida de la bolsa de harina de la derecha. (11-9, 11-10, 11-11)

Harina

16. Altura   **17.** Capacidad   **18.** Masa

Escritura en matemáticas

19. Explica cómo escoges qué unidades debes usar para medir la masa de una mesa; gramos o kilogramos.

20. Un cubo numérico muestra 1, 2, 3, 4, 5 y 6. Predice cuántos 6 podrías sacar si lanzas el cubo 30 veces. Explica cómo hiciste tu predicción. (11-13)

Estrategias para exámenes

Comprende la pregunta.

Reúne información para hallar la respuesta.

Planea cómo hallar la respuesta.

Escoge la mejor opción.

Usa escritura en matemáticas.

Mejora las respuestas escritas.

Escoge la mejor opción

Para responder una pregunta de examen de opción múltiple, debes escoger una respuesta entre varias opciones. Los siguientes pasos te ayudarán a escoger la mejor opción.

1. La clase de 4.º grado del maestro Halpern reunió periódicos para reciclar. La semana pasada, la clase reunió 16.4 kilogramos de periódicos. Las niñas reunieron 9.7 kilogramos. ¿Cuánto reunieron los niños?

   A. 6.7 kilogramos de periódicos

   B. 7.7 kilogramos de periódicos

   C. 26.1 kilogramos de periódicos

   D. 77 kilogramos de periódicos

Comprende la pregunta.

Tengo que averiguar la cantidad de periódicos que reunieron los niños.

Reúne información para hallar la respuesta.

El **texto** me entrega los números que necesito para resolver el problema.

Planea cómo hallar la respuesta.

Puedo **hacer un dibujo** para mostrar la idea principal y luego seleccionar la respuesta correcta entre las opciones de respuesta.

Escoge la mejor opción.

• Elimina las respuestas incorrectas.

  La cantidad que reunieron los niños no puede ser mayor que el total. Por tanto, las respuestas C y D son incorrectas.

• Comprueba que las respuestas sean razonables; estima.

  Puedo **estimar** la diferencia. $16 - 10 = 6$. Por tanto, las respuestas A y B son razonables.

• Empezar por el final a partir de la respuesta.

  Puedo **usar la suma para empezar por el final.** Comienzo con la opción A.

  $6.7 + 9.7 = 16$. Ésta funciona.

  La respuesta correcta es la A, 6.7.

2. ¿Qué unidad de medida es la más apropiada para medir la distancia real entre la ciudad de Iowa y la ciudad de Des Moines?

I O W A

Ciudad de Iowa

Des Moines

A. centímetros

B. milímetros

C. kilómetros

D. decímetros

Piénsalo bien

Tengo que escoger las unidades más apropiadas para medir la distancia que hay entre dos ciudades. Una tiza mide aproximadamente 1 centímetro de ancho y 1 decímetro de largo. Por tanto, las opciones A y D son demasiado pequeñas y debo eliminarlas. Los milímetros son aún más pequeños, como el grosor de la mina de un lápiz. Por tanto, eliminaré la respuesta B. Esto deja la opción C, que es razonable, porque los kilómetros se usan para medir distancias largas. La opción de respuesta C, kilómetros, es la mejor opción.

Ahora es tu turno

Da la respuesta de cada problema y explica cómo escogiste tu opción.

3. ¿La capacidad de qué artículo es mejor medirla en mililitros?

A. cubeta de pintura

B. dosis de jarabe para la tos

C. bote de basura

D. tanque de agua

4. Ben sigue una ruta de 8.3 kilómetros desde su casa a la casa de su abuelo. Avanza 5.5. kilómetros en un autobús y camina el resto de la distancia. ¿Cuánto camina Ben?

A. 28 kilómetros

B. 13.8 kilómetros

C. 3.8 kilómetros

D. 2.8 kilómetros

Repaso de vocabulario clave y conceptos

¿Lo entendí?

La terminación "-ima" en décima y centésima te indica que representan partes fraccionarias.

Recuerda, una moneda de 10¢ es una **décima** de dólar y una moneda de 1¢ es una **centésima** de dólar. (p. 625)

Escribe, compara y redondea decimales. (Lecciones 11-1, 11-2, 11-3 y 11-4)

Muestra maneras de escribir decimales.

Tabla de valor posicional:

unidades	décimas	centésimas
2 .	1	5

Forma estándar: 2.15

Forma desarrollada:
2 + 0.1 + 0.05

En palabras: dos con quince centésimas

Forma fraccionaria: $2\frac{15}{100} = 2\frac{3}{20}$

Compara.

3.76 ● 3.67.

Alinea las posiciones. Comienza por la izquierda. Halla el primer lugar en que los dígitos sean diferentes y compara.

3.**7**6

3.**6**7   7 décimas >
6 décimas

Por tanto, 3.76 > 3.67.

Redondea 0.37 a la décima más cercana.

valor posicional al que hay que redondear
↓
0.37
↑

7 ≥ 5,
por tanto,
cambia de 3 a 4.

Entonces, 0.37 se redondea a 0.4.

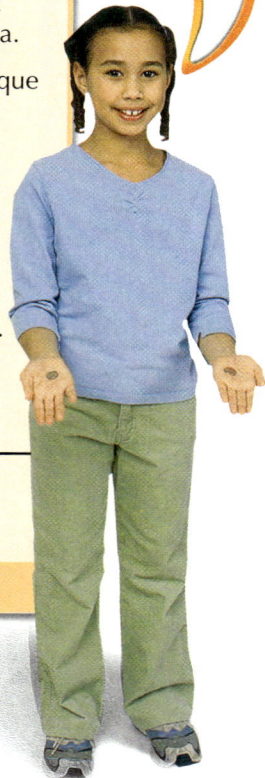

1. Escribe 0.75 como una fracción en su mínima expresión.

2. Compara 0.59 y 0.53 y redondea 3.54 a la décima más cercana.

Recuerda, para **estimar** usas números con los que es fácil trabajar para hallar una cantidad cercana a la respuesta real. (p. 636)

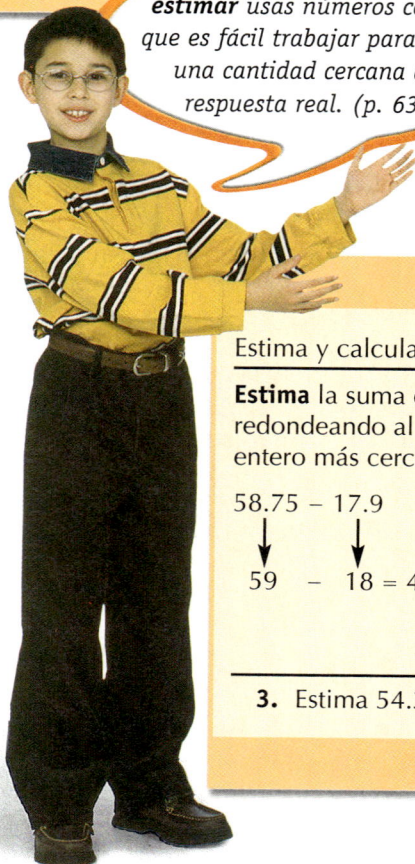

¿Lo entendí?

Estima y calcula sumas y diferencias de decimales. (Lecciones 11-5, 11-6 y 11-7)

Estima la suma o diferencia redondeando al número entero más cercano.

58.75 – 17.9
↓   ↓
59   –   18 = 41

Alinea los puntos decimales para sumar o restar. De ser necesario, escribe ceros para mantener el valor posicional. Reagrupa según sea necesario. Coloca el punto decimal en la respuesta.

$$
\begin{array}{r}
{\scriptstyle 1\,1} \\
19.40 \\
+6.83 \\
\hline
26.23
\end{array}
$$

$$
\begin{array}{r}
{\scriptstyle 7\;17} \\
5\,8.\cancel{7}5 \\
-1\,7.90 \\
\hline
4\,0.85
\end{array}
$$

3. Estima 54.3 + 41.25, y halla 87.28 – 61.9 y 1.04 + 1.65.

Métrica suena como "metro".

Para medir longitudes, el **metro** es la **unidad métrica de medida** básica. (p. 652)

¿Lo entendí?

Usa unidades métricas de medida. (Lecciones 11-9, 11-10, 11-11, 11-12 y 11-14)

Mide el gusano al milímetro más cercano.

CENTÍMETROS

Unidades métricas de longitud
1 centímetro (cm) =
10 milímetros (mm)
1 decímetro (dm) = 10 cm
1 metro (m) = 100 cm
1 kilómetro (km) = 1,000 m

Unidades métricas de capacidad
1 litro (L) = 1,000 mililitros (mL)

Unidades métricas de masa
1 kilogramo (kg) = 1,000 gramos (g)

Indica la unidad apropiada para cada medida.

Capacidad de una botella de agua

Litro   Algunas botellas de agua contienen 1 L.

Masa de una pasa

Gramo La masa de una pasa es de aproximadamente 1 g.

4. Indica una unidad apropiada para medir la longitud de un cinturón.

5° y −5° están en lados opuestos de 0°.

5° está por encima de 0° y 5 grados **negativos** está bajo 0°. (p. 664)

¿Lo entendí?

Resuelve problemas más sencillos, usa termómetros y escribe para explicar.
(Lecciones 11-8, 11-13 y 11-14)

¿Cuántas toallas puedes colgar de una cuerda si tienes 14 pinzas para la ropa?

Problemas más sencillos:
2 pinzas para la ropa = 1 toalla
3 pinzas para la ropa = 2 toallas
4 pinzas para la ropa = 3 toallas

Puedes colgar 13 toallas.

Usa términos matemáticos para explicar la temperatura que muestra el termómetro.

La temperatura es −4 grados Fahrenheit (°F). Esto es lo mismo que −20 grados Celsius (°C). Ambas temperaturas son **negativas**, lo que significa que están bajo 0°.

5. ¿Cuántos nudos debes hacer para formar una cuerda larga a partir de 10 trozos de cuerda?

Respuestas: 1. $\frac{3}{4}$ 2. 0.59 > 0.53; 3.5 3. Ejemplo de estimación: 95; 25.38; 2.69 4. Ejemplo de respuesta: centímetros 5. 9 nudos

Examen del capítulo

OPCIÓN MÚLTIPLE

Escoge la letra de la respuesta correcta.

1. ¿Qué opción es $\frac{2}{5}$ escrito como decimal?

A. 0.10   **C.** 0.25

B. 0.4   **D.** 2.5

2. ¿Qué opción NO es una manera de escribir 3.54?

A. 3 + 0.5 + 0.04

B. $3\frac{54}{100}$

C. Tres con cincuenta y cuatro centésimas

D. 3 + 0.5 + 0.4

3. ¿Qué opción muestra los números escritos en orden de menor a mayor?

A. 2.11, 2.09, 2.5, 2.24

B. 2.5, 2.09, 2.11, 2.24

C. 2.09, 2.11, 2.24, 2.5

D. 2.24, 2.11, 2.5, 2.09

4. Redondea 17.45 a la décima más cercana.

A. 17   **B.** 17.4   **C.** 17.5   **D.** 18

5. Estima 34.08 + 58.16 redondeando al número entero más cercano.

A. 80   **B.** 92   **C.** 94   **D.** 100

6. Ellen compró 3.75 yardas de cuerda y usó 1.8 yardas. ¿Cuánta cuerda le sobró?

A. 1.95 yd   **C.** 2.67 yd

B. 2.05 yd   **D.** 5.55 yd

7. 19.5 + 16.21

A. 3.29

B. 13.71

C. 18.16

D. 35.71

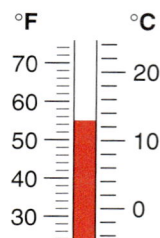

8. ¿Cuál es la estimación más razonable para la longitud de esta cinta?

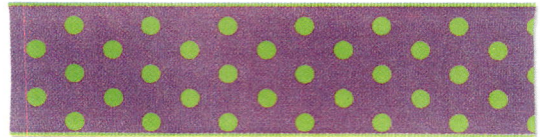

A. 7 mm   **C.** 7 dm

B. 7 cm   **D.** 7 m

9. ¿Cuál es la unidad más apropiada para medir la altura de un edificio de apartamentos?

A. milímetro   **C.** metro

B. centímetro   **D.** kilómetro

10. ¿Qué capacidad es mejor medir en mililitros?

A. tubo de ensayo   **B.** lata de pintura

C. pecera   **D.** lavadora

11. ¿Qué temperatura se muestra en este termómetro?

A. 13 °F

B. 13 °C

C. −13 °F

D. −13 °C

12. ¿Cuántos milímetros son iguales a 7 centímetros?

A. 0.7   **C.** 700

B. 70   **D.** 7,000

13. ¿Cuál es la mejor estimación para la masa de una bola de boliche?

A. 6 g   **C.** 60 g

B. 6 kg   **D.** 60 kg

14. ¿Qué opción es mayor que 40 metros?

A. 40 mm   **C.** 4 km

B. 400 cm   **D.** 4 dm

15. Una vuelta alrededor de un campo mide 500 m. ¿Cuántos kilómetros corres si das 4 vueltas alrededor del campo?

A. 1 km   **C.** 3 km

B. 2 km   **D.** 4 km

RESPUESTA LIBRE

Halla las sumas y las diferencias.

16. 3.8 + 1.5   **17.** 12.8 − 7.04

18. 1.16 − 0.6   **19.** 37.2 + 14.18

20. 58.3 + 19.2   **21.** 10 − 4.19

Halla cada número que falta.

22. 2 L = mL

23. 2 m 5 cm = cm

24. 18 km = m

25. 9 kg = g

26. 3 cm = mm

Compara. Escribe >, < o = en cada ●.

27. 18 m ● 200 cm

28. 5,400 mL ● 6 L

29. 25 kg ● 2,500 g

30. Resuelve el problema. Escribe la respuesta en una oración completa.

Cuadrados Cada lado de un cuadrado mide 2 cm de largo. Ocho de estos cuadrados se ponen uno junto al otro para formar un rectángulo. ¿Cuál es el perímetro de este rectángulo?

Escritura en matemáticas

31. Sam preguntó a 30 estudiantes cuál era su estación favorita.

Éstos son los resultados:

Estación favorita

Invierno	Primavera	Verano	Otoño
4	6	15	5

Usa estos resultados para predecir cuántos de los 516 estudiantes de su escuela escogerán el verano como su estación favorita. Explica cómo hiciste tu predicción.

32. Explica los pasos que seguirías para hallar 4.17 − 2.9. Halla la diferencia.

33. ¿En qué se parecen un metro, un gramo y un litro? ¿En qué se diferencian? Explícalo.

Números y operaciones

OPCIÓN MÚLTIPLE

1. Anthony tiene una moneda de 25¢, una de 10¢, una de 5¢ y una de 1¢. ¿Cuánto dinero tiene en total?

A. $4.10 **C.** $0.50

B. $0.95 **D.** $0.41

2. Wendy tenía 50 barras de fruta para colocarlas en bolsas para dulces. Coloca 4 barras en cada bolsa y se come las que sobran. ¿Cuántas barras se comió Wendy?

A. 2 **C.** 46

B. 12 **D.** 54

3. Escribe el decimal para setenta con cinco centésimas.

A. 7.05 **C.** 70.5

B. 7.5 **D.** 70.05

RESPUESTA LIBRE

4. Sam compró 3 libros en $7.00 cada uno y 2 CDs en $12.00 cada uno. Pagó un total de $2.25 en impuestos. ¿Cuánto gastó Sam en total?

5. Escribe los números en orden de menor a mayor.

2.65 2.56 2.26 2.52

Escritura en matemáticas

6. Explica cómo escribir el decimal para $\frac{4}{5}$.

Geometría y medición

OPCIÓN MÚLTIPLE

7. ¿Cuál es la estimación más razonable para la longitud de este tornillo?

A. 6 mm **C.** 6 m

B. 6 cm **D.** 6 km

8. ¿Qué transformación se aplicó al triángulo A para obtener el triángulo B?

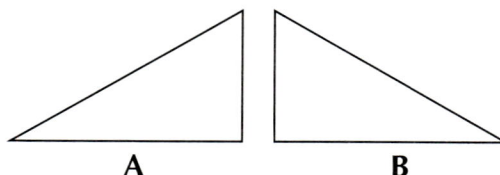

A   B

A. Traslación **C.** Reflexión

B. Rotación **D.** Deslizamiento

RESPUESTA LIBRE

9. ¿Qué hora será 1 hora y 25 minutos después de las 11:30 A.M.?

10. Un pingüino tiene una masa de 20 kilogramos. ¿Cuál es su masa en gramos?

11. Los lados de un cuadrado miden 4.5 m de largo. ¿Cuál es el perímetro del cuadrado?

Escritura en matemáticas

12. Usa palabras e ideas de geometría para describir la figura de la derecha.

OPCIÓN MÚLTIPLE

13. ¿Qué color de canica es menos probable que saques de esta bolsa?

A. verde

B. amarilla

C. negra

D. roja

14. ¿Cuál es la mediana de este conjunto de datos?

15, 19, 11, 16, 16, 14, 13

A. 9   **C.** 15

B. 11   **D.** 16

RESPUESTA LIBRE

En los Ejercicios 15 a 17, usa la gráfica lineal.

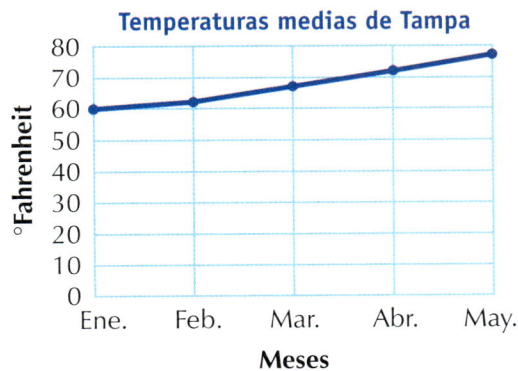

Temperaturas medias de Tampa

15. ¿Cuál es la temperatura media en enero en Tampa?

16. Describe la tendencia de los datos de la gráfica.

Escritura en matemáticas

17. ¿Crees que la temperatura media de Tampa continuará aumentando hasta diciembre? Explícalo.

OPCIÓN MÚLTIPLE

18. ¿Cuál es el número que falta en el patrón?

100, 10, 1, ▪, 0.01, 0.001, …

A. 1.1   **C.** 0.1

B. 1.0   **D.** 0

19. Halla el valor de la expresión $1.18 + m$, si $m = 0.9$.

A. 0.28   **C.** 2.08

B. 1.27   **D.** 10.18

20. ¿Qué propiedad de la multiplicación establece que $a \times (b \times c) = (a \times b) \times c$?

A. conmutativa   **C.** de identidad

B. asociativa   **D.** distributiva

RESPUESTA LIBRE

21. Completa la tabla y describe la regla que usaste.

Entrada	0.8	1.6	2.4	3.2
Salida	1.7	2.5	3.3	

22. Por cada kilómetro que Sandy camina obtiene $20 para beneficencia. ¿Cuántos kilómetros debe caminar para recaudar $100?

EN LOS EXÁMENES

Piénsalo bien

Puedo **resolver problemas más sencillos** y **buscar un patrón.**

Escritura en matemáticas

23. Describe cómo hallar el valor de $46 + (18 \div 3)$.

Grupo 11-1 (páginas 624–627)

Escribe $\frac{2}{5}$ como decimal.

1	2	3
Escribe como una fracción equivalente con 10 ó 100 como denominador.	Lee la fracción en palabras.	Escribe como decimal lo que lees.

$\frac{2}{5} = \frac{4}{10}$ cuatro décimas   0.4

Recuerda, para escribir un decimal como fracción, lee el decimal en palabras y luego escribe lo que dices como fracción. Escribe la fracción en su mínima expresión.

Escribe cada fracción como decimal y cada decimal como fracción.

1. $\frac{1}{4}$ **2.** 0.13   **3.** $\frac{7}{10}$ **4.** 0.5

Grupo 11-2 (páginas 628–629)

Escribe el decimal que se muestra en forma desarrollada, en forma estándar y en palabras.

unidades	décimas	centésimas
2	3	7

Forma desarrollada: 2 + 0.3 + 0.07

Forma estándar: 2.37

En palabras: dos con treinta y siete centésimas

Recuerda usar *con* para indicar el punto decimal cuando escribes un decimal en palabras.

1. Escribe doce con dieciséis centésimas en forma estándar y en forma desarrollada.

2. Escribe 20 + 4 + 0.05 en forma estándar y en palabras.

3. Escribe 37.**2**9 en palabras e indica el valor del dígito en azul.

Grupo 11-3 (páginas 630–631)

Compara 0.37 y 0.31.

Una manera: Usa cuadrículas.

0.37 > 0.31

Otra manera: Usa el valor posicional.

Escribe los números, alinea los puntos decimales. Luego, compara los dígitos por valor posicional.

0.3**7**   **7** centésimas > **1** centésima

0.3**1**   Por tanto, 0.37 > 0.31

Recuerda que los ceros al final de un decimal no cambian su valor.

Compara. Escribe >, < o = en cada ⬤.

1. 0.81 ⬤ 0.18   **2.** 1.07 ⬤ 1.7

3. 6.4 ⬤ 6.40   **4.** 0.52 ⬤ 0.25

Ordena de menor a mayor.

5. 3.75, 3.57, 5.37

6. 0.69, 0.96, 0.6, 0.9

7. ¿Qué valor posicional puedes usar para comparar 19.48 y 19.39? Explícalo.

Grupo 11-4 (páginas 632–633)

Redondea 4.27 al número entero más cercano y a la décima más cercana.

1	**2**	**3**
Halla el valor posicional al que hay que redondear.	Compara el dígito a la derecha con 5.	Cambia el dígito que hay que redondear al siguiente dígito más grande o déjalo como está.

4.27   2 < 5   4.27 se
                                      redondea a 4.

4.27   7 ≥ 5   4.27 se
                                      redondea a 4.3.

Recuerda que si el dígito que está a la derecha del dígito al que hay que redondear es 5 o mayor, debes cambiar el dígito que hay que redondear al siguiente dígito más grande. Si es menor que 5, déjalo igual.

Redondea cada número al número entero más cercano y a la décima más cercana.

1. 0.71   **2.** 5.26   **3.** 65.43

4. 4.85   **5.** 12.09   **6.** 30.68

Grupo 11-5 (páginas 636–637)

Estima 12.64 + 7.29.

Redondea cada número al número entero más cercano. Luego, suma o resta.

12.64 + 7.29
  ↓   ↓
 13   +   7   = 20

Recuerda comparar el dígito de las décimas con 5 cuando redondees al número entero más cercano.

1. 1.8 + 0.75   **2.** 36.89 − 14.5

3. 52.3 − 11.9   **4.** 6.27 + 6.72

Grupo 11-6 (páginas 638–641)

Halla 0.75 + 0.34.

Colorea 75 cuadrados para mostrar 0.75.

Colorea 34 cuadrados más con un color diferente para mostrar 0.34.

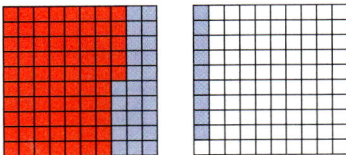

Halla cuántos cuadrados están coloreados en total.

0.75 + 0.34 = 1.09

Recuerda, para restar decimales colorea las cuadrículas para mostrar el número más grande. Luego, tacha el número menor de cuadrados. La cantidad de cuadrados que sobra es la diferencia.

1. 0.3 + 0.49   **2.** 0.68 − 0.17

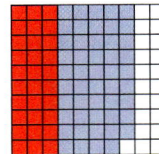   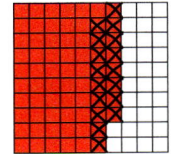

3. 0.92 − 0.55   **4.** 0.61 + 0.25

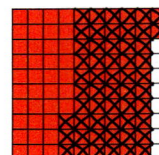   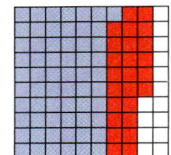

Grupo 11-7 (páginas 642–645)

Halla 34.27 + 16.5.

Estima: 30 + 20 = 50

```
         1
  34.27        34.27
+ 16.50      + 16.50
             50.77
```

Recuerda alinear los puntos decimales y, de ser necesario, escribir ceros para mantener el valor posicional.

1.   3.28
       + 41.92

2.   29.15
       − 12.07

3. 31 − 10.5

4. 6.9 + 0.27

5. 5.64 + 3.8

6. 75.04 − 21.5

Grupo 11-8 (páginas 648–649)

Sigue estos pasos cuando uses problemas más sencillos para resolver un problema.

Paso 1: Descompón o convierte el problema en problemas que sean más sencillos de resolver.

Paso 2: Resuelve los problemas más sencillos.

Paso 3: Usa las respuestas de los problemas más sencillos para resolver el problema original.

Recuerda buscar un patrón como ayuda para resolver los problemas.

1. Cada caja de clavos tiene un rótulo en su parte superior y otro en cada uno de sus 4 lados. Hay 12 cajas apiladas. ¿Cuántos rótulos son visibles? (PISTA: Halla el número de rótulos que son visibles con 1 caja, 2 cajas, y así sucesivamente.)

Grupo 11-9 (páginas 652–653)

¿Cuál sería la unidad más apropiada para medir la longitud de un paseo en tren: mm, cm, dm, m o km?

Un paseo en tren por lo general cubre una distancia grande.

Por tanto, los mm, cm, dm y m son demasiado pequeños.
Por esto, el kilómetro es la mejor unidad.

Recuerda que 1,000 metros = 1 kilómetro.

Escoge la unidad más apropiada para medir cada longitud. Escribe mm, cm, dm, m o km.

1. tu brazo

2. un dedo

3. una uña del pie

4. tu estatura

Grupo 11-10 (páginas 654–655)

¿Cuál es la unidad más apropiada para medir la capacidad de un fregadero: mL o L?

Un fregadero por lo general puede contener mucha agua. Por tanto, un mililitro es muy pequeño. Un litro es la mejor unidad.

Recuerda que la capacidad es el volumen que puede contener un recipiente.

Escoge la unidad más apropiada para medir la capacidad de cada elemento. Escribe mL o L.

1. un cuentagotas

2. una bañera

3. un tanque de gasolina

4. una cuchara

Grupo 11-11 (páginas 656–657)

¿Cuál es la unidad más apropiada para medir la masa de una araña, g o kg?

Una araña es muy liviana, por tanto, tiene una masa pequeña. Un kilogramo es demasiado grande.

El gramo es la mejor unidad.

Recuerda que *kilo* significa 1,000. Por tanto, un kilogramo es igual a 1,000 gramos.

Escoge la unidad más apropiada para medir cada masa. Escribe g o kg.

1. maní   **2.** bola de boliche

3. bicicleta   **4.** par de calcetines

Grupo 11-12 (páginas 658–661)

Halla el número que falta: 8 cm = ▇ mm.

Piénsalo: 1 cm = 10 mm

$8 \times 10 = 80$

8 cm = 80 mm

Multiplica para convertir unidades más grandes a unidades más pequeñas.

Recuerda, para convertir unidades más pequeñas a unidades más grandes, divide.

1. 5 km = ▇ m   **2.** 12 kg = ▇ g

3. 2L = ▇ mL   **4.** 300 cm = ▇ m

Grupo 11-13 (páginas 662–663)

Sigue estos pasos cuando escribas para explicar una predicción.

Paso 1: Si el problema tiene opciones, explica por qué algunas opciones no tienen sentido.

Paso 2: De ser posible, descubre relaciones entre tablas y gráficas como ayuda para explicar tu predicción.

Paso 3: Usa números específicos en tu explicación.

Recuerda escribir explicaciones claras para que los demás las puedan comprender.

1.

Encuesta sobre la mascota favorita

Mascota	Pájaro	Perro	Gato	Pez	Otro
Número	4	6	5	3	2

Tammy encuestó a 20 estudiantes sobre su mascota favorita. Usa estos resultados para predecir cuántos de los 824 estudiantes preferirían un gato como su mascota favorita. Explica tu predicción.

Grupo 11-14 (páginas 664–665)

Lee el siguiente termómetro. Escribe la temperatura en °F y °C.

La temperatura es aproximadamente 50 °F y 10 °C.

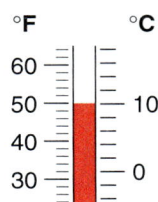

Recuerda que cualquier temperatura bajo cero se lee como negativa.

Escribe la temperatura en °C o °F.

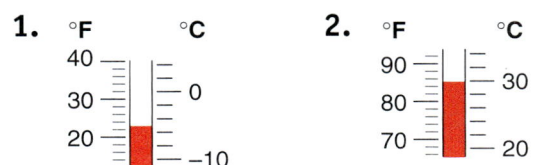

1.   **2.**

Grupo 11-1 (páginas 624–627)

Escribe cada número como decimal.

1. $\frac{3}{4}$ **2.** $\frac{1}{5}$ **3.** $3\frac{9}{10}$ **4.** $1\frac{4}{5}$ **5.** $2\frac{17}{100}$

Escribe cada decimal en su mínima expresión como fracción o número mixto.

6. 0.28 **7.** 1.8 **8.** 0.04 **9.** 2.5 **10.** 0.40

11. Escribe un decimal y una fracción para la parte azul de la cuadrícula de la derecha.

12. Escribe un decimal y una fracción para la parte de la cuadrícula de la derecha que no está coloreada.

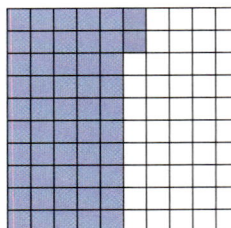

Grupo 11-2 (páginas 628–629)

Escribe cada número en forma estándar.

1. 40 + 1 + 0.5 + 0.09

2. doce con siete centésimas

3. seis con cuarenta y nueve centésimas

4. 10 + 8 + 0.03

Escribe cada número en palabras e indica el valor del dígito en rojo.

5. 3.58 **6.** 12.7 **7.** 37.51 **8.** 10.69 **9.** 63.42

10. Caroline escribió un número mayor que 50 y menor que 100. El número tenía una décima y tres centésimas. Dos de los dígitos del número eran el 0 y el 6. ¿Qué número escribió Caroline?

Grupo 11-3 (páginas 630–631)

Compara. Escribe >, < o = en cada ⬤.

1. 0.15 ⬤ 0.51 **2.** 3.16 ⬤ 3.19 **3.** 0.8 ⬤ 0.80 **4.** 1.72 ⬤ 1.56

5. 7.08 ⬤ 7.80 **6.** 12.4 ⬤ 1.24 **7.** 0.29 ⬤ 0.19 **8.** 0.34 ⬤ 0.43

Ordena los números de menor a mayor.

9. 1.65, 1.56, 1.5 **10.** 0.38, 0.8, 0.3, 0.83 **11.** 2.47, 2.54, 2.45

12. Tony pescó tres peces el sábado. El bacalao pesó 2.35 libras, el abadejo 2.5 libras y el sábalo 2.55 libras. ¿Qué pez pesó más? ¿Cuál pesó menos?

Grupo 11-4 (páginas 632–633)

Redondea cada número al número entero más cercano y a la décima más cercana.

1. 0.96   **2.** 5.16   **3.** 12.75   **4.** 41.23   **5.** 0.18

6. 33.07   **7.** 5.24   **8.** 0.49   **9.** 10.62   **10.** 1.99

11. Usa la recta numérica de la derecha. Redondea 4.42 a la décima más cercana. Explica cómo la recta numérica te ayuda a redondear.

Grupo 11-5 (páginas 636–637)

Estima cada suma o diferencia al número entero más cercano.

1. 4.9 + 3.8   **2.** 9.14 − 7.2   **3.** 8.51 − 1.54   **4.** 6.7 + 2.1

5.   2.5
    + 6.1

6.   5.09
    − 4.35

7.   11.03
    + 0.84

8.   8.16
    − 3.45

9. Los Johnson tienen dos perros llamados Ginger y Ralph. Ginger pesa 68.10 libras y Ralph pesa 42.75 libras. ¿Cuánto pesan aproximadamente los dos perros juntos? ¿Cuánto más pesa aproximadamente Ginger que Ralph?

Grupo 11-6 (páginas 638–641)

Suma o resta. Puedes usar cuadrículas como ayuda.

1. 0.3 + 0.54   **2.** 0.81 − 0.17   **3.** 0.56 − 0.28

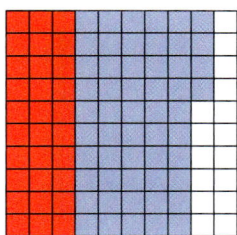 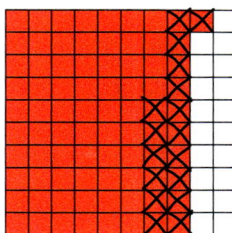 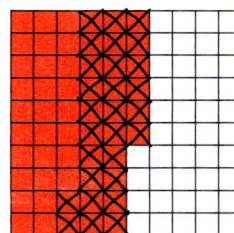

4. 0.6 + 0.83   **5.** 1.4 − 0.6   **6.** 0.47 − 0.09   **7.** 1.5 + 1.5

8. Sharon mezcló 0.38 onzas de aceite de almizcle y 0.5 onzas de aceite de sándalo para hacer un perfume. ¿Hizo más o menos de una onza de perfume? Explícalo.

Grupo 11-7 (páginas 642–645)

Halla las sumas o las diferencias.

1. 7.9 + 0.8

2. 3.55 − 1.6

3. 27.04 − 11.25

4. 34.8 + 0.17

5.   60.92
   + 11.29

6.   0.43
   − 0.05

7.   64.13
   + 9.87

8.   74.13
   − 26.40

9. En mayo, en Elm Grove cayeron 4.07 pulgadas de lluvia. En junio, la ciudad recibió 3.5 pulgadas de lluvia. ¿Cuánto llovió en total en Elm Grove durante los dos meses? ¿Cuál es la diferencia entre las dos cantidades de lluvia?

Grupo 11-8 (páginas 648–649)

Resuelve los problemas más sencillos. Usa las soluciones como ayuda para resolver el problema original. Escribe la respuesta en una oración completa.

1. Dylan hizo un libro de 50 páginas para su proyecto de estudios sociales. ¿Cuántos dígitos escribirá para numerar todas las páginas de su libro?

Problema más sencillo: ¿Cuántos dígitos se necesitan para las páginas 1 a 9? ¿Para las páginas 10 a 19? ¿Para las páginas 20 a 29? Busca un patrón.

2. Cada sección de un tubo necesita un adaptador en cada extremo. Un adaptador se usa para unir 2 secciones de tubos. ¿Cuántos adaptadores se necesitan para una instalación de tuberías con 12 secciones?

Grupo 11-9 (páginas 652–653)

Escoge la unidad más apropiada para cada medida. Escribe mm, cm, dm, m o km.

1. longitud de un cuaderno

2. altura de una rueda de Chicago

3. ancho de una uña de la mano

4. distancia a través de Iowa

5. grosor de una moneda de 10¢

6. longitud de una raqueta de tenis

7. Nombra tres cosas que puedas medir en metros.

Grupo 11-10 (páginas 654–655)

Escoge la unidad más apropiada para medir cada capacidad. Escribe mL o L.

1. vaso de jugo

2. lata de sopa

3. cubeta

4. lavadora

5. envase de leche

6. cuchara

7. ¿Cuántos mililitros son iguales a un litro?

Grupo 11-11 (páginas 656–657)

Escoge la unidad más apropiada para medir cada masa. Escribe g o kg.

1. globo de fiesta

2. bate de béisbol

3. limosina

4. tajada de pan

5. enciclopedia

6. píldora de vitaminas

7. ¿Qué número sería mayor, la masa de un CD en gramos o la masa del mismo CD en kilogramos? Explícalo.

Grupo 11-12 (páginas 658–661)

Halla cada número que falta.

1. 2,000 mL = ■ L

2. 5 m = ■ cm

3. 70 g = ■ kg

4. 50 cm = ■ mm

5. 6,000 m = ■ km

6. 120 cm = ■ dm

Compara. Escribe > o < en cada ●.

7. 100 g ● 1 kg

8. 400 cm ● 40 m

9. 28,000 g ● 2.8 kg

10. 5,680 m ● 5 km

11. 17 L ● 7,000 mL

12. 25 kg ● 250,000 g

13. En la competencia de salto largo, Lewis saltó 6 metros. Mike saltó 700 cm y Will saltó 85 dm. ¿Quién saltó más lejos?

Grupo 11-13 (páginas 662–663)

Escribe para explicar.

1. Cinco veces al día, los estudiantes observaron 20 carros que pasaban frente a la escuela y anotaron si el conductor llevaba puesto el cinturón de seguridad. Los resultados se muestran en la tabla. Usa estos resultados para predecir aproximadamente cuántos conductores de 1,000 no usaban el cinturón de seguridad. Explica cómo hiciste tu predicción.

Encuesta del cinturón de seguridad

Hora	Con cinturón	Sin cinturón
8 A.M.	18	2
10 A.M.	17	3
MEDIODÍA	19	1
2 P.M.	19	1
4 P.M.	16	4

Grupo 11-14 (páginas 664–665)

Lee cada termómetro. Escribe la temperatura en °F y °C.

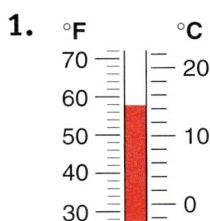

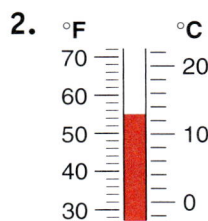

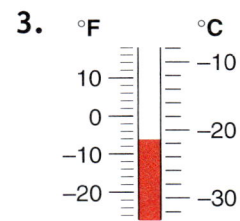

1.

°F °C

70 — — 20
60 —
50 — — 10
40 —
30 — — 0

2.

°F °C

70 — — 20
60 —
50 — — 10
40 —
30 — — 0

3.

°F °C

10 — — −10
0 —
−10 — — −20
−20 — — −30

4. Hoy hubo una tormenta de nieve en Chicago. ¿Era 25 °F o 25 °C la temperatura al aire libre? Explícalo.

Gráficas y probabilidad

DIAGNOSTICAR EL NIVEL

A Vocabulario
(páginas 100, 212, 516, 520)

Escoge del cuadro el término más adecuado.

1. Un par de números que representan un punto en una cuadrícula de coordenadas son un __?__ .

2. Las fracciones que representan la misma cantidad son __?__ .

3. Una fracción está en su __?__ si el numerador y el denominador no tienen otro factor común más que el 1.

Vocabulario

- **ecuación** *(p. 100)*
- **solución** *(p. 100)*
- **par ordenado** *(p. 212)*
- **fracciones equivalentes** *(p. 516)*
- **mínima expresión** *(p. 520)*

B Representar gráficamente pares ordenados
(páginas 212–215)

Identifica el par ordenado de cada punto.

4. A **5.** B

6. C **7.** D

8. E **9.** F

10. G **11.** H

12. K

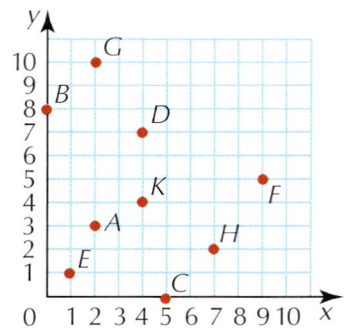

13. En una cuadrícula de coordenadas, comienza en 0 y avanza 3 unidades hacia la derecha. Indica las coordenadas del punto al que llegaste.

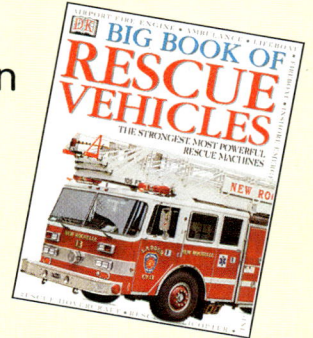

C Fracciones

(páginas 516–521)

Multiplica o divide para hallar una fracción equivalente.

14. $\dfrac{2}{3} = \dfrac{}{}$ ($\times 4$ arriba, $\times 4$ abajo)

15. $\dfrac{25}{35} = \dfrac{}{}$ ($\div 5$ arriba, $\div 5$ abajo)

16. $\dfrac{1}{8}$ **17.** $\dfrac{3}{18}$ **18.** $\dfrac{8}{12}$ **19.** $\dfrac{5}{9}$

Escribe cada fracción en su mínima expresión.

20. $\dfrac{4}{8}$ **21.** $\dfrac{5}{15}$ **22.** $\dfrac{10}{12}$ **23.** $\dfrac{18}{24}$

24. Explica cómo puedes saber que $\dfrac{7}{8}$ está en su mínima expresión.

D Álgebra

(páginas 94–99)

Escribe una expresión para cada frase.

25. 3 más que t

26. el total de 30 mm y k mm

27. a manzanas, pero 7 naranjas menos

28. 8 veces un número n

29. el precio de 7 libros si cada uno cuesta d dólares

30. el precio de cada libro si 4 cuestan d dólares

31. Halla el valor de $2k - 1$, si $k = 3$.

Álgebra

Idea clave
Para resolver una desigualdad, halla los valores de la variable que hacen que sea verdadera.

Vocabulario
- desigualdad
- solución

Materiales
- rectas numéricas
- creyones o marcadores

EN LOS EXÁMENES

Piénsalo bien
- Puedo **probar, comprobar y revisar** para resolver una desigualdad.
- Puedo **dibujar una recta numérica** para mostrar las soluciones de una desigualdad.

Desigualdades en una recta numérica

APRENDE

Actividad

¿Cómo resuelves una desigualdad?

Una oración numérica en que se usan $>$ y $<$ para mostrar que dos expresiones no tienen el mismo valor, es una **desigualdad**. Por ejemplo, $x > 3$ es una desigualdad.

El número 4 es una **solución** para $x > 3$ porque $4 > 3$ es verdadero. El número 3 no es una solución porque $3 > 3$ no es verdadero.

$x > 3$ \qquad\qquad $x > 3$
↓ \qquad\qquad\qquad ↓
$4 > 3$ Verdadero \quad $3 > 3$ Falso

Las desigualdades tienen más de una solución. Otras soluciones para $x > 3$ son $x = 4, 5, 7$ y 9.

A continuación se muestra cómo hacer una gráfica de todas las soluciones de $x > 3$.

Paso 1: Dibuja un círculo vacío sobre el número 3 de la recta numérica. Esto muestra que el 3 no es una solución, pero que los números mayores que 3 sí lo son.

Paso 2: Halla varias soluciones y coloréalas en la recta numérica.

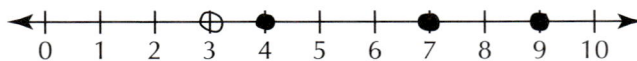

Paso 3: Comienza en el círculo vacío y colorea las soluciones que halles. Dibuja una flecha para mostrar que las soluciones siguen hasta el infinito.

a. El número 8 está coloreado en la recta numérica anterior. Explica por qué 8 es una solución para $x > 3$.

b. La recta numérica anterior también implica que los números como el 100 y el 3.2 son soluciones. Explica por qué 100 y 3.2 son soluciones.

c. Da tres soluciones para cada desigualdad y haz una gráfica de todas las soluciones en una recta numérica.

$x < 4$ \qquad\qquad $n > 1$ \qquad\qquad $m < 6$

Da tres soluciones para cada desigualdad y haz una gráfica de todas las soluciones en una recta numérica.

1. $m > 16$ **2.** $z < 5$ **3.** $k < 15$ **4.** $p > 7$

5. **Sentido numérico** La recta numérica de la derecha muestra las soluciones para una desigualdad. ¿Es 2 una solución? ¿Lo es 6.25? ¿Lo es $7\frac{1}{2}$? Explica cómo lo puedes saber.

PRÁCTICA

Más práctica: Grupo 12-1, página 731

A Destrezas y comprensión

Da tres soluciones para cada desigualdad y haz una gráfica de todas las soluciones en una recta numérica.

6. $a < 3$ **7.** $t > 12$ **8.** $r > 2$ **9.** $k > 4$

10. $b > 9$ **11.** $n < 7$ **12.** $c < 2$ **13.** $h > 6$

14. $p < 20$ **15.** $m < 9$ **16.** $f > 10$ **17.** $u < 21$

18. **Sentido numérico** ¿Puede ser $18 + 4$ una solución para la desigualdad $x < 18$? Explícalo.

B Razonamiento y resolución de problemas

19. Katie tenía $19 antes de ir de compras. Tenía dinero suficiente para comprar un estuche para CDs. Usa la desigualdad $d < 19$ para hallar tres precios posibles del estuche.

20. **Escritura en matemáticas** Explica cómo la recta numérica de la derecha muestra todas las soluciones para $x > 6$.

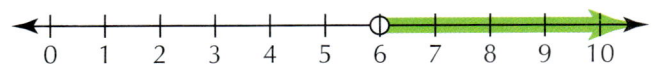

Repaso mixto y preparación de exámenes

En la INTERNET
Preparación de exámenes
www.scottforesman.com

Escribe la temperatura en °F y °C.

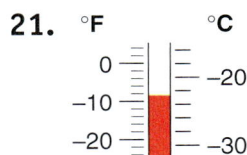

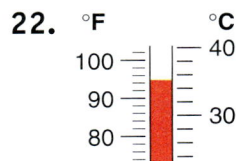

21.

22.

23. 6 lb 1 oz =

   A. 72 oz   **C.** 96 oz

   B. 73 oz   **D.** 97 oz

Álgebra

Idea clave
Las ecuaciones te ayudan a resolver problemas.

Vocabulario
• ecuación (p. 100)

Piénsalo bien
• Puedo **hacer un dibujo** y **escribir una ecuación** para representar la situación.
• Puedo **probar, comprobar y revisar** para resolver una ecuación.

Convertir palabras en ecuaciones

APRENDE

¿Cómo escribes una ecuación?

Un cachorro de gran danés pesó 4 libras al nacer. Después de 3 semanas, pesaba 6 libras.

Ejemplo

Escribe una ecuación para mostrar cuánto subió de peso el cachorro en 3 semanas.

4 lb	*l*	6 lb

Peso al nacer	+	Libras que subió	=	Peso a las 3 semanas
4	+	*l*	=	6

La **ecuación** $4 + l = 6$ muestra cuánto subió de peso el cachorro en 3 semanas.

Halla el valor de cada expresión.

1. $n + 7$, si $n = 14$

2. $n - 8$, si $n = 28$

3. $5n$, si $n = 7$

✓ Hablemos

1. ¿Qué representa la letra *l* en el Ejemplo?

2. Después de 5 semanas, el cachorro pesaba 8 libras. Escribe una ecuación para mostrar cuánto subió de peso el cachorro en 5 semanas.

COMPRUEBA ✓

Otro ejemplo: Grupo 12-2, página 728

Escribe una ecuación para cada oración.

1. *p* páginas más 7 páginas es igual a 17 páginas.

2. 8 menos que *k* es 15.

3. 9 veces *n* es 27.

4. 36 dividido por *y* es 12.

5. Razonamiento Kate quería hallar cuántos centímetros son iguales a 80 milímetros. Usó la ecuación $10x = 80$. ¿Está correcta la ecuación de Kate? Explícalo.

A Destrezas y comprensión

Escribe una ecuación para cada oración.

6. 8 huevos más *r* huevos es
igual a 12 huevos.

7. *k* menos 14 manzanas son
2 manzanas.

8. 7 multiplicado por *a* es 21.

9. *n* dividido por 7 es 3.

10. *h* veces 4 es 20.

11. 9 más que *t* es 15.

12. Sentido numérico ¿Qué ecuación tiene una solución mayor, $5n = 30$ ó $6n = 30$?
Explica cómo lo puedes averiguar sin resolverlas.

B Razonamiento y resolución de problemas

Escribe una ecuación para los Ejercicios 13 y 14.

13. Terri gastó $60 en 4 semanas para alimentar a su gran
danés adulto. ¿Cuánto gastó Terri por semana?

14. Troy entregó 46 periódicos el martes. Entregó 62 periódicos
el jueves. ¿Cuántos periódicos menos entregó el martes?

Usa la gráfica de la derecha para los Ejercicios 15 y 16.

15. Los estudiantes de los grados 3 y 4
ganaron $200 lavando carros.
¿Cuánto cobraron por lavar cada carro?

16. **Escritura en matemáticas** Los estudiantes
de los grados 7 y 8 debían lavar 8
carros más para igualar la cantidad de
carros lavados por los estudiantes de
los grados 5 y 6. Explica cómo averiguar
cuántos carros lavaron los estudiantes
de los grados 7 y 8.

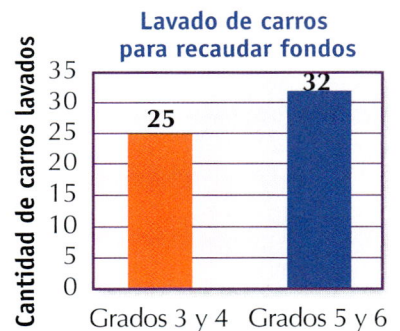

**Lavado de carros
para recaudar fondos**

Repaso mixto y preparación de exámenes

En la INTERNET
Preparación de exámenes
www.scottforesman.com

Da tres soluciones para cada desigualdad y represéntalas en una recta numérica.

17. $n > 5$

18. $z > 20$

19. $k < 12$

20. $x < 2$

21. Jay comenzó a leer a las 4:20 P.M. Leyó durante
35 minutos. ¿A qué hora terminó de leer?

A. 4:35 P.M.

B. 4:50 P.M.

C. 4:55 P.M.

D. 4:55 A.M.

Álgebra

Idea clave

Las ecuaciones y sus gráficas pueden representar situaciones.

Vocabulario

• par ordenado (p. 212)

Materiales

• papel cuadriculado
o **e tools**

EN LOS EXÁMENES

Piénsalo bien

Puedo escribir $2 \times x$ como $2x$.

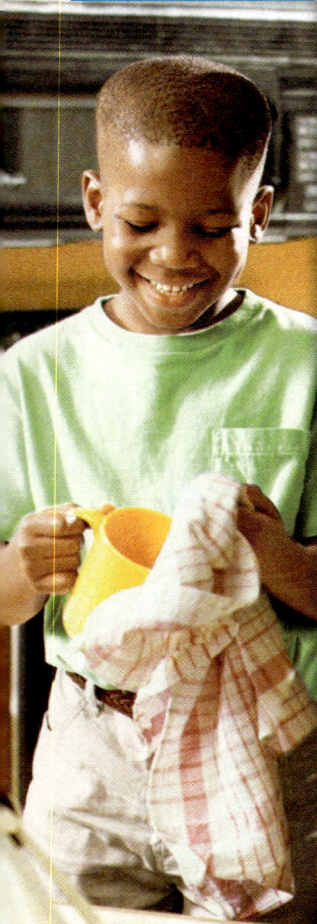

Ecuaciones y gráficas

APRENDE

¿Cómo representas gráficamente una ecuación?

Jacob gana $2 cada vez que lava los platos. La tabla muestra la cantidad total de dinero, y, que gana Jacob al lavar los platos x veces.

La regla para la tabla es multiplicar por 2. Usa la regla para escribir una ecuación.

Platos, x	Dinero, y
0	0
1	2
2	4
3	6

Total ganado $=$ 2 $\times$ Número de veces que lava los platos

y $=$ 2 $\times$ x

Ejemplo A

Haz una gráfica de la ecuación $y = 2x$.

Usa los números de la tabla anterior para escribir pares ordenados. Marca los pares ordenados en una cuadrícula de coordenadas. La línea discontinua muestra que todos los puntos están en línea recta.

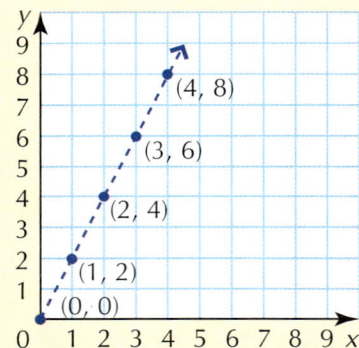

La gráfica de la ecuación $y = 2x$ es una línea recta.

Ejemplo B

Haz una gráfica de $y = x - 2$. Usa $x = 2, 3, 4, 5$ y 6.

x	$y = x - 2$	(x, y)
2	$y = 2 - 2 = 0$	$(2, 0)$
3	$y = 3 - 2 = 1$	$(3, 1)$
4	$y = 4 - 2 = 2$	$(4, 2)$
5	$y = 5 - 2 = 3$	$(5, 3)$
6	$y = 6 - 2 = 4$	$(6, 4)$

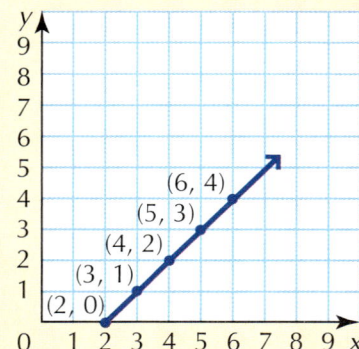

1. ¿De qué te diste cuenta en las gráficas de los Ejemplos A y B?

2. **Razonamiento** La gráfica del Ejemplo A muestra una tendencia en los datos. Describe la tendencia.

¿Cómo hallas pares ordenados en la gráfica de una ecuación?

Ejemplo C

Halla 5 pares ordenados en la gráfica de $y = 2x + 1$.

Haz una tabla. Escoge 5 valores para x. Luego, halla el valor de $2x + 1$ para cada valor de x.

x	$y = 2x + 1$	(x, y)
0	$y = (2 \times 0) + 1 = 0 + 1 = 1$	$(0, 1)$
1	$y = (2 \times 1) + 1 = 2 + 1 = 3$	$(1, 3)$
2	$y = (2 \times 2) + 1 = 4 + 1 = 5$	$(2, 5)$
3	$y = (2 \times 3) + 1 = 6 + 1 = 7$	$(3, 7)$
4	$y = (2 \times 4) + 1 = 8 + 1 = 9$	$(4, 9)$

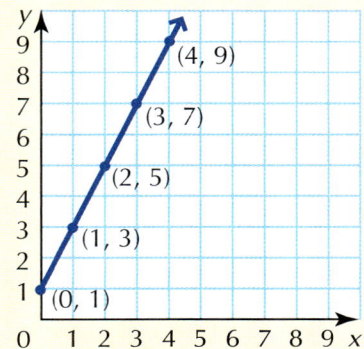

Cinco pares ordenados en la gráfica de $y = 2x + 1$ son (0,1), (1,3), (2,5), (3,7) y (4,9).

✔ **Hablemos**

3. En el Ejemplo C, ¿por qué multiplicaste antes de sumar?

4. Identifica dos pares ordenados más de la gráfica de $y = 2x + 1$.

En la INTERNET
Más ejemplos
www.scottforesman.com

COMPRUEBA ✔

Otro ejemplo: Grupo 12-3, página 728

Para los Ejercicios 1 a 4, usa la ecuación $y = 3x + 1$.
Halla el valor de y para cada valor de x.

1. $x = 2$ **2.** $x = 5$ **3.** $x = 10$ **4.** $x = 0$

5. Haz una gráfica de $y = x + 2$ en una cuadrícula de coordenadas.

6. **Razonamiento** Roger dice que (3, 8) es una solución para la ecuación $y = 4x$. ¿Está en lo correcto? Explica cómo lo sabes.

A Destrezas y comprensión

En los Ejercicios 7 a 12, usa la ecuación $y = 5x - 2$.
Halla el valor de y para cada valor de x.

7. $x = 4$ **8.** $x = 3$ **9.** $x = 10$ **10.** $x = 0$ **11.** $x = 20$ **12.** $x = 8$

En los Ejercicios 13 a 15, haz una gráfica de cada
ecuación en una cuadrícula de coordenadas aparte.

13. $y = 3x$ **14.** $y = x - 1$ **15.** $y = 2x - 1$

En los Ejercicios 16 a 18, halla cinco pares
ordenados en la gráfica de cada ecuación.

16. $y = x - 4$ **17.** $y = x + 7$ **18.** $y = 3x - 3$

19. Sentido numérico A la derecha se muestra
la gráfica de una ecuación. Da tres
soluciones para esa ecuación.

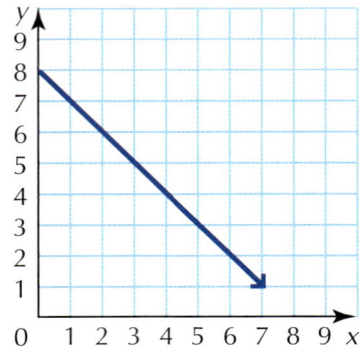

B Razonamiento y resolución de problemas

20. Usa los datos de la página 692. Imagina que Jacob le debe
$5 a su hermana menor. ¿Cuánto dinero tendrá Jacob si
lava los platos 4 veces y luego le paga a su hermana?

Matemáticas y estudios sociales

21. El archivo de datos de la derecha muestra el número total
de monedas de 25¢ de diferentes estados que están en
circulación desde 1998. Halla una regla para la tabla.
Luego, escribe una ecuación.

22. El año 2004 es 6 años después de 1998. ¿Cuántas
monedas de 25¢ conmemorativas de diferentes estados
estaban en circulación el 2004?

23. **Escritura en matemáticas** ¿Es correcta la siguiente
explicación? De no ser así, explica por qué.

> ¿Es $(7, 6)$ una solución para $y = x - 1$?
>
> $y = x - 1$
>
> $7 = 6 - 1$
>
> $7 = 5$
>
> No, $(7, 6)$ no es una solución.

Archivo de datos

**Monedas estatales
conmemorativas de 25¢
Años 1999–2008**

Años después de 1998	Número total de monedas en circulación
1	5
2	10
3	15
4	20

EN LOS EXÁMENES

Piénsalo bien
Puedo mostrar de
**más de una
manera** que un par
ordenado es una
solución para una
ecuación.

Repaso mixto y preparación de exámenes

En la INTERNET
Preparación de exámenes
www.scottforesman.com

Escribe una ecuación para cada oración.

24. 6 menos que *t* es 1.

25. *n* dividido por 8 es 8.

Halla el número que falta.

26. 2 mi = ☐ ft   **27.** 4 L 500 mL = ☐ mL   **28.** 32 oz = ☐ lb

29. El gato de Heather se come 3 latas de comida en 2 días.
¿Cuántas latas se comerá en 2 semanas?

    A. 6 latas   **B.** 21 latas   **C.** 28 latas   **D.** 42 latas

EN LOS EXÁMENES

Piénsalo bien

Puedo **usar lo que sé.**

  1 mi = 5,280 ft

  1 L = 1,000 mL

  1 lb = 16 oz

Ampliación

Distancias en las cuadrículas de coordenadas

Halla la longitud del segmento de recta horizontal que une (5, 3) y (9, 3).

Puedes contar las unidades que hay desde un punto al otro en la cuadrícula de coordenadas. La longitud es de 4 unidades.

También puedes usar los pares ordenados.

Fíjate que el segundo número de cada par ordenado es el mismo. Resta los primeros números.

(**5**, 3) a (**9**, 3)   **9** − **5** = 4

La longitud es de 4 unidades.

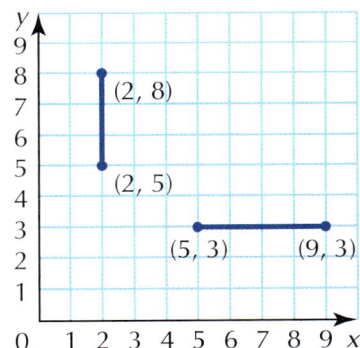

Halla la longitud del segmento de recta vertical que une (2,8) y (2,5). Puedes contar las unidades en la cuadrícula de coordenadas. La longitud es de 3 unidades.

También puedes usar los pares ordenados. Fíjate que el primer número de cada par ordenado es el mismo. Resta los segundos números.

(2, **8**) y (2, **5**) **8** − **5** = 3

La longitud es de 3 unidades.

Halla la longitud del segmento de recta que une cada par de puntos.

  1. (0, 4) y (0, 9)   **2.** (3, 1) y (3, 7)   **3.** (1, 8) y (4, 8)

  4. (6, 0) y (4, 0)   **5.** (5, 2) y (1, 2)   **6.** (5, 9) y (5, 2)

Resolución de problemas: Destreza

Identificar los detalles de apoyo te ayuda a...

identificar la información que sobra o que falta.

Idea clave

Algunos problemas tienen información que sobra y otros no tienen la información suficiente para resolverlos.

EN LOS EXÁMENES

Piénsalo bien

- Debo **usar los detalles** sobre la cantidad de zapatos de golf y tenis para correr vendidos como ayuda para resolver el problema.

Información que sobra o que falta

APRENDE

¿Contienen los problemas sólo la información necesaria para resolverlos?

Zapatos deportivos Se vendió el doble de tenis para correr que zapatos de tenis. ¿Cuántos zapatos de golf menos que tenis para correr se vendieron?

Venta de zapatos deportivos

De correr	👟👟👟👟👟👟
De basquetbol	👟👟👟👟👟
De tenis	👟👟👟
De golf	👟👟
Otros	👟

Cada 👟 = 5 pares.

Lee para comprender

Paso 1: ¿Qué sabes?

- Di el problema en tus propias palabras.

Una pictografía muestra el número de zapatos vendidos.

- Identifica datos clave y detalles.

Hay 6 dibujos en la fila de tenis para correr y dos dibujos en la de zapatos de golf.

Paso 2: ¿Qué quieres averiguar?

- Di qué se pide en la pregunta.

¿Cuántos zapatos de golf menos que tenis para correr se vendieron?

- Muestra la idea principal.

5	5	5	5	5	5
5	5		?		

Planea y resuelve

- Halla y usa la información necesaria.

Se vendieron 30 pares de tenis para correr y 10 pares de zapatos de golf. Entonces, se vendieron 30 − 10 = 20 pares menos de zapatos de golf.

✔ Hablemos

1. ¿Cuál es la información que sobra en el problema de los zapatos deportivos?

Determina si sobra o falta información para resolver cada problema. Menciona la información que no se necesita o que falta. Resuélvelo si tienes información suficiente.

1. Un cuaderno cuesta $2.48 y un bolígrafo cuesta $1.49. ¿Tiene Sarah dinero suficiente para comprar un cuaderno y dos bolígrafos?

2. Una caja contiene 200 gorras de esquí. Cada gorra se vende en $6. El primer día se vendieron 28 gorras. ¿Cuántas gorras quedaron en la caja?

PRÁCTICA

Más práctica: Grupo 12-4, página 732

En los Ejercicios 3 a 8, determina si sobra o falta información para resolver cada problema. Menciona la información que no se necesita o que falta. Resuelve el problema si tienes información suficiente.

3. Maggie tiene 2 tortugas y 3 gatos. Les dio a sus tortugas 100 trocitos de alimento en forma de pescaditos. Después de 3 días, vio que quedaban 34 pescaditos. ¿Cuántos pescaditos se comieron las tortugas en 3 días?

La gráfica circular de la derecha muestra los resultados de una encuesta hecha a los estudiantes de cuarto grado. Usa la gráfica en los Ejercicios 4 a 6.

Computadoras favoritas

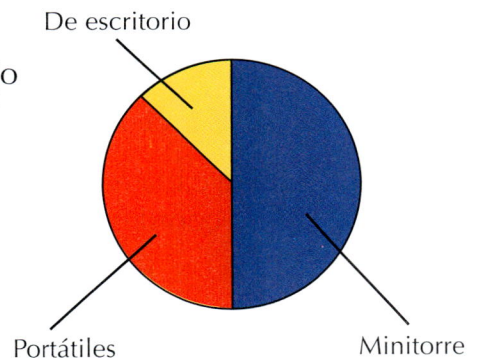

De escritorio

Portátiles

Minitorre

4. ¿Qué fracción de los estudiantes de cuarto grado dijo que una computadora con minitorre era su favorita?

5. ¿Cuántos estudiantes de cuarto grado dijeron que las computadoras portátiles eran sus favoritas?

6. ¿Cuántos estudiantes más de cuarto grado dijeron que las computadoras portátiles eran su favorita que los que dijeron que eran las computadoras de escritorio?

En los Ejercicios 7 y 8, usa la gráfica de la página 696.

7. ¿Cuántos pares de zapatos se vendieron en total?

8. ¿Cuánto dinero más se ganó con los zapatos de basquetbol que con los de tenis?

9. **Escritura en matemáticas** Inventa la información que falta para resolver algunos de los problemas anteriores. Luego, halla la respuesta.

¿Lo sabes hacer? | ¿Lo entiendes?

Desigualdades en una recta numérica (12-1)

Da tres soluciones para cada desigualdad y haz una gráfica de todas sus soluciones en una recta numérica.

1. $m < 10$

2. $z > 4$

3. $k > 14$

4. $p < 5$

A Di cómo sabes si un número es una solución para una desigualdad.

B Explica cómo muestra tu recta numérica que 7 es una solución para $z > 4$ en el Ejercicio 2.

Convertir palabras en ecuaciones (12-2)

Escribe una ecuación para cada oración.

5. 5 más que s es igual a 14.

6. t menos que 16 es 13.

7. k veces 8 es 24.

C Di cómo escribiste la ecuación del Ejercicio 7.

D Explica cómo sabes qué operación usar en el Ejercicio 6.

Ecuaciones y gráficas (12-3)

Haz una gráfica de cada ecuación en una cuadrícula de coordenadas aparte.

8. $y = x + 3$

9. $y = 3x$

Usa la ecuación $y = 5x + 3$. Halla el valor de y para cada valor de x.

10. $x = 2$

11. $x = 9$

E Di cómo hiciste la gráfica de la ecuación en el Ejercicio 8.

F Nombra 5 pares ordenados de la gráfica de la ecuación del Ejercicio 9.

Resolución de problemas: Destreza Información que sobra o que falta (12-4)

Determina si al problema le sobra o le falta información. Resuélvelo si tienes información suficiente.

12. Vestidos de muñeca Madison tiene 6 muñecas. Cada muñeca tiene 2 vestidos y 1 par de zapatos. ¿Cuántos vestidos de muñeca tiene Madison?

G Menciona los datos clave y detalles del problema de los vestidos de muñeca.

H Menciona la información que no era necesaria para resolver el problema de los vestidos de muñeca.

EN LOS EXÁMENES

Piénsalo bien

Puedo **hacer un dibujo** para hallar la solución a una desigualdad, para representar una situación y para hacer una gráfica de una ecuación.

OPCIÓN MÚLTIPLE

1. ¿Qué par ordenado es una solución para la ecuación $y = x + 7$? (12-3)

  A. (2, 8)   **B.** (8, 2)   **C.** (1, 8)   **D.** (3, 8)

2. ¿Para qué desigualdad 5 NO es una solución? (12-1)

  A. $x > 1$ **B.** $x < 3$ **C.** $x > 4$ **D.** $x < 7$

RESPUESTA LIBRE

Da tres soluciones para cada desigualdad y haz una gráfica de todas las soluciones en una recta numérica. (12-1)

  3. $a < 3$ **4.** $r < 8$ **5.** $k > 11$ **6.** $n > 0$

Escribe una desigualdad para cada oración. (12-2)

  7. 2 abejas más d abejas es igual a 11 abejas.

  8. n dividido por 6 es 7.

Para los Ejercicios 9 a 12, usa la ecuación $y = 4x - 3$. Halla el valor de y para cada valor de x. (12-3)

  9. $x = 3$ **10.** $x = 6$ **11.** $x = 1$ **12.** $x = 10$

Haz una gráfica de cada ecuación en una cuadrícula de coordenadas aparte. (12-3)

  13. $y = x + 4$ **14.** $y = x - 6$ **15.** $y = x$ **16.** $y = 2x + 3$

Usa la información de la derecha en los Ejercicios 17 y 18. Determina si sobra o falta información para resolver cada problema. Indica cualquier información que no sea necesaria o que falte. Resuélvelo si tienes la información suficiente. (12-4)

Minutos que caminó Dana la primera semana de junio

Día	Minutos
Lunes	28
Martes	35
Miércoles	40
Jueves	33
Sábado	25

17. Dana caminó el doble de minutos en la segunda semana de junio de lo que caminó Pam la primera semana. ¿Cuántos minutos caminó Dana la primera semana de junio?

18. ¿Cuántos minutos caminaron Dana y Sally en conjunto?

Escritura en matemáticas

19. Explica por qué 9 no puede ser una solución para $s < 9$. (12-1)

20. Explica por qué (3, 6) sería un punto en la gráfica de la ecuación $y = 2x$. (12-3)

Idea clave

Palabras como probable, imposible y justo describen una probabilidad.

Vocabulario

- probabilidad
- probable
- poco probable
- imposible
- seguro
- igualmente probable
- justo
- injusto

Materiales

- cubos numéricos rotulados del 1 al 6 o **e tools**

Piénsalo bien

Puedo **usar razonamiento lógico** para determinar si un suceso es probable, poco probable, imposible o seguro.

Nociones de probabilidad

APRENDE

PREPÁRATE

Dibuja un conjunto para mostrar cada fracción.

1. $\frac{2}{3}$
2. $\frac{5}{5}$
3. $\frac{0}{6}$
4. $\frac{1}{2}$

¿Cómo describes una probabilidad?

Jake participa en un juego de atrapar peces durante el picnic de verano. Los peces tienen los números que se muestran abajo.

La **probabilidad** es la posibilidad de que ocurra un suceso. Puedes describir la probabilidad de que Jake gane con las palabras **probable**, **poco probable**, **imposible** y **seguro**. Un suceso que es imposible no puede ocurrir. Un suceso que es seguro, siempre ocurrirá. La mayoría de los sucesos están entre imposible y seguro.

Ejemplo

¿Es probable, poco probable, imposible o seguro que Jake gane para cada una de las siguientes reglas del juego?

Reglas del juego

¡Un pez con un número menor que 10 gana!	Menos de $\frac{1}{2}$ de los peces tienen un número menor que 10, por tanto, es poco probable que Jake gane.
¡Un pez con un número mayor que 30 gana!	Ninguno de los peces tiene números mayores que 30, por tanto, es imposible que Jake gane.
¡Un pez con un número entre 10 y 20 gana!	Hay la misma cantidad de peces ganadores y perdedores, así que es **igualmente probable** que Jake gane o pierda.

✔ Hablemos

1. ¿Cómo puedes saber que menos de $\frac{1}{2}$ de los peces tienen un número menor que 10?

Actividad

¿Es justo?

Un juego es **justo** si es igualmente probable que cada jugador gane. Si no es así, el juego es **injusto**.

Juega cada juego con un compañero. Mientras juegas, piensa si el juego es justo o no.

a. Juega a **emparejar números.**

El jugador A lanza dos cubos numéricos rotulados del 1 al 6 cada uno, y el jugador B anota el resultado. El jugador A gana un punto cuando los números de los dos cubos son los mismos. El jugador B gana un punto cuando los números son diferentes. El primer jugador en obtener 20 puntos gana.

b. ¿Es emparejar números un juego justo? Explica por qué.

c. Juega a **menor-mayor.**

El jugador A anota el puntaje y el jugador B lanza un cubo numérico.
El jugador A gana un punto si el número del cubo es menor o igual a 3.
El jugador B gana un punto si el número del cubo es mayor que 3.
El primer jugador que obtenga 10 puntos gana.

En la INTERNET
Más ejemplos
www.scottforesman.com

d. ¿Es menor-mayor un juego justo? Explica por qué.

COMPRUEBA ✔

Otro ejemplo: Grupo 12-5, página 729

Determina si es probable, poco probable, imposible o seguro que cada flecha giratoria se detenga en rojo al girar una vez.

1. 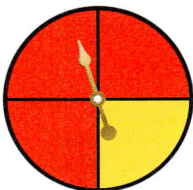   **2.**    **3.**    **4.**

5. Sentido numérico En una bolsa hay 8 bloques verdes y anaranjados. Es igualmente probable que saques un bloque verde o un bloque anaranjado de la bolsa. ¿Cuántos bloques de cada color hay en la bolsa?

PRÁCTICA

A Destrezas y comprensión

Determina si es probable, poco probable, imposible o seguro obtener cada color al sacar una canica de una bolsa como la de la derecha.

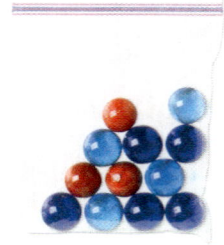

6. roja

7. no roja

8. verde

9. roja o azul

10. azul oscuro

11. no anaranjada

Sentido numérico En un juego, el jugador A obtiene un punto cuando la flecha giratoria se detiene en rojo y el jugador B obtiene un punto cuando se detiene en azul. Ningún jugador gana puntos por otro color. ¿Es justo o injusto el juego para cada una de las flechas giratorias de la derecha? Explícalo.

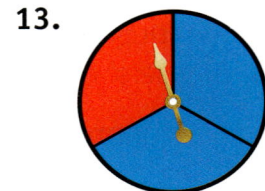

12.

13.

B Razonamiento y resolución de problemas

Matemáticas y música

El valor de cada nota musical depende de su duración.

Valor de las notas

Nombre	Redonda	Blanca	Negra	Corchea	Semicorchea
Nota					

Escribes las notas de la siguiente canción en tarjetas, las colocas en una bolsa y sacas una sin mirar. ¿Es probable, poco probable, imposible o seguro que saques

14. una negra?

15. una blanca?

16. una redonda?

17. una negra o una semicorchea?

18. una nota que no sea redonda?

19. una nota que no sea blanca?

Rema, rema así

E. O. Lyte

Re – ma, re – ma a – sí por el rí – o a – zul;

20. **Escritura en matemáticas** Describe qué es un juego injusto.

C Un paso adelante

Para cada caso, dibuja y colorea una rueda con
flecha giratoria.

21. Es seguro que
se detenga
en azul.

22. Es igualmente probable
que se detenga en azul,
rojo o amarillo.

23. Es probable que caiga
en rojo y poco
probable que se
detenga en amarillo.

Repaso mixto y preparación de exámenes

En la INTERNET
Preparación de exámenes
www.scottforesman.com

24. Determina si sobra o falta información para resolver el
siguiente problema. Indica la información que no sea
necesaria o que falte. Resuélvelo si tienes información suficiente.

Kristie y Nathan enmarcan fotos para venderlas en la feria. Kristie ha
enmarcado 3 fotos más que Nathan. ¿Cuántas ha enmarcado Nathan?

25. $0.75 + 1.2$

A. 0.87   **B.** 0.97   **C.** 1.77   **D.** 1.95

Discovery CHANNEL SCHOOL   Descubre las matemáticas en tu mundo

¿Tienes suficiente energía?

Actualmente, en los Estados Unidos la
energía proviene del petróleo, el gas natural,
el carbón, la energía nuclear y el agua.

1. Usa la gráfica de la derecha. ¿Qué
fracción de la energía producida en los
Estados Unidos representan el petróleo,
el carbón y el gas natural?

2. En 1950, en los Estados Unidos se usaron
6.84 millones de barriles de petróleo al
día. En el 2000, este número era 12.86
millones de barriles más. ¿Cuántos
millones de barriles se usaron al
día en el 2000?

En la INTERNET
Video y actividades
www.scottforesman.com

Fuentes de energía en los EE. UU.

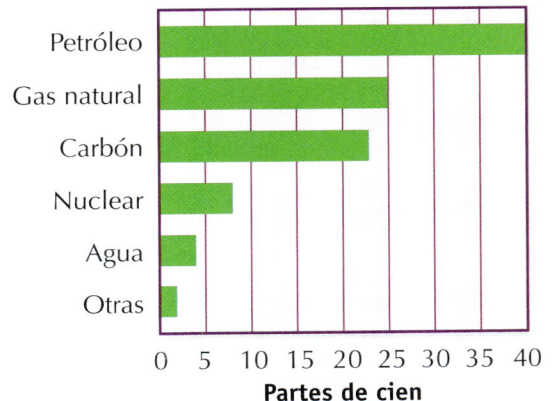

Petróleo
Gas natural
Carbón
Nuclear
Agua
Otras

0   5   10 15 20 25 30 35 40
Partes de cien

Idea clave
Puedes anotar todos los resultados posibles para la probabilidad.

Vocabulario
• resultado
• diagrama de árbol

EN LOS EXÁMENES

Piénsalo bien
Puedo **hacer un dibujo** de un diagrama de árbol para hacer una lista de todos los resultados posibles.

Anotar resultados

APRENDE

¿Cuáles son los resultados posibles?

Tamika y Janette escogen fichas de la bolsa de la derecha. Los colores posibles que pueden escoger son *rojo, azul, verde* y *amarillo*. Cada opción posible es un resultado.

✓ **PREPÁRATE**

1. Frank, Kitty y Joanne están alineados para el concurso de deletreo. Haz una lista de todas las maneras en que se pueden alinear.

Ejemplo

Anota todos los resultados posibles al hacer girar la flecha de una rueda y lanzar un cubo numérico rotulado del 1 al 6.

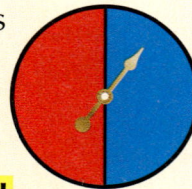

Puedes usar un **diagrama de árbol** para hallar los resultados posibles.

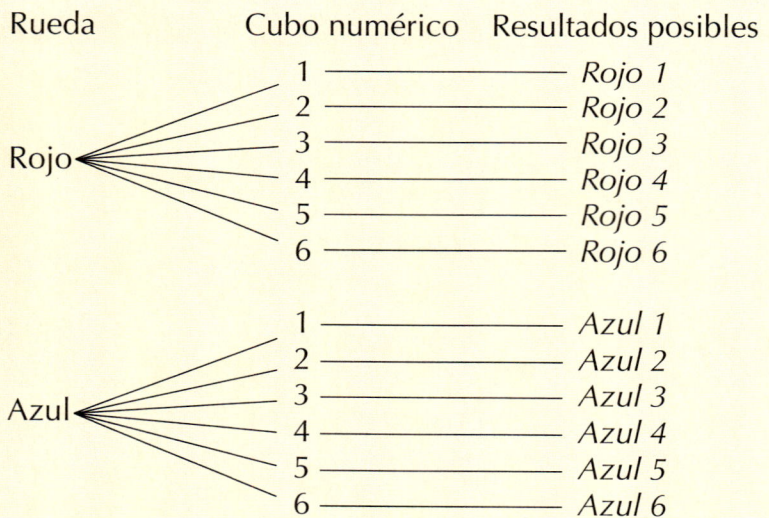

Rueda	Cubo numérico	Resultados posibles
Rojo	1	Rojo 1
	2	Rojo 2
	3	Rojo 3
	4	Rojo 4
	5	Rojo 5
	6	Rojo 6
Azul	1	Azul 1
	2	Azul 2
	3	Azul 3
	4	Azul 4
	5	Azul 5
	6	Azul 6

Hay 12 resultados posibles.

✔ Hablemos

1. ¿Pueden seleccionar Tamika y Janette una ficha anaranjada?

2. En el Ejemplo, ¿es Rojo 8 un resultado posible?

En la INTERNET
Más ejemplos
www.scottforesman.com

Otro ejemplo: Grupo 12-6, página 729

COMPRUEBA ✓

Anota todos los resultados posibles para cada situación.

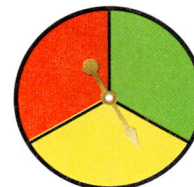

Flecha giratoria 1   Flecha giratoria 2

1. Hacer girar la flecha 1   **2.** Hacer girar la flecha 2

3. Hacer girar las flechas 1 y 2.

4. Razonamiento Haz un diagrama de árbol para mostrar todos los resultados posibles al hacer girar la flecha 2 y luego lanzar un cubo con los números 0, 2, 4, 6, 8 y 10.

PRÁCTICA

Más práctica: Grupo 12-6, página 732.

A Destrezas y comprensión

Anota todos los resultados posibles para escoger sin mirar una tarjeta de cada bolsa.

Bolsa 1   Bolsa 2

Bolsa 3

5. Bolsa 1   **6.** Bolsas 1 y 2   **7.** Bolsas 1 y 3

8. John lanza dos cubos numerados del 1 al 6. Si suma los dos números, ¿cuáles son todas las sumas posibles?

B Razonamiento y resolución de problemas

Quieres ir a uno de los restaurantes de la tabla de la derecha y luego quieres ver una de las películas que se muestran.

Restaurantes	Películas
El Gran Sándwich	Aventura
Hamburguesas y más	Comedia
Mundo Wok	Fantasía
La Mejor Barbacoa	

9. Haz un diagrama de árbol para mostrar todos los resultados posibles al escoger un restaurante y una película. ¿Cuántos resultados posibles hay?

10. Escritura en matemáticas Andrea dijo que lanzó dos cubos, numerados ambos del 1 al 6, y que multiplicó los dos números. ¿Hay más productos pares o impares? Explica cómo lo averiguaste.

Repaso mixto y preparación de exámenes

En la INTERNET
Preparación de exámenes
www.scottforesman.com

11. 405 ÷ 5   **12.** 4.5 − 2.78   **13.** 373 × 45

14. ¿Cuál describe mejor la probabilidad de sacar una vocal al escoger una tarjeta de la bolsa de la derecha?

A. Probable   **B.** Poco probable **C.** Imposible   **D.** Seguro

Idea clave
Puedes usar
fracciones para
describir las
probabilidades.

Hallar la probabilidad

APRENDE

✓ PREPÁRATE

¿Qué parte de cada una
es verde?

1. 2.

¿Cómo hallas una probabilidad?

Puedes usar fracciones para describir la
probabilidad de un suceso.

$$\text{Probabilidad} = \frac{\text{cantidad de resultados favorables}}{\text{cantidad de resultados posibles}}$$

Ejemplo A

Tiffany lanza un cubo numérico rotulado
del 1 al 6. Halla la probabilidad
de que lance un número par.

Hay 6 resultados posibles:
1, 2, 3, 4, 5 y 6.

Hay 3 resultados favorables: 2, 4 y 6.

$$\text{Probabilidad} = \frac{\text{cantidad de resultados favorables}}{\text{cantidad de resultados posibles}} = \frac{3}{6} = \frac{1}{2}$$

La probabilidad de que Tiffany lance un número par es $\frac{1}{2}$.

Ejemplo B

Miguel hace girar la flecha de la
derecha. Halla la probabilidad de
que no se detenga en amarillo.

Hay 4 resultados posibles:
rojo, azul, amarillo y verde.

Hay 3 resultados favorables: rojo, azul y verde.

$$\text{Probabilidad} = \frac{\text{cantidad de resultados favorables}}{\text{cantidad de resultados posibles}} = \frac{3}{4}$$

La probabilidad de que Miguel no saque amarillo es $\frac{3}{4}$.

✔ Hablemos

1. ¿Por qué hay 3 resultados favorables en el Ejemplo B?

2. **Razonamiento** ¿Puede haber en algún momento más
resultados favorables que resultados posibles?

¿Cuál es la probabilidad de un suceso imposible o de uno seguro?

Ejemplo C

Lanzas un cubo numérico rotulado del 1 al 6. Halla la probabilidad de que lances un número menor que 7. Luego, halla la probabilidad de que lances un 7.

Hay 6 resultados posibles. Todos los resultados posibles son menores que 7. Es seguro que lanzarás un número menor que 7.

$$\text{Probabilidad} = \frac{\text{cantidad de resultados favorables}}{\text{cantidad de resultados posibles}} = \frac{6}{6} = 1$$

Ninguno de los resultados posibles es 7. Es imposible lanzar un 7.

$$\text{Probabilidad} = \frac{\text{cantidad de resultados favorables}}{\text{cantidad de resultados posibles}} = \frac{0}{6} = 0$$

La probabilidad de que lances un número menor que 7 es 1 y la probabilidad de que lances un 7 es 0.

Un suceso imposible tiene una probabilidad de 0. Un suceso seguro tiene una probabilidad de 1. Cualquier otro suceso tiene una probabilidad entre 0 y 1.

Hablemos

3. La probabilidad de que ocurra un suceso es $\frac{2}{3}$. ¿Es el suceso probable, poco probable, imposible o seguro?

4. Razonamiento ¿Puede tener un suceso una probabilidad de $\frac{9}{8}$? Explica por qué.

En la INTERNET
Más ejemplos
www.scottforesman.com

Otro ejemplo: Grupo 12-7, página 730

COMPRUEBA ✓

Si la flecha de la derecha se hace girar una vez, escribe la probabilidad de que se detenga en

1. 2.   **2.** 3.   **3.** 5.   **4.** un número menor que 5.

5. Razonamiento ¿Es más probable que la flecha se detenga en un 2 o en un 4? Explícalo.

A Destrezas y comprensión

Escribe la probabilidad de escoger cada figura al sacar sin mirar una de las fichas que están a la derecha.

6. diamante **7.** luna **8.** corazón

9. corazón o luna **10.** que no sea círculo

11. Sentido numérico La probabilidad de que un evento ocurra es $\frac{1}{5}$. ¿Es el suceso probable, poco probable, imposible o seguro?

B Razonamiento y resolución de problemas

Matemáticas y ciencias

Gregor Mendel fue un científico del siglo XIX. Estudió miles de plantas de arvejas.

Cuando se cruza una planta que tiene dos genes de arvejas redondas (RR) con una planta que tiene dos genes de arvejas rugosas (rr), se obtienen plantas con un gen de arveja redonda y otro de arveja rugosa (Rr).

La flecha giratoria de la derecha muestra los resultados posibles al cruzar dos plantas con genes (Rr). Halla la probabilidad de que las semillas resultantes tengan los siguientes genes.

12. RR **13.** Rr **14.** rr

15. La planta hija debe tener genes (rr) para producir arvejas rugosas. ¿Es probable, poco probable, imposible o seguro que la planta hija tenga arvejas rugosas?

16. Escritura en matemáticas El maestro Martínez dijo que todos los jueves haría girar una flecha como la de la derecha. Si la flecha se detiene en rojo, no asignará tareas. Si la flecha se detiene en azul, asignará tareas. Haz una estimación de la probabilidad de que la clase no tenga tarea este jueves. Explícalo.

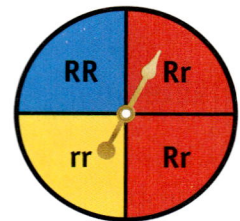

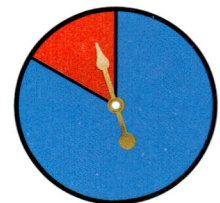

C Un paso adelante

17. Lanzas dos veces un cubo con números del 1 al 6. Haz una lista de todos los resultados posibles. Usa tu lista para hallar la probabilidad de que la suma de los números de los dos lanzamientos sea 7.

Repaso mixto y preparación de exámenes

En la INTERNET
Preparación de exámenes
www.scottforesman.com

18. Haz una lista de todos los resultados posibles al escoger una letra de la palabra MATE y luego una letra de la palabra SOL.

Usa la gráfica de la derecha en los Ejercicios 19 a 21.

¿Cuántos galones de agua había en la bañera después de

Agua en la bañera

19. 20 segundos?   **20.** 120 segundos?

21. Razonamiento ¿Cuál es la tendencia de los datos? ¿Se está llenando o vaciando la bañera?

22. Maureen compró 3 yardas de cinta amarilla. ¿Cuántas pulgadas de cinta compró?

A. 42 pulgadas   **B.** 105 pulgadas   **C.** 108 pulgadas   **D.** 126 pulgadas

Aprender con tecnología

Hacer girar flechas y lanzar monedas

Selecciona Probabilidad, de **eTools,** para simular que haces girar una flecha o lanzas una moneda.

Escoge la herramienta de flecha giratoria y el número de secciones iguales en que quieres dividirla. Luego, usa la paleta para darle un color diferente a cada sección. Imagina que la computadora hará girar la flecha 120 veces. Anota los resultados que predices que se obtendrán. Luego, ingresa 120 para el número de veces que se hará girar la flecha y observa lo que ocurre. ¿En qué se parecen los resultados de la computadora a tus predicciones?

Ahora escoge la herramienta de monedas e ingresa 120 como el número de veces que quieres lanzar la moneda. Escribe los números de caras y cruces que esperas que salgan. Haz que la computadora lance 120 veces la moneda y anota el número de caras y de cruces que salieron. ¿En qué se parecen tus predicciones a los resultados de la computadora?

Idea clave
Puedes usar la probabilidad para hacer predicciones.

Vocabulario
• predicción

Materiales
• Rueda con flecha giratoria dividida en cuartos
• cubos numéricos rotulados del 1 al 6

o **e tools**

EN LOS EXÁMENES

Piénsalo bien
Puedo **usar objetos** y **representarlos** para hacer predicciones.

Hacer predicciones

APRENDE

PREPÁRATE

Halla las fracciones equivalentes.

1. $\frac{1}{2} = \frac{\square}{10}$ 2. $\frac{3}{4} = \frac{\square}{12}$

3. $\frac{2}{3} = \frac{\square}{24}$ 4. $\frac{1}{5} = \frac{\square}{100}$

Actividad

¿Cómo haces predicciones?

Una **predicción** es una suposición acerca de lo que va a ocurrir.

En el carnaval de la escuela, un jugador gana un premio si al girar una rueda como la de la derecha, ésta se detiene en azul. Doce personas juegan este juego. ¿Cuántas personas crees que ganarán un premio?

a. ¿Cuál es la probabilidad de que la rueda se detenga en azul?

La rueda tiene $\frac{1}{4}$ azul. Como $\frac{1}{4} = \frac{3}{12}$, se puede esperar que 3 personas ganen premios, si 12 personas participan en el juego.

b. Usa una rueda con flecha giratoria dividida en cuartos, con $\frac{1}{4}$ azul. Hazla girar 12 veces. Usa marcas de conteo para anotar tus resultados. ¿Cuántas veces se detuvo la flecha en azul?

Azul	
No azul	

c. Repite la experiencia 2 veces más. ¿Se detuvo en azul exactamente 3 veces en cada 12 giros? ¿Fue cercano a 3 giros las veces que se detuvo en azul?

d. ¿Cuántas personas esperas que ganen en 32 juegos? ¿Y en 100 juegos?

e. Haz girar la flecha para probar cada predicción. ¿Son tus resultados cercanos a tus predicciones?

COMPRUEBA ✓

Otro ejemplo: Grupo 12-8, página 730

¿Cuántas veces esperarías cada resultado?

1. Cara al lanzar 30 veces una moneda

2. Cruz al lanzar 24 veces una moneda

3. Sentido numérico Imagina que se lanza 24 veces un cubo con números del 1 al 6. ¿Crees que saldrá 12 veces un 6? Explícalo.

A Destrezas y comprensión

Usa las letras de la derecha en los Ejercicios 4 a 8.
Predice cuántas veces sacarás cada letra. Regresa la
letra después de sacarla.

4. S al sacar una letra 30 veces

5. T al sacar una letra 25 veces

6. K al sacar una letra 10 veces

7. O al sacar una letra 40 veces

8. Una letra del nombre *Scott* al sacar una letra 25 veces

9. Sentido numérico Imagina que se lanza 48 veces un cubo rotulado con los
números 0, 2, 4, 6, 8 y 10. ¿Cuántas veces crees que salga un número impar?

B Razonamiento y resolución de problemas

Nicky se va a presentar como candidato a presidente de
la clase de cuarto grado y Alex se va a presentar como
candidato a vicepresidente. Encuestaron a 6 estudiantes
y obtuvieron los resultados que se muestran en la gráfica
de la derecha. Hay 60 estudiantes de cuarto grado en su
escuela. Según los resultados de la encuesta, ¿cuál es
la probabilidad de que

10. Nicky sea elegido?   **11.** Alex sea elegido?

Según los resultados de la encuesta, predice el
número de votos

12. que puede esperar Nicky en la elección.

13. que puede esperar Alex en la elección.

14. Escritura en matemáticas Jill y Hank jugaron con
una de las ruedas con flecha giratoria de la
derecha. A continuación se ven los resultados
de 21 giros. ¿Qué rueda crees que
usaron? ¿Por qué?

Rueda 1

Rueda 2

Color	Azul	Amarillo	Rojo
Número de giros	7	8	6

Repaso mixto y preparación de exámenes

En la INTERNET
Preparación de exámenes
www.scottforesman.com

Escribe la probabilidad de cada resultado al lanzar un cubo numérico rotulado del 1 al 6.

15. 5   **16.** un número par   **17.** un número menor que 5

18. Redondea 23.67 a la décima más cercana.

    A. 20   **B.** 23.6   **C.** 23.7   **D.** 24

Identificar los pasos de un proceso

Al leer en matemáticas, **identificar los pasos de un proceso** puede ayudarte a usar la **estrategia de resolución de problemas *Empieza por el final*** de la siguiente lección.

En lectura, identificar los pasos de un proceso puede ayudarte a organizar lo que lees. En matemáticas, empezar por el final puede ayudarte a resolver problemas en los que sabes el resultado de una serie de pasos.

*Primero, **identificaré los pasos** del problema.*

Un autobús sale de la terminal con algunos pasajeros. En la calle Elm, se bajan 3 pasajeros. Luego, en la parada de la biblioteca, se suben al autobús Gwen y otras 7 personas. Gwen contó 12 personas en total. ¿Cuántos pasajeros iban en el autobús al salir de la terminal?

Luego, haré un diagrama para mostrar los pasos y el resultado.

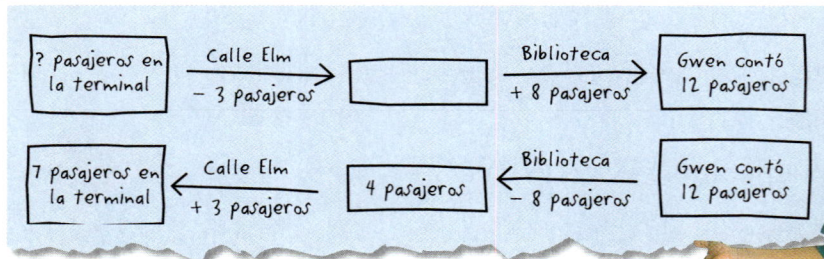

| ? pasajeros en la terminal | Calle Elm − 3 pasajeros | | Biblioteca + 8 pasajeros | Gwen contó 12 pasajeros |
| 7 pasajeros en la terminal | Calle Elm + 3 pasajeros | 4 pasajeros | Biblioteca − 8 pasajeros | Gwen contó 12 pasajeros |

*Finalmente, **empezaré por el final** desde el resultado para hacer lo opuesto en cada paso.*

1. ¿Cuántos pasos se realizaron desde el número inicial para obtener 12 como resultado?

2. Al empezar por el final, ¿cómo reviertes el paso en que 3 pasajeros se bajaron en la calle Elm?

En los Ejercicios 3 a 5, usa el siguiente problema.

Daniel plantó rosales en su nuevo jardín a comienzos del mes. Cuatro rosales murieron.Luego, plantó 6 más. Ayer trasplantó 3 de los rosales en el jardín de su primo. El dibujo de la derecha muestra cómo quedó el jardín ahora. ¿Cuántos rosales plantó Daniel a comienzos de mes?

3. Haz un diagrama para mostrar los pasos del problema.

4. Ahora, empieza por el final. ¿Cómo puedes revertir el paso en que Daniel plantó otros 6 rosales?

5. **Escritura en matemáticas** Explica los pasos para hallar cuántos rosales plantó Daniel a comienzos de mes.

En los Ejercicios 6 a 8, usa el siguiente problema.

Kansas se convirtió en estado de la Unión en el siglo XIX. Nebraska se convirtió en estado 6 años después que Kansas, y 23 años después, Idaho se convirtió en estado. En 1959, 69 años después que Idaho, Hawai se convirtió en estado. ¿En qué año se convirtió Kansas en estado?

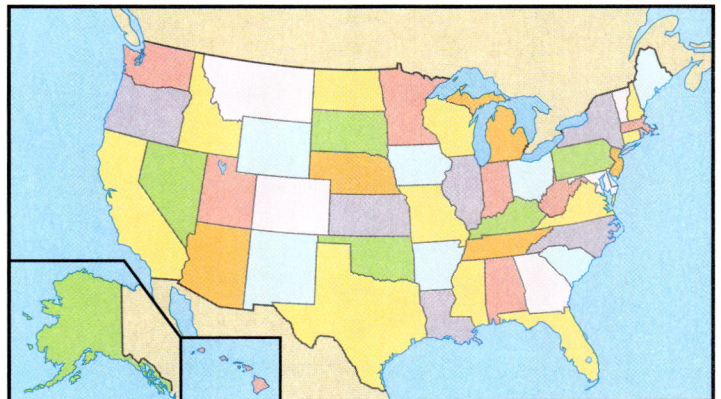

6. Haz un diagrama para mostrar los pasos del problema.

7. Ahora empieza por el final. ¿Cómo puedes revertir el paso en que Hawai se convirtió en estado?

8. **Escritura en matemáticas** Loren cree que Kansas se convirtió en estado en 1851. ¿Qué pasos darías para comprobar su respuesta?

Resolución de problemas: Estrategia

Identificar los pasos de un proceso **te ayuda con...** la estrategia de resolución de problemas *Empieza por el final.*

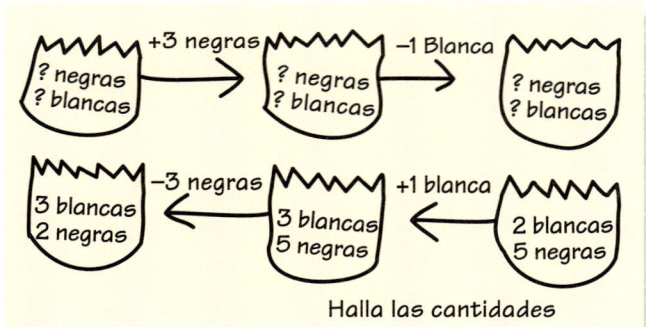

Idea clave
Aprender cómo y cuándo empezar por el final te ayuda a resolver problemas.

Empezar por el final

APRENDE

¿Cómo empiezas por el final para resolver un problema?

Intercambio de canicas Una bolsa contiene algunas canicas blancas y otras canicas negras. Colocas en la bolsa 3 canicas negras más y luego sacas 1 canica blanca. Entonces, te quedan 7 canicas en la bolsa y la probabilidad de escoger una canica blanca es de $\frac{2}{7}$. ¿Cuántas canicas de cada color había al comienzo?

EN LOS EXÁMENES

Piénsalo bien

Debo **revertir los pasos** que terminan en 2 canicas blancas y 5 canicas negras para hallar la cantidad inicial.

Lee para comprender

Paso 1: ¿Qué sabes? Había 7 canicas al final y la probabilidad de escoger una blanca era de $\frac{2}{7}$.

Paso 2: ¿Qué quieres averiguar? El número de canicas negras y de canicas blancas que había al comienzo.

Planea y resuelve

¿Qué estrategia usarás?

¿Cómo empiezas por el final?

Paso 1 Identifica la cantidad final.

Paso 2 Haz un dibujo para mostrar cada cambio desde la cantidad inicial.

Paso 3 Empieza por el final. Revierte cada paso haciendo lo opuesto de cada cambio.

Empieza por el final

Halla las cantidades

Respuesta: Había 3 canicas blancas y 2 canicas negras al comienzo.

Vuelve y comprueba

¿Es razonable tu respuesta? Sí, si empiezo con 3 canicas blancas y 2 negras, termino con 2 canicas blancas y 5 negras.

✓ Hablemos

1. ¿Cómo sabes que había 2 canicas blancas y 5 canicas negras al terminar?

Empieza por el final para resolver los problemas. Da la respuesta en una oración completa.

1. Tracy tiene ensayo de banda a las 10:15 A.M. Demora 20 minutos en ir de su casa al ensayo y 5 minutos en prepararse. ¿A qué hora debe salir de su casa para llegar a tiempo al ensayo?

2. En un microbús viajaban 4 estudiantes de cuarto grado. Se subieron dos niñas y se bajó un niño.

Entonces, quedaron 5 estudiantes y $\frac{3}{5}$ eran niñas. ¿Cuántas niñas había al comienzo en el microbús?

PRÁCTICA

Más práctica: Grupo 12-9, página 733

Resuelve. Escribe la respuesta en una oración completa.

3. En la obra de la escuela, Vince, Stan y Pete serán George Washington, Thomas Jefferson y Patrick Henry. ¿De cuántas maneras diferentes se pueden asignar los 3 roles a los 3 niños?

4. Roberto, Melissa y René se turnan para trabajar en el puesto durante el juego de basquetbol. Deben compartir 2 horas en tiempos iguales. ¿Cuánto trabajará cada uno?

5. Una diagonal une dos vértices de un polígono, pero no es un lado. ¿Cuántas diagonales puede tener un octágono?

diagonal

6. La Declaración de Independencia se firmó en 1776. Tres años antes tuvo lugar el Motín del Té de Boston. Boston se fundó 143 años antes del Motín del Té. ¿En qué año se fundó Boston?

7. **Escritura en matemáticas** Resuelve el siguiente problema. Luego, explica cómo lo resolviste.

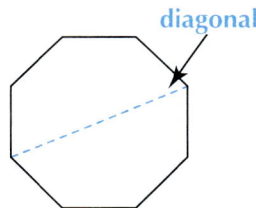

Lleva una hora y media ir de la escuela al museo de la Guerra de Independencia. La clase necesita una hora y 45 minutos para visitar una parte del museo. Quieren finalizar su visita a esa parte antes del almuerzo a las 11:45. ¿A qué hora debe salir de la escuela la clase?

ESTRATEGIAS

- **Muestra lo que sabes**
  Haz un dibujo
  Organiza la información en una lista
  Haz una tabla
  Haz una gráfica
  Represéntalo o usa objetos
- **Busca un patrón**
- **Prueba, comprueba y revisa**
- **Escribe una oración numérica**
- **Usa razonamiento lógico**
- **Resuelve un problema más sencillo**
- **Empieza por el final**

Escoge uno

Cálculo mental

La cantidad de té que se arrojó en la bahía de Boston en el Motín del Té era suficiente para hacer 24 millones de tazas de té.

DK Resolución de problemas: Aplicaciones

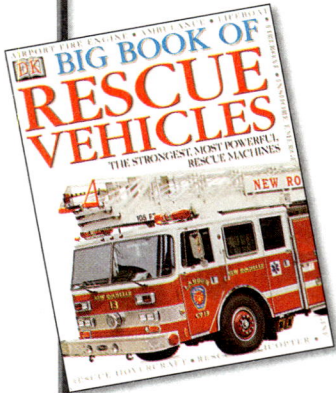

Helicópteros para combatir incendios Los helicópteros para combatir incendios llegan a lugares a los que los camiones de bomberos no se pueden aproximar. Pueden lanzar agua sobre un objetivo más rápidamente y de manera más precisa que un avión. Sus tanques de agua se pueden llenar en una laguna de sólo 18 pulgadas de profundidad. Estos helicópteros son unas máquinas asombrosas para combatir incendios.

Dato curioso La sal del agua puede causar problemas al motor de un helicóptero. Para evitar esto, a los motores de los helicópteros que sobrevuelan agua salada se les rocía con una mezcla de químicos y huesos de duraznos molidos.

1 El helicóptero de abajo se parece a una libélula. Algunas libélulas pueden volar hasta a 61 millas por hora. El helicóptero puede volar aproximadamente al doble de la velocidad de la libélula. ¿Aproximadamente a qué velocidad puede volar este helicóptero?

2 Un helicóptero pequeño puede lanzar 75 galones de agua a la vez. El helicóptero grande que se muestra abajo puede cargar 35 veces esa cantidad de agua. ¿Aproximadamente cuánta agua puede cargar este helicóptero?

3 Un helicóptero para combatir incendios puede lanzar 30,000 galones de agua en una hora. A esta velocidad, ¿cuántos galones de agua podría lanzar entre el mediodía y la medianoche?

4 Se pueden instalar unos cañones de agua en el helicóptero para esparcir agua a una distancia de 160 pies a una velocidad de 300 galones por minuto. ¿Durante cuánto tiempo podrá lanzar agua el helicóptero si tiene 2,100 galones de agua en su tanque?

Buenas noticias/Malas noticias Los helicópteros pueden combatir los incendios demanera más eficaz que los camiones olos aviones. Sin embargo, su uso puede llegar a costar $4,000 la hora.

Usar datos clave

5 El peso de un helicóptero vacío es de aproximadamente 19,300 libras. ¿Cuánto peso adicional puede transportar?

Datos clave
Aircrane Helitanker

- Altura: 25.3 pies
- Longitud: 70.2 pies
- Diámetro del rotor: 71.9 pies
- Peso máximo total: 42,000 libras

6 **Escritura en matemáticas** Escribe tu propio problema verbal sobre helicópteros. Escribe la respuesta en una oración completa.

7 **Tomar decisiones** Imagina que quieres pintar de 2 colores un modelo de helicóptero. Las pinturas vienen en los grupos de 3, 4 ó 5 colores que se muestran a continuación. ¿Qué grupo de pinturas comprarías? ¿Cuántas combinaciones de 2 colores diferentes es posible hacer con ese grupo?

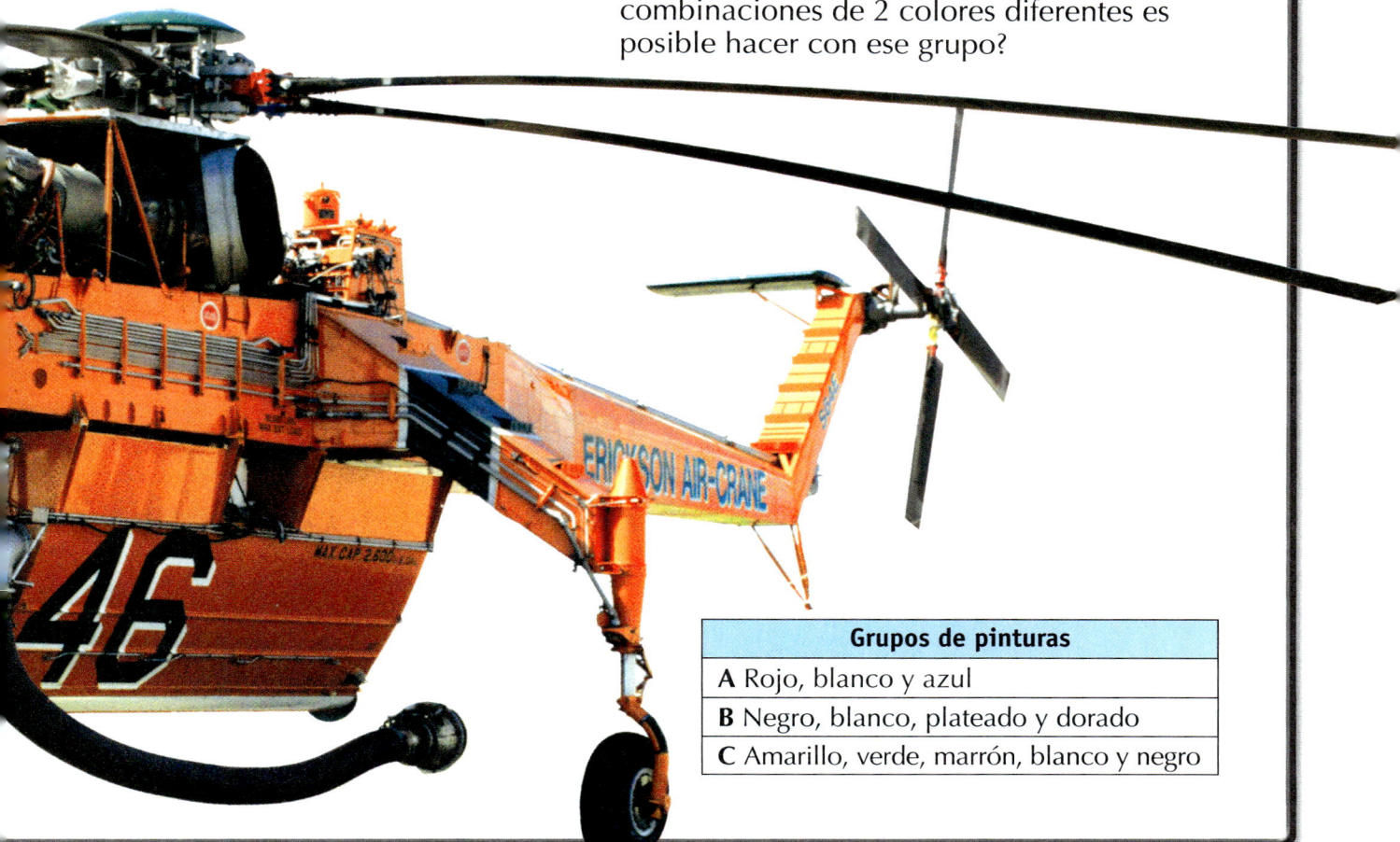

Grupos de pinturas
A Rojo, blanco y azul
B Negro, blanco, plateado y dorado
C Amarillo, verde, marrón, blanco y negro

¿Lo sabes hacer?

¿Lo entiendes?

Nociones de probabilidad (12-5); Hallar la probabilidad (12-7)

1. Haces girar la flecha de la derecha. ¿Es probable, poco probable, imposible o seguro que se detenga en azul? ¿Y en verde?

¿Cuál es la probabilidad de que se detenga

2. en rojo?　　　**3.** en amarillo?

Ⓐ Di cómo describiste las probabilidades en el Ejercicio 1.

Ⓑ Explica cómo hallaste la probabilidad en el Ejercicio 2.

Anotar resultados (12-6)

Anota todos los resultados posibles para cada situación. Escoges una letra de

4. la palabra No.　　　**5.** la palabra Más.

6. la palabra No y luego Más.

Ⓒ ¿Qué es un resultado?

Ⓓ Explica cómo hallaste los resultados del Ejercicio 6.

Hacer predicciones (12-8)

¿Cuántas veces crees que saldrá cada resultado?

7. Cruz al lanzar 80 veces una moneda.

8. Un número par al lanzar 60 veces un cubo con números del 1 al 6.

Ⓔ Di cómo hiciste tu predicción en el Ejercicio 7.

Ⓕ Si en realidad lanzas un cubo 60 veces, explica por qué esperarías obtener *aproximadamente* 10 veces un 6 en lugar de obtenerlo *exactamente* 10 veces.

Resolución de problemas: Estrategia　Empezar por el final (12-9)

9. Fútbol Jackson volvió a casa de su entrenamiento de fútbol a las 6:30 P.M. Se demoró 15 minutos en llegar a casa. Su entrenamiento duró 1 hora y 15 minutos. Se demoró 10 minutos en llegar a entrenar. ¿A qué hora se fue Jackson a entrenar?

Ⓖ Explica cómo puedes resolver el problema del fútbol empezando por el final.

Ⓗ Explica otra manera de resolver el problema de fútbol.

EN LOS EXÁMENES

Piénsalo bien

Puedo **usar el razonamiento lógico** para hallar resultados y probabilidades y para hacer predicciones.

OPCIÓN MÚLTIPLE

1. ¿Qué opción describe mejor la probabilidad de obtener rojo al hacer girar la flecha de la derecha? (12-5)

A. probable

C. imposible

B. poco probable

D. seguro

2. ¿Cuál NO es un resultado posible si haces girar la flecha de la derecha? (12-6)

A. azul   **B.** verde   **C.** rojo   **D.** amarillo

RESPUESTA LIBRE

Determina si es probable, poco probable, imposible o seguro sacar una figura de la Bolsa 1 de la derecha. (12-5)

3. estrella   **4.** triángulo   **5.** no hexágono

6. Anota todos los resultados posibles para sacar una figura de la Bolsa 2 de la derecha. (12-6)

Bolsa 1

Escribe la probabilidad de escoger cada figura al sacar sin mirar una figura de la Bolsa 1. (12-7)

7. una estrella   **8.** un cuadrado   **9.** no círculo

10. Usa la Bolsa 2 de la derecha. Predice cuántas veces sacarás un triángulo si sacas 20 veces una figura. Debes regresar la figura a la bolsa después de sacarla. (12-8)

Bolsa 2

Escritura en matemáticas

11. Explica si la siguiente situación es justa o no. De no ser así, ¿qué podrías hacer para que sea justa? (12-5)

Las niñas se alinean primero para almorzar los días que empiezan con M. Los niños se alinean primero para almorzar los días que no empiezan con M.

12. Resuelve el siguiente problema. Luego, explica cómo lo resolviste. (12-9)

El papá de Linda rebanó un melón en trozos iguales. Linda se comió 3 trozos. Luego, Nora se comió 2 trozos, que eran $\frac{2}{5}$ de lo que Linda había dejado. ¿En cuántos trozos se cortó el melón?

Estrategias para exámenes

Comprende la pregunta.

Reúne información para hallar la respuesta.

Planea cómo hallar la respuesta.

Escoge la mejor opción.

Usa escritura en matemáticas.

→ **Mejora las respuestas escritas.**

Mejora las respuestas escritas

Puedes seguir los siguientes consejos para aprender a mejorar las respuestas escritas en un examen. Es importante escribir una respuesta clara e incluir toda la información necesaria para responder la pregunta.

La siguiente guía se usa para calificar las Preguntas del examen 1 y 2.

Guía para calificar

4 puntos

Calificación máxima: 4 puntos

La predicción es razonable y la explicación es correcta.

3 puntos

Calificación parcial: 3 puntos

La predicción es razonable, pero le faltan detalles a la explicación.

2 puntos

Calificación parcial: 2 puntos

La predicción es razonable o la explicación es correcta, pero no ambas.

1 punto

Calificación parcial: 1 punto

La predicción no es razonable. La explicación indica una comprensión parcial.

0 puntos

Calificación nula: 0 puntos

La predicción y la explicación son ambas incorrectas o no aparecen.

1. Se rotuló con letras la rueda de una flecha giratoria. Ed anotó los resultados de 12 giros.

Resultados de la flecha giratoria

Letra	Cantidad de giros
Vocal	3
Consonante	9

Imagina que Ed hace girar 100 veces la flecha. Según sus datos, predice la cantidad de veces de 100 en que la flecha se detendrá en una vocal. Explica cómo hiciste tu predicción.

Mejora las respuestas escritas

• Verifica que tu respuesta esté completa.

*Para **obtener la mayor cantidad de puntos posibles,** debo predecir el número de veces que la flecha se detendrá en una vocal y debo explicar cómo hice mi predicción.*

• Verifica que tu respuesta tenga sentido.

*En los datos de Ed, salió una vocal en menos de la mitad de los resultados. Debo **verificar que mi predicción** sea menor que la mitad de 100 giros.*

• Comprueba si tu explicación es clara y fácil de seguir.

*¿He explicado de una **manera clara y precisa** mi trabajo? ¿**Describí los pasos en orden?** ¿Incluí sólo la información que se pedía?*

David usó la guía de la página 720 para calificar la respuesta de un estudiante a la Pregunta 1 del examen. A continuación, se muestra el trabajo de un estudiante.

Aproximadamente __50__ veces

En las siguientes líneas, explica cómo hiciste tu predicción.

Como hay dos resultados posibles, cada uno tiene una probabilidad de $\frac{1}{2}$.

Por tanto, busqué la mitad de 100 y eso es 50.

Piénsalo bien

La predicción no es razonable. Debe ser menos de 50. La explicación es incorrecta. El estudiante debió haber averiguado la probabilidad de los datos. $\frac{3}{12} = \frac{1}{4}$. Luego, debió escribir las fracciones equivalentes: $\frac{1}{4} = \frac{25}{100}$. Entonces 25 es una predicción razonable.

Como el estudiante mostró escaso conocimiento de cómo usar la probabilidad para hacer predicciones, la calificación es de 1 punto.

Ahora es tu turno

Califica el trabajo del estudiante. Si no obtiene 4 puntos, reescríbelo para que los obtenga.

2. Una rueda con flecha giratoria tiene 3 colores. Yolanda anotó los resultados de 12 giros.

Resultados de la flecha giratoria

Color	Cantidad de giros
Rojo	2
Verde	6
Amarillo	4

Imagina que Yolanda hace girar 60 veces la flecha giratoria. Según sus datos, predice el número en que la flecha se detendrá en rojo en 60 veces.

Explica cómo hiciste tu predicción.

Creo que Yolanda obtendrá rojo 10 veces. Primero usé los datos para hallar la probabilidad de que la flecha se detenga en rojo. Es $\frac{2}{12} = \frac{1}{6}$. Luego, escribí una fracción equivalente para $\frac{1}{6}$.

"Des-" indica lo contrario del significado, como en deshacer.

Una **desigualdad** *indica que las cantidades no son iguales.* (p. 688)

¿Lo entendí?

3 < 6

3 es menor que 6

Haz una gráfica de desigualdades en una recta numérica. (Lección 12-1)

Haz una gráfica de la **desigualdad** $m < 6$.

Dibuja un círculo vacío sobre el 6 en una recta numérica. Halla varias soluciones y márcalas en la recta numérica. Recuerda, $m < 6$ significa "m es menor que 6".

Partiendo del círculo vacío, colorea todas las demás soluciones. Coloca una flecha al final para indicar que las soluciones siguen hasta el infinito.

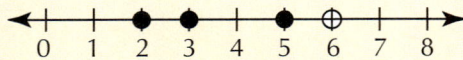

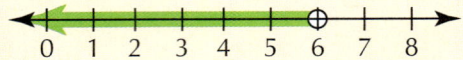

1. Haz una gráfica de $p > 4$ en una recta numérica.

"Orden" forma parte de par ordenado.

Recuerda poner atención al orden de los números en un par ordenado. (6,2) *y* (2,6) *representan ubicaciones diferentes.* (p. 692)

¿Lo entendí?

Hacer gráficas de ecuaciones. (Lección 12-3)

Haz una gráfica de $y = x + 3$ en una cuadrícula de coordenadas.

Haz una tabla. Escoge 5 valores de x, y halla el valor de $x + 3$ para esos valores.

x	y = x + 3	(x, y)
0	y = 0 + 3	(0, 3)
1	y = 1 + 3	(1, 4)
2	y = 2 + 3	(2, 5)
3	y = 3 + 3	(3, 6)
4	y = 4 + 3	(4, 7)

Marca los **pares ordenados** en una cuadrícula de coordenadas. Une los puntos con una línea.

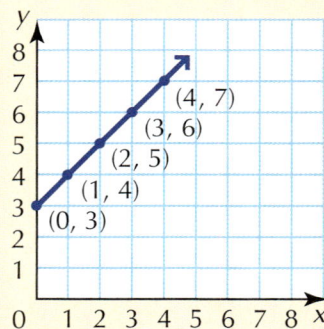

(4, 7)
(3, 6)
(2, 5)
(1, 4)
(0, 3)

2. Haz una gráfica de $y = x - 2$.

Estoy segura de que puedo colocar un envase pequeño de leche en mi lonchera.

Pero es imposible colocar un galón de leche.

¿Lo entendí?

Hallar las probabilidades y hacer predicciones. (Lecciones 12-5, 12-6, 12-7 y 12-8)

Haz un **diagrama de árbol** para mostrar los **resultados** posibles si se lanzan 2 monedas.

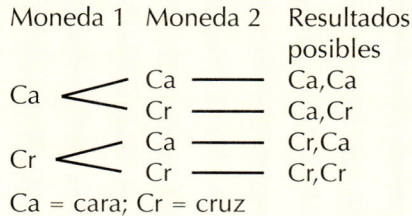

Moneda 1	Moneda 2	Resultados posibles
Ca	Ca	Ca,Ca
	Cr	Ca,Cr
Cr	Ca	Cr,Ca
	Cr	Cr,Cr

Ca = cara; Cr = cruz

Haz una **predicción** acerca de cuántas veces un cubo numerado del 1 al 6 caerá en 2 si lo lanzas 30 veces.

Halla la **probabilidad:** $\frac{1}{6}$.

Luego, escríbela con 30 en el denominador: $\frac{1}{6} = \frac{5}{30}$.

El cubo podría caer en 2 aproximadamente 5 veces.

La **probabilidad** de un suceso va de 0 a 1.

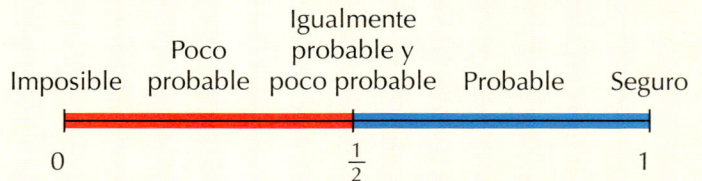

Imposible   Poco probable   Igualmente probable y poco probable   Probable   Seguro

0      $\frac{1}{2}$ 1

3. Si lanzas un cubo numérico, ¿cuál es la probabilidad de obtener un número menor que 5?

Un suceso **seguro** tiene que ocurrir. Tiene una probabilidad de 1.

Un suceso **imposible** no puede ocurrir. Tiene una probabilidad de 0. (p. 700)

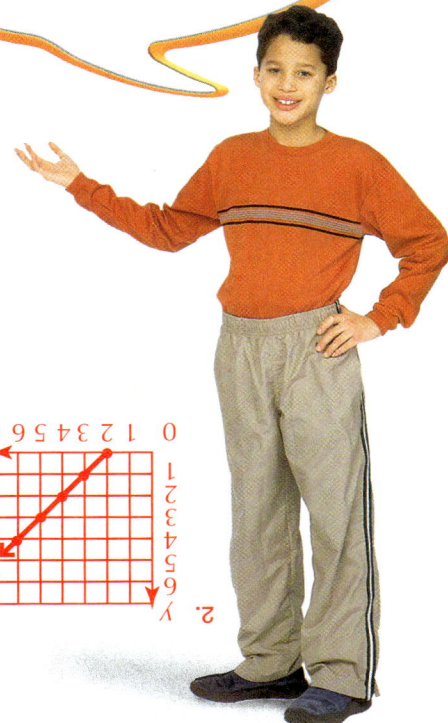

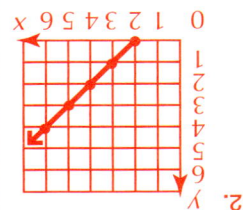

¿Lo entendí?

Identificar la información necesaria y empezar por el final. (Lecciones 12-4 y 12-9)

Identifica la Información que sobra o que falta. Resuelve el problema si es posible.

Una panadería horneó 196 donas. Cada una se vendió en 65¢. La panadería vendió 143 donas. ¿Cuántas quedaron?

196 − 143 = 53   La información acerca del precio no es necesaria.

Quedaron 53 donas.

Empieza por el final desde el último resultado, usando la operación opuesta en cada cambio.

El papá de Sue le dio una alcancía con dinero. Sue agregó $7.00 y luego sacó $4.45. Le quedaron entonces $14.15 en la alcancía. ¿Cuánto tenía al comienzo?

$14.15 + $4.45 − $7.00 = $11.60

Había $11.60 al comienzo.

4. Roy gastó $48.16 en 4 CDs y $8.35 en un libro. ¿Cuánto costó cada CD?

OPCIÓN MÚLTIPLE

Escoge la letra de la respuesta correcta.

1. ¿Qué desigualdad se representa gráficamente en la siguiente recta numérica?

A. $m > 6$ **C.** $m < 6$

B. $m < 4$ **D.** $m > 5$

2. ¿Qué ecuación representa la oración "7 menos que q es 21"?

A. $7 - q = 21$ **C.** $q \div 7 = 21$

B. $q < 7$ **D.** $q - 7 = 21$

3. ¿Qué par ordenado es una solución para la ecuación $y = 3x$?

A. (3, 2)   **C.** (2, 6)

B. (9, 3)   **D.** (2, 3)

4. A continuación se muestra la gráfica de una ecuación. ¿Cuál de las siguientes NO es una solución para esa ecuación?

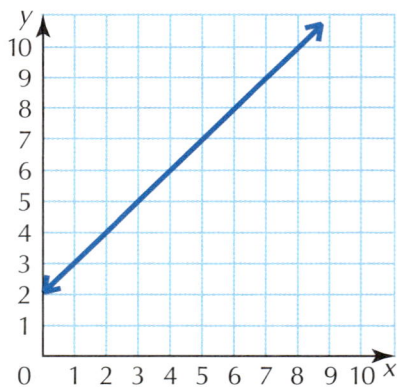

A. (0, 1)   **C.** (1, 3)

B. (2, 4)   **D.** (5, 7)

5. ¿Qué opción describe mejor la probabilidad de sacar una canica roja de esta bolsa?

A. probable

B. poco probable

C. imposible

D. seguro

6. ¿Cuántos resultados posibles hay si se hacen girar al mismo tiempo las dos flechas siguientes?

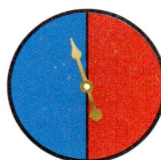

A. 2   **B.** 3   **C.** 5   **D.** 6

7. Lanzas un cubo numérico rotulado del 1 al 6. Halla la probabilidad de lanzar un número menor que 3.

A. $\frac{2}{3}$ **C.** $\frac{1}{3}$

B. $\frac{1}{2}$ **D.** $\frac{1}{6}$

Piénsalo bien

Debo **leer con atención cada parte de la pregunta.**

8. Predice cuántas veces sacarás una **P** de entre estas letras si sacas 30 veces una letra. (Regresas la letra después de sacarla).

A. 2   **B.** 6   **C.** 10   **D.** 12

9. La siguiente recta numérica muestra las soluciones a una desigualdad. ¿Cuál de las siguientes NO es una solución?

     0 1 2 3 4 5 6 7 8 9 10

A. $m = 3$ **C.** $m = 6.75$

B. $m = 5$ **D.** $m = 7\frac{1}{2}$

10. Tom hace girar la siguiente flecha. ¿Cuál es la probabilidad de que NO se detenga en rojo?

A. $\frac{1}{4}$ **C.** $\frac{3}{4}$

B. $\frac{1}{2}$ **D.** 1

RESPUESTA LIBRE

En un juego, el Jugador A gana un punto cuando la flecha giratoria se detiene en verde y el Jugador B gana un punto cuando se detiene en azul. Determina para cada rueda, si el juego es injusto o justo.

11.    **12.**

Halla el valor de *y* para cada valor de *x* usando la ecuación $y = 3x + 4$.

13. $x = 1$ **14.** $x = 4$

15. $x = 3$ **16.** $x = 8$

Da tres soluciones para cada desigualdad y haz una gráfica de todas las soluciones en un recta numérica.

17. $q > 9$ **18.** $k < 4$

Escribe una ecuación para cada oración.

19. 8 tazas de harina mezcladas con *p* tazas de harina son 15 tazas de harina.

20. 7 grupos de *q* manzanas son 14 manzanas.

21. 24 dividido por *n* es 8.

22. Empieza por el final para resolver este problema.

Una bolsa tiene algunas fichas rojas y otras fichas azules. Colocas 4 fichas rojas más y sacas 2 fichas azules. La bolsa queda entonces con 6 fichas, y la probabilidad de escoger una ficha roja es de $\frac{5}{6}$. ¿Cuántas fichas de cada color había al comienzo en la bolsa?

Escritura en matemáticas

23. Determina si en este problema sobra o falta información. Indica la información que no es necesaria o la que falta. Resuelve el problema si tienes información suficiente.

Alex tiene 30 baldosas rectangulares para cubrir el piso de su cocina. La cocina mide 10 pies de ancho. ¿Tiene Alex baldosas suficientes para cubrir el piso de la cocina?

24. Explica la diferencia entre desigualdad y ecuación.

25. Describe un suceso para mañana cuya probabilidad de ocurrir sea imposible.

Números y operaciones

OPCIÓN MÚLTIPLE

1. ¿Cuál de los siguientes grupos de números está ordenado de mayor a menor?

   A. 6,396   6,936   6,639   6,369

   B. 6,369   6,639   6,396   6,936

   C. 6,369   6,396   6,639   6,936

   D. 6,936   6,639   6,396   6,369

2. Un lápiz mide 17.34 cm de largo y un bolígrafo mide 14.4 cm de largo. ¿Cuánto más mide el lápiz?

   A. 3.30 cm   **C.** 2.06 cm

   B. 2.94 cm   **D.** 1.51 cm

3. Halla el producto de 17 por 28.

   A. 45   **C.** 426

   B. 224   **D.** 476

RESPUESTA LIBRE

4. Linda caminó $\frac{2}{3}$ de milla a la escuela, $\frac{1}{2}$ milla a la práctica de fútbol después de la escuela y luego $\frac{3}{4}$ de milla a casa desde la práctica. ¿Cuántas millas caminó en total?

5. Si se dividen 56 estudiantes en 8 equipos, ¿cuántos estudiantes habrá en cada equipo?

Escritura en matemáticas

6. Explica cómo redondear 27,846 al millar más cercano. Escribe la respuesta.

Geometría y medición

OPCIÓN MÚLTIPLE

7. Usa las horas de los siguientes relojes para hallar el tiempo transcurrido. (Ambas horas son P.M.)

   A. 3 h 25 min   **C.** 3 h 45 min

   B. 2 h 35 min   **D.** 2 h 25 min

8. ¿Qué par de rectas forman siempre ángulos rectos?

   A. paralelas   **C.** perpendiculares

   B. secantes   **D.** semejantes

RESPUESTA LIBRE

9. ¿Cuál es el volumen del cubo de la derecha?

10. Cuando Allen nació, pesó 7 libras 13 onzas. Un año después, pesaba 23 libras 11 onzas. ¿Cuánto subió de peso en un año?

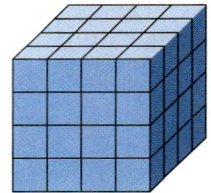

Escritura en matemáticas

11. Todos los lados del triángulo *ABC* son congruentes. ¿Cuál es el perímetro del triángulo? ¿Qué clase de triángulo es? Explica tus respuestas.

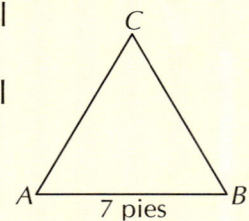

Análisis de datos y probabilidad

OPCIÓN MÚLTIPLE

12. ¿Qué te indica la escala en una gráfica de barras?

    A. De qué trata la gráfica en general

    B. Las unidades usadas en la gráfica

    C. Qué datos se muestran en la gráfica

    D. Lo que representa cada conjunto de datos

13. ¿Cuál es la media de este grupo de datos?

    6, 8, 7, 6, 9, 5, 4, 11

    A. 6   **B.** 6.5   **C.** 7   **D.** 8

RESPUESTA LIBRE

Usa las flechas giratorias en los Ejercicios 14 a 16.

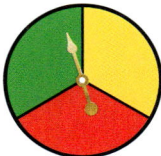   

    A   B

14. Halla la probabilidad de que la flecha se detenga en rojo para cada rueda giratoria.

15. Describe la probabilidad de que la flecha giratoria A se detenga en azul como probable, poco probable, imposible o seguro.

Escritura en matemáticas

16. Predice cuántas veces la flecha giratoria B se detendrá en azul si la haces girar 20 veces. Explica cómo hiciste tu predicción.

Álgebra

OPCIÓN MÚLTIPLE

17. A continuación se muestra la gráfica de una ecuación. ¿Qué par ordenado es una solución para esta ecuación?

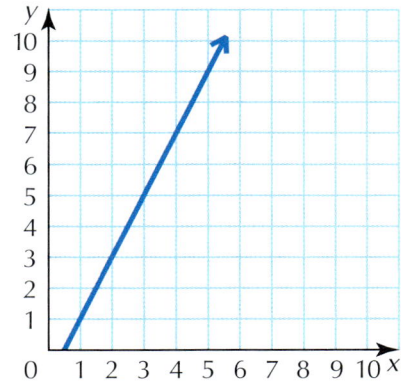

    A. $(1, 3)$ **C.** $(1, 2)$

    B. $(2, 1)$ **D.** $(3, 5)$

18. ¿Qué par ordenado NO es una solución para la ecuación $y = x + 10$?

    A. $(0, 10)$ **C.** $(10, 20)$

    B. $(2, 12)$ **D.** $(5, 25)$

RESPUESTA LIBRE

19. Usa la ecuación $y = 3x + 2$ para completar la tabla de soluciones.

x	1	2	3	4
y				

20. Escribe una ecuación para la oración "k menos 13 libros son 9 libros".

Escritura en matemáticas

21. Explica cómo hacer una gráfica de la desigualdad $m < 3$ en una recta numérica.

EN LOS EXÁMENES

Piénsalo bien

Debo **explicar mis pasos en orden.**

Grupo 12-1 (páginas 688–689)

Da tres soluciones para $a < 4$ y haz una gráfica de todas las soluciones en una recta numérica.

0, 2 y 3 son tres soluciones.

Recuerda que usas un círculo para mostrar que el número que está en el círculo no es una solución.

Da tres soluciones y haz una gráfica de cada desigualdad.

1. $m > 5$ **2.** $z < 13$

3. $a < 10$ **4.** $d > 7$

5. $n < 3$ **6.** $p > 16$

Grupo 12-2 (páginas 690–691)

Escribe una ecuación para el problema.

Jason tenía algunos lápices. Compró 7 más. Ahora tiene 12 lápices.

Lápices que tenía		Lápices que compró		Cantidad total de lápices
p	+	7	=	12

La ecuación es $p + 7 = 12$.

Recuerda que $3 \times p$ se escribe $3p$.

Escribe una ecuación para cada problema.

1. 4 pelotas más g pelotas son 12 pelotas.

2. s menos que 18 es 4.

3. 6 veces c es 24.

4. 48 canicas divididas por n son 6 canicas.

Grupo 12-3 (páginas 692–695)

Haz una gráfica de $y = x + 3$ en una cuadrícula de coordenadas.

Haz una tabla de pares ordenados.

x	$y = x + 3$	(x, y)
0	$y = 0 + 3 = 3$	$(0, 3)$
1	$y = 1 + 3 = 4$	$(1, 4)$
2	$y = 2 + 3 = 5$	$(2, 5)$
3	$y = 3 + 3 = 6$	$(3, 6)$

Marca los pares ordenados y une los puntos.

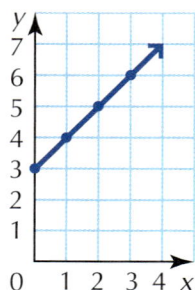

Recuerda que el primer número en un par ordenado te indica cuántas unidades moverte a la derecha y el segundo te indica cuántas unidades moverte hacia arriba.

Haz una gráfica de cada ecuación.

1. $y = x + 1$ **2.** $y = x + 4$

3. $y = x - 5$ **4.** $y = x - 7$

5. $y = x$ **6.** $y = 5x$

Grupo 12-4 (páginas 696–697)

Determina si en el problema falta o sobra información. Menciona la información que no es necesaria o que falta.

Resuélvelo si tienes información suficiente.

La leche cuesta $2.79 el galón. ¿Cuánto gastó Tami en leche?

No hay suficiente información. No puedes resolver este problema porque no sabes cuántos galones de leche compró.

Recuerda que algunos problemas tienen información que no necesitas.

1. Virginia compró 3 paquetes de invitaciones y un libro de estampillas. Cada paquete de invitaciones costó $2.35. ¿Cuánto gastó Virginia en las invitaciones?

2. Preston lee todas las noches antes de irse a dormir. El martes leyó 25 minutos. ¿Cuántos minutos leyó Preston durante la semana?

Grupo 12-5 (páginas 700–703)

Determina si es probable, poco probable, imposible o seguro sacar una ficha amarilla de la bolsa de la derecha.

Como hay una sola ficha amarilla, es poco probable que saques una ficha amarilla.

Recuerda que los resultados son *igualmente probables* si cada uno tiene la misma probabilidad de ocurrir.

Determina si es probable, poco probable, imposible o seguro sacar cada ficha de la bolsa de la izquierda.

1. una ficha azul

2. una ficha morada

3. una ficha roja o azul

4. no una ficha marrón

Grupo 12-6 (páginas 704–705)

Anota todos los resultados posibles para escoger una figura de la bolsa 1 y de la bolsa 2.

Bolsa 1   Bolsa 2   Bolsa 3

Los resultados posibles para escoger una figura de la bolsa 1 y de la bolsa 2 son cuadrado, hexágono; cuadrado, círculo; cuadrado, cuadrado; círculo, hexágono; círculo, círculo; círculo, cuadrado.

Recuerda que puedes anotar resultados de más de un suceso haciendo un diagrama de árbol o una lista organizada.

Anota todos los resultados posibles para escoger una figura de la

1. Bolsa 1.   2. Bolsa 2.

3. Bolsa 1 y Bolsa 3.

Grupo 12-7 (páginas 706–709)

Halla la probabilidad de sacar una T al escoger, sin mirar, una letra del nombre ROBERT.

Hay seis resultados posibles: R, R, O, B, E y T. Hay un resultado favorable: T.

$$\text{Probability} = \frac{\text{número de resultados favorables}}{\text{número de resultados posibles}} = \frac{1}{6}$$

La probabilidad de que escojas una T es de $\frac{1}{6}$.

Recuerda que un suceso puede tener una probabilidad de 0 a 1.

Halla la probabilidad de escoger cada letra de la palabra MÚLTIPLO.

1. M
2. L
3. O
4. U
5. no L
6. S
7. T o L
8. no P
9. una vocal
10. una consonante

Grupo 12-8 (páginas 710–711)

¿Cuántas veces esperas sacar una D al escoger 8 veces una de las siguientes tarjetas? Regresa las tarjetas después de escogerlas.

D   A   T   O

La probabilidad de que saques una D es de $\frac{1}{4}$.

Como $\frac{1}{4} = \frac{2}{8}$, puedes suponer que escogerás 2 veces una D en 8 sacadas.

Recuerda que lo que esperas que ocurra puede ser diferente de lo que ocurra en realidad.

Usa las tarjetas de la izquierda. ¿Cuántas veces crees que escogerás una

1. T al sacar 12 veces una tarjeta?
2. A al sacar 20 veces una tarjeta?
3. C al sacar 40 veces una tarjeta?

Grupo 12-9 (páginas 714–715)

Empieza por el final para resolver los problemas. Da la respuesta en una oración completa.

Marcus se demoró 15 minutos en caminar hasta la escuela. Necesita 20 minutos para tomar el desayuno en la escuela. La escuela empieza a las 8:15 A.M. ¿A qué hora es lo más tarde que Marcus puede salir de su casa y alcanzar a tomar el desayuno en la escuela?

15 minutos antes   20 minutos antes

Marcus debe salir a las 7:40 A.M.

Recuerda que un dibujo te ayuda a empezar por el final.

1. A la maestra Sandoval le gusta llegar a la escuela media hora antes de que empiecen las clases. Se demora 45 minutos en llegar a la escuela. La escuela empieza a las 8:15 A.M. ¿A qué hora debe salir de su casa la maestra Sandoval?

2. Thomas gastó $8.25 jugando al boliche y luego $3.60 en algo de comer. Le quedaron $11.85. ¿Cuánto tenía al comienzo?

En la INTERNET
Más práctica
www.scottforesman.com

Grupo 12-1 (páginas 688–689)

Da tres soluciones para cada desigualdad y haz una gráfica de todas las soluciones en una recta numérica.

1. $m > 2$ **2.** $z < 7$ **3.** $f < 17$ **4.** $p > 6$

5. $a < 6$ **6.** $t > 0$ **7.** $r > 11$ **8.** $k < 12$

9. $b > 3$ **10.** $n < 21$ **11.** $c > 2$ **12.** $j > 15$

13. Martha dijo que 5 es una solución para $d > 5$. Explica por qué esto no es correcto.

Grupo 12-2 (páginas 690–691)

Escribe una ecuación para cada oración.

1. 8 naranjas además de v naranjas son 17 naranjas.

2. k menos 9 camiones son 4 camiones.

3. x menos 3 es 15.

4. 7 más un adicional de d es 9.

5. 4 multiplicado por n es 36.

6. s veces 7 es 42.

7. k dividido por 3 es 9.

8. 6 dividido por w es 2.

9. 56 dividido por t es 7.

10. 7 menos que x es 14.

11. Josh anotó 18 puntos en la segunda mitad y un total de 27 puntos en todo el juego. Escribe y resuelve una ecuación para mostrar cuántos puntos anotó Josh en la primera mitad.

Grupo 12-3 (páginas 692–695)

Usa la ecuación $y = 4x + 2$. Halla el valor de y para cada valor de x.

1. $x = 1$ **2.** $x = 0$ **3.** $x = 5$ **4.** $x = 7$

5. $x = 2$ **6.** $x = 4$ **7.** $x = 3$ **8.** $x = 8$

Haz una gráfica de cada ecuación en una cuadrícula de coordenadas aparte.

9. $y = x + 6$ **10.** $y = 4x$ **11.** $y = 3x - 2$ **12.** $y = x - 2$

13. La ecuación $y = 3x + 2$ representa el número total de libros y que Erin leyó en x semanas. ¿Cuántos libros leyó Erin en 2 semanas?

14. ¿Está el punto $(2, 8)$ en la gráfica de $y = 4x + 1$? Explícalo.

Grupo 12-4 (páginas 696–697)

Determina si sobra o falta información para resolver cada problema. Menciona la información que no se necesita o que falta. Resuélvelo si tienes información suficiente.

1. Malinda tiene 200 hojas. Coloca 25 hojas en su carpeta de ciencias, 35 hojas en su carpeta de estudios sociales, 50 hojas en su carpeta de lectura y aun más en su carpeta de matemáticas. ¿Cuántas hojas le quedaron a Malinda?

2. La entrada al acuario cuesta $4.75 para los adultos y $2.25 para los niños. ¿Cuánto le costarán las entradas al acuario a un grupo de 16 maestros?

Grupo 12-5 (páginas 700–703)

En los Ejercicios 1 a 4, usa el dibujo de la bolsa de la derecha. ¿Es probable, poco probable, imposible o seguro que sacarás

1. un círculo?　　2. una figura verde o amarilla?

3. un círculo azul?　　4. un triángulo, un cuadrado o un círculo?

En los Ejercicios 5 a 8, usa el dibujo de la derecha. ¿Es probable, poco probable, imposible o seguro que escogerás

5. una vocal?　　6. una H?

7. una K?　　8. no una X?

Grupo 12-6 (páginas 704–705)

Anota todos los resultados posibles para cada situación.

Flecha giratoria 1　　Flecha giratoria 2　　Flecha giratoria 3

1. Hacer girar la flecha 1　　2. Hacer girar la flecha 2

3. Hacer girar las flechas 1 y 3　　4. Hacer girar las flechas 2 y 3

5. José dice que hay 4 resultados posibles de haber nacido en un mes de 30 días. ¿Está en lo correcto? Anota todos los resultados posibles.

Grupo 12-7 (páginas 706–709)

Escribe la probabilidad de que la flecha giratoria de la derecha se detenga en cada color al hacerla girar una vez.

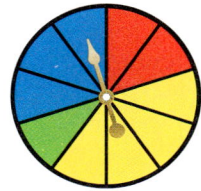

1. amarillo

2. azul

3. verde

4. no rojo

5. amarillo o verde

6. morado

7. Kenny dice que si la probabilidad de un suceso es $\frac{4}{5}$, entonces el suceso es poco probable. Explica por qué esto no es correcto.

Grupo 12-8 (páginas 710–711)

Usa la flecha giratoria de la derecha en los Ejercicios 1 a 5. ¿Cuántas veces crees que ocurrirá cada resultado?

1. detenerse en rojo en 10 giros

2. detenerse en azul en 15 giros

3. detenerse en amarillo en 20 giros

4. detenerse en un color de la rueda en 35 giros

5. detenerse en azul o verde en 25 giros

Grupo 12-9 (páginas 714–715)

Empieza por el final para resolver los problemas. Da la respuesta en una oración completa.

1. Un granjero tiene gallinas y vacas. Compró 5 gallinas y vendió 2 vacas. Entonces, quedaron 25 animales en la granja y $\frac{17}{25}$ de ellos eran gallinas. ¿Cuántos animales tenía el granjero al comienzo?

2. El señor Richards cortó un pastel de manzana en trozos iguales. Sirvió 3 trozos en la cena. Al día siguiente, él y su hija se comieron 2 trozos, que eran $\frac{2}{5}$ de lo que quedaba. ¿En cuántos trozos se cortó el pastel?

3. Carlos pidió dinero prestado a su mamá. Gastó $2.86 en algo de comer y luego $3.50 para entrar a la pista de patinaje. Le quedaron $3.64 del dinero que pidió prestado. ¿Cuánto dinero le prestaron?

A

A.M. Tiempo entre la medianoche y el mediodía. (p. 190)

ángulo Figura formada por dos semirrectas que tienen el mismo extremo. (p. 440)

ángulo agudo Ángulo menor que un ángulo recto. (p. 440)

ángulo llano Ángulo que forma una línea recta. (p. 440)

ángulo obtuso Ángulo mayor que un ángulo recto. (p. 440)

ángulo recto Ángulo que forma una esquina cuadrada. (p. 440)

año Unidad de tiempo que equivale a 365 días, es decir, a 52 semanas, o a 12 meses. (p. 192)

año bisiesto Unidad de tiempo que equivale a 366 días. (p. 192)

área Número de unidades cuadradas que se necesitan para cubrir una superficie. (p. 468)

arista Segmento de recta donde se cortan dos caras de un cuerpo geométrico. (p. 434)

Arista

C

capacidad Cantidad que puede contener un recipiente. (p. 592)

cara Superficie plana de un cuerpo geométrico que no rueda. (p. 434)

Cara

centésima Una de las 100 partes iguales de un entero. (p. 28)

centímetro (cm) Unidad métrica de longitud. 100 centímetros equivalen a 1 metro. (p. 652)

centro Punto dentro de un círculo ubicado a la misma distancia de todos los puntos del círculo. (p. 448)

cilindro Cuerpo geométrico que tiene dos bases circulares congruentes. (p. 434)

círculo Figura plana cerrada formada por todos los puntos que están a la misma distancia de un punto llamado centro. (p. 448)

Círculo
Centro

clave Parte de una pictografía que explica lo que representa cada símbolo. (p. 204)

cociente Resultado de una división. (p. 146)

compensación Sumar y restar el mismo número para hallar la suma o la diferencia más fácilmente. (p. 62)

cono Cuerpo geométrico que tiene un círculo por base y una superficie curva que se corta en un punto. (p. 434)

cuadrado Cuadrilátero que tiene 4 ángulos rectos y todos los lados de la misma longitud. (p. 444)

cuadrícula de coordenadas Cuadrícula que se usa para mostrar pares ordenados. (p. 212)

cuadrilátero Polígono que tiene 4 lados. (p. 438)

cuarto de galón (qt) Unidad usual de capacidad. Equivale a 2 pintas. (p. 592)

cubo Cuerpo geométrico cuyas 6 caras son cuadrados congruentes. (p. 434)

cucharada (cda.) Unidad usual de capacidad. Equivale a 3 cucharaditas. (p. 592)

cucharadita (cdta.) Unidad usual de capacidad. 3 cucharaditas equivalen a 1 cucharada. (p. 592)

cuerda Segmento de recta que conecta dos puntos del círculo. (p. 448)

cuerpo geométrico Figura que tiene largo, ancho y altura. (p. 434)

D

datos Información que se reúne con algún fin. (p. 204)

década Unidad de tiempo que equivale a 10 años. (p. 192)

décima Una de las 10 partes iguales de un todo. (p. 28)

decímetro (dm) Unidad métrica de longitud que equivale a 10 centímetros. (p. 652)

denominador Número que aparece debajo de la línea de una fracción, es decir, el número de partes iguales en un total. (p. 500)

descomponer números Volver a escribir un número como la suma de los números que lo componen, para hacer que un problema sea más fácil. Este proceso es un método de cálculo mental. (p. 62)

desigualdad Oración numérica que incluye los símbolos < (menor que) o > (mayor que) para mostrar que dos expresiones no tienen el mismo valor. (p. 688)

deslizamiento (traslación) Cambio de posición de una figura al moverla hacia arriba, hacia abajo o hacia los lados. (p. 452)

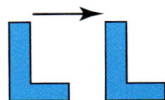

día Unidad de tiempo que equivale a 24 horas. (p. 192)

diagrama de árbol Gráfica que muestra todos los resultados posibles de un suceso. (p. 704)

diagrama de puntos Gráfica que se usa para mostrar datos sobre una recta numérica. (p. 206)

diámetro Segmento de recta que une dos puntos en un círculo y pasa por el centro. (p. 448)

diferencia Resultado que se obtiene al restar dos números. (p. 64)

dígitos Los símbolos 0, 1, 2, 3, 4, 5, 6, 7, 8 y 9 que se usan para escribir un número. (p. 4)

dividendo Número que se va a dividir. (p. 146)

dividir Hacer una operación para hallar el número que hay en cada grupo o el número de grupos iguales. (p. 146)

divisible Que se puede dividir por otro número sin dejar residuo. (p. 402)
Ejemplo: 10 es divisible por 2.

divisor Número por el cual se divide otro número. (p. 146)
Ejemplo: $32 \div 4 = 8$

Divisor

E

ecuación Oración numérica que usa el signo igual (=) para mostrar que dos expresiones tienen el mismo valor. (p. 100)

eje de simetría Recta por la cual se puede doblar una figura para obtener dos mitades congruentes. (p. 456)

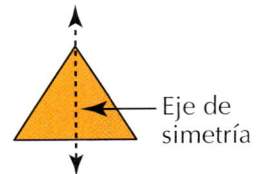

Eje de simetría

encuesta Método para reunir información que consiste en hacer la misma pregunta a cierto número de personas y anotar sus respuestas. (p. 230)

equivalente Números que expresan la misma cantidad. (p. 624)

escala Números que muestran las unidades que se usan en una gráfica. (p. 208)

esfera Cuerpo geométrico de superficie curva cuyos puntos están todos a la misma distancia del centro. (p. 434)

estimación por defecto Estimación que es menor que la respuesta exacta. (p. 72)

estimación por exceso Estimación que es mayor que la respuesta exacta. (p. 72)

estimación por la izquierda Manera de estimar el resultado de una suma sumando el primer dígito de cada cantidad y ajustando el resultado con base en los demás dígitos. (p. 68)

expresión algebraica Expresión con variables (p. 98)

expresión numérica Expresión que contiene números y al menos una operación. (p. 94)

F

factor común Factor que dos o más números tienen en común. (p. 520)

factores Números que se multiplican entre sí para obtener un producto. (p. 124)
Ejemplo: 3 × 6 = 18
Factor

familia de operaciones Grupo de operaciones relacionadas que tienen los mismos números. (p. 148)

figura plana Figura de sólo dos dimensiones. (p. 434)

figuras congruentes Figuras que tienen la misma forma y el mismo tamaño. (p. 452)

figuras semejantes Figuras que tienen la misma forma y que pueden tener el mismo tamaño o no. (p. 458)

forma desarrollada Número escrito como la suma de los valores de sus dígitos. (p. 4)
Ejemplo: 2,000 + 400 + 70 + 6

forma estándar Manera de escribir un número que muestra solamente sus dígitos. (p. 4)
Ejemplo: 2,613

fracción Una fracción es un símbolo, como $\frac{2}{3}$, $\frac{5}{1}$ u $\frac{8}{5}$, que se usa para nombrar una parte de un entero, una parte de un conjunto, una posición en una recta numérica o una división de números enteros. (p. 500)

fracción impropia Fracción en la que el numerador es mayor o igual que el denominador. (p. 530)

fracciones de referencia Fracciones que se usan frecuentemente para estimar: $\frac{1}{4}$, $\frac{1}{3}$, $\frac{1}{2}$, $\frac{2}{3}$ y $\frac{3}{4}$. (p. 508)

fracciones equivalentes Fracciones que nombran la misma región, parte de un conjunto o parte de un segmento. (p. 624)

G

galón (gal) Unidad usual de capacidad. Equivale a 4 cuartos. (p. 592)

giro (rotación) Mover una figura alrededor de un punto. (p. 452)

grados Celsius (°C) Unidad métrica de temperatura. (p. 664)

grados Fahrenheit Unidad estándar de temperatura. (p. 664)

gráfica circular Gráfica en forma de círculo que representa un entero dividido en partes. (p. 536)

gráfica de barras Gráfica que muestra datos por medio de barras. (p. 208)

gráfica lineal Gráfica hecha con puntos conectados, para mostrar cómo cambian los datos con el tiempo. (p. 216)

gramo Unidad métrica de masa. (p. 656)

H

hexágono Polígono que tiene 6 lados. (p. 438)

hora Unidad de tiempo que equivale a 60 minutos. (p. 192)

I

igualmente probable (suceso) Suceso que tiene la misma posibilidad de ocurrir que de no ocurrir. (p. 700)

intervalo La diferencia entre dos números consecutivos en la escala de una gráfica. (p. 208)

invertir (reflejar) Dar vuelta a una figura plana. (p. 452)

J

juego injusto Juego en el que no todos los jugadores tienen la misma posibilidad de ganar. (p. 700)

juego justo Juego en el que cada jugador tiene la misma posibilidad de ganar. (p. 700)

K

kilogramo (kg) Unidad métrica de masa. 1 kilogramo = 1,000 gramos. (p. 656)

kilómetro (km) Unidad métrica de longitud. 1 kilómetro = 1,000 metros. (p. 652)

L

lado Cada uno de los segmentos de recta que forman un polígono. (p. 438)

libra (lb) Unidad usual de peso. Equivale a 16 onzas. (p. 594)

litro (L) Unidad métrica de capacidad. (p. 654)

M

marcar Localizar y marcar un punto en una cuadrícula de coordenadas según un par ordenado. (p. 212)

masa Cantidad de materia que tiene un objeto. (p. 656)

matriz Manera de ordenar objetos en filas y columnas. (p. 124)

media Promedio que se halla al dividir la suma de dos o más números por el número de sumandos. (p. 404)

mediana El número que ocupa la posición del medio en un conjunto de datos ordenados. (p. 226)

mes Una de las doce partes en que se divide el año. (p. 192)

metro (m) Unidad métrica de longitud. (p. 652)

milenio Unidad de tiempo que equivale a 1,000 años. (p. 192)

mililitro (mL) Unidad métrica de capacidad. (p. 654)

milímetro (mm) Unidad métrica de longitud. (p. 652)

milla (mi) Unidad usual de longitud. 1 milla equivale a 5,280 pies. (p. 588)

mínima expresión Fracción en la cual el numerador y el denominador no tienen otros factores comunes además de 1. (p. 520)

minuto Unidad de tiempo que equivale a 60 segundos. (p. 192)

moda Número o números que se repiten con más frecuencia en un grupo de datos. (p. 226)

modelo plano Patrón usado para hacer cuerpos geométricos. (p. 434)
Ejemplo:

múltiplo El producto de dos números enteros cualesquiera. (p. 128)

N

numerador Número que aparece encima de la línea de una fracción. (p. 500)

número en palabras Número escrito en palabras. (p. 4)

número mixto Número compuesto por un número entero y una fracción. (p. 530)

números compatibles Números con los cuales es fácil hacer cálculos mentales. (p. 258)

números ordinales Números que se usan para indicar orden. (p. 200)

O

octágono Polígono que tiene 8 lados. (p. 438)

onza (oz) Unidad usual de peso. (p. 594)

onza líquida Unidad usual de capacidad. Equivale a 2 cucharadas. (p. 592)

operaciones inversas Dos operaciones que se cancelan entre sí. La suma y la resta son operaciones inversas; y la multiplicación y la división también son operaciones inversas. (pp. 82, 148)
Ejemplo: 7 + 10 = 17; 17 − 10 = 7
6 × 5 = 30; 30 ÷ 5 = 6

P

P.M. Tiempo entre el mediodía y la medianoche. (p. 190)

par ordenado Dos números que sirven para localizar un punto en una cuadrícula de coordenadas. (p. 212)

paralelogramo Cuadrilátero cuyos lados opuestos son paralelos. (p. 444)

pentágono Polígono que tiene 5 lados. (p. 438)

perímetro Longitud del contorno de una figura. (p. 464)

período Grupo de tres dígitos contados desde la derecha en un número, y que se separa con una coma. (p. 5)

pictografía Gráfica que tiene ilustraciones o símbolos para mostrar datos. (p. 206)

pie (ft) Unidad usual de longitud. Equivale a 12 pulgadas. (p. 588)

pinta (pt) Unidad usual de capacidad. Equivale a 2 tazas. (p. 592)

pirámide Cuerpo geométrico cuya base es un polígono y cuyas caras son triángulos que tienen un vértice común. (p. 434)

pirámide cuadrangular Cuerpo geométrico cuya base es un cuadrado y cuyas cuatro caras son triángulos. (p. 434)

pirámide rectangular Cuerpo geométrico cuya base es un rectángulo y las demás caras son triángulos. (p. 434)

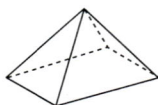

polígono Figura plana y cerrada, cuyos lados son segmentos de recta. (p. 438)

predicción Suposición anticipada y razonable de lo que va a suceder. (p. 710)

prisma rectangular Cuerpo geométrico cuyas caras son rectángulos. (p. 434)

prisma triangular Cuerpo geométrico compuesto por dos bases triangulares y tres caras rectangulares. (p. 434)

probabilidad Un número que señala la posibilidad de que ocurra un suceso. (p. 700)

producto Respuesta a un problema de multiplicación. (p. 124)

productos parciales Productos que se hallan al descomponer uno de los factores en unidades, decenas, centenas y así sucesivamente, y luego se multiplica cada uno de ellos por el otro factor. (p. 264)

promedio La media, que se halla al sumar todos los números de un conjunto y dividir el resultado por el número de valores. (p. 404)

propiedad asociativa de la multiplicación La manera de agrupar los factores se puede cambiar y el producto permanece igual. (p. 288)

propiedad asociativa de la suma La manera de agrupar los sumandos se puede cambiar y la suma, o total, permanece igual. (p. 62)

propiedad conmutativa de la multiplicación Los factores se pueden multiplicar en cualquier orden y el producto permanece igual. (p. 128)

propiedad conmutativa de la suma Los números se pueden sumar en cualquier orden y la suma permanece igual. (p. 62)

propiedad de identidad de la multiplicación El producto de cualquier número y 1 es ese número. (p. 128)

propiedad de identidad de la suma La suma de cualquier número y cero es ese número (p. 62)

propiedad del cero en la multiplicación El producto de cualquier número y cero es cero. (p. 128)

propiedad distributiva Descomponer una operación en dos operaciones más sencillas. (p. 132)
Ejemplo: $(3 \times 21) = (3 \times 20) + (3 \times 1)$.

pulgada (in) Unidad usual de longitud. (p. 588)

punto decimal Punto que se usa para separar los centavos de los dólares o las unidades de las décimas en un número. (p. 28)

punto Localización exacta en el espacio. (p. 440)

R

radio Segmento de recta que conecta el centro con cualquier punto de un círculo. (p. 448)

rango Diferencia entre el valor mayor y el valor menor en un conjunto de datos. (p. 226)

recta Conjunto de puntos que forman una línea derecha que se extiende infinitamente en dos direcciones. (p. 440)

rectángulo Cuadrilátero que tiene cuatro ángulos rectos. (p. 444)

rectas paralelas Rectas en un mismo plano que nunca se cortan. (p. 440)
Ejemplo:

rectas perpendiculares
Dos rectas que al cortarse forman ángulos rectos. (p. 440)
Ejemplo:

rectas secantes Rectas que se cruzan en un punto. (p. 440)

redondear Reemplazar un número por otro que represente una cantidad aproximada. (p. 20)

reglas de divisibilidad Reglas que establecen cuándo un número es divisible por otro. (p. 402)

reloj analógico Muestra la hora mediante manecillas que apuntan hacia números en una esfera. (p. 190)

reloj digital Muestra la hora con números. Las horas aparecen separadas de los minutos por medio de dos puntos. (p. 190)

residuo Número que sobra después de completar una división. (p. 372)

resolver Encontrar la solución a una ecuación. (p. 100)

resultado Efecto o consecuencia posible de un juego o de un experimento. (p. 704)

rombo Cuadrilátero de lados opuestos paralelos y cuyos cuatro lados son de la misma longitud. (p. 444)

S

segmento de recta Parte de una recta que tiene dos extremos. (p. 440)

segundo Unidad de tiempo. Sesenta segundos equivalen a 1 minuto. (p. 193)

seguro (suceso) Suceso que ocurrirá con seguridad. (p. 700)

semana Unidad de tiempo que equivale a 7 días. (p. 192)

semirrecta Parte de una recta que comienza en un punto y se extiende sin fin en una dirección. (p. 440)

siglo Unidad de tiempo igual a 100 años. (p. 192)

simétrico Una figura es simétrica si se puede doblar en dos mitades congruentes que coinciden una sobre la otra. (p. 456)

solución El valor de una variable que hace que la ecuación sea verdadera. (p. 100)

suceso imposible Suceso que no puede ocurrir. (p. 700)

suceso poco probable Suceso que tiene poca posibilidad de ocurrir. (p. 700)

suceso probable Suceso que tiene una buena posibilidad de ocurrir. (p. 700)

suma Resultado que se obtiene al sumar dos o más números. (p. 62)

sumandos Números que se suman para hallar una suma. (p. 62)
Ejemplo: 2 + 7 = 9
sumandos

T

taza Medida usual de capacidad. (p. 592)

tendencia Patrón que siguen los datos en una gráfica lineal y que señala el aumento o la disminución. (p. 216)

tiempo transcurrido Cantidad de tiempo que pasa desde el principio hasta el fin de un suceso. (p. 196)

tonelada Unidad usual de peso. Equivale a 2,000 libras. (p. 594)

trapecio Cuadrilátero que tiene sólo un par de lados paralelos. (p. 444)

triángulo Polígono de 3 lados. (p. 438)

triángulo acutángulo Triángulo que tiene tres ángulos agudos (p. 444)

triángulo equilátero Triángulo que tiene los tres lados de la misma longitud. (p. 444)

triángulo escaleno Triángulo cuyos lados tienen diferentes longitudes. (p. 444)

triángulo isósceles Triángulo que tiene al menos dos lados iguales. (p. 444)

triángulo obtusángulo Triángulo que tiene un ángulo obtuso. (p. 444)

triángulo rectángulo Triángulo que tiene un ángulo recto. (p. 444)

U

unidades de medida usuales Unidades de medida que se usan en los Estados Unidos. (p. 588)

V

valor extremo Uno de los números de un conjunto de datos que es muy diferente al resto de números. (p. 206)

variable Símbolo o letra que representa un número. (p. 98)

vértice El punto donde se unen dos semirrectas. El punto donde se unen los lados de un polígono. Donde se unen tres o más aristas de un cuerpo geométrico. (pp. 434, 438, 440)

volumen Número de unidades cúbicas que se necesitan para llenar un cuerpo geométrico. (p. 476)

Y

yarda (yd) Unidad usual de longitud. Equivale a 3 pies. (p. 588)

Unidades de medida: Sistema usual

Longitud

1 pie (ft) = 12 pulgadas (in)
1 yarda (yd) = 3 pies, o 36 pulgadas
1 milla = 5,280 pies, o 1,760 yardas

Peso

1 libra (lb) = 16 onzas (oz)
1 ton (T) = 2,000 libras

Capacidad

1 taza (c) = 8 onzas líquidas (fl oz), o
    16 cucharadas (cda.)
1 cucharada (cda.) = 3 cucharaditas (cdta.)
1 pinta (pt) = 2 tazas
1 cuarto (qt) = 2 pintas
1 medio galón = 2 cuartos
1 galón (gal) = 4 cuartos

Tiempo

1 minuto (min) = 60 segundos (s)
1 hora (h) = 60 minutos
1 día (d) = 24 horas
1 semana (sem.) = 7 días
1 año = 12 meses, o
        52 semanas, o
        365 días
1 año bisiesto = 366 días
            (se le suma un día
            a febrero)
1 década = 10 años
1 siglo (s.) = 100 años
1 milenio = 1,000 años

Unidades de medida: Sistema métrico

Longitud

1 centímetro (cm) = 10 milímetros (mm)
1 decímetro (dm) = 10 centímetros
1 metro (m) = 100 centímetros
1 kilómetro = 1,000 metros

Masa/Peso

1 kilogramo (kg) = 1,000 gramos (g)

Capacidad

1 litro (L) = 1,000 mililitros

Símbolos

=	es igual a	$\perp$	es perpendicular
>	es mayor que	$\overleftrightarrow{AB}$	recta AB
<	es menor que	$\overline{AB}$	segmento de recta AB
°	grado	$\overrightarrow{AB}$	semirrecta AB
°C	grados Celsius	$\angle ABC$	ángulo ABC
°F	grados Fahrenheit	(3, 4)	par ordenado 3, 4

Fórmulas

$P = 2l + 2a$	Perímetro de un rectángulo
$P = 4l$	Perímetro de un cuadrado
$A = l \times a$	Área de un rectángulo
$A = l \times l$	Área de un cuadrado
$V = l \times a \times h$	Volumen de un prisma rectangular

Cover:
Illustration: Jon Goodell
Photograph: Getty Images

Text:

Dorling Kindersley (DK) is an international publishing company specializing in the creation of high-quality reference content for books, CD-ROMs, online materials, and video. The hallmark of DK is its unique combination of educational value and strong visual style. This combination allows DK to deliver appealing, accessible, and engaging educational content that delights children, parents, and teachers around the world. Scott Foresman is delighted to have been able to use selected extracts of DK content within this Scott Foresman Math program.

40–41: "One Day's Food" from *The World in One Day* by Russell Ash. Text copyright ©1997 by Russell Ash. Compilation and illustration copyright ©1997 by Dorling Kindersley Limited; 102–103: "Mountains" from *Incredible Comparisons* by Russell Ash. Copyright ©1996 by Dorling Kindersley Limited; 168–169: "Animals" from *The World in One Day* by Russell Ash. Text copyright ©1997 by Russell Ash. Compilation and illustration copyright ©1997 by Dorling Kindersley Limited; 234–235: "Tsunami" from *Disaster!* by Richard Platt. Copyright ©1997 by Dorling Kindersley Limited. Text copyright ©1997 by Richard Platt; 292–293: "Jumbo Jet" from *Stephen Biesty's Incredible Cross-Sections* by Richard Platt, illustrated by Stephen Biesty. Copyright ©1992 by Dorling Kindersley Limited; 344–345: "Happy Families" from *Reptile* by Colin McCarthy. Copyright ©2000 by Dorling Kindersley Limited; 412–413: "Sporting Horses" from *Horse* by Juliet Clutton-Brock. Copyright ©2000 by Dorling Kindersley Limited; 478–479: "Big Buildings" from *Incredible Comparisons* by Russell Ash. Copyright ©1996 by Dorling Kindersley Limited; 540–541: "Life on a Coral Reef" from *Coral Reef* by Barbara Taylor. Copyright ©1992 by Dorling Kindersley Limited; 602–603: "Empire State Building" from *Stephen Biesty's Incredible Cross-Sections* by Richard Platt, illustrated by Stephen Biesty. Copyright ©1992 by Dorling Kindersley Limited; 666–667: "Woodland" from *Richard Orr's Nature Cross-Sections* by Moira Butterfield, illustrated by Richard Orr. Copyright ©1995 by Dorling Kindersley Limited; 716–717: "Fire-fighting Helicopter" from *Big Book of Rescue Vehicles* by Caroline Bingham. Copyright ©2000 by Dorling Kindersley Limited.

Illustrations
216, 518, 713 Susan J. Carlson
257 Catherine Twomey
263 Paula Wendland
343 Barbara Cousins

Photographs
Every effort has been made to secure permission and provide appropriate credit for photographic material. The publisher deeply regrets any omission and pledges to correct errors called to its attention in subsequent editions.

Unless otherwise acknowledged, all photographs are the property of Scott Foresman, a division of Pearson Education.

Photo locators denoted as follows: Top (T), Center (C), Bottom (B), Left (L), Right (R), Background (Bkgd)

Front Matter: viii Brand X Pictures **Chapter 1:** 2 ©Izzy Schwartz/Getty Images; 4 ©Ron Chapple/Getty Images; 5 ©Joe Polimeni/Corbis; 8 ©Jake Rajs/Getty Images; 9 Stephen Oliver/©Dorling Kindersley; 10 David Mendelsohn/Masterfile Corporation; 12 ©Ken Tannenbaum/Getty Images; 16 ©Stuart Westmorland/Getty Images; 19 ©Guido Alberto Rossi/Getty Images; 20 ©Joseph Pobereskin/Getty Images; 23 ©Dorling Kindersley; 28 ©Emma Lee/Life File/Getty Images; 29 Getty Images; 30 ©Simon Battensby/Getty Images; 32 Adam Jones/Visuals Unlimited; 34 ©Nick Daly/Getty Images; 36 Corbis; 40 ©Dorling Kindersley; 50 Getty Images **Chapter 2:** 60 R. E. Wilcox/U.S. Geological Survey; 62 ©James Gritz/Getty Images; 63 Hemera Technologies; 64 ©Jon Feingersh/Corbis; 67 ©G. Brad Lewis/Getty Images; 68 Spencer Swanger/Tom Stack & Associates, Inc.; 70 Magrath Photography/Science Photo Library/Photo Researchers, Inc.; 72 ©David Madison/Getty Images; 76 ©Mark E. Gibson Stock Photography; 78 Hemera Technologies; 80 ©Andy Eaves/Getty Images; 82 ©Richard Cummins/Corbis; 84 ©George Hall/Corbis; 86 ©David Madison/Getty Images; 87 (BR) Getty Images, (CR) ©Ryan McVay/Getty Images; 89 (CR) Daryl Benson/Masterfile Corporation, (BR) Hot Ideas/Index Stock Imagery; 90 ©Rex Ziak/Getty Images; 94 ©David Nardini/Getty Images; 96 The Burns Archive, Ltd.; 97 AP/Wide World Photos; 98 Corbis; 102 ©Dorling Kindersley; 107 (TC) Getty Images, (TL) ©Bettmann/Corbis **Chapter 3:** 122 Getty Images; 126 (CR) ©Bettmann/Corbis, (C) Getty Images; 130 ©G. K. and Vikki Hart/Getty Images; 132 Bill Aron/PhotoEdit; 140 ©David H. Wells/Corbis; 141 Leslie Garland Picture Library; 148 ©H. D. Thoreau/Corbis; 150 ©O'Brien Productions/Corbis; 152 ©Kevin Fleming/Corbis; 154 John Warden/SuperStock; 160 ©Kevin Schafer/Corbis; 162 (C, CR) Getty Images, (BR) ©Dorling Kindersley; 163 ©Gunter Marx Photography/Corbis; 164 ©Lawrence Lawry/Getty Images; 166 Clayton-Thompson/Zephyr Images; 168 ©Dorling Kindersley **Chapter 4:** 188 digitalvisiononline.com; 190 ©Michael Yamashita/Corbis; 192 ©Paul Webster/Getty Images; 193 (TL) Getty Images, (TR) Scala/Art Resource, NY; 194 (CR) ©Bettmann/Corbis, (CL) ©C Squared Studios/Getty Images; 195 ©Lawrence Manning/Corbis; 196 ©G. Brad Lewis/Getty Images; 200 ©Dugald Bremmer/Getty Images; 204 ©Ryan McVay/Getty Images; 206 Getty Images; 208 ©David W. Hamilton/Getty Images; 209 Michael K. Nichols/NGS Image Collection; 212 Ron Johnson/Index Stock Imagery; 215 ©Darryl Torckler/Getty Images; 216 ©Bettmann/Corbis; 218 ©Dorling Kindersley; 221 (CR) SuperStock, (BR) ©Rob Lang/Getty Images; 228 ©Galen Rowell/Corbis; 230 ©Comstock Inc.; 231 Getty Images; 232 François Gohier/Photo Researchers, Inc.; 234 Richard Bonson/©Dorling Kindersley; 239 Getty Images **Chapter 5:** 254 (T) Corbis, (C) ©Pictures Colour Library; 257 ©Comstock Inc.; 258 (L, TC) ©Walter Bibikow/Getty Images, (CR) ©James Balog/Getty Images; 259 (TL) ©G. K. and Vikki Hart/Getty Images, (TR) Getty Images; 260 (BRCL) ©Comstock Inc., (BRR) ©Dorling Kindersley; 262 ©Pat O'Hara/Getty Images; 264 ©Steve Cole/Getty Images; 266 (BR) ©Steve Cole/Getty Images, (BC) Christie's Images/SuperStock, (CL) Getty Images; 270 Martin Cameron/©Dorling Kindersley; 272 (B) ©Bruce Clarke/Index Stock Imagery/PictureQuest, (BR) Martin Cameron/©Dorling Kindersley; 273 ©Randy Wells/Getty Images; 275 Rosemary Calvert/Image State/Alamy.com; 277 (B, T) ©Paul Poplis/FoodPix; 279 Alamy.com; 282 ©Richard Nowitz/Phototake/PictureQuest; 283 ©Photolink/Getty Images; 286 ©Erik Dreyer/Getty Images; 290 ©Steve Taylor/Getty Images; 292 ©Stephen Biesty/©Dorling Kindersley; 295 Getty Images; 303 Getty Images **Chapter 6:** 312 Corbis; 316 NASA; 317 NASA/SuperStock; 318 NASA; 320 ©Jake Rajs/Getty Images; 322 Bruce Coleman Inc.; 325 (TR) ©Barney Taxel/Mira.com, (C) Brand X Pictures; 328 ©Museum of the City of New York/Corbis; 332 ©Charlie Borland/Getty Images; 333 ©Alan Carey/Corbis; 336 Michael Abbey/Photo Researchers, Inc.; 338 ©C/B Productions/Corbis; 340 Kindra Clineff/Index Stock Imagery; 342 Brian Hagiwara/FoodPix; 344 ©Dorling Kindersley; 345 ©Dorling Kindersley; 364 ©Kit Houghton/Corbis **Chapter 7:** 368 ©Mark E. Gibson Stock Photography; 373 Corbis; 376 Getty Images; 383 ©Art Wolfe/Getty Images; 384 Getty Images; 386 ©Ryan McVay/Getty Images; 388 ©Dorling Kindersley; 392 Mick Roessler/SuperStock; 397 ©Dagmar/Animals Animals/Earth Scenes; 406 ©D. Falconer/PhotoLink/Getty Images; 407 ©Layne Kennedy/Corbis; 410 Pamela Cemen; 412 (TL, B, C) ©Dorling Kindersley, (TC) Private Collection/Bridgeman Art Library International Ltd.; 413 (TR) British Museum/©Dorling Kindersley, (B) ©Dorling Kindersley; 415 Getty Images; 417 Courtesy of Monroe County, Florida **Chapter 8:** 432 (C) ©Mark Segal/Getty Images, (BR/TRB, R/BL) Getty Images, (BR/BR) ©John Beatty/Getty Images; 436 (CR) Carolyn Ross/Index Stock Imagery, (BC) Corbis, (BRL, BRR) Getty Images, (CL) ©John Beatty/Getty Images, (C) Tony Freeman/PhotoEdit; 438 ©Christine Osbourne/Corbis; 440 digitalvisiononline.com; 442 Alex Maclean/Photonica; 444 Getty Images; 447 James Lemass/Index Stock Imagery; 448 ©Roman Soumar/Corbis; 451 Getty Images; 452 ©Jayne Thornton/Getty Images; 456 ©Charles Lenars/Corbis; 464 Adam Jones/Photo Researchers, Inc.; 466 Kevin Dodge/Masterfile Corporation; 468 ©Dorling Kindersley; 474 Tim Davis/Photo Researchers, Inc.; 476 ©Ron Watts/Corbis; 478 ©Dorling Kindersley; 479 ©Dorling Kindersley **Chapter 9:** 498 digitalvisiononline.com; 500 Getty Images; 507 Hemera Technologies; 508 Getty Images; 509 Hemera Technologies; 511 Getty Images; 512 Aneal N. Vohra/Unicorn Stock Photos; 522 ©Robert Glusic/Getty Images; 523 Getty Images; 524 ©Kevin R. Morris/Corbis; 525 (TC) ©Robert Frerck/Odyssey/Chicago, (TR) ©Geoffrey Clements/Corbis, (TL) ©Cheryl Hatch; 535 Hot Stock/Alamy.com; 536 (TR) Getty Images, (L) ©Myrleen Ferguson Cate/PhotoEdit; 538 ©Philip James Corwin/Corbis, (TC) Mark E. Gibson/©Mark E. Gibson Stock Photography; 540 ©Dorling Kindersley; 541 ©Dorling Kindersley, (BR) Linda Pitkin **Chapter 10:** 560 Corbis; 568 ©Joe McDonald/Corbis; 569 Alan G. Nelson/Animals Animals/Earth Scenes; 570 AP/Wide World Photos; 571 JDC/Visuals Unlimited; 574 ©Kim Zumwalt/Getty Images; 578 ©Dave Bartruff/Corbis; 580 Luiz C. Marigo/Peter Arnold, Inc.; 584 ©Ann Menke/Getty Images; 585 Tom Rosenthal/SuperStock; 592 Getty Images; 594 9L) ©Kit Houghton/Corbis, (TL) Corbis, (CL) Getty Images, (TR) ©William Hamilton/SuperStock; 595 ©Jerry Cooke/Corbis 600 Getty Images; 602 ©Stephen Biesty/©Dorling Kindersley; 603 ©Stephen Biesty/©Dorling Kindersley; 610 Getty Images **Chapter 11:** 622 ©Jeremy Walker/Getty Images; 624 (L) ©Jack Star/PhotoLink/Getty Images, (TL) ©Dorling Kindersley, (TC, TR) Getty Images; 626 ©Stephanie Maze/Corbis; 627 ©Galen Rowell/Corbis; 630 (L) Getty Images, (BL, BR, TR) ©David R. Frazier Photolibrary, (TL) Wally Eberhart/Visuals Unlimited; 631 ©Dale C. Spartas/Corbis; 633 Corbis; 636 (L) ©John Connell/Index Stock Imagery, (TR) Jim Whitmer, (TC) Getty Images; 637 AP/Wide World Photos; 638 ©AFP; 640 ©Karl Weatherly/Corbis; 644 Getty Images; 647 ©Aaron Haupt/Photo Researchers, Inc.; 652 (TL) Visuals Unlimited, (C) ©Jonathan Blair/Corbis, (CL) Getty Images, (CR) ©Mike Johnson Marine Natural History Photography; 656 Getty Images; 657 (CL) ©Siede Preis/Getty Images, (CR) Getty Images; 660 ©Fritz Polking/Visuals Unlimited; 662 (L) ©John Kelly/Getty Images, (C) Getty Images; 664 ©Chris Cole/Getty Images; 666 (TL, C) Richard Orr/©Dorling Kindersley; 673 Visuals Unlimited; 676 Getty Images **Chapter 12:** 686 ©2002 Tom Story; 689 Getty Images; 690 ©Patricia Doyle/Getty Images; 692 ©Francisco Cruz/SuperStock; 694 United States Mint; 696 Bill Bachmann/Index Stock Imagery; 697 ©David Young-Wolff/Getty Images; 700 ©Joyce Choo/Corbis; 703 ©Lester Lefkowitz/Corbis; 708 ©Martin B. Withers; Frank Lane Picture Agency/Corbis; 710 ©Robert Harding Picture Library/Alamy.com; 715 (BR) The Granger Collection, (Frame) Getty Images; 716 (B, CR) ©2002 Tom Story; 717 ©2002 Tom Story

arista, 434
cara, 434
modelo plano, 435
vértice, 434

D

Datos. *Ver también* Gráficas;
cuadrícula de coordenadas,
212
Diagrama de tallo y hojas,
229
diagramas de puntos,
206–207
encuesta, 230–231
gráfica de barras, 208–211
gráficas lineales, 216–219
media (promedio), 404–405
mediana, 226–229
moda, 226–229
organizar, 326–329
pictografías, 204–205
promedio (media), 404–405
rango, 226–229
tabla de conteo, 230–231
valor extremo, 206

Década, 192

Decimales
centésimas, 34, 624
comparar, 630–631
décimas, 28, 34, 624
en la recta numérica, 628
equivalentes, 624
estimar, 636–637
Multiplicar y dividir con
decimales, 645
ordenar, 630–631
redondear, 632–633
representación pictórica,
34–37
restar, 638–645
sumar, 638–639, 642–645
Usar calculadora para hallar
patrones decimales, 641
valor posicional, 628–629
y dinero, 28–29
y fracciones, 624–627

**Decimales y fracciones
equivalentes en una recta
numérica,** 628

Decimales equivalentes, 624

Décimas, 28, 624

Decímetro, 652

**Demasiada o muy poca
información.** *Ver*
Información que sobra o que
falta.

Denominador, 500, 530–533,
564–565

Descomponer números, 62,
132–134, 136, 262, 264

**Descubre las matemáticas en
tu mundo**
Edad, altura y peso, 163
El sube y baja del agua, 215
Extender sus ramas, 627
La tortuga verde, 507
Las profundidades del
océano, 571
Lobos no tan solitarios, 383
Los volcanes y las placas, 67
Sin planos pequeños, 447
¿Tienes suficiente energía?,
703
Todo está en el aire, 273
Un lagarto feroz, 335
Un logro colosal, 19

Desigualdades (Ampliación),
71

Desigualdades, 688–689. *Ver
también* Igualdad,
propiedades de.

Deslizamiento (traslación),
452

Día, 192

Diagnosticar el nivel. *Ver*
Evaluación.

Diagrama de árbol, 704–705

Diagrama de puntos, 206–207

**Diagramas de tallo y hojas
(Ampliación),** 229

**Diagramas de Venn
(Ampliación),** 71

Diámetro, 448

Dibujar partes de una región,
500–501

Dibujar partes de un conjunto,
502–503, 508–509

Dibujos, 512–513

Diferencia, 64

Dígito, 4

Dinero. *Ver también* operación
específica;
calcular cambio, 32–33
contar, 30–31
dividir, 392–393
multiplicar, 286–287,
340–341
restar, 82–85
sumar, 76–79
usar, 286–287, 340–341,
392–393
y decimales, 28–29, 640

Disminuir, 216

**Distancias en las cuadrículas
de coordenadas
(Ampliación),** 695

Dividendo
dos dígtos, 380–383,
408–411
tres dígitos, 386–389

Dividir, 146

Divisibilidad, 402–403

Divisible, 402

División
ceros en el cociente,
152–153
ceros y unos en el cociente,
152–153, 390–391
cociente, 146
dinero, 392–393
dividendo, 146
divisor, 146
Multiplicar y dividir con
decimales, 645
múltiplos de 10, 406–407
números de dos dígitos,
380–383
operaciones, 150–151
problemas de multiplicación
y, 154–155
reglas, 402–403
relacionada con la
multiplicación, 148–149
residuo, 372–373, 384–385
significados de la, 146–147

Divisor, 146, 380, 408–411

E

Ecuaciones
división, 100–101, 690–691
escribir, 690–691
gráficas de, 692–693
multiplicación, 100–101,
690–691
oraciones numéricas,
396–400
resolver, 690–691
resta, 100–101, 690–691
suma, 100–101, 690–691

Eje de simetría, 456–457

**Empezar por el final:
Estrategia,** 714–715

Encuesta, 230–231

Escala, 208, 232

Escoger una operación,
290–291

**Escoger un método para
calcular,** 86–87, 282–283,
338–339

Escribir
para comparar, 198–199
para describir, 460–461,
662–663
para explicar, 342–343,
538–539
Resolución de problemas:
Estrategia, 714–715

Escribir números enteros
en palabras, 628–629
forma desarrollada, 4–7
forma estándar, 4–7

**Escribir una oración numérica:
Estrategia,** 396–400

Escritura en matemáticas.
*Ver también la última página
de cada lección;*
Examen del capítulo, 111,
177, 243, 301, 421, 675,
725
Punto de diagnóstico, 145,
159, 203, 225, 237, 451,
463, 481, 515, 529, 543,
573, 587, 605, 635, 651,
669, 699, 719
Repaso acumulativo y
preparación de
exámenes, 112–113,
178–179, 244–245,
302–303, 422–423,
488–489, 550–551,
612–613, 676–677,
726–727
Resolución de problemas:
Aplicaciones, 293, 479,
603, 717
Resolución de problemas:
Destreza, 13, 157, 199,
291, 385, 601, 663, 697
Resolución de problemas:
Estrategia, 91, 143, 281,
399, 513, 585, 715

Esfera, 434

Estadísticas. *Ver* Datos.

Estimación por defecto, 72,
258, 316, 369

Estimación por exceso, 72,
258, 316, 369

Estimación por la izquierda,
68

Estimar
cocientes, 368–371, 408
diferencias, 64–67, 68–71,
636–637